suhrkamp taschenbuch 2117

T_6

Der Nationalismus schien für Europa ein Phänomen des 19. und des frühen 20. Jahrhunderts zu sein. In Deutschland hat die Vereinigung auch uns dazu gezwungen, unsere Position neu zu bestimmen. Die Debatte der letzten Jahre ist dabei entscheidend von den Schriftstellern mitgeprägt worden. Ein Blick in die Geschichte des Nationalbewußtseins in Deutschland zeigt, daß schon immer die Schriftsteller »die eigentlichen Männer der Nation« waren (Wieland) und mit ihren Dichtungen oder öffentlichen Meinungen die Vorstellungen von Nation, Vaterland, Heimat und Volk bestimmten.

In diesem Band haben Literaturwissenschaftler die historische Spur des Nationalbewußtseins in Überblicksdarstellung und Einzelanalysen verfolgt. Der Bogen spannt sich vom Spätmittelalter über die Barockdichter, die Klassiker, das 19. Jahrhundert, die klassische Moderne bis hin zur Gegenwart.

Dichter und ihre Nation

Herausgegeben von
Helmut Scheuer

suhrkamp taschenbuch
materialien

Suhrkamp

Umschlag: Brecht mit
Helene Weigel und
Mitarbeitern des
Berliner Ensembles,
1. Mai 1951.

suhrkamp taschenbuch 2117
Erste Auflage 1993
© Suhrkamp Verlag Frankfurt am Main 1993
Suhrkamp Taschenbuch Verlag
Alle Rechte vorbehalten, insbesondere
das des öffentlichen Vortrags, der Übertragung
durch Rundfunk und Fernsehen
sowie der Übersetzung, auch einzelner Teile.
Satz: IBV Satz- und Datentechnik, Berlin
Druck: Nomos Verlagsgesellschaft, Baden-Baden
Printed in Germany
Umschlag nach Entwürfen von
Willy Fleckhaus und Rolf Staudt

1 2 3 4 5 6 – 98 97 96 95 94 93

Inhalt

Einleitung

Ein Blick in die Geschichte des deutschen Nationalbewußtseins läßt erkennen, daß es schon immer die Dichter waren, die sich – wie Christoph Martin Wieland es 1791 formuliert hat – als »die eigentlichen Männer der Nation« fühlten. Sie haben mit ihren Werken oder öffentlichen Reden die Vorstellungen von ›Reich‹ und ›Nation‹, ›Vaterland‹ und ›Heimat‹, ›Patriotismus‹ und ›Nationalismus‹ entscheidend mitgeprägt. Auch wenn gleiche Begriffe gewählt wurden, so zeigen sich doch erhebliche Unterschiede: da gibt es die zurückhaltenden und beinahe zärtlichen Bekenntnisse zum ›Vaterland‹, das kraftvolle Eintreten für ein ›deutsches Reich‹ und zuletzt die martialischen Stimmen für ein ›Großdeutschland‹. Diese Vielfalt der Äußerungen ist nicht nur durch die unterschiedlichen Temperamente, sondern mehr noch durch die jeweilige historische Situation bestimmt.

Die eigentliche Herausbildung nationaler Identitäten ist ein modernes Phänomen und in Europa im wesentlichen seit dem späten 18. Jahrhundert zu beobachten. Es war die Französische Revolution, die für den modernen Nationalismus eine besondere Wirkung zeitigte. Andererseits lassen sich schon sehr viel früher Formen eines kollektiven, ja ›nationalen‹ Bewußtseins ausmachen. Es ist kein Zufall, daß sich August Heinrich Hoffmann (gen. von Fallersleben), der Verfasser unserer Nationalhymne, 1841 bei seinem *Lied der Deutschen* von einem Lied Walthers von der Vogelweide inspirieren ließ. In dem wahrscheinlich 1203 entstandenen Lied *Ir sult sprechen willekomen* hatte der Minnesänger des Mittelalters einige Stereotypen kollektiver Bewußtseinsbekundungen festgehalten, die sich im wesentlichen auf ein regionales und ethnisches Vergleichs-, ja Rivalitätsdenken stützten. (Wobei Walther wiederum seine Anregungen von provenzalischen Sängern bezogen hatte.) Walther rühmt mit den vielzitierten Versen »Tiusche man sint wol gezogen, / rehte als engel sint diu wîp getân« nicht nur die deutschen Menschen, sondern grenzt sie zudem von »fremdeter site« ab und erhebt die deutsche Art und Sitte zur besten in der Welt: »tiuschiu zuht gât vor in allen«. Schließlich mißt er auch das Lebensgebiet der Deutschen aus: »Von der Elbe unz an den Rîn /

und her wider unz an Ungerlant« und gibt damit eine erste Antwort auf jene berühmte, 1813 von Ernst Moritz Arndt gestellte Frage: »Was ist des Deutschen Vaterland?« Es waren die deutschen Humanisten im Spätmittelalter bzw. in der Frühneuzeit, die das nationale Argumentationsmuster durch die Berufung auf den Wert der Sprache und der Geschichte verstärkten: Wie für Luther die ›gemeine‹ deutsche Sprache neben das Latein der Gebildeten trat, so nutzte auch der Streiter für ein deutsches ›Vaterland‹ und eine ›teutsche Nation‹, Ulrich von Hutten, die deutsche Sprache für seine nationalen Appelle. Hutten eroberte zudem mit seinen Humanistenfreunden – vermittelt über die Lektüre der *Germania* des Tacitus – die Germanen als Vorbilder für die Deutschen seiner Epoche, die damit eine ebenso ruhmvolle Vergangenheit zugesprochen erhielten wie die Griechen und Römer.

Territoriale und ethnische Abgrenzung, die Betonung nationaler Tugenden bzw. Charaktere, der besondere Wert der Sprache und Kultur und vor allem die eigene ruhmvolle Geschichte des deutschen Volkes machten von nun an das Ensemble der Vorurteile aus, mit dem sich die nationale Ideologie festigte und nicht selten zu selbstgefälligen Überlegenheitsgesten führte. Erst spät – im Übergang vom 19. zum 20. Jahrhundert – kommt dann jenes biologistische Argument von der ›Rasse‹ ins Spiel, das dem Nationalismus die gefährlichste Wendung bringen sollte.

Der Nationalismus oder besser: der Patriotismus, wie es bis weit ins 19. Jahrhundert hieß, blieb lange Zeit eine Angelegenheit der bürgerlichen Intelligenz, die z. B. Wissenschaften und Künste zu den wertvollsten Gütern des Nationalvermögens erklärte und sich damit auch eine Aufwertung der eigenen Stellung erhoffte. Diese bürgerlichen Ideologen waren es, die die entscheidende Definitionsmacht im semantischen Feld des Nationalismus ausübten. Kultur – das hatte sich schon in der italienischen Renaissance gezeigt – eignete sich vorzüglich zur Kompensation politischer Schwäche. Mit dem Entwurf einer deutschen ›Kulturnation‹ wurde so ein ideeller Ring um das zersplitterte »Heilige Römische Reich Deutscher Nation« geschmiedet und vorsichtig das Ziel einer möglichen deutschen ›Staatsnation‹ anvisiert, in der sich kulturelle *und* politische Identität harmonisch zu ergänzen hätten. Aber Kunst und Wissenschaft eignet die Tendenz, nationale Grenzen zu überspringen; Kleinstaaterei wird dann gern mit der Vorstellung von Kleingeisterei verbunden. So hielt die bürgerliche Intelligenz, die wesentliche Trägergruppe der nationalen Idee, lange Zeit die fragile Balance zwischen ›Patriotismus‹ und ›Kosmopolitismus‹ und band die unterschiedlichen ›Nationen‹ in die eine friedvolle Völkergemeinschaft ein – das Bild der Familie stand dabei nicht selten Pate – und sah im Schriftsteller den Garanten universaler Ideale, wie sie 1793 – mitten in den Wirren der Französischen Revolution – Johann Gottfried Herder in seinen *Briefen zu Beförderung der Humanität* (1. Slg., 6. Brief) formulierte:

was hindert uns Deutsche, uns allesamt als Mitarbeiter an *einem* Bau der Humanität anzuerkennen, zu ehren und einander zu helfen? Haben wir nicht alle *eine* Sprache, ein gemeinsames Interesse, *eine* Vernunft, ein und dasselbe menschliche Herz?

Solche hochgestimmten Sätze machen bis heute das Faszinosum des deutschen Patriotismus im 18. Jahrhundert aus, denn hier wird ein Modell des Nationalismus entworfen, das sich eben an Leitbegriffe wie ›Vernunft‹ und ›Herz‹ binden läßt. Diese ethische und kulturelle statt einer politischen Ausrichtung des Nationalismus hat z. B. in der Weimarer Republik Intellektuelle ebenso fasziniert wie in unserer Gegenwart einen Günter Grass, der allein die Kultur als Verbindendes der beiden deutschen Staaten festschreiben wollte. Aber einen Patriotismus nur auf ethische und kulturelle Wertmuster zu verpflichten, ist offensichtlich nicht möglich, da eine politische Instrumentalisierung jederzeit erfolgen kann, wie die Wirkungsgeschichte der patriotischen Ideen des 18. Jahrhunderts nur zu gut beweist. Wer im 18. Jahrhundert wie Klopstock bei den Germanen die auf Freiheit und Gefühlsentfaltung ausgerichtete Gemeinschaft lobt oder wer – z. B. über eine pietistische Grundströmung vermittelt – neue Sozialbindungen erstrebt, die sich auf Menschlichkeit und Liebe gründen sollen, war sich zwar des Gegenwartsbezuges bewußt, glaubte eventuell aber noch daran, eine unpolitische Debatte führen zu können. Aber wenn – wie es auch im Bürgerlichen Trauerspiel der Zeit geschieht – individuelle Vorbildlichkeit über Begriffe wie ›Humanität‹ und ›Vernunft‹, ›Herz‹ und ›Liebe‹, ›Gerechtigkeit‹ und ›Milde‹ u. a. m. begründet wird, dann liegt es nicht fern, auch die großen Gemeinschaften auf solche Ideale zu verpflichten. Zwangsläufig stellt sich dann die Frage, in welcher (politischen) Form sich diese Ideen am besten verwirklichen ließen. Ob gewollt oder nicht – es lag in der Konsequenz dieser Wertdiskussion, daß sie auch in die politische

Debatte eindrang. Es war ja nicht nur Goethe, der im 12. Buch von *Dichtung und Wahrheit* die Folgen einer die individuelle Freiheit reklamierenden Dichtung darin sah, daß »alles Obere, es sei nun monarchisch oder aristokratisch, aufgehoben« werde. Das auf das Individuum bezogene Freiheitspathos steht Pate für das Freiheitsverlangen der Völker, das Ideal eines durch die ›Tugend‹ veredelten Individuums bildet das Vorbild für einen gerechten Staat, der deshalb z. B. von Wilhelm von Humboldt im 19. Jahrhundert auch als ›Individuum‹ gesehen werden kann. Ob im 18. Jahrhundert eine ideale ›bürgerliche‹ Familie oder eine elitäre »Gelehrtenrepublik« entworfen wurde – überall leuchtete der Vorschein eines politischen Staates auf.

Wiederum ist es Goethe, der im gleichen Kapitel seiner Autobiographie den Wandel vom Patriotismus des 18. Jahrhunderts zum Nationalismus des 19. Jahrhunderts erklären hilft, wenn er dort behauptet, daß »im Frieden der Patriotismus eigentlich nur darin« bestehe, »daß jeder vor seiner Türe kehre, seines Amts warte, auch seine Lektion lerne, damit es wohl im Hause stehe« und daß z. B. »das von Klopstock erregte Vaterlandsgefühl keinen Gegenstand« gefunden habe, »an dem es sich hätte üben können«. Wird der Patriotismus allerdings mit dem Krieg konfrontiert – das zeigt sich schon in der Variante des preußischen Patriotismus im Siebenjährigen Krieg –, findet er durchaus den Weg von der Ethik des ›Hauses‹, um Goethes Wort aufzunehmen, zur Politik der Nation. Es macht allerdings die Besonderheit des deutschen Nationalismus aus, daß er nicht zum Freiheitskampf der Deutschen gegen die eigenen Feudalherren geführt hat, sondern durch die Folgen der Französischen Revolution in einen ›Befreiungskrieg‹ gegen eine ausländische Macht und ausgerechnet in eine Allianz mit den deutschen Königen und Fürsten gezwungen wurde. Damit wurde der Akzent im deutschen Nationalismus entscheidend von der ›Freiheit‹ zur ›Einheit‹ verlagert.

Die deutschen Patrioten hatten zunächst die Französische Revolution begrüßt, sahen sie doch ihre Ideale in die Politik eindringen. Mit dem Terror der Jakobiner, die sich zynisch auf die ›Tugend‹ beriefen, und endgültig mit den napoleonischen Eroberungskriegen zerstoben allerdings die Träume von ›Freiheit‹, ›Gleichheit‹ und ›Brüderlichkeit‹ als Basis einer staatlich-politischen Gemeinschaft. Resignation und mehr noch eine nationale Verteidigungsmentalität breiteten sich unter den deutschen Intellektuellen aus. Die Verbindung von Eigenem und Fremdem, von Patriotismus und Kosmopolitismus schien sich für viele als Aporie erwiesen zu haben. Bedeutete der Patriotismus im 18. Jahrhundert vor allem die Verwirklichung einer menschenwürdigen Gesellschaft, in der das Individuum in seinen Rechten gesichert werden sollte, so traten im 19. Jahrhundert unter dem Eindruck des Verlaufs der Französischen Revolution forschere Gemüter auf, die den Primat der Politik vor der Ethik und Kultur behaupteten. Durch die napoleonischen Eroberungskriege wurde die Forderung nach einem edlen Wettstreit der Nationen um vorbildliche Sittlichkeit und Humanität von den meisten Schriftstellern aufgegeben und damit der Weg für einen nationalen Egoismus freigemacht.

War der Patriotismus bis dahin Teil einer bürgerlichen Reformbewegung, band sich an ihn die Vorstellung von der Emanzipation des einzelnen und der Völker, trieb er den Säkularisationsprozeß voran und schuf eine diesseitige ›Menschheitsgeschichte‹, so setzte mit den ›Befreiungskriegen‹ von 1813-15 eine Dogmatisierung der Nationalvorstellung ein: statt für Selbstbestimmung wurde nun für Ein- und Unterordnung plädiert, die Gewichte wurden vom Individuum zum ›Volk‹ verschoben. Die Nation wurde mit der Verklärung zum ›heiligen Vaterland‹ sakralisiert und die Völkergemeinschaft allmählich zugunsten der ›Volksgemeinschaft‹ abgeschrieben. Der Nationalismus bewegte sich immer mehr auf einen ›integralen‹ Nationalismus zu, der im 20. Jahrhundert seine totalitären Züge gewann. Die alten universalistischen Ideale von Freiheit und Gleichheit, Toleranz und Humanität mußten sich spätestens seit der gescheiterten bürgerlichen Revolution von 1848 dem mächtigen Wunsch nach nationaler Einheit unterordnen, die ja dann 1871 unter konservativen Vorzeichen auch verwirklicht wurde. Der Nationalismus wandelte sich immer mehr zu einer doktrinären Ideologie, die schließlich auch zum Imperialismus führte und eine aggressive Stimmung nicht nur gegen die ›Reichsfeinde‹ jenseits der Grenzen, sondern auch gegen die ›vaterlandslosen Gesellen‹ im deutschen Reich selbst erzeugte. Zwar hatte es schon früher bösartige nationalistische Stimmen gegeben, die gegen alle Fremden eiferten und sich dabei der weit verbreiteten Vorurteile über die angeblichen ›Charaktere‹ der Nationen bedienten, aber erst im Laufe des 19. Jahrhunderts bildete sich jene »Antithese von Humanität und Nationalismus« heraus, die Thomas Mann 1926 in seiner *Pariser Rechenschaft* als »größtes historisches Thema« seiner Zeit beschrieben hat. So sehr sich viele Intellektuelle nach dem Ersten Weltkrieg für eine friedvolle Völkergemeinschaft einsetzten, ja – wie z. B. Heinrich Mann – schon den Traum von den »Vereinigten Staaten von Europa« träumten, es waren die Ideologen der ›Heimat‹ und des ›Volkes‹, des ›Blutes‹ und der ›Rasse‹, die mit simplen Sprüchen die verunsicherten Menschen im Deutschland der Weimarer Republik zu einer gefährlichen nationalen Kollektivmentalität verführten und dabei bewußt auf Irrationalität, Aggressivität und rauschhaft-ekstatisches Erleben setzten. Wenn sich auch viele der Schriftsteller, die für die deutsche Nation eingetreten sind, vor solcher Banalisierung und zugleich Brutalisierung ihrer Idee entsetzt gezeigt hätten, so gilt es doch, darauf zu verweisen, daß sie immer gern im nationalen Diskurs eine Vordenker- und Vorsprecherfunktion eingenommen haben und spätestens seit der Mitte des 19. Jahrhunderts um die Gefahren des Nationalismus hätten wissen können. Dichter, die sich sonst gern als feinsinnige Lyriker präsentierten, waren sich nicht zu schade, die gefährlichsten nationalen Losungen zu prägen. 1861 kann Emanuel Geibel, wohl der erfolgreichste Lyriker des 19. Jahrhunderts, in seinem Gedicht *Deutschlands Beruf* seinen Mitbürgern auf plumpe Weise schmeicheln:

> und es mag am deutschen Wesen
> einmal noch die Welt genesen.

Der Erste Weltkrieg hat dann gezeigt, wie deutsche Schriftsteller diesen Wunsch verstanden haben und zu welchen Haßgesängen sie fähig waren. Es ist diese Hypothek, die jede Rede über ›Heimat‹ und ›Nation‹, über ›Volk‹ und ›Vaterland‹ auch heute noch tragen muß. Der lange Weg des deutschen Nationalbewußtseins und seine oft seltsamen Seitenpfade lassen sich im Spiegel der Dichtungen, Reden und Handlungen deutscher Dichter besonders eindringlich verfolgen. Zwar haben sie selten jene Forderung erfüllt, die schon Ulrich von Hutten im 16. und Heinrich Mann wieder im 20. Jahrhundert erhoben haben, daß nämlich die Dichter die ›Feder‹ und das ›Schwert‹ zugleich zu führen bzw. ›Geist‹ und ›Tat‹ zu verbinden hätten, aber dennoch stehen jene Autoren, die ihre Stimme für die deutsche Nation erhoben haben, in der historischen Verantwortung für das, was der Nationalismus – im guten wie im bösen – bewirkt hat. Die Geschichte des Nationalbewußtseins aus der Sicht der Schriftsteller ist auch eine aufregende Geschichte über Stärken und Schwächen der Intelligenz.

Diese bisher ungeschriebene Geschichte eines innigen Verhältnisses, über das wir schon in manchen Aspekten gut informiert sind, soll dieser Band in einer Reihe von Autorenporträts und einigen epochenspezifischen Beiträgen in den Grundzügen entwerfen. Es wären weitere Beiträge zu anderen Autoren und auch zu bestimmten epochalen Phänomenen möglich gewesen, aber es liegt in der ›Natur‹ solcher Sammelbände, daß sie unvollständig bleiben müssen. Dennoch ist auch mit diesem Band die Hoffnung verbunden, daß er nicht nur die bisherige Forschung gut referiert und ergänzt, sondern auch zu weiteren Untersuchungen zum Verhältnis der Dichter zur Nation reizt. In das weitflächige, aber an vielen Stellen noch blinde Mosaik des deutschen Nationalismus, an dem mancher deutsche Autor mitgearbeitet hat, können noch viele farbige Steine eingepaßt werden. Die Beschäftigung mit der Geschichte der Nationalvorstellungen ist notwendig, denn sie schärft unsere Urteilskraft für die gegenwärtig wieder lebhafter geführte Diskussion um den Wert der Nation und des Nationalismus.

Helmut Scheuer

Jörn Garber

Vom universalen zum endogenen Nationalismus

Die Idee der Nation im deutschen Spätmittelalter und in der frühen Neuzeit[1]

»Über nichts klagt der Deutsche mehr
als über Mangel an Deutschheit«

Friedrich Schlegel

I. »Nationes« und »Staatsnation«

Definiert man »Nation als eine Gruppe von Menschen gleicher Herkunft«, dann hat es immer »Nationen« gegeben.[2] Die Art der Gruppenmerkmale entscheidet darüber, welcher entwicklungsgeschichtliche Nationaltypus auszumachen ist. Die im 19. Jahrhundert ausgeprägte Vorstellung, daß Staat und Nation identisch seien, hat sich als eine verhängnisvolle hermeneutische Barriere für die Deutung vormoderner Nationalismen erwiesen, die bis heute nicht abgebaut ist.[3] Das geschlossene Staatsgebiet (»territorium clausum«), eine zentralistische Souveränitätsmonopolisierung und eine einheitliche »nationale« Trägerschicht wurden als überzeitliche Strukturmomente des Nationalen angenommen. Die deutsche Geschichte schien dadurch geprägt zu sein, daß sich der Staatsbildungsprozeß übermäßig verzögerte, so daß eine »verspätete Nation« entstand[4], die im Mittelalter universalistischen Imperiumsträumen nachhing und in der Neuzeit wegen konfessioneller und politischer Partikularismen die »nationale Einheit« verpaßte. So wurde selbst der »Staat des Mittelalters«[5] unter die Norm der Staats- und Nationeneinheit gestellt, obwohl dessen personale Struktureinheiten keinesfalls Elemente des modernen Institutionalismus aufwiesen. Das Mittelalterbild mußte erst von der Staatsfixiertheit des Historikerblicks abgelöst werden, bevor der Begriff der »Nation« quellenadäquat im Vergleich der Begriffe »natio«, »gens« und »ethnos« gedeutet werden konnte.[6]

Analog zur Epochenzäsur zwischen »Mittelalter« und »Neuzeit« hat man entweder den Nationengedanken ausschließlich auf Neuzeitphänomene bezogen oder aber zwischen mittelalterlichen und neuzeitlichen Nationenideen eine Trennungsdefinition vorgenommen, die in dieser Bestimmtheit nicht aufrechterhalten werden kann. Zunächst ist zu konstatieren, daß Nationalstaatsbildung und Nationenbildung nicht identisch sind. Wir besitzen bis heute keine Studie, die nachweisen kann, wann die Ligatur von »Staat« und »Nation« erstmals in den europäischen Nationalgeschichten nachweisbar ist und wie der Staatsbildungsprozeß auf die Nationbildung eingewirkt hat. Auch Untersuchungen zur Entstehung von Kollektivmentalitäten, z. B. zum Verhältnis von »Konfessionalismus« und »Nationalismus«, können den Verschmelzungsprozeß beider zumeist nicht konkret angeben.[7] Die Unbestimmtheit des Nationenbegriffs erlaubt es, Mutmaßungen über mentalitätsmäßige Einflußformen auf Nationalbildungsprozesse zu formulieren.

Auch der terminologische Gegenpol des Staatsbegriffs, der Volksbegriff, verharrt zumeist in einer Unbestimmtheitssemantik.[8] Erst im Gefolge des politischen Rousseauismus und sodann während der Französischen Revolution bildet sich ein präzises Bestimmungsverhältnis der Begriffe »Nation«, »Volk« und »Verfassung« aus, so daß die Forschung die Ereigniskette von 1789 zumeist als Einsatzpunkt des modernen Nationalismus erklärt. Man könnte dieser Einschätzung zustimmen, wenn man nicht das Problem der Begriffskohärenz, sondern den Faktor einer Massenerscheinung zum selektiven Kriterium der Nationalismusgenese machte. Tatsächlich sind alle Nationalbewegungen der Vorrevolutionszeit Erscheinungsformen, die auf eine Elite der Gebildeten (Kleriker und »literati«) beschränkt sind. Die geistlichen und weltlichen Herrschaftsträger bündeln in Gestalt von Nationalismusideen historische Prozesse, damit aktuelle politische Auseinandersetzungen historisch fundamentierbar werden.[9] Die Differenz von älterem Bildungsnationalismus und modernem Massennationalismus kann nicht verdecken, daß die Vorstellungsformen des Nationalen sehr oft zurückverweisen auf humanistische oder mittelalterliche »Nationes«-Theorien, die wiederum ableitbar sind aus topischen Bestimmungen antiker Ethnographien.[10]

Die folgenden Ausführungen sollen darauf aufmerksam machen, wie typusgleich mittelalterliche und frühneuzeitliche Nationentheorien sind. Daß innerhalb eines Typus aber zugleich Gegensatzformen formulierbar sind, die erkennen lassen, wie der universalistische Reichsnationalismus des Mittelalters durch einen endogenen, monogenetischen Nationalismus des Humanismus abgelöst wird, soll darauf verweisen, daß Herkunftsbestimmungen, Abstammungssagen, Geschlechtergenealogien und »nationale« Raumbezeichnungen zu Nationalismen verdichtet werden können, ohne daß dieser Nationalismus älteren Typs auf einen Staatsbildungsprozeß und damit auf die moderne Idee der Staatsnation bezogen werden darf.

II. Reichsuniversalismus und nationale Weltämterlehre: Die Idee des Reiches und der Nation im deutschen Spätmittelalter (Alexander von Roes)

Der Zeitraum deutscher Geschichte zwischen dem Tod Friedrich II. (1250) und der Wahl Rudolphs von Habsburg (1273), das sog. Interregnum, war eine Schockperiode für die politischen Publizisten der damaligen Zeit.[11] Die mittelalterliche Rechtstheorie deutet »Erneuerung« als Reaktivierung von »altem Recht«, also als eine Form der Aktualisierung vergangener Geschichte.[12] Wird die genealogische Kette einer Herrscherdynastie unterbrochen oder bleibt ein Amt unbesetzt, dann bricht die Geschichte und mit ihr die Legitimitätskontinuität ab.[13] Ausdruck eines solchen durch Diskontinuität ausgelösten politischen Krisenbewußtseins sind die Schriften des Kölner Kanonikus Alexander von Roes.[14] Alexander erlebte 1281 in Viterbo die Wahl des französischstämmigen Papstes Martin IV. und beantwortet diesen »Übergriff« der Franzosen auf das »sacerdotium« mit der Programmschrift »Memoriale de Prerogativa Imperii Romani«.[15] In diese Schrift wurde der ältere »Tractatus super Romano imperio« des Jordanus von Osnabrück integriert. Die Schrift Alexanders setzt das aktuelle Politikgeschehen in Verbindung zu den Grundstrukturen der Weltgeschichte.

Der in Frankreich am Ausgang des 13. Jahrhunderts entstehende »Nationalismus« wird vom Standpunkt einer Weltämter- und einer »Ordo«-Lehre bekämpft, in die wiederum »Nationes«-Theorien eingeschlossen werden.[16] Die drei Leitnationen Italien, Deutschland und Frankreich sind die Träger der aktuellen Weltgeschichte mit fixierbaren Aufgabenbereichen: Das Papsttum (»sacerdotium«) kommt den Italienern zu, die Deutschen verwalten das Reich (»imperium«) und die Franzosen die Wissenschaften (»studium«).[17] Im Augenblick des französischen Anspruchs auf zwei Ämter (Papsttum und Studium) und der Ablehnung ein Überordnung des Reiches über die Königreiche (»regna«) komm der Teilungstheorie der Weltämter eine präzise lokalisierbare poli tische Stoßrichtung zu: Alexander will das Sacerdotium vom fran zösischen Einfluß befreien, das Imperium als universelles, deutsch geprägtes Ordnungsgefüge der Weltgeschichte behaupten und den Franzosen *ein* Amt, nämlich das Studium in Paris vorbehalten. Die national definierten Kompetenzbereiche sind in ein transnationa-les Arbeitsteilungsschema der Weltämter eingelassen, das als Ausdruck der eschatologisch gedeuteten Geschichts- und Weltordnung interpretiert wird. Die Nationen sind die »Werkzeuge« Gottes, die in ihrer Gesamtheit die Aufgabe erfüllen, die Weltgeschichte vor ihrer Auflösung zu schützen.[18] Die Gesamtgeschichte und die »nationale« Aufgabenteilung erscheinen im Bilde eines Hauses mit dem Fundament des Sacerdotiums, den Wänden des Imperiums und dem Dach des Studiums. Nur aus der Bezogenheit der »nationes principales« aufeinander, nicht im Separationsprozeß endogener Nationalgeschichten erblickt die Reichstheorie den nationalen Aufgabenkreis. Die Nationen sind »Weltstände« (H. Heimpel)[19] mit der Aufgabe, die Geschichte zu regulieren. Die bereits abgelaufene Geschichte wird durch Abkunfts- und Herkunftsmythologien gegenwärtig gehalten, die Menschheitsgeschichte ist eingespannt zwischen Schöpfungszeit und Endzeitbestimmung, die »nationes« haben ihre Funktionen in diesem »Ordo«-Schema zu erfüllen. Überschreitet eine Nation ihren durch »Natur« und »Vorsehung« definierten Tätigkeitskreis, dann zerstört sie sich selbst und die anderen Nationen. Die »Natur« wird dafür sorgen, daß dieses Abirren vom »Ordo«-Gebot korri-giert wird.

Einerseits sind die Eigenschaftskataloge der Einzelnationen statisch-invariant, zum anderen erkennt Alexander, »daß die Herrschaftsrechte, wenn sie auch alle Menschen binden, doch auf Verschiedenheit der Zeiten, der Länder und der Menschen abzustimmen sind«.[20] Semantische Schwankungen der Nationenattribute schlagen nie soweit aus, daß ein Austausch von nationalen Eigenschafts- und Aufgabenkatalogen stattfinden kann. Der Nationalismus ist keine nur auf sich selbst zurückweisende Weltordnung: »Denn wie die Liebe zum eigenen Volk, so verblendet manchen die Liebe zum eigenen Stand.«[21]

Im Gesamtorganismus der Nationen relativiert sich die natio-

...einschätzung: »Die Römer bilden gleichsam die Wur-
...eutschen den Stamm und die Franzosen die Zweige eines
...der herrliche Blüten und Früchte trägt.«[22] Der Gesamt-
...der Geschichte wird nach dem Schema der Zuordnung des
...am übergreifenden Ganzen gedacht.

...nationale Ordnungsgedanke konkretisiert sich in nationa-
...igenschaftskatalogen. Die Italiener, die Deutschen und die
...nzosen werden von Alexander wie folgt charakterisiert: »Nun
spricht aber der eine Volkscharakter mehr dem gemeinen
...lke, ein anderer dem Ritteradel, wieder ein anderer der Geist-
...chkeit.«[23] Die Italiener sind ein Bürgervolk, die Deutschen ein
Adelsvolk und die Franzosen sind ein Klerikervolk. Die Franzosen haben folgende Attribute: Sie sind schön, verwegen, lustig und
liebenswürdig sowie freisinnig. Sie zeichnen sich durch Umsicht,
Rührigkeit und Familiensinn aus. Alexander schlußfolgert, daß
aus solchem Stoff gute Kleriker gemacht seien. Den positiven
Eigenschaften entsprechen negative: An den Galliern ist zu kritisieren: deren Hoffart, deren Lärmigkeit, deren Geilheit und Unbe-
ständigkeit, deren Wechselhaftigkeit sowie das Schwanken zwischen Verträglichkeit und Unverträglichkeit.[24] Auch die Deutschen weisen einen gespaltenen Katalog von Nationaleigenschaften auf: Großherzigkeit, freier Sinn, Tatkraft gegen das Böse und
Mitleid mit den Elenden korrespondieren Grausamkeit, Raub-
sucht, Ungewandtheit und Zwietracht.[25]

Die Völker können ihre historische Mission nur wahrnehmen,
wenn sie die guten Eigenschaften ausbilden und die negativen
unterdrücken. Aber allein aus der Eigenschaftsdifferenz der
Nationen läßt sich deren Dignität, deren weltgeschichtlicher Status nicht erklären. Dieser erschließt sich allererst aus der Abkunft,
aus dem Verbundensein der Nationen mit den Achsen- und
Gelenkpunkten der Weltgeschichte und der Einpassung in die
übergreifende »Ordo«-Struktur der Geschichte.

In der satirischen Fabel »Pavo« (der Pfau) hat Alexander von
Roes die Folgen des Verlustes einer gerechten Ordnung durch
übertriebenen Nationalismus geschildert.[26] Diese 1284 konzi-
pierte Satire auf den »Pfau« (den Papst) und den »Hahn« (die Franzosen) reflektiert die Absetzung Kaiser Friedrichs II. durch den
Papst auf dem Konzil von Lyon (1245). Der Papst verwechselt und
vermischt die Aufgaben der beiden Weltämter »Sacerdotium« und
»Imperium«, wenn er sich die Blutgerichtskompetenz anmaßt und

den Kaiser richtet. Dadurch schwächt er nicht nur die Reichsautorität, sondern er veranlaßt den »Hahn« (den französischen König), sich weitere weltliche »Federn« (Befugnisse) anzustecken.

Durch die Vermischung geistlicher und weltlicher Ämter gerät die Weltordnung aus den Fugen, die Kleinnationen (Griechen und Spanier) imitieren den Machthunger der Franzosen und vernachlässigen ihre Pflichten. Wenn der Pfau (Papst) sich die Reichsfedern (Reichsämter) widerrechtlich anklebt, wenn sich sogar die Tauben mit Adlerfedern schmücken und sich die Gans wie ein Raubvogel aufspielt, dann setzen sich fremde Vögel auf das Taubengelege, und die Naturordnung (Weltordnung) wird zerstört. Hier erscheinen die nationalen Egoismen in Gestalt von Vögeln, die gallische Herausforderung an den Reichsadler (deutschen Kaiser) verletzt das Prinzip des zwischennationalen Ausgleichs, weil sich der Papst das »weltliche Schwert« (Kaiserbefugnisse) anmaßt und so die Gleichgewichtskonstellation zwischen weltlicher und geistlicher Macht aushebelt. Mit dem Zerfall der Weltämter droht die Geschichte dem Antichristen ausgeliefert zu werden. Die Selbständigkeit von päpstlicher und kaiserlicher Gewalt wird durch den französischen Zugriff auf zwei Weltämter (»studium« und »sacerdotium«) gefährdet. Alexander von Roes hat kunstvoll die Attribute der Superiorität des Reiches über die »regna« zusammengefügt, um den »gallischen Hahn« an dem Zugriff auf die »Reichsfedern« zu hindern.

Eine Abspaltung und Verselbständigung der »regna« aus dem Einflußbereich des sie überwölbenden »imperium« verstößt gegen die Weltordnung.[27] Durch den Nachweis, daß nur das Kaisertum durch Wahl (im Unterschied zur automatischen Erbfolge der Königreiche) konstituiert werde und daß diese Wahl auf eine Stiftung des Kurfürstenkollegs durch Karl den Großen zurückgehe (Kurfürstenfabel), versucht Alexander, die verfassungskonstruktive Differenz von »imperium« und »regnum« herauszuarbeiten. Das Reich repräsentiert den weltgeschichtlichen Universalismus in Differenz zur partikularen Kompetenz des französischen »regnums«. Das Verfassungszentrum des deutschen Reiches sind die rheinischen Kurfürstenstädte Mainz, Trier und Köln[28], die Alexander z.T. als trojanische Gründungen bezeichnet, die älter als Rom seien. Die Rheinfranken sind durch Parallelgenealogie den Römern ebenbürtig, sie dominieren die anderen deutschen Hauptstämme der Schwaben, Bayern und Sachsen. Diese wurden erst in nachkarolingischer Zeit zu »electores« (Kurfürsten). Die Sachsen werden als jüngerer Stamm von den Rheinfranken abgeleitet. Die Aufwertung der deutschen Franken geschieht mit der Absicht, die französischen Franken als weniger alt und damit als weniger herrschaftskompetent als die deutschen Franken zu erweisen. Frankreich wird herabgesetzt zur »Francia minor«, und die Franzosen sind nur »Francigenae«, also »abgeleitete Franken«. Die Deutschen hingegen sind Abkömmlinge der »Prima Francia«.[29] Karl der Große habe diese herkunftsbezogene Herausgehobenheit der Deutschen dadurch betont, daß er ihnen und nicht den späteren Franzosen die Kaiserwürde zugesprochen habe. Der gegenwärtige Konflikt zwischen Deutschen und Franzosen wird zu der grundsätzlichen Frage verschärft, welches Land sich als legitimes Nachfolgereich Karls des Großen bezeichnen dürfe. Zum einen sei Karl der Große ein Deutscher gewesen, und zum anderen seien die Deutschen kraft ihrer »natio« (Herkunft) jenes Volk, dem die römische Kaiserwürde zustehe.

Nur über eine exklusive Romnähe können die Deutschen ihren Anspruch auf das Reich untermauern. Zugleich müssen sie ihre genealogische Verflochtenheit mit dem Geschlecht der Karolinger demonstrieren, da Karl der Große der Translator des römischen Reiches auf die Franken ist. Durch die Trojasage[30] soll dieser Doppelnachweis geführt werden. Der jüngere Priamus, ein Bruder des aus Troja fliehenden, mythischen Romgründers Aeneas, stieß nach Gallien vor, eroberte das Rheingebiet und die Trojaner vermischten sich mit der dortigen Urbevölkerung.[31] Diese Urbewohner stammten von dem Riesen »Teut« ab, von dem sich der Name »Theutonici« (Deutsche) herleite. Als Hauptstadt erwählten sie Trier, die älteste Stadt Europas, die bereits acht Jahre nach Abrahams Geburt gegründet worden sei. Die römischen Trojaner nennen die Priamus-Trojaner »Germani«, weil sie von gleicher Herkunft (»germen«) wie die Römer seien. Wegen ihrer Kriegstüchtigkeit sind sie von Tributen befreit und dürfen sich als »franci« (die »Freien«) bezeichnen. Diese Rheinfranken sind das Kernvolk der Franken, während die »Franzosen« nur ein Seitenstamm dieser »deutschen Franken« sind.[32] Die Franken helfen Cäsar bei seinen Eroberungsfeldzügen als dessen Verbündete.

Die Trojasage soll die »Deutschen« als gleichberechtigten Stamm (»gens«) der Römer erweisen, zugleich eine autochthone fränkische Stammesgemeinschaft begründen und die Franzosen abwerten zu einer Filiationsgemeinschaft der deutschen Franken. Karl der Große ist gleichermaßen mit den Trojanern, den Römern, den Byzantinern und den »deutschen Franken« verwandt.[33] Nur die »Deutschen« sind durch ihre Ebenbürtigkeit mit den Römern jenes Reichsvolk, das des Erbes Cäsars und Karls des Großen würdig ist. Mittels der »translatio imperii«, der Ost-West-Wanderung der Reiche, sind die Deutschen die legitimen Nachfolger der Römer, vermittelt durch Karl den Großen, der die Verbindung von römischer und fränkischer Reichstradition begründet.[34] Zugleich wird das Reich in strikter Korrespondenz zum Papsttum gedacht. Mit der Formel »duo sunt gladii«, der Theorie vom geistlichen und weltlichen Schwert Gottes, wird der Kaiser als »advocatus ecclesiae« zum »weltlichen Schwert« erklärt: »Wie die Römische Kirche die Kirche Gottes ist, so ist das Römische Reich gleichsam das Reich Gottes.«[36]

Diese Verbindung von römischer Kirche und römischem Reich ist in Gefahr: »Dann wird vielleicht die Römische Kirche das Römische Reich, das sie jetzt schon zum Teil zerstört hat, mit Hilfe der Franzosen vollends vernichten.«[37] Oder, wie es im »Pavo« metaphorisch ausgedrückt wird: »Ohne Ordnung nimmt der Eine die Federn des Andern.«[38]

Gegen diesen »Ordo«-Verlust werden die Translationstheorie der Reiche, die Verwandtschaftstheorie von Römern und deutschen Franken, die Weltämterlehre sowie die eschatologische Geschichtskonstruktion der Gleichzeitigkeit des Endes der Welt mit dem Untergang des römischen Reiches von Alexander argumentativ ins Spiel gebracht.[39] Deutschland ist eine Art Ersatzrom, ein erneuertes Rom. Im Zeitprogramm der fünf Weltalter (vom Paradies bis zur Unendlichkeit), im Schema der drei Weltkulturräume (Asien, Afrika, Europa), durch die Lehre der Menschenarten (Heiden, Juden, Christen) und die Weltämterlehre wird die »Nationes«-Theorie eingespannt in einen welthistorischen Gesamtplan der Geschichte, der auf der Korrespondenz von Kirchengeschichte (Papsttum) und Weltgeschichte (Kaisertum) beruht. Die Ausgliederung der »regna« aus dem »imperium« der Deutschen wäre gleichbedeutend mit der Zerstörung dieser doppelpoligen Heils- und Weltgeschichte. Jedes nationale Amt ist Teil der Weltordnung, zugleich ist die Bewahrung dieser Weltordnung die Aufgabe der fränkisch-deutschen Nation. Die Nationen sind Werkzeuge Gottes, die in ihrer Gesamtheit die Aufgabe haben, die

Ankunft des Antichristen zu verhindern.

Hermann Heimpel hat nachgewiesen, daß die Reichstheorie des Alexander von Roes sich nicht ins staufische Geschichtsdenken einfügen läßt. Der welthistorische Universalismus dieser Reichskonstruktion ist eine Wiederaufnahme karolingisch-ottonischer und salischer Traditionen.[40] Dieser ältere Theorietypus wird gegen die Emanzipation der »regna« vom »Reich« im 13.Jahrhundert strategisch in die Debatte eingeführt. Insbesondere die deutsche Funktion, »weltliches Schwert« der Kirche zu sein, muß betont werden, weil Frankreich nicht nur das Papsttum bereits besetzt hält, sondern auch das durch das Interregnum ohnehin geschwächte Reich nicht länger als weltgeschichtliche Klammer der »regna« anerkennen will. Der Nationalismus ist bei Alexander von Roes in einem Transnationalismus aufgehoben, der die nationalen Funktionen nur in ihrer Gesamtheit als konform mit der Weltgeschichte betrachtet. Endogene Nationalismen kennt diese Theorie nicht. Der Weltbestand ist mithin nur zu sichern durch die Aufrechterhaltung der Eigenschafts- und Funktionsdifferenz der »nationes principales« Italien, Deutschland und Frankreich.

III. Das Konzept des deutschen Humanismus: die autochthone deutsche Nation

Mit der Konstruktion einer autonomen Neuzeitepoche, die nicht länger Bestandteil der »series temporum« ist, verändert sich der Antikebezug des Geschichtsdenkens.[41] Die deutsche Geschichte wird nicht länger unter die Norm der Romerneuerung gestellt, vielmehr sind Antike und Gegenwart getrennt durch die Zäsur des »dunklen Mittelalters«. Die Humanisten kritisieren das Mittelalter als Kulturverfallstufe in dem Maße, wie sie die Antike als Zeitalter des Wissens aufwerten. Zugleich verändert sich der Antikebezug: Die römische Antike, insbesondere die Kaiserzeit, wird von den deutschen Humanisten als Verfallszeit innerhalb der Antike abgelehnt, während die Zeit der römischen Republik und insbesondere die griechische Antike eine nachhaltige Aufwertung erfahren.[42] Zugleich wird die Geschichte der Deutschen aus dem Translationsschema der Weltreiche herausgelöst, d.h. die Kontinuitätshypothese von römischem Reich und deutschem Kaisertum wird aufgegeben zugunsten einer einsträngigen deutschen Geschichte. Die

Antike wird zu einer Vorzeitepoche ohne unmittelbaren Gegenwartsbezug. Zugleich verengt sich die deutsche Geschichte zum monogenetischen Verlaufsprinzip einer Nationalgeschichte mit einer eigenständigen Urgeschichte der »Germania«.[43] Römische und deutsche Geschichte geraten in einen Polarisierungsprozeß. Damit verliert das römisch-fränkisch-germanische Verbindungsdenken mit dem idealisierten Urgeschichtszeitalter der Trojaner ebenso seine normative Kraft wie die Kontinuitätslinie römisch-deutscher Kaiser von Cäsar über Karl den Großen zu den deutschen Gegenwartskaisern. Nunmehr treten Antike, Mittelalter und Neuzeit auseinander und werden zu Bezeichnungen selbstreferentieller Epochen.[44]

Die Humanisten statten jede Nation mit einer eigenen »Antike«, d. h. Urgeschichte aus, so daß sich eine Pluralisierung der nationalen »Antike« ereignet.[45] Durchweg wird das Mittelalter als historische Fehlform abgelehnt und die »Neuzeit« im Rückgang auf die nationale »Antike« begründet. Die Ausscheidung der »historia medii aevi« aus der Kontinuität nationaler Entwicklungsgeschichte führt zur gegenläufigen Inbezugsetzung der »historia antiqua« mit den »tempora nostra«! In der Beantwortung des Vorwurfs der italienischen Humanisten, die deutschen Stämme der Völkerwanderungszeit hätten die antike Kultur (Untergang Roms) zerstört, entkoppeln die deutschen Humanisten die Entwicklungskontinuität von römischer und deutscher Geschichte. Die Nationalgeschichten polarisieren sich zu Entwicklungsverläufen mit positivem Rombezug (Italiener) und autochthonen Nationalgeschichten (Germania-Konstruktion der Deutschen).[46] Temporal kann die Gegenwartsgeschichte nicht unmittelbar an die Antike angeschlossen werden, räumlich isoliert sich der nördlich-germanische Raum von den antiken Mittelmeerkulturen (romanische Länder).

Die jüngere, sich vom Reichsdenken ablösende Humanistenhistoriographie der Deutschen hat die Völkerwanderungszeit zur Zäsurschranke zwischen Antike und Mittelalter erklärt. Es ist die Zeit des Aufstiegs der »germanischen Völkerschaften« und des Zusammenbruchs Roms. Der Romuniversalismus gerät zugleich aus konfessionellen und politischen Gründen in die Kritiklinie der Humanisten und der Reformationstheoretiker. Während sich die italienischen Humanisten als Entdecker der römischen Traditionen italienischer Geschichte verstehen[47], bereitet die Ableitung deutscher Herkunftsmythologien Schwierigkeiten, da die Vergangenheit Deutschlands über Jahrhunderte identisch war mit der (römischen) Reichsgeschichte. Die italienischen Humanisten lokalisierten ihre Antikeheroisierung nicht in der Zeit des römischen Kaisertums, sondern in der Zeit der römischen Republik. Die Deutschen können die Rombezüge der Mittelalterzeit nur dadurch tilgen, daß sie eine spezifische germanische Regenerationstheorie entfalten, die man aus der 1455 wiederentdeckten *Germania* des Tacitus ableitete. Hier waren die positiven Eigenschaftskataloge der Germanen aufgezeichnet und in direkten Kontrast zum Niedergang der antiken Kultur gesetzt worden. Die den Deutschen von den romanischen Humanisten vorgeworfene kulturelle Rückständigkeit verkehrte sich zur Ideologie der deutschen Sittenreinheit, die der römischen Korruption von Staat und Gesellschaft entgegengesetzt wurde. Die Deutschen lösen sich ab von ihrer Romfixiertheit und betonen die charakterliche und freiheitsbezogene Überlegenheit der Deutschen (»Germanen«) gegenüber den Römern und deren Nachfolgeländern (Italien). Die Deutschen sollen die »alten Freiheiten« wieder herstellen, gleichsam im Neuschöpfungsakt der »Germania antiqua«.[48]

Während die italienischen Humanisten den Text des Tacitus zum Beweis für ihre Thesen einsetzten, daß die Deutschen kulturlos gewesen seien und daß die Kulturexpansion in Germanien allein durch Romkontakt sowie durch die spätere, von Rom ausgehende Christianisierung erfolgt sei, deutet Ulrich von Hutten die »Germania« des Tacitus als Quelle und als Beleg für die militärische Stärke und Überlegenheit der Deutschen. Arminius der Deutsche und nicht der antike Alexander oder die römischen Kriegshelden sind die Heroen militärischer und herrschaftlicher Tugenden. An ihm scheitert die römische Expansionspolitik. Der Arminiuskult wird zum ideologischen Sammelbecken deutscher Nationalidentität.[49] Vor dem Hintergrund der römischen Verfallsgeschichte hebt sich der kriegstüchtige Arminius wirkungsvoll ab. Die römische Niedergangsgeschichte wird nicht den Germanen zur Last gelegt, sondern sie ist ein endogener, römischer Verfallsprozeß: Rom sei zu einer instabilen Übergröße herangewachsen, habe eine korrupte Verwaltung, eine sittenverdorbene Bevölkerung gehabt und sei durch Cliquenwirtschaft, durch die Unfähigkeit seiner Kaiser und durch Bürgerkriege in den Strudel des Zusammenbruchs hineingeraten. Selbst Augustus verblaßt vor dem Heroenbild des Arminius. Die deutschen Humanisten behaupten, daß die Römer ihre Herrschaft nur durch die Hilfe germanischer Volksstämme hätten behaupten können. Die Völkerwanderungszeit ist mithin keine Verfallsepoche, sondern die Wiege der deutschen Nationalgeschichte.[50]

Einige Humanisten lassen die deutsche Geschichte *vor* dem Aufstieg Roms zum Weltreich beginnen (Parallelismus Deutschland – Griechenland) oder aber erst mit dem Untergang Roms (endogene Germanengeschichte seit der Völkerwanderungszeit). Die deutschen »gentes« der Völkerwanderungszeit übernehmen die Rolle, die zuvor den Trojanern in der Reichskonstruktion vorbehalten blieb. Die Urgeschichtsachse verlagert sich vom Süden (Rom) nach Norden (Germanien/Skandinavien).

Das Ende der antiken Geschichte ist der Beginn der deutschen Nationalgeschichte. Ausdruck dieses Gegensatzes von Antike- und Germanengeschichte sind die bewußt vom Cäsar- und Augustusmythos abgesetzten Germanicus- und Arminiuskulte. Eine Verbindung von Rom- und Germanengeschichte gab es nur, wenn die Germanen zu Restauratoren der römischen Republikgeschichte als Gegenepoche der römischen Kaisergeschichte stilisiert wurden. Zumeist galt Rom aber als »sterbend« zum Zeitpunkt des Aufstiegs der Germanenreiche. Luther bezeichnete das kaiserliche Rom verachtungsvoll als »ausgelaufenes Faß«, und triumphierend ruft Beatus Rhenanus aus: »Nostri enim sunt Gothorum, Vandalorum, Francorumque triumphi. Nobis gloriae sunt illorum imperia in clarissimis Romanorum provinciis.«[51]

In England lösen Keltenkulte und in Frankreich Frankenkulte ebenfalls die historisch-politischen Rombezüge dieser Reiche ab. Die mittelalterliche Fiktion, Rom habe bis in die Gegenwart hinein existiert, wird dadurch kritisiert, daß die europäische Geschichte eine vielfältige Ursprungsgeschichte der germanischen, fränkischen und keltischen »Nationen« aufweise.[52]

In geschickter Selbstwerbung hat der Humanismus von sich das Bild entworfen, einen radikalen Neuansatz der Denkweisen und Gegenstandserfassungsmethoden gegenüber dem »dunklen Mittelalter« vorgenommen zu haben.[53] In Hinblick auf die nationalen Legitimationsmuster trifft dies nicht zu. Es fällt eine Vergröberung und Vereinfachung der Ableitungsschemata auf sowie eine Phantastik der Ursprungsgenealogien, deren Deutungsintensität erheblich hinter den mittelalterlichen »nationalen« Ursprungsmytholo-

gien zurückbleibt. Zwar wechseln Zeit-, Raum- und Personenbe-
züge, die Muster personalistischer und dynastischer Nationalmythologien bleiben gleichwohl erhalten, so daß von einem methodi-
schen Neubegründungsprogramm des Nationalen im Humanismus nicht gesprochen werden kann.[54] Da der etatistische Institutionalismus im 16. Jahrhundert noch nicht ausgebildet war, passen
diese nationalen Denkbilder zum fortexistierenden, frühneuzeitlichen Personenverbandsstaat.

Das offizielle Genealogieprogramm der deutschen Kaiser blieb
dem Prinzip der deutschen Romverwandtschaft verhaftet. Maximilian I., der als letzter Kaiser den Romzug durchführte, leitete
sich (wie die Römer) genealogisch von den Trojanern ab, fügte diesem Programm die Francia- und Sicambria-Abkunft an und stellte
sich in die Kaisergenealogie von Cäsar bis Siegismund.[54a] Integrale
Bestandteile der römischen Imperialemblematik, wie die Osiris-
und Hercules-Kulte, wurden kritiklos übernommen. Beide Götter
werden bis auf Hektor von Troja zurückgeführt, so daß eine Synthese von antiker und christlicher Überlieferung im kaiserlichen
Genealogieprogramm angestrebt wurde. Die fränkische Trojasage
blieb Kernbestandteil des Programms der Kaiserverherrlichung.

Der deutsche Humanismus hat aber zumeist den trojanischen
Abstammungsmythos der Franken-Deutschen ersetzt durch eine
germanisch-deutsche Genealogiekette. Konrad Celtis leugnet die
Hercules-Abstammung der deutschen Kaiser und nennt als
Ersatzheros den Namengeber der Deutschen, den Urahnen
Tuisco.[55] An die Stelle der Trojaner treten beispielsweise die Drui-
den, die sowohl für die Griechen wie auch für die Deutschen als
Urahnen fungieren! Dieser Parallelismus von Deutschen und
Griechen soll auf eine deutsche Urgeschichte verweisen, die älter
sei als die römische. Die Humanisten versuchen durch phantasti-
sche Etymologien nachzuweisen, daß zwischen der griechischen
und der deutschen Sprache eine enge Verwandtschaft bestehe. Aus
Fundstücken germanischer Grabstätten wisse man, daß diese griechische Aufschriften getragen hätten! Der Rückbezug des Germanischen auf das Griechische erlaubt es, die Dignität der Antike für
die Germanengeschichte zu retten, ohne eine Affinitätskonstruk-
tion des Germanischen mit dem Römischen bemühen zu müssen.[56]

Es gibt aber auch Gegenstimmen, die den Antikebezug prinzipiell ablehnen und endogene Geschichtsverlaufsreihen aus rein germanischen Ursprüngen konstruieren. Willibald Pirckheimer, der

humanistisch gebildete Freund Dürers, hat eine solche germanisch-fränkische Herleitung der Deutschen vorgenommen.[57] Auch die Abwehr von fränkisch-gallischen Ursprungsmythologien bedarf nicht länger der Betonung der deutschen Romnähe (Trojasage), sondern man leitet die Franzosen-Franken ab aus einer zeitlich früheren Schicht der germanisch-deutschen Dynastiegeschichte. Die Nähe der französischen Sprache zum Lateinischen führt zu einer Verunglimpfung des Lateinisch-Römischen als Gegenpol des Germanischen: Äneas und Romulus, die mythischen Gründungsväter Roms, werden in der deutschen Tradition des Humanismus als Räuber und Verräter bezeichnet. Die Deutschen bedürfen nicht des Rombezugs, sie sind autochthon: »germani sunt indigenae«.[58] Deutschland gehört genealogisch-historisch zur skandinavischen Völkerwiege.

Auch die Annahme, daß das Alter eines Volkes über dessen Dignität im Konkurrenzkampf der »nationes« entscheide, ist von den Humanisten beibehalten worden. Das hat absurde Konsequenzen gehabt. Der sog. »oberrheinische Revolutionär« erklärt Adam zum »deutschen Mann« und erklärt den Namen »Alemanne« als »alman« (= jeder). Die deutsche Sprache sei jene Ursprache, die vor dem Ausbruch der babylonischen Sprachverwirrung gesprochen worden sei. Die deutschen Hauptstämme ließen sich ohnehin bis in die vorbabylonische Zeit zurückverfolgen, sie seien Bestandteile der Urgeschichte der Menschheit. So habe »Japhet«, der Urvater der Deutschen, ein halbes Jahrtausend vor Ausbruch der babylonischen Sprachverwirrung gelebt.[59] Im Vergleich mit dieser vorbabylonischen germanischen Urgeschichte sei die antike Kultur nur eine abgeleitete Kultur, die erst in nachbabylonischer Zeit entstanden sei. Jakob Wimpfeling wagt gar die Behauptung, daß Trier 1250 Jahre älter sei als Rom. Seine Schlußfolgerung lautet, daß die Deutschen als Urvolk der Erde niemals von den Römern abhängig oder von diesen gar unterworfen worden seien.

Den Deutschen gebührt eine welthistorische Führungsmission, weil sie durch das Alter ihrer Herkunft (»natio«) alle anderen »Nationen« überragen. Argumentative Bruchlinien lassen sich bei jenen Autoren nachweisen, die keine eindeutige Zuordnung von deutscher Reichsidee und deutscher Nation vornehmen können.[60] Insbesondere in dem Nürnberger Humanistenkreis wird versucht, deutsche Romnachfolge (Kaisertum) und autochthone deutsche

Nationableitung zu synthetisieren. Auch Ulrich von Hutten proklamierte zunächst die ältere Reichsidee, um diese in seinem Spätwerk durch eine endogene deutsche Nationalideologie zu ersetzen.[61] Nunmehr wird Rom mit der »Hure Babylon« gleichgesetzt, während Deutschland samt seines »Tugendhelden« Arminius aus der Freiheit der Wälder Germaniens hervorgegangen sei. Der Humanist Hutten will den Deutschen gleichwohl eine gewisse Antikeaffinität bewahren und behauptet die Ähnlichkeit und Gleichursprünglichkeit von griechischer und deutscher Sprache. Die auf Kaiser Maximilian projizierten antiken Herrschertugenden aber lehnt er mit Hinweis auf eigenständige deutsche Nationaltugenden ab. Die Deutschen sind ein Volk mit eigener Urgeschichte, das niemals von siegreichen Völkern überlagert oder besiegt worden sei. In diesem Sinne preist Hutten Arminius als »liberrimus, invictissimus et Germanissimus«.[62] Diese Eigenschaftskumulation lasse ihn zum Begründer der deutschen Nation werden. Wie die Reformatoren[63] lehnt Hutten die deutsche Romtradition ab, weil er Deutschland als Gegenpol des römischen Papsttums begreift.

IV. »Biologischer« Nationalismus und »organischer« Konservativismus

Die Unhaltbarkeit solcher Nationalgenealogien und Nationaletymologien ist von den Humanisten durchaus gesehen worden. Beatus Rhenanus hat zutreffend bemerkt: »gentium origines plerumque sunt fabulosae.« Die Herkunftsspekulation über die Nationen hat keine »historische« Beweiskraft. Die Rekonstruktion gegenwärtiger Nationen aus deren Ursprungsgeschichte, aus mythischen Heroengeschlechtern oder Ursprachenräumen überlagert die ungleich komplexeren Geschichtsverläufe dieser (späteren) »Nationen«. Gleichwohl läßt die Beibehaltung genealogischer, prosographischer und dynastischer Ursprungskonstruktionen durch die Humanisten erkennen, daß kein prinzipieller Gegensatz zu den mittelalterlichen Ableitungsformen der »nationes« vorauszusetzen ist. Zugleich wird deutlich, daß die Nationalmythologien durchweg an »biologisch«-organologische Begründungshypothesen angeschlossen werden und nicht etwa an einen »künstlichen« Institutionalismus. Dieser Biologismus ist inkompatibel mit den Deutungsmetaphern des Frühneuzeitstaates als »Staatsmaschine«, also eines zweckrationalen Funktionsmechanismus des Sozialen und des Politischen.[64] Die Begriffprägung »Nationalstaat« ist ohnehin erst in nachrevolutionärer Zeit, im 19. Jahrhundert, entstanden.

Der auf die »Kette der Generationen« begründend bezogene Nationalismus wurde im 18. Jahrhundert wiederbelebt, als die Kontinuität der Geschichte durch die Französische Revolution und deren konstitutionellen Voluntarismus (politische Partizipation) zerschlagen wurde.[65] Im englischen und deutschen Frühkonservativismus mit gegenrevolutionärer Zielrichtung haben Burke und seine deutschen Anhänger – von Rehberg über Adam Müller bis hin zu den politischen »Organologen« des 19. Jahrhunderts – den dynastisch-prosographischen Nationalismus integriert in eine organische Geschichtstheorie, die präzise das schützen wollte, was die Revolution bekämpft hatte: historische Kontinuität.[66]. Der ältere Nationalismus ließ sich deswegen mühelos in den organologischen Frühkonservativismus integrieren, weil beide davon ausgehen, daß die Geschichte ein dem menschlichen Handlungsspielraum vorgegebenes Strukturprinzip sei, welches nicht »aufgehoben« oder durch »künstliche Verfassungen« reguliert werden könne. Als der Erbe der Revolution, Napoleon, in den »Befreiungskriegen« aus Deutschland vertrieben wird, bekommt diese Ideologie eines Nationalismus der Deutschen eine Massenbasis, die der gelehrte Nationalismus des Mittelalters und der frühen Neuzeit niemals besessen hat. Aus einer nationalen Elitekultur werden nationale Massenlenkungsparolen.[67] Gleichwohl gibt es inhaltlich Kontinuitäten zwischen dem älteren Nationalismus und dem postrevolutionären nationalen Konservativismus. Beide stellen historische Kontinuität her über Abkunft, Abstammung, Verwandtschaft und nicht über einen von der Geschichte abgelösten politischen Willen von einzelnen und Kollektivsubjekten. »Natio« ist die Göttin der Geburt. Der Gentilismus als Kernbestandteil des Nationalismus hat die durch Aufklärung und Revolution ausgelösten Krisen überlebt und dient weiterhin dazu, nationale Binnenidentität ebenso zu stiften wie Außenabgrenzung.

Der Herkunftsverband der Nation ist zumeist eine fiktive Ursprungsgemeinschaft, der man jene Attribute zuschreibt, die man zur Selbstbehauptung in der Gegenwart zu benötigen scheint. Die Vorzeit ist dann der idealisierte Projektionsraum der Gegenwart. Die Geschichtswissenschaft wie auch die (»nationalen«) Philologien haben sich bis in unser Jahrhundert dem Ziel verpflichtet gefühlt, den Nachweis von Nationalidentität durch historische Forschung zu erbringen.[68] Die modernisierten Geisteswissenschaften haben sich von dieser Illusion gelöst, indem sie die Wertprämissen des Nationalismus deuten als gelehrte Identitätsstiftung von politischem Zusammengehörigkeitsgefühl oder als bewußt instrumentalisierte Lenkungsformen von Massenbewegungen, die auf innen- und außenpolitische Zielsetzungen bezogen werden. Ob durch solche Entmythologisierungen des Nationalismus dessen Verführungskraft gebrochen werden kann, bleibt freilich ungewiß.

Anmerkungen

1 Der vorliegende Aufsatz verzichtet auf die Dokumentation von Forschungsergebnissen und Forschungskontroversen. Ich darf hierzu auf einen früheren Aufsatz verweisen, der die Quellen und Sekundärliteratur umfassend aufführt: vgl. Jörn Garber, *Trojaner – Römer – Franken – Deutsche.* »Nationale« *Abstammungstheorien im Vorfeld der Nationalstaatsbildung,* in: Klaus Garber (Hg.), *Nation und Literatur im Europa der Frühen Neuzeit. Akten des 1. Internationalen Osnabrücker Kongresses zur Kulturgeschichte der Frühen Neuzeit,* Tübingen 1989 (Frühe Neuzeit, Bd. 1), S. 108-163. Vgl. ebd., S. 1-55, die Übersicht zum Problem der Nationalliteratur von Klaus Garber, *Zur Konstitution europäischer Nationalliteraturen. Implikationen und Perspektiven,* und ebd., S. 56-86, den Aufsatz von Herfried Münkler, *Nation als politische Idee im frühneuzeitlichen Europa.*

2 So die Formulierung von Otto Dann, *Begriffe und Typen des Nationalen in der frühen Neuzeit,* in: Bernhard Giesen (Hg.), *Nationale und kulturelle Identität. Studien zur Entwicklung des kollektiven Bewußtseins in der Neuzeit,* Frankfurt/Main 1991 (suhrkamp taschenbuch wissenschaft 940), S. 56-73, Zitat S. 56.

3 Vgl. für zahlreiche ähnlich ausgerichtete Studien zum Nationalstaat Charles Tilly (Hg.), *The Foundation of National States in Western Europe,* Princeton 1975. Zur deutschen Fixierung des Zusammenhangs von Staats- und Nationenbildung vgl. Theodor Schieder (Hg.), *Der Nationalstaat in Europa als historisches Problem,* Köln 1964.

4 So der Titel des einflußreichen Buches von Helmut Plessner, *Die ver-*

spätete Nation. Über die politische Verführbarkeit des bürgerlichen Geistes, Frankfurt/Main 1974 (suhrkamp taschenbuch wissenschaft 66).

5 Vgl. den Buchtitel des Werkes von Heinrich Mitteis, *Der Staat des hohen Mittelalters. Grundlinien einer vergleichenden Verfassungsgeschichte des Lehnszeitalters,* Weimar ⁴1953. Daß im Mittelalter keine Staatlichkeit ausgebildet war, hat Otto Brunner in bahnbrechenden Studien zur mittelalterlichen Verfassungsgeschichte und ihrer Fehldeutung im 19. Jahrhundert immer wieder betont. Vgl. Otto Brunner, *Land und Herrschaft. Grundfragen der territorialen Verfassungsgeschichte Österreichs im Mittelalter,* Wien ⁵1965.

6 Vgl. hierzu das methodisch vorbildlich geplante und durchgeführte Forschungsprojekt von Helmut Beumann und Werner Schröder (Hg.), *Nationes. Historische und philologische Untersuchungen zur Entstehung der europäischen Nationen im Mittelalter,* Bd. 1 ff., Sigmaringen 1975 ff. Zuletzt zu den neuen historiographischen Deutungsstrategien vormoderner Nationalismen Joachim Ehlers, *Mittelalterliche Voraussetzungen für nationale Identität in der Neuzeit,* in: Bernhard Giesen (Hg.), *Nationale und kulturelle Identität* (vgl. Anm. 2), S. 77-99. Vgl. zur mittelalterlichen Begriffsverwendung von »natio« Benedykt Zientara, *Populus-Gens-Natio, einige Probleme aus dem Bereich der ethnischen Terminologie der frühen Mittelalters,* in: Otto Dann (Hg.), *Nationalismus in vorindustrieller Zeit,* München 1986 (Studien zur Geschichte des neunzehnten Jahrhunderts, Bd. 15), S. 11-20. Interessante Nachweise zum Nationenbegriff des Mittelalters bei Ludwig Schmugge, *Nationale Vorurteile im Mittelalter,* in: Deutsches Archiv für Erforschung des Mittelalters 38 (1982), S. 439-459.

7 Diesen Einwand wird man gegen einen durchaus methodenbewußten Historiker wie Heinz Schilling vorbringen müssen, der zwar einen vorzüglichen Abriß über den frühmodernen Konfessionalismus bietet, zur Frage des Zusammenhangs von Konfessionalismus und Nationalismus aber keinerlei Verbindungslinien herzustellen weiß. Vgl. zuletzt Heinz Schilling, *Nationale Identität und Konfession in der europäischen Neuzeit,* in: Bernhard Giesen (Hg.), *Nationale und kulturelle Identität* (vgl. Anm. 2), S. 192-252.

8 Zur ethnischen Fixierung des Volksbegriffs bahnbrechend die Studie von Reinhard Wenskus, *Stammesbildung und Verfassung. Das Werden der frühmittelalterlichen gentes,* Köln und Graz 1961. Vgl. auch Heinrich Fichtenau, *Gentiler und europäischer Horizont an der Schwelle des ersten Jahrtausends,* in: Römische Historische Mitteilungen 23 (1981), S. 227-243. Zur modernen Bestimmung der Begriffe von »Volk« und »Nation« vgl. Jacques Godechot, *Nation, patrie, nationalisme en France au 18ᵉ siècle,* in: *Actes du Colloque Patriotisme et nationalisme en Europe à l'époque de la Révolution Française et de Napoléon, 13.*

33

Congrès internationale des sciences historiques, Moskau 1970, Paris 1973, S. 7-27.

9 Vgl. Karl Friedrich Werner, *Les nations et le sentiment national dans l'Europa médiévale*, in: Revue historique 244 (1971), S. 285-304.

10 Studien zum topischen Ideenpotential des Nationalen und zu den Kontinuitäten und Brüchen der Nationalsemantik fehlen bislang.

11 Zur spätmittelalterlichen politischen Theorie und deren Nationenbedeutung vgl. Anna-Dorothee von den Brincken, *Die »Nationes Christianorum orientalium« im Verständnis der lateinischen Historiographie von der Mitte des 12. bis in die 2. Hälfte des 14. Jahrhunderts*, Köln und Wien 1973 (Kölner Historische Abhandlungen, Bd. 22). Immer noch grundlegend zur spätmittelalterlichen Publizistik: Richard Scholz, *Die Publizistik zur Zeit Philipps des Schönen und Bonifaz' VIII., ein Beitrag zur Geschichte der politischen Anschauungen des Mittelalters*, Stuttgart 1903 (Kirchenrechtliche Abhandlungen, Bd. 6-8).

12 Vgl. hierzu Fritz Kern, *Gottesgnadentum und Widerstandsrecht im frühen Mittelalter. Zur Entwicklungsgeschichte der Monarchie*, Darmstadt ⁴1967, S. 22.

13 Daß solche Kontinuität durch »fiktive« historische Verkettungen abgestützt werden soll, hat František Graus in der Studie nachgewiesen: *Lebendige Vergangenheit: Überlieferung im Mittelalter in den Vorstellungen vom Mittelalter*, Köln und Wien 1975.

14 Wir zitieren nach folgender Ausgabe: *Die Schriften des Alexander von Roes*, hg. und übers. v. Herbert Grundmann und Hermann Heimpel, Weimar 1949 (Deutsches Mittelalter, kritische Studientexte der MGH, Bd. 4). Grundlegend zu Alexander von Roes sind die Studien von Hermann Heimpel, obwohl sie aus durchaus nationalistischer Perspektive die Nationenidee des Spätmittelalters einschätzen. Vgl. Hermann Heimpel, *Alexander von Roes und das deutsche Selbstbewußtsein des dreizehnten Jahrhunderts*, in: ders., *Deutsches Mittelalter*, Leipzig 1941, S. 74-104 (zuerst 1935). Wesentlich unergiebiger ist die Studie von Beatrice Hirsch-Reich, *Alexander von Roes' Stellung zu den Prophetien, unter besonderer Berücksichtigung des Traktats »De semine scriptuarium« in der »Noticia seculi«*, in: Mitteilungen des Instituts für Österreichische Geschichtsforschung 67 (1959), S. 306-316; vgl. dazu auch: Dietrich Kurze, *Nationale Regungen in der spätmittelalterlichen Prophetie*, in: Historische Zeitschrift 202 (1966), S. 1-23.

15 Abdruck in: *Schriften des Alexander von Roes* (vgl. Anm. 14), S. 18ff. Vgl. auch Alexander von Roes' »Noticia seculi«, ebd., S. 68ff.

16 Dieser Zusammenhang ist meisterhaft von Heimpel (vgl. Anm. 14) entfaltet worden. Im folgenden können nur allgemeine Aspekte der Nationentheorie Alexanders vorgestellt werden. In besonderer Weise soll akzentuiert werden, wie »Natio«-Theorien dazu dienen, die

Geschichte durch Verwandtschaftskonstruktion von Dynastien und »gentes« zu vernetzen.

17 Dazu Heimpel (vgl. Anm. 14), S. 83 und S. 92 ff.
18 Vgl. Alexander von Roes, *Schriften* (vgl. Anm. 14), S. 57.
19 Heimpel (vgl. Anm. 14), S. 98.
20 Alexander von Roes, *Schriften* (vgl. Anm. 14), S. 89.
21 Ebd., S. 93.
22 Ebd., S. 95.
23 Ebd., S. 87.
24 Vgl., ebd. S. 35.
25 Ebd., S. 85.
26 Ebd., S. 104 ff.
27 In dem Bestimmungsverhältnis von »regnum« und »imperium« erblickt Heimpel zu Recht den Kern der Auseinandersetzung zwischen einem endogenen Nationalismus der Franzosen und dem nationalen Reichsuniversalismus der Deutschen, vgl. Heimpel (wie Anm. 14), S. 83.
28 Alexander von Roes, *Schriften* (vgl. Anm. 14), S. 31.
29 Ebd., S. 39 f.
30 Vgl. hierzu J. Garber (vgl. Anm. 1), S. 125 ff.
31 Alexander von Roes, *Schriften* (vgl. Anm. 14), S. 36.
32 Ebd., S. 39 f.
33 Ebd., S. 46 ff. Zur Karlswirkung im Hochmittelalter vgl. Karl-Ernst Geith, *Carolus Magnus, Studien zur Darstellung Karls des Großen in der deutschen Literatur des 12. und 13. Jahrhunderts,* Bern und München 1977. Eine instruktive Zusammenfassung bei Graus, *Lebendige Vergangenheit* (vgl. Anm. 13), S. 182 ff.
34 Dazu grundlegend Werner Goez, *Translatio Imperii, ein Beitrag zur Geschichte des Geschichtsdenkens und der politischen Theorien im Mittelalter und in der frühen Neuzeit,* Tübingen 1958.
35 Zu dieser Theorie vgl. Hartmut Hofmann, *Die beiden Schwerter im Hochmittelalter,* in: Deutsches Archiv für Erforschung des Mittelalters 20 (1964), S. 78-114, und Wilhelm Levision, *Die mittelalterliche Lehre von den beiden Schwertern,* in: Deutsches Archiv für Erforschung des Mittelalters 9 (1952), S. 14-42.
36 Alexander von Roes, *Schriften* (vgl. Anm. 14), S. 57.
37 Ebd., S. 97.
38 Ebd., S. 121.
39 Vgl. Martin Haeuseler, *Das Ende der Geschichte in der mittelalterlichen Weltchronistik,* Köln und Wien 1980 (Beihefte zum Archiv für Kulturgeschichte, Bd. 13).
40 Heimpel (vgl. Anm. 14), S. 94 f.
41 Vgl. die Beiträge des Sammelbandes von Reinhart Herzog und Reinhart Koselleck (Hg.), *Epochenschwelle und Epochenbewußtsein,* München 1987 (Poetik und Hermeneutik, Bd. 12), darin besonders: Klaus Schrei-

ner: »*Diversitas temporum*« – *Zeiterfahrung und Epochenbewußtsein im Spätmittelalter* (ebd., S. 381-428), František Graus, *Epochenbewußtsein im Spätmittelalter und Probleme der Periodisierung* (ebd., S. 153-166). Grundlegend für die Epochenschwellentheorie des Humanismus: Jürgen Voss, *Das Mittelalter im historischen Denken Frankreichs, Untersuchungen zur Geschichte des Mittelalterbegriffes und der Mittelalterbewertung von der zweiten Hälfte des 16. bis zur Mitte des 19. Jahrhunderts,* München 1972 (Veröffentlichungen des historischen Instituts der Universität Mannheim, Bd. 3).

42 Vgl. Literaturnachweise bei J. Garber (vgl. Anm. 1), S. 146f., Anm. 172.

43 Literaturnachweise insbesondere zur Tacitus-Rezeption ebd., S. 152f., Anm. 200. Vgl. jetzt die zusammenfassende Studie von Hans Kloft, *Die Germania des Tacitus und das Problem eines deutschen Nationalbewußtseins,* in: Archiv für Kulturgeschichte 72 (1990), S. 93-114.

44 Nachweise hierzu bei Horst Günther, *Artikel »Neuzeit, Mittelalter, Altertum«,* in: Joachim Ritter und Karlfried Gründer (Hg.), *Historisches Wörterbuch der Philosophie,* Bd. 5 (1984), Sp. 782-798.

45 Vgl. die ausgezeichnete Darstellung bei Alexander Demandt, *Der Fall Roms, die Auflösung des römischen Reiches im Urteil der Nachwelt,* München 1984. Ebd., S. 110, spricht Demandt von einer »teutonischen Anti-Antike«.

46 Zusammenfassend hierzu Münckler (vgl. Anm. 1), S. 64ff. bzw. S. 71ff.

47 Dazu Demandt (vgl. Anm. 45), S. 100ff.

48 Zusammenfassend hierzu: Klaus von See, *Deutsche Germanen-Mythologie vom Humanismus bis zur Gegenwart,* Frankfurt/Main 1970.

49 Die Literatur zum Arminiuskult bei J. Garber (vgl. Anm. 1), S. 152, Anm. 197.

50 Demandt (vgl. Anm. 45), S. 106.

51 Zitat nach Demandt (vgl. Anm. 45), S. 110.

52 Zu den parallelen ethnischen Ableitungsmythen Englands vgl. Hugh A. MacDougall, *Racial Myth in English History, Trojans, Teutons and Anglo-Saxons,* Montreal and Hanover/New Hampshire 1982.

53 Die Forschung hat diese Selbsteinschätzung entweder übernommen (so Ernst Cassirer in seinen Arbeiten zur Erkenntnistheorie des Humanismus) oder aber die Kontinuität von Frühneuzeitdenken und Mittelalter betont (Hans Blumenberg).

54 Grundlegend, aber von der Nationalismusforschung kaum beachtet, ist das monumentale Werk von Arno Borst, *Der Turmbau zu Babel, Geschichte der Meinungen über Ursprung und Vielfalt der Sprachen und Völker,* Bd. 1-4, Stuttgart 1957-63.

54a Vgl. hierzu Jan-Dirk-Müller, *Gedechtnus, Literatur und Hofgesellschaft um Maximilian I.,* München 1982, S. 148ff.

55 Vgl. zur Keltis-Forschung J. Garber (vgl. Anm. 1), S. 157, Anm. 222.

56 Nachweis bei Ludwig Krapf, *Germanenmythos und Reichsideologie, frühhumanistische Rezeptionsweisen der taciteischen »Germania«,* Tübingen 1979 (Studien zur deutschen Literatur, Bd. 59), S. 86.

57 Vgl. Borst, *Turmbau* (vgl. Anm. 54), Bd. 3/1, S. 1056.

58 Vgl. Paul Joachimsen, *Der Humanismus und die Entwicklung des deutschen Geistes,* in: Deutsche Vierteljahresschrift für Literaturwissenschaft und Geistesgeschichte 8 (1930), S. 444.

59 Borst, *Turmbau* (vgl. Anm. 54), Bd. 3/1, S. 1051.

60 Zur frühneuzeitlichen Reichsidee vgl. Friedrich Hermann Schubert, *Die deutschen Reichstage in der Staatslehre der frühen Neuzeit,* Göttingen 1966 (Schriften der historischen Kommission der Bayrischen Akademie der Wissenschaften, Bd. 7).

61 Zu Huttens Nationalismus zwischen »Reich« und »deutscher Nation« ausführlich Helmut Scheuer, *Ulrich von Hutten, Kaisertum und deutsche Nation,* in: Daphnis 2 (1973), S. 133-157.

62 Nachweis bei Scheuer, *Hutten* (vgl. Anm. 61), S. 154.

63 Vgl. zu Luthers »Nationalismus« Heinz Thomas, *Die deutsche Nation und Martin Luther,* in: Historisches Jahrbuch 105 (1985), S. 426-454.

64 Zu diesem Gegensatz vgl. Barbara Stollberg-Rillinger, *Der Staat als Maschine. Zur politischen Metaphorik des absoluten Fürstenstaates,* Berlin 1986 (Historische Forschungen, Bd. 30).

65 Vgl. hierzu Jörn Garber, *Drei Theoriemodelle frühkonservativer Revolutionsabwehr. Altständischer Funktionalismus, spätabsolutistisches Vernunftrecht, evolutionärer »Historismus«,* in: Jahrbuch des Instituts für deutsche Geschichte (Tel Aviv) 8 (1979), S. 65-101.

66 Vgl. Ursula Vogel, *Konservative Kritik an der Bürgerlichen Revolution, August Wilhelm Rehberg,* Darmstadt und Neuwied 1972, S. 98 ff.

67 Zu diesem Umschlag des Nationalismus von einer »Kultur«- zu einer Massenbewegung gibt es bislang keine Studien.

68 Vgl. zu diesem Programm Jürgen Fohrmann, *Das Projekt der deutschen Literaturgeschichte. Entstehung und Scheitern einer nationalen Poesiegeschichtsschreibung zwischen Humanismus und Deutschem Kaiserreich,* Stuttgart 1989.

Hartmut Riemenschneider

Sprachpatriotismus

*Nationale Aspekte in der literarischen Kultur
des deutschen Barock*

Konrad Ehlich zum 50. Geburtstag

Um die vielen, oft kuriosen Zeugnisse zu Deutschland, seiner Sprache und seiner geistigen Identität im Barockzeitalter[1] aus heutiger Sicht werten zu können, seien einige grundsätzliche Hinweise auf das Beziehungsgeflecht von kulturell-politischen Fakten und poetischen wie patriotischen Intentionen der Autoren gegeben, ohne daß bereits ein Ergebnis vorweggenommen würde. Nach den fruchtbaren Ansätzen in der zweiten Hälfte des 16. Jahrhunderts, sich der deutschen Sprache über Volkspoesie, politisches Traktat und Schultheater hinaus auch in Poesie und Gelehrtenschrifttum zu bedienen, erfährt mit der Wirkung der Gegenreformation im 17. Jahrhundert das Lateinische als Sprache des antiken und humanistischen Traditionsgutes, Verkehrssprache der Gelehrten und Ausdruck des Universalitätsanspruchs der römischen Kirche in den katholischen bzw. rekatholisierten Ländern eine neue Wertschätzung. Die simple Dichotomie – hie deutsch, lutherisch, patriotisch und treu, dort welsch, katholisch, weltgewandt, aber unredlich, wie sie in konfessionsgebundenem Schrifttum des 16. und 17. Jahrhunderts häufig zu finden ist[2] – erklärt sich aus der zivilisatorischen Dominanz der westromanischen Kulturen und der politischen von Spanien und Frankreich. Die beißenden Attacken gegen das bedrohliche »Welsche«, wo der Deutsche im sogenannten Alamode-Wesen die unüberlegte Übernahme französischer Sprache, Mode und Lebensart kritisiert, darf nicht die gleichzeitige Bewunderung für die Leistung der lateinischen Tochterkulturen bei der Schaffung von Nationalsprachen übersehen, die das Italienische (bereits seit Petrarca und Dante) und das Französische (spätestens seit Ronsard und Du Bellay) als ein dem Lateinischen gleichwertiges Idiom erscheinen lassen. Hier lag natürlich das Vorbild; dem galt es auch in Deutschland nachzueifern, wobei die oft fehlende Souveränität im Umgang mit dem Fremden sowie das recht ambivalente Selbstbewußtsein gegenüber den eigenen geistigen Leistungen deutlich von den politischen Verhältnissen während und nach dem Dreißigjährigen Krieg geprägt waren. Differenzierte Bewertung der nachfolgend aufgeführten Zeugnisse tut also not, um nicht am Ende nur eine Blütenlese nationaler Gesinnungsdokumente zu liefern.

Zusammenfassend läßt sich sagen: Die Deutschen im 17. Jahrhundert, in verschiedenen kulturellen Traditionen, Staaten, religiösen Überzeugungen, sozialen Schichten und politischen Lagern gebunden, suchen die eigene Identität gegenüber einem mächtigen, als fremd empfundenen politisch-kulturellen Syndrom, das sie das »Welsche« nennen. Dieses wiederum erscheint einerseits als Teil der eigenen geistigen Wurzel, nämlich des lateinischen Traditionsstroms, zum anderen in seinen bewunderten, zugleich aber auch als bedrohlich empfundenen Tochterkulturen, deren politischem und zivilisatorischem Diktat sich zu entziehen sie als Voraussetzung für die Schaffung kultureller Eigenständigkeit sehen. So prägt nicht mehr das mittelalterliche Reichsbewußtsein[3] die Auseinandersetzung, sondern die Bestimmung der geistigen Rolle einer deutschen Kulturnation.

1. Sprachpatrioten

Mit dem Begriff des Sprachpatrioten wäre wohl jene für das 17. Jahrhundert typische Spezies von Poesie-Gelehrten oder Dichter-Philologen am treffendsten gefaßt, zeigt sich doch sehr deutlich, daß Motivation und Sinn ihrer sprachpflegerischen und sprachreinigenden Arbeit über ein enges Interesse am Gegenstand weit hinausgeht. Nationale Belange stehen im Vordergrund, wobei die Begründungszusammenhänge von dubiosen Genealogien bis zu moralisch-ethischen Bewertungen reichen. Ein Hauptargument für Alter und Wert der deutschen Muttersprache ist ihre Gleichstellung mit dem Griechischen und Lateinischen, ja ihre Bezeichnung als Tochtersprache des Hebräischen[4], die, als die Sprache der Bibel, im Bewußtsein der Gelehrten die älteste sein mußte. Geradezu kuriose Züge nimmt die Genealogie an, wenn unabhängig voneinander sowohl bei Schottel[5], Klay[6] und Zesen[7] das Keltische und das Deutsche gleichgesetzt und diese Sprache dann als eine Art Keimzelle für alle europäischen Sprachen, das Griechische und Lateinische eingeschlossen, erklärt wird, es sei denn, man sähe darin einen vorahnenden Hinweis auf das Indogermanische. Kurz, es geht darum, das Deutsche in den Rahmen einer »Hauptsprache« zu rücken, die gegenüber den aus dem Lateinischen entstandenen »Bastardsprachen«[8] an Wert und Ansehen gewinnen soll. So weist Harsdörffer in den *Gesprächsspielen* die Humanistenthese als irrig zurück, daß für Gegenstände von Vernunft und Wissenschaft das Deutsche ungeeignet sei.[9] Polemisch bis zur Bissigkeit gerät der Ton, wenn das Deutsche im Kontrast zu romanischen Sprachen gesehen wird: »Wenn Rom von Frankreichs und Spaniens Zunge die geliehenen Federn zurückheischte, würde da nicht die nackende Krähe zum Gelächter werden? Die freie, fürstliche deutsche Sprache dagegen dankt sich selbst den Ursprung. Aus ehrenwerter Mutter Brautgemach stammt sie, während jene von Buhlen gezeugt ist«, behauptet Jakob Balde in nota bene lateinischen Versen.[10] Der Beispiele ließen sich viele bringen. Das Lob der deutschen Sprache lebt aus dem Preis patriotischer Gesinnung; das begründende Argument, wo es denn auftaucht, hat ornamentalen oder metaphorischen Charakter. Klay in der *Auferstehung Jesu Christi*:

> So kämpfet jhr Sprachen üm löbliches Siegen
> Erkühnet euch sämtlich als Ritter zu Kriegen,
> Febus wird richten und geben den Preiss:
> Teutscher, du jagest sie alle vom Kreiss.[11]

Bedeutsamer als die Absicht, Sprache als vornehmstes Mittel nationaler Identifikation zu deuten, ist die Bewertung ihres Gebrauchs, sowie die Anleitung dazu. Schottel, der zweifellos bedeutendste »Linguist« des Barock, liefert, wenn man so will, die »ideologische Vorgabe«. In allegorischer Manier läßt er die personifizierte Muttersprache künden:

> Ich will mich immer hin durchs Pöbel-Uhrtheil dringen,
> Und Joch- und Bürdelos in einen Freistand schwingen,
> Da Mich der Eselstanck und Sprachverderberei,
> Soll lassen, die ich bin, Rein, Edel, Teutsch und frei!

Der Anspruch ist evident: rein und edel ist er, bei anderen Autoren wahr und treu, der durch seine Sprache veredelte Deutsche. Die geistige Auseinandersetzung im Rahmen des Beziehungsgefüges Sprache – Nation – Moral ist nicht auf Deutschland beschränkt und wird zudem in jeder Epoche neu geführt. Wenn diese Auseinandersetzung auch in der Barockkultur nicht beginnt, so wird aufgrund der politischen Bedingungen des Krieges und der Konfessionskonflikte des 17. Jahrhunderts eine Basis geschaffen, die national-kulturelle Identitätsdiskurse in Deutschland fundamentalistisch und zumeist emotionsgeladen erscheinen läßt. Die Auseinandersetzung lebt aus dem (gesuchten) Kontrast. Das Erscheinungsbild des anderen wird zumeist nicht als ›image‹ (Bild), sondern als ›mirage‹ (Zerrbild) gezeichnet – ein weithin typisches Merkmal deutsch-französischer Literatur- und Kulturbeziehungen vom Lessing-Gottsched-Streit um ein nationales Theater bis hin zur literarischen Verarbeitung der kriegerischen Auseinandersetzungen im 19. und 20. Jahrhundert. (Daß es im Umfeld von Goethes ›Weltliteraturansatz‹, Madame de Staëls Deutschland-Buch, Gérard de Nervals *Faust*-Übersetzung oder der *Werther*-Rezeption in Frankreich zu Gegenbewegungen kam, sei nicht verschwiegen.) Es kann hier nicht um eine Auswertung der unzähligen Ausführungen über Wert und Würde deutscher Sprache gehen, die sich allein in den Poetiken von Opitz, Zesen, Harsdörffer, Titz u. a. oder in den Arbeiten in und im Umkreis der Akademien und Sprachgesellschaften finden. Als Resumée mag die im jugendlichen Zorn vorgetragene Klage des Martin Opitz in seinem *ARISTARCHUS, SIVE DE CONTEMPTU LINGUAE TEUTONICAE* angesehen werden, der den Zustand der deutschen Sprache mit einer Senkgrube vergleicht, in die andere Sprachen ihren Schmutz fließen lassen, und der diesen bedauernswerten Zustand als Verachtung des Vaterlandes ansieht.[13]

In der Tat müssen die Anpassungslust an die höfisch geprägte Zivilisation Frankreichs sowie an eine Kultur des »gelehrten Scheins« geradezu lächerliche Blüten getrieben haben. So verweist Moscherosch in seinem *Philander von Sittewald* auf die Unsitte, daß Leute, die kaum das Alphabet herauszusagen imstande seien, »ihre Namen, nicht nur mit dem, in Lateinischer sprach gebräuchlichen, US vnd JUS, sondern mit USSJUS, mit IGIUS, mit INUS, mit ANUS, vnd ASINUS, mit Griechisch vnd Hebraisch verbrämen«[14]; Harsdörffer tadelt im vierten Teil der *Gesprächsspiele* das Einflechten fremder (lateinischer und französischer) Begriffe, die er »Schattenwörter fremder Sprachen« nennt, wo das Deutsche doch gerade reich an »zierlichen« Worten und Wendungen sei. Logau hat einmal auf die klangreiche, ja onomatopoetische Ausdrucksvielfalt des Deutschen verwiesen; die Sprache könne nicht nur »schnauben, schnarchen, poltern, donnern, krachen«, sondern auch »spielen, scherzen, liebeln, gütteln, kürmeln, lachen«[15].

Als Hauptursache für die Fremdsucht und den Sprachverfall nennt Schottel in der *Teutschen Sprach-Einleitung* den Krieg und als Folge davon die Besetzung des Landes durch eine fremde Soldateska. Harsdörffer[16] setzt den Untergang des Vaterlandes mit der Vernichtung der Muttersprache gleich, und ein gewisser E. C. Homburg spottet in einem seiner Hochzeitsgedichte, daß Deutschland von den fremden Kriegsgästen nicht nur beraubt, sondern auch etwas von ihnen erhalten habe, nämlich »frembde worter Centnerschwer«[17]. In seinem *Friedenssieg* gibt Schottel ein Beispiel für den getadelten Sprachmanierismus: »Ei solche maintenirung oder aestimirung der Muttersprache ist heutiger zeit wenig favorabel oder raisonabel und an sich unestimirlicher importantz«[18]. Gryphius geißelt die Sprachmengerei im *Horribilicribrifax*, Johann Rist liefert in der *Rettung der Edlen Teutschen Hauptsprache* zwei Alamode-Briefe mit den deutschen Antworten darauf, Logau, der einmal das Französische als das »Hurenkind des Latein« bezeichnet, provoziert mit dem Epigramm

> Wer nicht Frantzösisch kan,
> Ist kein gerühmter Mann;
> Drum mussen wir verdammen,
> Von denen wir entstammen,
> Bey denen Hertz und Mund
> Alleine deutsch gekunt.[19]

Die Beispiele ließen sich fortsetzen. Wichtig ist die Schlußfolgerung: Die »Complimenten-Sprache« ist nicht nur sprachverderblich, sondern sie zerstört deutsche Tugend, fördert unehrenhafte Gesinnung und Verstellung. »Complimenten machen heisset liegen und betriegen«, erklärt der *Sprach-Sitten-und-Tugend-Verderber* bei Logau.[20] Riccaut de la Marlinière, der wenig schmeichelhaft gezeichnete, das Deutsche radebrechende Franzose in Lessings *Minna von Barnhelm* kann sicher als die literarische Antwort der nächsten Generation auf die nationalen Einsichten im Hinblick auf Sprache und Moral am Ende des 17. Jahrhunderts gelten.

Bei aller Einsicht in das Bemühen der Poeten-Gelehrten, den Sprachverfall des Deutschen aufzuhalten, ja, die Sprache auf verschiedenen Kommunikationsebenen (Poesie, Wissenschaft, galante Konversation) zu kultivieren, scheint mir die Deutung der Sprachkonventionen der Zeit (Sprachmengerei, Komplimenten-

sprache, Fremdsucht etc.) als nationale Katastrophe für den Volkscharakter aus heutiger Sicht einer Neubewertung zu bedürfen. Ich
denke, daß es sich hier bei nüchterner Betrachtung auch (!) um ein
Ausdruckssegment absolutistischer Kulturkonvention der
Barockzeit handelt, die das artifiziell Übersteigerte, die manie-
riert-künstliche Disharmonie und die allegorisch geordnete
Scheinwelt in den Künsten wie in der jeweils standes- und konfes-
sionsabhängigen Lebenshaltung übernational manifestiert. Es sind
nämlich ebenfalls die bedeutendsten Stimmen der Zeit, die generell
den Lern- und Orientierungsprozeß an anderen Sprachen und
Literaturen als notwendig ansehen, wie Buchner[21] oder Rachel[22],
die Kenntnis und Studium der klassischen Sprachen als Voraussetzung für die Dichtkunst in der Muttersprache erachten. Auch
Schottel kann sich den Weg zu vollendetem Deutsch nur über
fremde Sprachen vorstellen[23], und Harsdörffer fordert im *Poetischen Trichter* die Verbindung von Anerkennung fremder Sprachen mit vaterländischer Gesinnung. So solle »ein Liebhaber unser
übertrefflich schönen Muttersprache, sich befleissigen alles, was er
in fremder Sprachen Bücher begegnet, dem vielgeliebten Vaterlande, welches vielleicht solches nicht geschehen, zu überbrin-
gen«[24]. Ja, es gibt Stimmen, die übertriebene Deutschtümelei, wie
sie etwa Philipp von Zesen vertrat, der Lächerlichkeit preisgeben.
So erhebt Logau Einspruch, »dass man für Venus ›Lustinne‹ sagen
soll, da dadurch an der Sache« – er übersetzt den Namen mit
›Hure‹ – »nichts geändert wird«[25]; Joachim Rachel[26] geißelt den
manieristischen Purismus, der für Maus ›Häkkselmenger‹, für Ohr
›Lüftleinsfänger‹, für Spiegel ›Gleicher‹, für Nase ›Schnauber‹ (bei
Zesen ›Leschhorn‹) zu sagen fordert.

2. Deutsche Dichtung – Deutsche Gesinnung

Die Forschungsergebnisse zur germanischen Altertumskunde und
deutschen Sprachgeschichte in der zweiten Hälfte des 19. Jahrhunderts haben den Blick verstellt für die – zugegeben kuriosen –
Genealogien und Etymologien des 17. Jahrhunderts, deren Aussagen weniger philologisch als patriotisch begründet waren. Als eth-
nographische Basistexte über die Vorfahren galten den Gelehrten
u. a. Cäsar und Tacitus. Wie allerdings der Name des Volkes der
Germanen zu deuten war, da herrschte offenbar dichterische Frei-

heit. Als »Garmänner« erklärt Logau das Wort in einem bissigen Epigramm, wo er den Zeitgenossen entgegenhält, daß sie lieber »Garweiber« sein wollten.[27]. Die etymologische Spekulation über den »Garmann« als »ganz und gar Mann« wird zudem durch die noch kuriosere des »Alleman = alle mannen« flankiert.[28] Philipp von Zesen, auf dessen Konto solche patriotischen Deutungsspäße gehen, betrachtet überdies die muslimische Gottesbezeichnung Alla(h) als Wurzel für den südwestgermanischen Stammesnamen, der im französischen Wort ›Allemand‹ alle Deutschen bezeichnet. Das Wort Germanen leitet er in seiner *Adriatischen Rosemund* von »geren, das ist bezwüngen«[29] her, was dann soviel wie Zwingherren bedeutet. Schill weist auf den grammatischen Wechsel zwischen g und h hin und sieht unsere Vorfahren nach ihrem Haupthelden Hermann (Arminius) benannt.[30] Ähnliche Deutungen erfährt das Wort ›deutsch‹, nach Clüver aus dem Wort ›Teuto‹ (Zeus) herzuleiten.[31] Zesen sieht ›deut‹ und ›deus‹ identisch und, nachdem Harsdörffer in seinem *Specimen Philologicae Germanicae*[32] den deutschen Stammbaum auf Noah zurückgeführt hat, leistet er seinen patriotischen Beitrag zur Erweiterung der abendländischen Mythologie dergestalt, daß »Noah nach der Sintflut die Ditee, Tite oder Deute geheiratet und mit dieser das Geschlecht der Diten, Diteer oder Deutschen gezeugt habe«.[33] Um der Rückführung der Deutschen auf den göttlichen Ursprung Genüge zu tun, versucht Sigmund von Birken in seinem *Chur- und fürstlichen sächsischen Fürstensaal* 1677 eine Etymologie, die in ihrer Absurdität signifikant für eine Art Gelehrten-Manierismus zu sein scheint. So sei »das Wort Atto, d. h. der Vater der Unendlichkeit, das noch in dem Eigennamen Otto fortleben soll, eine Ausdrucksform für die Bezeichnung Gottes als A und O alles Daseins. Durch Metathesis sei daraus ›Toot‹ entstanden, das mit Tuito identisch sein soll! Darin zeigt sich nach Ansicht des Verfassers, dass die Deutschen das auserwählte Volk der Rechtgläubigkeit von Anfang an gewesen sind«[34]. Aus den o. g. Beispielen sollte nun nicht geschlossen werden, daß der barocke Gelehrten-Poet in seinem Willen, deutscher Kulturtradition nachzuspüren, heute nur noch mitleidiges Lächeln verdiente. Daß die Geschichte der deutschen Philologie nicht ausschließlich ein Werk des 19. Jahrhunderts ist, sondern wesentliche Wurzeln im 17. Jahrhundert hat, macht Willi Flemming, neben Cysarz und Hankamer der bedeutendste der ersten deutschen Barockforschergeneration deutlich:

Eifrig interessieren sich diese patriotischen Wissenschaftler auch für die früheren Zustände der Muttersprache, und so wenden sie sich den älteren Denkmälern zu, die sie zuerst auffinden und veröffentlichen. Heut ist für uns die Herausgabe des Annoliedes durch Martin Opitz (1639) die einzige Quelle dieses Gedichtes, da die Handschrift inzwischen verbrannte. Im selben Jahr wurde in Augsburg Otfrid herausgegeben. Mit diesem beschäftigte sich besonders eifrig Diedrich v. Stade, der auch die Ausgabe des Tatian und anderer althochdeutscher Texte besorgte. Aus der Wiener Bibliothek tauchten weitere Bruchstücke auf und schließlich sammelte alles Erreichbare der Straßburger Professor Joh. Schilter (1632-1705), ein gebürtiger Sachse, im »Thesaurus antiquitatum Teutonicarum«, den sein Schüler Joh. Georg Scherz ergänzte und durch ein Wörterbuch abschloß. Die gotischen Texte nach dem Codex argenteus gab 1665 Franciscus Junius heraus nach strenger altphilologischer Methode mit Erläuterungen, Vergleichen, lexikalischen Zusammenstellungen. Auch Melchior Goldast machte bereits 1599 erste Mitteilung aus der großen Heidelberger Minnesängerhandschrift. Herm. Conrings (1643) Schrift »De origine juris Germanici« bedeutet den ersten Anfang einer deutschen Rechtsgeschichte. Schottel machte den ersten Ansatz zu einer Geschichte der altdeutschen Literatur und gab in einem lateinischen Traktat ein Verzeichnis derjenigen Schriftsteller, die von Deutschland und seiner Sprache handeln, sowie chronologisch eine Aufzählung der deutschen Dichtwerke und Schriftsteller.[35]

Wie eingangs bereits angedeutet, darf hinter dem patriotischen Wunsch der Dichter-Gelehrten, dem Vaterland zu dienen, sei es auch nur durch herbe Kritik an den »welschen« Nachbarkulturen und ihren deutschen Nachahmern, nicht generelle Mißachtung der romanischen Renaissance-Poesie oder gar der Antike vermutet werden. Alle großen Poetiken des 17. Jahrhunderts erachteten Kenntnis, Studium und Nacheifern der vielbewunderten »Alten« als Voraussetzung für die Dichtkunst. Für Opitz schließt das auch die Leistung von Ronsard, Du Bellay und anderen Meistern der französischen »Pléiade« ein, da diese nach Verlassen der literarischen Traditionen des späten Mittelalters sich vorbildlich an der Antike orientiert und damit die Muttersprache zur Poesie und Gelehrtensprache gemacht haben. Bis hin zur direkten Übertragung oder wenigstens zur Paraphrasierung von poetischen Bildern lassen sich Einflüsse der französischen Renaissancelyrik auf deutsche Barockdichter, sei es direkt oder über die gleichen antiken Quellen, nachweisen. An dieser Stelle sei nur ein einziges Beispiel zitiert, das sich gerade auf die für die deutsche Barockliteratur typische Thematik der vanitas mundi bezieht. In der 22. Strophe der *Kirchhofgedanken* (1657) scheint Gryphius fast wörtlich die Vision eines verwesenden Schädels aus dem im damaligen Europa bekannten *Cassandra*-Zyklus (1552) des Pièrre de Ronsard zu übernehmen. Hier heißt es:

> [...]
> Apres ton dernier trespas,
> Gresle tu n'auras lá bas
> Qu'une bouchette blesmie
> [...]
> Ton test n'aura plus de peau,
> Ny ton visage si beau
> N'aura veines ny arteres:
> Tu n'auras plus que les dents
> Telles qu'on les voit dedans
> Les testes des cimitieres[36]

und dann bei Gryphius:

> Ich finde meistens nichts vor,
> Als gantz entfleischete Gerippe!
> Hirnscheitel sonder Haar und Zier,
> Antlitzer sonder Naß' vnd Lippe
> Vnd Haupter sonder Haut vnd Ohr
> Gesichter sonder Stirn und Wangen,
> Die Leffzen sind in nichts vergangen,
> noch wenig Zähne ragen vor[37].

Die Orientierung an der Dichtkunst der Nachbarn ist evident. Wie wäre wohl sonst auch die Unsicherheit gegenüber der eigenen Leistung oder die Auseinandersetzung mit einem latenten Vorwurf der Minderwertigkeit zu erklären, der immer wieder durchklingt. So betont Opitz im *Buch von der Deutschen Poeterey,* daß die Deutschen keineswegs unter einem rauhen und ungünstigen Himmelsstrich wohnten, unter dem es keine Dichter geben könnte; Peter Titz[39] weist den unbegründeten Vorwurf zurück, daß seine Landsleute keine Liebe zur Poesie hätten und darin auch nichts zustande brächten; vielmehr sei die deutsche Dichtkunst allen anderen überlegen. Paul Fleming setzt es in Verse:

> Unser wird, was andrer war
> Tass, Torquat, Petrarcha weichen.
> Unsern Deutschen mag nicht gleichen
> Bartas, Sidney, Sannazar.
> Wenn Cats, Heins' und Opitz singen,
> So wil ganz nichts Fremdes klingen![40]

Schließlich weist Johann Klaj in der Lobrede der *Teutschen Poeterey* auf das ehrwürdige Alter der deutschen Dichtertradition hin.

Es ist die Teutsche Poeterey nicht ein neues, gestern oder vorgestern ausgesonnenes, oder von den Franzosen und Welschen her gesponnenes Wesen: Sondern es haben schon, vor ungefehr ein vier tausend Jahren die Teutschen in ihrer Hauptsprache ihre Gesetze in Reimen versetzet, und in gebundenen Reden ihren Gottesdienst verrichtet![41]

Im Grunde genommen zeigen sich die gleichen Argumentationsstränge wie bei der Bewertung der deutschen Sprache: hohes Alter, Plastizität des Ausdrucks, Aufforderung zur Reinerhaltung der Poesie und Lob der Dichtkunst im Dienst der Vaterlandsliebe. Mag sich auch heute im Licht der jüngsten deutschen Vergangenheit gegenüber jenem Lob der Tugend, Tapferkeit, Treue und Ehre als den unwandelbaren Zügen unseres Volkscharakters der Widerspruch vehement regen, so mag dies – um sich barocker Dialektik zu bedienen – die Erkenntnis fördern, daß eben nichts so ›wandelbar‹ ist wie das ›Unwandelbare‹.

Die politische Ohnmacht der Deutschen während und nach dem dreißig Jahre dauernden Krieg provoziert geradezu eine Besinnung auf historische Leistungen und charakterliche Werte. Der beste Beleg für die kollektive Selbsteinschätzung findet sich wiederum bei Schottel:

Wan man dem Wesen der Teutschen eigentlich nachdenket, so wol was deroselben Uhraltertuhm, Räume der Länder, Macht der Völker, gewaltige auszüge, Glükk der Waffen, Eiffer zur Tugend, vermeidung der Laster, strenge haltung der rechten Adelschaft, und derogleichen, von langen Zeiten her, betreffen mag; Als auch, dass sie endlich durch göttliche Vorsehung das letzte Weltreich, und damit den höchsten Ehrenstandt und das Haupt der Christenheit auf sich gebracht; dass sie an Ruhm der Treu und Tapferkeit, an Anzahl der grossmächtigsten, tapfersten und tugendreichsten Helden, an vollester Menge der gelahrtesten Leute, an reichem Zuwachse tausenterley Künsten, an Anzahl der berühmten hohen Schulen, und festen Stäten, an besitzung einer so prächtigen, wortreichen und reinen Hauptsprache und derogleichen, einen ansehnlichen Vortritt haben; ja dass sie die Welt durch erfindung der Truckerey gelahrt und geschickt wie auch durch erfindung der Büchsen- und Pulver Kunst, tapfer und gleichsam zum Kriegsmanne gemacht haben; man möchte die Gedanken gar wol von Osten biss Westen, von Süden biss Norden herum wanderen lassen, und solcher der Teutschen Vortreflichkeit, bey einigem Volke eine volle Gleichheit hierinn vergeblich aufsuchen![42]

Neben solchen Zeugnissen von Nationalstolz und Heimatliebe ist die Hinwendung zum germanischen Altertum immer auch Anlaß zur patriotischen Besinnung. Wie in anderem Zusammenhang bereits erwähnt, wird mangelndes geschichtliches Wissen durch eine Mischung von historischer Quelle (zumeist Caesar und Tacitus), Mythenbildung, poetischer Phantasie und patriotisch-erzieherischer Absicht kompensiert. So gilt seit Huttens lateinischen Dialogen Arminius, der Bezwinger der römischen Legionen unter Varus, als Befreier Germaniens und wird bald zur national-mythologischen Kultfigur Hermann der Cherusker. Lohenstein verbindet in seinem riesigen »historischen Roman« (nicht zu vergleichen mit dem des 19. Jahrhunderts) *Arminius und Thusnelda* (1689) die damals bekannten geschichtlichen Fakten mit einer selbstgefertigten germanischen Abstammungstheorie sowie eigenwilligen Mutmaßungen über eine germanische Religion. Die wirklich historisch belegte Person, Ariovist, Heerführer der germanischen Sueben – Julius Caesar setzt ihm in *De bello gallico* ein Denkmal – muß als steinalter Eremit seine Rolle spielen. Während Moscherosch Ariovist in »Ehrenfest« verdeutscht, taucht er in Rists *Friede wünschen – dem Deutschland* gemeinsam mit Hermann als nationaler Nothelfer auf. Daß Rist beiden ausgerechnet den Sachsenherzog Widukind beigesellt, mit dessen aufgezwungener Taufe dem heidnischen Germanien gerade der Garaus gemacht wurde – sein Gegenspieler Carolus Magnus, in Aachen bis heute als Regionalheiliger der römischen Kirche verehrt, erhält ob seines besonders brutalen Vorgehens bei der Christianisierung den Beinamen ›Sachsenschlächter‹ –, zeigt, daß offensichtlich bekannte geschichtliche Tatsachen dem patriotisch didaktischen Zweck und seiner allegorisch-manieristischen Umsetzung geopfert werden. So kehrt in Schottels *Friedenssieg* Hermann in das bedrängte Deutschland des 17. Jahrhunderts zurück als lebendiges Korrektiv für die kriegsmüden Untertanen. Andreas Heinrich Buchholtz überträgt das zeitgenössische Wissen über Arminius/Hermann auf einen *Christlichen Teutschen Großfürsten Herkules* (1659), dessen frei erfundene Geschichte in einem historisierten Deutschland, allerdings mit den Zügen des 17. Jahrhunderts spielt.[43] Bei der Bearbeitung oder Übertragung antiker und mythologischer Stoffe ins Deutsche zeigt sich immer wieder der Wunsch, in irgendeiner Form die heimatliche Welt und ihre Menschen mit einer fiktionalen, von Potentaten und Heroen in mythisch verklärter Vergangenheit geprägten oder in die Exotik ferner Länder versetzten Welt zu verbinden. In der *Durchleuchtigen Syrerin Aramena* (1669-1673) läßt der Herzog zu Braunschweig-Lüneburg, Anton Ulrich, einen deutschen Prinzen in Asien Frau und Reich erobern, und in der *Römischen Octavia* versetzt er Deutsche mit historischen Namen ins erste nachchristliche Jahrhundert, wobei Zeit- und Lokalkolorit nur unbefriedigend erreicht werden.

Bleibt noch auf einen Aspekt der laudatio patriae zu verweisen, der in der Antike wie in Mittelalter und Renaissance ebenso gepflegt wurde wie im Barock: das Lob der Heimat aus der Fremde. Hier sei neben Opitz besonders Paul Fleming genannt, der als Mitglied der holsteinischen Gesandtschaft von 1634-1639 Rußland und Persien bereiste.[44] Es reut ihn, das Vaterland in schwerer Kriegsbedrängnis verlassen zu haben. In lateinischen Versen gelobt er die Rückkehr, derer er sich dann nicht einmal mehr ein Jahr erfreuen kann: »Möge das Geschick mich dir, dich mir wiedergeben, so wünsch' ich sehnlichst. Beide wollen wir dann für immer vereint bleiben.«[45]

Johann Matthias Schneuber knüpft an die Klagen des mittelalterlichen Kreuzfahrers oder des Bußpilgers an, der sich heimatfern »im elende« befindet:

> Ach, der in das ellend muss,
> und sein Vatterland vermeiden,
> was erfahrt er da für leiden?
> wie ist das eyn' harte buss?[46]

Nationalbewußtsein versteht sich also, wie Willi Flemming u. a. aus politischen Schriften der Zeit nachgewiesen hat, kaum als Reichsbewußtsein.[47] Daß die von den Poeten demonstrierte nationale Gemütslage in dem Begriff »Deutschgefühl« (ebenfalls eine Prägung von Flemming)[48] ganz zu fassen ist, scheint mir fraglich. Die unbestreitbare Liebe zum Vaterland und der Wunsch, seine Sprache und Kultur zu veredeln, zu pflegen, vor allem aber sie gegenüber den romanischen Tochterkulturen der lateinischen Antike als ebenbürtig hinzustellen, resultiert im Zeitalter des Dreißigjährigen Krieges eher aus rational bestimmter politischer Einsicht als aus Emotionen. Der Barockdichter ist eben mehr Gelehrter denn prophetischer Seher, wie ihn die Romantik kennt. Viele Aussagen folgen in der Wahl der Metaphern und Bilder einer an der Antike orientierten rhetorischen Konvention; die scheinwissenschaftlichen Konstrukte hinsichtlich der Herkunft von Sprache, Kultur und Tradition entsprechen dem Wunsch, in der fiktiven, kosmologischen Ordnung der barocken Welt dem Deutschen seinen Platz zuzuweisen. Wen wundert es, wenn das poetische Ergebnis ähnlich artifiziell erscheint wie der »orbis fictus« selbst, als eine Harmonie extremer Heterogismen. Wo Nationalstolz über den Stolz auf die kulturelle und zivilisatorische Leistung der Landsleute hinausgeht und zur moralischen Kategorie wird – also wo deutsch sprechen, denken, fühlen und handeln dann gleichbedeutend ist mit Treue, Tapferkeit und Tugend jeder Art – scheint eine Quelle für kulturpolitische Chauvinismen zu liegen, wohlbemerkt: bezogen auf alle Nationen. Hier reicht die verständnisvoll zustimmende Registrierung von »Deutschgefühl« nicht. Erst eine eingehende Rezeptionsanalyse über die Jahrhunderte hin kann entscheiden, wie und von welcher Qualität der Dienst war, den die Dichter ihrer Nation leisteten, welche Deutungen und politische Konkretionen andere Epochen daraus ableiteten. Ein solcher Auftrag zur Analyse, Reflexion und Selbstbesinnung ist von den Sinnproduzenten unserer und der kommenden Generationen immer wieder neu zu leisten und der vorliegende Band versteht sich wohl als ein Beitrag dazu.

Anmerkungen

1 Neben den entsprechenden Passagen in einschlägigen Werken zu Literatur und Kultur im Barockzeitalter behandeln die o. g. Thematik: Kurt Wels, *Die patriotischen Strömungen in der deutschen Literatur des Dreissigjährigen Krieges,* phil. Diss. Greifswald (1908); Willi Flemming, *Die deutsche Seele des Barocks,* in: *Von deutscher Art in Sprache und Dichtung III,* Stuttgart–Berlin 1941, S. 171-199. Verändert und ideologisch gereinigt erscheint die Arbeit unter dem Titel *Deutsche Kultur des Barocks,* in: ders., *Deutsche Kultur im Zeitalter des Barock,* Konstanz 1960, S. 92 ff. Aus dieser Fassung wird im folgenden zitiert. Weiterführende Aspekte lassen sich der Arbeit von Erika Vogt, *Die gegenhöfische Strömung in der deutschen Barockliteratur,* in: Deutsche Literaturzeitung 1933, H. 23, Sp. 1076 ff., entnehmen. Als neue Gesamtdarstellungen der Thematik sind zu nennen: Wolfgang Huber, *Kulturpatriotismus und Sprachbewußtsein: Studien zur deutschen Phi-*

lologie des 17. Jahrhunderts, Frankfurt/Main 1988; Klaus Garber (Hg.), *Nation und Literatur im Europa der Frühen Neuzeit. Akten des ersten Internationalen Osnabrücker Kongresses zur Kulturgeschichte der Frühen Neuzeit,* Tübingen 1988; hier besonders der Beitrag von Werner Lenk, *Die nationale Komponente in der deutschen Literaturentwicklung der frühen Neuzeit.* Eine ausführliche Bibliographie zum Komplex ›Nation‹ findet sich bei Helmut Scheuer, *Die Dichter und ihre Nation – Ein historischer Aufriß,* in: DU 42 (1990), H. 4, S. 45 f.

2 Vgl. K. Wels im Kapitel: »Der Patriotismus in der volkstümlichen Dichtung«, a.a.O., wobei der Vf. mit der Bewertung der Fakten nicht übereinstimmt.

3 Vgl. W. Flemming, a.a.O., S. 96 f.

4 Georg Philipp Harsdörffer, *Specimen Philologiae Germanicae,* Nürnberg 1646, S. 64.

5 Justus Georg Schottel(ius), *Teutsche Sprachkunst,* Braunschweig 1640, S. 63.

6 Johann Klay, *Lobrede der Teutschen Poeterey,* Nürnberg 1645, S. 7.

7 Philipp von Zesen, *Rosen-mând,* Hamburg 1651, S. 214.

8 C.S., *Teutscher vnartiger Sprach-Sitten vnd Tugend verderber,* o.O. 1644, S. 50.

9 Georg Philipp Harsdörffer, *Frauenzimmer-Gesprächsspiele,* Nürnberg 1641 ff., Bd. 2, S. 31.

10 Jakob Balde, *Silvae lyricae,* Köln 1646, III 3 (Übersetzung K. Wels, a.a.O., S. 67).

11 Johann Klay, *Aufferstehung Jesu Christi,* Nürnberg 1644.

12 Justus Georg Schottel, *Der Teutschen Sprach-Einleitung,* Lüneburg 1643.

13 Martin Opitz, *Teutsche Poemata* [1642], Hg. von Georg Litkowski, Halle 1902/1967, S. 154:

> Nunc pudet patriae;
> et saepe hoc agimus,
> ut nihil minus quam Teutonicum
> idioma callere videamur.
> Hoc fonte derivata clades
> In patriam populumque fluxit.

14 Johann Michael Moscherosch, *Wunderliche und wahrhafftige Geschichte Philanders von Sittewald,* Straßburg 1677, Bd. 1, S. 55.

15 Friedrich von Logau, *Deutsche Sinngetichte. Drey Tausend,* Breslau 1654, hier zitiert nach der Ausgabe von Eitner, Tübingen 1872, S. 521.

16 Harsdörffer, *Frauenzimmer-Gesprächsspiele* (vgl. Anm. 9), Bd. 2, Vorwort.

17 E.C. Homburg, *Schimpf- vnd Ernsthafte Clio,* o.O. 1638; zitiert nach Wels (vgl. Anm. 1), S. 73.

18 Schottel, *Neu erfundenes Freuden Spiel genandt Friedens Sieg. [...],*

Braunschweig 1642. Hier zitiert nach *Friedens Sieg*, Halle 1900 (Haller Neudruck), S. 50.

19 Logau (vgl. Anm. 15), S. 50.

20 *Tugendverderber* (vgl. Anm. 8), S. 29.

21 August Buchner, *Anleitung zur Deutschen Poeterey*, Wittenberg 1665.

22 Joachim Rachel, *Teutsche Satyrische Gedichte*, Frankfurt/Main 1664.

23 Schottel, s. *Sprach-Einleitung* (vgl. Anm. 12).

24 Harsdörffer, *Poetischer Trichter* (III), Nürnberg 1650, S. 91.

25 Logau (vgl. Anm. 15), S. 370.

26 Rachel (vgl. Anm. 22), S. 120.

27 Logau (vgl. Anm. 15), S. 277.

28 Philipp von Zesen, *Ritterholds von Blauen Adriatische Rosemund*, Amsteldam [Amsterdam] 1645, S. 251.

29 Ebd.

30 Johann Euricus Chorion [= Schill], *Der Teutschen Sprach Ehren-Krantz*, Straßburg 1644, S. 33.

31 S. W. Flemming (vgl. Anm. 1), S. 99f.

32 Harsdörffer (vgl. Anm. 4), S. 64.

33 Zesen (vgl. Anm. 7), S. 215.

34 Zitiert nach Wels (vgl. Anm. 1), S. 56.

35 W. Flemming (vgl. Anm. 1), S. 99.

36 Pièrre de Ronsard, *Œuvres complètes*, Bd. 1, Paris 1950, S. 57f.

37 Andreas Gryphius, *Gesamtausgabe der deutschsprachigen Werke*, Bd. 3, Tübingen 1964, S. 10f.

38 Opitz, *Buch von der deutschen Poeterey*, Breslau 1624, Halle 1902 (Haller Neudruck), S. 16.

39 Johann Peter Titz, *Zwey Bücher Von der Kunst Hochdeutsche Verse [...] zu machen*, Danzig 1642, S. 6.

40 Paul Fleming, *Deutsche Gedichte*, hg. von S. M. Lappenberg, Stuttgart 1865, Bd. 2, S. 370.

41 Klay (vgl. Anm. 6), S. 6f.

42 Schottel, *Ausführliche Arbeit von der Teutschen Hauptsprache*, Braunschweig 1663 (Vorwort).

43 Weitere Details bei W. Flemming (vgl. Anm. 1), S. 101f.

44 S. Heinz Enter, *Paul Fleming*, Leipzig 1989.

45 Paul Fleming, *Lateinische Gespräche*, hg. von J. M. Lappenberg, Stuttgart 1863, Bd. 2, S. 371f.

46 Johann Matthias Schneuber, *Gedichte*, Straßburg 1644, S. 64.

47 Vgl. W. Flemming (vgl. Anm. 1), S. 96f.

48 Ebd., S. 101.

Rudolf Drux

Die Dichtungsreform des Martin Opitz zwischen nationalem Anspruch und territorialer Ausrichtung

I

Die historischen Widersprüche, die bei der Entfaltung der deutschsprachigen Dichtung im 17. Jahrhundert zu verzeichnen sind, scheinen beispielhaft in der Rede auf, die der zwanzigjährige Schlesier Martin Opitz 1617 am akademischen Gymnasium in Beuthen/Oder hielt: Engagiert ließ er sich »über die Verachtung der deutschen Sprache« aus, und zwar auf Latein. Das war nun einmal das Idiom, in dem sich die humanistischen Gelehrten austauschten und eine programmatische Rede, nach dem Namen einer antiken Autorität in philologischen Belangen *Aristarchus* betitelt, verfaßt sein mußte, selbst wenn sie den Verfall der lateinischen Sprache anprangerte und die Reinheit des Deutschen hervorhob. Das von Georg von Schönaich gegründete und im Sinne eines interkonfessionellen Ausgleichs geführte Beuthener Gymnasium war ein günstiger Schauplatz für den rhetorischen Auftritt des Bürgersohns aus Bunzlau am Bober; denn die Lehranstalt nahm die Funktionen einer im politischen Spannungsfeld Schlesien fehlenden Landesuniversität wahr und konzentrierte ihr pädagogisches Angebot auf Beamte und Bedienstete in den Behörden, die für den frühneuzeitlichen Zentralstaat unverzichtbar waren. Gewiß hätte sich der Schriftverkehr der Kanzleien auch auf Latein abwickeln lassen; aber der Gebrauch der Landessprache gehörte zum nationalen Selbstverständnis eines Staates, und ihre Pflege schloß traditionsgemäß die Beschäftigung mit poetischer Produktion, durch die sie ihren vollkommensten Ausdruck erfährt, ein. Es kann daher nicht verwundern, daß sich in Opitz' Plädoyer für die deutsche Dichtung ein kulturpatriotisches Anliegen mitteilt. Im europäischen Maßstab war das nach der Reformation zerrissene Deutschland nicht nur politisch, sondern auch literarisch eine »verspätete Nation« (Herder); die Nachbarstaaten hatten sich längst von der Vorherrschaft des Lateins emanzipiert und zu einer nationalsprachlichen Literatur gefunden. Da sich Opitz nicht wie die italienischen Humanisten bei ihrem kulturellen Restitutionswerk auf die einstige Größe Roms berufen konnte, bezog er sich im *Aristarchus* auf die »germanischen Vorfahren«. Sie hätten sich als einzige den römischen Imperialisten widersetzt.[1] Ihre Unbesiegbarkeit sei weniger physischer Stärke als ihrer angeborenen »Tugend und Sittenreinheit« zuzuschreiben. Wie ihre »erhabene Gesinnung« sei die Sprache, in der sie sich ausdrückten, »lauter und rein von jeder fremden Befleckung«, wohingegen »mit dem allmählichen Niedergang der Ewigen Stadt« auch der Glanz der lateinischen Sprache erloschen sei, die »nicht besser sein wollte als die Herrscher ihrer Zeit«, die monströsen Kaiser Claudius, Nero und Domitian.[2] Um so mehr müsse es erstaunen, daß die Deutschen ihre unverdorbene Muttersprache nicht pflegen, vielmehr durch eine Vermengung mit fremdsprachlichen Elementen um eines alamodischen Anstrichs willen verfälschen. Die Mißhandlung der Muttersprache aber zeuge letztlich von einer Mißachtung des Vaterlandes. Der kulturpatriotische Impetus, der die Einrichtung einer hochdeutschen Verkehrssprache und einer anerkannten, im Verein der europäischen Nationalliteraturen gleichwertigen Dichtung vorantreibt, erhält damit ein sprachmetaphysisches Fundament (das allerdings in der rhetorischen Tradition vorgegeben ist).[3]

Daß die deutsche Sprache durchaus zur Dichtung fähig ist, sucht Opitz hauptsächlich mit Texten aus der eigenen Feder zu belegen. Dabei geht es ihm um eine repräsentative Vielfalt lyrischer Gattungsarten, die zeigen soll, daß die deutsche Sprache jeder poetischen Form gewachsen ist. Vor allem die Anagramme, die er – in aufgesetzter Bescheidenheit – als zeitverschwenderische Spielerei abtut, unterstreichen ihre Flexibilität. So läßt sich der Name des Breslauer Arztes »Daniel Rindfleisch« durch die Versetzung der Buchstaben verwandeln in »Ein friedliches Land. /Item:/ Laß friedlich dienen.«[4] Schon die linguistischen Kernelemente, die Phoneme, kommen also, richtig geordnet, dem Wesen des Bezeichneten nahe. Aus derartigen sprachlichen Möglichkeiten folgert Opitz schließlich, daß wir Deutsche »nicht nur mit gleichem Erfolg, sondern auch mit Versmaßen, die an Bedeutsamkeit denen der übrigen Völker nicht unähnlich sind, unsere Gedichte bilden können«.[5]

Was an muttersprachlicher Literatur um 1600 hervorgebracht

wurde, entsprach in der Tat nicht internationalem poetischen Standard; vereinzelten Ansätzen war kein Erfolg beschieden, weil sie, beschränkt auf das Herstellungsverfahren der jeweiligen Autoren, nicht nachvollzogen werden konnten. Bei den Liedern eines Jacob Regnart (1576) oder Hans Leo Hassler (1596) etwa bestimmte die Melodie die sprachliche Formung, und die Methode der Meistersinger, einfach die Silben zu zählen, ohne Rücksicht auf den natürlichen Sprachakzent, öffnete der prosodischen Willkür Tür und Tor. Mit welchen Schwierigkeiten die deutsche Dichtung zu kämpfen hatte, macht beispielhaft die Strophe eines Gedichtes von Theobald Höck (1573-1658) deutlich, in dem der spätere Sekretär der ›Fruchtbringenden Gesellschaft‹ bereits 1601 die poetologische Position des *Aristarchus* vertritt:

> Warumb sollen wir den vnser Teutsche sprachen /
> Jn gwisse Form vnd Gsatz nit auch mögen machen /
> Vnd Deutsches Carmen schreiben /
> Die Kunst zutreiben /
> Bey Mann vnd Weiben.[6]

Insofern diese Verse gegen Morphologie und Syntax verstoßen, metrische Unregelmäßigkeiten und lexikalische Absonderlichkeiten aufweisen, gerät Höcks gereimte rhetorische Frage nach den Möglichkeiten einer Dichtung in deutscher Sprache unfreiwillig zum Dokument ihres desolaten Zustandes. Opitz war sich darüber im klaren, daß Poesie nur auf der Basis einer regelgerechten Sprache entwickelt werden könne. Dazu schien ihm allein das Idiom geeignet, »welches wir Hochdeutsch nennen«. Das fand er in den meißnisch-kursächsischen »Cancelleyen (welche die rechten lehrerinn der reinen sprache sind)«[7] vor, wie er in seinem *Buch von der Deutschen Poeterey* (VII. Cap.) ausführt. Dem Ostmittelhochdeutschen weist er die gleiche Funktion für den deutschen Sprachraum zu, wie sie das Attische bei den Griechen innehatte. Seine Wahl war nicht schlecht; denn aufgrund von Siedlungsbewegungen der Wettiner um die meißnische Kanzlei war durch Dialektausgleich eine Sprache entstanden, die in den meisten Regionen des Reichs verstanden werden konnte und zudem in der Luther-Bibel ein weitverbreitetes und einprägsames Publikationsorgan besaß.

II

Opitz' Engagement für eine nationalsprachliche Dichtung wird
allerdings nicht von der Absicht getragen, Literatur zu populari-
sieren. Ganz im Gegenteil – er schottet sich bei seiner Reform »von
der dicken schar des armen volckes« ab, das »an der erden klebt«.[8]
Den Aufstieg auf den Flügeln der Poesie sieht er am ehesten durch
die Nachahmung vorbildhafter Werke der Antike, besonders der
römischen Republik und der augusteischen Klassik, gewährleistet;
deshalb verlangt er von jedem, der sich »an vnsere deutsche Poeterey machen wolte«, eine gründliche Vertrautheit mit den »griechischen und Lateinischen büchern«[9] – und neben den literarischen
Beispielen (exempla) sind bei der Erstellung poetischer Texte die
aus den antiken und humanistischen Lehrbüchern der Rede- und
Dichtkunst übernommenen Vorschriften (praecepta) zu beachten.
Diese Anforderungen zementierten die Bildungsexklusivität und
bewirkten, daß die gelehrten Dichter eine relativ fest gefügte
soziale Gruppe bildeten, deren »Platz in der starren Hierarchie der
Gesellschaftsordnung exakt festgelegt war«[10], auch wenn sich die
sozialen, ökonomischen und juristischen Privilegien der Graduier-
ten im Lauf der Zeit änderten und nach Regionen unterschieden.
Die Res publica litteraria suchte sich zudem durch eine Reihe prak-
tischer und symbolischer Handlungen zu stabilisieren: eine
umfangreiche Korrespondenz, den Austausch wissenschaftlicher
Arbeiten, die Gründung von Dichterorden, gegenseitig verab-
reichte Widmungsgedichte zu akademischen Anlässen oder der
Verweis auf historische Persönlichkeiten, die das Ideal des ebenso
poetisch wie politisch tätigen Gelehrten erfüllten (vielen Dichtern
des 17. Jahrhunderts galt Opitz selbst als solch paradigmatische
Gestalt).[11]. Seine Leistung als »Sprachen Wiederbringer«, wie ihn
sein Kollege Johann Rist, Gründer des ›Elbschwanordens‹,
nannte[12], war ja auch für den Stand der Poeten von existentieller
Bedeutung, verschaffte sie ihnen doch die Möglichkeit, ihren
gesellschaftlichen Wert im frühmodernen Machtstaat darzustellen.
In Opitz' programmatischen Schriften (neben dem *Aristarchus*
und dem *Buch von der Deutschen Poeterey* sind darunter vor allem
die Vorreden zu seinen Werken zu fassen) sind die wichtigsten
Aufgaben vermerkt, durch deren Erfüllung der Dichterberuf endgültig vom Ruf der Pritschmeisterei befreit und sozial legitimiert
würde: die Vermittlung einer universellen Ordnung, die alle Berei-

che des privaten und öffentlichen Lebens bestimmt; die Anleitung zu einem affektfreien, tugendhaften Verhalten; die Beschreibung mustergültiger Rollenerfüllung zum Zweck der Sozialdisziplinierung. Derart funktionalisiert, erscheint »die Poeterey«, wie Opitz unter Berufung auf den spätantiken Stoiker Strabo erklärt, als

die erste Philosophie / eine erzieherinn des lebens von jugend auff / welche die art der sitten / der bewegungen des gemütes vnd alles thuns vnd lassens lehre.[13]

Die Rehabilitation der Dichter wird darüber hinaus von einer Argumentation begünstigt, die Opitz am entschiedensten in der Vorrede zu seinen *Acht Bücher‹n› Deutscher Poematum* von 1625 vorbringt; mit ihr richtet er sich an das Oberhaupt der ›Fruchtbringenden Gesellschaft‹, an Fürst Ludwig von Anhalt-Köthen, dem er das Werk widmet. Seine unmißverständliche Absicht, durch die Aufnahme in diesen bedeutendsten deutschen Poetenorden und durch dessen Anerkennung seine Arbeit kulturpolitisch zu verankern, verfolgt er mit dem historischen Nachweis einer Korrelation zwischen dem politischen und ästhetischen Zustand seines Landes.[14] Zwischen den »Regimentern vnd Policeyen« und den »freyen Künsten« bestehe eine Art Schicksalsgemeinschaft, insofern »sie auff einmal mit einander entweder steigen oder zu Grunde gehen«. Was »von den Römern / vnd zwar jhrer Poeterey alleine / zu sagen« ist[15], nämlich daß

jhre Keyser diese Wissenschafft so lange in jhren Schutz vnd Förderung genommen / so lange jhr Reich vor Einfall barbarischer Völcker vnd eigener Nachlessigkeit bey seinen Würden verblieben ist,

das gilt im Grunde für alle Nationen. In die lange Kette der Herrscher von Caesar bis zu den Medici und Franz I. von Frankreich, welche die Künste förderten, während das von ihnen regierte Gemeinwesen blühte, wird schließlich der Adressat, Fürst Ludwig, gereiht, der immerhin als Territorialfürst sich der Sprache und Dichtung aktiv zuwandte. Damit eifert er »dem rühmlichen Exempel« der erwähnten »Potentaten so verstorben sind / [nach] vnnd giebet selber ein gut Exempel denen die noch leben«.[16] Natürlich weiß Opitz, daß sich ein Fürst nicht nur mit der (trotz des historischen Rekurses recht abstrakten) Vorstellung gewinnen läßt, sein Einsatz für die Künste komme der Erhaltung seiner Macht zugute; ein größerer Anreiz für mäzenatisches Engagement dürfte – gerade in einer Zeit, die die Dinge unter dem Blickwinkel ihrer Vergänglichkeit (sub specie vanitatis) zu betrachten pflegt – von der Aussicht ausgehen, im Dichterwort verewigt zu werden. Was Opitz dem Fürsten anbietet, ist im Grunde eine Verpflichtung auf Gegenseitigkeit: Der Dichter repräsentiert den Herrscher und die ihn tragende Ordnung vor der Mitwelt und sichert sein Andenken bei der Nachwelt; dafür wird er von diesem finanziell unterstützt und vor sozialen und militärischen Übergriffen geschützt. Vor allem aber öffnen sich dem gelehrten Dichter als Betätigungsfeld die landesherrlichen Behörden mit ihren vielfältigen administrativen Aufgaben.

Die Neufassung der sozialen Rolle des Dichters wirkt einleuchtend; doch ganz ohne Paradoxien geht es auch dabei nicht ab: Die Gemeinschaft der Gelehrten versteht sich als Nobilitas litteraria und richtet sich gesellschaftlich am Adelsstand aus, dessen Vorrechte sie zum Teil genießt und dessen Mitglieder sie in wichtigen Positionen des Staatsdienstes und der Landesverwaltung ablöst. Ihr Bewußtsein aber, durch Leistung die soziogenetischen Nachteile kompensieren und mit Vertretern eines höheren Standes konkurrieren zu können, bestätigt ihre bürgerliche Herkunft[17], und bürgerlicher Erwerbsethik entspricht auch die in Gelehrtenkreisen immer wieder vertretene Ansicht, der durch die Aneignung von Wissen und Bildung erreichte Geistesadel sei dem angeborenen und ererbten Aristokratentum vorzuziehen. So legt Opitz in seiner *Schäfferey von der Nimfen Hercinie* einem dichtenden Vorfahren des Freiherrn Hans Ulrich von Schaffgotsch, dem die Prosaekloge gewidmet ist, zum höheren Ruhme des alten Geschlechtes die Worte in den Mund:

> Soll ich mich schämen dann des namens der Poeten?
> Ist kunst vndt wißenschafft dem adel nicht von nöthen?
> Standt blüet durch verstandt: hett ich nicht standt gehabt /
> So hette mich verstandt mitt adel doch begabt.[18]

III

Die Selbstofferte des gelehrten Dichters wäre aber ohne ein allgemeines Bedürfnis nach Repräsentation, d. h. nach Dokumentation der Teilhabe an der universellen, in Gott begründeten Ordnung wirkungslos geblieben. Dies vermag der Dichter aufgrund der besonderen Beschaffenheit von Sprache zu befriedigen. Von der Schulrhetorik und -metaphysik übernimmt Opitz die (dann in beinahe allen barocken Poetiken wiederkehrende) Anschauung von der festen, »eigentlichen« Zuordnung (proprietas) eines Wortes (verbum) zu einer Sache (res); sie richtet sich, wie es Opitzens wichtigster Gewährsmann in literaturtheoretischen Fragen, Julius Caesar Scaliger, definiert, »nach dem Sprachgebrauch der Gelehrten«.[19] Als Kontrollinstrument steht die Kategorie der *Angemessenheit* zur Verfügung, die ebenso die ästhetische Stimmigkeit wie ethisch-soziales Verhalten bestimmt, also u. a. regelt, welche Stillage einem dichterischen Gegenstand zukommt und durch welche Gattung und in welchem Versmaß er adäquat dargestellt wird, aber z. B. auch, welche Haltung der Autor einem Rezipienten gegenüber einzunehmen hat. Sie faßt die einzelnen sprachlich-poetischen Regeln zu einem System zusammen, in dem humanistisches Ordodenken seinen künstlerischen Niederschlag findet.[20] Den hierarchisch strukturierten Kosmos der Welt und der Worte hebt Opitz mit der Gliederung seiner Ausgabe letzter Hand (1638-44) hervor, indem er seine Werke in eine deutliche Rangfolge von den hohen Texten der geistlichen Dichtung bis hinab zu der von »niedrigen dingen« handelnden Schäferpoesie bringt. Auch hierbei läßt sich wiederum Widersprüchliches ausmachen: Während zu Beginn des Dreißigjährigen Krieges die politisch-sozialen Zustände vom Chaos gezeichnet sind, setzt sich auf artifiziellem Gebiet ein striktes Ordnungsbewußtsein durch.

Weil die poetische Ordnung (als Teil der göttlichen) aber als universell anzusehen ist und sich auf alle Sachen bezieht, auf die »Himlischen vnd jrdischen / die Leben haben vnd nicht haben / welche ein Poete jhm zue beschreiben vnd herfür zue bringen vornimpt«[21], erfordert sie ein politisches Analogon. Das liegt nun in der Verfassung des absolutistischen Staates vor[22], was Opitz mit dem ihm eigenen Gespür für historisch prägende Vorgänge und entscheidende Wandlungen gemerkt hat: daß er Fürsten unterschiedlicher Konfession huldigen konnte, ist nicht zuletzt darin begründet, daß er in ihnen weniger die individuelle Herrscherpersönlichkeit erblickt als die Herrschaftsinstitution und das sich darin manifestierende Ordnungsprinzip.

Dem regierenden Fürsten kam die wirtschaftliche Entwicklung im Krieg zugute: Verwüstete Höfe, brachliegende Felder und vakante Güter wurden seinem Dominalbesitz einverleibt; der verarmte und mittellose Landadel mußte sich, wollte er seine Privilegien bewahren, am Hof und im Militär in seine Dienste begeben; und da Gewerbe und Handel durch die wechselnden Kriegsereignisse erschwert wurden, der Schwund des Kapitals notwendige Investitionen verhinderte und in den Städten der Lebensunterhalt zum täglich drängenden Problem wurde, war auch der Bürger in seinen Erwerbsmöglichkeiten erheblich eingeschränkt – die landesherrliche Verwaltung bot ihm da, wie gesagt, die besten Chancen zu einer ökonomischen Absicherung. Am Ende des Krieges war nicht mehr zu bezweifeln, »daß der Wiederaufbau der zerstörten Gebiete eine Aufgabe war, die organisatorisch und finanziell nur unter Führung des Territorialstaates bewältigt werden konnte«.[23] Diesem hatte das sogenannte Libertätsprinzip schon früh eine relativ reichsunabhängige Politik erlaubt; z.B. konnte er seine eigenen Bündnis- und Sicherheitsinteressen verfolgen – ohne Rücksicht auf das Reich, das mit 240 gleichberechtigten Ständen in drei Kurien (Kurfürsten-, Fürstentümer, freie Reichsstädte) auf dem ständigen Reichstag zu Regensburg machtlos vor sich hindämmerte. Gleichzeitig wurden die Rechte der Landstände – etwa das der Steuerbewilligung – erheblich beschnitten. So kamen verschiedene historische Prozesse dem zentrierten Machtstaat absolutistischer Prägung entgegen, der sich auf der Ebene der Territorien verwirklichte. Und sie geben auch der Reformarbeit des Martin Opitz ihre widersprüchlichen Konturen: Auf der einen Seite beansprucht er für seine Poetik überregionale und überkonfessionelle Gültigkeit, d.h. er zielt auf das gesamte Reich mit einer für den ganzen deutschen Sprachraum verbindlichen Sprache und Dichtung; auf der anderen wendet er sich, was die gesellschaftliche Legitimation und Funktion des Dichterberufs betrifft, an die einzelnen Landesfürsten und die sie stützenden Institutionen, wobei er in den Territorien mit dem den Reichsgedanken unterminierenden Absolutismus die Staatsform findet, an der er sein poetisches Werk ausrichtet.[24] Immerhin erreicht er damit auf literarischem Gebiet, was die Realpolitik verweigert: einen die regionalstaatlichen Sonderrechte mißachtenden und orthodoxe Beschränkungen durchbrechenden Ordnungsentwurf.

Daß die poetische Reform mit einem wiedererwachten Nationalbewußtsein einhergeht und die Tätigkeit des Dichters bei Opitz
gesamtgesellschaftlich eingebunden ist, läßt sich gut den vier
Büchern seiner *Trostgetichte in Widerwertigkeit deß Krieges* entnehmen. Das unter seinen eigenständigen Werken wohl bedeutendste (und von ihm selbst in mehrfacher Hinsicht als mustergül-
tig herausgestellte) ist politisch so brisant, daß es Opitz erst zwölf
Jahre nach der Niederschrift im winterlichen Jütland (1620/21)
anonym veröffentlicht; angesichts der damaligen Kriegslage, d. h.
der zwischenzeitlichen Erfolge der katholischen Liga, hätten ihm
»guete freunde wiederrathen«[25], die *Trostgetichte* zu publizieren.
Schon »an der kalten Cimbersee«[26] hielt er sich keineswegs freiwil-
lig auf, vielmehr schien es ihm, als die Spanier unter General Spi-
nola anrückten, geraten, kurpfälzischen Boden zu verlassen.
Schließlich hatte er sich wie die meisten Humanisten in Heidelberg, in deren Kreisen er verkehrte, als entschiedener Parteigänger
des Kurfürsten Friedrich von der Pfalz, des Winterkönigs, hervor-
getan. Seine politische Haltung gibt am deutlichsten das dritte
Buch wieder, in dem der Dichter mit der Habsburger Streitmacht
abrechnet, überhaupt die mörderischen Exzesse der katholischen
Seite gegen seine evangelischen Glaubensbrüder brandmarkt.[27]
Ansonsten aber zielt Opitz auf das Kriegsgeschehen im ganzen,
das er mit drei thematischen Schwerpunkten behandeln will:

> Des schweren Krieges Last / den Deutschland jetzt empfindet /
> Vnd daß GOTT nicht vmbsonst so hefftig angezündet
> Den Eyfer seiner Macht / auch wo in solcher Pein
> Trost her zu holen ist / sol mein Getichte seyn.[28]

Um sein hohes Ziel zu erreichen, erfleht der Autor den Beistand
des Hl. Geistes. Mit dessen Anrufung ersetzt er nicht nur im Geiste
christlichen Dichtertums die im antiken Epos übliche Invokation
der Musen, sondern der »Geist von GOtt gesandt / ja selber
wahrer GOtt« läßt sich in seiner Eigenschaft als »höchster Trost
der Welt« und »Zuversicht in Noth« dem zentralen Textanliegen
eines »Trostgedichtes« theologisch zuordnen.[29] Dabei erhebt
Opitz die gewaltige Aufgabe, den in Deutschland tobenden Krieg
darzustellen, dessen gottgewollte Ursachen zu benennen und
Momente des Trostes aufzuzeigen, zum Experiment auf die Mög-

lichkeiten einer deutschen Dichtung. An der poetischen Bewältigung eines so aktuellen und bewegenden Stoffes wird sich ihre
Tauglichkeit erweisen. Zwar hegt Opitz am Gelingen seines Vor-
habens, zumal im Vertrauen auf göttliche Hilfe, keinen Zweifel,
aber selbst bei einem möglichen Scheitern wiese ihn sein innovati-
ves Werk vor der Literaturgeschichte als Pionier aus, dessen Vor-
arbeiten erst unter günstigeren politischen Bedingungen zu vollenden sind:

> Es wird in künfftig noch die Bahn so ich gebrochen
> Der so geschickter ist nach mir zu bessern suchen /
> > Wann dieser harte Krieg wird werden hingelegt /
> > Vnd die gewündschte Ruh zu Land' vnd See gehegt.[30]

Hinter diesen Sätzen verbirgt sich mehr als die gespielte Bescheidenheit, mit der der Leser günstig gestimmt werden soll. Opitz
vermittelt vielmehr die Erkenntnis, die durch seine späteren
Erfahrungen als Diplomat, der auf höchsten interfraktionellen
Ebenen operierte, bestätigt wurde: daß Kriegswirren eine auf
Muße und Sicherheit angewiesene schriftstellerische Tätigkeit
unterbinden und daß sein Werk gefährdet ist, solange die militan-
ten Auseinandersetzungen zwischen den Konfessionen und politischen Gruppierungen die nationale Identität verhindern, auf die
hin seine poetische Arbeit angelegt ist und die dann auch in den
Trostgedichten nach humanistischem Vorbild des öfteren
beschworen wird. Trotz der territorialstaatlichen Orientierung,
die sich etwa in der lateinischen Widmungsrede (1633) an den
dänischen Königssohn Prinz Ulrich von Holstein kundtut[31], und
trotz der unübersehbaren Sympathie für die protestantisch-calvi-
nistische Seite steht die Einheit der Nation außer Frage. Bei Gelegenheit der türkischen Eroberungsfeldzüge wird sie vehement
angemahnt; ein uneiniges Deutschland, das »durch sich selbst
wird feindlich hin gebracht«[32], ist dem heidnischen Aggressor
hilflos ausgeliefert. Da zu seiner Abwehr die gesamte Christenheit gefordert ist, müssen Katholiken und Protestanten zusam-
menhalten. Dem »werthen Volck«, das sich dieser »rechten
Sache« annimmt[33], wird durch die unvergängliche Dichtung, »mit
Schrifft die nicht verlischt / Die gar kein Regen nicht noch
schwartzer Staub verwischt«[34], ein historisches Denkmal gesetzt:
für alle Zeiten sind seine »Ehre« und »Tapfferkeit« festgeschrieben. Einer politisch bewußten Nation tritt so, ihre Selbstbestim-

mung antizipierend, verlangend und verbürgend, die nationalsprachliche Poesie als kulturelles Pendant zur Seite.

Auch im sozialen Bereich stellt sich durch den Krieg ein
Moment der Vereinheitlichung ein; dessen verheerende Gewalt
wirkt nämlich klassenübergreifend:

> Hoch / niedrig / klein vnd groß wird alles fortgerissen /
> kein Regiment / kein Stand vermag sich außzuschliessen.[35]

Es sieht so aus, als böte Opitz hier nur eine weitere Variation des
stets gegenwärtigen Vanitas-Themas, gleichsam die nivellierende
Macht des Todes an einem historischen Ereignis veranschauli-
chend; er verfolgt aber eine konkretere, eminent politische
Absicht, die sich aus dem Zusammenhang des zweiten Buches
erkennen läßt. Darin »leitet er uns«, wie er im Vorwort ausführt[36],

> von der Eitelkeit dieser Welt auff den Weg der Tugend / vnd lehret wie ein
> weiser Mann in aller Anfechtung vnd Gefahr sicher vnd vnbewegt stehen
> könne.

Er weist damit sein Werk als stoische Paränese aus, d. h. als eine
versifizierte Mahnrede zur Tugend im Sinne der jüngeren Stoa, die
das Idealbild des unerschütterlichen Weisen zeichnet. Dieser läßt
sich durch keine Schicksalsschläge aus der Bahn werfen, gelangt
hingegen, im Vertrauen auf seine Rechtschaffenheit, zur »Ruhe
deß Gemüths« (Ataraxie)[37], aus der heraus er sogar vor den
Schrecknissen des Krieges nicht verzagt. In konsequenter Fortführung dieser Maxime überträgt Opitz die dem einzelnen abver-
langte Standhaftigkeit (constantia) auf die Gemeinschaft und
kommt zu dem Schluß: »Das gantze Vaterland / Steht mehrmals
besser nicht als in gewehrter Hand.«[38] Das Prädikat »besser stehen« nimmt auf die Tugend der Beständigkeit Bezug; auf politischer Ebene realisiert sie sich in Wehrhaftigkeit. Gewiß ver-
schmilzt Opitz stoizistische Moral mit Elementen der calvinisti-
schen Widerstandslehre, wenn er den Krieg zum Bewährungsraum
für den »weisen Mann« deklariert und zugleich die wahre Freiheit
als ein der Tyrannei abgerungenes Gut schildert:

> Die Freyheit wil gedruckt / gepreßt / bestritten werden /
> Wil werden auffgeweckt; (wie auch die Schoß der Erden
>   Nicht vngepflüget trägt:) sie fodert Widerstand /
>   Ihr Schutz / jhr Leben ist der Degen in der Hand.[39]

Indem er aber ausdrücklich auf »das gantze Vaterland« zielt, die katholischen Länder somit nicht ausspart, wird sein Plädoyer für eine stabile Wehrhaftigkeit zu einem nationalen Anliegen. Wohlbekannt war den deutschen Späthumanisten, was der niederländische Staatstheoretiker Justus Lipsius über die stoische Kardinaltugend der Standhaftigkeit geschrieben hatte; in seiner Abhandlung *De constantia* (1599; [2]1601) geht er auch auf die Reform des Militärwesens ein: er schlägt die Einrichtung eines stehenden Heeres vor, über das der Souverän jederzeit als effektvolles Machtinstrument verfügen kann.[40] Bei Opitz finden sich keine derart konkreten Vorstellungen; der schlesische Dichter-Diplomat dürfte jedoch den marodierenden Söldnertruppen, deren zügellose Ausschweifungen im Dreißigjährigen Krieg er aus nächster Nähe erleben mußte, ein diszipliniertes und nationalen Zwecken unterstelltes Heer unbedingt vorgezogen haben, zumal es, wie das Beispiel der Oranier in den Niederlanden und der Hohenzollern in Brandenburg-Preußen zeigt, entscheidend zur Etablierung des absolutistischen Staates beitrug.

Die zahlreichen Widersprüche, die die Opitzsche Reformarbeit begleiten, lassen sich von ihrem Ergebnis her auf eine grundlegende dialektische Entwicklung zurückführen: Der Schlesier richtet seine »Poeterey« und die Tätigkeit der Dichter an einem umfassenden Ordnungsmodell aus, das seine verfassungspolitische Verwirklichung und soziale Praktikabilität im Territorialstaat absolutistischer Prägung erfährt. Dadurch schafft er aber ein kunstsprachliches Medium, das für die gesamte deutsche Nation gültig ist und zugleich die berufliche Existenz der Poeten sichert, da sich in ihm der frühneuzeitliche Zentralstaat und sein Herrscher überregional und systemkonform repräsentieren.

Anmerkungen

1 In zahlreichen Studien hat sich Klaus Garber mit Martin Opitz' Werk, seinem historischen Umfeld, seinen politisch-sozialen Intentionen und seiner Wirkungsgeschichte befaßt; zur weiteren Information über den »Vater der deutschen Dichtung« (Gottsched) sei hier nur angeführt: *Martin Opitz*, in: H. Steinhagen und B. v. Wiese (Hg.), *Deutsche Dichter des 17. Jahrhunderts. Ihr Leben und Werk*, Berlin 1984, S. 116-184.

2 Martin Opitz, *Aristarchus, sive de contemptu linguae Teutonicae*, in: *Gesammelte Werke. Kritische Ausgabe*, hg. v. G. Schulz-Behrend, Bd. 1, Stuttgart 1968, S. 57 (»Romanis, totius orbis victoribus, soli [majores nostri Germani] pectore adverso restituerunt […] Saepe nervorum ac corporis robore, saepius inexpugnabili animorum celsitudine cum hostibus dimicabant, ac victores evadebant […] Accedebat ad vitae ac gestorum gravitatem lingua factis non dispar […] Eam tam generosam, tam nobilem ac patriam suam spirantem linguam […] puram nobis et ab omni externa illuvie mundam tradiderunt«).

3 Ebd., S. 58.

4 Ebd., S. 73.

5 Ebd., S. 66f. (»[…] non pari modo successu, sed iisdem quoque numeris, gravitate non dissimili iis quibus reliquae illae gentes, carmina nostra instruere possemus«).

6 Theobald Höck, *Von Art der Deutschen Poeterey*, in: *Epochen der deutschen Lyrik 1600-1700*, hg. v. Chr. Wagenknecht, München 1969, S. 15.

7 Martin Opitz, *Buch von der Deutschen Poeterey* (1624), nach der Edition von W. Braune neu hg. v. R. Alewyn, Tübingen 1966, S. 35.

8 Ebd., S. 19.

9 Ebd., S. 16f.

10 Alberto Martino, *Daniel Casper von Lohenstein. Geschichte seiner Rezeption*, Bd. 1, Tübingen 1978, S. 63, s. auch S. 77.

11 Vgl. Rudolf Drux, »*So singen wie der Boberschwan«. Ein Argumentationsmuster gelehrter Kommunikation im 17. Jahrhundert*, in: *Res Publica Litteraria. Die Institutionen der Gelehrsamkeit in der frühen Neuzeit*, hg. v. S. Neumeister und C. Wiedemann, Teil 2, Wiesbaden 1987, S. 399-408.

12 Johann Rist, *Lob- Trawr- und Klag-Gedicht über […] seliges Absterben des […] Herren Martin Opitzen*, Hamburg 1640, v. 482.

13 Opitz, *Poeterey*, S. 8.

14 Zur Funktion dieser Vorrede vgl. Garber (vgl. Anm. 1), S. 141ff., und Volker Sinemus, *Poetik und Rhetorik im frühmodernen deutschen Staat*, Göttingen 1978, S. 18-22.

15 Opitz, *Werke*, Bd. 2/2, S. 531.

16 Ebd., S. 543.

17 Vgl. Harald Steinhagen, *Dichtung, Poetik und Geschichte im 17. Jahrhundert*, in: Steinhagen / v. Wiese (Hg.) (vgl. Anm. 1), S. 17ff.

18 Opitz, *Werke*, Bd. 4/2, S. 546.

19 Julius Caesar Scaliger, *Poetices libri septem*. Faksimile-Neudruck der Ausgabe v. Lyon 1651, Stuttgart 1964, IV 5, S. 184 col 1 D (»Proprietatem appello […] nativam vim significandi ex usu doctorum«); s. auch Quintilian, *Institutio oratoria* I 6, 45. Zum »Proprietas«-Komplex im 17. Jahrhundert vgl. Joachim Dyck, *Ticht-Kunst. Barockpoetik und*

rhetorische Tradition, Bad Homburg 1969, S. 276f.

20 Vgl. Rudolf Drux, *Martin Opitz und sein poetisches Regelsystem,* Köln 1976, S. 26-38, und Gunter E. Grimm, *Literatur und Gelehrtentum in Deutschland. Untersuchungen zum Wandel ihres Verhältnisses vom Humanismus bis zur Frühaufklärung,* Tübingen 1983, S. 135-149.

21 Opitz, *Poeterey,* S. 17.

22 Wenn Gunter E. Grimm, *Martin Opitz,* in: *Deutsche Dichter,* hg. v. G. E. Grimm u. F. R. Max, Bd. 2, Stuttgart 1988, S. 146, meint, daß der »Eindruck einer Analogie zwischen Staatsform und poetischer Struktur […] durch Opitz' Stilempfehlungen […] sich nicht erhärten« lasse, bleibe doch die von diesem »propagierte Zierlichkeit […] im Rahmen der humanistischen Bildungstradition«, dann unterschätzt er die historische Bedeutung der Parallelität dieser Entwicklungen auf politischem und poetologischem Gebiet. Die normative Poetik hätte im deutschen Sprachraum wohl kaum eine derartige Wirkung erzielt, wenn sie nicht der sich ausbildende Absolutismus mitsamt seinen gesellschaftlichen Implikationen gleichsam verfassungspolitisch flankiert hätte; in ihm manifestierte sich ebenfalls ein hierarchisches Denken.

23 Jürgen Fr. v. Kruedener, *Die Rolle des Hofes im Absolutismus,* München 1971, S. 45.

24 Eine prägnante Darstellung dieser Zusammenhänge bietet Conrad Wiedemann, *Barockdichtung in Deutschland,* in: *Neues Handbuch der Literaturwissenschaft,* Bd. 10: *Die Literatur der Renaissance und des Barock,* Bd. 2, hg. v. A. Buck, Frankfurt/Main 1972, S. 180-187.

25 Opitz, *Werke,* Bd. 1, S. 274.

26 So lautet die Ortsangabe in der stark autobiographisch gefärbten *Galathee-*Ode, *Werke,* Bd. 2, S. 654.

27 Zu Opitz' konfessionspolitischer Haltung insbesondere in seinen *Trostgedichten* vgl. die informative Darstellung von K. Garber (vgl. Anm. 1), S. 122-126 und 145-163.

28 Opitz, *Werke,* Bd. 1, S. 192, v. 1-4.

29 Ebd., v. 6f.

30 Ebd., S. 193, v. 33ff.

31 Der einen Tag nach der Veröffentlichung des Textes am 21. August 1633 ermordete Prinz kann als lebendes Beispiel für die Veredelung des Adels durch Bildung gelten, ist er doch ein »Heldt« und »König-Sohn«, der sich zu erkennen bemüht, »was Weißheit heißt und ist« (zit. nach Garber [vgl. Anm. 1], S. 146).

32 Opitz, *Werke,* Bd. 1, S. 244, v. 444.

33 Ebd., S. 246, v. 533ff.

34 Ebd., S. 245, v. 475f.

35 Ebd., S. 214, v. 125f.

36 Ebd., S. 210.

37 Diesen stoizistischen Zentral-Begriff, Übersetzung des lat. »tranquilli-

tas animi«, hat Opitz sogar im Titel eines Lehrgedichts von 1623 exponiert: *Zlatna Oder von Ruhe deß Gemüthes.*

38 Ebd., S. 215, v. 175 f.
39 Ebd., S. 221, v. 365 ff.
40 Zu den politischen Dimensionen des Lipsiusschen Werks vgl. Gerhard Oestreich, *Geist und Gestalt des frühmodernen Staates*, Berlin 1969.

Harro Zimmermann

Vom Freiheitsdichter zum Nazi-Idol

Friedrich Gottlieb Klopstock unter den Deutschen

I

Klopstock als empfindsamer Dichter, als Erwecker einer modernen bürgerlichen Poesie und Sprache, als bahnbrechender Prosodiker und ›freier Schriftsteller‹, als repräsentativer Sänger des Heils und des Vaterlandes; eine Vielzahl von Facetten ist es, in die heute das Bild dieses Poeten und Wissenschaftlers zerfällt. Sperrig und überlebt erscheint Klopstock allenthalben, aber am befremdlichsten wirkt nach wie vor seine Begeisterung für das Altvordere und Patriotische, für Geschichte, Kultur und Mythologie der Ur-Deutschen. Ist der Dichter des Vaterlandes hier in Untiefen der Regression geraten, oder lagen gerade im Gedanken des ›Nationalen‹ seine aufklärerischen Ansprüche verborgen? Anders gefragt: wie ist es möglich, daß der strikt antifeudale Dichter Klopstock, weiland ein Fanal des rebellischen Sturm und Drang und der Revolutionsgeneration im Deutschland des 18. Jahrhunderts, nach 1945 in die Nähe eines verblichenen pietistischen Blut- und Wundenkults, der mythisierenden »Deutschtümelei«, ja sogar eines aggressiven Nationalismus gerückt werden konnte?[1]

Der Klopstocksche Patriotismus sei auf »mystisch-pietistische Ursprünge« zurückzuführen, hieß es bald nach dem Zweiten Weltkrieg.[2] Dieser »Ekstatiker des Erhabenen«[3] und Bahnbrecher des »Irrationalismus« hätte die Literatur »aus den Fesseln des kalten Rationalismus« befreit[4] und sich der Aufklärung entgegengestemmt. »Vaterlandsvergottung, Gefühlsfanatismus, nationales Sendungsbewußtsein«[5] seien schon bei Klopstock vorhanden gewesen, der »alle die Probleme auf die Bahn gebracht« habe, »an denen wir noch zu lösen« hätten.[6] »Gefährlichste Wirkungen«, schrieb einer der kanonischen Interpreten nach 1945, seien »aus dem Klopstockschen Laboratorium der Phantasie ausgegangen«.[7] »Weltfremd« und »wirklichkeitsentrückt« hätte sich der Dichter in »die dämmernde Frühe des Germanentums«[8] zurückgezogen, den Zusammenhang zur politischen Realität des Spätfeudalismus verloren und nichts anderes demonstrieren wollen als die unvergleichliche »Unmittelbarkeit des Deutschtums zum Christentum«.[9]

Friedrich Gottlieb Klopstock, ein skurriler deutscher Patriot? Keine Notiz hat man noch bis vor kurzem genommen von seiner Bardenlyrik, die im Bild der Freiheit und Gefühlsunmittelbarkeit jener germanischen Naturvölker ein kritisches Pendant zur blasierten Hofgesellschaft des späten 18.Jahrhunderts entfaltete. Ignoriert hat man die Hermanns-Dramen (»Bardiete«), in denen er die Genese des autokratischen deutschen Spätfeudalismus in »zu Herzen gehenden« Bildern und Visionen vom zerfallenden Volkskönigtum zeichnete und für einen geistgewappneten Gegenwartspatriotismus warb. Vergessen hat man die historiographischen und sprachgeschichtlichen Forschungen Klopstocks, die seine Mitbürger zur kultur- und geschichtsmächtigen »Nation« formen sollten. Seine *Deutsche Gelehrtenrepublik,* die auf dem Plan einer Wiener Akademiegründung beruhte, ward verkannt als bloße ›Skurrilität‹. Und doch war es ihre Absicht, im Rückgriff auf die Tradition deutsch-germanischer Volkssouveränität einen Freiraum der Gelehrsamkeit zu propagieren, der den historisch obsoleten Absolutismus wenigstens intellektuell transzendieren konnte. Und schließlich wollte man dem *Messias*-Dichter nicht verzeihen, daß er zur Zeit der Französischen Revolution seinen »Civismus« in politisch engagierten Oden und Hymnen demonstrierte und zu einer Leitfigur der auf ›Volkssouveränität‹ pochenden ›Patrioten‹ und ›Demokraten‹ wurde. Die ideologische Zurichtung des Dichters Klopstock: in welchen Figurationen national-historischen Selbstverständnisses ist sie zwischen 1789 und 1945 verlaufen?[10]

II

Schon 1769, als in Deutschland noch »jeder Gedanke der Freyheit eines patriotischen Kopfes«[11] verspottet wurde, schrieb ein Rezensent über Klopstocks *Hermannsschlacht*: »Allein, das ist gewiß, daß dieses Schauspiel den Republikaner weit mehr erhitzen wird, als den Bürger im monarchischen Staat. Die Franzosen haben in Schlegels Hermann die Gesinnungen zu frey gefunden [...]. Was werden sie erst von diesem Gedicht sagen? Kein Deutscher wird ein gleiches thun, allein viele, ich weis es gewiß, werden es denken.«[12] Auch anderen Kritikern der Zeit wurde deutlich, daß gerade die »bardische«, die geschichtliche Dimension des Klopstockschen Stückes, seine gegenwartskritische Bedeutung ausmachte. Denn der hier geschilderte »Zustand der allerältesten Deutschen«[13], der »Menschen in der Entstehung der Gesellschaften«[14], wurde gleichsam virtuell für das politische Dilemma des 18. Jahrhunderts. Wenn der Urzustand der germanischen Völker durch »Haß der Tyrannen, Enthusiasmus der Freyheit«[15] gekennzeichnet war, so trat dieses Geschichtsbild offensichtlich in einen kritischen Kontrast zur Realität der eigenen Zeit. Ein Gestus der versteckten politischen Einrede war es immer wieder, der am »bardischen« Klopstock und seiner Jüngerschar bemerkt wurde. Man schalt die patriotische Dichtung ein »Geschwätz von Freyheit«[16], eine »Schimäre«[17], man argwöhnte »Partheysucht und Zusammenverschwörung«[18] und geißelte die »politische Schwärmerei«[19] sowie den »Mißbrauch der prophetischen Sprache«[20] bei den ungebärdigen Poeten.

Es ist bezeichnend, daß in dieser Phase der (politischen) Geschichte Deutschlands, in der die prägenden ideologischen Gruppierungen des 19. und 20. Jahrhunderts allmählich zusammenfinden, wiederum Klopstock zum provozierenden Problem wird. Hier macht sich ein Mann suspekt, der »die Glorie, die sein Messias um sein geheiligtes Haupt schwang, mit der französischen Nationalcocarde verwechselte«.[21] Lange also bevor Goethe im 12. Buch von *Dichtung und Wahrheit* dem »kriegerischen Trotzgefühl« der Bardendichtung, ihrer »Einmischung [...] ins Regiment«, wodurch alles »Obere, sei es nun monarchisch oder aristokratisch, aufgehoben« wurde, eine Mitschuld an den »heftigsten Angebereien und Verhetzungen« der Revolutionszeit zugesprochen hatte, gehörten ähnliche Argumente zum Fundus konservativer Auseinandersetzung mit dem politisierten *Messias*-Sänger.[22] Schon vor den revolutionären Ereignissen in Frankreich und ihren Ausstrahlungen auf Deutschland sei der bardische »Freyheits-Enthusiasmus« in »tiefe Herabwürdigung der Fürsten und der bürgerlichen Ordnung, und die Liebe zur Natur und zu den patriarchalischen Sitten, in Roheit, Einseitigkeit, ja wohl in Invektiven gegen Kunst und Kritik und große Dichter« ausgeartet.[23] Durch ein »wildes, dumpftönendes Geschrei von Freyheit! Freyheit! einer kleinen Partei« sei ein verderblicher Begriff von Freiheit in die Welt gesetzt worden, unter der man sich nichts anderes habe

vorstellen wollen,« »als das Recht thun zu können, was man will«.[24]
Vor allem durch die Dichter, die in »hohen Worten von Hermann,
Fürstenhaß, freien Deutschen und Vaterlandsliebe«[25] gesprochen
hätten, sei jene Sucht entstanden, bei jeder »Gelegenheit gegen den
Unterschied der Stände zu eifern, wozu die Idee von ursprüngli-
cher Gleichheit der Menschen gewiß viel beiträgt«.[26] »Klopstock
war nicht allein Muster und Vorbild«, schrieb Ernst Brandes,
»sondern auch persönlicher Freund von vielen. Sein Hermann
hatte den alten deutschen Haß gegen Unterdrückung in der Einbildungskraft junger Dichter entzündet«.[27] Hier wurde also unter
dem Deckmantel eines deutschen Patriotismus die »der Natur
nach fremde« Neigung für »Republikanische Verfassungen und
Tugenden« genährt[28], die während der Revolution fatale Konsequenzen zeitigen sollte. Gerade die bardischen Dichtungen atme-
ten »hohes Freyheitsgefühl, glühende Liebe und Stolz für das
Vaterland, für die alten Deutschen und für alte Sitte. Daher die
nordische Mythologie, ihr Tyrannenhaß«.[29] Der nationale Recke
Hermann wird als Revolutionär erkannt; sein geistiger Inspirator
Klopstock glühte nicht umsonst »von Freiheitsliebe, wie ein Jüngling«.[30] Daran hatten Freunde und Gegner des Dichters um 1789
keinen Zweifel.

III

Während ein großer Teil der bürgerlichen Aufklärer seit den sechziger Jahren des 18. Jahrhunderts im Begriff des ›Patriotischen‹
antiabsolutistische Optionen repräsentiert wußte und noch die
deutschen ›Jakobiner‹ der Mainzer Republik den »Anschluß an das
revolutionäre (und als politisches Vorbild progagierte System)
Frankreich folgerichtig als zwingendes nationales Gebot« sahen[31],
geriet die »verspätete Nation« angesichts des bourgeoisen Imperialismus der Franzosen und der Befreiungskriege in nachhaltige
Identitätsschwierigkeiten. War eine fortdauernde Sympathie mit
der napoleonischen Ära der Revolution, ungeachtet manch fort-
schrittlicher Ausstrahlungen auf Deutschland, kaum möglich, so
boten die deutschen Verhältnisse einem emanzipationswilligen
Bürgertum nichts weniger als hoffnungsvolle Zukunftsaussichten.
Die »Epoche der Französischen Revolution, genauer die Jahre der
Revolutionskriege, [bildeten] den datierbaren Beginn einer um

sich greifenden Unsicherheit bei der Bestimmung dessen, was patriotisch, national, deutsch sei«.[32] Die relativ zurückgebliebene Sozialentwicklung und der zählebige Partikularismus in Deutschland, die gegenüber den europäischen Nationalstaaten oft genug als schmähliche Rückschrittlichkeit empfunden wurden, führten im Verlauf des 19. und 20. Jahrhunderts, zentriert um »Begriffsfetische wie Nation, Volk, Volkstum oder Volksgeist«, zu den widersprüchlichsten Formen der »Mythologie des politischen Bewußtseins«.[33] Auch die Ideologie vom »Deutschtum«, für die Klopstock bald in Anspruch genommen werden sollte, erhielt aus diesen trüben Quellen ihre regressiven und z. T. aggressiven nationalistischen Züge.

Mit Karl Morgensterns Rede *Klopstock als vaterländischer Dichter* von 1814 geriet Klopstock erstmals in den Bannkreis des deutsch-patriotischen Abwehrkampfes gegen Frankreich.[34] Entgegen der vielfachen Verständnislosigkeit und Kritik schon im 18. Jahrhundert habe Klopstocks patriotischer Urgenius recht behalten: »Ja, siegt jetzt Deutschland im großen Kampfe, wovon wir Alle überzeugt sind, so wird auch Klopstock's Hermann auferstehn in Verklärungsglanz.«[35] Eben noch Revolutionär, ist Hermann hier schon zum antifranzösischen Recken geworden. Morgenstern hatte insoweit recht, als Klopstocks patriotische Dichtung im begeisterten nationalen Abwehrkrieg tatsächlich reaktualisiert worden war und der Poet als Gewährsmann eines antifranzösischen Wehrgeistes gute Dienste hatte tun müssen.[36]

Ähnlich wie Morgenstern sieht Ludwig Wachler, dessen literaturhistorisches Werk von der Jahnschen Deutschtumsideologie geprägt ist, den im 18. Jahrhundert verkannten Patriotismus im neuen Säkulum endlich zur Blüte emporsteigen. Klopstock wird demnach »vollständig Gerechtigkeit [widerfahren], wenn das Ideal der Teutschheit in ihrer Reinheit anerkannt« ist.[37] Wachler ordnet das Klopstocksche Werk einem übergeschichtlichen Deutschtum zu, dessen Progagierung die »Sicherstellung des wahren Heils des teutschen Volkes, [...] die rechte Gesinnung, die gute Sitte, den tüchtigen Willen« der Nation gewährleisten soll.[38] Wie bei Wachler, so wird Klopstock auch bei Wolfgang Menzel, der nicht minder vom Ethos der Turnerbewegung geprägt ist, zum Advokaten einer nebulösen Deutschheit. Zwar sei mit Klopstock eine »erste Periode der liberalen politischen Literatur in Deutschland« herangereift, aber vor allem habe der Dichter jene »patriotische Begei-

sterung und jene Vergötterung des Deutschthums« heraufbe-
schworen, die »seitdem trotz allen neuen fremden Moden nicht
mehr untergegangen ist, vielmehr im Gegensatz gegen das
Fremde« sich stets zu behaupten vermochte.[39] Der antifranzösische Effekt ist es, der Menzel für die patriotische Dichtung Klopstocks einnimmt. Mit diesem Poeten habe die deutsche Literatur
erstmalig wieder gewagt, die »fremden Fesseln« und die seit dem
»westfälischen Frieden gewohnte demüthige Haltung abzuwer-
fen«.[40]

Dergleichen Argumente machen in der Klopstockrezeption
Schule. So etwa bei dem reaktionären Literarhistoriker Heinrich
Gelzer. Er stilisiert Klopstock zu einem von »Gefühl und Phanta-
sie« besessenen Franzosenhasser und Antiaufklärer, der den
»Frost eines selbstbewußten, sich frech anpreisenden Egoismus«,
die »arme, ewig hungernde Genußsucht«, die »Selbstsucht« und
die »Menschenverachtung« der von Frankreich herkommenden
Aufklärung, bekämpft habe.[41] Ihr, so schreibt Wachler, hat Klop-
stock die »gehobene Stimmung des menschlichen Gemüthes«, die
»Selbstaufopferung«, die »Verherrlichung des Leidens und des
Schmerzes« entgegengehalten. Nirgendwo anders als in dieser
»Innerlichkeit« konnte der unüberbrückbare Gegensatz von
Deutschtum und Franzosentum deutlicher hervortreten.[42]

Ein nicht minder reaktionär-verblasenes Klopstockbild entwirft
A. F. G. Vilmar.[43] Sein Buch erlebte bis 1913 nicht weniger als 27
Auflagen und erwies sich nach Bearbeitung und Fortsetzung als
brauchbar noch für die Kulturpolitik des Nationalsozialismus.[44]
In der Tat hat Vilmars Werk für die Klopstockrezeption der späteren Jahre geradezu schulbildende Funktion besessen. Erst Klopstock habe wieder ein »regeres, allgemeineres und aufrichtigeres
Interesse an der deutschen Geschichte und dem deutschen Altertum« zu erwecken gewußt.[45] Des Dichters eigentliche Leistung
aber liegt für Wachler darin, daß er in der Nachfolge des deutschen
Pietismus die starren Strukturen der dekadenten französischen
»Convenienzwelt« durchbrochen habe. Gefühl und Innerlichkeit
als Grundfesten deutschen Wesens hätten den Sieg über die alte
und verderbte Gesellschaft davongetragen. Und doch müsse vor
dem ›politischen‹ Klopstock immer noch gewarnt werden:

es ist bekannt, daß er, der Dichter des Jahrhunderts, der Mann seiner Zeit,
in einer fast unbegreiflichen Teuschung über das Wesen der französischen
Revolution befangen war. Es war dieß bei ihm freilich nicht wilder, empö-

rerischer Sinn, nicht Revolutionssucht, aber doch die Grundlage des damaligen, revolutionären Sinnes und der Empörungssucht; es war eben die von allem Wirklichen, Bestehenden losgelöste Gefühlsschwärmerei, die Jagd nach Idealen, die ja in Frankreich selbst mit der besten Welt und dem Himmel auf Erden anfing und ganz consequent mit der Blutarbeit des Wohlfahrtsausschußes endete.[46]

Klopstock, der deutsche Patriot, ist in politischer Hinsicht also mit Vorsicht zu genießen.

Für die ›Jungdeutschen‹ Theodor Mundt und Heinrich Laube mag die nationale Idee durch die Jahns und Menzels so sehr kompromittiert worden sein, daß sie zu einer vorbehaltslosen Bewertung des Patriotismus nicht in der Lage waren. Laube ordnet den »nationalen Drang« des Dichters einer Phase der Ermattung und des Wirklichkeitsverlustes seiner poetischen Produktion ein. Dieser literarische Patriotismus war demnach »fleischlos«, idealisch, nicht »zeitgemäß und interessant, das heißt wirklich berührend«.[47] Klopstocks Werk sei nicht in den »Volksschatz« gelangt, weil es kaum die Probleme seiner Zeit zum Ausdruck gebracht und vor dem klassischen Anspruch versagt habe, »eine in sich fertige, nothwendige und nach außen überwältigende Welt zu gebären«.[48]

Auch für Theodor Mundt hat Klopstock es nicht vermocht, »die Gesinnung, die Weltbildung, die Humanität und das Urtheil seines Jahrhunderts neu zu gestalten«.[49] Seine Dichtung habe nicht wirklich »Oppositionsmacht« werden können, weil sie politisch unvermittelt geblieben sei.[50] Das waren Stichworte, die Robert E. Prutz in ausführlichen Beweisgängen weiterspann. Seine Kritik bemißt sich allerdings schon an einem Maßstab, den Mundt u. a. noch scharf abgelehnt hat: an der ›aufgeklärten‹ Heroengestalt Friedrichs des Großen und am preußischen Machtstaat. Der Klopstocksche Patriotismus wird nun gerade deshalb als »deutschtümelnd« und politisch perspektivlos bezeichnet, weil er sich nicht an dem »eigentlichen Helden der Aufklärung«, dem »Bestätiger des Volkswillens, dem Mann des Jahrhunderts« orientiert habe.[51] Indem der Dichter den »Enthusiasmus seiner Zeit für Friedrich nicht« teilte, hat er sich von den »wirklichen Patrioten, den wirklichen Deutschen« ausgeschlossen. Klopstock und seine bardischen Anhänger sahen nicht, daß Friedrich »das freie deutsche Princip, den deutschen Geist seiner Zeit enthielt und darstellte«, und bedienten sich notwendigerweise in der »unlebendigen, gestaltlosen Vergangenheit: sie wurden altdeutsch und dichteten Barden-lieder«.[52] Deshalb geriet der Klopstocksche Patriotismus »abstract liberal« und »freiheitsathmend«, zugleich aber deutschtümelnd. Und dennoch: vor dem ›politischen‹ Klopstock muß auch Prutz warnen. Klopstock und die Seinen wollten

nicht bloß nicht mehr unterthänig sein, sondern jetzt auch nichts mehr außer und neben sich anerkennen oder bestehen lassen; (diese Literaturge-neration) sprang, wie ein Sklave, der seine Fesseln bricht, aus dem Despo-tismus über, den sie übte. Das Subject läßt daher nichts mehr gelten als sich: es ist Genie, ist Original, es verachtet die Regel, Gesetz und Sitte, es dringt überall auf das Ursprüngliche, das Anfängliche, an dem noch keine Tünche der Cultur haftet. Daher die Rückkehr zu dem, was man das Natürliche hieß, die Vorliebe für altnordische Literatur und überhaupt alle Volkspoe-sie.[53]

Während Prutz die bardische Dichtung und den Patriotismus Klopstocks aus dem Blickwinkel einer Apotheose Preußens als politische Gefahr ersten Ranges diskreditiert, gelangt der entschie-den liberale Gervinus zu völlig anderen Erkenntnissen. Gerade er entwickelt eine erstaunliche Sensibilität für die offenen und ver-deckten politischen Wirkungen Klopstocks im 18. Jahrhundert. Gervinus bedauert, daß Klopstock kein wirklicher vaterländischer Dichter der Deutschen hat werden können. Dazu hätte er auf das »weltbürgerlich«-religiöse Thema des *Messias* verzichten und all seine Anstrengung auf das nationale Sujet werfen müssen. Aber keinen Zweifel duldet Gervinus daran, daß die Politisierung der Aufklärung gerade mit den nationalgeschichtlichen Ambitionen ihrer Vertreter zusammenhing:

Man kann also sagen, daß die Jahre, in denen ein neuentdeckter Dichter der Urzeit, in denen Ossian und neben ihm Homer bei uns eingeführt ward und Klopstock den Bardenton anstimmte, das rasche Wiederbeleben und Wiederdurchleben unserer ganzen bisherigen Literatur eröffneten.[54]

Jene Phase der Wiederaneignung alter Geschichte und Dichtung durch die »revolutionäre Jugend« gewinnt Gervinus' besonderes Interesse, weil in ihr die oppositionelle Empfänglichkeit der deut-schen Intelligenz um 1789 begründet lag.[55] Hier sei die Saat aufge-gangen, die vor allem Klopstock in die kulturelle Erde der deut-schen Aufklärung gestreut habe: »Wie friedlich er selbst war und wie sehr er der friedlichen Zeit unserer Dichtung angehörte, doch hat die folgende Revolutionsperiode fast keine Richtung zu eigen, in die nicht Klopstock hingewiesen hätte.« Nach 1789 hat sich die politische Virulenz seines »Freiheitssinnes, der mit dem Patriotismus Hand in Hand ging«, konsequent entfaltet[56]: eine These, die den Klopstock-Interpreten vor Gervinus schon allerhand Ungemach bereitet hatte und es erst recht in der Folgezeit noch tun sollte.

Gewiß ist es ein Symptom für die Nationalisierung des deutschen Liberalismus, daß sich im Bann der politischen Resignationstendenzen nach 1848 auch in der Klopstockrezeption eine immer deutlichere Verengung des Blickfeldes abzeichnete. Schärfer noch als bei Prutz wird bei Hermann Hettner dem Anti-Preußentum des Dichters der Prozeß gemacht. Entgegen dem Gervinusschen Gedanken von der Politisierung der Literatur im Geist der Rückwendung auf die nationale Urgeschichte hält Hettner nur noch die Unterstellung der Realitätsflucht bereit. »Diese abenteuerliche Flucht in die nebelhaft graue deutsche Vorzeit, die innere Leere dieser gleißenden Deutschtümelei«[57], habe mit Klopstocks eigentlichen politischen Überzeugungen nichts gemein. Das »tiefe Freiheitsgefühl« des Dichters sei erst dort wieder »politisch« geworden, wo es sich an den Ereignissen der Französischen Revolution habe abarbeiten müssen. Immerhin, auf Klopstock kann Hettner in der Ahnenreihe national-patriotischer Poeten nicht verzichten.

Die allmählich heraufziehende wilhelminische Ära hat den »Typ der populären, mit Schrift- und Druckproben, mit Buchschmuck und Porträts reichhaltig ausgestatteten Literaturgeschichten favorisiert. Das große nationale Erbe wird ›inventarisiert‹, wie Scherer sich ausdrückte und einem breiten Publikum in ansprechender Form verabreicht, das sich als historischen Zeugen der Vollstrekkung eines von langer Hand in der deutschen Kulturgeschichte angelegten Einigungswerkes begreifen lernen soll«.[58] In diesem Sinn feiern die wilhelminischen Historiker Klopstock wiederum als den Retter aus der »literarischen Erniedrigung«, als den »Erwecker des deutschen Gemüts«, als »chauvinistisch-deutschen Dichter«, als Vorkämpfer des Deutschtums in »kläglichen Zeiten«. Klopstock wird zum Gewährsmann des deutschen Einheitsstaates und seiner überheblichen Abgrenzung nach außen. Er habe die »Herrlichkeit seines deutschen Vaterlandes [...] immer aufs neue gepriesen« und das »Selbstgefühl und den Wetteifer unseres Volkes gegenüber dem Auslande« angefeuert. Die Deutschen können für ihren »modernen Kampf ums Vaterland Zuversicht und Kraft schöpfen aus der Fülle und Tiefe, mit der ein Klopstock sein deutsches Volk gewürdigt, geschätzt und geliebt hat«.[59] Natürlich muß wiederum die antipreußische Haltung des Dichters in Augenschein genommen werden. »Ehrbegieriges Dichterselbstgefühl« und »Dichtereitelkeit« seien es gewesen, die ihn dem großen König »entfremdet« hätten, denn am Verhältnis zu Friedrich, der »zum erstenmal nach langer Zeit wieder der Welt die deutsche Kraft wies und den Namen der Nation im Ausland Geltung verschaffte«[60], bemaß sich, »wer deutsch empfand«[61] bzw. die Segnungen des Machtstaates und seiner »Notwendigkeiten« zu begreifen vermochte. Klopstock war ein guter Patriot, aber ein politischer »Phantast«, der am preußischen Obrigkeitsstaat zu zweifeln sich unterstanden hatte.

Hatte Franz Muncker, Klopstocks großer und bis heute einziger Biograph, noch die »Tatsachen und Dokumente« für die literaturhistorische Forschung betont, so sind sie in der geistesgeschichtlich-völkischen Germanistik nurmehr die »Lebenstrümmer, die der Wellenschlag des Werdensstromes ans Ufer geworfen hat«[62]. Natürlich kann nun das unvergängliche Werk Klopstocks nicht mehr aus irgendwelchen Zeitverhältnissen heraus verstanden werden, vielmehr müsse man es »hinnehmen als einen Ursprung«, der in der »übergesellschaftlichen Weihe«, in der »dichterischen Autonomie«, ja im »heiligen Beruf« des Poeten gründe. Der Dichter hat, seiner »Eingebung« folgend, den »geläufigen Geschmack« und jede Kommunikation mit einem breiten Publikum längst hinter sich gelassen. Seine Sprache sei die »Gott-unmittelbare Äußerung der begnadeten Seele, die ihr Gesetz nicht mehr [...] von der Gesellschaft, vom Staat oder sonstigen Mittelanstalten« empfängt, sondern »vom Herrn allen Wesens«.[63] Klopstocks »Erhabenheit«, die nach Wilhelm Dilthey »in dem Grenzenlosen, Unfaßlichen, schließlich Unsagbaren atmet«, wurzelt in einer »Seelenverfassung«, in welcher der »germanische Geist mit innerer Mächtigkeit« durchgebrochen sei.[64] Seine »nordische Natur«, sein »Sinn für die unfaßliche, unbestimmte Größe, das Heroische, das über jede Form und Gestalt hinausgehende Gefühl«, qualifiziere ihn zum prophetischen »Führer« der Deutschen, zum Sprecher der »Schicksalssprache eines Volkes«[65]. Für Oskar Walzel sind dies Insignien des »echten Barockformers«. Was in Klopstock zum Ausdruck komme, sei nichts geringeres als eine Entwicklungsgesetzlichkeit »des deutschen Geistes«, der vom Pietismus, jener wiedererweckten »alten deutschen Mystik« herkommend, sich in Gestalt eines zunehmenden »Irrationalismus« im 18. Jahrhundert ausgebreitet habe.[66]

Diese schon vielfach beobachtete These vom Pietismus als anti-aufklärerischer Manifestation der »Innigkeit des deutschen Gemütslebens« wird in der geistesgeschichtlichen Klopstockre-zeption zum grundlegenden Argument für einen genuin deutschen Klassizismus, der in Opposition zur »ausländischen« Aufklärung des 18. Jahrhunderts gestanden habe. »Vom Pietismus gehen die deutschen Klassiker aus«, betont Oskar Walzel.[67] Noch in der faschistischen Klopstockverehrung wird sich die Zählebigkeit die-ser These nachweisen lassen. Aber schon für die Geistesgeschicht-ler hat Klopstock sich um die »Neugeburt des Deutschgefühls und des Deutschbewußtseins« verdient gemacht.[68] Wiederum muß vor dem ›politischen‹ Klopstock gewarnt werden. An seinem Werk irritiert, daß sich in ihm die historisch notwendige Emanation deutschen Wesens mit einem fragwürdigen »Freiheitswahn« ver-tragen habe. Zu tief hat dieser Dichter offenbar »in der charakter-losen politischen Minderjährigkeit seiner Zeit« gesteckt, als daß er sich zu »staatsdeutscher« Gesinnung hätte durchringen können. In Wahrheit gab es bei ihm von »politischem Wollen, politischem Denken [...] noch keine Spur«.[69] Seinem »Enthusiasmus für die freien Ordnungen der Gesellschaft« konnte »kein klarer Gedanke über die Zukunft« entspringen. Klopstocks »zäh« verwurzelter »Freiheitsgedanke« hatte nur Bestand, weil der Dichter »staats-fremd und stammesblind« gewesen sei. Er habe »keine Anschau-ung deutschen Volks, noch minder einen Willen deutschen Staats« besessen, sondern wollte »den Wünschen und Bedürfnissen der Menge Rechnung [tragen], statt nach der Erstarkung und Größe des staatlichen Lebens« zu fragen.[70]

Was die faschistische Klopstockrezeption noch deutlicher her-vorheben will, klingt hier schon unverhohlen an: bei aller »Deutschheit« dieses Dichters müsse doch vor seinem verstiege-nen politischen Weltbild gewarnt werden. Das Wesen des Deut-schen verwirkliche sich nur im elitären Etatismus und nicht in der Herrschaft der Masse. Wenn Klopstock der »Vielköpfigkeit« der Gesellschaft des 18. Jahrhunderts die »Würde jener höheren Volk-heit [zuspricht], und wenn dann das ›Volk‹ ermächtigt wird, selbst zu handeln, selbst zu bestimmen, merkt er nie oder zu spät, daß hier nichts selber handelt, nichts selbst bestimmt als der Wahnsinn«.[71] Dem vermeintlichen Wahnsinn der Masse steht schon hier der autoritäre Machtstaat, wenn nicht der Führerstaat, als politische Zukunft der Deutschen entgegen.

IV

Die neuere Forschung hat nachweisen können, bis zu welchem Grad die geistesgeschichtliche, nationale und völkisch-nationalsozialistische Literaturhistorie um die Jahrhundertwende miteinander verquickt waren.[72] Adolf Bartels und Josef Nadler sind nur die herausragenden Verkörperungen der autoritären, ja faschistischen Metamorphose des Klopstockverständnisses zu Beginn des 20. Jahrhunderts. Bei Bartels, der sich in der Nachfolge eines Vilmar weiß, werden zentrale Ideologeme der geistesgeschichtlichen Germanistik ins Rassenbiologische und Chauvinistische umgemünzt. Was in der Geistesgeschichte noch einem »deutschen Geist« involviert werden konnte, wird nun einer urtümlichen »arischen Rasse« zugeschlagen, deren Artmerkmale das im 18. Jahrhundert wiedergefundene Deutschtum im Glanz erstrahlen lassen. Das Lebens- und Kulturideal des Ariers beschreibt Bartels als »gewaltige, schrankenlose Phantasie«, als »ungemessene Willenskraft«, »Gemütsweichheit«, »wilde Leidenschaftlichkeit und barbarische Rohheit«, als »streng gerechten, sittlichen Sinn« und als »Sehnsucht nach Schönheit und [...] edelster freiwilliger Askese«. Die deutsche Kultur beruhe auf dem »Kampf«; die Deutschen seien ein »nordisches Volk der männlichen und sittlichen Instinkte«, also »recht konservative Naturen«. Und die »Ursprünglichkeit der deutschen Dichtung« beruhe auf der »unverändert starken Wirkung des germanischen Blutes.«[73] Dafür vor allem stehe das Werk Klopstocks. Es müsse unverstanden bleiben, bedenke man nicht die Bedeutung des Pietismus, jener »deutschen Lebensmacht, die im Grunde noch wichtiger als die Aufklärung« gewesen sei. Die »seelische Wärme und Vertiefung und Heiligung des Lebens« in der Literatur sei ein »Bedürfnis der germanischen Natur« schlechthin.[74] Klopstock, dem »niedersächsisches Blut« in den Adern wallte, hat die »Saat nationaler Gesinnung« ausgestreut; er war der »deutscheste unter den klassischen Dichtern«.[75]

Auch Josef Nadler ordnet das Klopstocksche Werk in umfassende rassenbiologische und vor allem stammesgeschichtliche Schemata ein. Natürlich interessiert Nadler vornehmlich der »Geist des Volkstums« bei Klopstock. Im »Drängen, Stoßen und Reiben der Rassen, Sprachsippen und Einzelstämme« sieht er die bewegenden Elemente der Geistesgeschichte. Klopstocks Werk wird umstandslos die »Blutmischung Ostfalens« zugeschrieben, mittels derer die »epische Begabung des Sachsen ins hellste Licht« getreten sei.[76] Entscheidend war dabei die erbbiologische Konstellation eines »sächsischen Vaters und einer Thüringer Mutter«. Freilich konnte auch Klopstock solch hoffnungsvolle Anlagen nur zur Reife bringen, weil er von der pietistischen Bewegung, die in »Alamannien« ihren Ausgang genommen hatte, inspiriert war. Die gesamte »literarische Revolution der siebziger Jahre« des 18. Jahrhunderts sei, so sagt auch Nadler, vom Pietismus ausgegangen. Hier wird die These vom Pietismus als der Wurzel deutscher Seeleninnigkeit in die faschistische Klopstockdeutung hinübergerettet. Wie schon Jahrzehnte zuvor erblickt man darin eine entschiedene Abwehrhaltung gegen den »artfremden, vorwiegend französischen Nationalismus«.[77] Im Pietismus erhebt sich, wie Alfred Redeker mit vielen Vorgängern formuliert, »die mit der Mystik beginnende deutsche Innerlichkeit mit verstärktem Drang aus ihren Fesseln«.[78] Und abermals heißt es, Klopstock sei »der erste ernsthafte Gegner des aufklärerischen Wertsystems« gewesen, dessen Dichtung überdies noch »barocke Vorstellungs- und Gestaltungselemente« weitergetragen habe. Emphatisch wird dem Dichter eine »geistig-seelische Führergewalt« zugesprochen, die ihn als einen von »wenigen hohen Menschen« weit über seine »Mitwelt« herausragen ließ. Natürlich will die faschistische Klopstockrezeption ihren Gewährsmann nicht nur für einen überschichtlichen deutschen Geist retten, sondern für den Aufbau einer folgebereiten (intellektuellen) Bewegung fungibel machen. Daher kann sich Klopstock bei aller »Irrealität« seiner Dichtung nicht eigentlich vom Volk entfernt haben. Er muß vielmehr als Propagandist eines »begeisterungsfähigen, gottgläubigen und volkstreuen, opferbereiten und heldischen Tatmenschentums« erscheinen, dessen »volkhaftes Ziel« im »fanatischen Werben um die Seele der Gemeinschaftsfähigen« zum Ausdruck gekommen sei.[79] In seinen patriotischen Dramen, die Heinz Kindermann für »mythisch-nationale Festspiele«, für »Weihespiele« hält, habe der Dichter die »völkische Führerrat des Arminius« gestaltet.[80] In

solch intuitiver Erfassung der germanisch-deutschen Schicksals-
problematik spiegele sich das historische Faktum, daß »unsere
Nation allmählich wieder bereit wurde, zu einer geschlossenen
und abwehrfähigen Willenseinheit zusammenzuwachsen«.[81]
Klopstocks Anspruch der »totalen Volkwerdung« hat ihn zum
»schroffen Gegner der Aufklärung« werden lassen, die ja nichts
weiter zu predigen wußte als die »Thronerhebung des selbstherr-
lich gewordenen und alles durchleuchtenden Menschenverstandes
des Einzelindividuums«.[82] Klopstock hingegen, der wider jede
Verstandesklügelei die »deutsche Traumsprache und Rausch-
rede«, die »Sprache der Begeisterung und des hohen seherischen
Stolzes«, geschaffen habe, mußte sich zwangsläufig gegen die
Selbstüberhebung des Subjekts wenden. Er hat den »Einzelnen nur
als Glied dieses Vaterlandes, als Glied damit des ganzen Volkes
gelten« lassen und seinen poetischen Beitrag geleistet zur »Umstel-
lung vom Privatmenschentum zur politischen Leidenschaft«.[83]
    Während die meisten nationalsozialistischen Interpreten ihren
Dichter dergestalt hochjubeln, ist die Unvereinbarkeit der politischen Vorstellungen Klopstocks mit der faschistischen Ideologie
gelegentlich doch angeklungen. Klopstock entblöße seine »politische Unmündigkeit« darin, daß er kein »eindeutiges Staatsideal«
vertreten, die »Freiheit vom Staate und seinen politischen Zwek-
ken« gefordert hatte und ihm den »Kampf um Macht« versagen
wollte.[84] Im Banne seines »patriotischen Schwärmertums« habe er
daher den »Staat Friedrichs des Großen, der Opfer verlangte«, ver-
abscheut. Er wollte den »Staat zum Diener des Individuums«
machen und die jedem Machtapparat unverzichtbaren »Eigen-
zwecke« nicht anerkennen.[85] Doch letztlich müsse man dem Dichter diese »politische Instinktlosigkeit« verzeihen, weil er in Wahrheit sogar die Begeisterung für die Französische Revolution »in
den Dienst seiner volksdeutschen Bestrebungen gestellt« habe[86].
Wie sollte das auch anders sein bei dem »Bluterbe« des Dichters, in
dem die »altgermanische Erbmasse zum Durchbruch« gekommen
sei. In seinem Patriotismus konnte ein »Gefühl für die Blutsbrü-
derschaft aller deutschen Stämme und das Andenken an eine tau-
sendjährige gemeinsame Vergangenheit« überdauern, das seine
Dichtung, im Gegensatz zum rebellischen Sturm und Drang, zu
konservativer Bescheidung verhalten habe. In Wahrheit hat sich
der »Altklassiker« Klopstock niemals von der jüdisch unterwan-
derten Geniebewegung infizieren lassen und schon früh den Spott

aller »jüdischen Schriftsteller und judenzenden Literaturhistoriker« zu spüren bekommen.[87] Zwar habe der Dichter noch nicht die »Politik der nackten Staatsraison« Friedrichs anerkennen können, aber sein gesamtes intellektuelles Schaffen sei doch zuinnerst von völkisch-agonalen Intentionen geprägt gewesen. Schon in der *Hermannsschlacht* hat Klopstock demnach die deutschen Urväter als ein »Herrenvolk« dargestellt. Und er plante in seiner *Deutschen Gelehrtenrepublik* nichts geringeres als den Aufbau »einer umfassenden deutschen Reichskultur«, der seine Idee des »völkischen Wettstreits« die Richtung weisen sollte.[88] »Dem Geist der Gewaltsamkeit und des ›Machens‹ in unserer Zeit entsprechend, vertraut man nicht mehr auf die innere Kraft der Sprache allein, man sucht sie mit äußeren Mitteln, nicht zuletzt im Fahrwasser der Politik, auszubreiten und zur Geltung zu bringen.«[89]

Damit wird Klopstocks Werk nach zwei Jahrhunderten heterogenster Inanspruchnahme auch noch den nationalsozialistischen Aggressionsabsichten dienstbar gemacht: ein ehedem volkssouveräner, antiabsolutistischer Patriotismus nunmehr als Kraftquell und Legitimation des deutschen Angriffskrieges. Vom gefeierten und gleichermaßen beargwöhnten Parteigänger der Französischen Revolution bis zum Gewährsmann des faschistischen Antihumanismus reicht also der weite Bogen der Klopstockrezeption. Spuren dieser ideologischen Aufzehrung von geschichtlichem Sinn waren nach 1945 und sind noch heute spürbar. Wo immer der Dichter einzig als entrückter Religionssänger, als empfindsamer Pietist oder als verschrobener Frühnationalist erscheint, muß man das Werk selber gegen seine Rezeptionsgeschichte aufbieten. Klopstocks Patriotismus kannte durchaus so etwas wie den ›nationalen‹ Überschwang. Mit Leibniz etwa dekretierte er: »Was ich nicht deutsch sagen kann, das ist nicht wahr«[90]; und er glaubte zu wissen, daß die politisch »uneroberte« Sprache seiner Nation eine sei, »der es kaum die griechische und keine der andern Europäersprachen bieten darf«[91]. Aber die Cherusker wollen ihrem Hermann folgen, »wohin er uns führt: wenn es wider Völker ist, die andere Völker ungereizt anfielen und unterjochten, wir folgen ihm«[92]. Eben deshalb war der Verfasser der *Hermannsschlacht* auch ein großer Freund der (girondistischen Phase der) Französischen Revolution. »Obs auf immer laste? Dein Joch, o Deutschland, / Sinket dereinst!«, hatte er schon in den siebziger Jahren des 18. Jahrhunderts geweissagt: »Ein Jahrhundert nur noch; / So ist es geschehen, so herscht / Der Vernunft Recht vor dem Schwert-recht!«[93] Der Dichter ist inspiriert vom »weckenden Strahl / Den uns die Frühe gebar«[94], und streitet für den »Segen«, den das »ent-schlafne Jahrhundert« einst besaß: »Entschlafnes Jahrhundert! / Hebe dein niedergesunkenes Haupt noch Einmal empor, / und gieb dem neuen Jahrhundert / Den Segen, welchen du hattest«[95]. Hermanns Vision einer vom Despotismus emanzipierten Völker-gemeinschaft ist alles andere als ein Siegel auf den (vermeintlich) bornierten Nationalismus Klopstocks:

HERMANN *im Schlafe redend:* Und dann ziehen wir an den Gebirgen herab und sehn's, wie die schönen Thäler unten voll von Sklavengewimmel sind, allein das bald hernach uns die Retterhand drückt und schüttelt! Und dann weiter, stets weiter hin, und sehn die hohe Rom vor uns liegen, sie mit ihrem Capitol – den Tyrannen nicht, der verkroch sich; aber die Untery-rannen fechten, aber die bluten, oder die Kette rasselt um sie! Und dann, ja dann, alle Andere werden frei gemacht, Mutter und Kind, Weib und Mann und der Knabe und der Greis und der Bräutigam und die Braut.[96]

Dieser patriotische Überschwang war also der des stolzen (Kul-tur-)Bürgers, den es reizte, am Primat des französisierend ausge-schmückten Feudalgebarens, an der römisch-katholisch verklärten Machtherrlichkeit zu rütteln. Menschenrechtliches Freiheitspa-thos beseelte diesen deutschen Dichter. Er setzte sich ein für das an Bildungsprärogative gebundene Prinzip der Volkssouveränität; und er war ein Kosmopolit, den die Frage nach der historischen Identität der Deutschen dennoch nie losgelassen hat.

Anmerkungen

1 Hans-Georg Werner (Hg.), *Friedrich Gottlieb Klopstock. Werk und Wirkung*, Berlin 1978; Harro Zimmermann, *Freiheit und Geschichte. F. G. Klopstock als historischer Dichter und Denker*, Heidelberg 1987, bes. S. 1-49.

2 Ferdinand Josef Schneider, *Die deutsche Dichtung der Geniezeit*, Stutt-gart 1952, S. 32.

3 H.O. Burger, *Annalen der deutschen Literatur von den Anfängen bis zur Gegenwart*, Stuttgart 1952, S. 431.

4 Hermann Schneider, *Geschichte der deutschen Dichtung nach ihren Epochen dargestellt*, Bonn 1949/50, S. 349.

5 Gerhard Kaiser, *Pietismus und Patriotismus im literarischen Deutschland,* Wiesbaden 1961, S. 265.

6 Richard Benz, *Deutsches Barock. Kultur des achtzehnten Jahrhunderts,* Stuttgart 1949, S. 455.

7 Gerhard Kaiser, *Klopstock als Patriot,* in: *Nationalismus in Germanistik und Dichtung.* Dokumentation des Germanistentages in München vom 17.-22. Oktober 1966, hg. von Benno von Wiese u. Rudolf Henß, Berlin 1967, S. 168.

8 Gerhard Kaiser, *Aufklärung, Empfindsamkeit, Sturm und Drang,* München 1976, S. 105.

9 Ebd., S. 111.

10 Die Grundlinien dieses Prozesses sind in meiner Studie *Freiheit und Geschichte* dargestellt (vgl. Anm. 1).

11 J. Mauvillon/L. A. Unzer (Hg.), *Über den Werth einiger Deutschen Dichter und über andere Gegenstände den Geschmack und die schöne Litteratur betreffend,* Frankfurt und Leipzig (1772), 2. Stück, S. 214.

12 Deutsche Bibliothek der schönen Wissenschaften, Bd. 2, 15. Stück, Halle 1769, S. 424.

13 Enzyklopädisches Journal, Cleve und Düsseldorf 1774, 9. Stück, S. 172.

14 Ebd., S. 173.

15 Ebd.

16 Auserlesene Bibliothek der neuesten Litteratur, Lemgo 1775, Bd. 7, S. 294.

17 Ebd., S. 300.

18 Enzyklopädisches Journal, ebd., S. 168.

19 Der Teutsche Merkur, Weimar 1775, S. 143.

20 Leonard Meister, *Beyträge zur Geschichte der teutschen Sprache und National-Litteratur,* London 1777, Bd. 2, S. 265.

21 Wiener Zeitschrift, Bd. 4, Heft 10, Wien 1792, S. 116.

22 Johann Wolfgang von Goethe, *Werke in 14 Bänden. Hamburger Ausgabe,* Bd. 9, Hamburg 1966, S. 536.

23 Deutsche Monatsschrift, Bd. 2, Leipzig 1796, S. 154.

24 Berlinische Monatsschrift, Bd. 7, Berlin 1789, S. 115.

25 Ebd.

26 Ebd., S. 119.

27 Zit. nach Jörn Garber, *Kritik der Revolution. Theorien des deutschen Frühkonservatismus 1790-1810,* Bd. 1, Kronberg/Ts. 1976, S. 46.

28 Ebd., S. 50.

29 Deutsche Monatsschrift (vgl. Anm. 23), S. 153.

30 Vgl. den Nachlaß des Gerhard Anton von Halem in der Oldenburgischen Landesbibliothek; *Briefe,* Bd. 2, S. 93.

31 Claus Träger, *Geschichte und Literaturgeschichte. Johann Gottfried Herder und die Krise des historischen Denkens,* Habilitationsschrift (masch.), Greifswald 1964, S. 63.

32 Ebd.
33 Kurt Lenk, *Volk und Staat. Strukturwandel politischer Ideologien im 19. und 20. Jahrhundert*, Stuttgart, Berlin, Köln und Mainz 1971, S. 99; A. Kamiläinen, *Auffassungen über die Sendung des deutschen Volkes um die Wende des 18. und 19. Jahrhunderts*, Helsinki 1956; Jost Hermand, *Der alte Traum vom neuen Reich. Völkische Utopien und Nationalsozialismus*, Frankfurt/Main 1988; Jürgen Link/Wulf Wülfing (Hg.), *Nationale Mythen und Symbole in der zweiten Hälfte des 19. Jahrhunderts. Strukturen und Funktionen von Konzepten nationaler Identität*, Stuttgart 1991.
34 Vgl. Hans-Henrik Krummacher, *Klopstock*, in: Benno von Wiese (Hg.), *Deutsche Dichter des 18. Jahrhunderts. Ihr Leben und Werk*, Berlin 1977.
35 Karl Morgenstern, *Klopstock als vaterländischer Dichter. Eine Vorlesung*, Leipzig 1814, S. 43.
36 Vgl. Hasko Zimmer, *Auf dem Altar des Vaterlandes. Religion und Patriotismus in der deutschen Kriegslyrik des 19. Jahrhunderts*, Darmstadt 1971; Klaus von See, *Die Ideen von 1789 und die Ideen von 1914. Völkisches Denken in Deutschland zwischen Französischer Revolution und Erstem Weltkrieg*, Frankfurt/Main 1975.
37 Ludwig Wachler, *Vorlesungen über die Geschichte der teutschen Nationallitteratur*, Frankfurt/Main 1818/19, Teil 2, S. 140.
38 Ebd., S. 6.
39 Wolfgang Menzel, *Die deutsche Literatur*, Stuttgart 1836, Teil 3, S. 257.
40 Ebd., S. 258.
41 Heinrich Gelzer, *Die neuere deutsche National-Literatur nach ihren ethischen und religiösen Gesichtspunkten*, Bd. 1, Leipzig 1847, S. 179.
42 Ebd., S. 182.
43 A. F. G. Vilmar, *Geschichte der deutschen National-Literatur*, Marburg und Leipzig ¹²1868.
44 Vgl. Klaus Garber, *Martin Opitz – der ›Vater der deutschen Dichtung‹. Eine kritische Studie zur Wissenschaftsgeschichte der Germanistik*, Stuttgart 1976, S. 126f.
45 Vgl. Vilmar (wie Anm. 43), S. 406.
46 Vgl. ebd., S. 412.
47 Heinrich Laube, *Geschichte der deutschen Literatur*, Stuttgart 1839, Bd. 2, S. 35.
48 Ebd.
49 Theodor Mundt, *Allgemeine Literaturgeschichte*, Berlin 1846, Bd. 2, S. 454f.
50 Ebd., S. 2.
51 Robert E. Prutz, *Die politische Poesie der Deutschen*, in: Literaturhistorisches Jahrbuch, Leipzig 1843, S. 428.
52 Ders., *Der Göttinger Dichterbund. Zur Geschichte der deutschen Lite-*

ratur, Leipzig 1841, S. 163.

53 Ebd., S. 173.

54 Gotthard Erler (Hg.), *G. G. Gervinus, Schriften zur Literatur*, Berlin 1962, S. 288.

55 Georg Gottfried Gervinus, *Geschichte der poetischen National-Literatur der Deutschen*, Leipzig 1836-42; Zitat bei Erler, a.a.O., S. 290.

56 Ebd., 4. Teil, S. 149, 122.

57 Hermann Hettner, *Geschichte der deutschen Literatur im 18. Jahrhundert*, Braunschweig 1925, 2. Buch, S. 110.

58 Vgl. Garber (vgl. Anm. 44), S. 155.

59 D. A. Schmidt, *Klopstock der Vater unserer Vaterlandsdichtung*, in: Preußische Jahrbücher, Bd. 97, Berlin 1899, S. 491.

60 Otto von Leixner, *Geschichte der deutschen Literatur*, Bd. 1, Leipzig 1897, S. 449.

61 Ebd.

62 Emil Ermatinger, *Das dichterische Kunstwerk*, Leipzig und Berlin 1921, Vorwort, S. IV.

63 Friedrich Gundolf, *Hutten, Klopstock und Arndt. Drei Reden*, Heidelberg 1924, S. 32.

64 Wilhelm Dilthey, *Von deutscher Dichtung und Musik. Aus den Studien zur Geschichte des deutschen Geistes*, Leipzig und Berlin 1933, S. 301.

65 F. Gundolf (vgl. Anm. 63), S. 31.

66 Vgl. vor allem Robert Unger, *Hamann und die Aufklärung. Studien zur Vorgeschichte des romantischen Geistes im 18. Jahrhundert*, Jena 1911, bes. Bd. 1, S. 34 ff.

67 Oskar Walzel, *Handbuch der Literaturwissenschaft. Deutsche Dichtung von Gottsched bis zur Gegenwart*, Potsdam 1927, S. 4; ders., *Barockstil bei Klopstock*, in: *Festschrift für M. H. Jellinek*, Wien und Leipzig 1928, S. 167 ff.

68 Richard Agahd, *Klopstocks Bedeutung für das Deutschtum*, in: Deutsche Welt. Wochenblatt der Deutschen Zeitung, 5. Jg. (1902/03), S. 396.

69 Karl Viëtor, *Deutsches Dichten und Denken von der Aufklärung bis zum Realismus*, Berlin und Leipzig 1936, S. 121.

70 Max Kommerell, *Der Dichter als Führer in der deutschen Klassik. Klopstock, Herder, Goethe, Schiller, Jean Paul, Hölderlin*, Berlin 1928, S. 56.

71 Ebd., S. 57.

72 Vgl. die gesamte Literatur bei Harro Zimmermann (wie Anm. 1, S. 325 und die Ausführungen zur Wirkungsgeschichte, S. 26-38).

73 Adolf Bartels, *Geschichte der deutschen Literatur*, Leipzig 1905, Bd. 1, S. 4, 5 und 8.

74 Ebd., S. 235.

75 Ebd., S. 314, 313.

76 Josef Nadler, *Literaturgeschichte der deutschen Stämme und Landschaften*, Regensburg 1912/1928, Bd. 1, S. V, 355, 310.

77 Alfred Redeker, *Klopstock und der deutsche Staat*, phil. Diss. München 1930, Göttingen 1930, S. 42.
78 Ebd., S. 7.
79 Heinz Kindermann, *Klopstocks Entdeckung der Nation. Gedanken und Gestalten*, Danzig 1935, (Gedanken und Gestalten. Danziger Beiträge, H. 6), S. 7, 11, 33.
80 Ebd., S. 43, 40.
81 Ebd., S. 44.
82 Ebd., S. 8.
83 Ernst Bertram, *Deutsche Gestalten*, Leipzig 1934, S. 49; Kindermann (vgl. Anm. 79), S. 40.
84 Redeker (vgl. Anm. 77), S. 25 f.
85 Ebd., S. 32, 36.
86 Karl Muth, *Schöpfer und Magier*, Leipzig 1935, S. 47; W. Sass, *Klopstocks vaterländische Oden*, phil. Diss., Hamburg 1933, S. 59.
87 Karl Kindt, *Klopstock*, Berlin-Spandau 1941, S. 656.
88 Ebd., S. 512.
89 K. Muth, (vgl. Anm. 86), S. 50.
90 F. G. Klopstock, *Sämmtliche Werke*, Leipzig 1854/55, Bd. 9, S. 439.
91 F. G. Klopstock, *Die deutsche Gelehrtenrepublik*, Bd. 1: Text, hg. v. R.-M. Hurlebusch, Berlin und New York 1975, S. 88 f.
92 F. G. Klopstock, *Sämmtliche Werke*, Leipzig 1854/55, Bd. 6, S. 335.
93 Franz Muncker/Jaro Pawel (Hg.), *F. G. Klopstocks Oden*, Bd. 1, S. 3 f., Stuttgart 1889; vgl. Helmut Pape, *Friedrich Gottlieb Klopstock und die Französische Revolution*, in: Euphorion 83/2 (1989), S. 160-195.
94 Ebd., Bd. 2, S. 158.
95 Ebd., Bd. 1, S. 150.
96 Klopstock, *Sämmtliche Werke*, Bd. 6, S. 284.

Irmtraut Sahmland

Ein Weltbürger und seine Nation:
Christoph Martin Wieland

Man wird zunächst erstaunt sein, innerhalb einer Anthologie zum Thema »Die Dichter und ihre Nation« auch ein Kapitel über Wieland vorzufinden. Konnte man ihn in der Reihe der Großen der deutschen Literatur, zu denen er zweifellos gehört, nicht übergehen, oder soll hier eine betonte Außenseiterposition vorgestellt werden, die Wieland offenbar verkörpert, gilt er doch als der Frankophile, der die Anlehnung an die französische Kultur forderte, als der Freund der Griechen, der seine großen Romane sämtlich im griechischen Ambiente plazierte, schließlich als der Kosmopolit, der damit einer augenscheinlich allen auf eine deutsche Nation hin orientierten Überlegungen geradezu gegenläufigen Strömung anhing? All dies stempelte Wieland lange Zeit zum ›undeutschen‹ deutschen Dichter, ein Epitheton, das vorwiegend in den Angriffen des Göttinger Hainbundes auf ihn und in seiner Gegenstellung zu Klopstock wurzelt und das dann über die Romantik bis zu Beginn des 20. Jahrhunderts tradiert wurde.[1]

Es giebt auf einem gewissen Planeten unsers Sonnensystems eine Nation, welche, unter andern wunderbaren Besonderheiten, auch diese hat: daß noch kein Sterblicher einen Nahmen für ihre Verfassung hat ausfindig machen können. Sie enthält in einem Bezirke von zwölftausend Quadratmeilen eine unglaubliche Menge grösserer und kleinerer Staaten, welche (ihrer allgemeinen Verbindung unbeschadet) einzelnen Regenten von unterschiedlicher Benennung unterworfen sind; auf deren guten Willen es meistens ankömmt, wie viele oder wenige von ihren Untergebnen sich täglich satt essen sollen. Einige dieser Selbstherrscher sind mächtig genug, grössere Kriegsheere ins Feld zu stellen als Scipio und Cäsar jemals angeführt oder bestritten haben: Andre können den ganzen Umfang ihrer Monarchie von der Spitze eines Maulwurfhügels übersehen. Verschiedene (und unstreitig die Glücklichsten) sind gerade mächtig genug, um viel Gutes thun zu können, wenn sie wollen; aber doch nicht so mächtig, daß sie, bey einem nur mäßigen Antheil von Menschenverstande, der Versuchung Böses zu thun so leicht unterliegen sollten [...][2]

Mit dieser ironisch gebrochenen Charakterisierung der deutschen Zersplitterung, in der ein verächtlicher Unterton unüberhörbar ist, reiht sich Wieland ein in zahllose Klagen von Zeitgenossen über den Zustand des »Römischen Reiches teutscher Nation«.[3]

Obwohl es sicher zutreffend ist, daß die breite Bevölkerung in Deutschland sich über ihre Nation keinerlei Gedanken machte und sich auf das jeweilige mehr oder weniger enge geographische und soziale Umfeld einschränkte[4], drang die Frage nach Deutschland und nach der deutschen Nation ins Bewußtsein der Intellektuellen verschiedenster Richtungen, darunter der Literaten. Ihnen wurden die gegebenen Verhältnisse in dem Maße zum Problem, in dem die politische Struktur mit ihren vielfältigsten Folgeerscheinungen auf die jeweiligen Arbeitsbereiche direkte Auswirkungen hatte. Diese werden vorwiegend negativ qualifiziert. Folgende umfassende und in ihrer Präzision und Komprimiertheit einzigartige Analyse findet sich bei Wieland:

Deutschland hingegen [im Gegensatz zu Frankreich] ist ein *vielköpfiges Aggregat* von einer großen Anzahl ganz verschiedener Völker und Staaten; eine Republik von Fürsten und Ständen unter einem durch Gesetze und Kapitulazionen beschränkten *Wahlkönige*; durch eine Staatsverfassung verbunden, die niemahls ihres gleichen gehabt hat: – durch nichts als diese Staatsverfassung und eine gemeinschaftliche, wiewohl nicht durchgängig angenommene Schriftsprache verbunden; sonst durch alles andere, Religion, Regierung, Staatswirthschaft, Polizey, Sitten und Gebräuche, Lage, Verhältnisse, Interesse, Mundarten, Grade der Kultur usw. zum Theil himmelweit verschieden, getrennt und in Kollision gesetzt. Diese unsre Staatsverfassung, vermöge welcher Deutschland in gewissem Sinne, noch eben so wie das *alte Germanien*, in mehr als 200 besondere, größere, mittelmäßige und kleine, zum Theil sehr mächtige, zum Theil sehr unmächtige Staaten zerstückelt ist, wovon der geringste, als ein unmittelbarer Stand des Reiches, die Landeshoheit in seinem Bezirke eben so vollkommen auszüüben berechtigt ist als der größte; diese Staatsverfassung ist es, welche jedem Vorschlage, jeder Bestrebung, die auf allgemeines Nazionalbestes, allgemeinen Nazionalruhm, allgemeine Nazionalreformen abzweckt, im Wege steht. Diese Staatsverfassung ist es, die uns immer verhindern wird, ein anderes allgemeines Nazioninteresse zu haben als die *bloße Erhaltung* derselben; wiewohl nie alle Glieder des Ganzen hiervon überzeugt seyn werden. Sie ist es, weswegen die Deutschen nie als *Ein Volk denken* und *handeln,* nie das, was man im moralischen Sinne *Nazional=Uniform* nennen könnte, haben werden. Um ihrentwillen werden wir nie mit vereinigten Kräften gleichsam für *Einen Mann* stehen, oder, in so fern wir Einen Staatskörper vorstellen, eine große thätige Rolle in Europa spielen. Um ihrentwillen werden wir niemahls einen gemeinsamen Mittelpunkt, nie einen gemeinschaftlichen Schauplatz für Talente,

Künste und Wissenschaften, nie ein allgemeines und lebendiges Modell für Geschmack und Urbanität, nie eine wahre Nationalschaubühne, nie eine allgemein anerkannte *Hauptstadt Germaniens* haben, von deren Daseyn jenes alles die natürlichen Folgen seyn würden. Um ihrentwillen wird unsre Sprache, unsre Litteratur, unsre Kunst, und unser Ruhm in diesem allen nie das werden, was sie vermöge unsrer Fähigkeiten werden könnten! [...][5]

Die hier vorgestellte Negativbilanz ist um so desolater, als sich keine Perspektive anzubieten scheint, diesen Zustand der Stagnation zu ändern, obwohl die Ursache klar erkannt ist. Darin ist man sich allerdings einig, daß die Verfassung, in der diese heillose Zersplitterung festgeschrieben ist, nicht revidiert oder gar überwunden werden kann. Das Ziel einer deutschen Nation erscheint somit, unter welchen Aspekten auch immer, in nahezu unerreichbarer Ferne zu liegen, und Wieland erklärt alle Hoffnungen auf das ganze deutsche Reich und damit die gesamte Nation betreffende Strukturreformen folglich für schlechterdings naiv.[6] Gleichwohl können sich die Dichter und Denker in Deutschland mit dieser Situation nicht abfinden, die sie in ihren Arbeits- und Entfaltungsmöglichkeiten behindert, sie damit in ihren Wirkungsspielräumen erheblich einschränkt, ja, sie – vermeintlich[7] – dazu verurteilt, das nach der eigenen Standortbestimmung angenommene Kulturgefälle zu anderen Nationen nie aufzuholen.[8] Die einzig denkbare Strategie wird darin gesehen, innerhalb der bestehenden Gegebenheiten zum einen strukturell bedingte Defizite, die für den Fortgang der Kultur eine besondere Bedeutung haben, auf andere Weise zu kompensieren, andererseits Bewußtseinsbildungsprozesse anzuregen, um durch ein geistiges Zusammengehörigkeitsgefühl die Heterogenität aller Lebensbereiche auszugleichen, was einer kulturellen Entwicklung ebenfalls dienlich sein könnte. Die Bemühungen um eine Verbesserung der deutschen Situation konzentrieren sich also eindeutig auf die deutsche Kulturnation, und spätestens seit der Rezeption von Montesquieus *Esprit des lois* und dessen für die spätere Diskussion grundlegender These, daß jedes Volk seine eigene, ihm genuin angemessene Entwicklung beschreiten solle[9], erscheint dieser Weg außerhalb der Verwirklichung einer Staatsnation auch legitim.[10] Verschiedene Aspekte der deutschen Geistesgeschichte im 18. Jahrhundert sind daher auch vor dem Hintergrund des problematisch gewordenen Deutschland und der Suche nach der deutschen Nation zu verstehen. Zu nennen wären hier die wiederholten Bestrebungen zur Gründung einer deutschen Akademie, die immerhin einen geistigen Mittelpunkt für Deutschland darstellen sollte, in dem sich die verstreuten geistigen Kräfte sammeln und gegenseitig hätten befruchten können, wenn schon kein zentraler Ort in Form einer Reichshauptstadt vorhanden war, der diese Funktionen übernommen hätte. Ein weiterer ganz deutlicher Reflex auf die Problematik findet sich in der Theorie der Geschichtsschreibung, die im Bemühen, eine Geschichte der Deutschen zu entwerfen, zunächst die Grundlagen erörtern mußte, auf denen eine für alle Deutschen maßgebliche Historiographie konzipiert werden konnte. Schließlich ist auch die von Johann Joachim Winckelmann initiierte Rezeption der griechischen Antike in ihrer deutschen Spezifik vor diesem Hintergrund zu betrachten.[11] Die Tendenz, über das Ideal der edlen Einfalt und der stillen Größe ein den Deutschen besonders adäquates, positives Identifikationsmuster anzubieten, findet sich in veränderter Form nun auch in dem Versuch, deutschen Patriotismus, oder, wie es in den 60er Jahren formuliert wird: deutschen Nationalgeist zu erwecken. Auch auf diese Weise sollte ein Zusammengehörigkeitsgefühl unter den Deutschen erzeugt werden, ein Ich-Bewußtsein der deutschen Nation, das jedoch keineswegs mit dem Nationalismus späterer Zeit zu verwechseln ist.[12]

Wie steht es nun angesichts solch zahlreich zu ermittelnder Lösungsansätze zur Bewußtseinsbildung und Stärkung der deutschen Nation mit dem Engagement Wielands, dessen so prägnante und scharfsichtige Analyse der gegebenen deutschen Verhältnisse ihresgleichen sucht?

Im literarischen Bereich manifestierte sich die Auseinandersetzung um die deutsche Thematik gegen 1750 zunächst in einer mehrfachen Bearbeitung des Arminius-Stoffes. Von Schönaich und Justus Möser etwa wählten dieses altdeutsche Sujet nicht zuletzt, um Bezüge zu ihrer gegenwärtigen deutschen Situation aufzuzeigen und in nur wenig verfremdeter Form auf diese Problematik einzugehen.[13] – Eins der frühen Werke Wielands ist das Epenfragment *Hermann*.[14] Erstaunlich allerdings, daß Wieland den Verweischarakter dieses Stoffes überhaupt nicht aufnimmt. Es geht ihm hier ausschließlich um eine poetologisch-kritische Auseinandersetzung mit dem Werk des von Gottsched geförderten von Schönaich, mit der er sich nun seinerseits Bodmer in Zürich zu empfehlen sucht. Die Wahl des Stoffes kam Bodmer sicher entgegen, wurde aber doch durch Schönaichs Vorgabe bestimmt und blieb für Wieland eigentlich beliebig.[15] Wieland zeigt sich also in dieser frühen Phase der deutschen Problematik gegenüber offenbar indifferent, wenn nicht sogar ignorant, ein Eindruck, der sich noch dadurch verstärkt, daß auch in der Debatte um den deutschen Nationalgeist in den 60er Jahren[16] seinerseits keinerlei Stellungnahmen bekannt sind.

Zugleich findet sich die Bemerkung, kein Heldendichter solle »für Stockdeutsche, Stockfranzösische, StokEnglische Leser schreiben«.[17] Diese Aussage kann durchaus generalisiert werden und deutet auf Wielands dichterisches Selbstverständnis: Dichtung dient seiner Auffassung nach höheren Zwecken und darf nicht für eingeschränkte, nationale Bezüge instrumentalisiert werden, denn das würde die Werke der Dichter zu einer bloß historischen Übergangserscheinung degradieren.

Die teilweise vehement vorgetragenen Forderungen nach deutscher Originalliteratur, die sich nicht an ausländische Vorbilder anlehne oder fremde Werke gar nur übersetze[18], ignoriert Wieland keineswegs.[19] Er läßt sich jedoch auf diesen Ansatz überhaupt nicht ein, sondern stellt dem sein eigenes Verständnis von Aufgaben und Sinn der Poesie entgegen:

Der Dichtkunst wahre Bestimmung ist die Verschönerung und Veredlung der menschlichen Natur; und wenn sie auf diesen grossen Zweck in Vereinigung mit der Philosophie und mit ihren andern Schwester=Künsten, den bildenden sowohl als den musicalischen arbeitete, wer kan die Grenzen des wohlthätigen Einflusses ziehen, den sie auf die menschliche Gesellschaft haben könnte?[20]

Statt auf nationale Bezüge will er die Dichtung auf die menschliche Gesellschaft ausgerichtet sehen, mit humanistischem Anspruch und grenzüberschreitend. Gerade vor dem Hintergrund des »Barden-Unwesens« in den 70er Jahren weist Wieland darauf hin, daß jeder Dichtung ein spezifischer »Erdgeschmack« anhafte. Es fänden sich an jedem Schriftsteller Züge, welche einen deutschen von einem welschen, französischen oder englischen unterschieden und die dem jeweiligen Nationalcharakter zugeschrieben werden müßten. »Und dies, däucht mich, ist alles, was man vernünftiger Weise in diesem Stücke fordern kan.«[21] Ohne eine genauere Bestimmung dieses Erdgeschmacks wird deutlich, daß Wieland über solche notwendige Spezifik hinaus jede weitergehende Betonung nationaler und damit partikularer Elemente in der Dichtung, sowohl den Stoff wie die Aussage betreffend, ablehnt.[22] Er erkennt ganz deutlich die Haltlosigkeit im Ansatz der Bardensänger, die über den Rückgriff auf das alte Germanentum in Verbindung mit einer besonderen Kraftsprache einen Patriotismus hervorrufen wollen, der ohne jegliche materielle Basis sei, der »seit geraumer Zeit wie die Taube Noahs herum flattert, und, weil sie nirgends Grund finden kann, im Lande der Träume hin und her fährt, Schimären ausbrütet, auf die Erfindungen, Talente und Verdienste einzelner Mitbürger sich viel zu gute thut, oder durch Verachtung fremder Vorzüge, die wir nicht erreichen können, sich nach Art des berühmten Fuchses in der Fabel zu helfen sucht«.[23] Abgesehen davon erklärt er patriotische Gesinnungen für »unzeitig«[24] und für »übertrieben«[25], das heißt: die Stiftung deutscher Identität über ein patriotisches Zusammengehörigkeitsgefühl erscheint ihm anachronistisch.

Anfang der 90er Jahre aber schlägt Wieland plötzlich andere Töne an. In seiner Vorrede zu Schillers *Historischem Calender für Damen für das Jahr 1792* stellt er fest, die Schriftsteller seien »gewisser Maßen, die eigentlichen *Männer der Nation,* denn ihr unmittelbarer Wirkungskreis ist ganz Deutschland«; sie vermöchten es durch ihr Genie, Beredsamkeit, Darstellungskunst etc., »auf die Gemüther der Menschen lebhafte Eindrücke zu machen«.[26] Hier werden nun auch ganz konkrete Absichten formuliert, die seinem bisherigen Standpunkt diametral entgegengesetzt zu sein scheinen:

Wenn diese [die Schriftsteller] erst selbst von ächtem Patriotismus begeistert, von aufgeklärter Schätzung der Vortheile unsrer Constitution geleitet, und von reinem Eifer für das allgemeine Beste erwärmt seyn werden: gewiß, dann wird und muß es ihnen durch anhaltende Bestrebungen endlich gelingen, die heilige Flamme der Vaterlandsliebe in jedem Deutschen Herzen anzufachen, und diesen Gemeinsinn zu erwecken, der allein vermögend ist, die durch so vielerley verschiedene Namen, Dialekte, Lebensweisen, religiöse und politische Verfassungen getrennten Einwohner Germaniens in der That in *Einen lebendigen Staatskörper* zu vereinigen, und diesen gewaltigen Leib mit Gesinnungen zu beseelen, die eines großen, edeln, tapfern und aufgeklärten Volkes würdig sind.[27]

Wie erklärt sich dieser Gesinnungswandel, der ihn jetzt dazu veranlaßt, mit der deutschen Verfassung verbundene Vorteile hervorzuheben, in der bislang die Hauptursache für die kulturelle Stagnation und Rückständigkeit gesehen wurde?

Aktueller Hintergrund dieser Ausführungen von 1791 ist die Entwicklung in Frankreich, die Wieland als engagierter »Zuschauer« verfolgte. Hatte er die französischen Ereignisse anfangs durchaus begrüßt, ja, der Revolution sogar ihren revolutionären Charakter abgesprochen und sie innerhalb der bestehenden Rechtsverhältnisse als legal bezeichnet[28], so machten ihn die weiteren Ereignisse doch zunehmend skeptisch. Mit dem Einfluß der Sansculotten wurden die Hoffnungen auf eine von aufklärerischen Prinzipien getragene Neuordnung gründlich enttäuscht; zugleich zeichnete sich die Bedrohung der eigenen Sicherheit durch die Revolution in Frankreich zunehmend deutlicher ab. In dieser Situation forderte Wieland einen Gemeingeist oder Nationalgeist, um den man in den 60er Jahren – damals allem Anschein nach ohne seine Beteiligung – vergeblich gerungen hatte. Er näherte sich damit einem konservativen Begriff von Patriotismus an, der die Sicherung des Bestehenden einklagte. Diese Forderung ging so weit, jede zuvor als berechtigt angesehene Kritik an den gegebenen Zuständen habe zu unterbleiben.[29] Diese Reaktion Wielands war in der aktuellen Notsituation begründet, in der er sich als Vertreter eines deutschen Bürgertums befand, das die vom Staat erwartete Sicherheitsgarantie in zweifacher Weise bedroht sah: einerseits von außen durch die Revolutionsheere, andererseits aber auch durch Gärung im Innern, die zwar nicht so konkret fühlbar, aber deshalb keineswegs weniger beängstigend schien: Auch in Deutschland gab es »Dispositionen zur Ansteckung«, und in Analogie zum französischen Schauspiel stand zu vermuten, daß ähnliche Gewaltpotentiale frei werden könnten. Ihnen konnte offenbar nur mit einer den Status quo bedingungslos bewahrenden Allianz des Bürgertums mit den gegebenen Machtstrukturen begegnet werden. – Bei näherer Analyse des in solch massiver Weise vorgetragenen Engagements Wielands für eine deutsche Nation zeigt sich, daß diese Reaktion durch die Umstände provoziert und quasi aufgesetzt blieb. Sämtliche Ansatzpunkte, die er nennt, um das vorgegebene Ziel zu erreichen, erweisen sich in sich als brüchig.[30] Tatsächlich münden sie in eine umfassende Desillusionierung ein:

Wer unterm Monde keine *Platonische Republiken* und *Utopische Monarchien* realisiert zu sehen verlangt; wer mit der Natur und dem Lauf der menschlichen Dinge bekannt genug ist, um zu wissen wie Gutes und Böses einander compensirt, wie fast immer ein großes Gut mit beträchtlichen Ungemächlichkeiten, und sogar mit Übeln, die für sich allein betrachtet nicht gering sind, unvermeidlich verbunden ist, und kurz, wer einsehen gelernt hat, daß ein *leidlicher Zustand* das höchste ist, was die Sterblichen sich hienieden vernünftiger Weise versprechen dürfen, wiewohl uns (durch eine weise Veranstaltung der Natur) die *Hoffnung* immer mit größern Erwartungen von der Zukunft als diese erfüllen kann, schmeichelt: der wird – nach billiger Schätzung dessen, was wir *haben* und was wir *entbehren*, was wir durch unsre Constitution gewinnen, und worauf wir, weil es damit unverträglich ist, willig Verzicht thun müssen – finden, daß wir Ursache haben, mit unsern Loose zufrieden zu seyn.[31]

Und Wieland vollzieht denn auch in seinem dichterischen Selbstverständnis keine solch rigorose Kehrtwende, wie es zunächst den Anschein hat. Entscheidend ist, daß diese Ausführungen im Zusammenhang mit Schillers *Geschichte des 30jährigen Krieges* stehen. Wielands Begriff des Schriftstellers muß differenziert werden; tatsächlich weist er diese Aufgaben speziell dem historischen Schriftsteller zu:

Wenn ich nicht sehr irre, so kann zu diesem schönen Zwecke [die allgemeine Vaterlandsliebe anzuzünden] schwerlich etwas wirksamer sein als diese Art von Anbauung des unermeßlichen Feldes unsrer *vaterländischen Geschichte* […]. An Materialien, die nur auf die Bearbeitung des Genies warten, fehlt es, Dank sei dem eisernen Fleiße, der von je her als eine eigene Tugend der Deutschen gepriesen wurde, keinem Volke weniger als uns, und es wäre nun wohl einmal Zeit, einen so reichen Schatz durch die geschickteste Anwendung zu jenem Endzweck gemeinnützlich zu machen.[32]

Wieland knüpft damit insbesondere an die Bestrebungen nach einer Historiographie in nationaler Absicht an, wie sie im Bereich des historischen Faches festzustellen sind. Eine notwendige Ergänzung ist ferner seine Aussage:

Daß die Kraft und Wirkung [des Einflusses der Schriftsteller] blos moralisch ist, vermindert seinen Wert so wenig, daß es entweder eben darum, weil es auf die Köpfe und Herzen wirkt, seinen heilsamen Zweck zwar langsam und unvermerkter, aber desto gewisser, kräftiger und dauerhafter erreichen wird.[33]

Wielands dichterische Arbeit im engeren Sinne bleibt auch in dieser Situation von solchen Ambitionen unberührt. Er bearbeitet in der Folge nicht etwa spezifisch deutsche Stoffe mit entsprechenden

Intentionen, sondern es entstehen seine großen griechischen Romane *Agathodämon* und *Aristipp und einige seiner Zeitgenossen*.[34]

Trotz der eingangs zitierten bemerkenswerten Situationsanalyse, die zahlreiche Defizite mit erfaßt, von denen Wieland als Dichter und Kulturschaffender direkt betroffen sein mußte, konnte seine Einstellung zu einer deutschen Nation bislang nur ex negativo bestimmt werden. Den zahlreichen Bestrebungen, die deutsche Nation zu stärken, den Deutschen einen gemeinschaftlichen Geist zu vermitteln und ihnen so ein Selbstbewußtsein als Nation zu verschaffen, steht Wieland indifferent, reserviert oder gar ablehnend gegenüber. Er verwahrt sich dagegen, die Dichtung als sein eigentliches Metier in solche Bezüge einbinden zu lassen. Zu dem Zeitpunkt, als er offensiv für eine Förderung des patriotischen oder nationalen Bewußtseins eintritt, propagiert er es als Mittel zur Absicherung des sich existentiell bedroht fühlenden Bürgertums in Deutschland – und dies bleibt Episode.

Knüpfen wir also noch einmal bei Wielands Feststellung an, ein deutscher Patriotismus sei »unzeitig«, denn hier liegt der Schlüssel zum Verständnis seiner reservierten Einstellung zu einer deutschen Nation. Wir treffen dabei auf Grundauffassungen seines Denkens, denen auch sein Dichtungsverständnis verpflichtet ist, das trotz scheinbar gegenteiliger Äußerungen während der Revolutionswirren durch alle Schaffensperioden hindurch konstant blieb.

Wieland verhält sich mit dieser Einstellung nicht etwa wie der Fuchs in der Fabel Äsops, der das, war er nicht hat bzw. nicht zu erreichen weiß, zu dem erklärt, was er nicht braucht. Wieland meint es ernst, wenn er sich gegen die – noch dazu künstlich verstärkte – Unterstützung des deutschen Nationalgefühls ausspricht, denn von seiner Warte aus erscheint ihm dieses historisch überholt. Seine geschichtsphilosophische Anschauung begreift Geschichte in der Dimension von Universalgeschichte und folgt dem Axiom, daß sich hier ein unmerklicher Fortschritt in Form einer spiralenartigen Höherentwicklung vollziehe, dessen Ziel ein Zustand allgemeiner Glückseligkeit sei, der jedoch nicht wirklich erreicht werden könne.[35] Das Auf und Ab einzelner Staaten, einzelner Kulturen ist, daran gemessen, wie das naturhafte Wachsen, Blühen und Vergehen, ein immer gleicher Vorgang und von nur peripherer Bedeutung. Mochte Patriotismus einen positiven Wert in der frühen Phase der Geschichte darstellen, indem er einen fortschrittlichen Impetus zum Inhalt hatte, so ist eine damit verbundene Konzentration auf je Partikulares zum gegenwärtigen Zeitpunkt bereits eher hinderlich.

[…] je mehr glaube ich Gründe zu finden, es für einen starken Fortschritt auf dem Wege, der zum Ziel der öffentlichen Glückseligkeit des menschlichen Geschlechtes führt, zu halten, daß wenigstens die Nationen von Europa immer mehr von dem verliehren, was ehmals den eignen Charakter einer jeden ausmachte, und wodurch jede sich mehr oder weniger von dem Charakter aufgeklärter und gesitteter Völker entfernte […][36]

Die Schwierigkeiten nationaler Identität in Deutschland sind für Wieland nicht eigentlich das Problem, das vorrangig – zumal im Vergleich mit Frankreich und England sowieso verspätet – bewältigt werden müßte. Sein Interesse gilt vielmehr erweiterten Zusammenhängen. Seine philosophischen Anschauungen führen ihn zum Kosmopolitismus bzw. sind dessen Ausdruck – eine weitere Konstante im Denken Wielands, die er erstmals in der Figur des Demokrit in der *Geschichte der Abderiten* vorstellt, später dann in ihren theoretischen Grundlagen und praktischen Konsequenzen in einer eigenen Abhandlung thematisiert.[37] Es ist dies eine Geisteshaltung, die sich als besonders qualifiziert und erhaben präsentiert, denn die Weltbürger haben sich bis zu einer Stufe hinaufgearbeitet, die sie in die Lage versetzt, über kleinliche Verhältnisse hinwegzublicken.[38] Der Kosmopolit schaut über nationale Bezüge hinaus, das heißt aber nicht, daß er konträr zu ihnen stünde oder ihnen gar entgegenwirkte – eine ganz entscheidende Einschränkung, da bereits im 18. Jahrhundert vielfach eine antithetische Gegenüberstellung von Patriotismus und Weltbürgertum erfolgte. Beide Ambitionen sind durchaus vereinbar, sofern der Patriotismus keine ungerechtfertigte Bevorzugung *einer* Nation und damit nationalistische Züge trägt. Auch für Wieland gilt:

Die Liebe zur ganzen Menschheit ist also mit der Liebe zum Vaterlande eben so verträglich, als diese mit der Freundesliebe und der Liebe zur Gattinn. Der Weltbürger darf sich nicht schämen, patriotisch zu handeln, doch darf er auch nie vergessen, daß seine Staatsmitbürger nur einen Theil eines großen unzertrennlichen Ganzen ausmachen, und daß der Theil niemahls durch etwas gewinnen kann, wodurch das Ganze verliert.[39]

Der kosmopolitische Anspruch ist jedoch eindeutig vorrangig und höherwertig, und ein positiver Beitrag einzelner Völker auf der universalgeschichtlichen Ebene ist nur dadurch möglich, daß sie an den höchsten bislang erreichten kulturellen Standards anknüpfen und an ihrer Verbreitung und Weiterentwicklung mitarbeiten. Eben dieses Ziel verfolgt Wieland mit seiner Dichtung, deren kosmopolitische und humanistische Perspektive er niemals aufgibt. Sie verbietet es ihm, sich durch nationale Stoffe einschränken zu lassen, fordert vielmehr die Orientierung an der griechischen Antike und unter den Neueren an der französischen Kultur. Beide verkörpern für ihn das Niveau, das zu erreichen und zu entwickeln eine Aufgabe der Deutschen darstelle, die so einen aktiven Beitrag für den geschichtlichen Fortschritt im kosmopolitischen Sinne leisten könnten.[40]

Angesichts der vielfachen Klagen über die fehlende deutsche Nation, angesichts der verschiedenen Ansätze, den Deutschen trotz strukturell bedingter Hindernisse ein nationales Selbstbewußtsein zu vermitteln, verhält sich Wieland zurückhaltend. Als skeptischer Realist verfügte er über eine adäquate Einschätzung der Möglichkeiten, so daß er zum Beispiel die Bestrebungen der Barden nur lächerlich finden konnte. Er setzte statt dessen auf eine graduelle Verbesserung auf der Basis des Bestehenden. Als er die eigene Situation, bedingt durch die französischen Ereignisse, als prekär einschätzt, läßt er sich aus der Reserve locken und zu einer Reaktion hinreißen, die aber in ihrer Übersteigerung, nicht verwurzelt in Grundanschauungen seines Denkens, Episode bleibt.

Darüber hinaus tritt Wieland für eine Förderung der deutschen Kulturnation ein. In diesem Sinne sind die Schriftsteller – und die Dichter – »die eigentlichen Männer der Nation«, denn sie können mit ihrer Arbeit diesem Ziel dienen. Die Dichtung hat sich dabei keineswegs engen nationalen Gegenständen zuzuwenden, sondern bleibt einem kosmopolitisch ausgerichteten Humanismus verpflichtet. Wieland verlangt deshalb aus Überzeugung, an fremden kulturellen Vorbildern festzuhalten. In der schon damals vertretenen Auffassung, eine Konzentration auf nationale Zusammenhänge sei nicht mehr zeitgemäß, wurde Wieland nicht verstanden bzw. als der undeutsche deutsche Dichter mißverstanden. Wieland, der allem Nationalismus vorbaute, könnte gerade auch für die heutige Zeit als Leitfigur dienen.

1 Vgl. Karl Morgenstern, *Klopstock als vaterländischer Dichter. Eine Vorlesung*, Dorpat, Leipzig 1814 (gehalten am 12. Dez. 1813); vgl. auch Ignotus [Pseud.], *Wieland und die Griechen*, Berlin, Leipzig 1911.

2 *Zusätze zu den mit Sternchen bezeichneten Stellen dieses Stücks [Die Regierungskunst oder Unterricht eines alten Persischen Monarchen an seinen Sohn – nach dem Englischen*, in: Teutscher Merkur [TM] 1773/III, S. 167ff.]; *Zusätze* ebd., S. 173-183; S. 177f.

3 Vgl. hierzu Irmtraut Sahmland, *Christoph Martin Wieland und die deutsche Nation. Zwischen Patriotismus, Kosmopolitismus und Griechentum*, Tübingen 1990 (Studien zur deutschen Literatur, hg. v. W. Barner, R. Brinkmann und C. Wiedemann, Bd. 108), S. 8-30. Auf diese Arbeit sei auch für die folgenden Ausführungen verwiesen.

4 Vgl. z. B. Wieland, *Über teutschen Patriotismus, Betrachtungen, Fragen und Zweifel*, in: Neuer teutscher Merkur [NTM] 1793/II, S. 3-21; S. 5f.

5 *Patriotischer Beytrag zu Teutschlands höchstem Flor (wenn es will)*, TM 1780/I, Fortsetzung 1786, zit. nach: C. M. Wieland, *Sämmtliche Werke*, hg. v. d. »Hamburger Stiftung zur Förderung von Wissenschaft und Kultur« in Zusammenarbeit mit dem »Wieland-Archiv«, Biberach an der Riß, und Hans Radspieler, Hamburg 1984 (ND der Ausgabe letzter Hand, Göschen 1794ff., zusätzlich der Wieland-Biographie von Johann Gottfried Gruber, Bde. 50-53 von dessen 1. Edition der Wieland-Werke bei Göschen 1818-1828) [Göschen/Reemtsma], Bd. 15, S. 355-357).

6 Vgl. *Patriotischer Beytrag zu Teutschlands höchstem Flor (wenn es will)*, von Teutobald von AltEich [Wieland], TM 1780/I, S. 90-102.

7 Es ist eine interessante Fragestellung, ob die Leistungen der deutschen Klassik trotz oder wegen der umgebenden Verhältnisse möglich waren. Vgl. dazu etwa Reinhard Bendix, *Könige oder Volk – Machtausübung und Herrschaftsmandat (Kings or People. Power and the Mandate to rule)*, übers. v. Holger Fliessbach, Frankfurt/Main 1980 (1. dt. Auflage), Bd. 2: *Entstehung eines Nationalstaates: Das Heilige Römische Reich. Provinzialismus und intellektuelle Mobilisierung*, bes. S. 230ff.

8 Es werden vorzugsweise Frankreich und England mit ihren ausgebildeten Nationalstaaten als Orientierung und Maßstab im kulturellen Vergleich gewählt. Vgl. z. B. Wieland an Christian Friedrich Daniel Schubart, in: Chr. Fr. D. Schubart, *Gesammelte Schriften und Schicksale*, 8 in 4 Bdn., Hildesheim, New York 1972, Bd. 7, S. 231f.; vgl. Wieland, *Allgemeiner Vorbericht zu den »Poetischen Schriften«*, Biberach, 18. August 1761, in: *Wielands gesammelte Schriften*, hg. v. d. Deutschen Kommission der Königlich Preußischen Akademie der Wissenschaften, Berlin 1909ff., 1. Abt.: *Werke*, Bd. 3: *Poetische Jugendwerke*, 3. Teil, hg. v. Fritz Homeyer, Berlin 1910, S. 293-297; S. 295. Vgl. Johann Carl Wezel, *Über Sprache, Wissenschaft und Geschmack der Teut-*

schen, Leipzig 1781, S. 238. Vgl. August Wilhelm Rehberg, *Deutschland, vor dem Ausbruche der Französischen Revolution des Jahrs 1789*, in: *Sämtliche Schriften*, 2 Bde., Hannover 1831, Bd. 1, S. 3 ff.; S. 30.

9 Vgl. Rudolf Vierhaus, *Montesquieu in Deutschland. Zur Geschichte seiner Wirkung als politischer Schriftsteller im 18. Jahrhundert*, in: *Collegium philosophicum. Studien Joachim Ritter zum 60. Geburtstag*, Basel, Stuttgart 1965, S. 403-437.

10 Schiller hat diesen Ansatz in seinem Gedichtentwurf *Deutsche Größe* dann bis zu einem antagonistischen Gegenmodell zur staatlichen Verfaßtheit ausgeweitet.

11 Vgl. Sahmland, a.a.O., S. 31-77.

12 Der Begriff ›Patriotismus‹ ist in seinen Inhalten im 18. Jahrhundert durchaus nicht fest umrissen. In bezug auf Begriffe wie Vaterland, Patriotismus, Nation, die in diesem Zusammenhang Signalcharakter haben, herrscht eine nahezu babylonische Sprachverwirrung; vgl. Rudolf Vierhaus, *»Patriotismus« – Begriff und Realität einer moralisch-politischen Haltung*, in: Ders. (Hg.), *Deutsche patriotische und gemeinnützige Gesellschaften*, München 1980 (Wolfenbütteler Forschungen, Bd. 8), S. 9-29; S. 14. Trotz einer bunten Vielfalt von Bedeutungsvarianten lassen sich einzelne Konzeptionen typologisch voneinander abgrenzen (vgl. Sahmland, a.a.O., S. 78-105; vgl. auch Christoph Prignitz, *Vaterlandsliebe und Freiheit – Deutscher Patriotismus von 1750 bis 1850*, Wiesbaden 1981).

13 Vgl. Gottsched in seiner Vorrede zu: Herrn Christoph Ottons, Freyherrn von Schönaich, *Hermann, oder das befreyte Deutschland, ein Heldengedicht. Mit einer Vorrede ans Licht gestellet von Joh. Chr. Gottscheden*, Leipzig 1751, S. IX.

14 *Wielands gesammelte Schriften*, a.a.O., 1. Abt., Bd. 1, 1. Teil, Berlin 1909. Dieses Werk wurde erstmals vollständig 1882 durch Muncker veröffentlicht.

15 Dieser Stoff ist ihm »zu sauvage« (vgl. Brief an Zimmermann vom 14. 2. 1758, in: *Wielands gesammelte Schriften*, a.a.O., 3. Abt.: *Briefwechsel* [Bw], Bd. 1, Nr. 282; S. 322), und er wählt Xenophons *Cyrus* zur Vorlage, um einen »Vir bonus et honestus kalos kai agathos« zu gestalten (Brief an Zimmermann vom 24. 2. 1758, Bw, Bd. 1, Nr. 285; S. 324).

16 Sie wurde unter dem Eindruck des Siebenjährigen Krieges durch die Schrift Friedrich Carl von Mosers *Von dem deutschen Nationalgeist* (1766) angefacht. Moser trat dafür ein, die alten Strukturen von innen heraus neu zu beleben, um somit den Bestand des Reiches möglichst zu festigen.

17 Brief an Zimmermann von 2./4. 6. 1759, in: *Wielands gesammelte Schriften*, Bw, Bd. 1, Nr. 401; S. 457.

18 Vgl. Johann Carl Wezel, a.a.O., S. 322.

19 Vgl. Wieland, *Über den Eifer, unsrer Dichtkunst einen National-Charakter zu geben etc.*, TM 1773/I, S. 168-183.

20 Ebd., S. 181.

21 Ebd., S. 175 f.

22 Vgl. auch *Wenn sie fortfahren, die Teutschen des achtzehnten Jahrhunderts für Enkel Tuiskons anzusehen*, TM 1773/I, Bd. 2, S. 183-186; S. 184 f.

23 *Patriotischer Beitrag zu Teutschlands höchstem Flor (wenn es will)*, TM 1780, zit. nach Göschen/Reemtsma, a.a.O., Bd. 15, S. 360.

24 Vgl. *Über ein seltsames Compliment, das der deutschen Litteratur im London Magazine gemacht worden*, TM 1774/I, S. 113-119; S. 113.

25 Vgl. *Briefe an einen jungen Dichter*, TM 1782 und 1784 in Fortsetzungen; vgl. *Wielands gesammelte Schriften*, 1. Abt., Bd. 14, 1928, S. 376-421; 2. Brief, S. 396.

26 Vorrede zu Schiller, *Historischer Calender für Damen für das Jahr 1792*, in: *Wielands gesammelte Schriften*, 1. Abt., Bd. 23, 1969/72, S. 384-394, später unter dem Titel: *Der allgemeine Mangel deutschen Gemeinsinnes und Nationalgeistes und Mittel zu deren Erweckung und Belebung.*

27 Ebd., S. 393. Vgl. bereits Wielands *Anzeige des Historischen Calenders für Damen für das Jahr 1791*, NTM 1791/I, S. 197 ff.

28 Vgl. *Über die Rechtmäßigkeit des Gebrauchs, welche die Französische Nation dermalen von ihrer Aufklärung und Stärke macht – Eine Unterredung zwischen Walther und Adelstan*, TM 1789/II, S. 225-262; vgl. auch *Kosmopolitische Addresse an die französische Nationalversammlung von Eleutherius Philoceltes* [Wieland], TM 1789/II, S. 24-60.

29 Vgl. *Betrachtungen über die gegenwärtige Lage des Vaterlandes*, NTM 1793/I, S. 3-55; vgl. auch *Etwas zur Beruhigung der Patriotischen Bürger in *******, NTM 1794/I, S. 274-296.

30 Vgl. zu diesem Problemkomplex im einzelnen Sahmland, a.a.O., S. 170-216.

31 *Vorrede zu Schillers Historischem Calender*, a.a.O., S. 389.

32 *Der allgemeine Mangel deutschen Gemeinsinnes*, a.a.O., S. 256.

33 Ebd., S. 255.

34 Wobei es natürlich eine interessante und lohnende Aufgabe wäre, innerhalb dieses griechischen Milieus dem deutschen »Erdgeschmack« nachzuspüren (vgl. Sahmland, a.a.O., S. 332-363).

35 Vgl. *Das Geheimniß des Kosmopolitenordens*, TM 1788/II, S. 97-115; Fortsetzung TM 1788/II, S. 121-143; S. 130; vgl. auch *Betrachtungen über die Abnahme des menschlichen Geschlechts*, TM 1777/I, S. 209-246; S. 238 f.; vgl. auch *Unterredungen zwischen W** und dem Pfarrer zu ***, die in mehreren Fortsetzungen im TM 1775 erschienen sind und ebenfalls seine geschichtsphilosophischen Vorstellungen in ihren Grundzügen enthalten.

36 *Über den Eifer, unsrer Dichtkunst einen National=Charakter zu geben* etc., TM 1773/I, Bd. 2, S. 168-183; S. 179.

37 Vgl. *Das Geheimniß des Kosmopolitenordens,* a.a.O. – Zum Kosmopolitismus im Zeitalter der Aufklärung vgl. Sahmland, a.a.O., S. 217-272.

38 Daß es sich hierbei um eine Ideologie handelt, hat Wieland selbst sehr klar erkannt; vgl. *Betrachtung über die Abnahme des menschlichen Geschlechts,* a.a.O., S. 221 f.

39 *Gedanken über Kosmopolitismus und Patriotismus* [v. M.], in: Der Kosmopolit, eine Monathsschrift zur Beförderung wahrer und allgemeiner Humanität, hg. v. Chr. Daniel Voß, Bd. 1, Halle 1797, S. 387-397; S. 396.

40 Vgl. im einzelnen Sahmland, a.a.O., S. 273-332.

Karl Menges

Vom Nationalgeist und seinen ›Keimen‹

Zur Vorurteils-Apologetik
bei Herder, Hamann und anderen ›Patrioten‹

I

Der Begriff des »Nationalgeistes« ist die Eindeutung eines französischen Begriffs. 1761 veröffentlicht der Diplomat und politische Publizist Carl von Moser ein Pamphlet, dessen Titel *Von dem Deutschen Nationalgeiste* den Begriff in direkter Anlehnung an Voltaires historiographisches Hauptwerk, den *Essai sur les mœurs et l'ésprit des nations* (1756), übernimmt.[1] Wenn damit ein zentraler Begriff der französischen Geschichtsschreibung richtungweisend wird für die Diskussion um den Nationalbegriff der Deutschen[2], dann freilich nicht ohne jene patriotische Akzentuierung, mit der sich die deutsche Literatur im letzten Drittel des 18. Jahrhunderts gerade um die Befreiung von der französischen Kulturhegemonie und die Entfaltung einer eigenen nationalen Identität bemüht. Dieses Bemühen ist erkennbar in der anfänglichen Vermittlung und späteren Ablösung des aufgeklärten Dogmatismus durch die Idee nationaler Selbstbehauptung, wie dies in der Entwicklung vom Klassizismus der Frühaufklärung zum Literaturkonzept der Stürmer und Dränger zu beobachten ist. Frankreich, das den politischen und geistigen Bezugspunkt abgibt für das kulturell und konfessionell zersplitterte Deutschland, wird dabei nicht nur als Vorbild, sondern zunehmend als Bedrohung empfunden, der nur unter Besinnung auf ein neues, kollektives Selbstverständnis begegnet werden kann. Der seit den sechziger Jahren sich entfaltende Nationalgedanke[3] reflektiert diesen Sachverhalt und ist nicht zuletzt als Reaktion zu verstehen auf die klassizistische Provokation Frankreichs und deren (gelegentlich chauvinistische) Reklamation kultureller Superioriät.[4]

Der Versuch, den deutschen Nationalbegriff aus dem französischen Vorbild zu begründen, ist also ambivalent, und dies nicht nur wegen der unterschiedlichen politischen Gegebenheiten in Frankreich und Deutschland.[5] Er ist dies schon deshalb, weil in der deutschen Diskussion der rationalistische Kontext mittransportiert wird, um dessen Überwindung es den Bemühungen um eine deutsche Nationalliteratur später gerade geht.

Dies trifft auch auf Moser zu, der mit seinem Lehnbegriff Ansätze fortführt, die in der Frühaufklärung bereits angelegt sind, so etwa im Versuch einer patriotischen Erneuerung des deutschen Theaters auf der Basis des französischen dramaturgischen Modells. Gottsched übernimmt hier den höfischen Klassizismus Frankreichs in dem doppelten Versuch, seine rationalistische *Critische Dichtkunst* mit dem nationalen Bemühen um eine Reform des deutschen Theaters in Einklang zu bringen.[6] Dazu beruft er sich in sämtlichen Ausgaben seiner Poetik von 1730 bis 1751 auf das Voltairesche Prinzip des Universalismus mit dem Argument, »die Natur des Menschen, und seiner Seelenkräfte [sei] noch eben dieselbe, als sie seit zweytausend Jahren gewesen: und folglich [müsse] der Weg, poetisch zu gefallen, noch eben derselbe seyn, den die Alten dazu so glücklich erwählet haben«.[7] Diese universalistische Position bildet die Grundlage, auf der die Verspätung der deutschen Literatur vermessen wird, in der Hoffnung, sie durch die Nachahmung der französischen Vorbilder beheben zu können. Begleitet wird dabei die Apologie des Klassizismus von einem ambitionierten Übersetzungsprogramm, das in Gestalt von sechzehn Dramen in den ersten drei Bänden der *Deutschen Schaubühne* (1741-45) vorgelegt wird. Daß diese Nachahmung der Franzosen schließlich sogar umschlägt und die selbstbewußte Proklamation hervortreibt, man wolle nicht »ewig bey unsern Nachbarn in die Schule [...] gehen und sich unaufhörlich einer sclavischen Nachtretung ihrer Fußstapfen [...] befleißigen«[8], bestätigt dabei nur den Zusammenhang zwischen klassizistischer Nachahmungspoetik auf der einen Seite und eigenen literarischen Gehversuchen auf der andern. Freilich bleibt der so gewonnene Begriff einer Nationalliteratur, wie Lessing später im 17. *Literaturbrief* (1759) monieren wird, nach wie vor ein Abklatsch der Franzosen, wie sehr auch die Spezifik des deutschen Theaters als ebenbürtig, ja als überlegen ausgegeben wird. Tatsache bleibt, daß die Insistenz auf dem universalistischen Modell Frankreichs gerade die Ausbildung einer unverwechselbar eigenen Literaturproduktion behindert, indem sie allenfalls deutsche Nachahmungen ausländischer Vorbilder produziert.

Diese Ambivalenz nun zwischen Universalismus und Nationalismus, die nicht zuletzt auch Mosers Begriffsübernahme bestimmt, verweist auf ein Begründungsproblem der Aufklärung selbst, das sich in zwei divergierenden Geschichtsmodellen manifestiert. Ich gebe dazu zunächst einige Hinweise allgemeiner Art.

Es gehört entscheidend zum Selbstverständnis der neuzeitlichen Vernunft, selbstbewußt im Denken einen Neubeginn zu setzen. Dabei realisiert sich solches Denken, etwa bei Descartes, als wissenschaftlicher Diskurs, der sich auf das richtet, was sich gleich bleibt, also auf die zyklische Konstanz der Natur. Deren Ordnung erschließt sich dem mathematisch gelenkten Experiment und dessen Anspruch auf eine universal explikative Theoriebildung. Dagegen gilt die Geschichte als das Unwägbare schlechthin und wird folglich ausgegrenzt aus dem Bereich verläßlicher Argumentation. Ihr Gegenstand ist nicht das sich Gleichbleibende, sondern die Problematik der menschlichen Lebenswelt, was für Descartes bekanntlich der Grund ist für die Subordination der Geschichte unter die viel exaktere Wissenschaft von der Natur.[9]

Trotz seiner vielfältigen historischen Interessen teilt Voltaire diese skeptische Ansicht Descartes'. Geschichte ist für ihn etwas Ungenaues: »les vérités historiques ne sont que des probabilités.«[10] Indessen bedeutet die Tatsache, daß geschichtliche Wahrheit nur approximativ zu erfassen ist, keineswegs, daß ihr nicht nachzugehen wäre. Im Gegenteil: die Abwertung der Geschichte als Dimension der Kontingenz ist gerade Anlaß, sie neu zu durchdenken. Und da es der Geschichtstheorie der Aufklärung vornehmlich um praktische Fragen geht, richtet der Blick sich auf eine zu gestaltende Zukunft bei gleichzeitigem kritischen Rückbezug darauf, was bislang von der Tradition durch Vorurteile und Mangel an Aufklärung verdeckt und verhindert worden ist.

Dieser Prozeß kulminiert schließlich in der Entstehung eines neuen Geschichtskonzepts, das als »Kollektivsingular« die unübersehbare Vielfalt an Einzelgeschichten in einem integrativen Begriff bündelt.[11] Entscheidend ist hier die Einsicht, daß ein solcher Geschichtsbegriff nicht so sehr den Fakten selbst, als ihrer erzählerischen Organisation verpflichtet ist. Voltaire thematisiert diesen Sachverhalt, wenn er im *Dictionnaire Philosophique* die Geschichte definiert als »récit des faits donnés pour vrais, au contraire de la fable, qui est le récit des faits donnés pour faux«.[12] Wichtig ist dabei nicht so sehr die Korrespondenz zwischen wahren und falschen Tatsachen als deren Abhängigkeit vom »récit«, d. h. von der Erzählung als ihrer faktischen Konstitutionsbasis. Voltaire bestimmt Geschichte deshalb auch nicht als eine vergangene Ereignisfolge, sondern, höchst modern, als story, als Repräsentation der Ereignisse innerhalb einer von der Vernunft legitimierten narrativen Struktur.

Diese Einsetzung eines nicht-funktionalen Geschichtsbegriffs im Sinne einer »Geschichte überhaupt« (Koselleck) kulminiert schließlich in einer Philosophie der Geschichte. Das Chaos des Materials wird von nun an gegliedert von dem aufgeklärten Bewußtsein der neuen Zeit, die Voltaire mit dem Aufruf provoziert: »Je pense [...] qu'il faut écrire l'histoire en philosofe.«[13] Kennzeichnend ist hier die Befreiung von traditionellen interpretativen Zwängen zugunsten einer Verzeitlichung der Geschichte als Moment ihrer fortschreitenden Autonomisierung. Der Begriff einer Philosophie der Geschichte steht damit gegen alle traditionelle (militärische oder dynastische) Historiographie, zu der Voltaire als Alternative seine umgreifende Kultur- und Sittengeschichte entwirft.[14] Dabei vertritt er eine klare pädagogische Intention. Ziel ist eine pragmatische Geschichte zum Nutzen des Vaterlandes, in der »objektiv« dargestellt werden soll, was von der Historie zu lernen ist. Wenn derart die Geschichte aber nicht mehr als Untersuchung der Vergangenheit per se interessiert, sondern als Moment einer prospektiven gesellschaftlichen Konstruktion, dann bedarf sie zur Sinngebung auch nicht mehr äußerlicher Anstöße, sondern entscheidend der Freilegung ihrer immanenten Motive und Strukturen. Gegenstand dieser Philosophie ist also letztlich die Befreiung der Geschichte von ihrer Kontingenz unter Maßgabe eines kollektiven Fortschreitens zur Vernunft. Fortschritt aber meint eine progressive Rationalisierung im Rahmen einer universalgeschichtlichen Konzeption, die das Überlieferungsgeschehen auf die Zukunft hin in den Blick nimmt und damit implizit konstruiert.

Gegen dieses universalhistorische Konzept steht nun aber eine Tradition, für welche die Geschichte nicht nur als zukünftiges, sondern als Vergangenheitsgeschehen bedeutsam ist.[15] Hier herrscht die Einsicht, daß alle Tradition sich sinnhaft in der Gegenwart fortsetzt, und zwar im bewußten Gegenzug zu ihrer prätendierten Konstruierbarkeit. Erscheint damit einerseits der Traditionszusammenhang als kontrollierbares Geschehen auf der Basis eines umgreifenden Fortschrittsoptimismus, so steht dem die Idee einer historischen Hermeneutik entgegen, in der die Geschichte nicht mehr als verfügbares Objekt, sondern als Interpretationsproblem im Fluß historischer Kontinuitäten erscheint. Damit ist aber der Idee einer Aufklärung über die Aufklärung die Tür geöffnet, und es ist diese Idee, die nicht zuletzt das Neuverständnis des Nationalbegriffs entscheidend bestimmt.

II

Es ist Herder, der zuerst diesen hermeneutischen Begründungszusammenhang in den ›Fragmenten‹ *Über die neuere deutsche Literatur* (1767) herstellt und dabei zugleich Moser und anderen »Patrioten« ein begeistertes Denkmal setzt.[16] Moser wird da als Autor vorgestellt, der »mit allen deutschen Vollkommenheiten geschmückt: tiefsinnig, reich, und wahr in der Erfindung« den »Geist der Deutschen« repräsentiert, »wie er war, und sein sollte«.[17]

Diese Akzentuierung einer für die Zukunft signifikanten Vergangenheit gegen allen »schiefen Geschmack [...] der halb französisch und halb brittisch ist« (S. 243), ist erkenntniskritisch zentral. Ihm entspricht an verwandter Stelle ein Erklärungsprinzip, das in radikaler Abkehr von allem Voltaireschen Aufklärungsoptimismus den Nationalgeist geradezu antiaufklärerisch nicht aus der Vernunft, sondern aus bestimmten kollektiven Prädispositionen, nämlich aus Vorurteilen, erklärt. Diese »Nationalvorurteile« (S. 281) aber rät Herder nicht länger zu unterdrücken, sondern »zu sammeln, zu vergleichen, und zu erklären« (S. 283), und zwar mit der Behauptung, sie seien die »Grundsäulen alles dessen, was später über sie gebaut werden soll, oder vielmehr schon ganz und gar Keime, aus denen sich alles Spätere und Schwächere [...] entwikkelt – also die stärksten, ewigen, fast Göttlichen Züge, die unser ganzes Leben beseligen oder verderben«.[18]

Es fragt sich, mit welcher Berechtigung hier den Vorurteilen eine fundierende Funktion zugeschrieben wird, wo diese bislang doch stets als unqualifizierte und präsumptive Urteile verstanden wurden, die dem Anspruch nach Aufklärung prinzipiell zuwiderlaufen. Diese Vorurteils-Definition ist jedenfalls typisch fürs 18. Jahrhundert, wobei schon terminologisch der Begriff Aufklärung die Trennung des Dunklen vom Hellen, des verworren Präjudizierten vom vernünftig Durchdachten signalisiert. Was hier von

Anfang an in der Lichtmetaphorik von Begriffen wie ›erleuchten‹, ›éclairer‹ oder ›enlighten‹ (als vorgängigen Synonyma zu ›aufklären‹) gefordert wird, ist jener Ausgang des Menschen aus seiner »selbstverschuldeten Unmündigkeit«, der von Kant gegen Ende des Jahrhunderts schließlich als »Wahlspruch der Aufklärung« emphatisch festgeschrieben wird.[19] Der Kampf gegen die Dunkelheit von Voreingenommenheit und Aberglaube ist mithin so sehr Teil des rationalistischen Selbstverständnisses, daß das Vorurteil geradezu als negatives Definitionskriterium der Aufklärung herangezogen werden kann.

Eine solche Wertung hat ihre ehrwürdige Tradition. Vorurteile werden seit ihrer ersten Thematisierung bei Bacon und Descartes und dann vor allem von Thomasius bis Kant durchgängig als irrtümliche, der Wahrheitssuche und dem aufgeklärten Selbstverständnis zuwiderlaufende Urteile verstanden.[20] Für Thomasius sind es »erroneas opiniones […] quae […] appellantur praejudicia«[21], und als solche werden sie auch von den bedeutendsten deutschen Lexikographen des 18. Jahrhunderts bestimmt. »Ein Vortheil«, heißt es identisch bei Walch und Zedler, »ist nichts anders, als ein unrichtiges und nicht sattsam überlegtes Principium, welches man vor wahr annimmt, und nach demselbigen seine besondere [sic] Urtheile und Schlüsse einrichtet.«[22]

Diese Definition kulminiert schließlich bei Kant, der die Diskussion um eine erkenntnisethische Komponente erweitert, indem er die Alternative Autonomie contra Heteronomie ins Zentrum der Betrachtung rückt. Für Kant, bei dem der Autonomiebegriff philosophisch überhaupt erst relevant wird, bedeutet Aufklärung die Möglichkeit des Menschen, sich als Vernunftwesen zu bestimmen. Aufklärung ist die Leistung des kritischen Subjekts, was sich in den Bestimmungen niederschlägt: »Transcendentalphilosophie ist Autonomie«[23] mit der »Maxime einer niemals passiven Vernunft«. Dagegen definiert sich das Vorurteil als der »Hang […] zur Heteronomie der Vernunft«, wobei das »größte unter allen« darin besteht, »sich die Naturregeln, welche der Verstand ihr durch ihr eigenes wesentliches Gesetz zum Grunde legt, als nicht unterworfen vorzustellen«. Kant schließt diese Erwägung ganz frühaufklärerisch und apodiktisch mit der Bemerkung: »Befreiung vom Aberglauben heißt Aufklärung.«[24]

Herder schert nun ganz offensichtlich aus dieser Tradition aus. Nicht nur verzichtet er darauf, die Vorurteile pauschal zu verwerfen, er interessiert sich für deren positive Funktion, spezifisch den sinnstabilisierenden Effekt, den er bei den alten, »sinnlichen« Völkern findet und den er für die politische und ästhetische Situation seiner Zeit fruchtbar zu machen versucht. Aufschlußreich ist hier folgende Passage aus der Bückeburger Geschichtsphilosophie:

Das Vorurtheil ist gut, zu seiner Zeit: denn es macht glücklich. Es drängt Völker zu ihrem Mittelpunkte zusammen, macht sie vester auf ihrem Stamme, blühender in ihrer Art, brünstiger und also auch glückseliger in ihren Neigungen und Zwecken. Die unwißendste, vorurtheilendste Nation ist in solchem Betracht oft die erste: das Zeitalter fremder Wunschwanderungen, und ausländischer Hoffnungsfahrten ist schon Krankheit, Blähung, ungesunde Fülle, Ahndung des Todes! (SW 5, S. 510).

Solchen und ähnlichen Überlegungen liegt eine Deszendenztheorie zugrunde, die in der scheinbar vorurteilsfreien Nachahmung fremder Vorbilder begründet ist. In programmatischer Abkehr von der sterilen Nachahmung des französischen Modells plädiert Herder für ein hermeneutisches Verständnis der fremden Muster und ihrer spezifischen Prädispositionen aus der Prämisse, daß mit dem »Nationalgeist [...] auch die Nationalvorurtheile sehr genau verbunden« sein müssen (SW 1, S. 263), woran sich die Bemerkung anschließt: »Für den Dichter sind dieses National*vortheile* [sic] die ihm nicht immer entwandt werden können, ohne ungereimt, oder lächerlich zu werden.« (SW 1, S. 265) D.h.: Im Studium von Mythologien, von Fabeln, Sagen und Volkstraditionen der alten Völker spiegelt sich deren historische Individualität, die sich wohl mit Gewinn studieren, nicht jedoch ungestraft auf die Moderne übertragen läßt. Die Vorbildlichkeit des Fremden liegt also paradoxerweise gerade in seiner unnachahmlichen Individualität. Diese reflektiert die Authentizität der Mythologeme und damit implizit auch den sinnstabilisierenden »Vorteil« der Vorurteile.

Herder steht hier offensichtlich in einer alternativen Denktradition, die sich mit gegenaufklärerischen Argumenten um die Rehabilitierung der Vorurteile bemüht. Nicht eine historistisch getreue Aktualisierung des Fremden ist hier das Ziel, sondern dessen dialektische Anverwandlung – ›emulatio‹ statt ›imitatio‹ – im Paradigma einer hermeneutisch-kommunikativen und nicht-präskriptiven Kunsttheorie. Daß es sich dabei, angesichts des sich anbahnenden Siegeszuges der transzendentalen Systemphilosophie, um eine marginalisierte Diskurstradition handelt, ist offensichtlich. Indessen ist Herder nicht der einzige, der so denkt und argumentiert, was ich mit einigen Hinweisen im folgenden etwas näher skizzieren möchte.

Die erkenntnistheoretische Gewichtung der Vorurteilsfrage erfährt eine entscheidende Korrektur in der Mitte der sechziger Jahre mit den Arbeiten des Hallenser Ästhetikers und Philosophen Georg Friedrich Meier, dem zu Unrecht der Ruf eines reinen Popularisators der Wolff-Baumgartenschen Deduktionsphilosophie anhängt. Zumal in seiner pragmatisch-hermeneutischen Ergänzung der bestehenden Vorurteilstheorien geht Meier weit über seine Lehrer hinaus, was sich in Ansätzen bereits in seiner *Vernunftlehre* (1752, 1760), dann aber vor allem in einer eigenen Abhandlung mit dem Titel *Beyträge zu der Lehre von den Vorurtheilen des menschlichen Geschlechts* manifestiert.[25]

In dieser Schrift geht Meier nicht mehr von der aufgeklärten Sicht einer notwendigen Revision der Vorurteile aus, vielmehr rückt er deren Existenz und faktische Unvermeidbarkeit ins Zentrum der Betrachtung. Damit verfolgt er ein eher anthropologisches als erkenntniskritisches Interesse, indem er die Vorurteile nicht mehr als korrigierbaren Mangel an gedanklicher Stringenz, sondern quasi transzendental als Vorbedingung des Denkens selbst faßt, welche bei allem Vernunftoptimismus nicht mehr hinterfragt werden kann.

Dies wird gerade in den *Beyträgen* deutlich, in denen der sinnlich urteilende Mensch, unabhängig von etwaigen Bildungsdifferenzen, prinzipiell dem Vorurteil ausgesetzt erscheint. Grundsätzlich gilt, »daß alle menschliche Erkenntniß von Vorurtheilen anfange« (S. 91), was Meier zur Sentenz ausdehnt: »Der erste Anfang der Gelehrsamkeit [...] besteht in Vorurtheilen [...]. Dieses Schicksal aller menschlichen Erkenntniß ist nicht zu ändern.« (S. 92 f.) Wenn aber Vorurteile nicht zu vermeiden sind, dann lohnt auch die Mühe nicht, sich ihnen entziehen zu wollen, was Meier zu dem pragmatischen Schluß führt, die Frage nach Maßgabe des »Nutzens oder Schadens, den sie in Absicht unserer gesamten Glückseligkeit verursachen« (S. 101), zu entscheiden. Mit dieser Problematisierung der menschlichen Erkenntnisfähigkeit thematisiert Meier nichts weniger als die Frage nach den Grenzen der Aufklärung. Die *Beyträge* verdeutlichen dabei exemplarisch, wie sich in den sechziger Jahren des 18. Jahrhunderts eine allgemeine Erkenntniskritik im Rahmen der kritischen Vorurteilstheorie anbahnt, die den Übergang sucht von einer dogmatischen zu einer kritischen, sich selbst in Frage stellenden Reflexion.[26]

Meiers Schrift hat zu ihrer Zeit nur geringe Beachtung gefunden. Es gibt, abgesehen von einer Rezension Lamberts, kaum Hinweise darauf, was einerseits der sporadischen Verbreitung der Schrift zuzuschreiben ist, andererseits aber auch mit ihrem hermeneutischen Ansatz zu tun hat, der im Gegensatz zur zeitgemäßeren analytischen Methodik der *Metaphysik* und der *Vernunftlehre* auf nur geringes Interesse stieß.[27] Schließlich aber steht Meiers Versuch, die Vorurteile als existentielle Vorstrukturen zu begreifen und sie dadurch dem Zugriff des optimistischen Aufklärungsglaubens zu entziehen, auch unter dem Handicap der Ungleichzeitigkeit. Seine Relativierung des Rationalismus konnte kaum erfolgreich sein zu einem Zeitpunkt, als der eigentliche Höhepunkt der Aufklärung und deren kritische Diskussion in den achtziger Jahren des 18. Jahrhunderts noch bevorstand. Was damit vorliegt, ist zwar ein paradigmatischer Perspektivenwechsel, der jedoch beim Erscheinen der *Beyträge* (1766) noch nicht rezipiert werden konnte und so einen marginalen Diskurs begründete, an dem allenfalls einige Außenseiter beteiligt waren.

Einer dieser Außenseiter ist Thomas Abbt (1738-1766), der Meiers universellen Vorurteils-Verdacht aufgreift und sich damit gleichfalls an der Rehabilitierung der Vorurteile beteiligt.[28] Abbts wichtigste Äußerung dazu findet sich in der Antwort auf eine Preisfrage, die 1763 von der ›Patriotischen Gesellschaft‹ in Basel unter dem Titel gestellt worden war: »Finden sich dergleichen Vorurtheile, die Ehrerbietung verdienen, und die ein guter Bürger öffentlich anzugreifen sich ein Bedenken machen soll?«[29]

Auch wenn Abbt, wie er berichtet, zunächst an der Verdammung irriger Erkenntnis festhalten möchte, die sich seit der Frühaufklärung in der Gleichsetzung von Irrtum und Vorurteil behauptet, so kommt er doch zu der allgemeinen Bestimmung, Erkenntnis sei nur im »Umfang« der »übrigen Kenntnisse« des Menschen definierbar, was zu dem weiteren Schluß führt: »Und diese übrigen Kenntnisse? Hängen von seiner Natur nicht bloß, hängen von der Stellung ab, die er von seiner Geburt an auch in der bürgerlichen Gesellschaft nimmt, und durch seine Erziehung sich vollends recht eigen macht.« (S. 140) Daher der Vorsatz, den Menschen so zu nehmen, »wie er ist« (S. 141). Abbt ist hier sehr spezifisch: »Ein Vorurteil ist [...] das Urtheil, welches ein Subjekt fället;

aber [...] so, daß das Subjekt selbst die Beständigkeit seines Urtheils nicht erkennet [...]« (S. 142). Wenn aber Vorurteile Fehlurteile sind, deren Unhaltbarkeit dem Urteilenden nicht zugänglich ist, dann kann das Gebot auch nicht länger lauten, Vorurteile zu vermeiden, sondern allenfalls, sie in ihrem Entstehen zu begreifen.

Wichtig ist hier Abbts Einsicht in die Standes- und Berufsbedingtheit der Vorurteile, deren Divergenz pragmatisch auf die politische Ordnung bezogen wird. So soll es der »Regierung« obliegen, die Vielfalt an Prädispositionen mit dem Ziel des »gemeinen Besten« (S. 152) zu integrieren, und zwar unter Androhung von Strafe. Dabei hat sich die Gesetzgebung am »großen Haufen« zu orientieren, aus der Einsicht, daß viele Menschen zu »abstraktem Denken« gar nicht in der Lage sind und auch nicht dazu gebracht werden können, bestimmte Fehlurteile zu durchschauen.

Abbt greift hier Ideen auf, die bereits von dem schon erwähnten Minister Friedrich Carl v. Moser in die Diskussion gebracht worden waren. Moser hatte 1761 den zweiten Teil einer Abhandlung über politischen Aberglauben veröffentlicht[30], in der er von einer prinzipiellen Vorstruktur des Denkens ausgeht, nämlich der einfachen Erfahrungstatsache, daß jeder sich »eine Welt nach seiner Idee, das ist [...] nach seinem Vorurtheil« macht (S. 19).

Aus dieser Unvermeidlichkeit leitet Moser nun die Legitimität bestimmter, der Staatsraison dienlicher Vorurteile ab, mit dem Argument: Wenn es »jedem Unterthanen frey stünde, den Grund des Besitzes seines Fürsten zu untersuchen und nach dessen Recht- oder Unrechtmäßigkeit die Grade seines Gehorsams und Treue abzumessen« (S. 32), würde der Staat zugrunde gehen. Andererseits sind aber doch »alle Vorurtheile unangetastet zu lassen, deren Aufklärung oder Benehmung die glückselige Ruhe und Unwissenheit eines Menschen störte, ohne daß es gleichwohl möglich wäre, seinen Zustand zu verbessern« (S. 37). Ruhe, gesichert durch staatliche Strafandrohung, ist hier also die erste Bürgerpflicht. Und so empfiehlt sich denn auch der pragmatische Entschluß, die Vorurteile in ihrer potentiellen Sprengkraft durch staatliche Gesetzgebung zu neutralisieren im Hinblick darauf, »was die beste Ordnung nicht störet«, wie Abbt in Übereinstimmung mit Moser meinte (S. 156).

Interessant ist hier, daß Aufklärung im Sinne individueller oder kollektiver Veränderung nicht mehr erkenntnisethisch, sondern pragmatisch aus der politischen Reichweite solcher Veränderung definiert wird. Moser und Abbt vertreten dabei eine sehr ähnliche Position, die in ihrer Praxisbezogenheit implizit auf einen neuen Aufklärungsbegriff verweist. In Frage gestellt wird hier nämlich die Potenz spekulativer Vernunft, was eine wichtige Vorstufe markiert in der Relativierung und allmählichen Auflösung der traditionellen Bewußtseinsphilosophie. Dabei gipfelt das Bekenntnis in einer »relativen Aufklärung«, gestützt auf die Autoritäten von Kirche und Staat[31], in der Anerkennung der Vorurteile als Lebensgegebenheiten, die deshalb gutgeheißen werden müssen, weil sie »die Ehrerbietung Andrer nach sich [ziehen]« sollen (S. 158). Deshalb empfiehlt Abbt auch Toleranz gegenüber allen harmlosen Vorurteilen nur dann, wenn sie die Selbsterhaltung fördern, die Menschen etwa zur Vermehrung ihres Besitzes veranlassen oder den Bürger zum Patriotismus oder gar zum »Tode fürs Vaterland« bewegen.[32] Das Ziel muß in jedem Falle die Erhaltung der bürgerlichen Ordnung sein, die nach Kriterien der Schädlichkeit und Unschädlichkeit gestützt werden muß. Der pragmatische Gedanke wird hier also über Meier hinaus durch eine nationale Komponente ergänzt, innerhalb deren die Stützung der bürgerlichen Verfassung zum zentralen Gesichtspunkt avanciert.

Es ist deutlich, daß die Rehabilitierung der Vorurteile hier nicht einem gegenaufklärerischen Irrationalismus verpflichtet ist, sondern der Einsicht in die grundsätzliche Befangenheit der aufgeklärten Vorurteilskritik selbst. Niemand aber hat dies klarer gesehen und entschiedener vertreten als Johann Georg Hamann, dessen Opposition gegen die Aufklärung sich in der Sentenz zusammenfassen läßt: »Unser eigen Daseyn und die Existentz aller Dinge außer uns muß geglaubt und kann auf keine andere Art ausgemacht werden.«[33]

Mit Blick auf die philosophische Tradition markiert dies nun in der Tat die vollzogene Wende von der cartesianischen, geschichtsfeindlichen zur sokratischen Methode, was sich in einer nicht mehr zu vermittelnden Frontstellung zwischen rationalistischem Universalitätsanspruch und hermeneutischer Thematisierung des Nicht-Wissens niederschlägt. Dabei wird Nicht-Wissen nicht nur als Gegenbegriff, sondern als transzendentale Dimension reklamiert, deren Dunkelheit jedem aufklärerischen Wissens-Anspruch vorausliegt und ihn darin umgreift. Dementsprechend verweist

Aufklärung über Seiendes nicht auf irgendein Zentrum, etwa einen kollektiven subjektiven Geist, sondern, höchst modern, auf eine (im Sinne Heideggers) bereits vorhandene, apriorische Lichtung des Seins.[34] »Nicht cogito ergo sum, sondern umgekehrt [...] Est ergo cogito«, lautet Hamanns Devise, die als erkenntniskritische, leib-apriorische Inversion Descartes' zugleich eine Vielzahl von antinomischen Bestimmungen evoziert.[35]

Wissen, das im Unwissen gründet, hat zunächst prinzipiell keine Zielrichtung auf Autonomie. Insofern ist der rationalistische Optimismus illusionär. Er kann sich aus seiner Vorgegebenheit nicht befreien, was aber den zentralen Anspruch auf Selbstbefreiung problematisiert, wie ihn Kant in Weiterführung Voltaires in seiner Aufklärungsschrift von 1784 formuliert hatte. Hamann nun bezieht sich auf diese Schrift in einem berühmten Brief an den Staatsrechtler und Philosophen Christian Jacob Kraus, in dem er, ausgehend von Kants Eingangsdefinition: »Aufklärung ist der Ausgang des Menschen aus seiner selbst verschuldeten Unmündigkeit«[36], die entscheidende Frage stellt nach der Beurteilungsinstanz eben dieser vorgeblichen Unmündigkeit. Hamann fragt: »Worinn besteht nun das Unvermögen oder die Schuld des fälschlich angeklagten unmündigen? In seiner eigenen Faulheit und Feigheit? Nein, in der Blindheit seines Vormundes, der sich für sehend ausgiebt, und eben deshalb alle Schuld verantworten muß.« Woraus er zusammenfassend schließt: »Meine Verklärung der Kantschen Erklärung läuft also darauf hinaus, daß wahre Aufklärung in einem Ausgange des unmündigen Menschen aus einer allerhöchst selbst verschuldeten Vormundschaft bestehe.«[37]

Zentral ist hier der Betriff der »wahren Aufklärung«. Er impliziert eine umfassende Abhängigkeit und Bedingtheit des Wissens aus der Tatsache, daß das Subjekt nicht spekulierend über die Dinge verfügt, sondern selber Funktion der Schöpfungsvielfalt ist, wenngleich mit der Maßgabe, an ihr durch seine Sprachfähigkeit partizipieren zu können. Freilich ist dies allenfalls als Gnadenakt, als Kondeszenz Gottes, oder ontologisch als »letzte Gegebenheit«[38] zu fassen. Charakteristisch ist die erkenntniskritische Entmachtung des Subjekts, dessen Einheit als immer schon extern konstituierte verstanden wird. Selbstbewußtsein impliziert daher nicht synthetische Erkenntnis oder autokratische Schöpferkraft, sondern repräsentiert gerade die Einsicht in deren Unmöglichkeit. »Die Erkenntnis unserer selbst [ist] nicht in unserer Macht« (N 1,

S. 301), sagt Hamann, was bedeutet, daß die Unverfügbarkeit des Wissens diesem in seiner Partikularität je schon vorausliegt.

Dazu kommt, daß der Mensch nicht vereinzelt existiert, sondern verflochten ist mit anderem Sein. Er ist keine punkthaft isolierte Existenz, vielmehr »[gehören] Gott und mein Nächster [...] zu [...] meiner Selbsterkenntnis, zu meiner Selbstliebe«.[39] Erst in dieser intersubjektiven Bestimmung ist das Subjekt bei sich selbst und damit autonom, was bedeutet, daß Freiheit nur da gegeben ist, wo Selbstliebe herrscht, wo das Ergreifen-Wollen der eigenen Möglichkeiten erkannt und gefördert wird und damit dem Menschen sein Sein und Haben nicht länger vorenthalten wird. Hamann ist hier ganz kategorisch: »Wo diese [die Selbstliebe] nicht ist, kann auch keine Freyheit seyn.« (N 1, S. 308).

Wenn Autonomie sich aber derart über ein kommunikatives Handlungsinteresse, den Mitmenschen und die Selbstliebe definiert, dann wird auch der radikale Angriff auf die sogenannte gesunde Vernunft verständlich, den Hamann allenthalben und besonders anspielungsreich in den frühen *Sokratischen Denkwürdigkeiten* (1759) führt. Hier wird die Tradition eines dogmatischen Cartesianismus konterkariert durch die orale Tradition von Sokrates' Nicht-Wissen. »Rede, daß ich dich sehe!« (N 3, S. 237) ist die spätere dialogische Formel, die in Abwehr der traditionellen Diskursordnung deren Anspruch auf metaphysische Präsenz permanent untergräbt. In seiner Oralität, d. h. im Verzicht auf die Schrift und deren transzendentalen Anspruch, bleibt die Weisheit des Nichtwissens undefinierbar. Sokratisch zu denken impliziert somit die Ablehnung des strikt rationalistischen Beweises, wogegen Nicht-Wissen mit dem Glauben korrespondiert, ohne dabei doch einer bodenlosen Irrationaliät zu verfallen.

In diesem Verbalismus wurde Hamann vielfach mißverstanden, und es ist kein Zufall, daß gerade Hegel die »unbegreifliche Wunderlichkeit« des Verfassers rügt und die seiner »Erzeugnisse, welche sich für Schriften geben«.[40] Es ist der Systemphilosoph par excellence, der hier vor einem Denken und Schreiben kapituliert, dessen dialogische und aphoristische Struktur auf dem Höhepunkt der Aufklärung bereits die Revision des geschlossenen Diskurses der abendländischen Metaphysik thematisiert.

In diese Zurückweisung aber fügt sich schließlich Hamanns Vorschlag ein, den philosophischen Systemzwang abzulösen durch eine »gläubig« auf das Wort hörende Philologie.[41] Dieser, seit dem Londoner Bekehrungserlebnis dominante ›linguistic turn‹, reflektiert eine Auffassung von der Natur als einem Text, den es gilt, nicht philosophisch zu zerfasern, sondern philologisch-hermeneutisch zu verstehen. Hamanns gegenaufklärerischer Impuls ist im Konzept der grundsätzlichen Intertextualität der Welt zentriert, die es im Dialog stets aufs neue zu entziffern gilt. Aus diesem Paradigma der Kommunikation aber wird schließlich auch die Rehabilitierung der Vorurteile einsichtig, deren Anerkennung als natürliche Grundgegebenheiten es erst möglich macht, die scheinbare Vorurteilslosigkeit der engagierten Aufklärer als das folgenreichste Vorurteil zu entlarven.[42] Diese Einsicht in die menschliche Abhängigkeit ist der erste Schritt zur »wahren« Aufklärung und Autonomie. Er erlaubt sowohl die Akklamation der Vorurteile im Hinblick auf die alten sinnlichen Völker als auch die Wiedererweckung ihrer Authentizität in einem »Nationalgeist« als der Antwort auf einen problematisch gewordenen Universalismus im gealterten Zeitalter der Vernunft.

Anmerkungen

1 Dazu näher Friedrich Meinecke, *Weltbürgertum und Nationalstaat*, München 1962, S. 30 f., wo die Idee eines konservativen Reichspatriotismus bei Moser betont wird. Vgl. dazu in Ergänzung Gerhard Kaiser, *Pietismus und Patriotismus im literarischen Deutschland. Ein Beitrag zum Problem der Säkularisation*, Frankfurt/Main, ²1973, S. 43 ff. Kaiser arbeitet v. a. den pietistischen Einfluß heraus und stellt damit den wichtigen Zusammenhang her zwischen nationalem Gedanken und privatem Glaubensbekenntnis.

2 Mosers Schrift gewinnt besonders im Umkreis des Siebenjährigen Krieges an Bedeutung, der zum großen vaterländischen Krieg umgedeutet wird. Im Zusammenhang mit einem emotionalisierten, propreußischen Patriotismus wird entsprechend die Gestalt Friedrichs II., trotz persönlicher antideutscher Prädispositionen, zur nationalen Identifikationsfigur stilisiert. Dazu näher Notker Hammerstein, *Das politische Denken Friedrich Carl von Mosers*, in: Historische Zeitschrift 212 (1971), S. 316-338. Vgl. auch Christoph Prignitz, *Vaterlandsliebe und Freiheit. Deutscher Patriotismus von 1750 bis 1850*, Wiesbaden 1981.

3 Moser steht in der Diskussion wesentlich unter dem Einfluß von zwei Schweizern, Johann Georg Zimmermann, dessen Buch *Vom National-*

stolze (1758) innerhalb von zehn Jahren vier Auflagen erlebte, und Isaak Iselin, der mit der Gründung der ›Helvetischen Gesellschaft‹ (1760) und seinen Aufrufen zum Studium der eidgenössischen Geschichte der Ausbildung des aufgeklärten patriotischen Denkens entscheidende Impulse gab.

4 Spätestens seit Dominique Bouhours' *Entretiens d'Artiste et d'Eugène* (1761) gehört der Spott über die »barbarische« deutsche Sprache zum literaturpolitischen Tagesgespräch. Zum Gesamtkomplex vgl. Gonthier-Louis Fink, *Nationalcharakter und nationale Vorurteile bei Lessing*, in: Wilfried Barner und Albert M. Reh (Hg.), *Nation und Gelehrtenrepublik. Lessing im europäischen Zusammenhang*, München 1984, S. 91-119.

5 Vgl. Meinecke, a.a.O., S. 29f., wo der »kerzengrade« Weg Frankreichs zum modernen, von der »sozialen Bewegung des dritten Standes« getragenen Nationalstaat mit der partikularisierten Verzögerung der deutschen Entwicklung kontrastiert wird.

6 Dazu neuerdings Roland Krebs, *Modernität und Traditionalität in Gottscheds Theaterreform*, in: Wilfried Barner (Hg.), *Tradition, Norm, Innovation. Soziales und literarisches Traditionsverhalten in der Frühzeit der deutschen Aufklärung*, München 1989, S. 125-144.

7 Johann Christoph Gottsched, *Versuch einer Critischen Dichtkunst*, [4]1751, Repr. Darmstadt 1962, S. XI.

8 Johann Christoph Gottsched, *Die Deutsche Schaubühne*, 1742, Repr. Stuttgart 1972, Bd. 1, S. 20.

9 Descartes' antihistorische Einstellung tritt wohl am deutlichsten in dem bekannten Vergleich zutage, in dem er das Studium der Geschichte mit dem Reisen in Verbindung bringt. Daß der Reisende fremde Länder und Sitten kennenlernt wie der Historiker die Geschichte, wird durch die Gefahr der Entfremdung von der Heimat und der Gegenwart erkauft: »[...] lorsqu'on emploie trop de temps à voyager, on devient enfin étranger en son pays; et lorsqu'on est trop curieux des choses qui se pratiquaient aux siècles passés, on demeure ordinairement fort ignorant de celles qui se pratiquent en celui ci.« *Discours de la Méthode*, hg. v. J.-M. Fataud, Paris 1967 (éditions bordas), S. 52.

10 Voltaire, *Œuvres Complètes*, Paris 1879, Bd. 20, S. 560.

11 Reinhart Koselleck, *Die Herausbildung des modernen Geschichtsbegriffs*, in: Otto Brunner, Werner Conze, Reinhart Koselleck (Hg.), *Geschichtliche Grundbegriffe*, Bd. 2, Stuttgart 1979, S. 647ff.

12 Voltaire, a.a.O., Bd. 19, S. 346.

13 Brief an Nicolas Claude Thieriot vom 31.10.1738, in: Theodore Besterman (Hg.), *Les Œuvres Complètes de Voltaire*, Bd. 89, Toronto, Buffalo 1969, S. 349.

14 Vgl. Paul Sakmann, *Voltaires Geistesart und Gedankenwelt*, Stuttgart 1910, S. 291f. Ferner grundlegend: J.H. Brumfitt, *Voltaire Historian*,

London 1958.

15 Vgl. Walter Schulz, *Philosophie in der veränderten Welt*, Pfullingen 1972, S. 486.

16 Johann Gottfried Herder, *Frühe Schriften 1764-1772*, hg. v. Ulrich Gaier, Frankfurt/Main 1985, S. 240 f. Es handelt sich da um »einige neuere Originalschriftsteller«, denen jene Vermittlung einer »Prose des guten gesunden Verstandes und philosophische[r] Poesie« zugetraut wird, in der Herder die Voraussetzungen einer authentischen Nationalliteratur sieht. Daß dies nur möglich ist unter Vermeidung aller klassizistischen Imitation, inspiriert dabei entscheidend seine Argumentation. Die Autoren, die solcherart »die Ehre unsrer deutschen Literatur« repräsentieren, sind Winckelmann, Hagedorn, Moser, Abbt, Zimmermann, Spalding, Acken, Lessing und Hamann.

17 Herder, a.a.O., S. 243. Herder spielt auf eine staatsrechtliche Schrift Mosers an mit dem Titel *Der Herr und der Diener, geschildert mit patriotischer Freyheit* (1759). Deren zweiter Teil (1771) ist einer wichtigen Erörterung der Vorurteile gewidmet. Vgl. Anm. 30.

18 Johann Gottfried Herder, *Auch eine Philosophie der Geschichte zur Bildung der Menschheit* (1774), in: Bernhard Suphan (Hg.), *J. G. Herder. Sämmtliche Werke*, Bd. 5, Berlin 1891, S. 482. Angaben fortan im Text (SW).

19 Immanuel Kant, *Beantwortung der Frage: Was ist Aufklärung?* (1784), in: Wilhelm Weischedel (Hg.), *Werkausgabe*, Bd. 11, Frankfurt/Main 1977, S. 53.

20 Zur Vorurteils-Forschung des 18. Jahrhunderts grundlegend: Werner Schneiders, *Aufklärung und Vorurteilskritik. Studien zur Geschichte der Vorurteilstheorie*, Stuttgart – Bad Cannstatt 1983. Vgl. auch Gerhard Sauder, *Aufklärung des Vorurteils – Vorurteile der Aufklärung*, in: DVjs 57 (1983), S. 259-277.

21 Christian Thomasius, *Introductio ad philosophiam aulicam, seu lineae primiae libri de prudentia cogitandi et ratiocinandi, ubi ostenditur media inter praejudicia Cartesianorum, et ineptias Peripateticorum, veritatem inveniendi via*, Halle ²1702, S. 117.

22 Johann Georg Walch, *Philosophisches Lexicon*, Bd. 2 (1. Aufl. 1726), Leipzig 1775, Repr. Hildesheim 1968, Sp. 1431. Johann Heinrich Zedler, *Großes vollständiges Universal-Lexikon aller Wissenschaften und Künste*, Bd. 49/50, Leipzig, Halle 1746. Der Artikel ›Vorurteil‹ bei Walch, den Zedler nahezu unverändert übernimmt, geht auf Thomasius zurück und erstreckt sich in thematischer Kontinuität bis zur Spätaufklärung. Näheres dazu bei Schneiders, a.a.O., S. 150. Ähnlich definieren auch Diderot/D'Alembert »préjugé« als »faux jugement que l'âme porte de la nature des choses, après un exercise insuffisant des facultés intellectuelles; ce fruit malheureux de l'ignorance prévient l'esprit, l'aveugle & le captive« (*Encyclopédie ou Dictionnaire Raisonné des*

Sciences, des Arts et des Métiers, Bd. 13, Neufchastel 1765, Repr. Stuttgart – Bad Cannstatt 1966, S. 284).

23 Immanuel Kant, *Opus postumum,* in: *Akademieausgabe,* Bd. 21, Berlin, Leipzig 1936, S. 59.

24 Immanuel Kant, *Kritik der Urteilskraft,* in: *Werkausgabe,* Bd. 10, Frankfurt/Main 1974, S. 226.

25 Georg Friedrich Meier, *Beyträge zu der Lehre von den Vorurtheilen des menschlichen Geschlechts,* Halle 1766. Von seinem Lehrer Baumgarten zum Nachfolger vorgeschlagen, wurde Meier 1740 Privatdozent und 1748 o. Professor der Philosophie in Halle.

26 Vgl. Schneiders (vgl. Anm. 20), S. 208f., S. 227.

27 Vgl. Lutz Geldsetzer, ›Einleitung‹ zu Georg Friedrich Meier, *Versuch einer allgemeinen Auslegungskunst,* Halle 1757, Repr. Düsseldorf 1965, S. VII.

28 Thomas Abbt, *Über die Vorurtheile,* in: *Vermischte Werke,* Bd. 4, Berlin, Stettin 1780. Abbt studierte in Halle ab 1756, wurde 1759 Privatdozent und war seit 1760 a.o. Professor der Philosophie in Frankfurt/Oder. Er ist also Kollege und vorher wohl auch Student Meiers gewesen. Von 1765 bis zu seinem Tod im darauf folgenden Jahr war Abbt Hof- und Konsistorialrat beim Grafen Schaumburg-Lippe in Bückeburg und in dieser Stellung direkter Amtsvorgänger Herders.

29 Das Preisausschreiben scheint weite Beachtung gefunden zu haben. Hamann annonciert es u.a. 1764 in den ›Königsbergschen Gelehrten und politischen Zeitungen‹. Vgl. Johann Georg Hamann, *Sämtliche Werke,* hg. v. Josef Nadler, Bd. 4, Wien 1952, S. 275.

30 Friedrich Carl v. Moser, *Beherzigungen als der zweyte Theil des Herrn und Dieners,* Frankfurt, Leipzig 1771.

31 Vgl. Gerhard Sauder, »*Verhältnismäßige Aufklärung*«. *Zur bürgerlichen Ideologie am Ende des 18. Jahrhunderts,* in: Jahrbuch der Jean-Paul-Gesellschaft 9 (1974), S. 102-126.

32 Vgl. Thomas Abbt, *Vom Tode für das Vaterland,* Berlin 1761. Das Vaterland als Begriff impliziert Gesetze, »die mir nicht mehr von meiner Freiheit entziehen, als zum Besten des ganzen Staats nöthig ist« (S. 17). Auch ist die Liebe fürs Vaterland aus Eigeninteresse motiviert: »Ich liebe die Einrichtungen des Staats, weil ich darin Schutz und Freiheit geniesse; ich liebe sie aber auch, weil andere sie geniessen.« (S. 69) Diese Liebe rechtfertigt schließlich das Opfer und sogar den Tod: »Ich folge den Gesetzen der Vollkommenheit, die das Ganze, wenn es nöthig ist, durch den Verlust eines Theils, erhalten.« (S. 95)

33 Hamann, *Sokratische Denkwürdigkeiten,* a.a.O., Bd. 2, Wien 1950, S. 73. Im folgenden Angaben im Text unter ›N‹ (Nadler) plus Band- und Seitenzahl.

34 Vgl. Martin Heidegger, *Sein und Zeit,* Tübingen ⁹1960, S. 351.

35 Interessant ist hier etwa die Metapher des Schlafwandelns: »Ein

Mensch der in Gott lebt«, schreibt Hamann, »wird sich […] zu einem natürlichen Menschen verhalten, wie ein wachender – zu einem schnarchenden im tiefen Schlaf – zu einem Träumenden – zu einem Mondsüchtigen.« Brief an Johann Gotthelf Lindner vom 16. 7. 1759, in: Walter Ziesemer und Arthur Henkel (Hg.), *Johann Georg Hamann. Briefwechsel*, Bd. 1, Wiesbaden 1955, S. 369. Die Wende, der angeblich Wache sei in Wahrheit der Träumer, ist bei Hamann so radikal gedacht, daß sie einen unbefangenen Diskurs ausschließt. Mit dem Schlafwandler läßt sich nicht reden, während der Träumer erst wachgerüttelt werden muß. Im Dienst solcher Erweckung steht Hamanns, dem Ganzen des menschlichen Daseins verpflichtete, analogische und aphoristische Denkart. Sie ist die Quelle seines Schreibens.

36 Kant, *Was ist Aufklärung?* (vgl. Anm. 19), S. 53.

37 Hamann, *Briefwechsel* (vgl. Anm. 35), Bd. 5, S. 290f.

38 Elfriede Büchsel, *Johann Georg Hamanns Hauptschriften erklärt*, Gütersloh 1963, S. 40.

39 Büchsel, a.a.O., S. 302. Vgl. näher: Erwin Metzke, *J. G. Hamanns Stellung in der Philosophie des 18. Jahrhunderts*, Halle 1934, Repr. Darmstadt 1967, S. 144ff.

40 Georg Wilhelm Friedrich Hegel, *Hamanns Schriften* (1828), in: *Werkausgabe*, Bd. 11, Frankfurt/Main 1970, S. 281.

41 Vgl. Volker Hoffmann, *Johann Georg Hamanns Philologie. Hamanns Philologie zwischen enzyklopädischer Mikrologie und Hermeneutik*, Stuttgart 1972.

42 Dazu Hans-Georg Gadamer, *Wahrheit und Methode*, Tübingen [4]1975, S. 255. Gadamer hat der Vorurteils-Forschung wesentliche Impulse gegeben. Zugleich ist aber seine mit der Vorurteilsfrage verknüpfte Apologie der klassischen Tradition nicht unwidersprochen geblieben (Habermas, Apel).

Klaus Bohnen

Von den Anfängen des »Nationalsinns«

Zur literarischen Patriotismus-Debatte
im Umfeld des Siebenjährigen Kriegs

Als Ernst Moritz Arndt zu Beginn des neuen Jahrhunderts (1806) den »Geist der Zeit« Revue passieren läßt, wird ihm der das verflossene Jahrhundert beherrschende Friedrich II. zum Anstoßstein und Gegenbild seiner eigenen Erwartungen von »teutschem« Patriotismus. Der preußische Staat – so hält er allen Bewunderen des ›großen Königs‹ entgegen – sei »doch alles nur Maschine« gewesen, eine »künstliche Staatsmaschine« »ohne Gefühl als das der Ehre, von dem Einzigen bewegt und geleitet zu werden«.[1] Hatte Justus Möser 1781 noch gemeint, daß Friedrich sich, »nachdem er sich an die vierzig Jahr damit beschäftigte, seinem Staatskörper Stärke und Fertigkeiten zu geben«, nun »in seinem Werke über die Vaterlandsliebe« daran gewagt hätte, »dieser Maschine ein Herz und eine Seele zu geben«[2], so bestreitet Arndt gerade dies: »Der König nach seinem Gemüte eines vollendeten Despotismus haßte alles Nationale an einem Volke, weil es dem Despotismus entgegenstrebt, und alles Föderative an den Teutschen.«[3] Wenn »der menschliche Forscher in den herkulischen Arbeiten des großen Königs« etwa »Gerechtigkeit«, »milde Schonung des Menschengeschlechts« oder gar »zarte Behandlung des Nationalsinns« sucht, so suche er »vergeblich«.[4] Und mit diesem »Zertreten der zarten Keime der menschlichsten Gefühle« ist ihm das Urteil gesprochen: »An teutsche Begeisterung und Teilnahme für diesen Staat war also nie zu denken.«[5]

Das aber steht hier in Frage; die rückblickende Bewertung der friderizianischen Zeit vom Standpunkt eines neu erwachten Nationalbewußtseins im Umfeld der Napoleonkriege aus markiert den gedanklichen Entwicklungsschritt zwischen den für die ›nationale Sache‹ so folgenreichen Kriegen auf deutschem Boden. Den »Nationalsinn« zu fördern, erscheint Arndt vordringlich als Aufgabe des politisch bewußten Bürgers im Kampf gegen den »Despotismus« – historisch gegen Friedrich, aktuell gegen Napoleon gerichtet –, sein Ziel ist nicht partikularistisch, sondern umfaßt das

»Teutsche« als gesamtkulturelle und fortschreitend auch gesamt-
staatliche Größe; schließlich – so hält Arndt kritisch fest – spiegele
die offiziell dekretierte ›Vaterlandsliebe‹ in Preußen weder »Herz«
noch »Seele« eines im nationalen Gedanken vereinten Staatsorga-
nismus, sondern stelle nur das Zerrbild einer die »Maschine« in
Gang haltenden Staatsideologie dar. In der Optik der auch obrig-
keitlich geduldeten oder sogar mitgetragenen nationalen ›Erwek-
kungsbewegung‹, der sich Arndt seither mit wachsender Appell-
wirkung verschreibt und die zur »Geburt der Nation aus dem
Geist des Krieges«[6] führt, mag sein Urteil berechtigt sein. Nicht
aber im Blick auf die – Poeten und Intellektuellen vorbehaltenen –
gesellschaftspolitischen Diskussionen der Zeit. Dabei ist nicht so
sehr an den politisch resignierenden, zugleich aber als ›ethische‹
Haltung trotzig behaupteten Begriff der »Kulturnation« gedacht,
wie ihn besonders Herder für seine Generation formulierte, sondern an die diesem vorausliegende und in ihrer Euphorie mit der
Antwort auf die napoleonischen Kriege vergleichbare patriotische
Aufbruchsbewegung während des Siebenjährigen Kriegs. Wenn
dem »Nationalsinn« eine Geburtsstunde eingeräumt werden soll,
so liegt sie hier.[7]

Gewiß stellt der Patriotismus um die Jahrhundertmitte im Vergleich zur politischen Zielsetzung der Nationalstaatsbewegung
nur die Frühgeschichte dar, die überdies vom Gedanken des ›Welt-
bürgertums‹ in der Klassik wieder eingeebnet wurde. Das Potential indes, das in ihm freigesetzt wird und das der Gefühlskultur
der ›Empfindsamkeit‹ ein auf die gesellschaftliche Organisation
der Bürger gerichtetes Wunschbild zur Seite stellt, wird als Voraussetzung für die Bereitschaft der »Untertanen« anzusehen sein,
die ›öffentlichen‹ Dinge nicht mehr teilnahmslos dem Fürsten
allein zu überlassen. Die Entdeckung des ›Vaterlands‹ als Faktor
auch der Selbstbestimmung des einzelnen läßt hier allerdings noch
die spezifische Situation der Aufklärer erkennen, die – auch wenn
sie bereit sind, die patriotische Euphorie zu schüren – die Grenzen
der von ihnen getragenen Bewegung vor dem ›Richterstuhl‹ von
Vernunft und Humanität abzustecken haben. Insofern sehen sich
die Anfänge des »Nationalsinns« noch in die Ambivalenz verstrickt, das ›Vorurteil‹ einer logisch nur begrenzt aufrechtzuerhal-
tenen Parteinahme für die eigene ›nationale‹ Sache mit den kosmopolitisch proklamierten Idealen der Aufklärung zu vermitteln.
Gerade diese Ambivalenz macht die patriotische Euphorie im

Umfeld des Siebenjährigen Kriegs zum paradigmatischen Untersuchungsbereich für die virulente Frage nach dem Verhältnis von ›Vernunft‹ und ›Nation‹, ›Nationalismus‹ und ›Weltbürgertum‹.

Der Umfang der kriegseifernden Literatur ist in den späten fünfziger Jahren ebenso erstaunlich, wie deren Produkte in ihrer nur wenig variierten Panegyrik eintönig wirken.[8] Kaum einer der sich in der noch dürftigen Literaturlandschaft etablierenden Poeten konnte sich nach 1756 dem Sog der Kriegsereignisse entziehen: Den Taten des Feldherrn Friedrich zu folgen, forderte zur Stellungnahme heraus (und teilte Familien in ›Lager‹ auf, wie Goethe in *Dichtung und Wahrheit* zu berichten weiß[9]); diese Taten einen ›Philosophen‹ auf dem Thron verrichten zu sehn, zwang Bewunderung ab, und in all dem einen (wie ausgestreut wurde) um seine Soldaten und sein ›Volk‹ besorgten ›Vater‹ wirksam zu wissen, löste persönliche Teilnahme und Begeisterung aus. Der ›Friedrich-Mythos‹ sicherte dem König der Preußen eine breite und so vorher nicht gekannte Anhängerschaft (vor allem natürlich in seinem eigenen Lande, aber, wie das Beispiel Goethes zeigt, auch darüber hinaus), die sich in gleichem Maße ›politisierte‹, wie sie die politische Obrigkeit ›humanisierte‹. Das Fürstenlob erschöpft sich bei den Poeten und all denen, die zur Feder griffen, nicht mehr nur in tradierten Formeln, sondern läßt persönliche, in der gemeinsamen Sache des ›gerechten Kriegs‹ verbundene Anteilnahme erkennen.[10] Der Patriotismus-Gedanke als Ausdruck vordringlich republikanischer Teilhabe an der politischen Ordnung des Gemeinwesens lädt sich – vorbereitet durch die pietistische Sorge um die alle Mitglieder zusammenbindende »Gemeine«[11] – zu einem emotionalen Wertbegriff auf, der über alle Ständeunterschiede hinweg – so die Hoffnung der Bürger und Literaten – Verbindlichkeit beanspruchen könne. Ihm Ausdruck zu verleihen und sich von dem ihm innewohnenden Gemeinschaftsgefühl entzünden zu lassen, war das Gebot der Stunde. Der Krieg stand somit Pate für einen ungeahnten Begeisterungsaufschwung für die Ziele eines Staates, der seine Poeten bisher nicht verwöhnt hatte.

Ewald von Kleist schlug mit seiner *Ode auf die preußische Armee* (Mai 1757) den Ton an, und die junge Generation, die sich inzwischen in die anakreontisch-unbeschwerte Sprache des Lebensgenusses eingeübt hatte, stimmte in ihn ein: allen voran Ramler (etwa *An Herrn Kanonikus Gleim* oder *Auf ein Geschütz*) und Gleim (besonders mit den *Preußischen Kriegsliedern in den*

Feldzügen 1756 und 1757 von einem Grenadier), vorbereitet von
Klopstocks *Kriegslied* (1749) und nachgefolgt etwa von Anna
Luise Karschins *Vaterlandsliedern*, Weißes *Amazonenliedern*
(1762), Gerstenbergs *Kriegsliedern eines königl. dänischen Grenadiers* (1762) oder Lavaters *Schweizerliedern* (1767). Aber auch Lessing schien den Zeitgenossen mit seinem ›Kriegsstück‹ *Philotas*
(1759) auf den Pfaden des auflodernden Heroismus zu wandeln,
und noch seine *Minna von Barnhelm* (1767), das ›Nachkriegs-
stück‹, wurde von Preußenfreunden mit bedenklicher Undifferen-
ziertheit als Verherrlichung Friedrichs gelesen. Neben der sogenannten ›Kunstdichtung‹ hat die Forschung unzählige, meist anonym gebliebene lyrische Stimmen aus dem ›Volk‹ ausgegraben,
häufig flugschriftartig verbreitet, mit Melodien versehen und
daher gewöhnlich auch ›volkstümlicher‹, als es den Vertretern
höherer Literaturansprüche lieb war. Im huldigenden Gesang des
großen ›Feldherrn‹, ›Philosophen‹ und ›Vaters‹ Friedrich grup-
piert sich die breite Schilderung der (auch an den Erfahrungen
unseres Jahrhunderts gemessen) blutigen Schlachten um die
höhere Weihe von ›Gott‹, ›König‹ und ›Vaterland‹, die einen Sinn
im Widersinn des Mordens vermitteln soll. Dem Poeten am
Schreibtisch (und fern von der Schlacht) bereitet der martialische
Ton nicht nur einen offenkundigen Genuß, sondern er fühlt sich
überdies als Diener einer guten Sache, sei es als Agitator oder Lob-
preiser des preußischen Kampfes, sei es als Erneuerer einer Poesie,
die sich in der Verbindung mit der bedrängenden ›Wirklichkeit‹
der Unverbindlichkeit des ›scherzhaften‹ Rollenspiels entzieht.

Gleims *Grenadierlieder*, zuerst in Einzelstücken erschienen und
von Lessing 1758 gesammelt und mit einem »Vorbericht« herausgegeben, sind für diese patriotische Poesie ebenso repräsentativ
wie signifikant.[12] Rückblickend mag erstaunen, daß diese Schlach-
ten- und Siegesgesänge, bei denen sich im »mörderischen Kampf«
»Pandurenblut« auf »Christen Mut« reimt *(Siegeslied nach der
Schlacht bei Prag den 6. Mai 1757)*, nicht nur bei den Zeitgenossen
(und deren kriegerischen Nachfahren im 19. und 20. Jahrhundert)
großer Beliebtheit erfreuten, sondern auch bei besonnenen Mit-
streitern auf dem Felde der Literatur Anerkennung fanden: Goethe weist ihnen einen »hohen Rang unter den deutschen Gedichten« an[13], Herder preist sie als »Nationalgesänge: voll des Preußischen Patriotismus«[14], und Lessing, obwohl er den Krieg als »ein
unseliges Ding« verurteilt (an Mendelssohn, 22. 10. 1757), schätzt

die »Gesänge unsers begeisterten Grenadiers« (an Gleim, 21.9. 1757) so sehr, daß er durch den »Vorbericht« seinen eigenen literarischen Ruf mit ihnen verknüpft. Aber gerade Lessings Beispiel zeigt, wie sehr auch die kriegerische Seite der Politik literarisiert werden konnte. Ihm erscheinen Gleims Lieder als poetische Erneuerung in einer vom französischen Geschmack beherrschten Kultur, thematisch eingebunden in die antike Tradition (»Von dem einzigen *Tyrtäus* könnte er die heroischen Gesinnungen, den Geiz nach Gefahren, den Stolz, für das Vaterland zu sterben, erlernt haben, wenn sie einem Preußen nicht ebenso natürlich wären als einem Spartaner«[15]), und in ihrer Sprachform an die »uralten nordischen Heldendichter« der »Barden« anschließend (394). Von hier aus sieht er den »Heroismus«, die »ganze Begeisterung unsers Dichters«, als gerechtfertigt an: die »Ordnung« der Sprache, die »älter als die Sprache der itztlebenden größern Welt und ihrer Schriftsteller« ist, stelle einen Zusammenhang zwischen Erhabenheit und Naivität her, der die »ursprünglich deutsche Denkungsart« besser treffe als die am französischen Vorbild geschulte Poesie (393). Im Vorgriff auf Klopstocks ›Bardengebrüll‹ bindet auch Lessing Dichtung an das ›Nationale‹, aber in der Beschränkung auf die »deutsche Denkungsart«, wie er sie auch im 17. *Literaturbrief* in Anlehnung an Shakespeare fordern wird, verliert dieses ästhetische Programm die politische Spitze, die er beim patriotischen Eiferer Gleim zunehmend bedenklich findet: »Gott wolle nicht«, schreibt er am 14. 3. 1758 an Kleist, »daß unser Gleim seinen Patriotismus auch so weit treibt, daß ihm Gottsched durch diese Bekanntschaft [mit dem Preußenkönig] respectabler wird!«

Solange Patriotismus eine Besinnung auf »deutsche Denkungsart« fördert, scheint er Lessing als Stimulans einer kulturellen Neuorientierung der deutschen Literatur akzeptierbar. Wenn er sich aber in politisch motivierten »Verwünschungen« äußert, ist er ihm verwerflich. Gleim bekommt das zu spüren: Als er Lessing eine Fortsetzung seiner *Grenadierlieder (Der Grenadier an die Kriegesmuse nach dem Siege bei Zorndorf den 25. August 1758)* zuschickt, bekundet dieser, daß er »das Gedicht unsers Grenadiers, als ein Gedicht, mit dem größten Vergnügen gelesen« habe, daß ihm aber »bei verschiedenen Stellen vor Entsetzen die Haare zu Berge gestanden« hätten:

Der *Patriot* überschreiet den Dichter zu sehr, und noch dazu so ein soldatischer Patriot, der sich auf Beschuldigungen stützet, die nichts weniger als

erwiesen sind! Vielleicht zwar ist auch der Patriot bei mir nicht ganz erstickt, obgleich das Lob eines eifrigen Patrioten nach meiner Denkungsart das allerletzte ist, wonach ich geizen würde; des Patrioten nämlich, der mich vergessen lehrt, daß ich ein Weltbürger sein sollte.
(An Gleim, 16. 12. 1758)

Auch wenn Gleim sich gegen diesen Vorwurf verwahrt und Lessing bittet, ihn »zurückzunehmen« (»Ein solcher Patriot, dünkt mich, kann nur ein sehr kleiner Geist sein«; an Lessing, 23. 1. 1759), kann Lessing den »Streit« (Gleim an Lessing, 28. 2. 1759) nicht sogleich beilegen. Seine Verärgerung über Gleim – so räumt er ein – sei allerdings von dem lautstarken Patriotismus-Kult, der ihm allerorten in Berlin begegne, genährt worden: »Was ich aber darin von dem übertriebenen Patriotismus einfließen lassen, war weiter nichts als eine allgemeine Betrachtung, die nicht sowohl der Grenadier als tausend ausschweifende Reden, die ich hier alle Tage hören muß, bei mir rege gemacht hatten.« Das ändert jedoch nichts an seiner grundsätzlichen und nachdrücklich formulierten Haltung:

Ich habe überhaupt von der Liebe des Vaterlandes (es thut mir leid, daß ich Ihnen vielleicht meine Schande gestehen muß) keinen Begriff, und sie scheinet mir aufs Höchste eine heroische Schwachheit, die ich recht gern entbehre.
(An Gleim, 14. 2. 1759)

Lessing spielt in aller Entschiedenheit den Patriotismus als ästhetisches Movens, das der Literatur ihr erwünschtes ›Nationalkolorit‹ geben kann, gegen eine Vaterlandsliebe als politische Instrumentalisierung von Dichtung aus. In seinen eigenen dramatischen Werken verfolgt er diese Linie mit wachsender Konsequenz bis hin zu *Nathan der Weise*, in dem die religiös-patriotische Anhänglichkeit an die Traditionswelt der jeweiligen Offenbarungsreligionen mit all ihren Unterschieden zwar gerechtfertigt, zugleich jedoch in Wettstreit umgedeutet wird, der gerade in der Anerkennung der Verschiedenheit die dem ›Menschengeschlecht‹ über alle Nationalitäten hinweg verträglichste ›Tugend‹ freisetzen soll. Sich des »Nationalsinns« bewußt zu werden und Literatur auf »deutsche Denkungsart« zu gründen, ist auch für ihn ein Gebot der Zeit – und daher kann er sich wieder mit dem patriotischen Grenadier Gleim versöhnen –, doch dient dies nur dem Ziel, als »Weltbürger« Gesetzen nachzuspüren (wie poetologisch in der *Hamburgischen Dramaturgie*) und in dramatischer Gestalt zu entwerfen, die in ihrer Allgemeingültigkeit über alle nationalen Begrenztheiten hinausführen.[16]

Im Wirbel des Zeitgeschehens stand er damit – von wenigen Freunden und Gleichdenkenden abgesehen – ziemlich isoliert da. Der Siebenjährige Krieg hatte ein patriotisches Feuer entfacht, das die Lebensverhältnisse der meisten Literaten veränderte (auch die Lessings, der schließlich 1760 ›über Nacht‹ Berlin verließ, um sich – ironischerweise – als Sekretär eines Generals in Breslau zu verdingen und so seine eigenen Erfahrungen mit dem Krieg zu machen). Die sich der französischen Kultur verweigernde »Denkungsart«, die darin freigesetzt wurde und Überlegungen zur ›nationalen Eigenart‹ anregte, wurde auch von Lessing begrüßt (seine Bemühungen um ein »Nationaltheater« in Hamburg weisen ebenfalls in diese Richtung), aber das kriegerische Umfeld mit seinen ›soldatischen Patrioten‹ machte zunächst einen bedachtsamen Einsatz der neugewonnenen Energien und ein reflektierendes Abwägen der in dieser Bewegung enthaltenen kulturellen Kraft unmöglich. Der patriotische Aktionismus verkam schließlich zur Modeerscheinung, wie ein Zeitgenosse und selbst Beteiligter 1768 konstatierte:

Wenn auch zuweilen der Patriotismus in allen Köpfen zu brennen scheint, so ist doch dieses schöne Feuer weiter nichts, als eine von der Mode des Tages abhängige Denkungsart, für die unbedachtsame Jugend. Die Studenten aus Zürich reisen itzt auf dem Patriotismus herum, wie vormals auf dem Witz.[17]

Eben dieser Zeitzeuge, Johann Georg Zimmermann, ist einer der ersten, der in die allgemeine patriotische Verwirrung eine gewisse Ordnung zu bringen gesucht hatte. Mit seinem Werk *Von dem Nationalstolze* (zuerst 1758, sodann 1760 erheblich umgearbeitet und in der 4. Auflage 1768 weit verbreitet) leitete er die begriffliche Klärung ein, die sodann Thomas Abbt mit seinem populären, ihn als Lessings Nachfolger bei den *Literaturbriefen* empfehlenden Werk *Vom Tode für das Vaterland* (1761) und seiner Schrift *Ueber die Vorurtheile* (1763) weiterführte. Die zentralen Stichworte der Zeit, ›Nation‹ und ›Nationalstolz‹, ›Vaterland‹ und ›Vaterlandsliebe‹, ›Volk‹ und ›Volksgeist‹, werden hier einer Prüfung unterzogen, die über ihren Rechtfertigungscharakter im Strom der patriotischen Bewegung hinaus als Zeugnisse des zeitgenössischen Bewußtseinsstandes gelesen werden müssen und als solche weitergewirkt haben. In ihnen spiegelt sich – theoretisch expliziert und so Herder vorarbeitend – das problematische Verhältnis der Dichter und Intellektuellen zu ihrer Nation.

Zimmermanns (wie auch Abbts) Intentionen sind durchaus aufklärerischer Natur[18]: Ihm erscheinen »Freiheit« und »Gleichheit«, auf »Naturrecht« basiert (28), als ebensolche zentralen Werte wie »Würdigkeit seiner Seele« oder »Kenntnis unsrer Fähigkeiten« als »Quelle einer Zuversicht, ohne welche der Mensch nichts Großes unternimmt« (39). Das »Gefühl seines Glückes« (29) wird auch für ihn zur »Bestimmung« (39) des Menschen. Aber er geht über die philosophischen Erörterungen der Zeit hinaus, indem er das »Glück« in den Kontext der »Nation« rückt, in die ein jeder »Bürger« (28) eingeordnet ist und die er als »sein angebornes Land« (42) betrachtet. Von hier aus den »Nationalstolz« zu rechtfertigen, ohne die Individualrechte des »Bürgers« zu usurpieren oder die Ansprüche des »Weltbürgers« auf übernationale Anerkennung zu beschneiden, wird ihm zur schwierigen Aufgabe. Er löst sie dadurch, daß er »die verschiedenen Arten des bewußten Wertes ganzer Nationen [durchgeht] und zuletzt mit einer philosophischen Waage die Vorteile und Nachteile der angeführten Arten des Nationalstolzes zu entscheiden [sucht]« (11).

Dem aufklärerischen Arzt, der dem »Richterstuhle der Vernunft« (10) noch das entscheidende Ermessensrecht einräumt, erscheinen drei Faktoren wichtig, die überhaupt erst einen nationalen Zusammenhalt konstituieren und so ein Nationalbewußtsein entzünden können: Es sind dies einerseits die Geschichte als Erinnerung an eine glorreiche Vorzeit, die den »Stolz [...], den das Angedenken der Tapferkeit ihrer Voreltern bei einer Nation erwecket« (11ff.), andererseits das Bewußtsein, in eine gemeinsame Kulturtradition eingeordnet zu sein (»Von dem Stolze, der durch den Ruhm einer Nation in Künsten und Wissenschaften entsteht« [17ff.], und schließlich die Einsicht darin, »sich durch die Regierungsform seines Landes verzüglich beglücket« zu finden (25) (»Von dem Stolze, der bei einer Nation durch ihre Regierungsform erwecket wird« [25ff.]). Alle drei Faktoren erscheinen ihm als objektivierbare Größen und gelten für alle Nationen. Allerdings obliegt es dem »aufgeklärten Geiste«, der »allein weiß, was gut, was schön und wahr ist« (17), zu entscheiden, welche Selbsteinschätzung auf »wahre[n]« und welche auf »eingebildete[n]« Vorzügen« beruht (10 u. ö.). Sofern für Zimmermann dieser Maßstab noch unproblematisiert gültig ist, wird sein Nationenvergleich wertend und – was besonders die außer-europäischen Kulturen angeht – abwertend. Dennoch gelingt ihm mit seinen Kriterien für ein Nationalbewußtsein zweierlei: Einerseits – und darin berührt er sich mit Lessing – die »alten Deutschen«, deren »Denkungsart« »in den Gesängen der skandinavischen Dichter« aufbewahrt sind (15), zu rehabilitieren und so deren Nachfahren eine für den Nationgedanken wichtige identifikatorische Geschichte zu sichern; und andererseits etabliert er die Dichter und Denker als zentrale Kräfte im Selbstverständnis einer Nation wie in deren Weiterentwicklung. Wenn deren »Geist« der »allgemeine Geist der Nation wird« (18), dann fühle »jede Nation« im »Wert ihrer großen Männer« einen »Stolz«, der ihr Halt und Kraft gibt (18): »Der Ruhm unsrer großen Geister ist der Ruhm des Staates, und der Ruhm des Staates ist der Stolz des Staates.« (21) Die nationale Aufwertung der ›Geistesgrößen‹ macht deutlich, worum es Zimmermann in seiner Schrift vor allem geht: In der Bewußtmachung des Nationalbewußtseins soll dem Intellektuellen das Recht eingeräumt werden, sich seinen gesellschaftlichen Platz als ›Vordenker‹ und Bewegungskraft innerhalb eines wie auch immer regierten Staats anzuweisen. Wenn die »erhabenste Nation unter der Sonne« die »Nation« ist, »die frei denket« (25), so können die Vertreter von »Künsten und Wissenschaften« mit Recht als Mittelpunkt der Nation angesehen werden.

Sobald das »Glück« des einzelnen in einer »Nation« mit ehrwürdiger Geschichte und Kultur gesichert und durch die Gemeinschaftserfahrung des »Nationalstolzes« noch verstärkt worden ist, wird die Frage dringlich, ob dies für die unterschiedlichen Staats- und Regierungsformen gleichermaßen gilt. Für den Bürger der republikanischen Schweiz ist der Begriff der »Nation« und des in ihr gewährleisteten »Glückes« streng genommen nur in der »Regierungsform« der Republik denkbar: »Der Stolz des Republikaners ist [...] das Gefühl der Vorteile der Freiheit, der Gleichheit, der Ruhe und des Glückes, das ihn über den Untertan des Despoten heraufsetzt.« (32) Dem Bewunderer Friedrichs allerdings – und hier geht Zimmermann einen für die Diskussion des »Nationalsinns« folgenreichen Schritt weiter als sein bewundertes Vorbild Montesquieu – ist es von der 2. Auflage an und unter dem Eindruck des Kriegs ein Bedürfnis, ein Nationalbewußtsein auch für die Monarchie zu legitimieren. Vor dem Hintergrund der zeitgenössischen Auffassung, daß eine »Nation« nur von freien »Bürgern« und nicht von, dem Monarchen unterworfenen, »Untertanen« gebildet werden könne, ist dies ein entscheidender Schritt: Nationalbewußtsein kann sich überhaupt erst als eine selbständige, von Regierungsformen unabhängige Kraft konstituieren und in der Folge dem Herrscher gegenüber Rechte einklagen, wie sie der Republik eigentümlich sind. Allerdings gelingt Zimmermann dieser Schritt nicht ohne eine bezeichnende, auch schon für die patriotische Lyrik konstatierte ›Personalisierung‹ des Problems: Nicht die Monarchie als »Regierungsform« ermöglicht dies nationale Engagement, sondern nur die Person des Monarchen. Wie der Republikaner »den Geist der Republik« annehme, »der Untertan den Geist des Monarchen«, so gilt, daß »der Stolz, der in Monarchien Platz hat, [...] die Erhabenheit [ist], die der Mensch fühlt, wenn er sich durch die Person seines Monarchen vorzüglich beglücket find't« (32). Mit Blick auf den Preußenkönig, der der ›Friedrich-Legende‹ gemäß (aber ungenannt) als »ein Philosoph, ein Gesetzgeber, ein Freund der Künste, des Friedens, der Wissenschaften und der Menschen« apostrophiert wird (33), hält er allen möglichen Einwänden entgegen, daß »der Untertan des Monarchen [...] in unsern Zeiten noch lange nicht eine niedrige Kreatur« sei und daß »ein gewisser Geist der Freiheit unter der Regierung eines Königs möglich sei, daß dieser Geist so große Dinge hervorbringe und zu dem allgemeinen Glücke soviel beitrage als die Freiheit selbst«. Aber: »Alles kommt auf die Person des Monarchen an.« (32) Wenn »die oberste Macht mit der Weisheit vereinigt« sei, könne »der Geist der Nation [...] einen neuen Schwung« nehmen (33).

Diesen »neuen Schwung« sieht Zimmermann in der preußischen »Nation« durch einen Monarchen wirksam, der »das ist, was er sein soll« (34). Die aufklärerische Fürstenkritik kann so einer Allianz von »Weisheit« und »Macht« weichen und den Weg für das Bewußtsein ebnen, nicht nur einer »Nation« anzugehören, sondern gemeinsam mit dem Fürsten an deren »Glück« mitzuwirken. Wie die »Weisheit« auf dem Thron durch tugendhafte, den Wertvorstellungen der »Bürger« entgegenkommende Gesetze »das Vaterland dem Bürger, dem Untergebenen lieb [macht]« (41), so ist zu erwarten, daß dieser ihr mit der »Liebe des Vaterlandes, die aus einem billigen und gerechten Nationalstolze fließt« (42), dankt. Für Zimmermann verhalten Nationalbewußtsein und Vaterlandsliebe sich zueinander wie Einsicht und Gefühl, und sein Anliegen ist es, der vor dem »Richterstuhl der Vernunft« geprüften Nationenzugehörigkeit durch patriotisches Engagement ein emotional-aktivierendes Fundament zu geben. In überschwenglichen Tönen preist er daher die Vaterlandsliebe als »süßeste Empfindung« (42), als »innerliche[n] Trieb des Menschen« (43) an:

Kein irdisches Vergnügen übertrifft das Vergnügen, ein wahrer Patriot zu sein, alle Kräfte seines Verstandes, alle seine Gedanken, alle seine Taten dem Vaterlande zu weihen. Die Liebe des Vaterlandes bemächtigt sich mit einer unwiderstehlichen Kraft der Herzen, die ihr offen sind; sie unterdrücket alle andere Leidenschaften, sie reißt uns von dem sanften Hange zur Ruhe, durch die dunkle Hinterhut der Feindschaft und des Neides unsrer Mitbürger durch Eisen und Feuer. (43)

Zwar kann daher die »Liebe des Vaterlandes [...] die edelste Denkungsart, die erhabendsten Sitten und die größten Taten« hervorbringen (43), aber – und hier meldet sich der Aufklärer, der im Reich des Geistes ein »Weltbürger« sein will, wieder zu Wort – sie kann auch »sträflich« sein, »wenn sie zu weit geht«:

Wer sich selbst mehr liebt, als er soll, liebt nichts außer sich; wer sein Vaterland mehr liebt, als er soll, ist nicht fähig, ein ander Land zu lieben. Die Liebe des Vaterlandes schließt also die Pflichten, die ein Mensch dem andern schuldig ist, aus, wenn sie uns nur ein Volk und ein Land lieben heißt. (45)

Erkennbar ist so, daß sich Zimmermann bei aller Rechtfertigung von »Nation« und »Vaterland« auch in monarchischen Staaten keinem nationalen Überschwang hingibt. Der »Nationalsinn« ist eine aus der Affektenlehre entwickelte anthropologische Größe, die den Menschen im politischen und gesellschaftlichen Raum in einen sozialen Verpflichtungszusammenhang einbindet, in dem er seine aufklärerischen »Tugenden« in höherem Maße entfalten kann, ohne den »Nationalstolz« zum absoluten Maßstab zu erheben und als politisches Kampfinstrument zwischen den Staaten zu verwenden. Aber auch in der Selbstbehauptung des »Weltbürgers« und in der Anerkennung einer ›res publica litteraria‹, die Intellektuelle und Poeten aller Nationen vereint, ist mit der solchermaßen legitimierten »Vaterlandsliebe« ein Element in die Debatte der Zeit eingeführt worden, das seither jederzeit abrufbar war und seine eigene Bewegungskraft entfaltete.

Und dies nicht zuletzt durch die in ihrem Mobilisierungs- und

Emotionalisierungseffekt ungleich wirksamere Schrift seines Nachfolgers, des »Preußischen Untertanen« (58) Thomas Abbt, der in *Vom Tode für das Vaterland* (zuerst 1761, »neue verbesserte Auflage« 1780) die Konsequenzen aus Zimmermanns Einsichten zieht.[19] Es ist ein leichtes, Abbts Beitrag zum Siebenjährigen Krieg als eine Kampfschrift für die preußische Sache zu denunzieren und – dem Gleimschen Grenadier gleich, auf den er sich indirekt mehrfach bezieht – vor allem diese Funktion hervorzuheben. Aber wie schon Gleim im zeitgenössischen Kontext als poetische Innovation gelesen wurde, so wird auch Abbt nicht abzusprechen sein, im Plädoyer für die Bereitschaft, fürs »Vaterland« auch den Tod nicht zu scheuen, eine »neue und grosse Denkungsart« (33) zu propagieren, die – von ihren unmittelbaren politischen Implikationen gelöst – als Erweiterung aufklärerischen Denkens erfahren wurde. Dies gilt es hinter den Verschüttungen der Zeit erst wieder freizulegen.

Mit einer Formulierung wie: »Eckelhaft ist der Anblick, den die Unempfindlichkeit dem Menschen giebt« (36) schreibt sich Abbt in die Diskussion der Zeit um eine Gefühlskultur ein, an der auch Lessing sich wenige Jahre zuvor und im poetologischen Zusammenhang (im Briefwechsel mit Mendelssohn und Nicolai) beteiligt hatte. Daß Abbt diese »Unempfindlichkeit« im Zusammenhang mit seinem (bedrohten) »Vaterland« registriert, gibt den Anstoß zu seinen Überlegungen: Seine Schrift ist angelegt als Entkräftung von immer wieder vorgebrachten »Einwänden« gegen Möglichkeit und Recht von »Vaterlandsliebe« und darin vor allem (wie schon bei Zimmermann) als Versuch, solchen »Nationalsinn« auch für die Monarchie zu reklamieren. »Was ist wohl das *Vaterland*?« fragt er anfangs provozierend und hält den Zweiflern entgegen:

Man kann nicht immer den Geburtsort allein darunter verstehen. Aber, wenn mich die Geburt oder meine freye Entschließung mit einem Staate vereinigen, dessen heilsamen Gesetzen ich mich unterwerfe; Gesetzen, die mir nicht mehr von meiner Freiheit entziehen, als zum Besten des ganzen Staats nöthig ist: alsdann nenne ich diesen Staat mein *Vaterland*. (17)

Mag die »Ausübung« dieser Gesetze »einer oder mehrern Händen anvertrauet seyn«, mag »die Macht, sie zu geben, und auch in Ausübung zu bringen, [...] in einem vereinigt, oder bey verschiedenen zertrennt angetroffen werden«, so gilt doch: »Ich kann mich allezeit eines Vaterlandes erfreuen« und: »Es gibt auch in der

Monarchie ein Vaterland.« (18) Der Begriff des »Vaterlands« löst sich – über Zimmermann hinausgehend – von der Person des Monarchen und wird zur unabhängigen Größe, zu dem allen Partikularinteressen übergeordneten Sammelpunkt der weiteren Diskussionen über die »Nation«. Auch der Monarch – so bestimmt es Abbt, dabei dessen zeitgenössische Wirklichkeit gewiß naiv einschätzend – ist ihm untergeordnet: »Das Vaterland sagt gleichsam zum Könige: Setze dich zu meiner Rechten.« (20) Solcherart hervorgehoben, sammelt das »Vaterland« alle Energien der in ihm Geborenen oder sich zu ihm Bekennenden in »ein allgemeines Bestes« (15), das Abbt als »eine einzige politische Tugend« vorstellt, die alle gesellschaftlichen Unterschiede einebne: »Aus diesem Gesichtspunkte betrachtet, verschwindet der Unterschied zwischen Bauer, Bürger, Soldat und Edelmann. Alles vereinigt sich, und stellt sich unter dem vormals so herrlichen Namen eines Bürgers dar.« (16) Abbt ist sich sehr wohl darüber im klaren, »wie sehr« er »von den eingeführten Begriffen« abweicht (16), fordert den Leser aber auf, »sich nur an eben den Standort [zu] stellen, wo ich stehe, und man wird sich alsdann sehr leicht mit mir vereinigen« (16). Mit seinem Begriff des »Vaterlands« rührt Abbt in der Tat an die ständische Ordnung der Zeit. Allerdings mildert sich diese geradezu revolutionäre Utopie in einem monarchischen Staat dadurch, daß er sie mit der »Liebe für den Monarchen«, welche »die Liebe für das Vaterland« noch vermehre, verknüpft und sich somit ganz auf die Seite seines preußischen Königs stellt, dem er die Rolle eines idealen Monarchen, d. h. eines, der sich zur »Rechten« des »Vaterlands« setzt, bescheinigt. Wenngleich Abbts »Standort« von obrigkeitlicher Seite wohl vor allem als Rechtfertigung des »Todes für das Vaterland« gelesen und begrüßt wurde, so hat das Hoffnungsbild des Intellektuellen, in der »Vaterlandsliebe« als gemeinsamer »politischer Tugend« eine Brücke zwischen dem »Bürger« und dem König zu schlagen und so den politisch entmündigten Untertanen als ›Staatsbürger‹ aufzuwerten, doch seine Wirkung getan.

Die Schwäche von Abbts Entwurf – wie die der Intellektuellen und Poeten der Zeit überhaupt – besteht darin, daß er die »Unempfindlichkeit« nur bei seinen Mitbürgern sieht, nicht aber beim König. Opferbereitschaft wird daher zum Vehikel der »Bürger«, sich der »Liebe« des Monarchen würdig zu erweisen. Abbts Appelle wenden sich vor allem gegen Gleichgültigkeit und »Eigenliebe« seiner Zeitgenossen angesichts der Gefährdung des »Vaterlands« im Krieg: »Die Berge, welche die Eigenliebe aufgeworfen und sich damit umkränzt hatte, werden sinken, wenn wir nur Liebe fürs Vaterland haben.« (49) Er propagiert die Bereitschaft, sich in der »Liebe fürs Vaterland« auch für dieses zu opfern, als Ausdruck von »edlern Gesinnungen«, »so wie der Körper mehr Stärke bekommt, wenn eine vorher unbekannte, aber gelinde Hitze alle Nerven durchwärmt«: »Sie verbreitet nemlich den Grundsatz: Mache dich als einen Endzweck, aber auch als ein Mittel zum Ganzen vollkommener; einen Grundsatz, der uns dem Schöpfer gehorsam, und zu Bürgern ganzer Weltgebäude macht.« (45)

Den »Enthusiasmus« für die Sache des »Vaterlands«, den Abbt abschließend gegenüber dem Vorwurf der ›Schwärmerei‹ verteidigt (91 ff.), begründet er – und das ist interessant für seine Einordnung in die zeitgenössische Debatte – anthropologisch, ästhetisch und politisch zugleich als einen »Zustand der Seele, worinn sie sich über ihre gegenwärtigen und gewöhnlichen Verbindungen hinaussetzt, mit Phantasien beschäftigt, sich daraus eine neue Art von Schönheit verschafft, und, durch diese Schönheit eben so stark als durch eine sinnliche gerührt, die geforderten Handlungen unternimmt, um zu ihrem Besitze zu gelangen« (93). Auf das »Vaterland« gerichtet, bewirke diese »Begeisterung« eine Steigerung des Selbstgefühls, die gerade in der Aufgabe dieses Selbst als »Mittel« des »Ganzen« den »Endzweck« des Menschen erlange. Kritischere Zeiten haben hier mit Recht ihre Zweifel angemeldet, aber für die Mitte des 18. Jahrhunderts bedeutete dies den Durchbruch zu einer neuen »Denkungsart«, die den »Bürger« im »Nationalsinn« ebenso für die öffentlichen Dinge aktivierte, wie sie ihm die Hoffnung suggerierte, als Teil des »Ganzen« eine ihrem gewachsenen Selbstbewußtsein entsprechende »Würde« zuerteilt zu bekommen. Daß sich die ›Macht‹ diesem ›Geist‹ verweigerte und daß dieser sich von jener zunehmend in kritischer Absicht distanzierte, ist ein anderes Kapitel. Der Versuch jedenfalls, den Dichter mit der Nation zu versöhnen, wurde im Umfeld des Siebenjährigen Kriegs unternommen, aber nach Abschluß des Kriegs war von obrigkeitlicher Seite her kein Bedarf mehr dafür, und die Dichter hatten ihren Weg allein zu gehen. Die Gedanken aber, die sie dabei mitnahmen – und hier ist ebenso an die ›Kriegsliteratur‹ wie etwa an Zimmermann und Abbt zu denken –, entwickelten sich weiter, bis sie während der napoleonischen Kriege unter veränderten Voraussetzungen und in anderer Gestalt wieder ins Bewußtsein traten und ihre eigene Wirkung entfalteten.

Von deren Konsequenzen in der Geschichte des Nationalismus her wird allerdings erkennbar, was seit den Anfängen des »Nationalsinns« im aufklärerischen Kontext der deutschen Territorialstaaten verlorengegangen ist. Die »Nation« als kulturellen und sozialen Integrationsbegriff auch in Monarchien zu legitimieren, das »Vaterland« als übergeordnete Kategorie für ein den Fürsten und seine »Untertanen« verbindendes »Volk« zu behaupten und schließlich für dieses »Volk« – wie es Abbt in *Ueber die Vorurtheile* (1763) tut – einen »eigene[n] Geist« zu fordern, der ihm einen »belebenden Athem« geben könne[20], sind als erste Versuche des aufstrebenden Bürgertums zu deuten, Staatsbürger-Fähigkeit und -Bereitschaft zu demonstrieren. Zugleich aber enthält die Weckung des »Nationalsinns« potentiell eine Fürstenkritik, die sich dann aktualisiert, wenn sich der Herrscher den »Nation«, »Vaterland« und »Volk« zusammenhaltenden Tugendwerten der Bürgerkultur verweigert. Den aufklärerischen Propagatoren des »Nationalsinns« ist durchaus noch bewußt, daß ihre patriotischen Ideen auf einem »Vorurtheil« beruhen müssen, das berechtigt ist, wenn der ›Sozialkontrakt‹ mit dem Fürsten die aufklärerischen Ideale fördert, aber verwerflich, wenn despotische Eroberungsinteressen mit dem Anspruch auf ›weltbürgerliche‹ Geltung der »nationalen« Entfaltung kollidieren. Auch der »Nationalsinn« hat sich vor dem »Richterstuhl der Vernunft« zu rechtfertigen – ein Gedanke, der sich auch heute noch im Rückgang auf die Anfänge der Nationalbewegung zu beherzigen lohnt.

Anmerkungen

1 Ernst Moritz Arndt, *Geist der Zeit*, o. O. u. V., [2]1807; zit. nach: Horst Steinmetz (Hg.), *Friedrich II., König von Preußen, und die deutsche Literatur des 18. Jahrhunderts. Texte und Dokumente*, Stuttgart 1985, S. 262 f.
2 Justus Möser, *Über die deutsche Sprache und Literatur* (1781); zit. nach: Steinmetz, a.a.O., S. 122 f.
3 E. M. Arndt (vgl. Anm. 1), S. 266.

4 Ebd., S. 264.

5 Ebd., S. 264 f.

6 So Helmut Scheuer, *Die Dichter und ihre Nation – Ein historischer Abriß*, in: DU 42/4 (1990), S. 16.

7 Zum weiteren verweise ich auch auf meinen Artikel: »*Was ist ein Held ohne Menschenliebe!« (Philotas, 7. Auftr.). Zur literarischen Kriegsbewältigung in der deutschen Aufklärung*, in: Peter Freimark/Franklin Kopitzsch/Helga Slessarev (Hg.), *Lessing und die Toleranz. Beiträge der vierten internationalen Konferenz der Lessing Society in Hamburg vom 27.-29. Juni 1985*, Detroit, München 1986, S. 23-38. – Zur Problemlage: Christoph Prignitz, *Vaterlandsliebe und Freiheit: deutscher Patriotismus von 1750-1850*, Wiesbaden 1981; Otto Büsch/James J. Sheehan, *Die Rolle der Nation in der deutschen Geschichte und Gegenwart*, Berlin 1985.

8 Vgl. die Textsammlungen: Franz W. von Ditfurth, *Die historischen Volkslieder des Siebenjährigen Krieges*, Berlin 1871; Fritz Brüggemann (Hg.), *Der Siebenjährige Krieg im Spiegel der zeitgenössischen Literatur*, Leipzig 1935 (DLE, Reihe Aufklärung, Bd. 9); Klaus Bohnen (Hg.), *Deutsche Gedichte des 18. Jahrhunderts*, Stuttgart 1987, S. 221 ff.

9 Goethe, *Dichtung und Wahrheit*, 2. Buch (Jubiläumsausgabe, Bd. 22, S. 83); zur Einschätzung Friedrichs II. vgl. auch das 7. Buch (Bd. 23, S. 78 ff., 98 f.).

10 Vgl. dazu Karl Schwarze, *Der Siebenjährige Krieg in der zeitgenössischen deutschen Literatur. Kriegserleben und Kriegserlebnis in Schrifttum und Dichtung des 18. Jahrhunderts*, Berlin 1936.

11 Vgl. Gerhard Kaiser, *Pietismus und Patriotismus im literarischen Deutschland. Ein Beitrag zum Problem der Säkularisation*, Frankfurt/Main [2]1973.

12 Dazu eindringlich: Jörg Schönert, *Schlachtgesänge vom Kanapee. Oder: »Gott donnerte bei Lowositz«. Zu den »Preußischen Kriegsliedern in den Feldzügen 1756 und 1757« des Kanonikus Gleim*, in: Karl Richter (Hg.), *Gedichte und Interpretationen*, Bd. 2: *Aufklärung und Sturm und Drang*, Stuttgart 1983, S. 125-139; aus ästhetischer Perspektive auch: Günter Peters, *Der zerrissene Engel. Genieästhetik und literarische Selbstdarstellung im achtzehnten Jahrhundert*, Stuttgart 1982, S. 106 ff.

13 Goethe, *Dichtung und Wahrheit*, 7. Buch (Jubiläumsausgabe, Bd. 23, S. 79): »Die Kriegslieder, von Gleim angestimmt, behaupten deswegen einen so hohen Rang unter den deutschen Gedichten, weil sie mit und in der Tat entsprungen sind, und noch überdies, weil an ihnen die glückliche Form, als hätte sie ein Mitstreitender in den höchsten Augenblicken hervorgebracht, uns die vollkommenste Wirksamkeit empfinden läßt.«

14 Johann Gottfried Herder, *Ueber die neuere Deutsche Litteratur [...]*,

in: Bernhard Suphan (Hg.), *Herders Sämmtliche Werke*, Bd. 1, Berlin 1887 (Neudr. Hildesheim 1967), S. 336.

15 G.E. Lessing, *Vorbericht zu den Preußischen Kriegsliedern [...]*, in: G.E. Lessing, *Werke* (Hempel-Ausgabe), Bd. 12, S. 392 (weitere Nachweise im Text).

16 Vgl. dazu vor allem: Wilfried Barner, *Res publica litteraria und das Nationale. Zu Lessings europäischer Orientierung*, in: W.B/Albert M. Reh (Hg.), *Nation und Gelehrtenrepublik. Lessing im europäischen Zusammenhang*, Detroit und München 1984, S. 69-90.

17 Johann Georg Zimmermann, *Vom Nationalstolze. Vierte, um die Hälfte vermehrte, und durchaus verbesserte Auflage*, Zürich 1768, Vorrede, unpag.

18 Zit. wird nach dem (auszugsweisen) Abdruck der ersten revidierten, den Bewußtseinsstand zu Anfang des Kriegs wiedergebenden Ausgabe von 1760 in: Fritz Brüggemann (Hg.), *Der Siebenjährige Krieg* (vgl. Anm. 8), S. 9-46 (Nachweise im Text).

19 Thomas Abbt, *Vom Tode für das Vaterland. Neue verbesserte Auflage*, Berlin und Stettin 1780, in: *Th. Abbts vermischte Werke. Zweyter Teil*, Berlin und Stettin 1781 (Nachweise im Text).

20 Thomas Abbt, *Ueber die Vorurtheile*, in: *Thomas Abbts vermischte Werke. Vierter Theil*, Berlin und Stettin 1780, S. 179.

Peter Boerner

»Sie mögen mich nicht!
Ich mag sie auch nicht!« –
Goethe über die Deutschen

Wie alles, was sich auf Goethes Weltanschauung bezieht, führt auch die Frage nach seinem Verhältnis zur deutschen Nation auf weitere, damit verbundene Fragestellungen. Seine Haltung gegenüber den regierenden Mächten, seine Reaktionen auf die Ereignisse der Zeitgeschichte vom Siebenjährigen Krieg bis zum Wiener Kongreß, dazu seine Auseinandersetzung mit der Französischen Revolution – alle diese Problemkreise sind mit dem Thema eng verknüpft. So gewichtig sie sind, sollen sie hier jedoch zurückgestellt werden zugunsten einer Erörterung dessen, was er mit dem Begriff »die Deutschen« verband. Innerhalb dieses Rahmens wird sich unser Beitrag im wesentlichen auf Goethes eigene Aussagen stützen.

Das erste, was wir beim Sichten dieser Aussagen bemerken, ist, wie spärlich sie sind. Nirgendwo in seinem ganzen Œuvre hat Goethe seine Ansichten über die Deutschen mit einiger Ausführlichkeit behandelt. Was vorliegt, sind lediglich separate, in den verschiedensten Zusammenhängen gemachte Äußerungen, die gewöhnlich ein paar Zeilen, selten mehr als eine Seite umfassen. Eine von Hans-J. Weitz besorgte Textsammlung, die in zeitlicher Folge von einer 1780 geschriebenen Briefpassage bis zu morphologischen Notizen aus seinem letzten Lebensjahr reicht, zählt gerade 239 Belege.[1]

Zu der Spärlichkeit der Texte kommt, daß sie vielfach einen aphoristischen Charakter haben; mehr als zwei Drittel von ihnen gehen auf Briefe Goethes oder auf Niederschriften seiner Gesprächspartner zurück und geben, dem Ton dieser Quellen gemäß, den Eindruck des Unsystematischen und Zwanglosen. Unter den seinen Schriften entnommenen Belegen überwiegen die *Maximen und Reflexionen* und die *Zahmen Xenien* mit ihren gleichfalls locker arrangierten Aussagen.

Trotz dieses Mangels an äußerem Zusammenhang lassen sich in

den Texten mehrere dominierende Themenstränge erkennen. Neben Bemerkungen Goethes über nationale Eigenheiten der Deutschen stehen seine Reaktionen auf das zeitgenössische Lesepublikum und Überlegungen zur Konstitution einer deutschen Nationalkultur. Ihrer zeitlichen Herkunft entsprechend reflektieren alle Aussagen vornehmlich das Denken seiner späten Jahre.

Die Prämisse eines deutschen Nationalcharakters. Viele der zu unserem Thema gehörenden Äußerungen Goethes sind dadurch verbunden, daß er sich in ihnen, sei es ausdrücklich oder implizit, auf die Prämisse eines deutschen Nationalcharakters stützte. Er folgte damit der seit Mitte des 18. Jahrhunderts zunächst im Zuge der Aufklärung entwickelten, dann von den europäischen Romantikern weithin akzeptierten Vorstellung, daß jede Nation bestimmte Eigenschaften besitze, die einerseits auf ihre spezifische Umwelt zurückzuführen seien, andererseits ihre sozialen, politischen und intellektuellen Leistungen bestimmten. Im Gegensatz zu Montesquieu, Herder oder Madame de Staël, die, von derartigen Überlegungen ausgehend, breitgefächerte Bilder einzelner Völker entwarfen, neigte er allerdings dazu, seine Urteile auf wenige, prägnant formulierte Aussagen zu beschränken. Dieses Vorgehen sei, ehe von den Deutschen die Rede sein soll, am Beispiel der Engländer und Franzosen, auf die er häufig zu sprechen kam, veranschaulicht.

Den Schlüssel zum Wesen der Engländer sah er darin, daß sie »auf das Reale gerichtete Menschen«[2] seien. Stets griffen sie das an, was gerade nötig sei. Weil ihr »Inseldasein« sie anrege, zur See zu fahren und fremde Länder zu entdecken, besäßen sie »Weltumsicht«[3], eine Erfahrung, die sich auch in den Werken ihrer Dichter und Forscher spiegele. Im Hinblick auf die Franzosen erschien ihm wichtig, daß sie gesellig seien, in Gesellschaft lebten und wirkten.[4] Weil sich bei ihnen die sozialen Kontakte gleichermaßen auf geistige Tätigkeiten wie auf das private Leben bezögen, vernachlässigten ihre Autoren niemals das Publikum, für das sie schrieben – ein Umstand, aus dem sich wiederum ihr Bestehen auf Form und Förmlichkeit erklären lasse.[5]

Wo er sich in entsprechender Weise über die Deutschen äußerte, betonte er gern die lautere Seite ihres Wesens, so etwa ihre Natur- und Wahrheitsliebe[6], ihre Ernsthaftigkeit[7] oder ihre Biederkeit.[8]

Vor allem aber hob er ihren Individualismus und ihren Hang zum Tiefgründigen hervor.

Der Individualismus der Deutschen. Daß seine Landsleute mehr als andere Nationen zum Individualismus neigten, war für Goethe geradezu eine Idée fixe. Immer wieder, in privaten Mitteilungen wie in seinen Schriften, kam er darauf zurück. Wo man bei ihnen, wie es für andere Völker gelte, eine Bereitschaft zu gegenseitiger Teilnahme erwarten dürfe, sonderten sie sich voneinander ab.[9] Die daraus resultierende »Vielmeinerei«[10] führe zu ständig neuen Parteiungen und Trennungen. »So viel Köpfe, so viel Sinne« sei eigentlich die Devise der Nation.[11]

Etwas ausführlicher als in diesen – wie in anderen hierher gehörenden, gleichfalls recht lakonischen – Belegen erklärte er seine Ansichten in einem von Eckermann aufgezeichneten Gespräch, zu dem seine Lektüre von François Guizots *Cours d'histoire moderne* den Anlaß bot. Wo es dort, im Zusammenhang der europäischen Frühgeschichte, darum ging, welche Einflüsse verschiedene Völker aufeinander ausübten, hatte Guizot die Meinung vertreten, daß die Gallier den Germanen die »Idee der persönlichen Freiheit« verdankten und daß diese Idee mehr als mit jeder anderen Nation mit den Deutschen zu verbinden sei. Hier nun habe Goethe sich höchst zustimmend geäußert. »Ist das nicht artig«, habe er gesagt, »und hat Guizot nicht vollkommen recht, und ist nicht diese Idee noch bis auf den heutigen Tag unter uns wirksam?« Und dann habe er sich darüber ausgelassen, daß nicht wenige Ereignisse der deutschen Geschichte, so etwa die Reformation oder das Wartburgfest, aus dieser Quelle gespeist worden seien. Nicht zuletzt zeigten die Deutschen einen vergleichbaren Individualismus auch in ihrem geistigen Leben, man denke nur an das »Buntscheckige« ihrer Literatur oder an die Beschränktheit ihrer Gelehrten, wo jeder für sich stehe und »von seinem Punkte aus sein Wesen« treibe. Bei den Deutschen, so habe er seine Gedanken zusammengefaßt, suche jeder sich selbst genug zu tun: »er fragt nicht nach dem andern, denn in jedem lebt, wie Guizot richtig gefunden hat, die Idee der persönlichen Freiheit, woraus denn viel Treffliches hervorgeht, aber auch viel Absurdes.«[12]

Der Hang der Deutschen zum Tiefgründigen. Kaum weniger häufig als über den Individualismus der Deutschen reflektierte Goethe über ihren Hang zum Tiefgründigen. Aber anders als viele Romantiker, die darin einen Ausdruck ihres Weltverständnisses erkannten, neigte er zu negativen Urteilen. Woran er vor allem Anstoß nahm, war eine, wie er meinte, sich bei ihnen auf alle Bereiche des Lebens ausdehnende Tendenz, einfachen Dingen bedeutungsschwangere Gehalte zu unterlegen. Von einzelnen, ihn irritierenden Autoren auf die Deutschen im allgemeinen schließend, nannte er sie »wunderlich«, weil sie sich durch »tiefe Gedanken und Ideen, die sie überall suchen und überall hineinlegen«, das Leben schwerer als nötig machten.[13] »Philosophische und religiose Fratzen« verwirrten in Deutschland manchen guten Kopf[14], ja deutschen Schriftstellern sei die Spekulation hinderlich, gäbe sie ihrem Stil doch oft ein »unsinniges, unfaßliches, breites und aufdröselndes Wesen«.[15] Dem bereits während seiner ersten Weimarer Jahre in *Wilhelm Meisters Theatralischer Sendung* formulierten Wort, daß die Deutschen über allem schwer würden und daß »alles über ihnen schwer« werde[16], ließ er später in den *Maximen und Reflexionen* den sarkastischen Nachsatz folgen, sie sollten in einem Zeitraum von dreißig Jahren das Wort »Gemüt« nicht mehr aussprechen: dann werde »nach und nach Gemüt sich wieder erzeugen«.[17] Und mit der Schlichtheit, die seiner Meinung nach so manchem seiner Landsleute abgehe, bemerkte er, es sei »eine rechte deutsche Art, zu einem Gedicht oder sonstigen Werke den Eingang überall, nur nicht durch die Türe zu suchen«.[18]

Daß derartige Äußerungen nicht als mehr oder weniger unverbindliche Bonmots, sondern als Ausdruck von Goethes bewußter Einschätzung seiner Landsleute zu verstehen sind, zeigen Vergleiche zwischen den von ihm postulierten Eigenheiten der Franzosen und Engländer einerseits und denen der Deutschen andererseits. Wo die Franzosen, »ganz allein von und für die Gesellschaft« existierten, da sei, so gab er zu bedenken, bei den Deutschen das »Bedürfnis, sich im geselligen Leben zu bilden«, kaum entwickelt.[19] Anders als ihre Nachbarn seien sie »lauter Partikuliers«; jeder habe die »Meinungen seiner Provinz, seiner Stadt, ja seines eigenen Individuums«.[20] Und im Hinblick auf die mit »praktischem Verstand« begabten Engländer bemerkte er, sie dürften über die Deutschen nur lachen: während diese sich mit »Auflösung philosophischer Probleme« quälten, eroberten sie getrost die Welt.[21]

Das deutsche Lesepublikum. Eine zweite Gruppe der hier zu betrachtenden Äußerungen geht auf Goethes mit seinen Jahren zunehmende Empfindlichkeit gegenüber den Reaktionen des deutschen Lesepublikums zurück. Daß die Schauspiele von Kotzebue und Zacharias Werner auf den Bühnen der Zeit mehr Zuspruch fanden als seine *Pandora,* daß sich die Romane von Jean Paul besser verkauften als die *Wanderjahre* und daß maßgebende Kritiker solche Präferenzen auch noch zu begründen wußten, verletzte ihn zutiefst. Vor allem aber schmerzte ihn das vermeintliche Unverständnis, mit dem die »Gilde der Naturforscher«[22] seiner *Farbenlehre* begegnete. Die Umstände dieser Verstimmung sind in den einschlägigen Biographien behandelt. In unserem Zusammenhang ist allein von Gewicht, daß er, wenn er seinen Unmut über das zeitgenössische Publikum ausdrücken wollte, es oft schlechtweg als »die Deutschen« apostrophierte, und umgekehrt, daß viele seiner Aussagen über die »Deutschen« eigentlich als Klagen über dieses Publikum zu verstehen sind. Das gilt insbesondere dort, wo von den »guten« oder von den »lieben«, gelegentlich auch von den »unredlichen« Deutschen die Rede ist.[23] Drei solche Urteile seien hier unter Bewahrung ihres aperçuhaften Charakters wiedergegeben:

»Die lieben Deutschen kenn ich schon: erst schweigen sie, dann mäkeln sie, dann beseitigen, dann bestehlen und verschweigen sie.«[24]
»Das Publikum, besonders das deutsche, ist eine närrische Karikatur des Demos; es bildet sich wirklich ein, eine Art von Instanz, von Senat auszumachen und im Leben und Lesen dieses oder jenes wegvotieren zu können, was ihm nicht gefällt.«[25]
»Die lieben Deutschen glauben nur Geist zu haben, wenn sie paradox, das heißt ungerecht sind.«[26]

Welch tiefer Frustration diese und so manche andere, ihrem Tenor nach vergleichbare Urteile entsprangen, erhellt eine Niederschrift des Weimarer Pädagogen Johann Daniel Falk über ein Gespräch mit dem fast Siebzigjährigen. Danach habe er bedauert, zu alt zu sein, um die ebenso unverständigen wie undankbaren Leser seiner Schriften noch einmal – so wie er es im Verein mit Schiller durch die *Xenien* getan hatte – in ihre Schranken zu weisen. Machte er solche Invektiven publik, sollte es ihn »außermaßen ergötzen«, wie ihn die Deutschen für die nächsten fünfzig oder hundert Jahre »recht gründlich verwünschen« würden. Und in einer an Schärfe bei ihm ungewohnten Wendung ließ er Falk wissen: »Sie mögen mich nicht! Das matte Wort! Ich mag sie auch nicht! Ich habe es ihnen nie recht zu Danke gemacht!«[27]

Deutschland als politische Einheit. Der dritte Bereich unseres Themas bezieht sich auf Goethes Einstellung gegenüber den im Laufe seines Lebens immer intensiver werdenden Bestrebungen, die deutschen Staaten politisch zu vereinen. Im Gegensatz zu seinen Gedanken über den deutschen Nationalcharakter und das zeitgenössische Lesepublikum liegen hier allerdings nur wenige Aussagen vor, und sie sind zudem durch ein Nebeneinander von zustimmenden und ablehnenden Urteilen gekennzeichnet.

Prominent unter den zustimmenden Aussagen und stets zitiert, wenn es darum geht, einen Nachweis für Goethes patriotische Gesinnung zu erbringen, ist die Niederschrift des Jenaischen Geschichtsprofessors Heinrich Luden über ein mit ihm bald nach der Völkerschlacht von Leipzig geführtes Gespräch. Auf Ludens zuversichtliche Äußerungen in bezug auf eine nationale Einigung reagierend, habe er erklärt, daß auch in seiner Sicht das Schicksal der Deutschen »noch nicht erfüllt« sei. Und um diese Prognose zu stützen, habe er, dem Historiker gegenüber historisch argumentierend, auf die frühe Entwicklung der Deutschen verwiesen: da sie in der Lage gewesen seien, das römische Reich zu Fall zu bringen und danach noch über Jahrhunderte hinweg »in Kraft und Tüchtigkeit« fortbestanden, müßten sie wohl »eine große Zukunft« haben.[28]

In einer weiteren, gleichfalls von patriotisch eingestellten Kreisen gern zitierten Äußerung, die von Eckermann übermittelt wird, verschiebt sich das Gewicht vom Politischen bereits auf mehr technisch-ökonomische Fragen. Danach habe Goethe seine Erwartung, daß Deutschland einmal »eins werde«, vornehmlich mit dem künftigen Ausbau von Chausseen und Eisenbahnen begründet. Als Anreiz für eine Einigung habe er ferner auf den Nutzen einer überall geltenden Währung verwiesen und schließlich mit dem persönlichen Lamento, ein weimarischer Reisepaß werde in angrenzenden Territorien noch immer wie der eines Ausländers behandelt, die Hoffnung ausgedrückt, daß der Tag kommen werde, an dem unter deutschen Staaten »von Inland und Ausland« nicht mehr die Rede sei.[29]

Eine Gegenposition zu diesen im patriotischen Sinne deutbaren Aufzeichnungen findet sich in dem 1795 entstandenen Aufsatz

Literarischer Sansculottismus. Ihm liegt das Argument zugrunde, daß es in Deutschland, anders als in England oder Frankreich, an den Voraussetzungen fehle, repräsentative »Nationalautoren« hervorzubringen. Durch Mangel an Vorbildern zu »allerlei Versuchen, ja Pfuschereien« genötigt und durch ein Publikum, dem es am Geschmack fehle, kaum gefördert, fänden sich die hier heranwachsenden Schriftsteller in der Entwicklung ihrer Talente gehemmt. Das für uns an diesen Überlegungen Entscheidende ist nun, daß Goethe in keiner Weise vorschlägt, auf eine Einigung der Nation, durch die sich eine Besserung der gegenwärtigen Zustände ergeben könne, hinzuarbeiten. Im Gegenteil, mit dem Postulat, man solle »die Umwälzungen nicht wünschen, die in Deutschland klassische Werke vorbereiten könnten«, warnt er vor allen Versuchen, den Status quo der politischen Gegebenheiten zu verändern.[30]

Noch eklatanter wird seine Zurückhaltung in einem zwanzig Jahre später geschriebenen Brief an den Wiener Publizisten Franz Bernhard von Bucholtz. Was er hier forderte, war nicht weniger, als daß die Bürger der deutschen Staaten jegliche auf eine nationale Vereinigung hinzielenden Schritte den »Großen, Mächtigen und Staatsweisen« überlassen sollten. In öffentlichen Angelegenheiten dürfe man von ihnen, da sie unfähig seien, einander nach Verdienst zu schätzen, nichts erwarten. So wie er die Dinge sehe, sei zu befürchten, daß sie sich nach wie vor »verkennen, mißachten, hindern, verspäten, verfolgen und beschädigen werden«. Das einzige, was »Privatleute« – und hierzu zählte er sich selbst – zum Nutzen der Nation unternehmen könnten, sei, deren »moralische und literarische« Bestrebungen zu unterstützen.[31]

Welche der beiden Stellungnahmen hat mehr Gewicht? Die Wahl fällt auf die zweite: nicht nur, weil sie auf authentischen Texten statt auf möglicherweise aus der Sicht ihrer Verfasser gefärbten Gesprächsberichten beruht, sondern weil sie durch Goethes Handeln bestätigt wird. Weder griff er jemals durch irgendwelche Äußerungen in die Geschicke seiner Nation ein, noch ließ er seine private Existenz von den zeitgeschichtlichen Ereignissen mehr als nur beiläufig beeinflussen. Er drückte kein Bedauern aus, als das Deutsche Reich von den Armeen Napoleons überrannt wurde; den Befreiungskriegen stand er mit Nonchalance gegenüber; und die nach dem Wiener Kongreß einsetzenden Repressionen nahm er gleichgültig auf. Das Bewußtsein einer Trennung des politischen Denkens vom Denken im Bereich des Künstlerischen und Wissenschaftlichen, mit dem er als Sohn eines reichsstädtischen Patriziers aufgewachsen war, blieb für ihn sein Leben hindurch bestimmend. Als Kommentar zu dieser Haltung sei hier an das Epigramm mit dem Titel *Das deutsche Reich* erinnert, das zwar von Schiller stammt, aber als eine der in beider Werke aufgenommenen *Xenien* oft unter seinem Namen zitiert wird:

> Deutschland? aber wo liegt es? Ich weiß das Land nicht zu finden,
> Wo das gelehrte beginnt, hört das politische auf.[32]

Überlegungen zu einer deutschen Nationalkultur. Während Goethe sich der deutschen Frage im Politischen verschloß, war er jedoch offenen Sinnes für alles, was sich unter dem Begriff einer deutschen Nationalkultur erfassen läßt. Wie bereits seine Äußerungen gegenüber Bucholtz zeigten, sah er eine Möglichkeit für die Deutschen, sich als Nation zu verwirklichen, allein in der Ausbildung ihrer geistigen Fähigkeiten. In dieser Beziehung sei von ihnen allerdings noch manches zu erwarten: man denke nur daran, wie deutsche Autoren, die so lange hinter der Entwicklung in Frankreich und England zurückgeblieben waren, seit seinen Jugendjahren mit vielen originalen Werken hervorgetreten und dadurch zu leitenden Stimmen im Chor der europäischen Literaturen geworden seien.

Eine Erklärung für diese Metamorphose und damit für das schöpferische Potential der Deutschen fand er nicht zuletzt in eben der föderalistischen Struktur, die so viele Zeitgenossen zugunsten eines Nationalstaats aufgeben wollten. Da in Deutschland alles, was im Bereich der Kunst und Wissenschaft von Bedeutung sei, nicht wie in anderen Ländern in einer einzigen Hauptstadt konzentriert, sondern auf eine Anzahl miteinander konkurrierender Orte verteilt sei, bestünde hier eine beträchtliche Vielfalt kultureller Bemühungen. Gegenüber Eckermann, der abermals zitiert werden muß, äußerte er sich noch in seinem letzten Lebensjahr ausführlich über diese Situation. Primäre »Pfleger« der deutschen Kultur seien Fürstensitze wie Dresden, München und Kassel: sie trügen »große Lebenselemente« in sich und wirkten so auf die benachbarten Provinzen. Daneben stünden die Handelsstädte, die, wie etwa Frankfurt und Hamburg, nicht allein durch ihre wirtschaftlichen, sondern auch ihre intellektuellen Leistungen »groß und glänzend« seien. Residenzen und Handelsstädte zusammen genommen unterhielten nun eine Vielzahl von – in Eckermanns

Bericht minuziös aufgezählten – Bildungsanstalten, unter ihnen Bibliotheken, Universitäten, Singakademien, Gemäldegalerien, wissenschaftliche Sammlungen und nicht zuletzt »die Menge deutscher Theater, deren Zahl über siebenzig hinausgeht«. Was sich aus dem Zusammenwirken dieser Kräfte ergebe, sei eine bewundernswürdige »Volkskultur« der Deutschen.[33]

Daß Goethe, wenn er sich in solchen Zusammenhängen auf das »Volk« bezog, nicht die einfachen Leute im Sinne hatte, sondern durchaus elitär dachte, verdeutlicht einmal der erklärende Zusatz, daß die von ihm avisierte »Volkskultur« sämtliche Teile Deutschlands »gleichmäßig durchdrungen« habe, zum anderen seine Auflistung der sie formierenden Institutionen aus allen Bereichen der Künste und Wissenschaften. Deren Träger waren vornehmlich die aus dem gehobenen Bürgertum sowie einem Teil des Adels stammenden Gebildeten, eben die Schicht der Gesellschaft, aus der er selbst hervorgegangen war und der er zeit seines Lebens verbunden blieb. Alles, was für ihn zur deutschen Kultur gehörte, wurde im wesentlichen von diesen durch ihre geistigen Interessen geprägten Menschen bestimmt. Damit nahm er wesentliche Aspekte des seit der Mitte des 19. Jahrhunderts immer mehr verbreiteten Konzepts einer deutschen »Nationalkultur« voraus.

Das Programm der Weltliteratur. Goethes Vertrauen in die Dynamik der deutschen »Volkskultur« führte seinen Blick über die Grenzen des Landes hinaus. Für die Deutschen – präziser sollte man nun sagen: für die deutschen Gebildeten – ergäben sich dort bedeutende Aufgaben. So wie sie dank ihrer Lage im Herzen Europas die Nachbarländer aufsuchten und sich mit dem dort verbreiteten Schrifttum vertraut machten; und so wie Franzosen und Russen, Italiener und Skandinavier ihrerseits nach Deutschland reisten, um hier ihre Kenntnisse zu erweitern, brächten sie – unterstützt von ihren ausländischen Vertrauten – einen unter den Völkern bisher kaum gekannten Prozeß des intellektuellen Aufnehmens und Aneignens in Gang. Anzeichen eines solchen Austauschs seien nicht zuletzt die Übersetzungen fremdsprachiger Werke, die bei ihnen seit der Jahrhundertwende so viel zahlreicher als irgendwo sonst erschienen seien. Indem die Deutschen ihre Bemühungen in dieser Richtung weiter verfolgten, so gab Goethe in einem Brief an Thomas Carlyle zu bedenken, werde ihr Land zum »Markte, wo alle Nationen ihre Waren anbieten«. Wer die deutsche Sprache verstehe und studiere, der spiele den »Dolmetscher, indem er sich selbst bereichere«.[34]

Alle derartigen Überlegungen Goethes münden in das von ihm gegen Ende seines Lebens entwickelte Programm eines Kommunikationssystems unter den Gebildeten der Welt, für das er den Begriff *Weltliteratur* prägte. Obgleich es bei diesem »großen Zusammentreten« aller Literaten keine Rangordnung der Völker geben solle, fand er es angemessen, den Deutschen in Anerkennung ihres Engagements eine besondere Rolle zuzuteilen.[35] »Alle Nationen«, so erklärte er 1827 in einer Rezension von Alexander Duvals Drama *Le Tasse*, »schauen sich nach uns um, sie loben, sie tadeln, nehmen auf und verwerfen, ahmen nach und entstellen, verstehen oder mißverstehen uns, eröffnen oder verschließen ihre Herzen.« In Deutschland dürfe eine solche Entwicklung mit Genugtuung begrüßt werden: »Dies alles müssen wir gleichmütig aufnehmen, indem uns das Ganze von großem Wert ist.«[36]

Durch die Art, mit der Goethe hier die Verdienste der Deutschen würdigte und sich durch das sonst nie gebrauchte *wir* mit ihnen identifizierte, stellte er sie in ein ganz und gar positives Licht. Indem er sie für ihre Weltoffenheit und ihre Fähigkeit zum Vermitteln pries, gestand er ihnen im Bereich der Kultur zu, was ihnen nach seinem Votum im Politischen versagt bleiben mußte: eine achtbare Stellung unter den Völkern.

Solcher Apologie gewärtig, wenden wir uns noch einmal zu der am Anfang dieses Beitrags rein faktisch getroffenen Feststellung, daß Goethe sich über die Deutschen so zurückhaltend äußerte. Eine Erklärung dafür scheint sich nun anzubieten: wo er glaubte, seinen Landsleuten – wie im Zusammenhang des *Weltliteratur*-Programms – zustimmen zu dürfen, tat er es ohne Reserve. Wo er jedoch auf Bedenkliches stieß, zog er es vor, zu schweigen. So befremdlich eine solche Art des indirekten Wertens sein mag, so steht sie doch im Einklang mit seiner Devise, daß er von dem, was er nicht loben könne, nicht sprechen wolle.[37]

Über etwas nicht zu sprechen, hieß für ihn – hier wie bei anderen ihn intensiv berührenden Fragen – allerdings in erster Linie: sich nicht öffentlich zu äußern. Zu solch ausweichender Haltung paßt nicht allein, daß die Mehrzahl seiner Urteile über die Deutschen in seinen Briefen und in Berichten seiner Gesprächspartner überliefert ist, sondern auch, daß diese Urteile durchweg mehr Aussagekraft haben als die, die gedruckt vorliegen. Und selbst innerhalb der vornehmlich privaten Mitteilungen besteht noch ein Gefälle an Substanz: je mehr diese an Skeptischem oder Kritischem enthalten, desto eher beruhen sie auf dem Zeugnis seiner nächsten Vertrauten, insbesondere Johann Peter Eckermanns, der ihm in so vielen Dingen zuarbeitete, und Carl Friedrich Zelters, gegenüber dem er sich im Alter wie keinem anderen Menschen aufschloß. Ein guter Teil der in unserem Beitrag herangezogenen Referenzen stammt gerade von diesen beiden Männern.

Soweit man auf Grund der überlieferten Belege ein Urteil fällen kann, hat Goethe sein Leben lang gezögert, sich mit den Deutschen zu identifizieren. Die Wendung ›ich als Deutscher‹, oder ›wir Deutschen‹ kommt, von Belanglosigkeiten abgesehen, im Corpus der von ihm überlieferten Äußerungen nur an zwei Stellen vor: einmal, als er im Kontext seines *Weltliteratur*-Programms alle Nationen aufforderte, sich »nach *uns* umzuschauen«, zum anderen in einem aus Rom an Charlotte von Stein gerichteten Brief. Im Zusammenhang mit seinem Bemühen, noch vor seiner Reise nach Sizilien eine italienische »Manier« des Landschaftszeichnens zu erlernen, machte er dort die ihrem konkreten Anlaß nach beschränkte, im übertragenen Sinn aber höchst bedeutungsvolle Mitteilung: »Es kostet mich Aufpassen, bis ich meine kleinliche deutsche Art abschaffe.«[38]

Eine prägnantere Beschreibung seiner Distanz gegenüber so vielem, was ihm als »deutsch« erschien, läßt sich wohl schwerlich finden.

Anmerkungen

1 Goethe, *Die Deutschen*, hg. v. Hans-J. Weitz, Konstanz 1949. Neudruck als *Goethe über die Deutschen*, Frankfurt 1978 (Insel Taschenbuch 325, im folgenden – mit der Belegnummer – zitiert als: Weitz. Das *Goethe-Wörterbuch* (Bd. 2, 10. Lieferung, Stuttgart 1987, Spalten 1164-1170) verzeichnet in den Artikeln »deutsch«, »Deutsche« und »Deutschland« insgesamt 400 Belege. Deren gegenüber der von Weitz edierten Sammlung größere Anzahl erklärt sich durch den Einschluß deskriptiver Zitate wie »deutscher Tanz« oder »ein fleißiger Deutscher«.

2 Zu Eckermann, 14. April 1824, in: *Gedenkausgabe der Werke, Briefe und Gespräche*, Zürich 1948-1964 (im folgenden zitiert als *Gedenkausgabe*), Bd. 24, S. 109.

3 *Zu brüderlichem Andenken Wielands*, in: *Gedenkausgabe*, Bd. 12, S. 701.

4 *Anmerkungen über Personen und Gegenstände, deren in dem Dialog zu »Rameaus Neffe« erwähnt wird*, in: *Gedenkausgabe*, Bd. 15, S. 1059.

5 Zu Eckermann, 16. Dezember 1828, in: *Gedenkausgabe*, Bd. 24, S. 305.

6 *Dichtung und Wahrheit* III 11, in: *Gedenkausgabe*, Bd. 10, S. 531. – Weitz 86.

7 An Johann Gottfried und Caroline Herder, 13. Dezember 1786, in: *Goethes Werke* (Weimarer Ausgabe), IV. Abt., Bd. 8, Weimar 1890, S. 89. – Weitz 3.

8 An Johann Friedrich Reichardt, 28. Februar 1790, in: *Goethes Werke* (Weimarer Ausgabe), IV. Abt., Bd. 9, Weimar 1891, S. 180. – Weitz 7.

9 An Karl Ludwig von Knebel, 24. November 1813, in: *Goethes Werke* (Weimarer Ausgabe), IV. Abt., Bd. 24, Weimar 1901, S. 43. – Weitz 101.

10 An Sulpiz Boisserée, 21. Dezember 1815, in: *Goethes Werke* (Weimarer Ausgabe), IV. Abt., Bd. 26, Weimar 1902, S. 195. – Weitz 129.

11 An Franz Ludwig Passow, 20. Oktober 1811, in: *Goethes Werke* (Weimarer Ausgabe), IV. Abt., Bd. 22, Weimar 1901, S. 182. – Weitz 73.

12 Zu Eckermann, 6. April 1829, in: *Gedenkausgabe*, Bd. 24, S. 344. – Weitz 231.

13 Zu Eckermann, 6. Mai 1827, in: *Gedenkausgabe*, Bd. 24, S. 635. – Weitz 204.

14 An August von Goethe, 3. Juni 1808, in: *Goethes Werke* (Weimarer Ausgabe), IV. Abt., Bd. 20, Weimar 1896, S. 74. – Weitz 58.

15 Zu Eckermann, 14. April 1824, in: *Gedenkausgabe*, Bd. 24, S. 109. – Weitz 186.

16 *Wilhelm Meisters theatralische Sendung* VI 12, in: *Gedenkausgabe*, Bd. 8, S. 870. – Weitz 2.

17 *Maximen und Reflexionen*, in: *Gedenkausgabe*, Bd. 9, S. 535. – Weitz 193.

18 An Carl Friedrich Zelter, 14. April 1816, in: *Der Briefwechsel zwischen Goethe und Zelter*, hg. v. Max Hecker, Bd. 1, Leipzig 1913, S. 469. – Weitz 135.

19 Entwurf eines Briefes an Karl August Varnhagen von Ense, November 1827, in: *Goethes Werke* (Weimarer Ausgabe), IV. Abt., Bd. 43, Weimar 1908, S. 367. – Weitz 213.

20 Zu Eckermann, 3. Oktober 1828, in: *Gedenkausgabe*, Bd. 24, S. 283. – Weitz 227.

21 Zu Eckermann, 1. September 1829, in: *Gedenkausgabe*, Bd. 24, S. 371. – Weitz 232.

22 An Carl Friedrich Zelter, 4. Februar 1832, in: *Der Briefwechsel zwischen Goethe und Zelter,* hg. v. Max Hecker, Bd. 3, Leipzig 1918, S. 546.

23 Zu Arthur Schopenhauer, 15. Mai 1814, in: *Goethes Gespräche,* hg. v. Wolfgang Herwig, Bd. 2, Zürich 1969, S. 897. – Weitz 116.

24 An Carl Friedrich Zelter, 9. August 1816, in: *Der Briefwechsel zwischen Goethe und Zelter,* hg. v. Max Hecker, Bd. 1, Leipzig 1913, S. 502. – Weitz 140.

25 An Carl Friedrich von Reinhard, 31. Dezember 1809, in: *Goethes Werke* (Weimarer Ausgabe), IV. Abt., Bd. 21, Weimar 1896, S. 153. – Weitz 70.

26 An Carl Friedrich Zelter, 27. Juli 1828, in: *Der Briefwechsel zwischen Goethe und Zelter,* hg. v. Max Hecker, Bd. 3, Leipzig 1918, S. 55. – Weitz 226.

27 Zu Johann Daniel Falk, um 1817, in: *Gedenkausgabe,* Bd. 23, S. 822. – Weitz 132.

28 Zu Heinrich Luden, 13. Dezember 1813, in: *Gedenkausgabe,* Bd. 22, S. 714. – Weitz 104.

29 Zu Eckermann, 23. Oktober 1828, in: *Gedenkausgabe,* Bd. 24, S. 702. – Weitz 228.

30 *Literarischer Sansculottismus,* in: *Gedenkausgabe,* Bd. 14, S. 182. – Weitz 13.

31 An Franz Bernhard von Bucholtz, 14. Februar 1814, in: *Goethes Werke* (Weimarer Ausgabe), IV. Abt., Bd. 24, Weimar 1901, S. 151. – Weitz 109.

32 *Xenien von Goethe und Schiller,* in: *Gedenkausgabe,* Bd. 2, S. 455.

33 Zu Eckermann, 23. Oktober 1828, in: *Gedenkausgabe,* Bd. 24, S. 703. – Weitz 228.

34 An Thomas Carlyle, 20. Juli 1827, in: *Goethes Werke* (Weimarer Ausgabe), IV. Abt., Bd. 42, Weimar 1907, S. 270. – Weitz 207.

35 An Adolf Friedrich Streckfuß, 27. Januar 1827, in: *Goethes Werke* (Weimarer Ausgabe), IV. Abt., Bd. 42, Weimar 1907, S. 28. – Weitz 200.

36 *Le Tasse, drame historique en cinq actes par Monsieur Alexandre Duval,* in: *Goethes Werke* (Weimarer Ausgabe), I. Abt., Bd. 41/2, Weimar 1903, S. 265. – Weitz 198.

37 In dieser Formulierung in den *Zahmen Xenien,* in: *Gedenkausgabe,* Bd. 1, S. 636.

38 An Charlotte von Stein, 10. Februar 1787, in: *Goethes Werke* (Weimarer Ausgabe), IV. Abt., Bd. 8, Weimar 1890, S. 180. – Weitz 5.

Rainer Noltenius

Die Nation und Schiller

Dieser Beitrag befaßt sich nicht zentral mit Schillers Haltung zur deutschen Nation, weil diese für Schiller selbst wegen seines aufklärerischen Kosmopolitismus eine untergeordnete Rolle spielte. Statt dessen stellt sich die umgekehrte Frage nach dem Verhältnis der deutschen Nation zu Schiller: Aus welchen Gründen und in welcher Form wurde Schiller im 19. Jahrhundert zur geistigen Führerfigur der politischen Opposition mit ihrer Forderung nach nationaler Einheit aller Deutscher in den 34 Kleinstaaten deutscher Zunge, die es bis 1866 gab?

Von den Dramen, in denen Schiller ein weltpolitisches Szenarium aufbaut, handelt *Die Verschwörung des Fiesco zu Genua* (1784) vom Kampf gegen Tyrannenwillkür in einem italienischen Stadtstaat, *Don Carlos* (1787) geht es um den Befreiungskampf Flanderns gegen die Spanier, in der *Jungfrau von Orleans* (1801) um die Befreiung Frankreichs von englischer Besatzung, schließlich im *Wilhelm Tell* (1804) um den Befreiungskampf der Schweizer gegen die habsburgische Herrschaft. Warum schrieb Schiller kein Drama der Befreiung mit einem deutschen Stoff, keinen dramatischen Ausruf zur republikanischen Vereinigung aller Deutschen in einem Staat? Schiller selbst gibt 1796 mit einem bekannten Xenion die Antwort:

Deutscher Nationalcharakter –

Zur Nation Euch zu bilden, Ihr hofft es, Deutsche, vergebens;
Bildet, Ihr könnt es, dafür freier zu Menschen Euch aus![1]

Dieses Xenion und das spätere Fragment *Deutsche Größe* entstanden in der Zeit zwischen den Koalitionskriegen nach der französischen Revolution und der Auflösung des »Heiligen Römischen Reiches Deutscher Nation«. Zu dieser Zeit hielt Schiller die Bildung eines deutschen Nationalstaates für unmöglich und anderes: die Ausbildung zu freiem Menschentum für vorrangig. In dem um 1800 entstandenen großen Gedichtfragment *Deutsche Größe*[2] werden in der Situation der nationalen Niederlage dieses humanistische Ziel und der ihm inhärente Kosmopolitismus nicht geopfert, vielmehr wird das Bild einer deutschen »Kulturnation« entworfen, die sich nach Schillers Programm einer ästhetischen Erziehung zu Unabhängigkeit vor Fürstenthronen und einer den Menschen befreienden Geistigkeit entwickeln solle. Die spezielle »Deutsche Größe« liege gerade darin, daß Deutschland auf diese Weise Beiträge für die gesamte gebildete Welt aller Nationen leiste. Als Beispiele aus der Vergangenheit werden die Reformation als Emanzipation von dogmatischer Religiosität und Kants Aufklärungsprojekt als Befreiung aus selbstverschuldeter Unmündigkeit durch den Gebrauch der Vernunft genannt (wobei Schiller die Aufklärung im Sinne Kants deutlich abhebt von der bloß »materialistischen« der Franzosen).[3] Der Ehrgeiz der Deutschen solle sich darin entfalten, die geistigen Voraussetzungen für die Verwirklichung bürgerlicher Freiheiten und der Menschenrechte zu schaffen und auf diese Weise vorbildhaft im Reigen der europäischen Nationen zu wirken.

Dazu gegensätzlich verhält sich nun die Deutung, welche die deutsche Nation im 19. Jahrhundert an Schillers Verhältnis zur nationalen Frage vornimmt. Bis zur tatsächlichen politischen Einigung Deutschlands durch Bismarck nach dem deutsch-französischen Krieg 1871 vollzieht sich dies in zwei Phasen: Von Schillers Tod bis 1848/49 wird Schiller von der bürgerlichen Opposition in Deutschland, also von den Burschenschaftlern bis hin zu den liberalen Politikern, immerhin noch als Propagator demokratischer Freiheiten auf dem Weg zur einigen deutschen Nation gedeutet. Nach dem Scheitern der 48er Revolution bis 1871 überwiegt dann die Umstilisierung Schillers zum Heros nationalstaatlicher Einigung – notfalls auch undemokratischer Prägung (Nationalliberalismus). Wie es zu diesem in Hinblick auf Schiller selbst paradoxen Prozeß kommen konnte, soll an zwei Gelenkstellen der Schiller-Wirkung im 19. Jahrhundert gezeigt werden: an Vormärz und 48er Revolution sowie am großen dreitägigen Schillerfest 1859 zum 100. Geburtstag Schillers.

Für die Schillerwirkung entscheidend waren zunächst die Bildung von Schillervereinen in allen deutschen Staaten und die frühen Schillerfeste besonders in Stuttgart, Breslau und Leipzig.

Württemberg, als Heimat Schillers, hatte damit begonnen, Schillerfeste zu feiern. 1825 legte der 1824 in Stuttgart gegründete ›Liederkranz‹, eine Gesellschaft für Männergesang, in seiner Sitzung fest, daß eines der drei alljährlichen Feste des Liederkranzes zu Ehren Schillers an seinem Todestag, dem 9. Mai, zu feiern sei. Die dabei durch Konzerte anfallenden Einnahmen sollten für ein Denkmal Schillers verwendet werden.[4] Bereits am 9. Mai 1825 fand das erste deutsche Schillerfest in Stuttgart statt, unter starker Beteiligung von Autoren der »schwäbischen Romantik« wie Uhland, Hauff, Schwab, sämtlich Mitglieder des ›Liederkranzes‹. Der Charakter dieser Feiern war in den 20er Jahren zunächst noch unpolitisch und ganz durch den spätromantisch-religiösen Geniekult des Bildungsbürgertums geprägt. 1826 bildete der Stuttgarter Liederkranz einen Ausschuß, der zunächst als »Verein für Schillers Denkmal« weiter bestand und schließlich zum Stuttgarter Schillerverein wurde.[5] Dessen soziale Zusammensetzung zeigt bereits Ähnlichkeit mit der sozialen Zusammensetzung der Beteiligten an den Schillerfeiern 1859: Der Verein bestand vor allem aus Beamten, Akademikern, Künstlern, Schriftstellern, Kaufleuten und »kleinem Mittelstand«.[6] Er rief in ganz Deutschland zu Spenden für ein Schiller-Denkmal in Stuttgart auf, da das Schiller-Denkmal gleichzeitig ein nationales Denkmal sein sollte. Ein solches Denkmal sei

Tempel und Heiligtum, herausgehoben aus dem Getriebe der Stadt, der Weg zu dieser Stätte ist als Wallfahrtsweg konzipiert, und kultisch-religiöse Feiern sollen dort begangen werden.[7]

Als endlich im Jahr 1839 die Kosten aufgebracht und das bronzene Standbild durch Thorwaldsen fertiggestellt war, wurde die Enthüllungsfeierlichkeit am 8. Mai 1839 durch die Stuttgarter Vereine zusammen mit 44 weiteren Liederkränzen aus deutschen und dreien aus Schweizer Städten[8] als nationalreligiöses Fest gefeiert: Die Glocken der Stuttgarter Stadtkirchen läuteten, während Gustav Schwab, nicht nur Altphilologe, literarischer Berater des Cotta-Verlages und Redakteur des ›Morgenblatts‹ und des ›Musenalmanachs‹, sondern auch evangelischer Pfarrer, die Weihe des Denkmals vornahm, nicht ohne sich in seiner Rede gegen den Vorwurf des Götzendienstes abzusichern. Bei diesem Anlaß bezeichnete er die Schillerstatue selber als Wallfahrtsbild. Tatsächlich schloß sich an diese Feier eine heftige literarische Polemik an, in der die lutherische Orthodoxie den »Schiller-Götzendienst« befehdete und dabei nicht nur das »Heidentum« der Feiernden, sondern auch das Schillers selber anprangerte.

Zeigten die Stuttgarter Schillervereine und -feiern eine vorwiegend allgemein-patriotische Tendenz und provozierten vor allem wegen ihrer säkularisierten Religiösität, so traten die in den 30er und 40er Jahren aktiv werdenden Breslauer und Leipziger Schillervereine mit Schillerfeiern hervor, auf denen Schiller eindeutig parteipolitisch festgelegt und als Herold der bürgerlichen liberalen Opposition dargestellt wurde, was die fürstliche Obrigkeit und die Konservativen provozierte.

Der von Hoffmann von Fallersleben – dem Verfasser des *Deutschlandliedes* – gegründete literarische Verein ›Zwecklose Gesellschaft‹ in Breslau, aus dem 1827 der Breslauer Künstlerverein wurde, veranstaltete seit 1829 Schillerfeiern, aus denen ein Breslauer Schillerverein hervorging.[9] Hoffmann, bis zu seiner Relegation 1842 Professor für deutsche Sprache und Literatur an der Universität Breslau, hatte zu den jährlichen Schillerfesten des Vereins Toasts, Festreden und Gedichte auf Schiller mit einer so eindeutig liberalen Tendenz verfaßt, daß sie in den Zeitungen, die darüber berichten wollten, fast regelmäßig der Zensur zum Opfer fielen. Zum Schillerfest 1840 sammelte er alle diese unterdrückten Beiträge, trug sie auf dem Fest nochmals vor und veröffentlichte sie anschließend 1841 bei dem Oppositionsverlag Campe in Hamburg, dem Verlag Heines, unter dem Titel *Das Breslauer Schillerfest 1840*.

1840 wurde der Leipziger Schillerverein gegründet.[10] Mit Recht sieht Albert Ludwig in Robert Blum während der ersten Jahre des Vereins denjenigen, der entscheidend die Richtung bestimmte, und dies im Grunde sogar noch über das Jahr 1848 hinaus:

Eigentlich ist da für die ersten acht Jahre ein Name schon Programm: den Ton gab ein Mann an, der in den Bewegungen des Vormärz und dann in den Kämpfen des ›tollen Jahres‹ selbst eine hervorragende Rolle spielte: *Robert Blum* [...]. Ästhetische Erwägungen lagen ihm fern; wo er sich auf sie einläßt, zeigt er fast peinlich Ahnungslosigkeit [...]. Da war er anders in seinem Element, wenn es galt, Schillers sittliche Größe, seine prophetisch-historische Bedeutung, seinen Kampf für Wahrheit, Völkerwohl und Freiheit zu feiern. [...] laut gab er zu, man feiere am neunten Mai ein Fest des Vaterlandes, der Menschheit, der schönen besseren Zukunft, mit einem Worte ein politisches Fest.[11]

Die Schillervereine standen in den vierziger Jahren ständig in Gefahr, durch die Polizei aufgelöst zu werden. Sogar der politisch in den 20er Jahren relativ unverdächtige Stuttgarter Schillerverein gab in den Jahren nach der Pariser Julirevolution 1830, z. B. beim Schillerfest 1832, den Behörden Anlaß zur Besorgnis: »Aufs Peinlichste wurde namentlich das Fest 1832 überwacht; ja nachmittags ließ der Oberamtmann, da man Reden mißliebiger Persönlichkeiten […] befürchtete, die Sängerbühne zunageln«.[12]

Dieser Kampf mit Zensur und Verboten ist ein Zeichen dafür, wie die Schillerfeiern von den oppositionellen Liberalen dazu genutzt wurden, den vordergründig rein literarisch-ästhetischen Anlaß zum Erprobungsfeld freier und öffentlicher politischer Rede zu machen, wobei sie sich im Vormärz meistens auf Posas »Geben Sie Gedankenfreiheit!« beriefen. Schillerfeiern gaben dem oppositionellen Bürgertum die ansonsten fehlende Möglichkeit, in öffentlich-politischer Rede die rigiden politischen und publizistischen Einschränkungen des Alltags zu durchbrechen. Im Fest gelang es der Gegenwart, durch Anknüpfen an einen Autor der Vergangenheit, der nach Ansicht der Liberalen für die freie Meinungsäußerung und andere bürgerliche Freiheitsrechte gekämpft hatte, ermutigende Signale für zukünftig zu verwirklichende Ziele im Alltag zu setzen. Hoffmann wagte sogar den auf reale Veränderungen zielenden Schritt in den politischen Alltag – außerhalb des Freiraums des Festes –, indem er seine mündlich vorgetragenen politischen Äußerungen, die im festlichen Rahmen als ungefährlich geduldet wurden, anschließend veröffentlichte. Das literarische Fest als bürgerliches Oppositionsfest verband also mit der Schillerverehrung keine Flucht in die »machtgeschützte Innerlichkeit« (Thomas Mann) ästhetischen Selbstgenusses, sondern eine subjektive zeitgenössische Adaption des Dichters, die ihn zum Vorbild, Anlaß und Signal politischen Handelns für die Herstellung bürgerlicher Freiheit im halbabsolutistischen Staat des Vormärz-Deutschland werden ließ.

Kurz vor und während des Revolutionsjahres 1848 ließ das Interesse für Literatur, Kunst und Wissenschaft allgemein nach; viele literarische Zeitschriften mußten zugunsten der überall aus dem Boden schießenden politischen Tageszeitungen ihr Erscheinen einstellen. Schiller war als politischer und nationaler Dichter in aller Munde, die politischen Zeitereignisse wurden mit Parodien nach Art der Kapuziner-Predigt (aus *Wallensteins Lager*) kari-kiert, die Rütli-Verse auf Wahlversammlungen vorgetragen.[13] Anonyme Aufschriften an den Mauern des Berliner Opernhauses forderten »Übermorgen Wilhelm Tell«, und die daraufhin tatsäch-lich gebotene *Tell*-Aufführung soll zu einem »Volksfest« gewor-den sein.[14] Ebenfalls *Wilhelm Tell* wurde 1849 in Nürnberg zur Feier der Verkündigung der Grundrechte des deutschen Volkes durch das Frankfurter Paulskirchen-Parlament inszeniert.[15] Schließlich wurde 1850 sogar ein *Schiller-Almanach auf alle denk-würdigen Ereignisse der Jahre 1848 und 1849*[16] herausgegeben, der die politische Prophetie der Schillerschen Dichtung dadurch zu beweisen suchte, daß er den Ereignissen jedes Tages der 48er Revo-lution eines oder mehrere Zitate aus Schillers Dichtungen zuord-nete:

Januar 1848. 1. Nicolo Tommasco hält in Venedig die erste öffentliche Rede über Censurfreiheit.

> Den Flug
> Des Denkens hemme ferner keine Schranke,
> Als die Bedingung endlicher Naturen.
> (Don Carlos, 3r Aufz., 10r Auftr.)[17]

So mag Hans Mayers Behauptung: »Diese Schillervereine spielten bei der Vorbereitung der Erhebung von 1848 eine ähnliche Rolle wie die Studentenorganisationen und Turnerschaften zwischen 1815 und 1820 im Kampf gegen Restauration und Heilige Allianz«[18], zwar für die gesamtpolitische Entwicklung übertrieben sein, für das Bildungsbürgertum – zumal in den Hauptorten der Schillerverehrung Stuttgart, Breslau und Leipzig – hat sie jedoch durchaus ihre Berechtigung.

Mit dem Scheitern der Revolution und Einsetzen der Restauration sank die Mitgliederzahl der Schillervereine, wie die des Leipzigers, rapide. Dessen neuer Vorsitzender Wuttke urteilte: »Der Verein sank zusammen, als die Gemüter vom Öffentlichen und Allgemeinen sich abkehrten.«[19] Insbesondere bis zum Jahr 1852 übte die Polizei starken Druck aus, um politische Äußerungen des Vereins zu verhindern. Im Verein und auf den Schillerfesten wid-mete man sich demnach Schillers ärztlicher Tätigkeit oder dem Chorgesang[20], so daß man nach den Worten Wuttkes kaum »der Gefahr entgehen [konnte], daß die Schillerfeier zu einem bloßen

Concerte entartete«.[21] Die Beschränkung auf den Gesang vertonter Schillerscher Gedichte und die verkürzte Darstellung Schillers als bloßen Dichters erschien den Vereinen, die in Schiller den nationalen Lehrer und Propheten sahen, fast so absurd wie die Fixierung auf seine Tätigkeit als Arzt.

Nach Mitte der 30er Jahre und nach dem Revolutionsjahr 1848 erreichten Schillerfeiern und Schillerkultus 1855 an Schillers 50. Todestag ihren dritten Höhepunkt.[22] Auch zu diesem Zeitpunkt war gegenüber den Behörden immer noch größte Vorsicht geboten: So sprach Wuttke 1855 anläßlich seiner Kritik an dem eingeschränkten Lektürekanon vom gewaltigen Kaiser Tsin Schihoangti von China, der im Jahre 210 vor »unserer Zeitrechnung« den »durchgreifenden Versuch [machte], die alte Literatur seines Volkes auszurotten«. Nach Ansicht Gehrings meinte Wuttke hier »die sächsische Staatsregierung und die sie tragenden konservativen Kräfte«.[23] Mir scheint jedoch, daß sich Gehring bei der Auflösung der Verschlüsselung »Kaiser von China« (als sächsische Staatsregierung) irrt, da gerade Sachsen – wie auch die freien Städte – zu den wenigen Bundesstaaten gehörte, die sich vier Jahre später öffentlich an der großen nationalen Schillerfeier 1859 beteiligten.[24] Schon die Verschlüsselung als »Kaiser« paßt weniger auf den König von Sachsen als norddeutschen Mittelstaatenfürsten, sondern viel eher auf den preußischen König. Denn auf ihn als potentiellen Einiger des Deutschen Bundes zu einem Nationalstaat richteten sich die gesamtnationalen Hoffnungen der deutschen Liberalen. Aber gerade der preußische König hatte die Liberalen ein Jahr vor dem Fest des fünfzigsten Todestages Schillers durch die »Preußischen Regulative« (1854) schockiert. In diesen wurde den angehenden Lehrern in den Lehrerseminaren die »sogenannte Klassische Literatur«, sogar als Privatlektüre, als offensichtlich zu subversiv verboten.[25] Daß die deutsche Klassik von Lessing bis Schiller in den Lektürekanon der preußischen Volksschulen hätte aufgenommen werden können, daran war unter diesen Umständen gar nicht zu denken. Als Lektüre erschienen sie nur für die Kinder des Bildungs- und Besitzbürgertums in den Gymnasien in vorsichtiger Dosierung und, wie zahlreiche Didaktiken der Zeit zeigen, meist in moralisch kirchlicher Umdeutung tragbar.[26] Mit dem »Versuch, die alte Literatur seines Volkes auszurotten«, können eigentlich nur diese ebenso radikalen wie erfolglosen Maßnahmen der preußischen Regierung ge-

meint sein, die deutschen Klassiker (und zwar Schiller viel stärker
als Goethe), die in der Zeit des Vormärz zu breiter Popularität und
vermeintlicher politisch-oppositioneller Aktualität gekommen
waren, zu unterdrücken.

Das Schillerfest 1859

Neue politische Hoffnungen setzten im Oktober 1858 ein, als in
Preußen der Bruder des unheilbar kranken Prinzen Wilhelm zum
Prinzregenten ernannt wurde. Seine Regierungsumbildung und
die sich anschließenden Gesetzesänderungen zugunsten des
Besitzbürgertums weckten weitergehende Hoffnungen auf eine
künftige »gesamtnationale« Politik. Die bürgerlichen Liberalen in
Preußen und in den anderen deutschen Staaten sahen eine ›Neue
Ära‹ beginnen. Man hoffte, daß Preußen den österreichisch-italie-
nischen Krieg, in den Frankreich eingegriffen hatte, nutzen würde,
um die vierunddreißig deutschen Staaten einer auch ökonomisch
notwendigen Einigung entgegenzuführen. Eine Hoffnung, die –
zumindest am Ende der 1850er Jahre – noch trog.

In diese politische Situation hinein fiel der 100. Geburtstag
Schillers, der nun in 440 deutschen und 50 ausländischen Städten[27]
zum nationalen Festtag wurde.

Das Schillerfest im November 1859 wurde zur größten Veranstaltung, die in Deutschland jemals zu Ehren eines Dichters gefeiert wurde. An vielen Orten erregte es heftige Emotionen, weil es
gegen den Willen der Obrigkeit durchgesetzt werden mußte. Volle
drei Tage lang wurde der hundertste Geburtstag Schillers mit
Festumzügen durch die Städte, mit Schiller-Denkmals-Enthüllun-
gen vor den Rathäusern und Theatern, mit Festaufführungen, Pro-
logen, Liedern, lebenden Bildern, Toasten, Reden und Büstenbe-
kränzungen in Rathäusern, Theatersälen, Schulen, Universitäten,
in Gastwirtschaften, bei Festbanketten, in Vereinen und Zünften
von Universitätsprofessoren, Lehrern, Schriftstellern, Buchhänd-
lern, aber auch von einer großen Zahl von Handwerkern und
Arbeitern gefeiert. Nur Bauern, katholische Geistliche, Offiziere
und der Adel fehlten fast ausnahmslos; ja, letztere bekämpften das
Fest – soweit sie die Machtmittel dazu oder Publikationsorgane
besaßen.

Welche nationalpolitische Bedeutung Schiller beigemessen

wurde, zeigen besonders deutlich die großen Schillerfestumzüge, die in allen bedeutenden Städten durchgeführt wurden, wenn sie nicht verboten waren. Die auf Straßen und öffentlichen Plätzen zelebrierte Liturgie dieser Schillerfestumzüge[28] ließ vor allem zwei Symbolebenen erkennen: eine politische und eine religiös-kultische.

Die politische Ebene

Der in den größeren Städten stets mehrere Tausende ausschließlich männliche Teilnehmer zählende Zug setzte sich oft unter dem Donner von 101 Kanonenschlägen in Bewegung, obwohl laut Zeremoniell 101 Kanonenschläge nur zur Begrüßung von Königen abgefeuert werden durften. Deshalb wurde dieser Programmpunkt häufig von den fürstlichen Behörden verboten und war öfter in republikanischen Gemeinwesen anzutreffen, etwa bei den Schillerfeiern in den deutschen Kolonien amerikanischer Großstädte. Nationale wie partikulare Körperschafts-, Vereins- und Zunft-Fahnen bildeten einen »flimmernden Wald von Bannern und Fahnen«. Nationale und partikulare Embleme und Zeichen wurden mitgeführt, besonders häufig Eichenkränze, die auf das seit 1806 nicht mehr bestehende deutsche Reich hinwiesen. Ziel des Zuges war ein öffentlicher Platz, nicht nur der Platz vor dem Theater, sondern häufig auch der Marktplatz, auf dem vor dem Rathaus ein Schiller-Denkmal errichtet worden war. Die anschließende feierliche Bekränzung mit Lorbeer- und Eichenkränzen wurde in den dazu gehaltenen Reden und rezitierten Gedichten ausdrücklich »Krönung« genannt, der Denkmalssockel als »Thron« und Schiller selbst als »Majestät«, »König«, »Kaiser«, »Fürst« oder bescheidener als »Dichterfürst« bzw. als »Heerführer« bezeichnet, so daß es kaum mehr verwundert, daß alle Fahnen huldigend vor dem Denkmal gesenkt und wieder erhoben wurden. Böllerschüsse, Fahnen, nationale Symbole, Krönung, Thron, Herrscher- und Heerführerbezeichnungen für einen Dichter deuten darauf hin, daß Schiller als von der Bürgerschaft erhobener König offensichtlich zum Rivalen der realen Könige geworden war.

Häufig dem Schillerumzug vorangetragen wurde die schwarz-rot-goldene Fahne der deutschen Einheit – diese Fahne, die in der Vormärzzeit verboten war, so daß z. B. Fritz Reuter für das Tragen der »deutschen Farben« als Burschenschaftler jahrelang in Festungshaft büßen mußte. Nach der Revolution wurde sie erneut verboten, und nun – elf Jahre nach der Revolution – tauchte sie zum ersten Mal wieder in der Öffentlichkeit an der Spitze vieler Schillerumzüge auf! Manche Zugteilnehmer verstärkten die Erinnerungen an die 48er Revolution dadurch, daß sie mit geschultertem Gewehr im Zug mitmarschierten. Dementsprechend wurde Schiller als »Kämpfer« und als »Revolutionär« bezeichnet.

Zusammenfassend läßt sich der Schillerumzug auf dieser Symbolebene als feudaler Huldigungszug für einen zum Bürgerkönig ernannten Dichter bzw. als militärischer Triumphzug nach einem nationalen Sieg bzw. als politischer Demonstrationszug in Erinnerung an die Revolution von 1848 deuten.

Die religiös-kultische Ebene

Neben den Kanonenschüssen begleitete das Geläut der Glocken fast aller protestantischer Kirchen den Zug. Oft wurden Gegenstände aus Schillers Wohnungen wie Reliquien in einer Prozession mitgeführt: in Speyer z. B. der Tisch, an dem Schiller in Mannheim *Fiesco* und *Kabale und Liebe* überarbeitet und *Don Carlos* angefangen hatte. Bevorzugtes Ziel der Umzüge waren Stätten, an denen Schiller geweilt hatte oder die mit Motiven seiner Werke verbunden waren, wie das Rütli am Vierwaldstätter See oder das Waldsteinpalais Wallensteins in Prag. Oder man zog vor das Theater als die Stätte der Realisation Schillerscher Werke. In die dort errichteten Denkmäler war ins Fundament eine Art Reliquienschrein eingebaut, von denen manche Handschriften Schillers oder andere persönliche Gegenstände enthielten, wodurch der Denkmalssockel zu einer Art Altar wurde. Das Denkmal wurde mit Reden, Gedichten, Gesängen und Zeremonien ausdrücklich »geweiht«, die Krönung von Frauen, Jungfrauen oder Kindern vorgenommen, welche die Göttin der Dichtkunst oder die Musen darstellten oder aber einfach als Unschuld des Kindes oder Reinheit der Jungfrau auftraten. In den Gedichten, die zu den Zeremonien vorgetragen wurden, wurde Schiller als Prophet, Moses, Genius, Schutzgeist oder gar als Messias und als ein neuer Schöpfer bezeichnet. Der Zug wurde zur »Wallfahrt«, wie ihn einige Festbeschreibungen denn auch wörtlich kennzeichnen.

Die politische und religiös-kultische Symbolebene charakterisieren alle Schillerumzüge in Deutschland. Wenn in einer Stadt ein symbolischer Akt fehlte, wurde er durch einen mit analoger symbolischer Bedeutung ersetzt. Auch in Hamburg waren z. B. die 101 Böllerschüsse geplant. Die städtische Obrigkeit verbot Kanonenschüsse für einen bürgerlichen Dichter; statt dessen wurde die Gedächtnisfeier im Stadttheater durch den Gesang der Krönungshymne von Händel abgeschlossen.[29]

Schiller als Vorläufer Bismarcks

In einem zeitgenössischen Resümee über das Schillerfest heißt es: »Die Schillerfeiern in ganz Deutschland galten nicht bloß dem Gedächtnis des großen Toten, sie galten nicht bloß der Vergangenheit, sondern auch dem Sehnen der deutschen Gegenwart und der Hoffnung auf die Zukunft.«[30]

Wie das Schillerfest 1859 eine umfassende geschichtsphilosophische und geradezu heilsgeschichtliche Bedeutung für die Zeitgenossen erfüllen konnte, läßt sich präzis an einem Festgedicht Wilhelm Raabes auf Schiller ablesen, das der damals noch fast unbekannte Schriftsteller unter dem Pseudonym Corvinus zum Schillerfest in Wolfenbüttel rezitierte.[31]

Am Anfang wird aus der Unzufriedenheit mit der politischen Gegenwart des »Vaterlandes« heraus eine Zukunftserwartung formuliert:

> Wird nie der Retter kommen diesem Lande?
> Wird kein Befreier lösen uns're Bande?
> Wird der Messias nie erscheinen in der Welt?

Für Deutschland wird ein Retter und Befreier erwartet. Um die Wunscherfüllung überhaupt als möglich denken zu können, wird die Erfüllung dieses Wunsches in ferner Vergangenheit beschworen:

> Es galt in unserm Volk einst diese Sitte:
> Ward in Gefahr ein Fürst gewählet in der Mitte
> Der Besten, hob man ihn lautjauchzend auf den Schild
> Und zeigte so in ihm dem Volk des Volkes Bild.

Eigenartigerweise – für das Schillerfest aber durchaus charakteristisch – wird zum 100. Geburtstag Schillers keine historische Erinnerung an den Dichter (im ganzen Gedicht nicht) und auch an keinen anderen Schriftsteller beschworen, an Stelle dessen die Schilderhebung eines Heerführers in germanischer Vorzeit.

Warum das so ist, darüber klären die nächsten Verse auf, die sich mit der Gegenwart, dem November 1859 des Schillerfestes selbst, befassen:

> Und so auch jetzt! In diesen bösen Tagen
> Ward neu die Art der alten Heldensagen:
> Der Freiheit Sänger auf den Schild gehoben,
> Wie hält das Vaterland so hoch, so stark ihn droben.
>
> Um einen Führer schaaren sich die Stämme,
> Die Schranken fallen ein, zerbrochen sind die Dämme.
> Der Franken Herz, das Herz der Schwaben, Baiern, Sachsen,
> Zum Herz des Vaterlands in ihm zusammenwachsen!

»Der Freiheit Sänger«, Schiller, ist nach der Sitte der germanischen Väter aufs Schild erhoben, zum »Führer« ernannt! Und diese Schilderhebung des Schillerfestes habe es vollbracht, daß die Schranken und Dämme, also die Grenzen zwischen den Ländern, die nur bis 1806 zum Verband des Deutschen Reiches gehörten und nun selbständige Fürstentümer darstellten, zerbrochen seien.

> Das deutsche Reich, so ist's noch nicht verloren,
> Der Deutschen König ist auf's Neue so erkoren,
> Des Geistes Reich auf's Neue fest gegründet,
> Des Geistes Volk zu Kampf und Sieg verbündet.[32]

Vergleichen wir dieses Gedicht Raabes mit Schillers Gedichtfragment *Deutsche Größe,* so wird deutlich, daß Raabe wie Schiller von *einem* Deutschland als »Des Geistes Reich« ausgehen. Raabe transformiert aber im Gegensatz zu Schiller – der fortgeschrittenen historischen Situation entsprechend – das geistige Reich in ein einiges politisches Reich.

Folgt man der von Raabe und vielen anderen Festrednern und Gedichtschreibern geschmiedeten Argumentationskette, so ist mit den Tagen des Festes, mit dem 9. bis 11. November 1859, das Werk der Neubegründung des Deutschen Reiches »in Schiller« (wie ein religiöser Mensch sagen würde: »in Christo«) begonnen worden. Vollendet wird sie aber erst in der Zukunft nach »Kampf« und »Sieg« des Volkes unter der Führung von »Der Freiheit Sänger« Schiller!

Diese dichterische Phantasmagorie haben wir in ihren Bestandteilen als Kollektivphantasie schon in den Schillerfestumzügen mit ihrer politischen und religiösen Bedeutung gefunden. Sie besteht aus zwei politischen Elementen: einer Einigungsphantasie und einer Führerphantasie.

Die Tatsache, daß in den gestaltgewordenen Phantasien der Schillerfestumzüge und der Schillergedichte – wie dem von Raabe z. B. – der gewählte Führer Dichter und seit über 50 Jahren tot ist, macht Schiller zu einer Art getarntem Führer gegenüber der Obrigkeit und zu einer nur provisorisch besetzten ›Leerstelle‹: Die Führer-Massen-Struktur hat sich bereits herausgebildet, die über den festlichen Anlaß hinausreichende beständigere Führerfigur muß noch gefunden werden. Als Bismarck durch die Kriege von 1866 und 1870/71 mit »Blut und Eisen« die Reichseinigung von oben, also ohne demokratische Beteiligung, vollzogen hatte, glaubte das Bürgertum, endlich den realen politischen Führer gefunden zu haben. Während aber das Bürgertum 1859 aus eigener Initiative durch einen Akt mit z. T. demokratischen Zügen gegen den Willen der Obrigkeit Schiller zum – wenn auch fiktiven – Führer machte, wurde Bismarck als Vollstrecker fürstlicher Politik vom preußischen König zum preußischen Ministerpräsidenten und später zum Reichskanzler ernannt. So zeugt die nach den beiden erfolgreichen Einigungskriegen immer uneingeschränktere Verehrung des Bürgertums für Bismarck anders als die Schillerverehrung 1859 für eine Anpassung an die gegebenen halbabsolutistischen Verhältnisse.

Die 48er Revolution war für das Bürgertum zwiespältig verlaufen: Seine wirtschaftlichen Forderungen waren weitgehend erfüllt worden, es wurde von der fürstlichen Obrigkeit gefördert, seine damaligen politischen Forderungen nach Demokratie und Republik waren dagegen gescheitert, was allerdings, seitdem auch die Handwerker und Arbeiter sich in die 48er Revolution mit ihren Forderungen nach Rechten für die Mehrheit der Bevölkerung eingeschaltet hatten, vom größten Teil des Bürgertums nicht mehr nur bedauert wurde.

So wird verständlich, warum sich nach 1848 im Nationalliberalismus des Bürgertums, kurz vor Begründung des deutschen Nationalvereins, eine neue politische Vorstellungswelt entfaltet: der politische Traum, in einer Art Plebiszit, also noch auf demokratischem Wege, einen Führer zu wählen oder, wie es bei Raabe heißt: einen »Fürsten« und ihn zum »Führer […] der Stämme« zu erheben. Ein Modell, das schon 1849 vergeblich versucht wurde, als die deutsche Nationalversammlung in Frankfurt ausgerechnet den preußischen König parlamentarisch zum Deutschen Kaiser wählte. (Der dann nichts Eiligeres zu tun hatte, als die ersten Ansätze einer Demokratie in Deutschland mit Waffengewalt zu zerschlagen und das Paulskirchen-Parlament aufzulösen.)

Das Schillerfest erhebt dagegen symbolisch einen Bürger, nämlich Schiller, zum Fürsten und Führer der Deutschen. Ein Vorgang, der von den französischen Bürgerkönigen den Zeitgenossen bekannt war. Als symbolische Handlung verwirklicht das Schillerfest also einen deutschen Bonapartismus. Ein Bürger wird – im Plebiszit – symbolisch zum Fürsten erhoben. Nach der Erhebung aber wird diesem die Initiative zum Handeln überlassen, der Wunsch zur demokratischen Selbstbestimmung ist verlorengegangen. Die Führer-Massen-Struktur prägt die Festphantasien. Das ist die untergründige politische Bedeutung, wenn Schiller in den Festzügen und Zeremonien als Fürst, König und Messias vom Bürgertum benannt wird.

Die tatsächliche geschichtliche Entwicklung ging andere Wege: Der preußische König, nicht von Volkes Gnaden Deutscher Kaiser, sondern von »Gottes Gnaden« König, betrieb durch seinen Ministerpräsidenten Bismarck deutsche Einigungspolitik statt auf demokratischem auf militärischem Wege: Zuerst durch einen Krieg gegen Österreich und seine süddeutschen Verbündeten, der 1867 in der Teileinigung des Reiches, dem Norddeutschen Bund unter Führung Preußens, endete und dann durch den Deutsch-Französischen Krieg, der alle deutschen Staaten mit Ausnahme Österreichs zum Deutschen Reich vereinte. Bismarck wurde dadurch immer mehr zum Idol des Bürgertums. Einerseits hatte er die im Schillerfest gefeierte Phantasie von der deutschen Einheit verwirklicht. Andererseits hatte das Bürgertum in den bonapartistischen Phantasien des Schillerfestes sich ja schon auf ein Führer-Gefolgschafts-Verhalten eingestimmt.

Deshalb kann die Wirkungsgeschichte des Schillerfestes 1859 in den folgenden Jahrzehnten kaum mehr verwundern. Fast stereotyp wird im Blick auf 1859 Bismarck vom Bürgertum als Nachfolger Schillers bezeichnet. Von 1871 bis nach 1945 wird zwischen Bismarck und Schiller eine Art Führer-Genealogie tradiert: »Vielen ist der 11. November 1859 der Geburtstag des zweiten Reiches und Schiller der Bismarck im Reich der Geister. Denn niemals hätte Bismarck die entfremdeten Stämme einigen können, wäre ihm der Schwabe nicht vorangegangen.«[33] Einer der ersten, der den politischen Zusammenhang zwischen Schillerfest und Bismarck proklamierte und mehrfach in Romanen gestaltete, war Wilhelm Raabe. Nachdem die Reichseinheit 1871 durch die Bismarcksche Politik ohne Mitwirkung des Bürgertums, die noch der Nationalverein erhofft hatte, herbeigeführt worden war und sich nicht einmal der demokratische Rest, die plebiszitäre Komponente, realisiert hatte, zog sich Raabe aus der praktischen Politik zurück. Mit seinem dichterischen Werk kommentierte er jedoch den Einigungserfolg Bismarcks 1870/71 und Bismarcks Entlassung 1890. Während des zur Gründung des neuen Deutschen Reichs führenden Deutsch-Französischen Kriegs schrieb er den Roman *Dräumling*, der den vom Bürgertum für die drei Tage des Schillerfestes von 1859 erlebten Einheitstaumel am Beispiel einer kleinen Landstadt vorführt. Nach der Entlassung Bismarcks verfaßte er noch im Jahre 1890 *Gutmanns Reisen*, einen weitgehend – in den Reden – dokumentarischen Roman über die Tagung des Nationalvereins in Coburg, an der er 1860 teilgenommen hatte, als das Bürgertum – wie beim Schillerfest und seiner dichterischen Gestaltung im *Dräumling* – noch meinte, die Initiative für die deutsche Reichsgründung selbst in die Hand nehmen zu können. Nichts ist bezeichnender für die Widersprüchlichkeit, in der sich das liberale Bürgertum im neuen Reich befand, als die Tatsache, daß Raabe *Gutmanns Reisen*, diese Darstellung des letzten bürgerlichen Versuchs zur politischen Selbstinitiative, seinen Freunden gegenüber mehrfach seine »Bismarckiade« nannte[34] und Bismarck selbst gar mit der Bezeichnung »Erlöser« belegte[35], die er noch 1859 für Schiller verwandt hatte.

Zum Fest des hundertsten Todestages Schillers 1905 erschienen dann eine Veröffentlichung unter dem Titel *Schiller und Bismarck* von Th. Birt und verschiedene Aufsätze, die diesen Zusammenhang entfalteten.[36] Das oben genannte Zitat von A. Pappenscheller, das den 11. November 1859 den »Geburtstag des zweiten Reiches« und Schiller den »Bismarck im Reich der Geister« nennt, stammt aus der Zeit, in der Deutschland in Hitler einen neuen furchtbaren Führer gefunden hatte, der nun tatsächlich durch demokratische Wahl zur Macht gekommen war und dem deutschen Volk zeigte, welch fatale Folgen die Aufgabe demokratischer Mitwirkung zugunsten blinden Gefolgschaftsdenkens haben konnte.

Als Beispiel für eine andersartige Rezeption Schillers sei zunächst
ein von den Arbeitermusikvereinen im politischen Exil gesungenes
Lied von Ludwig Pfau[37] vorgeführt. Pfau wurde 1821 in Heilbronn als Sohn eines Gärtners geboren, wurde selber Gärtner,
dann nach einem Studium Redakteur des polemischen ›Eulenspie-
gels‹ und mußte deshalb nach 1848 wegen einer Hochverratsklage
ins Ausland fliehen. Die meisten Jahre seines Exils verbrachte er in
Paris, wo er mit Heinrich Heine und Moritz Hartmann in enger
Verbindung stand. Die deutschen Arbeiter in Paris, für die Pfau
sein Schillergedicht schrieb, stellten einen großen Anteil der nach
der Revolution auf über 90000 Emigranten allein in Paris ange-
wachsenen Zahl der Deutschen. G. L. Mosse stellt fest: »Die Schillerfeier in Paris [auf der das Lied gesungen wurde] z. B. war das
Werk ausgewanderter Arbeiter, die Musikvereinen angehörten«.[38]
Zeitgenössische Quellen lassen erkennen, daß das Fest zwar kein
exklusives Arbeiterfest war[39], wohl aber die Arbeiter mit den weitgehend aus ihren Reihen gebildeten Gesangsvereinen das Schillerfest in starkem Ausmaß trugen. Der Korrespondent einer deutschen Zeitung berichtete:

– Paris, 9. Nov. Über alles Lob erhaben ist der gewissenhafte, ich möchte
sagen fromme Eifer, womit die deutschen Arbeiter, die den verschiedenen
Gesangvereinen angehören, sich für das Fest vorbereiteten. Nach dem
Schluß des Ateliers [d. i. der Fabrikarbeit] wird jeden Abend bis nach Mit-
ternacht die Musik einstudiert und probiert. Und charakteristisch ist es,
daß es wohl keinen deutschen Arbeiter in Paris gibt, der nicht, aus Furcht
keinen Platz mehr zu bekommen, schon vor acht Tagen seine Eintrittskarte
gekauft hat. So einig, einträchtig und versöhnlich, wie ein guter Mensch an
hohen Festtagen zu sein pflegt, habe ich diese Arbeitermenge, dieses deutsche Proletariat, das an Sonntagen nur aus jungen Leuten zu bestehen
scheint, nie gesehen.[40]

Diesem Teil der Mitwirkenden, den weitgehend von deutschen
Arbeitern getragenen Gesangsvereinen und den Arbeitern im
Publikum, widmete Ludwig Pfau sein Lied:

Schillerlied

Für die deutschen Arbeiter in Paris
In Musik gesetzt von Meyerbeer

1 Wohl bist Du uns geboren,
   Gestorben bist Du nicht:
   Du lebst so unverloren,
   Wo deutsche Zunge spricht,
   Du giebst uns, großer Meister,
   Ein einzig Vaterland –
   Die Brüderschaft der Geister,
   Das ist der Einheit Band.

2 Dein Wort hat uns gestählet,
   Dein Lied uns Trost gebracht;
   Dein Hauch hat uns beseelet
   Am großen Tag der Schlacht.
   Mit Tells Geschoß, ein Rächer,
   Stehst Du in neuer Zeit –
   Der ist ein Kettenbrecher,
   Der uns den Geist befreit.

3 Du hast in ew'ge Töne
   Das flücht'ge Wort gebannt,
   An höchste Menschenschöne
   Die höchste Kraft gewandt.
   Hell brennt in deutschen Busen
   Dein heilig Feuer noch –
   Die liebste Deiner Musen
   Das war die Freiheit doch.

4 Nie hat der Dichtung Flamme
   Ein edler Haupt geschmückt,
   Du hast dem ganzen Stamme
   Dein Siegel aufgedrückt.
   Wie weite Lande lichter
   Im Abendfeuer stehn –
   So darf dein Volk, o Dichter!
   In deinem Purpur gehn.

5 Wir stehen, Deine Erben,
   Getrennt, doch ungebeugt:
   Das Volk kann nicht verderben,
   Das solche Männer zeugt.
   Den Du gestreut, der Same,
   Er schießt in Aehren schon –
   Gesegnet sei Dein Name,
   O Deutschlands liebster Sohn!

6 Ihr Völker nah und ferne,
  Jauchzt unterm Himmelszelt:
  Die Denker und die Sterne,
  Sie leuchten aller Welt.
  Sprich, Genius, dein »Werde!«
  Bis jede Schranke fiel –
  Die Menschheit und die Erde:
  Ein Volk, ein Land, ein Ziel.[41]

Pfaus Festlied ist ein Rollengedicht, das eine Kommunikation zwischen zwei Partnern fingiert, zwischen dem Volk und Schiller. Der Autor Pfau verschwindet – sich identifizierend – im »Wir« des Volkes. Indem die Chöre das Lied gemeinsam singen, identifizieren sie sich mit dem Text des Autors, wofür dieser beim Schreiben des Liedes schon die Voraussetzung schuf: Statt einer Privataussage formulierte er eine kollektive Aussage der Sänger. Das scheint bei Pfau legitim, da er selbst den Weg gegangen war, den die Sänger und ein großer Teil des Publikums, die Handwerker und Arbeiter, auch beschreiten wollten, indem sie kulturellen Vereinigungen des demokratischen deutschen Exil-Bürgertums wie den Gesangsvereinen beitraten. Der Devise »Bildung macht frei« folgend, versuchten sie nach Möglichkeit als ganze soziale Klasse, zumindest aber als Einzelperson in der Anpassung ans demokratische Bürgertum, über kulturelle Teilhabe und den Erwerb von Bildung die gesellschaftliche Emanzipation zu erreichen.

Durch ein wichtiges Moment unterscheidet sich das »Wir« Raabes und seines bildungsbürgerlichen Publikums vom »Wir« Pfaus und seiner Handwerker- und Arbeitersänger: Raabe läßt sein kollektives Massen-Ich in einer narzißtischen Einheit mit dem Ideal-Objekt Schiller aufgehen; Pfau und die Arbeiter halten die Trennung zwischen dem »Wir« und dem Objekt Schiller aufrecht; da sich das »Wir« nicht im Objekt auflöst, kann es, das Objekt mit »du« anredend, ihm gegenübertreten. Dennoch bildet inhaltlich das aktiv sprechende »Wir« den passiven Teil der Interaktion, das angesprochene »Du« [Schiller] ausschließlich den aktiven: »Du giebst ein einzig Vaterland« (1), »Du hast dem ganzen Stamme dein Siegel aufgedrückt« (4) u. ä. Schiller ist also das Subjekt, welches das deutsche Volk von 1859 zu seinem Erben einsetzt und es dadurch geistig und politisch befreit. Schiller ist der in ihrer Erinnerung Lebendige, er kann mit »du« angeredet werden und – in der poetischen Fiktion – das deutsche Volk zum Zeitpunkt des Festes zu seinem Objekt machen. In Wirklichkeit war es umgekehrt: Die Arbeiter wählten Schiller, für ihre Feier war er das Objekt. Indem diese weitgehend durch deutsche ausgewanderte Arbeiter geprägten Vereine ebenso wie zahlreiche innerdeutsche Arbeiterbildungsvereine gerade Schillers Werk als ihr Erbe betrachteten, waren sie tatsächlich der aktive Teil. In dieser Umkehrung drückte sich eine Objektwahl aus, die beide von Freud beschriebenen Typen möglicher Objektwahl in sich vereinigte: die »anlehnende«, z. B. in: »Dein Wort hat uns gestählet«, als eine Objektwahl, welche die schützende Vatergestalt oder eine von ihr ausgehende Ersatzperson sucht; gleichzeitig aber auch die »narzißtische«: »So darf Dein Volk, o Dichter! / In Deinem Purpur gehn« (4), als eine Objektwahl, die im Objekt liebt, was das Ich selbst darstellen möchte.[42]

Wie stark die kämpferische Identifikation mit Schiller sich zwar ans liberale Bürgertum des Vormärz anlehnt, vom zeitgenössischen Bürgertum sich aber in entscheidenden Rezeptions- und Festformen unterscheidet, zeigt ein Blick auf die in den Arbeiterbildungsvereinen intern veranstalteten Schillerfeiern. Dazu sollen die Dokumente der Schillerfeste der deutschen Arbeiterbildungsvereine im Inland und im ausländischen Exil, insbesondere in Hamburg[43], Paris[44] und London[45] herangezogen werden. Die Leitung dieser Vereine lag allerdings noch weitgehend in Händen von Angehörigen des Bildungsbürgertums, die entweder aus oppositionell-demokratischen oder aber aus liberal bis konservativ »volksbildnerischen« Bestrebungen in diesen Vereinen aktiv wurden. So bestand z. B. das Schillerfest-Comité des Hamburger »Bildungsvereins für Arbeiter« aus vier Bürgerlichen und drei Arbeitern. Um so auffallender ist, daß die Schillerrezeption dieser Arbeitervereine erheblich von der der bürgerlichen abweicht. Von den 16 000 Teilnehmern des Hamburger Zuges waren allein 1000 Arbeiter, womit sie die größte Berufs- (und gleichzeitig Vereins-) Gruppe des Festumzugs bildeten. Für die religiöse Metaphorik der Festreden und -gedichte der Arbeitervereine waren etwa folgende Vorstellungen bezeichnend:

– Schiller gilt als »Prophet des einigen deutschen Reiches«.[46]
– Seine Dichtungen gäben »Muster und Vorbilder, vor denen die biblischen größtenteils verblassen«.[47]
– Robert Blum (der Paulskirchen-Abgeordnete der linken Frak-

tion, der nach der Niederlage der Revolution in Wien hingerichtet worden war) sei für die Verwirklichung der Ideale Schillers den Märtyrertod gestorben.[48]

Hatte das Bürgertum, indem es Schiller zum Messias, Christus und zweiten Schöpfer ernannt hatte, aus dem Dichter einen mehr oder weniger transzendent wirkenden Täter gemacht, der das Volk oder den einzelnen führe und befreie, machten die republikanisch orientierten Arbeitervereine ihn zum Propheten, also zu einem, der nicht durch Dasein und Tat, sondern durch sein Wort wirkt. Tatsächlich ist in allen Dokumenten zur Rezeption der Arbeitervereine Schillers Werk wichtiger als seine Person. Schiller wird nicht einem göttlichen Erlöser gleichgesetzt, vielmehr wird der Inhalt seiner Dichtungen mit dem Inhalt der Bibel verglichen und ihr als überlegen erklärt. »Muster und Vorbild« hieß dabei, daß die demokratischen Vereinsmitglieder den Anspruch erhoben, Schillers Ideale in der Realität zu verwirklichen: Und wenn man dabei umkomme, werde man nicht zum Märtyrer eines Führers, sondern sterbe für Ideale, die man mit Schiller teile. In einer Rede hieß es, daß Schiller in seiner *Jungfrau von Orleans* und im *Wilhelm Tell* die deutsche Einheit prophetisch vorhergesehen habe. Diese Einheit wird nicht, wie bei Raabe, als mit dem Schillerfest hier und heute durch Schiller bereits vollendet behauptet, sondern als ein seherisch anvisiertes Ziel aufgestellt, für das Bürger und Arbeiter noch gemeinsam, notfalls auch die Arbeiter allein, zu kämpfen hätten. Insgesamt verweisen religiöse Vergleiche oder Metaphern bei den Arbeitervereinsmitgliedern nicht wie bei den bürgerlichen Anhängern der Autonomieposition auf ein transzendentes Reich des Schönen mit einem dort göttlich waltenden Schiller und nicht – wie bei Raabe und anderen – auf einen ins Irdische eingreifenden Heiland; ihnen ging es um die aktuelle politische Relevanz von Schillers Dichtung. Wenn sie dabei zu religiösen Termini griffen, so deshalb, weil sie unter Politik nicht Verwaltung des Bestehenden verstanden, sondern revolutionäre, z. T. schon sozialistische Veränderungen, deren eschatologische Züge für sie kaum anders als durch Anknüpfen an religiöse Vorstellungen zu denken waren (kennzeichnend für die Tendenz des damals in diesen Vereinen kurz vor der Begründung der SPD herrschenden »utopischen Sozialismus«). Politisch stellte sich die Metaphorik der Schiller-Verehrung so dar:

– Lorbeerbekränzungen von Schillerbüsten waren auch bei den

Arbeitervereinen beliebt, doch wurde das Bekränzen bei ihnen nicht »krönen«, sondern »schmücken« genannt.[49]

– Die Kränze, die die Arbeitervereine Schiller darbrachten, wurden von ihnen nicht als Kronen des deutschen Kaisers, Königs oder Dichterfürsten bezeichnet, vielmehr seien sie »mehr als die Kronen aller Herrscher wert«.[50]

– Der Purpur, traditionelles monarchisches Gewand, wird im Gedicht Pfaus von Schiller an das Volk weitergegeben.

Das Krönungsvokabular, bei den Veranstaltungen bürgerlicher Schillerkomitees so stark verbreitet, wurde bei den Arbeiter- und Handwerker-Vereinen weitgehend vermieden. Wenn es aber doch gebraucht wurde, dann nicht, um die Gleichstellung von Dichter und König zu behaupten, sondern um beide in Rivalität zueinander zu setzen und dabei den Dichter höher zu werten (eine Rivalisierung, die schon im Vergleich zwischen Schillers Werken und der Bibel aufschien). Auch diese Rivalisierungstendenz wich stark von den bürgerlichen Rezeptionsformen ab, die sehr häufig und recht forciert die Harmonie zwischen Schiller und der christlichen Lehre, zwischen Geist und Politik etc. herausstellten. Auch in der Umkehrung der Symbolik, im Bild des Purpurs für das Volk, wird die rivalisierende Identifikation deutlich: Aus dem Symbol des Monarchen, des Alleinherrschers, wird ein Symbol der Demokratie, der Volksherrschaft, bei der Schiller nicht Führer ist, sondern primus inter pares.

Fassen wir zusammen: Zur Zeit des Vormärz und der 1848er Revolution wird Schiller zur Galionsfigur der politisch-liberalen Opposition gegen fürstlichen Absolutismus, literarische Zensur etc., da man durchaus entsprechend Schillers eigener Intention seine Dramen und theoretischen Schriften als flammende Aufrufe zur Verwirklichung von mehr Menschenrechten im Sinne der bürgerlichen Freiheiten deutete, Schillers Anspruch, daß das Theater eine »moralische Anstalt« sei, also ernstnahm. Anders stellt sich dies für die Restaurationszeit nach 1849 und bei der Mehrheit der Feiernden auf dem Schillerfest 1859 dar: zwar knüpft man auch in dieser Zeit an authentische Vorstellungen Schillers an. (Wenn z. B. in Raabes Schillerfest-Gedicht Deutschland als »Des Geistes Reich« dargestellt ist, entspricht das durchaus den Vorstellungen Schillers in *Deutsche Größe;* und es entspricht auch dem ästhetischen Programm Schillers, wenn gerade ein Schriftsteller zum geistig moralischen Führer der Deutschen erwählt wird.) Doch bleibt es bei den Schiller-Feiernden 1859, z. B. bei Raabe, nicht bei geistig-moralischer Führung; vielmehr wird Schiller in den Festgedichten – wie in der Symbolik der Festumzüge – zum Fürsten, König, Kaiser, ja mit religiös-eschatologischen Zügen ausgestattet, zum Erlöser und Messias. Tatsächlich waren selbst diese geschichtsphilosophischen Gedanken einer kommenden nationalen Erlösung Schiller nicht fremd:

Abgesondert von dem politischen hat der Deutsche sich einen eigenen Werth gegründet und wenn auch das Imperium untergienge, so bliebe die deutsche Würde unangefochten. Sie ist eine sittliche Größe, sie wohnt in der Kultur u. im Character der Nation, der von ihren politischen Schicksalen unabhängig ist. […] Dem, der den Geist bildet, beherrscht, muß auch zuletzt die Herrschaft werden, denn endlich an dem Ziel der Zeit, wenn anders die Welt einen Plan, wenn des Menschen Leben irgend eine Bedeutung hat, endlich muß die Sitte und die Vernunft siegen, die rohe Gewalt der Form erliegen – und das langsamste Volk wird alle die schnellen einhohlen.[51]

»Das langsamste Volk«, das deutsche Volk, und nicht seine Fürsten und Führer, stehen allerdings im Mittelpunkt dieser endzeitlichen Erwartungen Schillers. Dem Schiller, der stets für die Befreiung vom Absolutismus und für die Emanzipation des Menschen aus Herrschafts- und Religionsfesseln gekämpft hatte, wäre seine Umdeutung durch die eigene Nation nur zwei Generationen nach seinem Tode wohl doch grotesk erschienen: »Deutschlands Majestät und Ehre ruhet nicht auf d Haupt s. Fürsten […] wohnt auf seiner Bürger Haupt«[52]

Diese von Schiller besonders nachdrücklich vertretene Tendenz der neuhumanistischen Klassik wurde nach 1848 und besonders 1859 nur noch von wenigen demokratisch gesinnten Individuen und Organisationen wie z. B. den angeführten demokratischen Handwerker- und Arbeitervereinen aufrechterhalten. Das Bürgertum vollzog in seiner überwiegenden Mehrheit in seinem Schillerbild einen Kompromiß zwischen der Anpassung an die halbabsolutistische Obrigkeitsstruktur und dem Bedürfnis nach wenigstens partieller Mitbestimmung, indem es Schiller im Wunschdenken der Festphantasien zum bonapartistischen Bürgerkönig krönte.

1 *Schiller-Nationalausgabe*, Bd. 1, S. 320 f.

2 *Schiller-Nationalausgabe*, Bd. 2/1, S. 431 ff.

3 H. J. Malles, *Friedrich Schillers Gedichtfragment »Deutsche Größe«*, in: Impulse 11 (1988), S. 61-96, hier: S. 90. Das Fragment wurde erstmals veröffentlicht von Bernhard Suphan, *Deutsche Grösse, ein unvollendetes Gedicht Schillers 1801*, Weimar 1902; mit dessen Datierung setzte sich auseinander: Albert Leitzmann: *Schillers Gedichtentwurf »Deutsche Größe«*, in: Euphorion 12 (1905), S. 3-25; vgl. auch Joachim Müller, *Schillers Gedichtentwurf »Deutsche Größe«*, in: ders., *Wirklichkeit und Klassik*, Berlin 1955, S. 163-197.

4 O. Elbers, *Das Schillerfest in Schillers Heimath*, Stuttgart 1859, S. 1.

5 A. Ludwig, *Schiller und die deutsche Nachwelt*, Berlin 1909, S. 151 f.; E. Munz, *Dem Dichter ein Denkmal*, Marbach 1976, S. 12 f. G. Stadler, *Schiller im Schillerverein*, Diss. München 1976, S. 66 ff.

6 A. Ludwig, *Schiller und die deutsche Nachwelt*, Berlin 1909, S. 152.

7 O. Elben, *Das Schillerfest in Schillers Heimath*, Stuttgart 1859, S. 69.

8 E. Munz, *Dem Dichter ein Denkmal* (vgl. Anm. 5), S. 74.

9 G. Stadler, *Schiller im Schillerverein*, (vgl. Anm. 5), S. 49-52.

10 A. Gehring, *Genie und Verehrergemeinde*, Bonn 1968, S. 42.

11 A. Ludwig, *Schiller und die deutsche Nachwelt* (vgl. Anm. 5), S. 214 f.

12 O. Elben, *Erinnerungen aus der Geschichte des Stuttgarter Liederkranzes*, Stuttgart 1894, S. 18.

13 A. Gehring, *Genie und Verehrergemeinde*, Bonn 1968, S. 106.

14 Allgemeine preußische Zeitung, 1848, Nr. 85.

15 Hysel, *Das Theater in Nürnberg*, 1863, S. 388 nach: A. Ludwig, *Schiller und die deutsche Nachwelt* (vgl. Anm. 5), S. 340 f.

16 Berlin 1850 (Marbacher Literaturarchiv).

17 Ebd.

18 H. Mayer, *Schillers Nachruhm*, in: H. M., *Zur deutschen Klassik und Romantik*, Pfullingen 1963, S. 705.

19 H. Wuttke, *Aus den Acten des Schillervereins, Festbericht am 10. November 1864*, abgedruckt in: Leipziger Tagblatt, 26.10.1890.

20 A. Gehring, *Genie und Verehrergemeinde*, (vgl. Anm. 13), S. 107.

21 H. Wuttke, *Aus den Acten [...]* (vgl. Anm. 19).

22 A. Gehring, *Genie und Verehrergemeinde* (vgl. Anm. 13), S. 108.

23 Ebd., S. 108 f.

24 *Schiller-Denkmal. Festausgabe*, Berlin 1860, enthält z. B. eine Rede des sächsischen Staatsministers von Beust, Bd. 1, S. 257-261.

25 K. H. Günther (Hg.), *Quellen zur Geschichte der Erziehung*, Berlin ²1971, S. 304.

26 A. Ludwig, *Schiller und die deutsche Nachwelt* (vgl. Anm. 11), S. 382-84.

27 W. Raabe, *Der Dräumling, mit Dokumenten zur Schillerfeier 1859*, hg. v. A. Klingenberg, Berlin und Weimar 1984, S. 276.

28 Zur politischen Entstehungsgeschichte der Schillerfestumzüge und zum Kampf der Behörden dagegen, sowie zum Nachweis der Quellen s. R. Noltenius, *Die Schillerfestumzüge*, in: R. N., *Dichterfeiern in Deutschland. Rezeptionsgeschichte als Sozialgeschichte [...]*, München 1984, S. 77-87.

29 B. Endrulat, *Das Schillerfest in Hamburg [...] 1859*, Hamburg 1860.

30 Illustrierte Zeitung, Leipzig, 12.11.1859.

31 R. Noltenius, *Dichterfeiern in Deutschland* (vgl. Anm. 28), S. 113-143.

32 Zit. nach der Erstveröffentlichung in: *Schiller-Denkmal* (vgl. Anm. 24), Bd. 2, S. 470-472; s. dazu Noltenius, *Dichterfeiern*, S. 114.

33 A. Pappenscheller, *Schillers Gestalt in der Dichtung*, phil. Diss. Wien 1936, S. 56 ff. Veröffentlicht also noch vor Hitlers Einmarsch in Österreich und dem »Anschluß ans Reich«.

34 W. Raabe, *Sämtliche Werke*, hg. v. K. Hoppe, Göttingen 1951 ff., Bd. 18, S. 470.

35 H. Oppermann, *Wilhelm Raabe in Selbstzeugnissen und Bilddokumenten*, Reinbek 1970, S. 116.

36 *Bismarck*, Marburg 1905; O. J. Bierbaum in: Literarisches Echo, 1904/05, Sp. 1048; die 1905 angeregte Preisschrift A. Ludwig, *Schiller und die deutsche Nachwelt* (vgl. Anm. 11), S. 18, S. 404, S. 482; dann nach 1945: A. W. Richter, *Schiller und die Nachwelt*, in A. Bergsträsser (Hg.), *Deutsche Beiträge zur geistigen Überlieferung*, Chicago 1947, S. 175 f.

37 E. Weinstock, *Ludwig Pfau*, Heilbronn 1975, S. 15-28; Th. Heuß: *Ludwig Pfau*, in: Th. H., *Schwaben*, Tübingen 1967, S. 149-159, sowie die vollständige Zusammenstellung der Primär- und Sekundärliteratur zu Pfau bei E. Weinstock, S. 29-34.

38 George L. Mosse, *Die Nationalisierung der Massen. Politische Symbolik und Massenbewegungen in Deutschland [...]*, Frankfurt/Main 1976, S. 108.

39 Pariser Zeitung, 12.11.1859, S. 1.

40 Courier an der Weser, 13.11.1859, S. 2.

41 Hier zitiert nach der Erstveröffentlichung in: *Sammlung [...]*, 1859, S. 3 ff. Für die Gesamtausgabe seiner Gedichte (Ludwig Pfau, 1874, S. 403 f.) hat Pfau erhebliche restaurative Retuschen an der politischen Metaphorik von Strophe 4 und 5 vorgenommen.

42 S. Freud, *Zur Einführung des Narzißmus* (1914 c), in: GW 10, S. 153-157.

43 B. Endrulat, *Das Schillerfest in Hamburg* (vgl. Anm. 29), Anhang S. 81-87, 129-131; *Die Hamburger Schillerfeier, ein deutsches Volksfest [...]*, Hamburg 1859, S. 17-20.

44 Vgl. Anm. 41.

45 Bericht Franz Mehrings in: F. M., *Gesammelte Schriften*, Bd. 10, Berlin
    1961, S. 566-572; *Schiller-Denkmal* (vgl. Anm. 24), Bd. 2, S. 692-696.
46 B. Endrulat, *Das Schillerfest in Hamburg* (vgl. Anm. 29), Anhang, S. 86.
47 Ebd., S. 84.
48 Ebd., S. 87.
49 *Die Hamburger Schillerfeier* (vgl. Anm. 43).
50 Ebd.
51 *Schiller-Nationalausgabe*, Bd. 2/1, S. 431 f.
52 Ebd., S. 435.

Jochen Schmidt

Deutschland und Frankreich als Gegenmodelle in Hölderlins Geschichtsdenken: Evolution statt Revolution

Walter Haug zum 65. Geburtstag

I

Nachdem Napoleon am 18. Brumaire 1799 in einem Staatsstreich das Direktorium und die Kammern aufgelöst hatte, erklärte er am 15. Dezember die Französische Revolution für beendet. Aus demselben Jahr besitzen wir ein Zeugnis, das Hölderlin zwar nicht als Revolutionär, aber immer noch als überzeugten Republikaner darstellt. Einige Monate vor Napoleons Staatsstreich, am 10. Mai 1799, schrieb Hölderlins Freund Böhlendorff aus Homburg: »Ich habe hier einen Freund, der Republikaner mit Leib und Leben ist – auch einen anderen Freund, der es im Geist und in der Wahrheit ist – die gewiß, wenn es Zeit ist, aus ihrem Dunkel hervorbrechen werden; der letzte ist Dr. Hölderlin, der Verfasser des Hyperion, einer Schrift, die Epoche zu machen im tiefsten Sinne verdient.«[1] Der Republikaner mit Leib und Leben ist Hölderlins bester Freund, Isaac von Sinclair. Indem Böhlendorff Hölderlin selbst als Republikaner »im Geist und in der Wahrheit« bezeichnet, deutet er auf ein politisch nicht unmittelbares Engagement, vielmehr auf die geistige Gestaltung des gemeinsamen politischen Ideals. Hölderlin selbst sah sich im Verhältnis zu Sinclair so. In der Ode *An Eduard* stellt er Sinclair als Helden, als Typus des Täters dar, der ihn, den Dichter, begeisternd mitreißt. Dichtung und dichterische Geschichtsphilosophie sind nicht jenseits der geschichtlichen Realität im Reich der Gedanken angesiedelt. Sie entstehen in enger Verbindung mit den politischen Vorgängen. Aus ihnen erst erhalten sie entscheidende Anstöße. »An den Zeichen, den Taten der Welt«, heißt es in der im gleichen Jahr 1799 entstandenen Hymne *Wie wenn am Feiertage…*, die durch Heidegger einseitig ontologisierend ausgelegt wurde, sei »jetzt / Ein Feuer angezündet in Seelen der Dichter«.

Das für Hölderlin wie für seine Zeitgenossen entscheidende »Zeichen« war die Französische Revolution.[2] Anfänglich sympathisierte er mit der Französischen Revolution, ja er war ein begeisterter Revolutionsanhänger: »Bete für die Franzosen, die Verfechter der menschlichen Rechte«, schreibt er im Juni 1792 an die Schwester, als der Ausgang des ersten Koalitionskrieges noch ungewiß ist. Und als das siegreiche französische Revolutionsheer der schwäbischen Heimat näherrückt, im Herbst 1792, schreibt er der Mutter, davon sei für diejenigen, die sich nicht »begangner Gewalttätigkeit und Bedrückung« schuldig gemacht hätten – ein deutlicher Hinweis auf fürstliche Willkür – nichts zu befürchten. Im Gegenteil, für den Bürger sei nur zu gewinnen. Die Durchsetzung der Menschenrechte also und die Beseitigung fürstlicher Tyrannei, wie sie gerade Württemberg unter der herzoglichen Herrschaft erdulden mußte, liegt ihm am Herzen. Deshalb begeistert er sich für die Französische Revolution.

Bald aber weicht die Revolutionsbegeisterung schmerzlicher Enttäuschung. Nach der Hinrichtung Ludwigs XVI. am 21. Januar 1793 wird am 10. März in Paris das Revolutionstribunal errichtet, am 31. Mai kommt es zum Aufstand der Sansculotten gegen die Gironde, am 2. Juni folgt die Verhaftung der Girondisten, und Anfang September beginnt die eigentliche »Terreur«. Am 30. Oktober werden die Girondisten hingerichtet. Genau in diese Phase des beginnenden Terrors läßt sich Hölderlins Abwendung von der revolutionären Praxis der Jakobiner datieren. Er läßt sich deshalb von diesem Zeitpunkt ab nicht mehr für den Jakobinismus reklamieren, wie dies Pierre Bertaux in seinem Hölderlin-Buch versuchte.[3] Nach der Ermordung Marats durch Charlotte Corday am 13. Juli 1793 schreibt Hölderlin an den Bruder: »Daß Marat, der schändliche Tyrann, ermordet ist, wirst Du nun auch wissen.« Darauf läßt er ein Verdikt gegen die Jakobiner allgemein folgen: »Die heilige Nemesis wird auch den übrigen Volksschändern zu seiner Zeit den Lohn ihrer niedrigen Ränke und unmenschlichen Entwürfe angedeihen lassen.« Über Brissot, den Vertreter der gemäßigten Girondisten, schreibt er im selben Brief in richtiger Einschätzung der Hinrichtungsabsichten der Jakobiner: »Brissot dauert mich im Innersten. Der gute Patriot wird nun wahrscheinlich ein Opfer seiner niedrigen Feinde.«[4]

So klar Hölderlin den jakobinischen Terror ablehnt, so bleibt er doch den Idealen der Revolution treu. Alle restaurativen Tendenzen lehnt er ab. Die von der Reaktion drohenden Gefahren nimmt er wahr, und er warnt im selben Brief vom 21. August 1794, in dem er Robespierres Ende begrüßt, davor, sich »von den Thoren oder Bösewichtern irre machen zu lassen, die unter dem Namen der Freigeisterei und des Freiheitsschwindels einen denkenden Geist, ein Wesen, das seine Würde und seine Rechte in der Person der Menschheit fühlt, verdammen möchten«. An der revolutionären Freiheitsforderung hält er ebenso fest wie an der Forderung nach Verwirklichung der Menschenrechte. Die entscheidende Frage ist für ihn nun aber, ob nach der Erfahrung des Terrors überhaupt noch eine gewaltsame Veränderung der bestehenden Verhältnisse geeignet ist, diese Ziele zu erreichen.

Diesem Problem gelten wichtige Partien des *Hyperion*. Der griechische Befreiungskampf im *Hyperion* ist Metapher des revolutionären Befreiungskampfes in Frankreich. Und das kämpferische Engagement Hyperions ist ein Reflex des eigenen ursprünglichen Eintretens für den gewaltsamen Umsturz. Hölderlin stellt nun dieses Engagement als einen Irrtum dar. Von Anfang an läßt er *die* Gestalt, die jenseits allen Irrtums steht, Diotima, vor der Gewalt warnen. »O ihr Gewaltsamen!«, ruft sie aus, »die ihr so schnell zum Äußersten seyd, denkt an die Nemesis! [...] Du wirst erobern [...] und vergessen, wofür? wirst, wenn es hoch kommt, einen Freistaat dir erzwingen und dann sagen, wofür hab ich gebaut? ach! es wird verzehrt seyn, all' das schöne Leben, das daselbst sich regen sollte.«[5] Der Verlauf des Freiheitskampfes gibt Diotima recht. Es kommt zu Plünderungen und Morden. Und wenn Hyperion enttäuscht feststellt, daß es falsch war, durch eine Räuberbande ein Elysium pflanzen zu wollen, so klingt das wie ein bitterer Epilog auf die Französische Revolution und die eigene Revolutionsbegeisterung.

Hölderlin distanziert sich von der revolutionären Aktion nicht nur wegen der faktisch ausgeübten Gewalt. Er diagnostiziert auch eine programmatische Tendenz zum Terror. Der zunächst dem *Hyperion*-Leser seltsam erscheinende Geheimbund der Nemesis deutet in manchem auf Ideologie und Verhalten des Jakobiner-Clubs. Den Mitgliedern des Bundes erstarrt ihr Aktionsprogramm zur Doktrin, die sie ohne Rücksicht auf das Wohl der Menschen und sogar auf das eigene Wohl zu verwirklichen suchen. Ihr Anspruch ist abstrakt totalitär und eben deshalb terroristisch. Nicht zuletzt sind damit Wesenszüge Robespierres getroffen, der in seiner berühmten Rede vom 5. Februar 1794 vor dem National-konvent verkündet hatte, ohne den Terror sei die Tugend macht-los. Im *Hyperion* lehnt Hölderlin gerade diesen totalitären Anspruch ab. Er plädiert für ein liberales Konzept staatlicher Ord-nung. Sie beschränkt sich auf die Sicherung der Menschenrechte und ermöglicht im übrigen freien Spielraum. Das ist im wesentli-chen die Position der Girondisten – eine Position, wie sie in Deutschland etwa auch Wilhelm von Humboldt vertrat: in seiner Schrift *Versuch, die Grenzen der Wirksamkeit des Staates zu bestimmen.* Hölderlin formuliert im *Hyperion* den Satz: »Die rauhe Hülse um den Kern des Lebens und nichts weiter ist der Staat. Er ist die Mauer um den Garten menschlicher Früchte und Blumen.«[6] Wie auch aus anderen Schriften der Revolutionszeit hervorgeht, sah man schon damals den Unterschied zwischen einer von Doktrinären und Ideologen kontrollierten »egalitären Demo-kratie« und einer »liberalen Demokratie« mit großen individuellen Spielräumen und einem Klima der Toleranz.

Das Ende des *Hyperion* führt zu einer wichtigen Folgerung aus dem Scheitern des gewaltsamen Befreiungskampfes. Hyperion nähert sich seiner Bestimmung, »Erzieher« des Volkes zu werden, indem er in die Dimension des Dichterischen hineinwächst. »Die dichterischen Tage keimen dir schon«, stellt am Ende Diotima fest.[7] Hyperion wird Dichter, um aus einem neuen, höchsten Bewußtsein heraus, das sich in seinem schmerzvollen Erfahrungs-gang herangebildet hat, erzieherisch auf die Menschheit einzuwir-ken. Offensichtlich handelt es sich um eine Variante von Schillers Idee der ästhetischen Erziehung des Menschengeschlechts. Nach dem Schock des Revolutionsterrors entsprach diese Idee einer sehr weit verbreiteten Tendenz unter den Gebildeten in Deutschland. Wieland als Vertreter der älteren, noch von der Aufklärung geprägten Generation konnte nun fragen: »Warum sollten wir so teuer und mit einem so ungeheuern Risiko erkaufen wollen, was wir, wahrscheinlich, ohne Empörung, ohne Desorganisation, ohne Verbrechen, ohne Aufopferung der gegenwärtigen Genera-tion, von dem bloßen Fortschritt der Aufklärung und Moralität unter uns, weit sicherer erhoffen dürfen?«[8] Goethe und Schiller plä-dierten in einem ihrer *Xenien* angesichts der von Frankreich ausge-henden revolutionären Erschütterungen für »ruhige Bildung«.[9] In die gleiche Richtung geht Schillers und Hölderlins Idee der ästheti-schen Erziehung. Man kann sagen, daß Hölderlin aus dieser neuen programmatischen Perspektive sein Dichtertum eigentlich erst als eine verantwortungsvolle Aufgabe, als eine Aufgabe ganz eigener Art begreift.

Doch bleibt er im ganzen immer noch politischer als so manche Zeitgenossen, vor allem diejenigen in Weimar, bei denen Bildungsidee und ästhetische Kultur trotz gelegentlicher Proklamationen einer »Nationalbildung« immer mehr einen exterritorialen Status erhielten. Das Besondere an Hölderlin ist es, daß er in ganz anderer Weise ein allgemeines Anliegen formuliert, daß er klagt, fordert, beschwört, evoziert, daß er, wo die Weimarer die Deutschen gern auf den Aspekt des Publikums reduzierten, von der geschichtlichen Chance und vom geschichtlichen Unglück Deutschlands spricht, daß er nicht wie Goethe die Devise »Geselle dich der kleinsten Schar« ausgibt, sondern Volk, Gemeinschaft, den notwendigen »Gemeingeist« und die allgemeine Kultur zu einem großen Thema seiner Dichtung erhebt.

Auch ist Hölderlin niemals so weit gegangen, das aktive politische Engagement prinzipiell abzuwerten. Allerdings ist nach seiner geschichtlichen Erfahrung die Tat nur legitim, wenn sie einem gültigen Bewußtsein entspringt. Er glaubt nicht, daß aus der bloßen Veränderung des gesellschaftlichen Zustands ein neues Bewußtsein entsteht. Vielmehr hat er die idealistische Vorstellung, daß aus der Heranbildung eines neuen Bewußtseins, zu der er als Dichter beizutragen hofft, die gültig umgestaltende Tat und eine neue gesellschaftliche Verfassung entsteht. Mindestens ist dies eines der Hauptmodelle seines Geschichtsdenkens. Es verbindet sich ihm mit einer spezifischen Hoffnung auf die Rolle Deutschlands in der Geschichte. Es ist das Modell einer von inneren, geistigen Kräften vorangetriebenen Evolution. Frankreich steht ihm für die gescheiterte *Revolution*, Deutschland für die Hoffnung auf eine gelingende *Evolution*.

Das wichtigste Zeugnis, in dem dieser Kontrast vollen Ausdruck gewinnt, ist Hölderlins Brief an den Freund Ebel vom 10. Januar 1797. Ebel hatte in Paris aus nächster Nähe und voll Hoffnung das Revolutionsgeschehen beobachtet. Hölderlin geht in seinem Brief zunächst ausführlich auf die französischen Enttäuschungen ein, um sich dann seinem Glauben an Deutschland zuzuwenden. Ein Deutschland, nicht wie es schon ist, sondern wie es werden kann, beschwört er. »Ich glaube«, so schreibt er, »an eine künftige *Revolution der Gesinnungen und Vorstellungsarten*, die alles bisherige schaamroth machen wird. Und dazu kann Deutschland vieleicht sehr viel beitragen. Je stiller ein Staat aufwächst, um so herrlicher wird er, wenn er zur Reife kömmt. Deutschland ist still, bescheiden, es wird viel gedacht, viel gearbeitet, und große Bewegungen sind in den Herzen der Jugend [...] Sie sagen es selbst, Lieber! man solle von nun an dem Vaterlande leben. Werden Sie es bald thun? Kommen Sie! Kommen Sie hieher! Ich begreife Sie nicht, wenn Sie nicht hieher kommen. Sie sind ein armer Mann in Paris.«[10] Deutlicher kann die Wendung – die Abwendung und die Zuwendung – nicht sein. Frankreich ist für ihn das Land der gescheiterten revolutionären Tat, Deutschland das Land einer, wie es wörtlich heißt, »Revolution der Gesinnungen und Vorstellungsarten«. Das klingt deutlich an Kants überlegen vorausschauende Formulierungen in seiner schon 1783 erschienenen Abhandlung *Was ist Aufklärung?* an. »Das Publikum«, sagt Kant darin, »kann nur langsam zur Aufklärung gelangen. Durch eine Revolution wird vielleicht wohl ein Abfall von persönlichem Despotism und gewinnsüchtiger und herrschsüchtiger Bedrückung, aber niemals wahre Reform der *Denkungsart* zustandekommen; sondern neue Vorurteile werden, ebensowohl als die alten, zum Leitbande des gedankenlosen Haufens dienen.«[11] Um diese Änderung der »Denkungsart«, oder wie er selbst formuliert, der »Gesinnungen und Vorstellungsarten« geht es auch Hölderlin. Er nennt sie eine »Revolution«. Diese innerliche Revolution ist wesentlich eine Evolution. Er spricht ja in seinem Brief an Ebel vom Wachsen und Reifen. Dennoch scheint es nicht unerheblich, daß Hölderlin den Begriff der Revolution beibehält. Es dürfte sich nicht bloß um eine intentional zu erklärende Färbung des Briefes handeln, mit dem er den anfänglich vom revolutionären Geschehen faszinierten Ebel zur Rückkehr nach Deutschland zu gewinnen sucht. Die erhoffte Evolution, so läßt sich doch wohl schließen, meint ein Geschehen, das alles Bestehende so radikal ändert, wie dies nur von »Revolutionen« zu erwarten ist.

II

Und doch drücken auch Hölderlins Deutschland-Gedichte, die aus dieser neuen Perspektive entstehen, die Oden *Gesang des Deutschen* und *An die Deutschen* sowie die Hymne *Germanien*, ein nationales Selbstbewußtsein aus, das nicht bloß eine Zukunftshoffnung enthält, sondern auf das schon vorhandene Gute hinweist, das sich fortentwickeln soll. Es ist ein Selbstbewußtsein, das sich ganz auf ein geistig-innerliches Deutschland gründet. Hölderlin sieht dieses Deutschland in der ersten großen Blüte deutscher Dichtung und Philosophie, wie er sie in seiner Zeit erlebte. Wieland schreibt in seinen aus der gleichen Situation entsprungenen *Betrachtungen über die gegenwärtige Lage des Vaterlands:* »Wo ist ein Volk in Europa, das sich einer nähern Anlage zu immer zunehmender Verbesserung seines Zustandes, eines größern Flors der Wissenschaften, mehrerer oder vielmehr, so vieler und so gut eingerichteter öffentlicher Erziehungsanstalten, Schulen und Universitäten, einer größern Denk- und Pressfreiheit, und, was eine natürliche Folge von diesem allem ist, einer hellern und ausgebreitetern Aufklärung zu rühmen hätte, als die Teutschen, im Ganzen genommen?«[12] Gewiß ist das noch die Optik der älteren, der Aufklärung verpflichteten Generation. Die frühromantische Generation Hölderlins spricht nicht mehr von der Ausbreitung der Aufklärung. Aber trotz aller nun üblichen Polemik gegen die Aufklärung meint sie doch das gleiche, wenn auch mit neuer Akzentuierung. Hölderlin und Novalis weisen ebenfalls auf den hohen Stand von Kunst und Wissenschaft in Deutschland hin, zugleich aber betonen sie die Kräfte einer Innerlichkeit, die jenseits des bloß Rationalen und des rational Machbaren wirken. Abgestoßen von der »großen eisernen Maske« einer doktrinär erstarrten Revolutionsideologie, wie er sie an Robespierre erkennt, sieht auch Novalis die wahrhaft schöpferischen Möglichkeiten der Geschichte in einer Evolution. Denn »fortschreitende, immer mehr sich vergrößernde Evolutionen sind der Stoff der Geschichte«, sagt er 1799 in seiner Schrift *Die Christenheit oder Europa.*[13] Eine große Evolution zu einer neuen, vom Geist der Liebe und des Friedens erfüllten Welt sieht er für ganz Europa voraus. Und auch ihm scheint Deutschland auf diesem neuen Weg am weitesten gediehen zu sein. »In Deutschland«, so schreibt er, »kann man schon mit voller Gewißheit die Spuren einer neuen Welt aufzeigen. Deutschland geht einen langsamen aber sichern Gang vor den übrigen europäischen Ländern voraus. Während diese durch Krieg, Spekulation und Partei-Geist beschäftigt sind, bildet sich der Deutsche mit allem Fleiß zum Genossen einer höhern Epoche der Kultur [...] In Wissenschaften und Künsten wird man eine gewaltige Gärung gewahr. Unendlich viel Geist wird entwickelt. Aus neuen, frischen Fundgruben wird gefördert. – Nie waren die Wissenschaften in besseren Händen, und erregten wenigstens größere Erwartungen [...] Die Schriftsteller werden eigentümlicher und gewaltiger [...] Eine Vielseitigkeit ohnegleichen, eine wunderbare Tiefe [...] vielumfassende Kenntnisse und eine reiche kräftige Phantasie findet man hie und da, und oft kühn gepaart. Eine gewaltige Ahndung der schöpferischen Willkür, der Grenzenlosigkeit, der unendlichen Mannigfaltigkeit, der heiligen Eigentümlichkeit und der Allfähigkeit der innern Menschheit scheint überall rege zu werden. Aus dem Morgentraum der unbehülflichen Kindheit erwacht, übt ein Teil des Geschlechts seine ersten Kräfte [...] Noch sind alles nur Andeutungen [...] aber sie verraten dem historischen Auge [...] eine neue Geschichte, eine neue Menschheit.«[14] Ganz ähnlich ist in Hölderlins Ode *Gesang des Deutschen* von Deutschlands blühenden Städten die Rede, vom Fleiß in der Werkstatt, von der Wissenschaft, von den Künstlern und Dichtern, und all dies beflügelt ihn zu den Versen:

> Nun! sei gegrüßt in deinem Adel, mein Vaterland,
>   Mit neuem Nahmen, reifeste Frucht der Zeit!

Das ist nicht lange nach Hyperions Scheltrede auf die Deutschen geschrieben, in der es heißt, sie seien »Barbaren von alters her, durch Fleiß und Wissenschaft und selbst durch Religion barbarischer geworden«. Das sollte davor warnen, nationalistische Töne aus Hölderlins Versen herauszuhören. Wenn die Deutschland-Gedichte so hoffnungsvoll und positiv klingen, so deshalb, weil Deutschland ihm nach dem Zusammenbruch der revolutionären Hoffnung in Frankreich als eine prinzipiell neue geschichtliche Möglichkeit erscheint. Es geht ihm nicht so sehr um Frankreich oder Deutschland an sich als um die *geschichtliche Möglichkeit der Vollendung.* Und man mag ermessen, wie gefährdet seine Hoffnung auf Deutschland und andererseits eine wie unbedingte innere Notwendigkeit sie für ihn war, wenn er beinahe gleichzeitig die Scheltrede auf die Deutschen *und* die so ganz anders, positiv gestimmten Deutschland-Gedichte verfassen konnte.

Unverkennbar bringt der Übergang vom revolutionären zum evolutionären Modell auch eine substantielle Veränderung mit sich. Hölderlin bleibt Republikaner, aber das Politische, das ebenfalls zum Endzweck einer evolutionären Entwicklung gehört,

weicht doch weitgehend einer geistig-kulturellen Vollendungs-
vorstellung. Wenn er von Deutschland spricht, dann ist das ein
inneres Deutschland, ein Deutschland der Seele, des Geistes, der
idealen Harmonie, nicht so sehr ein Deutschland der realen Verfassung und der politisch verwirklichten Menschenrechte. Natürlich ist darin eine resignative Rückzugsbewegung spürbar. Sie ist
auch durch die aktuelle politische Situation bedingt. Nachdem
deutlich geworden war, daß die französischen Invasionstruppen
keineswegs, wie die französische Kriegspropaganda dies vorgab,
die Menschenrechte in Deutschland verwirklichen wollten, sondern schlicht Eroberungspolitik betrieben, und nachdem die französische Reaktion, deren Leitfigur Napoleon wurde, die deutschen Fürsten, nicht zuletzt den Herzog von Württemberg,
immer deutlicher gegen das um die Erweiterung seiner Freiheits-
spielräume bemühte Bürgertum unterstützte, wurden die republikanischen Hoffnungen entmutigt. Und im gleichen Maße mußte
ein Rückzug nach innen folgen. Dabei wurde ein schon längst
bestehendes Verhaltensmuster neu belebt. Denn die Zersplitterung Deutschlands in eine große Zahl relativ selbständiger Territorien und das Fehlen einer Metropole machte die Ausbildung
einer wirklich politisch definierten Identität unmöglich. Man
suchte sie durch eine geistig-seelische Identität zu ersetzen. So
schrieb schon Jahrzehnte früher Caroline Flachsland, Herders
Braut, an diesen den bezeichnenden Satz, daß das reale Vaterland
nur »Phantom und Schatten« sei, und darum bleibe nichts anderes übrig, als sich wenigstens »ein verborgenes Vaterland« zu
schaffen.[15]

In seinem Rückzug nach innen, einem Teilrückzug, in dem
neue, geschichtlich durchaus ernstgemeinte Hoffnungen und neue
politische Energien gesammelt werden, knüpft Hölderlin vor
allem an pietistische Traditionen an. Besonders Klopstock, der
neben Schiller von Hölderlin am meisten verehrte Dichter, hatte
einem pietistisch geprägten Patriotismus Ausdruck verliehen.
Hölderlins Deutschland-Gedichte sind eine einzigartige Manifestation solcher Verinnerlichungstendenzen, und erst aufgrund der
pietistischen Tradition, in der er auch seiner Herkunft nach stand,
konnte er zu einer so intensiven Ausprägung dieser Verinnerlichungstendenzen finden. Obwohl es eine grundlegende wissenschaftliche Darstellung zu dem Thema ›Pietismus und Patriotismus‹ gibt[16], ist noch nie bemerkt worden, wie sehr gerade Hölder-

lins Deutschland-Gedichte die pietistischen Leitvorstellungen wiederaufnehmen. Während der aufklärerische Patriotismus sich auf äußere Erfahrungsmöglichkeiten, auf bessere Institutionen und praktisches Handeln richtete, folgten die pietistischen Patrioten, von Klopstock, Lavater, Stolberg, Friedrich Carl von Moser (1784 begann sein ›Patriotisches Archiv‹ zu erscheinen) und Herder bis zu Schleiermacher, Novalis und Hölderlin einem Zug zur Spiritualisierung. In diesen Horizont gehört die seelenhafte Aufladung der Kulturvorstellung gerade auch bei Hölderlin. Im Begriff des Vaterlands verschmelzen sich ihm noch halb religiöse und kulturelle Visionen, wie sie für den pietistischen Patriotismus charakteristisch sind. Diese Verschmelzung verleiht seiner Dichtung jenes Valeur spezifischer Innerlichkeit und die Glut seines sehnsüchtigen Anliegens, die man umsonst in der mehr bloß säkularästhetischen Sphäre Schillers und Goethes sucht.

Bis in einzelne Motive hinein greift Hölderlin den pietistischen Patriotismus auf. Wohl am wichtigsten ist für ihn die pietistische Verbindung des *Gemeinschaftserlebnisses* mit dem des Vaterlands, obwohl dabei auch andere Traditionen mit hereinwirken. Immer wieder beschwört er dieses Gemeinschaftserlebnis oder, wie er gerne sagt, den »Gemeingeist«. Wenn er vom »Volk« spricht, so steht er ganz im Horizont eines solchen Gemeinschaftsdenkens. Eine zweite Leitvorstellung ergibt sich aus dem pietistischen *Erweckungserlebnis* und der pietistischen Erweckungshoffnung. Hölderlin überträgt sie, wie schon früher so manche pietistische Patrioten, auf seine Vaterlandshoffnungen. Das Vaterland soll aus dem Schlaf erwachen, seine brachliegenden Fähigkeiten sollen lebendig werden, es soll aus dem Zustand der bloßen Potentialität in ein Stadium aktueller Erfüllung eintreten – diese und ähnliche Vorstellungen beherrschen nicht nur die Deutschland-Gedichte im engeren Sinn, vor allem die Oden *Gesang des Deutschen* und *An die Deutschen*, sondern auch eine Reihe anderer Dichtungen. Ebenfalls nicht denkbar ohne den christlichen und speziell den pietistischen Hintergrund ist ein drittes Hauptthema von Hölderlins Vaterlandsgedichten: das Thema der *Liebe* und des *Friedens* und das damit verbundene Motiv der inneren *Stille*, die bei den Pietisten, den ›Stillen im Lande‹, gleichbedeutend mit innerer Tiefe und Gottesnähe ist. »O Land der Liebe«, ruft er Deutschland im *Gesang des Deutschen* an, um dann fortzufahren:

> Noch säumst und schweigst du, sinnest ein freudig Werk,
>   Das von dir zeuge, sinnest ein neu Gebild,
>   Das einzig, wie du selber, das aus
>   *Liebe* geboren und gut, wie du, sei [...]

Die Hymne *Germanien* bezeichnet das Vaterland als »alliebend«, sie nennt es die »stillste Tochter Gottes« und schreibt ihm ein Erfülltsein vom inneren »Frieden« zu. Beinahe erübrigt es sich, darauf hinzuweisen, wie diametral entgegengesetzt dieser aus säkularisierten religiösen Grundströmungen des 18. Jahrhunderts gespeiste Patriotismus dem des Machtanspruchs und des nationalistischen Chauvinismus ist, der sich seit dem 19. Jahrhundert immer mehr auswuchs. Und doch haben die Nationalsozialisten mit Vorliebe einzelne Verse gerade aus Hölderlins Deutschland-Gedichten herausgerissen, um damit ihre Propaganda zu garnieren.

Eine vierte Leitvorstellung aus dem Repertoire des pietistischen Patriotismus läßt sich wohl am ehesten als die des *verkannten und mißachteten Vaterlands* bezeichnen, nicht zuletzt des *duldenden Vaterlands*. Die Pietisten kultivierten dieses Gefühl, indem sie die reale Lage des Vaterlands mit der Idee des christlichen Märtyrertums und Duldertums verbanden. Auch damit wuchs dem Vaterlandsbegriff eine Dimension des Innerlichen, ja Mystischen zu, die sich mit der Idee einer besonderen Berufung verknüpfen konnte. Noch Schleiermacher gewinnt aus dem Schauspiel der Erniedrigung des Vaterlands während der napoleonischen Kriege die Hoffnung auf seine Berufung und das Gefühl eines besonderen göttlichen Auftrags. »Es kann sein«, schreibt er, »daß [...] unserm Volk noch größere Demütigungen bevorstehen«, aber, so fährt er fort, »wenn nur statt dieser äußeren Macht eine innre sich zeigt [...] o dann müssen wir ja dastehn als ein großes Beispiel unter den Völkern; dann muß sich ja auch in unserm Leiden am meisten, eben durch den Gegensatz, der sich darin aufstellt, die Herrlichkeit des Göttlichen offenbaren.«[17] Und deshalb kann er im Jahre 1808, an einem Tiefpunkt deutscher Geschichte, der auch die andere, die gewalttätige Reaktion in Kleists *Hermannsschlacht* heraufbeschwor, an Henriette Hertz schreiben: »Niemals kann ich dahin kommen, am Vaterlande zu verzweifeln; ich glaube zu fest daran, daß es ein auserwähltes Werkzeug und Volk Gottes gibt.«[18] Herder nennt in einem Gedicht auf das Vaterland Deutschland »durch arme Demut groß«.[19] Das Motiv der Verkennung des Vaterlands und seines Duldertums hatte Herder schon in einer früheren Ode gestaltet.[20] Darin ist die Rede vom Verdienst des Vaterlands, das der »leichte Nachbar« »entwendet« und das er zu »genießen« versteht, während das Vaterland selbst »darben« muß. Deshalb erscheint es Herder als »duldendes« Vaterland. Man erkennt diese Motivik sofort in den Anfangsstrophen von Hölderlins Ode *Gesang des Deutschen* wieder:

> O heilig Herz der Völker, o Vaterland!
>   Allduldend, gleich der schweigenden Mutter Erd',
>   Und allverkannt, wenn schon aus deiner
>   Tiefe die Fremden ihr Bestes haben!
>
> Sie erndten den Gedanken, den Geist von dir,
>   Sie pflüken gern die Traube, doch höhnen sie
>   Dich, ungestalte Rebe! daß du
>   Schwankend den Boden und wild umirrest.

Die erhoffte künftige Größe des Vaterlands, eine ganz innerlich-geistige Größe, ist bei Hölderlin die Frucht des langen, stillen Reifens. Aus dieser Perspektive ergibt sich ein Sendungsbewußtsein, das demjenigen nicht nachstehen will, das die französische Nation aus dem Umbruchs- und Aufbruchsgeschehen der Französischen Revolution gewonnen hat. Die französischen Revolutionäre sahen sich ja berufen, die eigene Lebens- und Staatsform auch dem übrigen Europa zu bringen. Hölderlin möchte aber jede Gewaltanwendung ausschließen und läßt deshalb seine Hymne *Germanien* mit einer Vision enden, in der Germania

> [...] *wehrlos* Rath giebt rings
>   Den Königen und den Völkern.

Dies ist eine Konsequenz des naturhaft evolutionären Weges gegenüber dem revolutionären. Darauf spielt die Hymne *Germanien* direkt an. Es heißt in ihr, daß »jüngst, da ein Sturm« – gemeint ist die Französische Revolution – »todtdrohend über ihrem Haupt ertönte«, Germania »ein Besseres« ahnte. Dieser bessere, nicht revolutionär-gewaltsame Weg ist derjenige einer geistig-kulturellen Reifung, und daraus soll sich dann die entsprechende Ausstrahlung auf die anderen Völker ergeben. Auch dies entspricht durchaus den Auffassungen des pietistischen Patriotismus. Zum Pietismus gehört ein entschiedenes Toleranz- und Brüderlichkeitsdenken, das sich als Gegensatz zur dogmatischen Intoleranz der kirchlichen Orthodoxie versteht und die Vielgestaltigkeit immer wieder ausdrücklich anerkennt. Dies bildet einen wichtigen geistigen Hintergrund für Hölderlins späte Hymnen. In ihnen werden die verschiedensten Manifestationen des Göttlichen aus allen Zeiten und Kulturen im Zeichen einer universalen geistigen Brüderlichkeit und einer Einheit dargestellt, die dennoch das Individuell-Verschiedene bewahrt. Die pietistische Übertragung dieser Einstellung auf die Idee des Vaterlands bedeutet, daß man die anderen Vaterländer voll in ihrer besonderen Eigenart gelten läßt und dennoch das eigene lieb und wert hält und daß man dessen Möglichkeiten in einem Geist der brüderlichen Mitteilung zur Bereicherung, nicht zur Bevormundung der anderen zur Geltung bringt. Lavater schreibt in den Schweizerliedern:

> Jeder Staat soll allen Staaten
> Gutes wünschen, Gutes raten.[21]

Ganz in diesen Bahnen bewegt sich Herders Humanitätsdenken. Er fordert die Bewahrung der Eigenart und zugleich die universale Vermittlung zu dem, was er »Menschheit« nennt. Nur wer das Eigene schätzen kann, weiß auch das andere anzuerkennen. Ähnlich Schleiermacher. Nicht umsonst treten diese Gedanken besonders bei *den* Denkern hervor, die wie Hölderlin ihr pietistisch-religiöses Erbe pantheistisch säkularisieren. Für Herder wie für Hölderlin und Schleiermacher ist die Menschheit, um es mit Hölderlins pantheistischer Grundformel zu sagen, ein »Hen diapheron heauto« – das »Eine, in sich selbst Unterschiedne«: unterschieden in den verschiedenen Vaterländern, berufen, ihre Verschiedenheit zu bewahren und sie doch in einem Geist der Einheit und Einigkeit zu vermitteln.

Ein letztes Merkmal des pietistisch geprägten Patriotismus in Hölderlins Deutschland-Gedichten ist der herausragende Stellenwert der *Sprache,* insbesondere der dichterischen Sprache. Mit der »Blume des Mundes«, heißt es in der Hymne *Germanien,* sei Deutschland vor allem begabt. Und in feierlich-hymnischem Ton fährt Hölderlin fort:

> [...] du redetest einsam.
> Doch Fülle der goldenen Worte sandtest du auch
> Glükseelige! mit den Strömen und sie quillen unerschöpflich
> In die Gegenden all.

Diese Verse spielen zunächst natürlich auf Deutschlands Reichtum an Dichtern an – eine Tatsache, die in der Goethezeit ein zentrales

Element deutschen Selbstverständnisses sein mußte. Aber die weiteren Verse der Hymne rücken die Kraft der dichterischen Sprache so entschieden in eine Sphäre des Innerlichen, daß jede Beschränkung auf das, was man kulturelles Selbstbewußtsein nennen könnte, unzureichend wäre. »O trinke Morgenlüfte«, heißt es,

> O trinke Morgenlüfte,
> Biß daß du offen bist,
> Und nenne, was vor Augen dir ist,
> Nicht länger darf Geheimniß mehr
> Das Ungesprochene bleiben,
> Nachdem es lange verhüllt ist

und weiter:

> Wo aber überflüssiger, denn lautere Quellen
> Das Gold und ernst geworden ist der Zorn an dem Himmel,
> Muß zwischen Tag und Nacht
> Einsmals ein Wahres erscheinen.
> Dreifach umschreibe du es,
> Doch ungesprochen auch, wie es da ist,
> Unschuldige, muß es bleiben.

Diese Heiligung der Sprache und besonders der – dichterisch gesteigerten – Muttersprache geht auf die pietistische Verschmelzung von religiöser und patriotischer Sprachverherrlichung zurück. Anknüpfend an den Stellenwert des Logos im Johannes-Evangelium sieht schon Jakob Böhme in der naturhaften Muttersprache den göttlichen Logos schaffend mit am Werke: nicht bloß äußerlich bezeichnend, sondern schöpferisch tätig. Im späteren Pietismus, bei Hamann und besonders dann bei Herder, ist die Sprache eine ursprüngliche Schöpferkraft. Herder sieht in der Sprache »eigentlich Gottessprache«.[22] »Wort!«, ruft Herder hymnisch aus, »Wort! Licht der Seele, dem Schall und Licht der Sinne nur Körper und Kleid sind. Hier öffnet sich ein Reich wahrer unsichtbarer Wesen und Kräfte, in denen der Schöpfer-Geist Eins ist und Alles«. Aus dieser – immer wieder mit der besonderen Hinwendung zur Muttersprache verbundenen – Auffassung der Sprache als einer wesenhaft schöpferischen Kraft resultiert die Überzeugung, daß durch sie der Dichter in beinahe magischer Weise Realität hervorzurufen vermöge.

In der Hymne *Germanien* finden diese Sprachauffassung und dieser Sprachpatriotismus ihren intensivsten Ausdruck. Sie gehören zum Grundbestand jener verinnerlicht-geistigen Vorstellung, die das evolutionäre Deutschland-Bild Hölderlins nach der Enttäuschung durch die Französische Revolution bestimmt. Wie ihm überhaupt das Dichterische in ganz neuer Weise, eben als bildende, evozierende und schaffende Kraft wichtig werden mußte, nachdem das unmittelbare Handeln gescheitert war, so mußte ihm grundsätzlich die Sprache beinahe die Funktion des Handelns selbst übernehmen. Dem beschwörenden, dichterischen »Nennen« verleiht er in seinem Werk zentrale Bedeutung.

Doch hat Hölderlin trotz der klaren Dominanz des Evolutionär-Geistigen nicht etwa die Sphäre der Tat und des politischen Handelns schlicht abgelehnt. Er hoffte weiterhin auf die befreiende Tat, aber diese Tat ist nun nur insofern legitim, als sie im inneren Zusammenhang mit einem vollendeten Bewußtsein steht. Das heißt, daß das politische Handeln selbst die letzte Konsequenz oder, um Hölderlins eigenes Wort zu gebrauchen, die »Frucht« eines evolutionären Prozesses sein soll. In der Ode *An die Deutschen* folgt der Besorgnis, die Deutschen könnten sich in folgenloser Innerlichkeit genügen, »tatenarm und gedankenvoll«, die hoffnungsvolle Frage:

> Aber kommt, wie der Stral aus dem Gewölke kommt,
>   Aus *Gedanken* vieleicht, geistig und reif die *That?*
>   Folgt die Frucht, wie des Haines
>   Dunklem Blatte, der stillen Schrift?

Keineswegs also ist das Plädoyer für eine Evolution quietistisch und passivisch. Vielmehr richtet sich die Sehnsucht auf eine vollendende Tat. Daraus entsteht ein Dilemma, das Hölderlins Dichtung nach 1800 weitgehend bestimmt. Immer wieder fragt der Dichter nach dem künftigen Vollendungszustand, er fordert ihn, antizipiert ihn visionär, er leidet unter der noch unerfüllten Zeit – und zugleich darf doch das evolutionäre Werden und Reifen nicht durch Ungeduld, Gewaltsamkeit und Voreiligkeit gestört werden. Deshalb warnt Hölderlins bedeutendste geschichtsphilosophische Hymne, die *Friedensfeier,* vor allem, was, wie es wörtlich heißt, »vor der Zeit« ist, und vor dem falschen Engagement einer geschichtsblinden Geschäftigkeit.

Die Friedensfeierhymne wurde von dem im Februar 1801 geschlossenen Frieden von Lunéville inspiriert, von dem man sich in ganz Europa den Beginn einer großen Friedenszeit nach dem

Jahrzehnt der Revolutionskriege erhoffte. In dieser Zeit, die Hölderlin wie so viele andere als die entscheidende Zeit*wende* ansehen zu können glaubte, schrieb er Briefe, in denen er die vergangene Epoche der Gewalt und der Revolution einer neuen Epoche des Friedens und der Evolution gegenüberstellt. Und noch einmal gilt ihm hier gerade Deutschland als Hauptträger der nun favorisierten Evolution. Kurz vor dem Friedensschluß schreibt er dem Bruder, »daß das deutsche Herz in solchem Klima, unter dem Seegen dieses neuen Friedens erst recht aufgehn, und geräuschlos wie die wachsende Natur, seine geheimen weitreichenden Kräfte entfalten wird, diß mein ich, diß seh' und glaub ich«.[23] Und kurze Zeit nach dem Frieden von Lunéville, dessen Werden er hier mit so großen Hoffnungen verfolgt, geht er in einem Brief an den Freund Landauer rückblickend noch einmal auf die Französische Revolution ein. »Ich denke«, so schreibt er, »mit Krieg und Revolution hört auch jener moralische Boreas, der Geist des Neides auf, und eine schönere Gesellligkeit, als nur die ehernbürgerliche mag reifen!«[24] Hier wertet er also abschließend die Französische Revolution ebenso negativ wie den Krieg. Ja, Hölderlin scheint sich hier nicht damit zu begnügen, das Moment der Gewalt und der Entfernung von den ursprünglichen revolutionären Idealen zu kritisieren. Wenn man die Ziele der ihrem Wesen nach *bürgerlichen* Französischen Revolution in der Konstituierung einer *bürgerlichen* Gesellschaft mit bürgerlichen Freiheiten und Rechten sieht, dann gilt Hölderlins Verlangen nach einer »schöneren Gesellligkeit als nur der *ehernbürgerlichen*« nun überhaupt einem höheren Ideal.

III

Zu allem Gesagten scheint ein Gedicht Hölderlins querzustehen, das noch bis in die Gegenwart als Zeugnis nationalistischen Gewaltdenkens gilt und in ähnlicher Weise wie die 1943 von Friedrich Beißner herausgegebene Feldauswahl[25] die Gemüter erhitzt: die Ode *Der Tod fürs Vaterland*. Im Dritten Reich wurde sie von der Massenpropaganda in dem 1941 von Karl Ritter gedrehten Film ›Stukas‹ ebenso vereinnahmt wie von den enthusiastisch großdeutschen Germanisten Hermann Pongs, Kurt Hildebrandt und Herbert Cysarz. Und daraus resultierte bis heute ein nachhaltiges Unbehagen gegen Hölderlin selbst. So konnte noch Marcel Reich-Ranicki unwidersprochen in seiner Rede zur Verleihung des Hölderlin-Preises an Peter Härtling, die eine ganze Seite der ›Frankfurter Allgemeinen Zeitung‹ vom 27. Juli 1987 füllte, nach dem einleitenden Satz: »Nein, ich liebe ihn nicht, diesen Friedrich Hölderlin« die Abneigung, in der das »Ich« des Kritikers sich derart souverän über »diesen« Friedrich Hölderlin erhebt, folgendermaßen begründen: »In einem seiner leider populärsten Gedichte, der Ode *Der Tod fürs Vaterland,* lesen wir schaudernd: ›Umsonst zu sterben, lieb ich nicht, doch / Lieb ich, zu fallen am Opferhügel!‹ – und deren erschreckendes, ja abstoßendes Fazit lautet: ›Lebe droben, o Vaterland, / Und zähle nicht die Toten! Dir ist, / Liebes! nicht Einer zuviel gefallen‹. Im Dritten Reich war es, zumal in den Jahren des Krieges, an den meisten Gymnasien üblich, die Abiturienten, die sogleich zum Wehrdienst eingezogen wurden, mit diesem Gedicht zu entlassen. Noch sehe und höre ich die Halbwüchsigen in HJ-Uniform, die, verzückt und ekstatisch, Hölderlins Verse rezitierten.«

So führt der selbst schon vom Mißverständnis ausgehende Mißbrauch zum weiteren Mißverständnis des Gedichts, dessen erster Entwurf bereits auf eine ganz andere Fährte leitet. Er lautet:

> O Schlacht fürs Vaterland,
>   Flammendes blutendes Morgenroth
>   Des Deutschen, der, wie die Sonn, erwacht
>
> Der nun nimmer zögert, der nun
>   Länger das Kind nicht ist
>   Denn die sich Väter ihm nannten,
>   Diebe sind sie,
>   Die den Deutschen das Kind
>   Aus der Wiege gestohlen
>   Und das fromme Herz des Kinds betrogen,
>
> Wie ein zahmes Thier, zum Dienste gebraucht.

Dieser Entwurf spielt auf die fürstlichen Landes-»Väter« an, welche die Landes-»Kinder« zur Finanzierung ihres fürstlichen Repräsentationsaufwandes aus der heimatlichen »Wiege« nahmen, um sie ins Ausland zu verkaufen – womit Hölderlin eine schon fest etablierte aufklärerische und dann revolutionär verschärfte Polemik gegen die Begriffe ›Landesvater‹ und ›Landeskinder‹ aufnimmt, eine von John Locke über Rousseau bis zu Kant und den

›Jakobinern‹ Georg Forster und Rebmann reichende Polemik, der zufolge diese Begriffe nur dazu dienten, den Despotismus als naturgegeben zu legitimieren und das Volk prinzipiell im Zustand der Unmündigkeit zu halten.

Demnach ist die Ode ein Revolutionsaufruf, ein Aufruf zum Kampf gegen die Unterdrücker im eigenen Land. Daraus geht auch hervor, daß Hölderlin in seiner Ode einen ganz anderen Vaterlandsbegriff verwendet als den bloß territorial oder national definierten: denjenigen der Republikaner, die als ›patrie‹ das von den Menschenrechten bestimmte Vaterland und als ›Patrioten‹ den dafür engagierten Bürger meinten. Dieses Vaterland war nicht das der nationalistischen Gewalttätigkeit gegen andere Völker, sondern das durch einen Befreiungskampf gegen die Tyrannei im eigenen Land zu erringende: das Vaterland der Freiheit, Gleichheit und Brüderlichkeit. Die Ode zeigt aber auch die aus dem Pietismus stammende, vom christlichen Märtyrerideal und Opfergedanken herrührende Färbung des republikanisch-revolutionären Patriotismus.

Ähnlich, wenn auch weniger offen, läßt die endgültige Fassung die Hoffnung auf den revolutionären Befreiungskampf erkennen. Die ersten beiden Strophen stellen der kampfbegeisterten revolutionären Jugend, den »Jünglingen«, die Söldnertruppen der absolutistischen Fürsten gegenüber, die zwar in der Kriegskunst geschult, »sicher der Kunst und des Arms«, aber nicht motiviert sind – und diese innere Motivation sieht Hölderlin als die entscheidende an, weshalb es heißt: »sichrer // Kömmt über sie die Seele der Jünglinge«. Dieser Gegensatz bezieht sich auf die historische Erfahrung des Jahres 1792 zurück, als die Truppen der antirevolutionären Liga unter der Führung des Herzogs von Braunschweig den von revolutionärer Begeisterung erfüllten französischen Truppen trotz deren schlechter Ausbildung und jugendlicher Unerfahrenheit – Hölderlin geht darauf in einem Brief an die Mutter sogar direkt ein – unterlagen. Diese historische Erinnerung an den siegreichen Kampf des französischen Revolutionsheers gegen das royalistische Interventionsheer projiziert Hölderlin auf den in der Ode imaginierten und antizipierten revolutionären Kampf im eigenen Land, um daraus die Siegeszuversicht für die revolutionäre Sache zu schöpfen, die schließlich in den Ausruf mündet (21 f.): »Die Schlacht / Ist unser!«

Besonders aufschlußreich sind die Anspielungen auf die Marseillaise. Wenn es in der zweiten Strophe heißt: »die Gerechten

schlagen, wie Zauberer, / Und ihre Vaterlandsgesänge / Lähmen
die Knie den Ehrelosen«, so deuten die »Vaterlandsgesänge« direkt
auf die Marseillaise und ihre in der zeitgenössischen Literatur oft
hervorgehobene Wirkung. Auch die Opposition von revolutionär
motivierter Jugend und Söldnertruppen der Gegenseite, die nur
gegen Bezahlung kämpfen und deshalb am Ende der zweiten Strophe »Ehrelose« heißen, nimmt ein wichtiges Element der Marseillaise auf. Sie stellt den »Schlachtreihen der Söldner« (den »phalan-
ges mercenaires«) die »Kinder des Vaterlands« (die »enfants de la
patrie«) entgegen.[26] Eine Anspielung auf die Marseillaise dürfte es
auch sein, wenn Hölderlin im 3. Vers von den feindlichen »Wür-
gern« spricht. Denn in der Anfangsstrophe der Marseillaise ist die
Rede von den Feinden, die kommen, um zu »würgen eure Söhne,
eure Brüder« (»égorger vos fils, vos compagnes«). Am Ende der
vorletzten Strophe (V. 20) erscheint noch das Kennwort der revolutionären Solidarität, für das Hölderlin schon in den Tübinger
Hymnen eine Vorliebe zeigt: Brüderlichkeit, Fraternité. Die Wendung »brüderlich ist's hier unten« bezieht sich im unmittelbaren
Kontext auf die Unterweltszene, in der die im Freiheitskampf
Gefallenen zusammen sind, ist aber doch ein unverwechselbares
Indiz des eigentlich Gemeinten.

Den historischen Hintergrund des – bemerkenswerterweise von
Pierre Bertaux in seinem Buch über *Hölderlin und die Französische
Revolution* übersehenen – Gedichts bilden die neuen revolutionären Hoffnungen, die sich nach dem französischen Einmarsch 1796
in Süddeutschland ergaben, und später, in der Zeit der endgültigen
Fassung, die Empörung über die Repressionsmaßnahmen des
württembergischen Herzogs während des Stuttgarter Reform-
landtags. Die endgültige Fassung ist zurückhaltender als der Entwurf, denn ein so unverhohlener Revolutionsaufruf wäre entweder nicht gedruckt worden oder hätte zur Verhaftung geführt. Die
Ode läßt erkennen, daß Hölderlin in einer Zeit (1799), als er schon
längst dem konkreten Verlauf der Französischen Revolution aufgrund der Terrorphase kritisch gegenüberstand und zunehmend
statt der revolutionären eine evolutionäre Lösung vorzog, doch
den ursprünglichen revolutionären Idealen treu blieb, ja daß er
trotz der im *Hyperion* verankerten grundsätzlichen Kritik an der
gewaltsamen Veränderung der Verhältnisse gelegentlich wieder
den revolutionären Kampf im Sinn hatte. So schreibt er in der Zeit
des Entwurfs an den Bruder (6. August 1796): »Dir, mein Karl,

kann die Nähe eines so ungeheuern Schauspiels, wie die Riesen-
schritte der Republikaner gewähren, die Seele innigst stärken«;
und in der Zeit der endgültigen Fassung ebenfalls an den Bruder
(1. Januar 1799): »und wenn das Reich der Finsterniß mit *Gewalt*
einbrechen will, so werfen wir die Feder unter den Tisch und gehen
in Gottes Nahmen dahin, wo die Noth am grösten ist, und wir am
nöthigsten sind«.

IV

Obwohl im Spätwerk ebenfalls das evolutionäre Geschehen den
Vorzug gegenüber dem revolutionären erhält, gewinnt auch dort
die Revolution noch einmal Bedeutung, allerdings auf dem Niveau
einer sehr allgemeinen und abstrakten Geschichtsphilosophie: Statt
eines linearen Evolutionsprozesses nimmt Hölderlin die Möglichkeit eines dialektischen Prozesses an, in dem die Revolution nun
sogar ein radikaleres und umfassenderes Ereignis als früher ist. Den
Ausgangspunkt bildet die Überlegung, daß geschichtliche Entwicklungen generell und mit gesetzlicher Notwendigkeit in ein Stadium der ›Positivität‹ im Hegelschen Sinn führen – in ein Stadium, in
dem alte Formen erstarren und die Menschheit sich so sehr der
Sphäre legitimierender authentischer Erfahrungswerte entfremdet,
daß sich ein dialektischer Umschlag ereignen muß, in dem sich das
illegitim gewordene, starre Alte revolutionär auflöst und neuem
Leben Platz macht. Dies ist ein Vorgang, der jedes bewußte revolutionäre Wollen und Handeln übergreift und jede individuelle Entscheidung determiniert, weil er in einer umfassenden geschichtlichen Notwendigkeit objektiv begründet ist. Er ist daher für alle
unausweichlich und reißt jeden ohne Wahl wie ein Sturm mit sich.
Die Frage ist hier auch nicht mehr die einer Priorität von geistigem
Bewußtsein oder geschichtlichem Sein. Alles verfällt simultan und
total dem Umsturz. »Denn vaterländische Umkehr«, sagt Hölderlin in den *Anmerkungen zur Antigonä*, indem er für das Wort Revolution das Wort »vaterländische Umkehr« prägt, »ist die Umkehr
aller Vorstellungsarten und Formen«[27]. Einen solchen Geschichts-
verlauf aber versteht er als spezifisch tragisch, und deshalb spricht er
von ihm im Zusammenhang seiner Deutung der Sophokleischen
Tragödie. Und das »Vaterland« ist nun eine Chiffre für das Allum-
fassende, Totale des Geschehens.

1 Hölderlin, *Sämtliche Werke*. Große Stuttgarter Ausgabe, hg. v. Friedrich Beißner, Bd. 7/2: *Dokumente 1794-1822*, hg. v. Adolf Beck, Stuttgart 1972, S. 136 (im Zitat orthographisch normalisiert).

2 Auf den folgenden Seiten nehme ich einige meiner Ausführungen in dem Aufsatz *Hölderlins Entwurf der Zukunft* auf (Hölderlin-Jahrbuch 1969/70, S. 110-122).

3 Pierre Bertaux, *Hölderlin und die Französische Revolution*, in: Hölderlin-Jahrbuch 1967/68, S. 1-27; *Hölderlin und die Französische Revolution*, Frankfurt 1969. Zu der umfangreichen Diskussion, welche die Thesen von Bertaux ausgelöst haben, sowie für Hölderlins Stellung zur Revolution überhaupt vgl. die Bibliographie bei Stephan Wackwitz, *Friedrich Hölderlin*, Stuttgart 1985 (Sammlung Metzler 215), S. 38 f. Besonders aufschlußreich sind die Publikationen von Adolf Beck und Christoph Prignitz. Eine gute Zusammenfassung des Diskussionsstands bei Wackwitz S. 35-37.

4 Große Stuttgarter Ausgabe, Bd. 6, Brief Nr. 61.

5 Große Stuttgarter Ausgabe, Bd. 3, S. 96.

6 Große Stuttgarter Ausgabe, Bd. 3, S. 32.

7 Ebd., S. 149.

8 Christoph Martin Wieland, *Meine Antworten, Aufsätze über die Französische Revolution 1789-1793*. Nach den Erstdrucken im ›Teutschen Merkur‹ hg. v. Fritz Martini, Marbach/Neckar 1983, S. 116.

9 Schiller, *Sämtliche Werke*, hg. v. G. Fricke u. H. G. Göpfert, Bd. 1, München 1965, S. 267 (»Revolutionen«).

10 Große Stuttgarter Ausgabe, Bd. 6, Nr. 132.

11 Immanuel Kant, *Werke in sechs Bänden*, hg. v. W. Weischedel, Bd. 6, Darmstadt 1964, S. 64 f.

12 Wieland, *Meine Antworten* (vgl. Anm. 8), S. 118 f.

13 Novalis, *Werke*, hg. u. komm. v. Gerhard Schulz, 2. Aufl. München 1981, S. 502.

14 Ebd., S. 511 f.

15 Brief vom 25. 11. 1771.

16 Gerhard Kaiser, *Pietismus und Patriotismus im literarischen Deutschland*, 2. Aufl. Frankfurt/Main 1973. Diesem Buch, das allerdings auf Hölderlin nicht eingeht, verdanke ich im folgenden wichtige Perspektiven und Hinweise.

17 Friedrich Schleiermacher, *Sämtliche Werke*, Abt. 2: *Predigten*, Bd. 1-4, Berlin 1834-1835, Bd. 1, S. 264.

18 Friedrich Schleiermacher, *Werke*, Auswahl, hg. v. O. Braun und J. Bauer, Bd. 1-4, Leipzig 1910-13 (Meiners Philosoph. Bibl. 136-139), Bd. 1, S. LXXVIII.

19 Johann Gottfried Herder, *Sämtliche Werke*, hg. v. Bernhard Suphan,

Bd. 29, Berlin 1889, S. 411.
20 Herder, Bd. 18, S. 216.
21 Johann Caspar Lavater, *Schweizerlieder*, 3. Aufl. Bern 1768, S. 255.
22 Herder, *Sämtliche Werke*, Bd. 8, S. 291.
23 Große Stuttgarter Ausgabe, Bd. 6, Nr. 222.
24 Ebd., Nr. 229.
25 Im Rahmen der ›Frankfurter Anthologie‹ der ›Frankfurter Allgemeinen Zeitung‹ vom 7. September 1991 meinte Wolf Biermann feststellen zu müssen: »Der große Hölderlin-Professor Beißner packte also im Krieg sein lyrisches Frontpäckchen, eine eiserne Ration für die Soldaten der Wehrmacht, damit der Tod·fürs Vaterland ihnen leichter fällt.« Biermann scheint sich gar nicht erst die Mühe gemacht zu haben, die ›Feldauswahl‹ genauer anzusehen – sonst hätte ihm nicht entgehn können, was Peter Szondi zum 200. Geburtstag Hölderlins am 20. März 1970 in der Wochenzeitung ›Die Zeit‹ an dieser Feldauswahl gerade rühmte. Im folgenden ist Szondis Artikel vollständig wiedergegeben:

»Im Auftrag der Hölderlin-Gesellschaft und des Hauptkulturamtes der NSDAP« wurde 1943 in einer Auflage von 100000 Exemplaren eine sogenannte »Feldauswahl« aus Hölderlins Werk veröffentlicht. Diese »Feldauswahl« hat es nicht zuletzt bewirkt, daß Hölderlin heute noch im Bewußtsein vieler als ein gleichsam belasteter Autor erscheint. Mit welcher Absicht diese Auswahl in Wahrheit vorgenommen wurde, dürfte aus den im folgenden wiedergegebenen Briefstellen hervorgehen, die dem letzten Abschnitt der Broschüre entnommen sind. Dabei bilden die hier an erster und an letzter Stelle abgedruckten Auszüge auch in der »Feldauswahl« Anfang und Ende des nur sechs Seiten langen Kapitels »Aus den Briefen«. Verantwortlich für diese Auswahl, das heißt für die List und für die Zivilcourage, die sie darstellt, war der Herausgeber der Großen Stuttgarter Ausgabe von Hölderlins Werken, Friedrich Beißner. Ihm gebührt nicht nur Dank für seine monumentale Leistung als Herausgeber, sondern auch Respekt für seinen Mut und seine politische Unbestechlichkeit.

Peter Szondi

Aus den Briefen:

Ich liebe das Geschlecht der kommenden Jahrhunderte. Denn dies ist meine seligste Hoffnung, der Glaube, der mich stark erhält und tätig, unsere Enkel werden besser sein als wir, die Freiheit muß einmal kommen, und die Tugend wird besser gedeihen in der Freiheit erwärmendem Lichte, als unter der eiskalten Zone des Despotismus. Wir leben in einer Zeitperiode wo alles hinarbeitet auf bessere Tage. Diese Keime von Aufklärung, diese stillen Wünsche und Bestrebungen Einzelner zur Bildung des Menschengeschlechts werden sich ausbreiten und verstärken und herrliche Früchte tragen.

Opfre nie Dein Gewissen der Klugheit auf. Aber sei klug.

Wenn wir dahin trachten und ringen, wohin ein göttlicher Trieb in der Tiefe unserer Brust uns treibt dann ist alles unser! Selbst der Widerstand ist ein Werkzeug der ewigen Weisheit, uns fest und stark zu bilden im Guten.

Die Knechtschaft, die von allen Seiten auf unser Herz und unsern Geist in früher Jugend und im Mannesalter hineindringt, die Mißhandlung und Erstickung unserer edelsten Kräfte gibt uns auch das herrliche Selbstgefühl, wenn wir dennoch unsere besseren Zwecke durchführen.

Man hat sich selbst, und wenige Einzelne, und es ist auch schön, in sich selbst und wenigen Einzelnen eine Welt zu finden. Und was das Allgemeine betrifft, so hab ich Einen Trost, daß nämlich jede Gärung und Auflösung entweder zur Vernichtung oder zu neuer Organisation notwendig führen muß. Aber Vernichtung gibts nicht, also muß die Jugend der Welt aus unserer Verwesung wiederkehren.

Ich glaube an eine künftige Revolution der Gesinnungen und Vorstellungsarten, die alles Bisherige schamrot machen wird. Und dazu kann Deutschland vielleicht sehr viel beitragen. Je stiller ein Staat aufwächst, um so herrlicher wird er, wenn er zur Reife kömmt. Deutschland ist still, bescheiden, es wird viel gedacht, viel gearbeitet, und große Bewegungen sind in den Herzen der Jugend, ohne daß sie in Phrasen übergehen, wie sonstwo. Viel Bildung und noch unendlich mehr bildsamer Stoff! – Gutmütigkeit und Fleiß, Kindheit des Herzens und Männlichkeit des Geistes sind die Elemente, woraus ein vortreffliches Volk sich bildet. Wo findet man das mehr als unter den Deutschen?

Nimm zum Abschiede die stille, aber unaussprechliche Freude meines Herzens in Dein Herz – und laß sie dauern bis sie nicht mehr so die einsame Freude von Freund und Bruder ist – Du fragst mich welche?
Diese, teure Seele! daß unsere Zeit nahe ist, daß uns der Friede, der jetzt im Werden ist, gerade das bringen wird, was er und nur er bringen konnte; denn er wird vieles bringen, was viele hoffen, aber er wird auch bringen, was wenige ahnden.
Nicht daß irgend eine Form, irgend eine Meinung und Behauptung siegen wird, dies dünkt mir nicht die wesentlichste seiner Gaben. Aber daß der Egoismus in allen seinen Gestalten sich beugen wird unter die heilige Herrschaft der Liebe und Güte, daß Gemeingeist über alles in allem gehen, und daß das deutsche Herz in solchem Klima, unter dem Segen dieses neuen Friedens erst recht aufgehn, und geräuschlos, wie die wachsende Natur, seine geheimen weitreichenden Kräfte entfalten

wird, dies mein ich, dies seh und glaub ich, und dies ists, was vorzüglich
mit Heiterkeit mich in die zweite Hälfte meines Lebens hinaussehn
läßt.

26 Darauf weist schon Erich Hock, *Hölderlins Ode »Der Tod fürs Vaterland«,* in: *Hölderlin-Jahrbuch 1980/81,* S. 168, der im ganzen eine auf-
schlußreiche Analyse des Gedichts gibt.
27 Große Stuttgarter Ausgabe, Bd. 5, S. 271.

Herbert Kaiser

Jean Paul
und die deutsche »Allerwelts-Nation«

Auch als zeitkritischer und politischer Autor bleibt Jean Paul vor allem Poet.[1] Seine Äußerungen über den Nationalcharakter der Deutschen und anderer Völker sind von ihrer bildlichen und satirischen Form nicht zu trennen. Er übertreibt und vergrößert nicht, um ein bestimmtes politisches Ideal, etwa das des Deutschen oder Französischen, zu befestigen, sondern um es zu relativieren. Die Deutschen gleichen der Wärme, die Franzosen der Flamme; jene verherrlichen das Vergangene, diese die Gegenwart; die Franzosen sind so schnell und agil, wie die Deutschen langsam und hölzern. »Wir wollen ungern aus einer alten Lage heraus, und ich wette, die Deutschen wenden sich in ihren Betten seltner um als die Franzosen.« (941)[2] Diese »politische Langsamkeit« (942) hat auch ihre positive Kehrseite: das »Vermögen zur Unbeweglichkeit« (941), denn »der Krieg will Schnelle, wie der Friede Langsamkeit« (942). Aber auch französischer Krieg und deutscher Frieden stehen sich nicht abstrakt antinomisch, wie schwarz und weiß, sondern polar gegenüber. Die deutsche Vorliebe für das Alte ist eigentlich nur eine für das »Alltägliche« (944); ohne die »geistige Jugend« und breitere Bildung der Franzosen versänken die Deutschen in ihrer »Mittelmäßigkeit« (946).

Jean Paul spielt mit den Nationalstereotypen, er geht von den faktischen Urteilen und Vorurteilen aus, entschärft die Gegensätze, bis er sie schließlich völlig verkehrt. *Die* Deutschen gibt es für ihn so wenig wie *die* Franzosen: Die Nationen sind vielmehr ständisch und sozial gegliedert in Fürsten, Volk und Mittelstand (das gebildete Bürgertum der Gelehrten, Pfarrer und Lehrer, der Kaufleute, Schriftsteller und Beamten). Nur Volk und Fürsten hängen in Deutschland am Alten; das deutsche Volk, weil es »wie Polyphem ein Auge weniger hat als die französischen Ulyssen« (940), also aus Mangel an Bildung; die Fürsten, weil sie bisher Nutznießer des Alten waren. Das gebildete Deutschland jedoch ist nicht zu langsam, sondern so schnell, daß das gebildete Frankreich dagegen als konservativ gelten muß. Man vergleiche die lange Geltung der klassischen Literatur des 17. Jahrhunderts, der kartesianischen Philosophie und noch der Philosophie Voltaires mit der Behendigkeit, mit welcher die Deutschen »drei philosophische Systeme« durchliefen: die »Kants, Fichtens, Schellings. Wie schnell ging man vom moralischen Rigorismus Kants und Fichtens zum ästhetischen und politischen Libertinismus der Neuesten über!« (950). Jean Paul sieht die Gefahr einer Verselbständigung von Philosophie und Literatur (der Romantik) gegenüber dem Ganzen des politischen Lebens. Die deutschen Autoren des ausgehenden 18. Jahrhunderts schreiben für den »unauslöschlichen Charakter der Humanität, für welche Freiheit Folge und Bedingung ist« (956). Gerade dieses Zusammenwirken von innerer sittlicher Freiheit als Bedingung der Humanität und äußerer sozialer und politischer Freiheit als deren Folge ist aber durch die gegenwärtigen Kriege gestört, die zwar bei wenigen Überfluß, aber bei vielen Verarmung bewirken. Die neuere Tendenz, »Geld«, »Handel« und »politisches Maschinen-Wesen« höher zu achten als Freiheit, »Handelsfreiheit« ohne »Handelns-Freiheit« (955) zu wollen, entspricht der nachlassenden moralischen Bindungskraft von Philosophie und Ästhetik, der schwindenden sittlichen Freiheitsliebe. »Alle Sklaverei besteht bloß in der Liebe derselben« (955). Die innere Freiheit der Person ist die sittliche Bedingung der politischen äußeren »Einheit« und »Gleichheit« (956). »Vaterlandsliebe« ist Freiheitsliebe; ein nationalistischer Patriotismus liegt für Jean Paul jenseits des Denkbaren. Sowenig »die Alten am Handel den Handel selber [achteten]« (954), vielmehr das Völkerverbindende, sowenig soll die Vaterlandsliebe der positiven Nation oder gar dem Staat gelten, sondern der Freiheit, die im Vaterland Gestalt gewinnt.

Jean Paul sieht im Chaos der napoleonischen Kriege und im Zusammenbruch des Reichs keine Gefährdung oder Katastrophe Deutschlands. Die bisherige Freiheit von einem zentral-absolutistischen Staatswesen begreift er als einzigartige Chance einer Freiheit zur Freiheit.

»Unsere [...] Reichsverfassung, die uns auf keine Kaiser-Stadt und Residenz-Meinung beschränkte, [tat] uns die Freiheit auf, jedes Volk zu werden, sogar ein deutsches. So wurden wir denn allseitig und kosmopolitisch genug und Allerwelts-Nation. Daher nennt uns jedes Land anders: Germans, Allemands, Tedeschi.« (951)

Die deutsche Vaterlandsliebe soll supranational, weltbürgerlich,

sittlich sein. Darin können die Franzosen der neueren Bürgerar-
mee, die für Ideen statt für die persönlichen Interessen des Fürsten
kämpfen, den Deutschen sogar Vorbild sein. Nicht Frankreich
haben wir zu befürchten, sondern »wenig [...] als uns selber«
(956): nämlich unsere mögliche Liebe der Sklaverei.

Jean Paul entwickelt diese ganz aus dem Geist der deutschen
Spätaufklärung und Klassik gedachte politische Freiheitsphiloso-
phie vor allem in den *Dämmerungen für Deutschland* (1809). Die
Metapher der »Dämmerungen« enthält in nuce seine Ästhetik und
sein Geschichtsbild. Dämmerung ist Übergang zwischen Licht
und Dunkel; Auflösung der vermeintlichen Eindeutigkeiten von
schwarz und weiß, gut und böse, Freund und Feind. Auch die
»Dämmerung« selbst ist nicht eindeutig: Es gibt die Götterdäm-
merung des Untergangs und die Morgendämmerung des Auf-
gangs. Das polare Denken bringt das Statische der auf Begriffsdefi-
nitionen, Machtsprüchen oder Gewohnheiten beruhenden
Systeme der Philosophie, der Politik oder des sozialen Alltags in
Bewegung. Es vermittelt: nicht um Harmonie zu erstreben oder
weil es keine Gegensätze aushalten könnte, sondern weil es im
positiven Anspruch des Systematischen, des Linearen, der eindeutigen Ordnungen Quellen der Unfreiheit erkennt. Die »Linie« der
Freiheit und der Schönheit ist krumm; »die ankettende Linie ist
wie jedes anziehende haltende Band, stramm gerade; und an einer
Idee eines Einzigen sterben die Ideen von Tausenden« (956). Der
logische Sinn des »Dämmerungs«-Bildes ist das Polare. Anziehung
und Abstoßung, Gegensatz und Gemeinsamkeit gelten stets
zugleich. Die Deutschen sind zu langsam und zu schnell, die Franzosen zu schnell und zu langsam: Nationalstereotype werden in
diesem Denken in Urteile aufgelöst, weil die Aussage immer nur
unter einer bestimmten Hinsicht gilt, die als bewußt gesetztes Prädikat eine abstrakt-allgemeine Geltung des Satzsubjekts verhindert. In diesem polaren Denken artikuliert sich konkrete
geschichtliche Erfahrung; es speist sich aus historischem Wissen
und steht unter der regulativen Idee der Freiheit.

Das Denken im Vorstellungsbild der »Dämmerung« ist aber
auch in sich selbst polar; diese Polarität ist jedoch keine strukturelle oder logische, sondern eine prozeßhaft-geschichtliche, denn
es geht hier um die Frage, an welchem Zeit-Ort und zu welcher
geschichtlichen Orts-Zeit wir leben. Befindet sich eine Nation, ein
Staat, Europa oder gar die Geschichte in der Morgen- oder in der

Abend-Dämmerung? Diese Frage, die über das geschichtsphilosophische Vorzeichen des politischen Bewußtseins entscheidet, ist
für Jean Paul, in letzter Instanz jedenfalls, nicht mehr aus der
geschichtlichen Erfahrung zu beantworten – obschon er es immer
aufs neue versucht –, sondern nur aus dem Glauben. »Verzweiflung ist der einzige echte Atheismus« (936), Hoffnung das oberste
Gebot der Vernunft. Unser endliches, zeitliches Bewußtsein kann
den verworrenen, widersprüchlichen Gang der Geschichte nicht
enträtseln; wir kennen den Sinn des Vergangenen nicht, noch
weniger den des Zukünftigen. »Alles lehrt uns«, zitiert Jean Paul
Jacobi, »daß wir, was geschehen wird, nicht wissen können.« (930)
Vor allem ist es töricht, »die körperliche Gegenwart der Gottheit
schon Anno Eins oder als Geburtstags-Angebinde (zu) begehren«
(928) – den erfüllten Sinn der Geschichte in der eigenen Gegenwart
zu suchen, somit an den Anfang des Künftigen zu stellen. Solcher
Fundamentalismus entsteht aus der Verwechslung von Zeit und
Ewigkeit; »wir Eintagsfliegen« (ebd.) schließen von der Kürze
unseres Lebens, der Zufälligkeit unseres Gesichtskreises auf das
Ganze der Geschichte und der Völker. Wir können nicht warten.
   Ausdrücklich wehrt Jean Paul das mögliche Mißverständnis ab,
dieser Glaube an »den Gott in der Geschichte« (921) und das Vertrauen in die Zeit seien eine bloß christliche Vertröstung auf das
Jenseits. Die hiesige erste Welt hält er nicht für »Vorschule, Vor-
himmel und Vorhölle« der jenseitigen zweiten (923); irdisches
Handeln und Geschichte begründen sich nicht vom Transzenden-
ten her; »jede Welt von beiden muß sich selber rechtfertigen«
(ebd.). Aber beide Welten stehen sich nicht beziehungslos gegenüber, die Transzendenz ist nicht abstrakt, denn wir haben »Gott in
[uns]« (9, 59; 6, 827). In der Freiheit der Person, im Ich, finde ich
bereits »ein jetziges Verhältnis oder Mißverhältnis« mit der
»gleichzeitigen Erde« (924). Freiheit ist nicht erst in der künftigen
zweiten, sondern hic et nunc in der ersten Welt möglich; nicht in
der rein intelligiblen Welt (Kant) oder nur als »ästhetischer Schein«
und im »Spiel« (Schiller), sondern in einem praktisch-sittlichen
Leben. Jean Paul zeigt sich hier ganz der Aufklärung verbunden.
Wie diese setzt er auf Erziehung; sein Werk ist als Ganzes nur zu
begreifen, wenn man diese innere Verbindung von Ästhetik (Vorschule der Ästhetik) und Pädagogik (Levana) berücksichtigt.
Erziehung und Bildung sind die zeitlichen Vermittlungen des Ewigen, der Freiheit. Diese ist wesentlich »Religion« (Herder); sie ent-

scheidet über Sinn und Wert der Idee des Vaterlands. Weltbürgerlicher Patriotismus ist intendiert, nicht antifranzösischer Nationalismus.

Krieg, Kampf und Schlachtenruhm sind keine Selbstzwecke; sie können nur von der sittlichen Freiheit her und aus einem letzten Vertrauen auf die langsamen, aber sicheren Kräfte des Guten in der Zeit gerechtfertigt werden. Die »Verachtung des Lebens wie des Todes« für das »große Herz des Vaterlands« (II/3, 414) kann heilig oder teuflisch sein: Heilig ist sie, wenn »Gott in der Geschichte« ist, verwerflich, wenn das »Weltall […] nicht von Gott, sondern vom Teufel geschaffen« ist (ebd., 420). Das sind keine naiven Dogmatismen, sondern handlungslogische Postulate: Wer nicht mit innerer Freiheit, nicht mit der ›Ewigkeit im Herzen‹ kämpft (924), sondern aus bloßer Eroberungs-, Ruhm- oder Gewinnsucht, der macht den Kampf wirklich zur Hölle, weil aus ihm nie Frieden, sondern immer nur weiterer Kampf, ewiger Krieg folgen kann. Diese Ambivalenz der Freiheit, die Notwendigkeit sittlicher Verantwortung ist es, auf welche Jean Paul in seinen Äußerungen zum Krieg immer wieder hinweist, am eindringlichsten in der *Herbst-Blumine* (3. Bändchen V; II/3, 408-424), wo er, wie in allen seinen Träumen, Schreckensvision und Heiligung schroff gegeneinander stellt. Den aus unreinem Herzen geführten Krieg malt er in gräßlichen, apokalyptischen Bildern, vergleichbar den Kriegsdarstellungen von Otto Dix oder George Grosz. Wie Dante von Vergil wird der Träumende durchs Inferno geführt: er »blickte […] hinein in die entsetzliche Welt, aber ich sank bewußtlos nieder; was ich sah, war zu gräßlich für den Menschenblick […]« (II/3, 420). Jean Paul widersteht aber der »Verzweiflung«; er vertraut auf Freiheit, Vernunft, den »Gott in der Geschichte« – und auf seine beobachtende Phantasie, die die Logik der Sachzwänge durchschaut: »Der Krieg kommt endlich selber am Kriege um; seine Vervollkommnung wird seine Vernichtung.« (961).

»Damit aus dem Sterben und Leben für den Landesvater eines für das Vaterland werde« (957), muß sich das Verhältnis zwischen deutschen Fürsten und Völkern ändern. Der gute Fürst hat allen dynastischen Egoismus überwunden; er ist der oberste Diener des Gemeinwohls. Jean Pauls neuere Vorbilder sind besonders Friedrich »der Einzige« von Preußen und Heinrich IV. von Frankreich. Auf Napoleon setzt er in der *Friedenspredigt* (1808) die größten Hoffnungen; als neuer Friedrich, als Gesetzgeber, Friedensbringer und Freiheitsfreund werde auch er »die Pasquille leserlicher hängen« lassen (893). In den späteren Schriften (*Mars' und Phöbus' Thronwechsel, 1814; Politische Fastenpredigten, 1816*) ist sein Napoleon-Glaube jedoch gründlich desillusioniert. Der einst Verehrte wird nun zur »Zentralsonne des Teufels« (*Briefe*, Bd. 6, 369; II/3, 429). Die Liebe zwischen Fürst und Volk muß eine gemeinsame Liebe des Friedens, der Freiheit und der Ehre sein. Diese müssen zuerst Realität der sittlichen Person werden, bevor sie soziale und politische Realität werden können. Der ideale Fürst ist nicht der »Monarch«, sondern der »Autarch«, nicht der Alleinherrscher, sondern der, welcher sich selbst beherrscht *(Titan).* In der *Friedenspredigt* skizziert er, in Kriegszeiten, eine Friedenspädagogik, denn wirklicher Friede kann nicht durch Kriege, sondern nur durch eine sittliche Qualifizierung für die Freiheit gewonnen werden. Jean Paul bleibt sich, seinen ästhetischen und pädagogischen Grundsätzen treu, wenn sein Programm lautet: Kampf der Autonomie des Körpers und der Körper: Die innere Freiheit – und damit auch die äußere – ist gefährdet durch »Luxus«, Egoismus und erotische Libertinage. Aber auch hier gilt das polare Denken der *Dämmerungen;* das Luxus-Verbot richtet sich gegen den neuen Waren- und Güterluxus made in England, nicht gegen die hergebrachten Feste und Feiern des (Land-)Volks; die Kritik des Egoismus meint die »Ich-Sucht« der bürgerlichen Mittelschicht, der spießigen Häuslichkeit, nicht die Kraft des Individuellen; der Libertinage-Vorwurf richtet sich gegen den Hof, man kann ihn nicht umkehren, etwa in eine Dogmatisierung der Ehe *(Siebenkäs).* Mit anderen Argumenten, aber aus gleichem Geist zielt auch die *Kriegs-Erklärung gegen den Krieg* in den *Dämmerungen* (959-977) auf eine geistige und sittliche Befähigung zum Frieden. Voraussetzung dafür ist Freiheit, und deren Voraussetzung: Befreiung von jeder Verfallenheit an Ding, Körper, Sinne; denn »in jeder Sünde wohnt der ganze Krieg« (880).

Jean Pauls Plädoyer für eine vorrangige Erziehung der Erzieher, die eine langsamere, künftige Erziehung aller natürlich nicht ausschließt, muß aus diesem Gesamt seiner Anthropologie und Ästhetik verstanden werden. Wenn er »das Übergewicht der Einzelnen über die Masse« (989) als eine breite geschichtliche Erfahrung konstatiert, im »Genie die Seele des Volks« (988) sieht, so dürfen solche Ansichten nicht als Hochmut eines geistig Arrivierten mißverstanden werden. Im Gegenteil: »Die Volkstapferkeit der neuesten Kriege führt uns die Beweise, daß nicht die Menge, sondern die Auswahl, nicht die Regierten, sondern die Regierenden sündigten.« (986) Die Erziehung der sozialen Eliten ist also zunächst durch die Dekadenz der Herrschenden (Offiziere, Hof) begründet, aber auch pragmatisch durch den erheblich größeren politischen Effekt und die wesentlich geringeren aufzuwendenden Mittel im Vergleich zu einer sofortigen allgemeinen Volkserziehung; auch aus diesem Grund lehnt Jean Paul Fichtes Konzept einer Nationalerziehung in dessen *Reden an die deutsche Nation* (1808) ab, wenn er auch die Absicht der Volkserziehung selbst grundsätzlich begrüßt (II/3, 688-703). Letztlich entscheidend für die Idee der Erziehung der verantwortlichen Einzelnen ist aber, daß Erziehung nicht von Theorien, Idealen, Systemen, sondern nur von Personen her gelingen kann. Von geschlossenen Theorien, von abstrakten Idealen geht dogmatischer Druck aus; nur das Vorbild der lebendigen freien Person kann Freiheit vermitteln. Hier greifen Jean Pauls ästhetische Konzepte, seine großen Romane, die alle Modelle der Freiheit des Ich entwickeln, und seine pädagogisch-politischen Vorstellungen ineinander. Völlige Schreib- und Lese-Freiheit, Abschaffung jeder Zensur, welche Jean Paul vom satirischen Frühwerk der 1780er Jahre bis in die Zeit der Karlsbader Beschlüsse hinein nicht müde wird anzuklagen, sind Bedingung für diese Erziehung zur sittlichen Freiheit. Der Schriftsteller Jean Paul denkt sie sich im Prinzip als literarischen Diskurs. Dieser ist die beste Einübung ins bildliche, polare Denken; dieses ermöglicht den Wandel von der Monarchie des sittlich unfreien, großen Ego zur Autarchie des sittlich freien Ich – aber Jean Paul betreibt keine Literatur- oder Erziehungsphilosophie, er erfindet Bilder. Das schönste zum Verhältnis von deutschem Volk und Fürsten, in manchem an Brecht-Keuners Lieblingstier erinnernd, steht in der *Friedenspredigt:*

[...] Das Volk selber [muß] der Idee zugebildet werden, welche die Siege bringt, und dies geschieht bloß, daß es mehr zu sittlichen Zwecken als zu Finanz-, Eroberungs- oder Glanz-Zwecken regiert und erzogen wird. Wie wenig braucht das tapfere abgehärtete deutsche Volk eine andere Erziehung zum Kriege als die zum geistigen Selbst-Frieden, dieses Volk, das im neuesten Selbst-Zweikampf seine Kräfte wieder gezeigt, in wechselseitiger Besiegung angespannt, so wie seine Ähnlichkeit mit dem Elefanten wieder dargetan, der das deutsche Wappentier sein sollte, weil er, schwerfällig in Wendung, schnell geradeausgehend, trinklustig und besonnen, gern tragend, seinen Wärter liebend und Kinder schonend, doch im Kriege Römer zermalmt und – als zahmer den freien fangen hilft. (884f.)

Jean Pauls Äußerungen über Deutschland als staatliches Gebilde: das alte Reich, die Einzelstaaten und ihre Verfassungsentwürfe, den Rheinbund und die künftige staatliche Organisation sind spärlicher und weniger präzise als die über die Deutschen. Es geht ihm mehr um die Idee des »Vaterlands«, seine sittliche Realität in Freiheit und Frieden als um den tatsächlichen Staat. Darin trifft er sich grundsätzlich mit den Wortführern des geistigen Deutschland in Weimar, Berlin und Jena (mit Ausnahme Fichtes, der im *Geschlossenen Handelsstaat* [1800] und in der *Rechtslehre* [1803] konkrete Entwürfe für einen starken Staat macht). Dem 1806 endgültig untergegangenen Reich weint er keine Träne nach; die Zeiten, da »die Fürsten einander Land und Leute verpfändeten« (881), sind vorbei (noch 1791 trat Markgraf Karl Friedrich die Fürstentümer Ansbach und Bayreuth gegen ein Jahresgeld an Preußen ab). Vollends sei der fürstliche Menschenhandel (mit Hessen oder Schweizern) für die Söldnerarmeen (Englands und Frankreichs) nach dem Ende des Reichs unvorstellbar geworden. Jean Paul lehnt stehende Heere und »alle von Blut-Katarakten zusammengeschwemmte[n] [...] Länder« ab (975); das richtet sich in erster Linie gegen die französischen Eroberungen in Deutschland, aber auch gegen den Kolonialimperialismus der Europäer, insbesondere Englands und Hollands, nicht zuletzt aber auch gegen innerdeutsche Großmachtansprüche ehemaliger Teilstaaten des Reichs. Ebenso kritisiert er den militärischen Heroismus, die publizistische Bewunderung des Soldatischen; der gepriesene Feldherr erntet sein Lob immer auf Kosten der vielen Ungenannten.

Insgesamt gibt es für Jean Paul keinen Zweifel: Was 1789 sich für manchen wie eine ›Höllenfahrt‹ ausnahm, erscheint 1809 als »deutsche Himmelfahrt« (1081). Das allgemeine politische Freiheitsstreben ist das große Plus der Gegenwart. »Welche Deutschen waren besser, die von 1770-80, 90, oder die jetzigen? Ich sage die jetzigen, alles Nebenwerk von Unglück [...] überwiegt den Gewinn der Erweckung und Stärkung nicht.« (*Briefe*, Bd. 6, S. 323)

Früher waren die »einzelnen deutschen Völkerschaften einander fremde« wie die griechischen und italienischen (886). Die nationale und staatliche »Vielgestaltigkeit« der Deutschen und Deutsch-

lands dauert in der gegenwärtigen »Gärung des deutschen Chaos«
(1077) noch an, und Jean Paul hofft, daß sie, als Prinzip, für die
Zukunft gerettet werden kann. Ein homogener, zentralistischer
Nationalstaat nach französischem Vorbild kommt ihm nicht in
den Sinn. Die »Aussöhnung der Deutschen mit Deutschen«, der
deutschen Völker mit ihren Fürsten sowie die Ausgleichung des
»Unterschieds unter den deutschen Staaten« wird nicht zu einem
uniformen Nationalismus führen. »Deutschland [war bisher]
überhaupt mehr Idee als Land« (1011); es wird auch künftig wegen
seiner geopolitischen Zentrallage in Europa und seinen weit ausgreifenden dynastischen Verbindungen mit fast allen europäischen
Fürstenhäusern ein offenes Land und »Herz Europens« bleiben
(1077).

»Fast die allgemeine Meinung ist – aber nicht meine – daß so wie Vaterlandsliebe auf Kosten der Welt-Liebe, so monarchische oder republikanische Vorsorge für ein bestimmtes Land auf Kosten aller Länder umher
gelte, ja rechtlich sei. Daher das Gebot, jedes anwachsende Land, auch
ohne Anlaß zu bekriegen. Wie haben nicht Sparta, Rom und London die
Welt verwundet, um sich selber in Blutbädern zu stärken und zu heilen!«
(Briefe, Bd. 6, S. 60 f.)

Aber Jean Pauls Supranationalismus gründet nicht nur im republikanischen Weltbürgertum des Poeten und politischen Moralisten,
sondern ist auch aufs engste mit seinen ökonomischen Interessen
als Autor verflochten. Geistiger Kosmopolitismus und ökonomische Not tragen ihn über das Nationalstaatliche hinaus: Nachdem
seit Ende 1813, nach der Auflösung des Rheinbundes, die ihm 1809
von Dalberg, dem Fürst-Primas des Bundes, gewährte jährliche
Rente von 1000 Gulden nicht mehr gezahlt wurde, wandte er sich,
als deutscher Schriftsteller sich auf das »europäische Völkerrecht«
berufend (Briefe, Bd. 6, S. 364), an den König von Preußen, an Zar
Alexander, an Metternich und den König von Bayern, der ihm
schließlich Ende 1815 die Pension weiterbewilligte. Der Rheinbund war eine Schöpfung Napoleons, so daß Jean Paul, der bis
etwa zum Rußlandfeldzug (1812) ein anfänglich sogar glühender
Verehrer Napoleons war, innerhalb von knapp zwei Jahren alle
kontinentalen Großmächte um Unterstützung anging; da seine
Sympathie für Napoleon dahin war, fiel es ihm nicht schwer, den
Zaren als »Befreier« Europas anzureden.

Es wäre nun ungerecht, darin nur Opportunismus zu sehen;
diese Wendigkeit entspricht vielmehr genau dem Bild, das Jean

Paul vom Nationalcharakter der Deutschen in diesen Jahren zeichnet – diesen »Luft- und Äther-Springern, [...] flüchtigen Salzen Europens und Seelenwanderern von Reichskörper zu Reichskörper« (950). Zudem wirkt in der Orientierung auf Europa und den Fürsten als Mäzen auch der literarische Republikanismus des ausgehenden 18. Jahrhunderts nach; dessen politisches Denken blieb immer bezogen auf die Idee der universalen Gelehrtenrepublik, der res publica litteraria; so schon bei Klopstock, der daraus eine deutsche Gelehrtenrepublik machen wollte. Im übrigen ist Jean Paul sich der Spannung zwischen Politik und Moral, dem Reich der Notwendigkeit und dem der Freiheit, durchaus bewußt:

Auf der kleinen Erde sollte nur *ein* Staat liegen – um den häßlichen Widerstreit zwischen Moral und Politik, zwischen Menschenliebe und Landesliebe, zwischen dem England nach innen und dem nach außen auszutilgen –; nicht aber eben eine Universalmonarchie sollte sein, weil diese wenigstens die Bürgerkriege zuließe, sondern eine Universalrepublik von 13 vereinigten Provinzen weniger als von einigen Tausenden, oder ein Fürsten- und Staatenbund und Förderativsystem der Kugel. (962)

Der Traum von der »Universalrepublik«, vom Völkerbund freier vereinigter Weltstaaten durchzieht die *Dämmerungen* als ein Hauptgedanke. Er bildet das Pendant zu Jean Pauls Kritik der deutschen Kleinstaaterei. Zwischen seinen satirischen Kleinstfürstentümern Haar-Haar und Flachsenfingen, Großlausau oder Kautzen einerseits und der utopischen Weltrepublik andererseits, zwischen Vergangenheit und Zukunft fällt jedoch die Darstellung des gegenwärtigen Deutschland eher mager aus, selbst wenn man die ständige Rücksichtnahme auf die Zensur in Anschlag bringt. »England nach innen«: das sind die englische Verfassung, die tätige Sittlichkeit der Quäker, die bürgerliche Bildung der Briten; »England nach außen«: das ist der Militär- und Handelsimperialismus. An England wird der »Widerstreit zwischen Moral und Politik« offensichtlich, dem sich Jean Paul selbst, in anderer Weise, bei den Bittgesuchen um die Pension ausgesetzt sieht. Diesen Widerspruch kann nur die Überwindung des Gegensatzes zwischen »innen« und »außen«, also in letzter Konsequenz die Abschaffung des autonomen Nationalstaates aufheben. Jean Paul denkt dabei an das Beispiel der nordamerikanischen Staaten und an die durch den Rhein verbundene Reihe westeuropäischer Republiken: die Schweiz, die französische Republik der Revolution, Holland und in gewisser Hinsicht England. Seine Hoffnung richtet sich deshalb zunächst auf den Rheinbund (1806), nachdem er bereits im dritten Bändchen des *Siebenkäs* (1796) den Rhein als geosymbolischen Ort der öffentlichen, sozialen »Frucht« der poetischen »Blumenstücke«, der inneren Wandlung des Ich, dargestellt hatte. Außerdem verband ihn seine aufrichtige Bewunderung für den Fürst-Primas Dalberg mit diesem französisch beeinflußten Staatenbund des deutschen Südens und Westens.

Nach der Niederlage des äußeren Feindes (1813) ist es die »erste Pflicht der deutschen Fürsten gegen deutsche Völker«, diesen »zu vertrauen«, indem sie ihnen »republikanische Verfassungen« gewähren (1185). »Völker haben Fürsten befreit, und freie Fürsten werden freie Völker dulden und bilden.« (II/3, 544) Auch hier wieder gilt seine Sorge der Frage, wie die große Kluft zwischen der Oberschicht der Regierenden – den »Selbstsüchtigen des Geldes und der Lust, (den) Eng- und Kaltherzigen« – und dem nach langen Kriegsjahren ausgebluteten »Volk unten« zu schließen sei; nur durch Freiheit:

Im Volke muß daher öffentlicher Geist, großer Gemeinsinn erst gebildet werden, und zwar dadurch, daß man ihn befriedigt; und wie man alles Höchste erst durch das Besitzen erkennt und Gutes tun muß, um es recht zu lieben: so muß das Volk höhere Güter freier Regierung umsonst bekommen, um ihrer nachher würdig zu werden. Nur der Landtag kann das Volk – so wie der Bundtag Deutschland – zu Gemeinsinn erhöhen und durch ihn verknüpfen; denn unter allen geistigen Erhebungen des Volkes gibt es, außer dem Kriege für das Vaterland, nichts im Frieden außer der Presse, welche einmal in einem größeren Königreiche beinahe die Landstände ersetzte, nichts weiter als diese selber frei, vollständig und ausgewählt. So wird das Volk seine Verfassung, nicht bloß den persönlichen Fürsten lieben [...] (*Politische Fastenpredigten,* 1816; 1191)

Jean Pauls literarischer Kampf für die Freiheit erlahmt auch in den Jahren der zunehmenden Reaktion nicht (nach dem Wiener Kongreß 1815; den Karlsbader Beschlüssen 1819). So wie er in den *Dämmerungen* (1809) schon die Judenemanzipation begrüßt – weil die Judenschaften vom Staat, dieser aber auch von jener unabhängig werde (1003) –, so klagt er 1818 immer noch die allgemeinen Menschenrechte der Freiheit ein:

»[...] Um das Staats-Schiff [soll nicht] das Sklavenboot der Leibeignen schwimmen, und Fürst und Adel sollen nicht, wie sonst die Römer auf die im musivischen Boden eingelegten Götterbilder, so auf das göttliche Ebenbild des Menschen mit Füßen treten.« – »Es soll akademische Freizügigkeit der Studenten wie der Lehrer und ihrer Lehren geben – es sollten provisorische Kebs-Regierungen, nur an die linke Seite des Volkes angetraut, aufhören.« (II/3, 889f.)

Bis zu seinem Ende hält Jean Paul sich an die Idee des weltbürgerlichen Patriotismus, von der aus er Fichtes emphatischen Nationalismus in den *Reden an die deutsche Nation* rügt: Dieser mache allein die Vorzüge der *Deutschen* »– als hätte nicht jedes Volk in jedem Jahrhundert anders gezeitigte – [...] zu den Trägern und Pfeilern der Erdenkultur [...]. Es wäre ebenso schlimm für die Erde, wenn es lauter Deutsche, als wenn es keine gäbe, und kein Volk ersetzt das andere« (II/3, 702). Man erkennt hier deutlich, daß es Herders Idee der Individualität der Völker ist, die ihn gegen den ausschließenden Nationalismus wappnet. Dieser Kosmopolitismus ist vornationalistisch, deshalb von ganz anderer Art als der nachnationalistische des sozialistischen Internationalismus, der erst in der 2. Hälfte des 19. Jahrhunderts entstanden ist. Völker sind, für Herder und für Jean Paul, Kollektiv-Individuen; Nationalismus ist kollektiver Egoismus.

Als Romanautor und Zeitkritiker streitet er für den Zusammenhang von innerer und äußerer, individueller und politischer Freiheit. Deshalb bleibt er, bereits tief in die Zeiten der ästhetischen Romantik und politischen Reaktion hineingealtert, im Grunde stets ein Autor der Aufklärung. Sein von Kant, aber ebenso von Jacobi und Herder beeinflußtes, über fast 40 Jahre durchgehaltenes Fragen nach der Realität Gottes und der Unsterblichkeit der Seele entspringt diesem politisch-praktischen Problem der Freiheit. Wie kann das Ich ganz Ich und frei sein, zugleich aber dem Ich des Anderen zur Freiheit verhelfen und so das Soziale ermöglichen? Wie gelingt die Synthese von »Kraft« und »Liebe«? (*Vorschule der Ästhetik* § 58; 9, 214f.) Wie ist der Weg vom »Ich« zum »Du, Er, Ihr und Sie« (*Siebenkäs, Erstes Fruchtstück*) möglich, und zwar nicht transzendental-logisch gedacht wie bei Kant und Fichte, sondern vom »Ganzen« her begriffen (*Vorschule* § 14f.)? Sein Insistieren auf »Religion« bildet nur von grob simplifizierenden heutigen Kategorien aus einen Gegensatz zu seinem politischen Interesse an Freiheit. Das »Herz« ist der »Freistaat« (1034), und »in jeder Sünde wohnt der ganze Krieg« (880): Jean Paul zwingt uns, solche Sätze ernst zu nehmen. Nur wenn wir uns auf dieses Denken einlassen, begreifen wir ihn – und möglicherweise auch uns: aus der geistigen Distanz seiner Schriften unsere gegenwärtige geschichtliche Situation mit Fremdenhaß, aufflammendem Nationalismus und entdeckten realsozialistischen Greueln.

In den Argumentationen gegen Krieg, Geheimdiplomatie und Fürstenwillkür, für Verfassung und Pressefreiheit, Republik- und Förderativsysteme zeigt sich Jean Paul von Kants populärphilosophischer Schrift *Zum ewigen Frieden* (1795) abhängig. Er folgt vor allem auch Kants Grundgedanken der Unterstellung von Politik unter die Moral, überträgt aber, als Dichter, die Forderung des »Sittengesetzes« in die Sprache des poetischen »Herzens«. In ihm sind »Kraft und Liebe«, die höchsten Fähigkeiten des freien Ich, verschmolzen, so daß die sittliche Tat, das vernünftige geschichtliche Handeln bei Jean Paul aus dem »Ganzen des Lebens« entspringt und nicht bloß aus dem moralischen Gesetz.

Ein solches Geschichtsverständnis, das sich auf »Gott«, »Religion«, »Glauben« (Herder; Jacobi) und zugleich auf republikanische Freiheit (Kant) beruft, ist uns fremd, die wir nur zu sehr gewohnt sind, die Geschichte museal-historisch in ihrer reinen Gegebenheit zu verstehen oder sie, technisch-utopisch, nach den Bedürfnissen jeweiliger Ideologien zurechtzumachen. Sein Sinn ist indes klar: der Perspektivpunkt des geschichtlichen Bewußtseins liegt weder in der Vergangenheit noch in der Zukunft, sondern in der Gegenwart. Vergangenheit und Zukunft dürfen sich nicht, historisch oder utopisch, verselbständigen; als »Erinnerung« und »Hoffnung« sind sie vielmehr Dimensionen unseres »Herzens«. In jedem Augenblick liegt das Ganze; »Gott« oder die »Ewigkeit« sind potentiell immer »in uns«. Voraussetzung und Folge dieses Bewußtseins ist die Freiheit. Ihrer poetischen Darstellung und sittlich-praktischen Herstellung dient Jean Pauls Poesie.

Noch in einer anderen Hinsicht erscheint Jean Paul uns befremdlich. Seine Vorstellungen von der Wirkung der Literatur passen nicht in unser erst im 19. Jahrhundert voll entwickeltes, fatales Gegensatzsystem von Poesie und Politik, Geist und Macht, Kunst und Engagement oder Privatheit und Öffentlichkeit. Er lebt, denkt und schreibt quer zu diesen Grenzen. Einerseits hängt er der alten Idee der Fürstenerziehung und des aufgeklärten Fürsten nach, andererseits sieht er, mit Kant, Politik und Moral in einer grundsätzlichen Spannung, die nur in der Unterordnung des »politischen Moralisten« unter den »moralischen Politiker« (Kant: *Zum ewigen Frieden*) zu lösen ist. Er denkt also personalistisch *und* strukturell, monarchisch *und* republikanisch, ästhetisch *und* politisch, und eine andere Gewähr für öffentliche Freiheit als das freie »Herz« oder Ich kennt er nicht.

Daß die »Freiheit Folge und Bedingung« der Humanität sei (956) und diese die Herstellung des poetischen Ich bedeute: das ist die nicht-idealistische Botschaft Jean Pauls von der Zusammengehörigkeit von Poesie und Politik. Schwerlich hat sie einer besser verstanden als Börne in seiner berühmten *Denkrede auf Jean Paul:*

Für die Freiheit des Denkens kämpfte Jean Paul mit andern; im Kampfe für die Freiheit des Fühlens steht er allein. [...] Jean Paul munterte die blöden Herzen auf, er zuerst wagte das jedem Deutschen so grause Wort *Ich* auszusprechen, und wenn die Freiheit nicht darin besteht, daß man ohne Gesetze lebe, sondern daß jeder sein eigner Gesetzgeber sei, so war es Jean Paul, der für unsere Enkel die Saat der deutschen Freiheit ausgestreut. (792 f.)[3]

Anmerkungen

1 Ich versuche eine textnahe Einführung in Jean Pauls zeitkritisches Denken, soweit es besonders Deutschland und die Deutschen betrifft. Da dieses Thema das Gesamtwerk durchzieht, beschränke ich mich hier auf die politischen Schriften im engeren Sinne, die jedoch, streng genommen, nicht aus dem Zusammenhang der großen Romane und des theoretischen Werks zu lösen sind. Die Forschung hat sich vor allem für Jean Pauls Verhältnis zur Französischen Revolution interessiert (Ayrault, Harich, Wölfel, Wuthenow, Kaiser); sein allgemeineres politisches Denken haben Bade, de Bruyn, neuerdings auch Sauder dargestellt, die Beziehung zwischen Poesie und Politik u. a. Wölfel und Lindner. Diesen Arbeiten verdanke ich Anregung und Abgrenzung (vgl. Literaturverzeichnis).

2 Textnachweise: Alle Seitenzahlen ohne weitere Bandangabe beziehen sich auf den 10. Band der Werk-Ausgabe in zwölf Bänden, hg. v. Norbert Miller, München 1975 (SW, Abt. I). Arabische Ziffern vor den Seitenzahlen bezeichnen die Bände dieser Ausgabe, römische deren zweite Abteilung: *Jugendwerke und vermischte Schriften,* hg. v. Norbert Miller und Wilhelm Schmidt-Biggemann, München 1974 ff. Briefe werden zitiert nach der HKA, 3. Abt., hg. v. Eduard Berend, Berlin 1956 ff.

3 Ludwig Börne, *Denkrede auf Jean Paul. Vorgetragen im Museum zu Frankfurt, am 2. Dezember 1825,* in: *Sämtliche Schriften,* hg. v. Inge und Peter Rippmann, Bd. 1, Düsseldorf 1964, S. 789-798.

Jean Paul, *Sämtliche Werke*, hg. v. Norbert Miller, München 1975 (Abt. I:
   12 Bde.) und von Norbert Miller und Wilhelm Schmidt-Biggemann,
   München 1974ff. (Abt. II: 4 Bde.)
Freiheits-Büchlein (1805), Abt. II/2
Friedens-Predigt an Deutschland (1808), Abt. I/10
Mars' und Phöbus' Thronwechsel (1814), ebd.
Politische Fastenpredigten (1810/1816), ebd.
Herbst-Blumine (3 Bändchen, 1810-1820), Abt. II/3
*Saturnalien, den die Erde 1818 regierenden Hauptplaneten Saturn betref-
   fend* (1818), Abt. II/3

Sekundärliteratur

Roger Ayrault, *Heiliges Römisches Reich und Französische Revolution im
   Werk Jean Pauls*, in: Uwe Schweikert (Hg.), *Jean Paul*, Darmstadt 1974,
   S. 170-180.
Heidemarie Bade, *Jean Pauls politische Schriften*, Tübingen 1974.
Günter de Bruyn, *Das Leben des Jean Paul Friedrich Richter*, Frankfurt/
   Main 1978.
Ders., *Dämmerungen. Jean Paul und die Politik*, in: Sinn und Form 38
   (1986), S. 1147-1162.
Wolfgang Harich, *Jean Pauls Revolutionsdichtung*, Hamburg 1974, bes. S.
   92-128.
Hans G Helms, *Jean Paul, ein politischer Autor*, in: Sonderband text und
   kritik, München ³1983, S. 118-123.
Herbert Kaiser, *Jean Paul und die französische Revolution*, in: Siegfried
   Jüttner (Hg.), *Die Revolution in Europa, erfahren und dargestellt*,
   Frankfurt/Main 1991, S. 121-130.
Burkhardt Lindner, *Politische Metaphorologie. Zum Gleichnisverfahren in
   Jean Pauls politischen Schriften*, in: Sonderband text und kritik, Mün-
   chen ³1983, S. 124-138.
Gerhard Sauder, *Jean Pauls Kriegsächtung und Friedenspredigt zu Beginn
   des 19. Jahrhunderts*, in: Gerhard Schulz u. a. (Hg.), *Literatur und
   Geschichte 1788-1988*, Bern, Frankfurt, New York 1990 (Australisch-
   Neuseeländische Studien zur deutschen Sprache und Literatur 15), S.
   41-65.
Kurt Wölfel, *Jean Paul und der poetische Republikanismus. Über das Verhältnis von poetischer Form und politischer Thematik im 18. Jahrhundert*, in: Jb. der Jean Paul-Gesellschaft, 11. Jg., München 1976, S.
   79-135.
Ders., *Zum Bild der französischen Revolution im Werk Jean Pauls*, in:

Deutsche Literatur und Französische Revolution. Sieben Studien von Richard Brinkmann, Claude David, Gonthier-Louis Fink, Gerhard Kaiser, Walter Müller-Seidel, Lawrence Ryan, Kurt Wölfel, Göttingen 1974, S. 149-171.

Ralph-Rainer Wuthenow, *Ein roter Faden. Jean Pauls Politische Schriften und sein Verhältnis zur Französischen Revolution,* in: ders. (Hg.), *Jean Paul. Des Luftschiffers Giannozzo Seebuch,* Frankfurt/Main 1975, S. 162-178.

Lothar Bornscheuer

Heinrich von Kleists ›vaterländische‹ Dichtung, mit der kein ›Staat‹ zu machen ist

Wenn heutzutage, nach Jahrzehnten einer nationalen morale provisoire in zwei deutschen Staaten und nach der unverhofften Wiedergewinnung einer neuen nationalstaatlichen Einheit, nichts selbstverständlicher zu sein scheint als eine Wiederannäherung an das verdrängte historiographische Paradigma der deutschen »Nationalliteratur«, dann gebührt der Kleist-Lektüre besondere Aufmerksamkeit.

Kleists Dichtungs-Beiträge zum ›nationalen‹ germanisch-deutsch-preußischen Themenkomplex gipfeln in seinen beiden letzten Dramen *Die Hermannsschlacht* (1808) und *Prinz Friedrich von Homburg* (1809-11) sowie in einer kleinen Reihe von politischen Schriften aus der ersten Jahreshälfte 1809. Gerade mit diesen Textkorpora hatte Kleist zu Lebzeiten weder die literarische Öffentlichkeit noch den preußischen Hof erreichen können; vielmehr ließ Friedrich Wilhelm III. die Aufführung des *Prinz Friedrich von Homburg* zunächst sogar ausdrücklich verbieten. Dennoch schloß die rezeptionsgeschichtliche Anerkennung Kleists seit der erstmaligen Veröffentlichung der beiden genannten Dramen im Jahre 1821 und seit der Publikation der »politischen Schriften« im Jahre 1862 in zunehmendem Maße das Lob des »vaterländischen« Dichters ein.

Schon um die Jahrhundertmitte meinte Eichendorff, Kleist habe sich geradezu aus »Verzweiflung an den unglücklichen Geschicken seines Vaterlandes krankhaft zu Tode« gearbeitet.[1] Und nach der Gründung des preußisch-deutschen Nationalstaates setzte sich in der Kleist-Literatur die Auffassung durch, daß die genannten Dramen und Schriften eine »große Wandlung« in Kleists Werkbiographie signalisierten.[2] Weit über den tagespolitischen »Augenblick« hinaus, auf den Kleist nach eigenem Zeugnis insbesondere *Die Hermannsschlacht* »berechnet« hatte, sollten dieses Stück und die sie flankierenden antinapoleonischen Propagandabeiträge durch die »imperialistische und faschistische Kleistrezeption« eine fatale ideologische Repräsentanz gewinnen.[3]

Seit der schlimmstmöglichen Wendung des deutschen Nationalismus ist der Germanistik jedes »vaterländische« Dichter-Lob abhanden gekommen, und die militaristische Haß-Rhetorik des Protagonisten der *Hermannsschlacht* bedeutete nach 1945 ein literarisches Skandalon. Nur bedingt wollte man dieses Drama überhaupt noch Kleists »dichterischem« Werk zurechnen.[4] Erst seit einem Jahrzehnt beginnt sich die entgegengesetzte Auffassung durchzusetzen, daß *Die Hermannsschlacht* im Kontext des Kleistschen Gesamtwerks durchaus nicht als eine »Entgleisung« zu betrachten sei, sondern ganz im Gegenteil »als Fortsetzung wie als Abwandlung einer sich bei Kleist durchgehend ausprägenden Thematik«.[5]

Zunächst wurde damit argumentiert, die tagespolitische Tendenz der *Hermannsschlacht* habe sich deswegen »gleichsam selbst aufgehoben«, weil die Aktualität eine Veröffentlichung gar nicht zugelassen habe. Es seien daher »gerade die seine Unbrauchbarkeit begründenden Züge des Werks« – wie z. B. die »Auflehnung des Herzens gegen die Vernunft, der Spontaneität gegen das sie beherrschende Gesetz« –, »die es uns bedeutsam« machten[6] und die es motivisch mit anderen Dichtungen Kleists verbänden.

Eine jüngere Argumentation nimmt Kleists tagespolitisches Engagement: die antinapoleonische Widerstands- und Befreiungspropaganda durchaus ernst, verschiebt den Akzent aber vom *furor-teutonicus-* und Nationalismus-Syndrom auf das Strategiemodell des Partisanenkriegs. Dieses war erstmals von den Spaniern im Kampf gegen die napoleonische Fremdherrschaft erfolgreich praktiziert worden und wurde auch von den deutschen Napoleongegnern, insbesondere von den preußischen Reformern um den Freiherrn vom Stein, favorisiert und von Kleist der *Hermannsschlacht* zugrunde gelegt. Daß die so verstandene »militärische Bedeutung« dieses Dramas der gesamten Kleistschen Dichtung zukomme[7], ist die weitestgehende These zum kontextuellen Zusammenhang der *Hermannsschlacht* mit dem übrigen Kleistschen Œuvre.

Zwei Jahrzehnte nach dem Diktum Carl Schmitts (1963): *Die Hermannsschlacht* sei die »größte Partisanendichtung aller Zeiten«[8], legte – aus völlig anderen ideologischen Voraussetzungen heraus – auch Claus Peymann seiner bahnbrechenden Bochumer Inszenierung (1982) dieses Interpretationsmodell zugrunde. Damit wurde das Drama wieder rezeptionsfähig und sogar der

Fachgermanistik zurückgewonnen. Im Gegensatz zur älteren nationalistischen Lesart vertrat Peymann in einer Diskussion zu seiner Inszenierung die prononcierte These:

Das Stück *[Die Hermannsschlacht]* ist doch absolut staatsfeindlich [...], wie der ganze Kleist nichts anderes ist als eine staatsfeindliche Figur. Ein eisiger, glühender Poète maudit. [...] Das Stück ›Hermannsschlacht‹ ist kein Stück für die Nation, sondern ein Stück gegen den Staat, gegen ein Ordnungsschema wie die römische Armee, wie es der römische Imperialismus, wie es die römische Ordnung, wie es die römische Unmenschlichkeit verdeutlicht.[9]

Dem wäre entgegenzuhalten (und darauf ist schon oft hingewiesen worden), daß Kleist gerade die römischen Okkupanten mit den deutlich menschlicheren Zügen und Hermann (und am Ende auch Thusnelda) mit einer besonders kompromißlosen, inhumanen und völkerrechtswidrigen Haßmentalität ausgestattet hat.

Außerdem bleibt zu fragen, wie sich Peymanns These von der ›Staatsfeindlichkeit‹ Kleists und dieses Stückes mit dem textlich nicht fortzudisputierenden germanisch-deutschen »Vaterlands«- und »Freiheits«-Pathos sowie dem »Römerhaß« des Wortführers der *Hermannsschlacht* und mit der nicht weniger leidenschaftlichen »vaterländischen« und antinapoleonischen Haßrhetorik der politischen Schriften Kleists verträgt. So bleibt Beda Allemanns Frage: »Was der Kleistsche Nationalismus für Kleists Dichtung bedeutet«, noch immer aktuell, und der Prüfstein dieser Frage ist das Skandalon *Die Hermannsschlacht*.[10] Nicht weniger berechtigt ist aber auch die Frage: welche Bedeutung Kleists Dichten für seinen Nationalismus gehabt hat. Denn es setzt sich bei Kleist ganz offenkundig auch ein ›poetischer Nationalismus‹ aus dem Geist Klopstocks und seiner Schüler fort.[11]

Kleist wuchs seit seinem elften Lebensjahr in einem Berliner Internat auf und durchlief von seinem vierzehnten bis zweiundzwanzigsten Lebensjahr in dem angesehenen Potsdamer Garderegiment die Offizierslaufbahn vom Gefreiterkorporal bis zum Seconde-Lieutnant. Was diese entscheidenden Jahre seiner Persönlichkeitsbildung am nachhaltigsten prägte, der strenge Disziplindruck und die Entbehrung privater Humanität, hat Kleist beim vorzeitigen Austritt aus dem Militärdienst im Jahre 1799 seinem einstigen Hauslehrer Martini gegenüber deutlich genug zur Sprache gebracht:

Die größten Wunder militärischer Disziplin, die der Gegenstand des Erstaunens aller Kenner waren, wurden der Gegenstand meiner herzlichsten Verachtung; [...] und wenn das ganze Regiment seine Künste machte, schien es mir als ein lebendiges Monument der Tyrannei. Dazu kam noch, daß ich den übeln Eindruck, den meine Lage auf meinen Charakter machte, lebhaft zu fühlen anfing. Ich war oft gezwungen, zu strafen, wo ich gern verziehen hätte, oder verzieh, wo ich hätte strafen sollen; und in beiden Fällen hielt ich mich selbst für strafbar. In solchen Augenblicken mußte natürlich der Wunsch in mir entstehen, einen Stand zu verlassen, in welchem ich von zwei durchaus entgegengesetzten Prinzipien unaufhörlich gemartet wurde, immer zweifelhaft, ob ich als Mensch oder als Offizier handeln mußte [...][12]

Es handelt sich hier um eines der frühesten und aufschlußreichsten Briefzeugnisse Kleists, das schon einen biographisch veranlagten Hauptimpuls seines späteren Dichtens erkennen läßt: nämlich die leitmotivische Thematisierung einer teils passiven, teils aktiven ›Insurrektion‹ eines menschlich und rechtlich sensiblen Individuums gegenüber dem jeweils vorfindlichen, nicht selten militärisch fundierten, Ordnungssystem. Institutionen des Staates und der Gesellschaft, der Kirche, des Rechts oder der Familie werden im Kleistschen Werk aus der Sicht der mit ihnen in Konflikt geratenden Protagonisten durchweg als autoritäre Ordnungs- und Machtinstanzen erfahren, durch die sich das jeweils individuelle Begehren nach Menschlichkeit, Recht, Freiheit, Glück oder Liebe elementar verletzt fühlt. Nur in der Ausnahmesituation eines realen Chaos oder einer utopischen, traumhaften Imagination kommt es in Kleists Dichtungen für einen jeweils kurzen Augenblick zur schönen Harmonie von privatem Glück und allgemeiner Gesetzesordnung, von individuell-seelischem und staatlich-militärischem »Heil«. Stets aber durchzittert der Schrecken die Idylle, akkompagniert der »Kanonendonner« den »Traum« oder fällt das Individuum, überwältigt vom Glück einer ›erzwungenen Versöhnung‹, in »Ohnmacht«.

Mit der variantenreichen Thematisierung einer sanften oder leidenschaftlichen, einer subjektiv gewollten oder eher unbewußten, zwanghaften Widerstandshaltung gegenüber institutionellen Ordnungszwängen knüpft Kleists Dichtung in einem gewissen Maße an die empfindungsstarke, jugendlich-rebellische Sturm-und-Drang-Literatur an. Wie dort wird aber auch in Kleists dramatischem und erzählerischem Œuvre eine staatliche, politische oder soziale Ordnung niemals im ganzen, progeammatisch und prinzipiell, also ›revolutionär‹ in Frage gestellt, ausgenommen der Befreiungskrieg gegen die Pax Romana in der *Hermannsschlacht*.[13] Um so obstinater gestaltet Kleist in seinen Werken jene »trotzige Geste«[14] gegenüber jeglichem institutionellen und staatlichen Ordnungs- und Gehorsamsanspruch, die ihm selbst zutiefst entsprach und die ihn nach dem Quittieren des Militärdienstes auch bei allen Versuchen, wenigstens ein ziviles Amt zu übernehmen, scheitern ließ:

Ich will kein Amt nehmen. […] Ich kann nicht eingreifen in ein Interesse, das ich mit meiner Vernunft nicht prüfen darf. Ich soll tun was der Staat von mir verlangt, und doch soll ich nicht untersuchen, ob das, was er von mir verlangt, gut ist. Zu seinen unbekannten Zwecken soll ich ein bloßes Werkzeug sein – ich kann es nicht. Ein eigner Zweck steht mir vor Augen, nach ihm würde ich handeln *müssen*, und wenn der Staat es anders will, dem Staate nicht gehorchen *dürfen*. […] Aber das Entscheidendste ist dieses, daß selbst ein Amt, und wäre es eine Ministerstelle, mich nicht glücklich machen kann. *Mich* nicht, Wilhelmine – denn eines ist gewiß, ich bin einmal in meinem Hause glücklich, oder niemals, nicht auf Bällen, nicht im Opernhause, nicht in Gesellschaften, und wären es die Gesellschaften der Fürsten, ja wäre es auch die Gesellschaft unsres eignen Königs – und wollte ich darum *Minister* werden, um *häusliches* Glück zu genießen?[15]

Was in diesem frühen Brief aus dem Jahr 1800 noch in aufklärerischer Tradition als mündiger, selbständig-kritischer »Vernunft«-Gebrauch in Anspruch genommen wird, stellt sich in Kleists Dichtungen später eher als ein ›kritisches Gefühl für Menschenrechte‹ dar, das sich dann allerdings in der Regel bis zu einem solchen Grade radikalisiert, daß die Protagonisten alle aufklärerische Vernunft und Besonnenheit aus den Augen verlieren.

Mit Blick auf die im soeben zitierten Brief noch folgende erstmalige Mitteilung seiner wichtigsten Lebensentscheidung: sich – statt irgendeinem »Amt« oder einer bestimmten »Wissenschaft« – in freiberuflicher Existenz dem »schriftstellerischen Fach« zu widmen, scheint es übrigens, als habe sich Kleist damit von früh an kritisch ins Verhältnis zu dem berühmtesten, in Fürsten- bzw. Staats-Diensten stehenden ›Dichter-Minister‹ seiner Zeit setzen wollen. Denn nach dem Zeugnis seines Freundes Ernst von Pfuel soll Kleist schon in den Zeiten seiner schriftstellerischen Anfänge oftmals bekannt haben:

daß es nur das eine Ziel für ihn gebe, *der größte Dichter seiner Nation zu werden;* und auch Goethe sollte ihn daran nicht hindern. Keiner hat

Goethe leidenschaftlicher bewundert, aber auch keiner ihn so wie Kleist beneidet und sein Glück und seinen Vorrang gehaßt. Dem Freunde gestand er in wilderregten Stunden, wie er es meinte: »Ich werde ihm den Kranz von der Stirne reißen«, war der Refrain seiner Selbstbekenntnisse wie seiner Träume...[16]

Eine tiefe Distanz zum »Staat« und zumal zum preußischen, und doch der höchste »nationale« Geltungsanspruch – in dieser Differenz spiegelt sich die Epochensschwelle zwischen dem Zeitalter des zerfallenen ›Heiligen Römischen Reiches deutscher Nation‹ mit seinen rivalisierenden Partikular-›Staaten‹[17] auf der einen Seite und dem Zeitalter des einen Nationalstaates auf der anderen Seite, von dem sich Kleist wie alle seine Zeitgenossen noch kein genaues Bild hatte machen können, für das er sich jedoch wie so mancher andere und allen voran Fichte schon aufs leidenschaftlichste zu engagieren vermochte.[18]

Für seine frühe Distanzhaltung gegenüber dem (preußischen) »Staat« hätte sich Kleist auf den anderen berühmten Weimaraner berufen können, an dessen ›Horen‹ er später mit seinem »Kunstjournal« ›Phöbus‹ bewußt anzuknüpfen versuchte und in denen zu lesen war: »Ewig bleibt der Staat seinen Bürgern fremd, weil ihn das Gefühl nirgends findet.«[19] Wie Schiller bezog auch Kleist den Begriff des »Staates« offenkundig noch primär auf den Staat des Ancien régime. Mit diesem hatte das in den politischen Schriften und in der *Hermannsschlacht* beschworene »Vaterland« »Deutschland«, das »Land der großen Väter«, das »heilige Erbland«, für dessen »Freiheit« und in dessen Wäldern und Sümpfen Kleist das Szenario des Partisanenkriegs entwarf, wenig zu tun. Hinter Hermanns unkonventioneller Partisanen-Strategie gegen die wohlgeordneten Kohorten des Römerheeres dürften sich auch Kleists persönliche »Verachtung« der ›tyrannischen‹ preußischen Militärdisziplin und seine Parteinahme für die antinapoleonische Volkskriegs-Strategie der preußischen Reformer Stein, Scharnhorst und Gneisenau verbergen.

Unübersehbar bleibt allerdings, daß Kleist in keinem seiner Werke oder politischen Aufsätze jene allgemeine und spontane, tendenziell republikanisch-demokratische Volkserhebung ins Auge gefaßt hat, die das Wesen des spanischen Guerillakrieges gegen die napoleonischen Truppen ausgemacht hatte. Als eine selbständige politische Kraft hat Kleist das Volk niemals anerkannt.

Im Gegensatz zum Begriff des ›Staates‹ war der des ›Vaterlandes‹ für Kleist aufs engste an dessen naturhaftes, landschaftliches Erscheinungsbild geknüpft, das zugleich in empfindsamer Tradition als Projektionsraum für die innersten Gefühle zur Verfügung stand.[20] Indem Hermann den zerstückelten Leichnam der durch die Römer geschändeten Jungfrau Hally unter alle germanischen Stämme austeilen läßt, vollendet sich in der *Hermannsschlacht* die magische Verwandlung der wilden Naturlandschaft Germaniens in einen einzigen politischen Körper der vaterländischen Erregung:

[...]

HERMANN Der Sturmwind wird, die Waldungen durchsausend,
    Empörung! rufen, und die See,
    Des Landes Ribben schlagend, Freiheit! brüllen.
DAS VOLK Empörung! Rache! Freiheit!
(IV 7; V. 1618 ff.)

Kleists *Hermannsschlacht* erweist sich hier als Gegenstück zu Schillers *Wilhelm Tell*[21]: mit der gleichen Option für die »Freiheit« von Fremd- und Gewaltherrschaft und für eine ›vaterländische Natur‹, aber mit der anti-idealistischen Pointe, daß die schweizerische Natur-Idylle zum locus terribilis der Germanen verkehrt wird, genauer: zum Ort des Schreckens für ›alle Feinde‹ – alle äußeren und alle innenpolitischen Gegner des erst in statu nascendi befindlichen gemeingermanischen »Naturstaates«. Mit diesem Begriff hatte Schiller einen Staat definiert, »der seine Einrichtung ursprünglich von Kräften, nicht von Gesetzen ableitet«, der daher »dem moralischen Menschen« widerspricht und ganz und gar in »dem natürlichen Charakter des Menschen« wurzelt, »der, selbstsüchtig und gewalttätig, vielmehr auf Zerstörung als auf Erhaltung der Gesellschaft zielt«.[22] Schillers Idee vom vorzivilisatorischen »Naturstaat« impliziert eine negative Sozial-Anthropologie im Sinne von Hobbes. Und eine solche läßt sich bei Kleist nicht nur an der *Hermannsschlacht* verifizieren, sondern auch an so manchem anderen seiner dichterischen Werke und außerdem an seiner ganz persönlichen, brieflich vielfach bekundeten, dauerhaften Gesellschaftsfeindlichkeit und Misanthropie.

    Im Gegensatz zur *Hermannsschlacht* geht es im *Prinz Friedrich von Homburg* um den positiv besetzten »Gesetzes«-Staat, der gleichfalls schon von Schiller als Gegentypus zum »Naturstaat« mitkonzipiert worden ist. Es wäre jedoch sicherlich irreführend, aus der Versöhnungsutopie[23] in Kleists letztem Drama, die noch »das heilige Gesetz des Kriegs« einbezieht, oder aus der »verschönernden« Aufhellung des »historischen Bildes des brandenburgischen Fürstenhauses« im *Michael Kohlhaas*[24] auf das für Kleist selbst verbindliche Staats-Ideal schließen zu wollen. Wie – in anderer thematischer Hinsicht – *Penthesilea* und *Das Käthchen von Heilbronn,* so sind auf ihre Weise auch die beiden »vaterländischen« Dramen als komplementäre Extremvarianten komponiert, zwischen denen sich Kleists literarische Thematisierung staatlicher Ordnung bewegt: zwischen der radikalen Inhumanität auf der einen Seite, mit der in der *Hermannsschlacht* auf Kosten aller rechtlichen und privatmenschlichen Rücksichten ein vaterländischer Befreiungskrieg inszeniert wird – ohne genauere Vorstellungen von dem zu erkämpfenden künftigen Staat selbst –, und auf der anderen Seite der Utopie von einer unmittelbaren Versöhnung des »Kriegsgesetzes« mit den »lieblichen Gefühlen« im *Prinz Friedrich von Homburg.*

Wie durch und durch »problematisch« letztlich auch und gerade bei Kleist der »sittliche« Mensch im Blick auf die staatliche Ordnung gedacht ist (um ein letztes Mal auf Schillers schon mehrfach herangezogenen dritten Brief *Über die ästhetische Erziehung des Menschen* zurückzugreifen)[25], wird daran deutlich, daß es in den Dramen bemerkenswerterweise stets die institutionellen Ordnungshüter bzw. Ordnungsstifter selbst sind, die zur Instabilität bzw. zur Störung der eigenen Staatsordnung entscheidend beitragen. Das gilt sowohl für die beiden Komödien – für den heruntergekommenen Rechtshüter Adam (in *Der zerbrochne Krug*) wie für den auf seine Weise ›herabgekommenen‹ Gott Jupiter (in *Amphitryon*) – als auch im Umkreis der übrigen Stücke. In *Penthesilea* ist es die königliche Amtsinhaberin, die – von ihrer Mutter und Amts-Vorgängerin Otrere inspiriert (!) – gegen ein Grundgesetz des Amazonenstaates verstößt: nämlich gegen das Verbot, den zur Begattung bestimmten »Gegner« selbst auszuwählen oder gar zu lieben, statt die Entscheidung dem Kriegsgott Mars zu überlassen und das Geschlechterverhältnis auf den Zweck der Kindeszeugung zu beschränken. In *Das Käthchen von Heilbronn* wird am Ende kein anderer als der Kaiser persönlich als der eigentliche Urheber der Störung des Heilbronner

Bürgerfriedens und der Verstörung des bürgerlichen Musterkindes Käthchen entlarvt. Läßt doch erst die Enthüllung des einstigen Seitensprungs und der leiblichen Vaterschaft des Kaisers die Wahrheit von Käthchens Traumvision zutage treten. Und auch in *Prinz Friedrich von Homburg* trägt bekanntlich der Kurfürst selbst am Dramabeginn wesentlich dazu bei, den verhängnisvollen Traumzustand des Prinzen zu stabilisieren und diesen dadurch in jenen Konflikt zwischen der militärisch-preußischen Befehlsstruktur und der ›Ordre des Herzens‹, zwischen »Offizier« und »Mensch« hineinzutreiben, der auch den Autor Kleist so tief bewegte und allererst den militärischen und zivilen Staatsdienst mit der riskanten Existenz eines freien Schriftstellers hatte tauschen lassen.

Kleists politische Annäherung an den ›nationalen‹ Themenkomplex läßt sich seit dem Beginn des dritten Koalitionskrieges gegen Frankreich (im Herbst 1805) und dem Eintritt Preußens in die antinapoleonische Front im Jahre 1806[26] beobachten. Seit der zweiten Hälfte des Jahres 1808 verstärkt sich sein politisches Engagement im Geist der antinapoleonischen Insurrektionspläne der preußischen Reformer.[27] Schon im November 1805 wünscht Kleist brieflich erstmals die Erweckung des deutschen »Nationalgeistes« durch den preußischen König herbei[28], und im Oktober 1806, zehn Tage nach der preußischen Niederlage bei Jena und Auerstädt, klagt Kleist über den siegreichen französischen Imperator:

Es wäre schrecklich, wenn dieser Wüterich sein Reich gründete. [...] Wir sind die unterjochten Völker der Römer. Es ist auf eine Ausplünderung von Europa abgesehen, um Frankreich reich zu machen.[29]

Von beiden Briefzeugnissen scheint ein direkter thematischer Weg zu dem in der zweiten Jahreshälfte 1808 entstandenen, in der ersten Hälfte des Jahres 1809 mit großem Drängen zur Aufführung angebotenen Drama *Die Hermannsschlacht* sowie zu den gleichzeitig (in der ersten Jahreshälfte 1809) verfaßten politischen Agitationsschriften zu führen. Dem Protagonisten der *Hermannsschlacht* hat Kleist die schärfste antirömische – und antinapoleonisch zu lesende – Propagandarhetorik in den Mund gelegt, die sich, seit den antifranzösischen Haßtiraden in einigen Gedichten des Göttinger Hainbundes, in der gesamten ›klassischen deutschen Nationalliteratur‹ findet.

Dennoch läßt sich die Vorstellung von einer konsequenten ›vaterländischen Umkehr‹ Kleists[30]: einer seit 1805 stetig zunehmenden Parteinahme gegen das napoleonische Frankreich und für die Sache Preußens oder gar für die Sache der deutschen Nation, und desgleichen die Annahme eines bei Kleist in denselben Jahren zunehmenden »Glaubens an das preußisch-deutsche Vaterland«[31] nicht halten. Denn unmittelbar nach seiner – auf einem Irrtum beruhenden[32] – mehrmonatigen französischen Kriegsgefangenschaft in der ersten Hälfte des Jahres 1807 hatte sich Kleist während seines Dresdner Aufenthaltes (seit August 1807), inmitten eines informations- und konspirationsreichen Treibens der österreichischen und preußischen Diplomatie, nicht nur darum bemüht, in einer eigenen Verlagsbuchhandlung den »Kodex Napoleon« herauszubringen; er hoffte sogar, diese Buchhandlung von der französischen Regierung als das für ihre Publikationen in Deutschland zuständige zentrale Publikationsinstitut anerkennen lassen zu können![33] Die ein Jahr später (vermutlich Ende August bis Dezember 1808) verfaßte *Hermannsschlacht* weckt dagegen den Eindruck, als habe Kleist ernsthaft mit dem Gedanken an »einen (wahrscheinlich sogar bezahlten) Posten als Propagandaschriftsteller für die deutsche Befreiung im Dienste Österreichs« gespielt.[34] Es darf immerhin als gesichert gelten, daß sich Kleist in Dresden an geheimdienstlichen Aktivitäten im Kreis des mit ihm befreundeten österreichischen Gesandtschaftssekretärs Joseph von Buol beteiligt hat.

Zur richtigen Einschätzung dieser scheinbar krassen politischen Positionswechsel wird man Kleists Bitte an seine Schwester Ulrike, aus dem Plan einer Verlagsbuchhandlung mit amtlichem französischem Privileg keine voreiligen »politischen Folgerungen« zu ziehn[35], ebenso ernst nehmen müssen wie seine noch ein Jahr später (im Juli 1808) folgende Beteuerung gegenüber dem Verleger Cotta:

Wenn ich *dichten* kann, d. h. wenn ich mi[r] mit jedem Werke, das ich schreibe, so viel erwerben kann, als ich notdürftig brauche, um ein zweites zu schreiben; so sind alle meine Ansprüche an dieses Leben erfüllt.[36]

Das hier erkennbare ökonomisch-existentielle Selbsterhaltungsinteresse als freier Schriftsteller dürfte sehr wahrscheinlich die primäre Triebfeder für sämtliche schriftstellerischen Themenentscheidungen Kleists gewesen sein, seitdem er im Sommer 1806

unter mancherlei physischen und psychischen Krankheitserscheinungen auch seinen zweiten Versuch aufgegeben hatte, ein Amt im
preußischen Verwaltungsdienst zu übernehmen. Zur Sicherung
seiner freiberuflichen Existenz als Schriftsteller, Verlagsbuchhändler und Zeitschriften-Herausgeber dachte Kleist in Dresden
ganz offenkundig zunächst gar nicht an ein öffentliches politisches
Engagement. Vielmehr betrieb er (zusammen mit Adam Müller)
vorrangig und mit ausdrücklicher Berufung auf das Vorbild von
Schillers ›Horen‹ die Herausgabe eines – »der Politik in jeder Hinsicht gleichgültigen«[37] – »Kunstjournals« (›Phöbus‹).

Wenn Kleist dann trotzdem schon einen Monat nach dem zitierten Brief an Cotta mit der Arbeit an der *Hermannsschlacht* begann,
deren Protagonist alle Bekenntnisse seines Verfassers zu politischer Interesselosigkeit Lügen zu strafen scheint, so spricht auch
dies eher für die Auffassung der jüngeren Kleist-Forschung, daß
sowohl die *Hermannsschlacht* und *Prinz Friedrich von Homburg*
als auch alle patriotisch-agitatorischen Schriften des Jahres 1809
»wahrscheinlich weit weniger aus nationaler Begeisterung denn
aus dem Bestreben geschaffen« worden sind, »etwas zu schreiben,
für das sich auch ein Ohr finden ließe«.[38] Nicht übersehen werden
kann jene Grundeinstellung, die sich von Kleists frühem Bekenntnis, daß er »gar keine politische Meinung habe«[39], über das ominöse Jahr 1809 hinweg, in dem er sich unleugbar an der Politisierung des »Nationalgeistes« publizistisch zu beteiligen versuchte,
bis in seine letzte Lebenszeit hinein beobachten läßt, in der sich
Kleists Gebrauch des ›Nation‹-Begriffs wieder völlig in die Tradition des unpolitischen deutschen ›Kulturpatriotismus‹ und in das
aufklärerische Konzept einer »Nationalbildung« durchs »Nationaltheater« einordnet.[40]

So bereitet es denn auch durchaus Schwierigkeiten, in Kleists
Dichtung und politischen Schriften auch nur punktuell ein spezifisch ›nationalstaatliches‹ Bewußtsein neuer Art zu identifizieren.
Im Gegensatz zu einigen der politischen Schriften kommt weder in
dem *Hermannsschlacht*-Drama noch in anderen Dichtungen
Kleists der Begriff ›Nation‹ überhaupt vor. Und bei der von Hermann einmal imaginierten poetisch-prophetischen Staatsutopie
handelt es sich denn auch keineswegs um eine nationale, sondern
um eine ausgesprochen supra-nationale Weltmonarchie von einer
eher irrealen als ›realutopischen‹ Qualität:

Ich glaub', der Deutsch' erfreut sich einer größern
Anlage, der Italier doch hat seine mindre
In diesem Augenblicke mehr entwickelt.
Wenn sich der Barden Lied erfüllt,
Und, unter *einem* Königszepter,
Jemals die ganze Menschheit sich vereint,
So läßt, daß es ein Deutscher führt, sich denken,
Ein Britt', ein Gallier, oder wer Ihr wollt;
Doch nimmer jener Latier, beim Himmel!
Der keine andre Volksnatur
Verstehen kann und ehren, als nur seine.
(I 3; V. 304 ff.)

So wenig das Drama im Sinne dieser zentralen Passage als das hohe Lied eines germanisch-deutschen ›Nationalstaates‹ verstanden werden kann, so wenig handelt es sich auch um einen antifranzösischen chauvinistischen Haßgesang. Denn mit der Unterscheidung zwischen dem »in diesem Augenblicke« überlegenen »Italier« bzw. »Latier«, also dem zeitgenössischen Napoleon-Typus Varus, auf der einen Seite und dem »Gallier« (also dem »Franzosen«) auf der anderen Seite, dem – ebensogut wie dem »Deutschen« oder dem »Britten« – die Oberherrschaft in dem fernen utopischen Menschheitsreich zugestanden wird, hat Kleist deutlich genug signalisiert, daß die antirömische Haßrhetorik Hermanns ausschließlich als eine antinapoleonische und nicht als ein habitueller, über die Tagespolitik hinausreichender antifranzösischer Chauvinismus zu verstehen ist!

Das am besten greifbare Staatsideal, mit dem Kleist gerade in den Monaten seines stärksten publizistischen Engagements für die Politik »im deutschen Reich, besonders im Norden desselben [!], eine allgemeine, große und gewaltige Nationalerhebung zu bewirken« hoffte, findet sich in den politischen Schriften, und zwar in dem Beitrag *Über die Rettung von Österreich*. Darin wird dem österreichischen Kaiser als dem »Wiederhersteller und provisorischen Regenten der Deutschen« eine »Proklamation« nahegelegt, die mit dem Versprechen endet:

Nach Beendigung des Krieges sollen die Stände zusammenberufen, und, auf einem allgemeinen Reichstage, dem Reiche die Verfassung gegeben werden, die ihm am zweckmäßigsten ist.[41]

Ein genaueres nationalpolitisches und staatstheoretisches Konzept als dieses Plädoyer für eine Restauration des im August 1806 ver-

fassungsrechtlich beendeten und mit einer neuen Verfassung wie-
derzubelebenden ›Heiligen Römischen Reiches deutscher Nation‹
dürfte weder den Dichtungen noch den politischen Schriften
Kleists abzugewinnen sein.[42] Aber selbst diese ›österreichische‹
Option kann nur als eine vorübergehende Parteinahme Kleists
während der Zeit der preußischen Stillhaltepolitik nach dem Frieden von Tilsit (Juli 1807) betrachtet werden.

Und wenn Kleist in der *Hermannsschlacht* nicht Hermann
selbst, sondern die Nebenfigur Marbod den Entscheidungssieg
über Varus' Heer erringen läßt, so entspricht auch dies durchaus
der Erwartungshaltung an der Jahreswende 1808/09 (unter der
Voraussetzung, daß man mit der opinio communis die preußische
Seite durch Hermann und die österreichische Seite durch Marbod
repräsentiert sieht). Die Österreicher hatten im Frühjahr 1809
mehrere Kämpfe gegen die Franzosen gewonnen und bei Aspern
(am 21. und 22. Mai 1809) Napoleon seine überhaupt erste Niederlage beigebracht. Einen Monat zuvor hatte Kleist den österreichischen Dichter Collin nochmals gemahnt, seinem *Hermannsschlacht*-Drama, »das einzig und allein auf diesen Augenblick
berechnet war«[43], zur Aufführung zu verhelfen.

Kleists starke ›österreichische‹ Option während des Frühjahrs
1809 widerspricht in keiner Weise irgendeiner entgegenstehenden
›preußischen‹. Nach dem österreichischen Sieg bei Aspern erhoffte
sich Kleist,

daß der König v. Preußen und mit ihm das ganze Norddeutschland los-
bricht, und so ein Krieg entsteht, wie er der großen Sache, die es gilt, würdig ist.[44]

Obwohl im Drama Marbod – in der Realität Österreich – der
Schlachtsieger ist und demgemäß zunächst auch Hermann selbst
Marbod zum »König« Germaniens ausruft – entsprechend Kleists
politischer »Proklamation« zur Rettung des ›Heiligen Römischen
Reichs deutscher Nation‹ durch den österreichischen Kaiser –,
wird im Stück vorläufig (bis zum nächsten Fürstenrat) Hermann
einstimmig zum »Regenten« und Heerführer gewählt. Man hat
darin einen insgeheim gehegten Wunsch Kleists nach einer nationalen Führungsrolle Preußens vermutet.[45] Dennoch wird man
angesichts des staatspolitisch völlig offenen Dramaschlusses und
im Blick auf das utopische Fernziel einer supra-nationalen Weltmonarchie aus diesem Drama ebensowenig wie aus irgendwel-

chen anderen Kleistschen Werken oder Lebenszeugnissen auf eine programmatische – die »kleindeutsche« Lösung Bismarcks vorausnehmende – Option Kleists für eine nationalstaatliche Einigung Deutschlands unter preußischer Führung schließen können.

Mit der österreichischen Niederlage bei Wagram im Juli 1809 waren schlechthin alle politischen Hoffnungen Kleists begraben. Und das bedeutete für ihn in erster Linie: alle Hoffnungen auf eine ökonomisch einigermaßen gesicherte persönliche Schriftstellerexistenz!

So lange ich lebe, vereinigte sich noch nicht soviel, um mir eine frohe Zukunft hoffen zu lassen; und nun vernichten die letzten Vorfälle nicht nur diese Unternehmung [Herausgabe der *Germania*] – sie vernichten meine ganze Tätigkeit überhaupt. [...] Ich habe Gleißenberg geschrieben, ein paar ältere Manuskripte zu verkaufen; doch das eine *[Die Hermannsschlacht]* wird, wegen seiner Beziehung auf die Zeit, schwerlich einen Verleger, und das andere *[Das Käthchen von Heilbronn]*, weil es keine solche Beziehung hat, wenig Interesse finden. Kurz, meine teuerste Ulrike, das ganze Geschäft des Dichtens ist mir gelegt [...][46]

Die These, daß Kleists politischer Nationalismus vorrangig eine publizistische Themenentscheidung gewesen ist, scheint an dem hochengagierten ›antirömischen‹ Propagandagedicht *Germania an ihre Kinder / Eine Ode* (1809) an ihre Grenze zu stoßen:

> [...]
> Deutsche, mutger Völkerreigen,
> Meine Söhne, die, geküßt,
> In den Schoß mir kletternd steigen,
> Die mein Mutterarm umschließt,
> Meines Busens Schutz und Schirmer,
> Unbesiegtes Marsenblut,
> Enkel der Kohortenstürmer,
> Römerüberwinderbrut!
> [...]
> Schäumt, ein uferloses Meer,
> Über diese Franken her!
> [...]
> Eine Lustjagd, wie wenn Schützen
> Auf die Spur dem Wolfe sitzen!
> Schlagt ihn tot! Das Weltgericht
> Fragt euch nach den Gründen nicht!
> [...][47]

Es ist durchaus der Geist des Protagonisten der *Hermannsschlacht*, der hier spricht. Und es handelt sich abermals – im Metrum der Ode *An die Freude* – um einen prinzipiellen Widerspruch gegenüber dem ethischen und metaphysischen Idealismus Schillers und der ganzen Aufklärung. Insofern bedeutet das *Germania*-Gedicht ebenso wie *Die Hermannsschlacht* nicht nur eine politische[48], sondern auch eine ästhetisch-ethische Kampfansage, und dies nach dem poetologischen Grundsatz der Kleistschen Poetik:

Eine Empfindung, aber mit ihrer ganzen Kraft darzustellen, ist die höchste Aufgabe für die Kunst [...][49]

In diesem Sinne sind auch die hyperbolische Affektivität und der ins Metaphysische gesteigerte Antimoralismus der *Germania*-Ode[50] ein Indiz dafür, daß es sich bei ihr (wie in der *Hermannsschlacht*) vor allem um das Derivat einer emphatischen poetischen Einbildungskraft und Wirkungsabsicht handelt.

In Opposition zum bürgerlichen Trauerspiel und zur klassisch-idealistischen Dramatik eines Goethe und eines Schiller knüpft Kleists *Hermannsschlacht* einerseits an das von der religiös-patriotischen ›Barden‹-Poetik beflügelte blutrünstige Opfer-Pathos der Klopstockschen *Hermann*-Dramen an[51], andererseits an die ästhetisch autonom gewordene Affektrhetorik der heroischen Tragödie[52] und insbesondere auch an die Burkesche Ästhetik des Schrecklich-Erhabenen.[53] Es dürfte übrigens eben diese dramenpoetische Dimension gewesen sein, die Wieland anläßlich des *Guiskard*-Fragments zu seinem überschwenglich positiven Urteil über die Kleistsche Begabung für die Tragödie veranlaßt hatte.[54]

Im Gegensatz zur Gattungstradition der Tragödie wird nun allerdings die haßerfüllte Affektrhetorik des Protagonisten der *Hermannsschlacht* keineswegs in letzter Instanz durch dessen tragischen Untergang ›kathartisch‹ aufgehoben. Ist doch Hermann gar nicht als ein negativer, haßverblendeter Held konzipiert und das Drama auch nicht als eine Tragödie, sondern als ein dem aufklärerischen Freiheitspathos entsprungenes und die Tagespolitik zum Mythos stilisierendes Tendenzstück. Darin liegt eine metabasis eis allo genos, die den Zwitterstatus ›politischer Dichtungen‹ wie der *Hermannsschlacht* und der *Germania*-Ode bedingt. Die amoralistische Haß-Rhetorik negativer Tragödienhelden für konkrete politische Handlungszwecke affirmativ ins Werk zu setzen, bedeutet einen für die Dichtung wie die Politik gleichermaßen tödlichen Kurzschluß.

Kleists *Hermannsschlacht* dokumentiert beispielhaft den seit dem 18. Jahrhundert – im Sinne des alteuropäischen Rhetorik-Ideals – vielfach beklagten Verfall der »großen«, »öffentlichen«, »politischen« Beredsamkeit in Deutschland und zugleich auch schon die Deformation einer – im Sinne der zeitgenössischen Autonomieästhetik – genuin ›poetischen‹ Textur zur politischen Zweckrhetorik.[55]

Im historischen Augenblick der Gründung des preußisch-deutschen Nationalstaates auf dem Boden des besiegten Frankreichs proklamierte Nietzsche – gegen »den abstracten, ohne Mythen geleiteten Menschen« und seinen »abstracten Staat« – die »Wiedergeburt der Tragödie« zugleich als eine »Wiedergeburt des deutschen Mythus«.[56] Vor diesem Hintergrund und angesichts der dem prophetischen Mythos innerhalb weniger Jahrzehnte nachfolgenden realgeschichtlichen deutschen Nationaltragödie war die »imperialistische und faschistische Rezeption«[57] von Propaganda-Dichtungen wie Kleists *Hermannsschlacht* und *Germania*-Ode kein prinzipielles Mißverständnis, sondern eine konsequente weitere Entwicklungsstufe der mit Klopstock einsetzenden und durch Kleist forcierten nationalistischen Mythenbildung mit den Mitteln der (tragisch-)heroischen Affektrhetorik.

Heutzutage erscheint jegliche derartige politische Affektdichtung nur noch ex negativo lesbar; gegen die Autorintention und gegen ihre – vom Autor nicht vorauszusehende – erfolgreiche Wirkungsgeschichte; als Warn-Dichtung vor jedem Umschlag des aufgeklärten Freiheits-Pathos in politischen Irrationalismus und letztlich vor jedem affirmativen Pakt zwischen Dichtung und Politik. Denn: »›Machtlose‹ Dichter sind mächtiger.«[58] Diese Maxime wird zumindest der deutschen Kulturtradition gerecht, die den Typus des politisch aktiven homme des lettres kaum kennt.

1 Vgl. Helmut Sembdner (Hg.), *Heinrich von Kleists Nachruhm. Eine Wirkungsgeschichte in Dokumenten*, Bd. 2, Frankfurt/Main 1984, S. 242.

2 In diesem Sinne Heinrich Meyer-Benfey, *Das Drama Heinrich von Kleists*, Bd. 2: *Kleist als vaterländischer Dichter*, Göttingen 1913. Dazu kritisch Lawrence Ryan, *Die ›vaterländische Umkehr‹ in der ›Hermannsschlacht‹*, in: Walter Hinderer (Hg.), *Kleists Dramen. Neue Interpretationen*, Stuttgart 1981, S. 188-212. –. Zu den (erstmals 1862 veröffentlichten) politischen Schriften vgl. die eindringliche rezeptionsgeschichtliche Studie von Rudolf Berg, *Intention und Rezeption von Kleists politischen Schriften des Jahres 1809*, in: Klaus Kanzog (Hg.), *Text und Kontext. Quellen und Aufsätze zur Rezeptionsgeschichte der Werke Heinrich von Kleists*, Berlin 1979, S. 193-253.

3 Vgl. Rolf Busch, *Imperialistische und faschistische Kleistrezeption 1890-1945. Eine ideologiekritische Untersuchung*, Frankfurt/Main 1974, sowie Gerolf Demmel, *Aspekte der nationalsozialistischen Kleist-Rezeption im Dritten Reich*, in: Günter Hartung/Hubert Orlowski (Hg.), *Traditionen und Traditionssuche des deutschen Faschismus*, Halle/Saale 1987, S. 262-269.

4 Vgl. die Vorbehalte von Walter Müller-Seidel, *Verstehen und Erkennen. Eine Studie über Heinrich von Kleist*, Köln und Wien ³1971, S. 53.

5 Ryan, a.a.O., S. 208 f.

6 Ryan, a.a.O., S. 189 f.

7 Wolf Kittler, *Die Geburt des Partisanen aus dem Geist der Poesie. Heinrich von Kleist und die Strategie der Befreiungskriege*, Freiburg 1987 (hier S. 404), auf der Basis von Carl Schmitt, *Theorie des Partisanen. Zwischenbemerkung zum Begriff des Politischen*, Berlin 1963. Kittler: »Was es zu rekonstruieren gilt, ist also keine Lücke im Text der Überlieferung, sondern eine Leerstelle in der Rezeption, nicht der Inhalt von Aufsätzen, die verloren sind, sondern das vollständig erhaltene System von Kleists Werk, in dem ›Tacktick‹, Poesie und ›Krieges Spiele‹ zu einer einzigen Figur verschmelzen.« (S. 370) – Demgegenüber meint Raimar Zons, *Von der ›Not der Welt‹ zur absoluten Feindschaft. Kleists Hermannsschlacht*, in: ZfdPh 1990, S. 175-199, hier S. 196: die *Hermannsschlacht* sei »nicht eigentlich ›Partisanendichtung‹, sondern die Dichtung der ›Theorie des Partisanen‹ (Carl Schmitt) – und damit, mehr als alles andere, Dichtung über Dichtung«.

8 Carl Schmitt, a.a.O., S. 15.

9 Claus Peymann, Hans Joachim Kreutzer, *Streitgespräch über Kleists »Hermannsschlacht«*, in: Kleist-Jahrbuch 1984, S. 77-97, hier S. 83 und 90.

10 Vgl. Beda Allemann, *Der Nationalismus Heinrich von Kleists*, in:

Benno von Wiese/Rudolf Henß (Hg.), *Nationalismus in Germanistik und Dichtung. Dokumentation des Germanistentages in München vom 17.-22. Oktober 1966*, Berlin 1967, S. 305-311, hier S. 309.

11 Vgl. hierzu (ohne Rekurs auf Kleist): Winfried Woesler, *Die Idee der deutschen Nationalliteratur in der zweiten Hälfte des 18. Jahrhunderts*, in: Klaus Garber (Hg.), *Nation und Literatur im Europa der Frühen Neuzeit*, Tübingen 1989, S. 716-733.

12 Brief an Christian Ernst Martini vom 19. März 1799. Heinrich von Kleist, *Sämtliche Werke und Briefe*, 2 Bde., hg. v. Helmut Sembdner, München [3]1964 (im folgenden abgekürzt zitiert: Sembdner I oder II), II, S. 479.

13 Vgl. Gonthier-Louis Fink, *Das Motiv der Rebellion in Kleists Werk im Spannungsfeld der Französischen Revolution und der napoleonischen Kriege*, in: Kleist-Jahrbuch 1988/89, S. 64-88.

14 Vgl. Rolf Grimminger, *Die Ordnung, das Chaos und die Kunst. Für eine neue Dialektik der Aufklärung*, Frankfurt/Main 1986, S. 104-112.

15 An die Braut Wilhelmine von Zenge am 13. November 1800, Sembdner II, S. 584f.

16 Helmut Sembdner (Hg.), *Heinrich von Kleists Lebensspuren. Dokumente und Berichte der Zeitgenossen*, Bremen 1957, [2]1964, Nr. 112, S. 102f. (Hervorhebung von mir, L.B.). – Vgl. hierzu allgemein auch: Katharina Mommsen, *Kleists Kampf mit Goethe*, Heidelberg 1974.

17 In der *Hermannsschlacht* bezieht sich »Staat« durchweg auf die Partikularstaaten von »ganz Deutschland« (im Indexband von Schanze nachgewiesen: V. 178, 1353, 1404, 2608). Der ›Nation‹-Begriff taucht weder in der *Hermannsschlacht* noch in einer anderen Dichtung Kleists auf. Zu ›Vaterland‹ im folgenden.

18 Zu der These, am Beispiel des »ästhetischen Werdens des *Michael Kohlhaas*« lasse sich – in »Übereinstimmung mit Fichtes politischer Entwicklung« – Kleists Vorstellungswandel »vom subjektiven Standpunkt der Ichbezogenheit (1806) über die Anerkennung des Staatsrechtes (1808) zu einem patriotischen Glauben an das preußisch-deutsche Vaterland (1810)« beobachten, vgl. Otto W. Johnston, *Der deutsche Nationalmythos. Ursprung eines politischen Programms*, Stuttgart 1990, S. 85f.

19 Fortsetzung: »Und so wird denn allmählich das einzelne konkrete Leben vertilgt, damit das Abstrakt des Ganzen sein dürftiges Dasein friste, und ewig bleibt der Staat seinen Bürgern fremd, weil ihn das Gefühl nirgends findet.« Schiller, *Über die ästhetische Erziehung des Menschen in einer Reihe von Briefen*, 6. Brief, in: *Sämtliche Werke*, hg. v. Gerhard Fricke und Herbert G. Göpfert in Verb. mit H. Stubenrauch, Bd. 5, München 1959, S. 585.

20 Vgl. beispielhaft aus Kleists Briefen: »Solche Täler, eng und heimlich, sind das wahre Vaterland der Liebe.« Brief an Wilhelmine von Zenge vom 3. September 1800, Sembdner II, S. 545. Oder: »O welch ein herr-

liches Geschenk des Himmels ist ein schönes Vaterland! Wir sind durch ein einziges Tal gefahren, romantisch schön.« An dieselbe am 5. September 1800, Sembdner II, S. 549.

21 Vgl. dazu mit anderen Aspekten auch schon Sigurd Burckhardt, *Kleist's Hermannsschlacht. The lock and the key*, in: S. B., *The drama of language. Essays on Goethe and Kleist*, Baltimore/London 1970 und Ryan (vgl. Anm. 2), S. 198f.

22 Schiller, *Sämtliche Werke* (vgl. Anm. 19), S. 575.

23 Vgl. V. 1771ff.: »Laß meinem Herzen, das versöhnt und heiter / Sich deinem Rechtsspruch unterwirft, den Trost / Daß deine Brust auch jedem Groll entsagt [...]«

24 Vgl. Johnston (Anm. 18), S. 86.

25 »Nun ist aber der physische Mensch *wirklich,* und der sittliche nur *problematisch.*« Schiller, *Sämtliche Werke* (vgl. Anm. 19), S. 575.

26 Im Brief an Rühle von Lilienstern Ende November 1805, Sembdner II, S. 759, ist erstmals von dem zu weckenden »Nationalgeist« die Rede (vgl. unten). Nach der Niederlage Preußens bei Jena und Auerstädt im Oktober 1806 gibt Kleist der ernsten Hoffnung auf eine »Rettung« Preußens durch »unsere großen Männer, die der K[önig] vernachlässigt«, Ausdruck (an Ulrike am 6. Dezember 1806, Sembdner II, S. 773f.).

27 Vgl. dazu Richard Samuel, *Kleists »Hermannsschlacht« und der Freiherr vom Stein,* in: Jahrbuch der Deutschen Schillergesellschaft 5 (1961), S. 64-101, hier insbesondere S. 67.

28 Sembdner II, S. 759.

29 Sembdner II, S. 771.

30 Vgl. dazu Ryans kritischen Beitrag (wie Anm. 2).

31 Vgl. Anm. 18.

32 Vgl. dazu jetzt Helmut Sembdner, *Die Doppelgänger des Herrn von Kleist. Funde und Irrtümer der Kleistforschung,* in: Jahrbuch der deutschen Schillergesellschaft 35 (1991), S. 180-195, hier S. 180f.

33 An Ulrike am 25. Oktober 1807, Sembdner II, S. 792ff.

34 Thomas Wichmann, *Heinrich von Kleist,* Stuttgart 1988, S. 161.

35 Wie Anm. 33.

36 Sembdner II, S. 814.

37 Sembdner II, S. 802.

38 Wichmann, a.a.O., S. 159.

39 An Ulrike von Kleist am 12. Januar 1802, Sembdner II, S. 715.

40 Vgl. das *Schreiben eines redlichen Berliners, das hiesige Theater betreffend, an einen Freund im Ausland,* Berliner Abendblätter, 23. November 1810: »Zu einer Zeit, dünkt uns, da alles wankt, ist es um so nötiger, daß irgend etwas fest stehe: und wenn es der Kirche [...] bestimmt wäre, im Strom der Zeiten unterzugehen, so wüßten wir nicht, was geschickter wäre, an ihre Stelle gesetzt zu werden, als ein Nationaltheater, ein Institut, dem das Geschäft der Nationalbildung und Entwicke-

lung und Entfaltung aller ihrer höhern und niedern Anlagen, Eigentümlichkeiten und Tugenden, vorzugsweise vor allen andern Anstalten, übertragen ist.« Obwohl dieses jahrzehntealte aufklärerische Nationaltheater-Ideal hier lediglich in satirischer Absicht dem zeitgenössischen Berliner Theaterprogramm unterstellt wird, bleibt der Sinn der Rede vom ›Nationalen‹ davon unberührt; Sembdner II, S. 417.

41 Sembdner II, S. 382.

42 Vgl. auch den *Katechismus der Deutschen, abgefaßt nach dem spanischen, zum Gebrauch für Kinder und Alte*, Sembdner II, S. 350ff., hier S. 353: »Wer nun ist es in Deutschland, der die Macht und den guten Willen und mithin auch das Recht hat, das Vaterland wiederherzustellen? *Antwort:* Franz der Zweite, der alte Kaiser der Deutschen.«

43 An Heinrich Joseph von Collin, Sembdner II, S. 824.

44 An Friedrich von Pfuel [Adressat ungesichert] am 25. Mai 1809, Sembdner II, S. 826.

45 Vgl. Johnston (Anm. 18), S. 88: »Die Hauptsache ist die Einheit der Nation, gleichgültig ob sie dadurch erreicht wird, daß Hermann vor Marbod oder Marbod vor Hermann kniet! Daß dennoch zum Schluß der Suevenfürst dem Norddeutschen huldigt, ist ein Indiz für die von Kleist bevorzugte politische Allianz.«

46 An Ulrike am 17. Juli 1809, Sembdner II, S. 828.

47 Sembdner I, S. 25 ff.

48 Auch die *Germania*-Ode bedeutet zweifellos nur eine antinapoleonische und keine antifranzösische Haßtirade.

49 An Adolfine von Werdeck am 29. November 1801, Sembdner II, S. 701.

50 Schillers Ode *An die Freude* endet so:

> Rettung von Tyrannenketten,
> Großmut auch dem Bösewicht,
> Hoffnung auf den Sterbebetten,
> Gnade auf dem Hochgericht!
> Auch die Toten sollen leben!
> Brüder trinkt und stimmet ein,
> Allen Sündern soll vergeben,
> Und die Hölle nicht mehr sein.
>> Chor
> Eine heitre Abschiedsstunde!
> Süßen Schlaf im Leichentuch!
> Brüder – einen sanften Spruch
> Aus des Totenrichters Munde!

51 Vgl. Gerhard Kaiser, *Klopstock als Patriot,* in: *Nationalismus in Germanistik und Dichtung. Dokumentation des Germanistentages in München vom 17. bis 22. Oktober 1966,* hg. v. Benno von Wiese und Rudolf Henß, Berlin 1967, S. 145-169.

52 Vgl. z. B. Mendelssohn: »Die Schaubühne hat ihre eigene Sittlichkeit.

[...] Im Leben ist nichts sittlich gut, das nicht in unserer Vollkommenheit begründet ist, auf der Schaubühne hingegen ist es alles, was in der heftigen Leidenschaft seinen Grund hat. Der Zweck des Trauerspiels ist, Leidenschaften zu erregen, und das schwärzeste Laster, das zu diesem Endzwecke leitet, ist auf der Schaubühne willkommen.« Moses Mendelssohn, *Briefe über die Empfindungen* (1755; hier: 13. Brief), in: *Schriften zur Philosophie, Ästhetik und Apologetik,* hg. v. Moritz Brasch, Leipzig 1880 (Neudruck Hildesheim 1968), Bd. 2, S. 63 f.

53 Ihren ersten authentischen Niederschlag fand Burkes Schrift *A Philosophical Enquiry into the Origine of our Ideas on the Sublime and the Beautiful* (1756), ohne daß ihr Verfasser dies intendiert hätte, in der, in den Jahren des literarischen und musikalischen Sturm und Drang entstandenen, neuen Gattungsform des Melodramas. Vgl. dazu demnächst die in der Reihe *Europäische Aufklärung in Literatur und Sprache* erscheinende Dissertation von Ulrike Küster, *Das Melodrama im ästhetikgeschichtlichen Zusammenhang von Dichtung und Musik,* Frankfurt/Main, Bern, New York und Paris 1992.

54 Wieland an Frh. v. Wedekind am 10. April 1804: »Wenn die Geister des Äschylus, Sophokles und Shakespeare sich vereinigten, eine Tragödie zu schaffen, so würde das sein, was Kleists Tod Guiscards des Normanns, sofern das Ganze demjenigen entspräche, was er mich damals hören ließ. Von diesem Augenblick an war es bei mir entschieden, Kleist sei dazu geboren, die große Lücke in unserer dermaligen Literatur auszufüllen, die (nach meiner Meinung wenigstens) selbst von Goethe und Schiller noch nicht ausgefüllt worden ist [...].« Dazu passend soll Wieland gesprächsweise einmal geäußert haben: wenn Kleist »jemals so weit käme, das auszusprechen, was er in sich ahnen läßt, so würde die Kunst um Jahrhunderte vorwärts schreiten« (Sembdner, *Lebensspuren* [vgl. Anm. 16], Nr. 90, S. 78 f.).

55 Zu dem Verfallstopos und dessen ›romantischer‹ Auslegung durch Adam Müller vgl. Lothar Bornscheuer, *Politische und poetische Beredsamkeit im Kontext antiker und neuzeitlicher Aufklärung,* in: *Glaube. Kritik. Phantasie. Europäische Aufklärung in Religion und Politik, Wissenschaft und Literatur,* hg. v. Lothar Bornscheuer, Herbert Kaiser, Jens Kulenkampff, Frankfurt/M., Bern, New York, Paris 1992 (i. Druck).

56 Friedrich Nietzsche, *Die Geburt der Tragödie aus dem Geiste der Musik* (¹1872; ²1874), in: F. N., *Sämtliche Werke. Kritische Studienausgabe in 15 Bänden,* hg. v. Giorgio Colli und Mazzino Montinari, Berlin und New York 1967-1977, Bd. 1, S. 9-156, hier: S. 145-147. Vgl. dazu Nietzsches eigenen *Versuch einer Selbstkritik* von 1886, a.a.O., S. 11-22.

57 Vgl. Busch (Anm. 3).

58 Vgl. Walter Jens/Wolfgang Graf Vitzthum, *Dichter und Staat. Über Geist und Macht in Deutschland,* Berlin und New York 1991. Hier insbesondere Wolfgang Graf Vitzthum, S. 18.

Ernst Weber

Für Freiheit, Recht und Vaterland

Zur Lyrik der Befreiungskriege
als Medium politischer Meinungs- und Willensbildung

I.

1991 brachte die Bundespost zwei Briefmarken zum 200. Geburtstag von Theodor Körner heraus. Das Gedenken gilt einem Autor, der bis weit ins 20. Jahrhundert hinein populär war, heute aber vergessen ist. Seine Dramen werden nicht mehr gespielt, und seine Gedichte finden sich kaum noch in Anthologien. Auch in der Literaturwissenschaft stößt der »Heldenjüngling« von einst[1], den man noch vor zwei Generationen als »echten Volksdichter der Deutschen« feierte[2], auf wenig Interesse.[3] Die postalische Ehrung steht offenbar im Zusammenhang mit der Wiedergewinnung des deutschen Nationalstaates, zumal sie einem anderen ›Freiheitsdichter‹, Christian Friedrich Daniel Schubart, zu dessen 200. Todestag nicht zuteil wurde. Zwar entschied man sich nicht für den Abdruck der Verse »Das Volk steht auf, der Sturm bricht los!«, sondern für die erste Strophe von »Was glänzt dort vom Walde im Sonnenschein?«, die literarische Selbstfeier des Lützowschen Freicorps, dem Körner angehörte. Doch wird damit ein Körner-Verständnis angesprochen, das 1945 endgültig untergegangen schien. Selbst wenn man nicht den Franzosenfeind, den deutschen Krieger oder gar den »jugendlichen Blutzeugen« meinte[4], so werden doch aufgrund von Bildgestaltung[5] und Lied der »Dichterheld«[6] und das Vorbild »edler deutscher Gesinnung und Thatkraft«[7] zitiert und damit das Körner-Bild des imperialen deutschen Nationalstaates. Von staatlicher Seite rückte man einen Autor wieder ins öffentliche Bewußtsein, der innerhalb der Literaturgeschichtsschreibung stets für den nach innen repressiven und nach außen aggressiven nationalen Obrigkeitsstaat in Anspruch genommen wurde. Körners Lyrik gehört ohne Zweifel zur Geschichte der Nationwerdung der Deutschen. Ihre Vereinnahmung durch den wiedererstandenen Nationalstaat aber bedeutet eine Verfälschung ihrer ursprünglichen gesellschaftspolitischen Funktion und zugleich die Reaktivierung des im 19. Jahrhundert unter den Bedingungen der schwierigen Geburt des deutschen Nationalstaates entstandenen Körner-Bildes mit all seinen fatalen politischen Implikationen.

Die Körner-Briefmarken scheinen mir ein Symptom für den andauernden Einfluß der Wirkungs- und Rezeptionsgeschichte der Befreiungskriegslyrik auf deren heutiges Verständnis zu sein. Denn Körner gilt neben Arndt, Schenkendorf und Rückert als einer ihrer herausragendsten Vertreter.[8] Der Verherrlichung im politischen Gebrauch vor allem der Wilhelminischen Ära folgten nach dem Zusammenbruch des Dritten Reichs die ästhetische und politische Verdammung, aber auch zweifelhafte Rettungsversuche.[9] Durch die Rezeptionsgeschichte als ideologisches Instrument des nationalen Machtstaates diskreditiert, erschien die Befreiungskriegslyrik als der geistig-literarische Anfang der zum deutschen Obrigkeitsstaat führenden Entwicklung. Man setzte sie mit dem nationalistischen Maulheldentum wilhelminischer Lyrik gleich, um sie, entgegen den Erkenntnissen der jüngeren Geschichtswissenschaft[10], als undemokratisch und chauvinistisch zu verwerfen.[11] Die Literaturwissenschaft, befangen in einer Betrachtungsweise, die einen Gegensatz zwischen dem Ästhetischen und Politischen konstruierte, tat die Befreiungskriegslyrik als »Tendenzdichtung« ab.[12] Sie schien ästhetisch nicht innovativ zu sein und nur tagespolitische Ziele zu verfolgen. In der DDR hingegen betrachtete man die Lieder und Gedichte als Ausdrucksform der »ersten großen politischen Massenbewegung« in Deutschland«.[13] Arbeiter und Bauern hätten sich für »ihre nationalen Rechte« erhoben.[14] Den Beweis blieb man schuldig, so daß dieser Versuch einer Neubewertung nur den ideologischen Gebrauch im deutschen Nationalstaat fortsetzte: Die Befreiungskriegslyrik hatte nun der geschichtlichen Legitimation des sozialistischen Staates deutscher Nation zu dienen.

Betrachtet man die Befreiungskriegslyrik im Kontext der Zeit, d. h. in Verbindung mit der Nationalbewegung, den Plänen der preußischen Reformer zum Aufbau einer öffentlichen Meinung, der absolutistischen Herrschaftsform und den Sozialisationsstrukturen, so ergibt sich ein ganz anderes Bild, als es die Rezeptionsgeschichte vermittelte. Durch Einzeldrucke, Anthologien, Werkausgaben, mittels Zeitungen und Zeitschriften in allen deutschen Staaten und allen Ständen verbreitet, entwickelten sich Lieder und Gedichte zu einem Medium, das der Information über kollektive und persönliche Gefühle, Meinungen und Ziele diente, zur Unterrichtung über gesellschaftliche und politische Zustände und Vorgänge benutzt und als handlungsauffordernd erfahren und/oder eingesetzt wurde. Lyrik hatte vorübergehend die literarische Zirkulationssphäre verlassen und übte als ›spontan‹ entstandenes Organ des Empfindens und Meinens wie als bewußt eingesetztes Instrument der öffentlichen Stimmungserzeugung die Funktion einer politischen Institution aus.[15] Dabei übernahm sie eine vielfältige gesellschaftspolitische Rolle. Lieder und Gedichte formulierten eine allen gemeinsame Aufgabe: die Vertreibung Napoleons und die Herstellung »brüderlicher« Beziehungen unter den Deutschen vermittelten das Gefühl und Bewußtsein einer alle Stände und Ländergrenzen übergreifenden nationalen Identität, boten für beide Geschlechter soziale Verhaltens- und Wertmuster an und schufen – auch durch ihre besondere ästhetische Form – die Möglichkeit kollektiver Selbsterfahrung.

Die Differenz zwischen der historischen Rolle der Lyrik während der Befreiungskriege und ihrem Verständnis innerhalb der Rezeptionsgeschichte läßt sich fast immer in Form einer Opposition beschreiben. Diese Lyrik war nicht Ausdrucksform eines schon in allen Ständen vorhandenen Nationalbewußtseins, das, durch die Napoleonische Eroberungspolitik aktiviert, nun zum deutschen Nationalstaat strebte. Im Gegenteil, bei ihr handelte es sich um das Instrument, mittels dessen die im 18. Jahrhundert innerhalb der bürgerlichen Emanzipationsbewegung entwickelte Idee von einer in Sprache, Wertvorstellungen und Verhaltensweisen vereinigten Nation erst allen sozialen Schichten zugänglich gemacht wurde. Ein Gefühl für die soziale und staatliche Gemeinschaft und die mit ihr verbundenen Pflichten mußte zumindest in den niederen Ständen zunächst geweckt werden.[16] Die Lyrik übernahm hier sowohl in nationaler wie sozialer Hinsicht eine entscheidende Sozialisationsfunktion. Sie definierte nicht nur das Verhältnis von Bürger und Staat, Bürger und Soldat, Frau und Gesellschaft[17] neu, sondern erklärte auch spezifisch bürgerliche Verhaltensweisen wie Freiheits- und Vaterlandsliebe, Opferbereitschaft für ein ›Höheres‹, Treue und Redlichkeit zu Nationaleigenschaften. – Die Befreiungskriegslyrik thematisierte nicht nur Krieg und Kampf, sondern zielte als Medium sozialer und nationaler Integration auf grundlegende gesellschaftliche und politische Veränderungen. Sie trug entscheidend zur Verringerung der für den Absolutismus konstitutiven Kluft zwischen Staat und Gesellschaft bei[18], politisierte breite Schichten und schuf die Voraussetzungen für den Kampf gegen jede Willkürherrschaft, nicht nur die Napoleonische. – Daß sie im wesentlichen »preußisch« gewesen sei[19], beruht auf einem Irrtum. In jedem deutschen Staat erschien Lyrik zur politischen Meinungs- und Willensbildung. Nur etwa die Hälfte der zwischen 1812 und 1815 publizierten Lieder und Gedichte ist in Preußen entstanden und verbreitet worden. Diese Lyrik hatte zunächst Modellcharakter, übernahm aber dann, bestimmte Gedichte von Arndt ausgenommen, keine Leitfunktion. Der Druckort legte weitgehend den Distributionsbereich fest. Verbreitung über die Ländergrenzen hinaus fand sie entweder durch den Nachdruck in Zeitungen oder durch innerhalb der Armee und der Freiwilligencorps zirkulierende Einzeldrucke und Sammlungen.

Die Anlehnung an die lyrische Formensprache des 18. Jahrhunderts ist weder Ausdruck von Dilettantismus noch Eklektizismus, sondern der auch auf der Ebene der Ideen nachweisbare Versuch, die literarischen Traditionen zu funktionalisieren, um sich der Rezipienten unterschiedlicher Herkunft und Bildung zu versichern. So bietet die Befreiungskriegslyrik nur scheinbar ein heterogenes und widersprüchliches Bild. Das Lied mit seinem strukturbestimmenden kollektiven »wir« steht neben der geschichtsphilosophischen Ode, in der ein ›privates‹ Ich, von einem Sendungsbewußtsein beseelt, über das Zeitgeschehen reflektiert, die Kontrafaktur eines Kirchenliedes neben einem metaphernbeschwerten Gedicht im Bardenton, das Dialoggedicht neben der ›Gedichterzählung‹. Heidnisches und christliches Gedankengut, Landespatriotismus und nationales Denken, Fürstenpreis und Lob des neuen Souveräns, des »Vaterlandes«, bildeten nicht unbedingt Gegensätze in einer Lyrik, die nur ein Ziel zu kennen schien: die politische Aktivierung aller. Zu diesem Zweck wurden auch patriotische Gedichte des 18. Jahrhunderts sowie Naturlyrik der Romantik verbreitet und damit Gedichte, die thematisch nicht auf die Zeit bezogen waren, aber durch den jeweiligen medialen Kontext politische Bedeutung gewannen.[20] Ein festumrissenes politisches Programm lag der Befreiungskriegslyrik nicht zugrunde. Sie, die im wesentlichen von der akademischen Intelligenz verfaßt wurde, spiegelte eher die Meinungsvielfalt ihrer Autoren wider. Gleichwohl gehört sie in eine Geschichte der politischen Lyrik, weil sie in »Macht-, Herrschafts- und Gesellschaftsverhältnisse« zum Zwecke ihrer Veränderung, Beseitigung oder Bestätigung eingriff.[21] Denn die Aktivierung aller Stände und beider Geschlechter mußte zu Veränderungen absolutistischer Herrschaftsstrukturen führen. Indem sie durch Emotionalisierung öffentliche Meinung bildete und lenkte sowie das Gefühl einer Stände- und Ländergrenzen sprengenden nationalen Zusammengehörigkeit vermittelte, stellte sie die bestehende Sozialordnung (Hierarchie der Stände) wie die territorialstaatliche Gliederung Deutschlands in Frage und gefährdete den Führungsanspruch der Fürsten.

Dieser reformpolitische Prozeß wurde von der Lyrik nicht allein getragen. Durch politische Abhandlungen und Zeitschriftenartikel[22] erfuhr sie Unterstützung, Ergänzung und Fortführung. Unfreiwillig beteiligten sich daran auch Fürsten und Heerführer, wenn sie in Ausrufen und Tagesbefehlen ihre Politik erläuterten und damit zur Diskussion stellten – ein Vorgehen, das im 18. Jahrhundert undenkbar war. Was die Lyrik aufgrund ihrer Struktur nur in Schlagworten und Metaphern andeuten konnte, wurde in der politischen Prosa kontrovers erörtert. Dabei ging es u. a. um die Grenze zu Frankreich, das Verhältnis der Deutschen untereinander, um Verfassungen und politische Mitsprache. – Im folgenden sei, die Thesen historisch differenzierend, ein Überblick über die Geschichte der Befreiungskriegslyrik gegeben, um dann an einem Gedicht von Arndt ihre literarischen Verfahren, ihren Umgang mit dem kulturellen Wissen und ihre Kontextbedingtheit zu erläutern.

2.

Mit dem nationalistischen Verständnis der Befreiungskriegslyrik war die These verbunden, daß die Kriegserklärung Friedrich Wilhelms III. vom 17. 3. 1813 das Signal für den Ausbruch nationaler »Affekte« gegeben habe. Erst von diesem Zeitpunkt an datiere die literarische Manifestation der nationalen Einheitssehnsucht. Versteht man jedoch die Befreiungskriegslyrik als eine zur politischen Meinungs- und Willensbildung eingesetzte Literatur, dann gab es diese schon mit dem Liedanhang von Arndts *Kurzem Katechismus für teutsche Soldaten,* der vor dem 24. 10. 1812 in St. Petersburg erschienen ist[23] und sich an die ›Deutsche Legion‹ in Rußland richtete. Die meisten Gedichte waren zwischen 1806 und 1809 als lyrische Kommentare zur Zeit entstanden, die wenigsten auf die militärische Lage im Herbst 1812 hin verfaßt.

Arndt realisierte das Konzept der öffentlichen Meinungs- und Willensbildung mittels Literatur, das der Freiherr vom Stein und andere preußische Reformer nach 1809 entworfen hatten. Mit dem Scheitern der Insurrektionsversuche in Norddeutschland 1809 zerbrach auch die Illusion von einer umsturzbereiten Bevölkerung. Bei Stein setzte sich die Einsicht durch, daß man »auf freiwillige Volks-Erhebungen [...] bei dem Phlegma der nördlichen Deutschen, der Weichlichkeit der oberen Klassen, dem Mietlings-Geist der Beamten« nicht rechnen durfte.[24] Die Weigerung des preußischen Königs, öffentliche Meinungsbildung zur Unterstützung der Reformen zuzulassen, sowie sein Vertragsabschluß mit Napoleon 1812 führten schließlich dazu, »die Rettung des Volks zunächst bei den Schriftstellern zu suchen«.[25] Da nach Stein »auf die Deutschen [...] Schriftstellerei mehr als auf andere Nationen« wirke, wollte er alle akademisch Gebildeten aktivieren, die »eine Veranlassung zu schriftstellerischen Arbeiten« hatten.[26] Mittels Flugschriften, Gedichten, Predigten und Zeitungen sollten sie die öffentliche Meinung bearbeiten, um den »staatsbürgerlichen und kriegerischen Geist der Nazion«[27] zu wecken. Stein war wie Arndt u. a. davon überzeugt, daß Napoleon dem Zeitgeist unterliegen werde. »Die Meinung bekämpft siegreich die Gewalt, die Herrschaft Napoleons steht im Widerspruch mit der öffentlichen Meinung, mit der Vernunft, sowohl mit denen eigennützigen, als mit denen edelsten Gefühlen des Menschen, dem Gefühl für Recht, für Wahrheit und Freiheit.«[28]

Arndt wurde Steins Mitstreiter im Dienste des Zaren. Er hatte für die ›Deutsche Legion‹ »Schriften, Lieder usw. abzufassen, welche unter den Deutschen verbreitet werden soll[t]en, um ihre Ansichten zu berichtigen«[29]. Doch erst in Ostpreußen, im Januar 1813, eröffnete sich Arndt das eigentliche Betätigungsfeld. Hier stieß er auf eine insurrektionelle Stimmung, die »Heil und Rettung« »aus dem Wirbelwind des Volkes« als möglich erscheinen ließ.[30] Königsberg wurde zum publizistischen Brückenkopf Preußens. Neben Aufrufen und Prosaschriften erschienen noch vor der preußischen Kriegserklärung *Lieder dem Vaterlande gesungen im März 1813*, *Lieder für teutsche Soldaten* und die zweite Auflage des ›Kurzen Katechismus‹. Die z. T. auch als Einzeldrucke publizierten Gedichte, der Bildung und Stimmung der jeweiligen Adressaten (Preußen bzw. Soldaten) angepaßt, sollten handlungs-

motivierenden Haß gegen Napoleon hervorrufen, der als anma-
ßender, Gewalt und List gebrauchender Länderdieb dargestellt
wurde, den Preußen ein Selbstverständnis vermitteln, das, selbst-
gerecht und überheblich (auserwähltes Volk Gottes), einem moralisch-sittlichen Gegenbild der französischen Nation gleichkam,
und ein Deutungsangebot für die Zeitereignisse vorlegen, welches
die Vernichtung der Grande Armée in Rußland als Strafe Gottes
deutete. Bemerkenswert an den Liedern für Soldaten ist, daß sie,
abweichend von der Gattungskonvention, den preußischen König
als obersten Feldherrn mit keinem Wort erwähnen. Sie suggerier-
ten ihnen, daß sie allein Gott und ihrem moralisch-sittlichen Empfinden verpflichtet seien.

Arndt hatte in Ostpreußen einen Weg gewiesen, politische
Wünsche und Absichten öffentlich zu machen. Er schuf das
Modell für den Gebrauch von Lyrik zur politischen Meinungs-
und Willensbildung.[31] Dieses war erfolgreich, weil zum einen die
literarische Form als Mitteilung für die Empfindungen, Stimmungen und Reflexionen poetologisch ausgewiesen war und Arndt es
verstand, kollektiven Gefühlen, Wünschen und Hoffnungen Ausdruck zu geben, zum andern, weil der Agitation unmittelbar
Erfolg beschieden schien. Der preußische König erklärte den
Krieg und schloß mit Rußland ein Bündnis. Viele strömten in die
Freiwilligenverbände, Landwehren wurden aufgestellt, und die
Zeitungen berichteten von den patriotischen Opfern der Bevölkerung. Der Traum der Dichter im 18. Jahrhundert schien verwirklicht, Politik mittels Literatur machen zu können. Wer »Veranlassung zu schriftstellerischer Arbeit« hatte, publizierte seine Empfindungen zum Zeitgeschehen.[32]

In den preußischen Städten kamen kleine, oft wenige Blatt
starke Sammlungen heraus, wie *Kriegslieder für die Königlich
Preußischen Truppen [...] Beym Ausmarsch den 23ten März 1813*,
[Breslau], *Kriegslieder der Teutschen*, [Berlin], oder die von Fr. L.
Jahn herausgegebenen *Deutschen Wehrlieder für das königlich
Preußische Frey-Corps*, [Heiligenstadt].[33] Sie wurden unter den
Freiwilligen oder in der Armee verteilt oder mit werbender Unter-
stützung der lokalen Intelligenzblätter und Zeitungen zu geringem
Preis verkauft. Auch die politischen Zeitungen, wie z. B. die ›Berli-
nischen Nachrichten‹ oder die ›Königlich Preußisch Pommersche
Zeitung‹, verbreiteten Lieder und Gedichte. Doch nicht nur die
›Dichter‹ in Preußen formulierten mit Schlagwörtern wie »Frei-

heit« und »Vaterland« Aufgaben und Ziele der gesamten nationalen Gemeinschaft. In Hamburg, das nur vorübergehend zwischen März und Mai 1813 frei war, beteiligten sich der ›Hamburgische Correspondent‹ und der ›Deutsche Beobachter‹ am publizistischen Prozeß. Mit dem *Liederbuch, der Hanseatischen Legion gewidmet* kam eine Anthologie für die Freiwilligen heraus. In dem von den Alliierten eroberten Sachsen konnte F. Förster seinen *Schlachtenruf und Schlachtengesang an die erwachten Teutschen,* [Dresden], und ein Anonymus die *Kriegs-Gesänge für freie Deutsche,* [Altenburg, Leipzig], veröffentlichen, während der Druck von Th. Körners *Zwölf freien deutschen Gedichten,* welche die handschriftlich im Lützowschen Freicorps zirkulierenden Verse sammelte, durch die Rückkehr Napoleons im Mai verhindert wurde. Sie erschienen postum im November 1813 in Leipzig, gleichzeitig mit vielen anderen Sammlungen, darunter Arndts *Liedern für Teutsche.* Der zunächst von einzelnen initiierte Meinungs- und Willensbildungsprozeß mittels publizistisch gebrauchter Lyrik begann sich selbst zu tragen. Da die Vielzahl der Verse dem einzelnen das Gefühl gab, sich mit seinen Empfindungen in Übereinstimmung mit dem Zeitgeist zu befinden, und dem lyrischen Appell auch Taten folgten, rief dies immer neue Lieder und Gedichte hervor.

Aber erst nach der Leipziger Schlacht im Oktober 1813 und dem Rückzug Napoleons über den Rhein konnte sich meinungs- und willensbildende Lyrik in allen deutschen Staaten ausbreiten. Die Autoren hatten offenbar nur auf diesen Zeitpunkt gewartet. In Bremen z. B. erschienen vier Tage nach Tettenborns Einzug am 15.10.1813 die ersten Verse in der wiedergegründeten ›Neuen Bremer Zeitung‹. Bis Jahresende brachte das Blatt 23 Lieder und Gedichte. Zur gleichen Zeit kam eine Reihe von Einzeldrucken Bremer Autoren heraus, und im Frühjahr 1814 folgten Nachdrucke von ›Kriegs-Liedern‹ meist preußischer Provenienz. Die Befreiungskriegslyrik entfaltete sich aufgrund der differierenden politischen, gesellschaftlichen und kulturellen Strukturen der einzelnen deutschen Staaten recht unterschiedlich. In Preußen spiegelte die Lyrik das Vorhandensein eines ausgeprägten Landespatriotismus und einer festen Tradition des patriotischen Liedes wider. Aber sie zeigt auch, daß das Land gegenüber Napoleon eine relative Unabhängigkeit wahren konnte. Anders als in Hessen war eine Auseinandersetzung mit dem als unzeitgemäß empfundenen

Verhältnis von Staat und Gesellschaft möglich. Teile der Intelligenz standen in einem latenten Machtkonflikt mit dem König, der sich u. a. in dem frühen meinungs- und willensbildenden Einsatz von Liedern und Gedichten niederschlug. In Kurhessen hingegen konnte eine kritische Beschäftigung mit dem erstarrten absolutistischen System erst gar nicht stattfinden. Napoleon hatte das Land vertragswidrig besetzt, den Kurfürsten vertrieben und den Staat aufgelöst. Allen gesellschaftlichen Reformen haftete das Stigma an, daß sie von einem vertragsbrüchigen Usurpator aufgezwungen wurden. Die kurhessischen Gedichte, welche die konservative Variante der Befreiungskriegslyrik verkörpern, dienten vor allem der Wiederherstellung der absolutistischen Abhängigkeitsverhältnisse, nicht der politischen Emanzipation der Untertanen oder der sozialen Integration der Stände. Im ehemaligen Rheinbundstaat Bayern waren nationales und patriotisches Denken und Fühlen eng miteinander verbunden, so daß die Lyrik zeitweise den publizistischen Arm der Regierung zu verkörpern schien. In Baden dagegen, das seine territoriale Größe Napoleon verdankte, entstand fast keine landespatriotische Dichtung. Der nationale Impuls, der zur Rezeption preußischer Lyrik in den *Ergießungen deutschen Gefühles*, [Heidelberg] 1814, führte, war hier besonders ausgeprägt.[33] Der kurze Überblick macht deutlich, daß es nicht nur eine Lyrik des nationalen Gefühls und gesellschaftsreformerischen Impetus gab, sondern ebenso patriotische und panegyrische Dichtungen, die sich kaum von der politischen Lyrik im Absolutismus unterschieden. Auch waren Gedichte gar nicht so selten, die zwar den Kampf gegen Napoleon thematisierten, sich aber durch Sprache und Form dem politischen Gebrauch entzogen.

Die politischen und gesellschaftlichen Zustände in den einzelnen deutschen Staaten prägten auch die Distributionsformen. So wurde die Befreiungskriegslyrik in Bayern fast ausschließlich durch Zeitungen und Zeitschriften verbreitet. In Baden beförderten neben der selbständig erschienenen Lyrik vor allem die Intelligenzblätter, die »Bauernpublizistik«[34] wie das ›Heidelberger‹ und das ›Freyburger Wochenblatt‹, die politische Meinungs- und Willensbildung, während in Württemberg sich nur die Gebildeten durch das Cottasche ›Morgenblatt‹ informieren konnten, das Befreiungskriegslyrik als Leseproben aus literarischen Neuerscheinungen brachte.

Zwischen ihren Anfängen als publizistisch gebrauchte Literatur in Rußland und ihrem Ende nach dem Sieg von Belle Alliance (18.6. 1815) fand ein entscheidender, wenngleich wenig auffälliger Funktionswechsel der Befreiungskriegslyrik statt. Zu Beginn war sie von ›außenpolitischen‹ Zielsetzungen bestimmt. Napoleons Herrschaft sollte gebrochen, die Souveränität der deutschen Staaten wiederhergestellt werden. Doch der Kampf galt nicht nur dem Usurpator oder dem vermeintlichen Zerstörer der Eintracht unter den Deutschen, sondern auch der despotischen Herrschaft eines einzelnen, der alles seinem persönlichen Machtwillen gewaltsam unterordnete. Die ihm beigelegten Epitheta wie Tyrann oder Antichrist zeigen in ihrer Kritik an absolutistischer Willkür den zum Zeitgeist gewordenen Anspruch auf Rechtssicherheit, politische Mitsprache und Selbstbestimmung von Nation und Individuum. Mit dem Sieg über Napoleon entfiel das motivierende Feindbild. So konnten die anderen Ziele, die Beseitigung einer als unzeitgemäß empfundenen Herrschaftsform und die nationale Aussöhnung der Deutschen, die ›innenpolitische‹ Seite des Kampfes, stärker hervortreten.

Dies geschah in einer Form, die geschickt die tatsächlichen Machtverhältnisse berücksichtigte. Man nutzte 1814 die Gedenkfeiern zur Leipziger Schlacht – es war die Zeit des Wiener Kongresses –, um politisch Einfluß zu nehmen. Die Oktoberlyrik – gesammelt u. a. in den *Volksliedern zur Jahresfeier der großen Errettungsschlacht am 18. October 1813 bei Leipzig*, Frankfurt/M. [1814/15], oder in dem von Karl Hoffmann herausgegebenen *Des teutschen Volkes feuriger Dank- und Ehrentempel*, Offenbach 1815 – ersetzte nicht nur das Feindbild durch ein idealisiertes, Identifikation stiftendes Selbstbild der Deutschen, vielmehr dienten die gemeinsam gesungenen Lieder auch durch ihre deutende Vergegenwärtigung der Gebrauchssituation – das Zusammenstehen aller Bevölkerungsgruppen um die Feuer auf den Bergen in (fast) allen deutschen Staaten – als ein Medium, durch das die neue, Länder und Stände umfassende Brüderlichkeit erfahrbar wurde.[35] In Zukunft, so die Lieder, sollte Liebe die Beziehungen bestimmen und zur »Demant-Säule«[36] der inner- und zwischenstaatlichen Beziehungen werden. Die Verse politisierten das Gebot der Nächstenliebe. Statt des Eigeninteresses sollte das Wohl der andern das Handeln bestimmen. Politisch brisant wurde die Einführung der Liebe als Hebel gesellschaftspolitischen Wandels erst in der Anwendung auf das Verhältnis von Herrscher und Volk. Die neue

Einheit umschloß – ganz im Gegensatz zu den Anfängen der Befreiungskriegslyrik – auch die Fürsten. Man feierte sie und hob ihre geschichtliche Rolle im Befreiungskampf hervor. Durch die panegyrischen Töne bekam der Gesang den Charakter eines kollektiven Treuegelöbnisses. Man demonstrierte jene Liebe, die zum Prinzip des staatlichen Miteinanders werden sollte. Dadurch gerieten die Fürsten in Handlungszwang. Erwiderten sie die Liebe des Volkes nicht mit Gegenliebe – und das konnte nur heißen, den Wünschen nach einem starken und freien Deutschland und nach Änderung der Herrschaftsstrukturen entgegenzukommen –, gerieten sie in Gefahr, wie Napoleon als Despoten zu erscheinen. Doch für diese Herrschaftsform war nach allgemeinem Gefühl, das zeigt gerade die Befreiungskriegslyrik, die Zeit vorbei.

Die Oktoberlyrik und die Oktoberfeiern veranschaulichen, in welchem Maß die politische Emotionalisierung breiter Schichten gelungen war. Die schreibende Intelligenz hatte mit den Oktoberfeiern eine – wenngleich auf Gefühlen gegründete und damit flüchtige – Massenbasis für ihre Idee eines geeinten und gesellschaftlich reformierten Deutschland gewinnen können. Die für diese Feier als (arrangierte) Selbstdarstellung der öffentlichen Meinung geschriebene Lyrik diente einem doppelten Zweck: sie sollte das Nationalgefühl festigen und vertiefen und die Fürsten mit sprachlichen Ergebenheitsgesten veranlassen, den Volkswillen zu berücksichtigen. Was Bitte oder Mahnung zu sein schien, war jedoch nichts anderes als der machtbewußte Versuch, durch ›liebende Umarmung‹ den politischen Bewegungsspielraum der Machthaber einzuschränken. – Mit der Oktoberlyrik schoben sich die innenpolitischen Anliegen stärker in den Vordergrund, auch wenn keine gezielten Forderungen, z. B. nach einer in Gesetzen verankerten Konstitution, erhoben wurden. Die ›Machtlosen‹ nutzten die entwickelte Form öffentlicher Meinungsbekundung, um auch weiterhin Einfluß auf die Politik zu nehmen. Die Befreiungskriegslyrik endete zwar 1815 als gesamtgesellschaftliches Medium der Motivation zum Kampf, der politischen Reform wie der nationalen Selbsterfahrung. Die wenigen zwischen 1816 und 1819 herausgekommenen Sammlungen sind nicht mehr Teil eines alle Stände und Länder umfassenden Meinungs- und Willensbildungsprozesses. Auch gelang es der Nationalbewegung bei zunehmender Einschränkung der freien Meinungsäußerung und Verdächtigung patriotischer Vereinigungen nicht, die geweckten

Gefühle in politische Organisationen zu überführen. Aber als Modell für den meinungs- und willensbildenden Gebrauch von Literatur bestand die Befreiungskriegslyrik fort, zunächst in der Lyrik der Turnerbünde und Studentenvereinigungen, dann auch in der Hand des Nationalstaates, nur daß sie dort der Erziehung zur Untertanengesinnung diente oder das Individuum dem entmündigenden Zwang des ›Volkstums‹ unterwarf.

3.

Im folgenden soll an *einem* Beispiel die Funktionalisierung von Bildungsgut und die Deutungsabhängigkeit der Befreiungskriegslyrik vom geschichtlichen und medialen Kontext erläutert werden: am Beispiel des zwischen 1813 und 1815 in mindestens 29 Drucken verbreiteten Liedes *Was ist des Deutschen Vaterland?*, das man fast als Nationalhymne der Befreiungskriege bezeichnen kann.[37]

Des Deutschen Vaterland

Was ist des Deutschen Vaterland?
Ist's Preußenland? Ist's Schwabenland?
Ist's, wo am Rhein die Rebe blüht?
Ist's, wo am Belt die Möwe zieht?
O nein! o nein!
Sein Vaterland muß größer seyn.

Was ist des Deutschen Vaterland?
Ist's Baierland? ist's Steierland?
Ist's, wo des Marsen Rind sich streckt?
Ist's, wo der Märker Eisen reckt?
O nein! o nein!
Sein Vaterland muß größer seyn.

Was ist des Deutschen Vaterland?
Ist's Pommerland? Westphalenland?
Ist's, wo der Sand der Dünen weht?
Ist's, wo die Donau brausend geht?
O nein! o nein!
Sein Vaterland muß größer seyn.

Was ist des Deutschen Vaterland?
So nenne mir das große Land!

Gewiß es ist das Oesterreich,
An Siegen und an Ehren reich.
O nein! o nein!
Sein Vaterland muß größer seyn.

Was ist des Deutschen Vaterland?
So nenne mir das große Land!
Ist's Land der Schweizer? ist's Tyrol?
Das Land und Volk gefiel mir wohl.
Doch nein! doch nein!
Sein Vaterland muß größer seyn.

Was ist des Deutschen Vaterland?
So nenne mir das große Land!
Ist's was der Fürsten Trug zerklaubt?
Vom Kaiser und vom Reich geraubt?
O nein! o nein!
Das Vaterland muß größer seyn.

Was ist das deutsche Vaterland?
So nenne endlich mir das Land!
So weit die deutsche Zunge klingt
Und Gott im Himmel Lieder singt,
Das soll es seyn!
Das, wackrer Deutscher, nenne dein.

Das ist das deutsche Vaterland,
Wo Eide schwört der Druck der Hand,
Wo Treue hell vom Auge blitzt
Und Liebe warm im Herzen sitzt,
Das soll es seyn!
Das, wackrer Deutscher, nenne dein.

Das ist das deutsche Vaterland,
Wo Zorn vertilgt den franschen Tand,
Wo jeder Franzmann heißet Feind,
Wo jeder Deutsche heißet Freund,
Das soll es seyn!
Das ganze Deutschland soll es seyn!

Das ganze Deutschland soll es seyn!
O Gott! vom Himmel sieh darein,
Und gieb uns rechten deutschen Muth,
Daß wir es lieben treu und gut.
Das soll es seyn!
Das ganze Deutschland soll es seyn.

Wo immer zwischen Königsberg und Freiburg, Hamburg und München, Frankfurt und Leipzig ein Bekenntnis zur nationalen Zusammengehörigkeit notwendig wurde und ein politisches Signal gegeben werden sollte, entschied man sich für dieses Gedicht. Arndt wählte mit dem katechetischen Frage-Antwort-Spiel ein Verfahren, das Gebildeten wie Ungebildeten geläufig war. Die Sprecher im Gedicht sind nicht direkt zu fassen. Auch das Schriftbild bietet keinen Hinweis auf die dialogische Struktur. Doch unterscheidet sich der Fragesteller durch den schnelleren Sprechgestus vom Antwortenden. Dessen Sätze haben nur die Länge eines Verses. Der Antwortsatz dagegen zieht sich, der Aussage besonderes Gewicht verleihend, im letzten Teil des Gedichts fast über die gesamte Strophe. Das gibt der Rede des ersten Sprechers etwas Drängendes. Seine Fragen scheinen sich zu überstürzen, das Bedürfnis nach Aufklärung brennt. Das Wissensgefälle wird im Lauf des Gedichts abgebaut. Dabei entfaltet der Fragende, provoziert durch die Aufforderung seines Gegenübers zum Weiterdenken, das Spektrum der Möglichkeiten. Abgelehnt werden Landes- und Reichspatriotismus, als Alternative wird der Kulturpatriotismus angeboten. Die nationale Identität gründet sich demnach auf gemeinsamer Sprache und Sitte, definiert sich aber auch durch den gemeinsamen Feind (»Wo jeder Franzmann heißet Feind«) und ein positives Selbstbild (»Wo jeder Deutsche heißet Freund«). Die Belehrung wird erfolgreich abgeschlossen. Das »uns« der letzten Strophe (»Und gieb uns rechten deutschen Muth«), in dem die beiden Sprecher zusammenfinden, entspricht formal der Tatsache, daß der Fragende überzeugt werden konnte. Auf exemplarische Weise führt das Gedicht einen Erkenntnisprozeß vor, den der Rezipient nachvollziehen soll. Die ihm bekannten Vaterlandsbegriffe werden aufgenommen, hierarchisiert, und einer von ihnen wird als verbindlich dargestellt. Das »uns« suggeriert eine durch Überzeugung entstandene Mehrheit, der er sich anschließen kann. Es ist zugleich auch die Voraussetzung dafür, daß das Lied, öffentlich gesungen, zum kollektiven Gelöbnis werden kann.

Neben dem visualisierenden Sprechen wie in der Oktoberlyrik – die Lieder vergegenwärtigen die Situation, in der sich der Sänger befindet (z. B. »Was flammt dort blendend, wie Nebellicht«)[38], und lenken daraus weiter zu einer Deutung – ist die dialogisch strukturierte Sprechsituation im Gedicht eine der wichtigsten Formen der Befreiungskriegslyrik, Zeitgeschehen zu deuten, politische und nationale Bewußtseinsbildung zu befördern oder soziale Rollen verbindlich zu machen. Die Frage nach nationaler Identität wird bei Arndt diskursiv, d. h. durch Perspektivierung von Meinungen erörtert; dem Rezipienten wird in der Figur eines Sprechers eine Identifikationsmöglichkeit geboten. Auch in der Lyrik ging die Epoche des Absolutismus zu Ende. Die Zeit eines lyrischen Ichs war vorüber, das, als fiktive Entsprechung des Autors, im imperialen, dessen Führungsanspruch versinnbildlichenden Sprachgestus Weisheiten aus seherischer Einsamkeit heraus mitteilte (z. B. »Was hör ich? welcher Gott hat mich gerufen?«)[39]. Gefordert war vielmehr ein Ich, das sich – wie bei Arndt – als Teil eines kollektiven Wir verstand und die Funktion eines Mediums des kollektiven Bewußtseins übernahm.

Arndt bringt von der politischen Idee her nichts Neues. Schon die bürgerliche Emanzipationsbewegung betrachtete die Kulturnation als die einzig mögliche Form nationaler Einheit. Doch kam es nicht auf die Originalität an, sondern auf die Konsensfähigkeit der Gedanken. Im Frühjahr 1813 – das Gedicht entstand im Februar – konnten den Versen auch preußische Patrioten zustimmen. Überdies wurde jenen, denen nationales Denken fremd war, die Nation mit Sprache und Sitte als etwas ›Natürliches‹ nahegebracht – etwas, das ihnen vertraut war, nun aber eine neue Bedeutung erhielt. Ob man das Gedicht als zukunftsweisend verstand oder als konventionell empfand, hing von dem jeweiligen medialen Kontext ab. In den *Kriegs-Gesängen für freie Deutsche* oder Jahns *Wehrliedern* las man es in Verbindung mit anderen, die Deutschen zu nationaler Selbstfindung aufrufenden Gedichten als Ausdruck des neuen kollektiven Wollens. In der Münchner Sammlung *Die Sibylle des deutschen Volkes,* [November] 1813[40], hingegen stand es, amputiert um die 6., die Fürsten kritisierende Strophe, unter Nachdrucken patriotischer Lyrik des 18. Jahrhunderts, die das Gedicht als rückwärtsgewandt erscheinen ließen. Daß man es 1831 in Berlin am Erinnerungsfest des Aufrufs des preußischen Königs zur Bildung von freiwilligen Jägerdetachements (3. 2. 1813) als offenbar preußisch-patriotisches Lied sang, wirft die Frage auf, ob die Befreiungskriegslyrik den späteren, ursprünglichen Intentionen widersprechenden Gebrauch zu verantworten hat. Die Befreiungskriegslyrik kann die Entstehungsgeschichte ihrer Ideen und Ziele in den literarischen Männerbünden des 18. Jahrhunderts nicht verleugnen. Das nationale Selbstwertgefühl trug übersteigerte, narzißtische Züge; nationale Identität blieb eng mit einem Feindbild korreliert, welches sich zur Projektion eigener sozialer Schwächen eignete, und in der Vorstellung vom Mann und seiner gesellschaftlichen Rolle blieb Männlichkeit mit Kampfeshaltung weitgehend identisch. Daß jedoch eine Lyrik, die der gesellschaftlichen und individuellen Emanzipation diente, zwei Generationen später im Kaiserreich zur affirmativen Darstellung des nationalistischen Obrigkeitsstaates herangezogen wurde, ist nicht die Folge eines undemokratischen und chauvinistischen Potentials nationalbewußter Lyrik, sondern das Ergebnis eines komplexen Wechselverhältnisses zwischen ihr und der geschichtlichen Entwicklung. Denn unter veränderten politisch-gesellschaftlichen Bedingungen konnte eine Lyrik, die zur politischen Gruppenbildung wie zur sozialen Individuation einsetzbar war, auch zur Disziplinierung und Indoktrination des einzelnen und seiner Abwertung gegenüber dem Kollektiv benutzt werden.

Anmerkungen

1 Karl Gutzkow, zitiert nach C. v. Wurzbach, *Biographisches Lexikon des Kaiserthums Oesterreich*, Wien 1864, 12. T., S. 261; Zur Rezeptionsgeschichte Körners siehe H. Szépe, *Opfertod und Poesie*, in: Colloquia Germanica, 1975, S. 292-304; E. Jöst, *Der Heldentod des Dichters Theodor Körner*, in: Orbis litterarum 32 (1977), S. 310-340; ders., *Der Dichter als Idol. Zum 200. Geburtstag von Theodor Körner*, in: DU 1991, H. 4, S. 90-99.

2 H. Welsmann, *Theodor Körners Leier und Schwert*, St. Wendel 1891, S. 33.

3 Zuletzt A. Portmann-Tinguely, *Romantik und Krieg*, Fribourg 1989, S. 298-355; O. W. Johnston, *Der deutsche Nationalmythos*, Stuttgart 1990, S. 178-194; Verf., *Lyrik der Befreiungskriege (1812-1815). Gesellschaftspolitische Meinungs- und Willensbildung durch Literatur*, Stuttgart 1991, S. 187-198.

4 Karl Borinski, *Geschichte der deutschen Literaturwissenschaft*, Stuttgart 1921, Bd. 2, S. 265.

5 Die 60-Pf.-Marke zeigt Säbel und Schreibfeder in gekreuzter Form in Anlehnung an den Titel *Leyer und Schwerdt* der vom Vater Körners 1814 herausgegebenen Gedichtsammlung. – Zur Ikonographie natio-

nalen Denkens und Fühlens siehe K. Hoffmann-Curtius, *Altäre des Vaterlandes. Kultstätten nationaler Gemeinschaft in Deutschland seit der Französischen Revolution*, in: Anzeiger des Germanischen Nationalmuseums, 1989, S. 283-308.

6 Jöst (vgl. Anm. 1), S. 314.

7 Welsmann (vgl. Anm. 2), S. 50.

8 Auch für Gerhard Schulz, *Die deutsche Literatur zwischen Französischer Revolution und Restauration 1806-1830*, München 1989, ist Körners Lyrik ein »Schulbeispiel für die deutsche patriotische Lyrik der Napoleonischen Kriege« (S. 55). Dagegen Verf. (vgl. Anm. 3).

9 Zur Rezeptions- und Wirkungsgeschichte vgl. Verf. (wie Anm. 3), S. 5 ff.

10 Zum Beispiel Otto Dann, *Nationalismus und sozialer Wandel in Deutschland 1806-1850*, in: O. Dann (Hg.), *Nationalismus und sozialer Wandel*, Hamburg 1978, S. 77-128. Thomas Nipperdey, *Deutsche Geschichte 1800-1866*, München 1983.

11 W. Grab, *Preußische Demokraten im Zeitalter der Französischen Revolution und im Vormärz*, in: *Preußen. Versuch einer Bilanz*, Reinbek/Hamburg 1981, Bd. 2, S. 162 ff.

12 G. Adam, *Die vaterländische Lyrik zur Zeit der Befreiungskriege. Studien zur Tendenzdichtung*, Diss. (masch.) Marburg/Lahn 1962.

13 *Befreiungskriege. Erläuterungen zur deutschen Literatur*, Berlin (Ost) ⁶1973, S. 5.

14 Ebd., S. 34.

15 Zum Institutionsbegriff siehe P. U. Hohendahl, *Literarische Kultur im Zeitalter des Liberalismus*, München 1985, S. 26-54.

16 »Selbstsucht«, »Egoismus« und Desinteresse am »gemeinen Wohl« herrschte nicht nur in den unteren Schichten und zwischen den Ständen, wie L. v. Vincke in seiner Denkschrift vom August 1808 klagte. Siehe H. Scheel/D. Schmidt (Hg.), *Das Reformministerium Stein. Akten zur Verfassungs- und Verwaltungsgeschichte aus den Jahren 1807-1808*, Berlin (1968), Bd. 3, S. 715.

17 Zu diesem Thema Verf., *Zwischen Emanzipation und Disziplinierung. Zur meinungs- und willensbildenden Funktion politischer Lyrik in Zeitungen der Befreiungskriege*, in: U. Herrmann (Hg.), *Volk – Nation – Vaterland*, Hamburg 1993.

18 Schleiermacher beschrieb in einem Brief an Georg Andreas Reimer das Verhältnis von Staat und Gesellschaft im Absolutismus: »Alles politische aber […] war bis jetzt […] ein unhaltbares Ding, ein leerer Schein, die Trennung des Einzelnen vom Staat und der Gebildeten von der Masse viel zu groß als daß Staat und Masse hätten etwas tun können.« (Zit. nach: *Forschungen zur brandenburgischen und preußischen Geschichte* 22 [1909], S. 224.)

19 Siehe S. Stahl, *Die Entwicklung der Affekte in der Lyrik der Befreiungs-*

kriege, Diss. Leipzig 1908; O. Richter, *Die Lieblingsvorstellungen der Dichter der deutschen Befreiungskriege*, Diss. Leipzig 1909; H. Zimmer, *Auf dem Altar des Vaterlandes*, Darmstadt 1971.

20 Dazu Verf. (vgl. Anm. 3), Kap. 4: »Politische Funktionalisierung der literarischen Tradition«.

21 Max Weber, zit. nach W. Hinderer, *Versuch über den Begriff und die Theorien politischer Lyrik*, in: W. Hinderer (Hg.), *Geschichte der politischen Lyrik in Deutschland*, Stuttgart 1978, S. 24.

22 Siehe Karl Wolff, *Die deutsche Publizistik in der Zeit der Befreiungskriege und des Wiener Kongresses*, Diss. Leipzig 1935.

23 Zu den Entstehungsdaten s. die Bibliographie von K. H. Schäfer/J. Schawe, *Ernst Moritz Arndt. Ein bibliographisches Handbuch*, Bonn 1971.

24 E. Botzenhart/W. Hubatsch (Hg.), *Freiherr vom Stein. Briefe und amtliche Schriften*, Stuttgart 1961, Bd. 3, S. 578.

25 E. M. Arndt, *Geist der Zeit*, T. 2, in: A. Leffson/W. Steffens (Hg.), *Arndts Werke*, Berlin, Leipzig, Wien und Stuttgart (o. J.), T. 7, S. 149. Zu den Plänen der preußischen Reformer s. Verf. (vgl. Anm. 3), S. 46 ff., S. 85 ff.

26 Botzenhart/Hubatsch (vgl. Anm. 24), Bd. 3, S. 296 (Brünner Denkschrift vom März 1810).

27 Ebd., S. 297.

28 Ebd., S. 294.

29 Stein an den Zaren am 18.8. 1812, zit. nach Helmut König, *Zur Geschichte der bürgerlichen Nationalerziehung in Deutschland zwischen 1807 und 1815*, Berlin 1972, Bd. 1, S. 212.

30 Brief an Friedrich von Horn vom 1. 12. 1812, in: A. Dühr (Hg.), *Ernst Moritz Arndt: Briefe*, Darmstadt 1972, Bd. 1, S. 234. Zu Arndt in Königsberg s. Verf. (vgl. Anm. 3), S. 153 ff.

31 Auch die Jakobiner setzten Literatur meinungs- und willensbildend ein. Doch bestehen nicht nur in der politischen Zielsetzung Meinungsunterschiede. In den 90er Jahren hatten wenige Autoren erkannt, welcher politische Einfluß sich ihnen mit dem publizistischen Gebrauch von Literatur erschloß.

32 Siehe die Gedichttitel, z. B.: *Ergießungen deutschen Gefühles*, 1814; *Empfindungen beim Anblick der Morgenröthe von Deutschlands Freiheit*, 1813.

33 Zu den einzelnen Staaten und ihrer Lyrik ausführlich Verf. (vgl. Anm. 3), vor allem die Kap. zu Preußen, Hessen und den süddeutschen Rheinbundstaaten.

34 I. Jentsch, *Zur Geschichte des Zeitungslesens in Deutschland am Ende des 18. Jahrhunderts*, Leipzig 1937, S. 139. Zur Rolle der verschiedenen Zeitungstypen s. Verf. (vgl. Anm. 17).

35 Zum politischen Hintergrund der Oktoberfeiern und zur Oktoberlyrik

s. Verf. (vgl. Anm. 3), S. 292-323.
36 Hoffmann, *Des teutschen Volkes feuriger Dank- und Ehrentempel*, Offenbach 1815, S. 468.
37 Auflistung aller bekannten Drucke: s. Verf. (vgl. Anm. 3), S. 166, Anm. 110. Der Text wird zitiert nach [E. M. Arndt], *Kriegs-Lieder für Deutsche Soldaten. Nro. 2*, [Königsberg 1813], S. 14-16.
38 Ernst Ferdinand August, *Schlachtfeier*, in: Berlinische Nachrichten, Nr. 126 (20.10.1814).
39 Prof. Weissenbach, *Germanias Wort und Gruß*, in: K. W. Justi/W. Beck (Hg.), *Erscheinungen im Haine Thuisko's*, Marburg/Lahn 1814, S. 3.
40 Zu dieser Sammlung s. Verf. (vgl. Anm. 3), S. 244 ff.

Literatur

Günther Adam, *Die vaterländische Lyrik zur Zeit der Befreiungskriege. Studien zur Tendenzdichtung*, Diss. (masch.) Marburg/Lahn 1962.
Hans-Peter Bayerdörfer, *Fürstenpreis im Jahre 48. Heine und die Tradition der vaterländischen Panegyrik*, in: ZfdPh 91 (1972), Sonderheft: *Heine*, S. 163-205.
Paul Czygan, *Zur Geschichte der Tagesliteratur während der Freiheitskriege*, Bd. 1-2/2, Leipzig 1909-1911.
Otto Dann, *Vernunftfrieden und nationaler Krieg. Der Umbruch im Friedensverhalten des deutschen Bürgertums zu Beginn des 19. Jahrhunderts*, in: W. Huber/J. Schwerdtfeger (Hg.), *Kirche zwischen Krieg und Frieden*, Stuttgart 1976, S. 169-224.
Otto Dann, *Nationalismus und sozialer Wandel in Deutschland 1806-1850*, in: O. Dann (Hg.), *Nationalismus und sozialer Wandel*, Hamburg 1978, S. 77-128.
Dieter Düding, *Organisierter Nationalismus in Deutschland (1808-1847). Bedeutung und Funktion der Turner- und Sängervereine für die deutsche Nationalbewegung*, München 1984.
Elisabeth Fehrenbach, *Traditionale Gesellschaft und revolutionäres Recht. Die Einführung des Code Napoléon in den Rheinbundstaaten*, Göttingen 1974.
Heinz Heitzer, *Insurrectionen zwischen Weser und Elbe. Volksbewegungen gegen die französische Fremdherrschaft im Königreich Westfalen (1806-1813)*, Berlin 1959.
Walter Hinderer (Hg.), *Geschichte der politischen Lyrik in Deutschland*, Stuttgart 1978.
Walter Hubatsch, *Die Stein-Hardenbergschen Reformen*, Darmstadt 1977.
Rudolf Ibbeken, *Preußen 1807-1813. Staat und Volk als Idee und in Wirklichkeit*, Köln 1970.

Hans Wolf Jäger, *Politische Metaphorik im Jakobinismus und im Vormärz*, Stuttgart 1973.

Otto W. Johnston, *Der deutsche Nationalmythos. Ursprung eines politischen Programms*, Stuttgart 1990.

Wolf Kittler, *Die Geburt des Partisanen aus dem Geist der Poesie. Heinrich von Kleist und die Strategie der Befreiungskriege*, Freiburg 1987.

Helmut König, *Zur Geschichte der bürgerlichen Nationalerziehung in Deutschland zwischen 1807 und 1815*, Berlin 1972/73.

Reinhart Koselleck, *Staat und Gesellschaft in Preußen 1815-1848*, in: W. Conze (Hg.), *Staat und Gesellschaft im deutschen Vormärz, 1815-1848*, Stuttgart ³1978, S. 79-112.

Eberhard Lämmert, *Preußische Politik und nationale Poesie. Ein Beitrag zur Geschichte der Befreiungskriege*, in: *Berlin zwischen 1798 und 1848. Facetten einer Epoche. Ausstellungskatalog der Akademie der Künste*, Berlin 1981, S. 43-51.

Thomas Nipperdey, *Deutsche Geschichte 1800-1866. Bürgerwelt und starker Staat*, München 1983.

Karl Heinz Schäfer, *Ernst Moritz Arndt als politischer Publizist, Studien zu Publizistik, Pressepolitik und kollektivem Bewußtsein im frühen 19. Jahrhundert*, Bonn 1974.

Jürgen Schlumbohm, *Freiheitsbegriff und Emanzipationsprozeß. Zur Geschichte eines politischen Wortes*, Göttingen 1973.

Franz Schneider, *Pressefreiheit und politische Öffentlichkeit. Studien zur politischen Geschichte Deutschlands bis 1848*, Neuwied 1966.

Percy Stulz, *Fremdherrschaft und Befreiungskampf. Die preußische Kabinettspolitik und die Rolle der Volksmassen in den Jahren 1811 bis 1813*, Berlin 1960.

Ernst Weber, *Lyrik der Befreiungskriege (1812-1815). Gesellschaftspolitische Meinungs- und Willensbildung durch Literatur*, Stuttgart 1991.

Hans-Georg Werner, *Die Geschichte des politischen Gedichts in Deutschland 1815-1840*, Berlin 1969.

Jürgen Wilke, *Das ›Zeitgedicht‹. Seine Herkunft und frühe Ausbildung*, Meisenheim 1974.

Hasko Zimmer, *Auf dem Altar des Vaterlandes. Religion und Patriotismus in der deutschen Kriegslyrik des 19. Jahrhunderts*, Darmstadt 1971.

Jost Hermand
Der ›deutsche‹ Jude H. Heine

Der deutschsprachige Autor, den wir Heinrich Heine nennen, kam am 13. Dezember 1797 in Düsseldorf als Sohn einer jüdischen Familie zur Welt, die ihm – zu Ehren eines Londoner Geschäftsfreundes – den Namen »Harry« gab.[1] Diesen Namen behielt er bis zum Abschluß seines Studiums bei. Erst dann erkannte er, daß er als ungetaufter Jude in der bürgerlichen Gesellschaft keinen Fuß fassen konnte, und ließ sich am 28. Juni 1825, nachdem er im Mai des gleichen Jahres in Göttingen das juristische Examen bestanden hatte, durch den Heiligenstädter Pfarrer Grimm nach protestantischem Ritus taufen. Bei dieser Gelegenheit erhielt er den Vornamen »Heinrich«. Da ihm jedoch – aufgrund seines provokanten Liberalismus – auch dieser »Heinrich« keineswegs half, den angeblichen Schandfleck seines Judentums von sich abzuwaschen, publizierte er in den späten zwanziger und dreißiger Jahren fast alle seine Werke unter dem Namen »H. Heine«, um sich weder als Jude noch als Protestant bloßzustellen. Als sein Verleger Julius Campe 1840 erstmals den vollen Namen »Heinrich Heine« auf das Titelblatt von Heines *Börne-Denkschrift* setzte, erbitterte ihn das sehr.[2] Dagegen machte es Heine nichts aus, daß ihn seine Pariser Verleger dem französischen Publikum als »Henri Heine« vorstellten. Während er »Harry« oder »Heinrich« als Bekenntnisse empfand, sah er in »Henri« lediglich seinen Vornamen.

Schon diese skizzenhafte Geschichte seines Vornamens zeigt, wie schwierig Heines Verhältnis zu seinem deutschen Vaterland zeit seines Lebens war. Schließlich wurde er als erster deutsch-jüdischer Autor von weltliterarischem Rang in eine Periode der deutschen Geschichte hineingeboren, in der sich zwar die Restriktionen Juden gegenüber allmählich zu lockern begannen[3], jedoch die Weltbürgerträume der Aufklärung wegen der gescheiterten Französischen Revolution und der Eroberung Deutschlands durch Napoleon während der sogenannten Befreiungskriege (1812-1815) von einem intensiven Nationalgefühl verdrängt wurden, das zu einer deutlichen Ausgrenzung alles »Undeutschen«, vor allem des Welschen und Jüdischen, neigte.[4] Heines politische und literarische Entwicklung stand deshalb von Anfang an unter einem ungünstigen Stern. Einerseits fühlte er sich aufgrund seines Herkommens und seiner Bildung durchaus als Deutscher und hielt selbst in den langen Jahren des Pariser Exils (1831-1856) mit unglaublicher Hartnäckigkeit an der deutschen Sprache fest. Andererseits stieß er in der deutschen Presse – neben lobenden Rezensionen seiner frühen *Reisebilder* und des *Buchs der Lieder* – ständig auf antisemitische Haßausbrüche ihm gegenüber, in denen sich ein zutiefst frustrierter Nationalismus Luft zu machen versuchte, der nach dem Wiener Kongreß (1815) und den Karlsbader Beschlüssen (1819) von den deutschen Fürsten ebensowenig toleriert wurde wie Heines von französischen Freiheits-, Gleichheits- und Brüderlichkeitsparolen beeinflußter Liberalismus. Und so mußte sich Heine nicht nur gegen die herrschenden Dynastien, sondern auch gegen die ehemaligen Befreiungskrieger, Burschenschafter, Jahnschen Turner und andere rabiate Nationalisten zur Wehr setzen, die ihm seine »undeutsche« Herkunft verübelten.[5] Dennoch gab er als deutscher Jude selbst in den dunkelsten Tagen des Pariser Exils nie die Hoffnung auf, daß aus seinem deutschen »Vaterlande«[6], wie er es gern nannte, aufgrund der glorreichen philosophischen und literarischen Leistungen der Deutschen eines Tages doch noch ein freiheitliches Land werden könne. Ja, es machte ihm einen maliziösen Spaß, sich in seinen Schriften immer wieder als »Deutscher« herauszustreichen, um so seine nationalistisch verengten »Landsleute« jenseits des Rheins mit der für sie bitteren Wahrheit zu konfrontieren, daß es möglich sei, auch als Jude ein guter Deutscher zu sein.

In Heines ersten Äußerungen zu Fragen dieser Art herrscht weitgehend ein ausgesprochen deutsch-nationaler Geist vor. Vor allem in seinen beiden Semestern in Bonn (1819-1820) gab er sich relativ vorbehaltlos dem dort herrschenden burschenschaftlichen Geist hin. Hier schrieb er nicht nur Gedichte zum Lobe jener Befreiungskrieger, die »dem Feind in wilder Schlacht / Kühn die Brust entgegenstellten« und heute ihrer »Wunden heilge Narben« mit einem »groben Bettlerkleid« bedecken müßten, während die feigen »Muttersöhnchen« weiterhin »in Seide« einherstolzierten (1, 242 f.), sondern trat zugleich in die Burschenschaft ›Allemannia‹ ein, nahm am 18. Oktober an einer Feier zum 6. Jahrestag der Völkerschlacht bei Leipzig teil und mußte sich wegen der Teilnahme an dieser Feier vor dem akademischen Gericht verantworten.[7] Schließlich waren am 20. September 1819, also wenige Tage vor Heines Ankunft in Bonn, die Karlsbader Beschlüsse verkündet worden, durch die jedes Bekenntnis zum Befreiungskrieg oder zur Burschenschaft automatisch in den Geruch des Illegalen geriet. Sogar mit der Burschenschaft sympathisierende Professoren wie Ernst Moritz Arndt, bei dem Heine mit Wolfgang Menzel und August Hoffmann von Fallersleben die Vorlesung »Erläuterungen zu Tacitus' *Germania*« belegte, wurden in der Folgezeit immer stärker bespitzelt. Die Bonner Burschenschaft, die zwar erst im Juni 1820 offiziell verboten wurde, stand also schon im Winter 1819/20 unter gewaltigem Druck. Was hätte darum ein aufrechter Student wie Heine anderes tun sollen, als sie zu unterstützen, um nicht in »Verschiß« zu geraten? Letztendlich war die Burschenschaft zu diesem Zeitpunkt die einzige Bewegung in Deutschland, die gegen die allgemeine Restauration des Ancien régime zu opponieren wagte.

Dieser Gesinnung blieb Heine auch treu, als er im Herbst 1820, kurz nachdem Arndt in Bonn Berufsverbot erhalten hatte, an die Göttinger Universität überwechselte, wo er sofort Kontakte zur dortigen ›Allgemeinheit‹ aufnahm. Zu einem Bruch mit dieser Gesinnung kam es erst im Dezember des gleichen Jahres, als Heine als Jude aus der Göttinger Burschenschaft ausgeschlossen wurde. Daran war sicher jene auf dem geheimen Burschentag am 29. September 1820 in Dresden verabschiedete Verfassung für die gesamte Burschenschaft schuld, die den eindeutig »christlich-deutschen« Charakter dieser Vereinigung unterstrich und festlegte, daß Juden, die »kein Vaterland haben und für unseres kein Interesse haben können, nicht aufnahmefähig [sind], außer wenn erwiesen ist, daß sie sich christlich-deutsch für unser Volk ausbilden wollen«.[8] Daß ausgerechnet die Burschenschaft, in der Heine etwas Progressives, ja Radikales sah, antisemitisch eingestellt war, muß in ihm wie ein Trauma gewirkt haben. Als er daher im März 1821 zur Fortsetzung seines Studiums an die Berliner Universität ging und hörte, daß die dortige ›Arminia‹ ebenfalls judenfeindlich eingestellt sei, steigerte sich seine Wut bis zu offenen Affektentladungen. Das äußert sich unter anderem in seinen *Briefen aus Berlin* (1822), in denen er beschreibt, wie er auf einem Maskenball mit einigen französischen Brocken zu flirten versucht und daraufhin von einem Burschenschafter mit »urteutonischer« Bierbaßstimme angedonnert wird, daß auf einer »teutschen Mummerei der Teutsche teutsch zu spre-

chen« habe, und wie ihn plötzlich die Wut gegen all jene »Bur-
schen« ergreift, die sich »nicht aus dem Sumpfe der Nationalselbst-
sucht hervorwinden können, und die nur Deutschland und die
Deutschen lieben« (2, 47). In seinen gleichzeitigen Briefen finden
sich sogar noch schärfere Stellen. So ließ er sich am 13. April 1822
dazu hinreißen, an seinen Bonner Studienfreund Christian Sethe
zu schreiben: »Alles, was deutsch ist, ist mir zuwider; und Du bist
leider ein Deutscher. Alles Deutsche wirkt auf mich wie ein Brech-
pulver. Die deutsche Sprache zerreißt mir die Ohren. Die eignen
Gedichte ekeln mich zuweilen, wenn ich sehe, daß sie auf deutsch
geschrieben sind.«[9]

Ähnlichen Äußerungen begegnet man in der Folgezeit in Heines
Briefen auf Schritt und Tritt. Unablässig beteuert er, daß er in
jedem anderen Lande sofort als »Radikaler« auftreten würde,
jedoch in Deutschland ein Gegner der nationalen »Demagogen«
sei, wie die staatlichen Stellen damals die Burschenschafter
bezeichneten, weil »bei einem Siege der letzteren einige tausend
jüdische Hälse, und just die besten, abgeschnitten« würden.[10]
Wohl am bekanntesten aus dem Umkreis dieser antiburschen-
schaftlichen Polemiken ist das in seiner *Harzreise* (1826) höchst
satirisch dargestellte studentische Saufgelage auf dem Brocken, in
dem Heine gnadenlos über einen »Greifswalder« Jahn-Anhänger
herzieht, der noch aus »jenen Zeiten« stamme, »als die Läuse gute
Tage hatten und die Friseure zu verhungern fürchteten«. »Er trug
herabhängendes langes Haar«, heißt es hier überpointiert, »ein rit-
terliches Barett, einen schwarzen, altdeutschen Rock, ein schmut-
ziges Hemd, das zugleich das Amt einer Weste versah, und darunter ein Medaillon mit einem Haarbüschel von Blüchers Schimmel.«
Außerdem habe sich dieser »Narr in Lebensgröße« damit gebrü-
stet, an einem »Nationalgedicht zur Verherrlichung Hermanns
und der Hermannsschlacht« zu arbeiten, in dem er »Varus und die
übrigen Römer lauter Unsinn sprechen ließe« (2, 149).

Hand in Hand mit dieser Abwendung von seinen früheren burschenschaftlichen Idealen lassen sich bei Heine zur gleichen Zeit
mindestens zwei neue Nationalkonzepte beobachten: zum einen
die Herdersche Vorstellung von der Eigenart eines jeden Volkes im
Rahmen einer größeren Völkerfamilie; zum anderen die Hinwendung zu bisher unterdrückten nationalen Minderheiten, vor allem
den Juden. Dementsprechend trat Heine am 4. August 1822 dem
Berliner »Verein für Kultur und Wissenschaft der Juden« bei und

pries von den Christen zeitweilig nur noch Männer wie Ernst Christian August Keller, die nicht davon abließen, auch dem »wurmartig zertretenen Mauschel« endlich auf die »Menschenbank« hinaufzuhelfen.[11] Ja, sein »Leiden an Deutschland« wurde zum Teil so stark, daß sich sogar die Schmerzen seiner Liebesgedichte aus dieser Zeit manchmal eher auf die herzlosen Deutschen als auf die herzlose Amalie zurückführen lassen. Aus diesem Grunde faßte Heine in den Jahren 1822/23 wiederholt Auswanderungspläne ins Auge. Mal sind es die Vereinigten Staaten mit ihrer »washingtonschen Freiheit« (2, 72), nach denen er sich sehnt, mal möchte er sofort nach Paris aufbrechen.[12] Jedenfalls ist es nicht mehr die germanische oder mittelalterliche Vergangenheit Deutschlands, der seine erste Liebe gilt, sondern die weniger gloriose Vergangenheit des Judentums in Deutschland, der er 1824 in dem Erzählfragment *Der Rabbi von Bacherach* ein Denkmal zu setzen versuchte.[13]

Dennoch wäre es einseitig, in diesen Haßentladungen und Ausbrüchen ins Kosmopolitische oder Jüdische einen absoluten Bruch Heines mit seiner burschenschaftlichen Vergangenheit zu sehen. So säuberlich vollziehen sich solche Wandlungsprozesse nicht. Schon gegen Mitte der zwanziger Jahre hatte Heine wieder ein geistiges und seelisches Equilibrium erreicht, das ihm ermöglichte, die auf ihn einstürmenden Ideologien in einem abgeklärteren Licht zu sehen. Obwohl er sich vom christlich-germanischen »Pöbel« scharf distanzierte, warf er sich dennoch als »Gegner aller positiven Religionen«, wie er schrieb, nicht zum »Champion« des orthodoxen Judentums auf[14] und ließ den *Rabbi* unvollendet liegen, sondern bemühte sich in der Folgezeit um eine dialektisierende Optik, die über jede einseitige Schwarz-Weiß-Sicht ideologischer Fragen hinausgeht, indem sie aus allen religiösen oder chauvinistischen Verengungen ins Liberale, wenn nicht gar Universale vorzustoßen versucht. Er wanderte also weder aus noch zog er sich in den Schmollwinkel zurück oder kroch bei den Reaktionären unter. Statt dessen versuchte er im Rahmen der gegebenen Verhältnisse, das heißt der Metternichschen Restaurationsperiode, einen nach allen Seiten kritischen, aufgeklärten Kurs zu steuern.

Heines Schriften der späten zwanziger Jahre, mit denen er den Versuch unternahm, in dem ungeliebten Deutschland trotz aller Vorbehalte dennoch geistig, literarisch und beruflich Fuß zu fassen, sind daher voller direkter und indirekter Anspielungen auf seinen höchst problematischen Status als Deutscher auf Widerruf. Immer wieder wendet er sich in ihnen gegen alle Chauvinisten, beteuert aber zugleich, wie sehr er selbst ein Deutscher ist und ihm sofort »wunderlich« zumute wird, wenn er einmal das geliebte Vaterland, wie auf seiner Reise nach England, für einige Wochen verlassen muß (2, 536). Obwohl ihm nur allzu bewußt ist, wie unwohl er sich zu Hause gefühlt hat, duldet er in der Fremde keine scharfe, sondern nur eine nachsichtige Kritik an den Deutschen. »Im Vaterlande brummen wir«, heißt es in seinen *Englischen Fragmenten* von 1828, »jede Dummheit, jede Verkehrtheit dort verdrießt uns, wie Knaben möchten wir täglich davon laufen in die weite Welt; sind wir endlich wirklich in die weite Welt gekommen, so ist uns diese wieder zu weit, und heimlich sehnen wir uns nach den engen Dummheiten und Verkehrtheiten der Heimat« (2, 536). »Lieber Herr«, antwortet daher seine Persona einem den Deutschen übelgesinnten Kritikaster, »scheltet mir nicht die Deutschen! Wenn sie auch Träumer sind, so haben doch manche unter ihnen so schöne Träume geträumt, daß ich sie kaum vertauschen möchte gegen die wachende Wirklichkeit unserer Nachbarn.« Ja, die gleiche Persona läßt sich hier sogar hinreißen, diesem Mann zu erklären: »Spottet nicht unserer Träumer, dann und wann, wie Somnambüle sprechen sie Wunderbares im Schlafe, und ihr Wort wird Saat der Freiheit. Keiner kann absehen die Wendung der Dinge. – Wenn einst, was Gott verhüte, in der ganzen Welt die Freiheit verschwunden ist, so wird ein deutscher Träumer sie in seinen Träumen wieder entdecken« (2, 536f.).

Selbst in den finstersten Jahren der Reaktion ließ also Heine nicht davon ab, weiterhin von »deutscher Freiheit« zu träumen. Und zwar setzte er seine Hoffnung dabei nicht nur auf die kleine Clique der bürgerlichen Liberalen, sondern auch auf das seit Urzeiten schmählich unterdrückte und hungernde »deutsche Volk«, das in seiner Sehnsucht nach Freiheit und Gleichheit eines Tages sogar in diesem Lande, dem Lande der Despoten und politischen Schlafmützen, eine »Revolution« entfesseln werde (2, 660). Doch als im Juli 1830 das Volk von Paris zu den Waffen griff und seinen König absetzte, blieb es in Deutschland – zum großen Leidwesen Heines – weitgehend still. Es traten zwar einige liberale Autoren auf, die sich als die Vertreter des ›Jungen Deutschlands‹ verstanden, aber die meisten Bürger erwiesen sich als Philister und blieben hinterm Ofen sitzen. Selbst Bauern, die in Deutschland kein Auskommen mehr finden konnten, wanderten lieber nach Übersee aus, statt sich, wie Georg Büchner hoffte, in einem zweiten Bauernkrieg ihrer adligen Grundherren und Duodeztyrannen zu entledigen. Als Heine einer solchen Auswanderergruppe begegnete und sie bekümmert fragte, warum sie denn Deutschland verlasse, antworteten ihm diese Leute: »Das Land ist gut und wir wären gern dageblieben, aber wir konntens nicht länger aushalten.« Als er noch weiter in sie drang, ihm die wahren Beweggründe ihrer Auswanderung zu enthüllen, sagten sie schließlich: »Was sollten wir tun? Sollten wir eine Revolution anfangen?« (3, 13)

Angesichts dieser Verhältnisse entschloß sich Heine 1831, Deutschland zu verlassen und nach Frankreich überzusiedeln, das in der Julirevolution von 1830 wieder einmal gezeigt hatte, daß sich hier die Ideen von »Freiheit, Gleichheit und Brüderlichkeit« noch immer der höchsten Wertschätzung erfreuten. Er sah sich zwar auch in Frankreich nur allzu schnell mit dem ihm verhaßten Phänomen des Patriotismus konfrontiert, aber dieser Patriotismus galt hier einem Land, wie Heine in seiner Vorrede zum ersten Band des *Salon* erklärte (3, 15), in dem man nicht nur das eigene Vaterland, sondern »zugleich die Heimat der Zivilisation und des humanen Fortschritts« erblickte. Der burschenschaftliche Patriotismus, heißt es an derselben Stelle, sei dagegen ein rein chauvinistischer gewesen und habe sich hauptsächlich »in einem Hasse gegen die Franzosen, in einem Hasse gegen Zivilisation und Liberalismus« geäußert. Ebenso klar drückte er diesen Gedanken kurze Zeit später in seiner *Romantischen Schule* aus: »Der Patriotismus der Franzosen besteht darin, daß sein Herz erwärmt wird, durch diese Wärme sich ausdehnt, sich erweitert, daß es nicht mehr bloß die nächsten Angehörigen, sondern ganz Frankreich, das ganze Land der Zivilisation, mit seiner Liebe umfaßt; der Patriotismus des Deutschen hingegen besteht darin, daß sein Herz enger wird, daß es sich zusammenzieht wie Leder in der Kälte, daß es das Fremdländische haßt, daß er nicht mehr Weltbürger, nicht mehr Europäer, sondern nur noch ein enger Deutscher sein will.« Bei weitem die übelste Form dieses deutschen Patriotismus, heißt es weiter, sei jenes »idealische Flegeltum« gewesen, das im Sinne des Turnvaters Jahn als »schäbige, plumpe, ungewaschene Opposition gegen eine Gesinnung« begann, die »das Herrlichste und Heiligste ist, was Deutschland hervorgebracht hat, nämlich gegen jene Humanität, gegen jene allgemeine Menschen-Verbrüderung, gegen jenen Kosmopolitismus, dem unsere großen Geister, Lessing, Herder, Schiller, Goethe, Jean Paul, dem alle Gebildeten in Deutschland immer gehuldigt haben« (3, 379).

Daher wurde Heine in den frühen dreißiger Jahren nicht müde, in Großessays wie *Die romantische Schule* oder *Zur Geschichte der Religion und Philosophie in Deutschland* den Franzosen die wahren Deutschen zu präsentieren, die in ihren Spekulationen und Poesien die gleichen Vorstellungen befürwortet hätten, die auch in den Ideen der Französischen Revolution von 1789 zum Ausdruck gekommen seien, während er die meisten Romantiker, Befreiungskrieger und Burschenschafter als Vertreter einer dynastischen, religiösen und chauvinistischen Reaktion anzuprangern versuchte, die man auf keinen Fall als typisch »deutsch« verklären dürfe. Im Sinne einer kritischen Aneignung des kulturellen Erbes, wie sie später Franz Mehring und Georg Lukács praktizierten[15], stellte sich Heine in diesen Jahren immer wieder als ein der deutschen Aufklärung verpflichteter Kosmopolit hin und verteidigte sich energisch gegen den Vorwurf, zum vaterlandslosen Französling geworden zu sein, wie ihm auf deutsch-nationaler Seite oft vorgeworfen wurde. Statt weiterhin vornehmlich in Nationen zu denken und damit jenem »Nationalhaß« Vorschub zu leisten, der meist nur ein »Mittel« sei, »eine Nation durch die andere zu knechten«, erklärte er 1832, solle man endlich dazu übergehen, statt in »Nationen« in »Parteien« zu denken, wovon »die eine, Aristokratie genannt, sich durch Geburt bevorrechtigt dünkt und alle Herrlichkeiten der bürgerlichen Gesellschaft usurpiert, während die andere, Demokratie genannt, ihre unveräußerlichen Menschenrechte vindiziert und jedes Geburtsprivilegium abschaffen will, im Namen der Vernunft« (5, 10f.).

Das bedeutet allerdings nicht, daß Heine in diesen Jahren ein uneingeschränkter Befürworter einer deutschen »Republik« gewesen sei. Im Gegenteil. Die damit verbundene Verstärkung des nationalen Elements erschien ihm – dem aufklärerischen Kosmopoliten und deutsch-jüdischen Außenseiter – höchst gefährlich. Nur so ist zu verstehen, warum er sich zu diesem Zeitpunkt deutlich für die Idee einer konstitutionellen Monarchie engagierte, die ihm weniger volksbetont und deshalb weniger fremdenfeindlich erschien (3, 212). Demzufolge forderte er in diesen Jahren die deutschen Republikaner immer wieder auf, doch endlich ihren Arndtschen, Jahnschen und Maßmannschen Chauvinismus aufzugeben und sich eher um eine politische und soziale als um eine nationale Identität zu bemühen. Das »große, heilige Deutschland«, schrieb er im Entwurf eines Prospekts für die Pariser ›Deutsche Zeitung‹, sei nicht das Deutschland der Vergangenheit, das Deutschland der Tacitus-Germanen, der Nibelungen oder der staufischen Kaiser-herrlichkeit, sondern das »Deutschland der Zukunft«, das sich bis-her nur in den Schriften der deutschen Aufklärer andeute. Nur die-ses Deutschland sei der »Blitz«, dem jetzt der »Donner«, das »Wort«, dem jetzt die »Tat« folgen müsse, während man die Früchte der deutschen »Eichen«, die den Chauvinisten so teuer seien, lieber den »Schweinen« vorwerfen solle (5, 55).

Doch wie wir wissen, sollte es leider anders kommen. Manche der klügeren Fürsten erkannten nämlich zu diesem Zeitpunkt, daß ihnen der von Heine propagierte Liberalismus wesentlich gefähr-licher werden könne als der mit vielen konservativen Elementen durchsetzte burschenschaftliche Nationalismus. Deswegen begrüßten sie die 1835 unter dem Titel *Unsittliche Literatur* von Wolfgang Menzel verfaßte Schmähschrift gegen Heine und das ›Junge Deutschland‹, in der diese Richtung als die Ausgeburt einer undeutschen, das heißt französelnden und israelitischen Gesin-nung angeprangert wird – und ließen durch einen Beschluß des Frankfurter Bundestags diese Autorengruppe kurzerhand verbie-ten.[16] Damit wurde Heine das zweite Mal aus dem deutschen Gei-stes- und Gesellschaftsleben ausgeschlossen, worauf er allerdings nicht so traumatisch reagierte wie 1820 auf den Rausschmiß aus der Göttinger Burschenschaft. Statt tief beleidigt nur seine Wunden zu lecken, ging er diesmal – aufgrund seines zwar skandalumwitter-ten, aber dennoch enorm gestiegenen Prestiges – dazu über, Men-zel in der Polemik *Über den Denunzianten* (1837) in aller Offen-heit anzugreifen, und vertraute ansonsten weiterhin darauf, daß das »junge, großmütige, weltfreie Deutschland einer neuen Gene-ration, die alle Fragen der Menschheit zu ihren eigenen gemacht« habe, den Sieg davontragen würde, wie es in seiner Schrift *Über die französische Bühne* vom gleichen Jahr heißt (3, 339).

Doch auch diese Hoffnung sollte sich bald als Illusion erweisen. Schließlich gewannen in den späten dreißiger und frühen vierziger Jahren nicht die von Heine unablässig gepriesenen Aufklärer und Menschenfreunde, sondern wiederum jene noch vom burschen-schaftlichen Nationalismus herkommenden Arndt-, Jahn- und

Maßmann-Anhänger an Einfluß, denen Heine seit langem verhaßt war. Doch auch die neuen ›Radikalen‹, die von einer deutschen Republik träumten, lehnten Heine wegen seiner Befürwortung einer betont unvölkischen, konstitutionellen Monarchie weitgehend ab. Und so sah sich Heine erneut zu einer genaueren Definition seines politischen Standorts gezwungen. Mit den patriotisch gesinnten Republikanern rechnete er vor allem in seiner *Börne-Denkschrift* von 1840 ab. Obwohl in diesem Buch auch manches Gute über Börne gesagt wird, wird Heine stets ausfallend, wenn er auf Börnes Patriotismus zu sprechen kommt. In diesem Punkt sei dieser Mann ein kompletter »Narr« gewesen, der immer wieder behauptet habe, »Deutschland sei das beste Land der Welt, und das schönste Land, und die Deutschen seien das schönste und edelste Volk, eine wahre Perle von Volk, und nirgends sei man klüger als in Deutschland, und sogar die Narren seien dort gescheut, und die Flegelei sei eigentlich Gemüt« (4, 114). Für einen deutschen Juden erschien Heine eine solche Gesinnung geradezu peinlich. Schließlich habe Börne wissen müssen, daß ein solcher Geist, wie Heine in der gleichen Schrift erklärt, direkt auf jene judenfeindliche Burschenschaft zurückgehe, deren Anhänger bereits im »Bierkeller zu Göttingen« lange »Proskriptionslisten anfertigten«, auf denen sie alle, die »nur im siebten Glied von einem Franzosen, Juden oder Slawen« abstammten, zum »Exil« oder zum »Tode« verurteilt hätten (4, 89).

Noch schärfer zog Heine wenige Jahre später in seinem Versepos *Deutschland. Ein Wintermärchen* gegen die »regenerierten Deutschtümler« vom Leder, welche die »unklaren Volksmassen« nicht mehr mit Worten wie »Menschheit, Weltbürgertum, Vernunft der Söhne, Wahrheit«, sondern mit Worten wie »Vaterland, Deutschland, Glauben der Väter usw.« zu »elektrisieren« versuchten (4, 90). Obwohl er hier auch jene wohligen Gefühle erwähnt, die ihn beim Wiedersehen mit der Heimat weich gestimmt hätten, läßt Heine dennoch keine Gelegenheit aus, den verbohrten Nationalismus seiner »altdeutschen Freunde« von Anno dunnemals rücksichtslos zu karikieren (4, 89). Alles, was in den Jahren 1843/44 die nationalgestimmten Gemüter in Deutschland erhitzte, ob nun die Kölner Dombaupläne oder die Hoffnungen auf den im Kyffhäuser sitzenden Kaiser Barbarossa, verfällt dagegen seinem Spott. Doch nicht genug damit. Nachdem Heine die verblendeten Patrioten seiner Tage seitenlang gepeinigt hat, schaut seine Persona am Schluß in den Nachttopf der Hamburger Stadtgöttin Hammonia, um sich ein Bild der Zukunft Deutschlands zu machen, verschweigt jedoch, was sie darin gesehen hat, und erwähnt nur die schrecklichen »Miasmen«, deren widerlicher Geruch sie fast betäubt habe (4, 639).

Doch dies ist nur die eine Seite der Medaille. Im Vorwort des gleichen Werks kommt Heine, wie schon Mitte der dreißiger Jahre, erneut auf jene aufklärerischen Traditionen Deutschlands zu sprechen, die zu den edelsten Manifestationen des menschlichen Geistes gehörten. Ja, er fordert hier die Deutschen nochmals auf, endlich »das zu vollenden, was die Franzosen begonnen haben«, nämlich diese zu »überflügeln in der Tat, wie wir es schon getan im Gedanken«. Und dann läßt sich Heine zu einer besonders provokanten Äußerung hinreißen und schreibt: »Wenn wir uns bis zu den letzten Folgerungen [dieser Gedanken] emporschwingen, wenn wir die Dienstbarkeit bis in ihren letzten Schlupfwinkel, dem Himmel, zerstören, wenn wir den Gott, der auf Erden im Menschen wohnt, aus seiner Erniedrigung retten, wenn wir die Erlöser Gottes werden, wenn wir das arme, glückenterbte Volk und den verhöhnten Genius und die geschändete Schönheit wieder in ihre Würde einsetzen, wie unsere großen Meister gesagt und gesungen, und wie wir es wollen, wir, die Jünger – ja, [alsdann wird uns] nicht bloß Elsaß und Lothringen, sondern ganz Frankreich zufallen, ganz Europa, die ganze Welt – die ganze Welt wird deutsch werden! Von dieser Sendung und Universalherrschaft Deutschlands träume ich oft, wenn ich unter Eichen wandle. Das ist *mein* Patriotismus« (4, 574f.).

Doch um eine solche »Tat« zu vollbringen, erschien Heine mehr vonnöten als jener »nutzlose Enthusiasmusdunst«, der in den Werken der meisten deutschen Radikal-Republikaner herrsche und den Heine vor allem in seinen *Zeitgedichten* und seinem *Atta Troll* als einen hohlen Phrasenschwall zu entlarven versuchte. Aber auf wen sollte Heine dann seine Hoffnung setzen, die von ihm immer wieder geforderte »Tat« auszuführen? Auf die Kommunisten, auf die er schon in seiner *Lutetia* (1840-1844) lobend zu sprechen kommt? Wohl kaum. Dazu war Heine in diesen Jahren noch viel zu bürgerlich, viel zu liberal eingestellt. Er begrüßte zwar die Kommunisten in seinem Gedicht *Lebensfahrt* von 1843 als die »neuen Genossen«, mit denen er »ein neues Schiff bestiegen« habe (4, 420), und lobte sie auch in seinen *Aufzeichnungen* als jene, die für »Patriotismus, Ruhm und Krieg« nur »Achselzucken und Widerwillen« übrig hätten (6/1, 666), aber mehr bedeuteten sie ihm – trotz der Bekanntschaft mit Marx in Paris – offenbar nicht.

Wenn man all dies bedenkt, nimmt es nicht wunder, wie skeptisch Heine dem Ausbruch der Revolution von 1848 gegenüberstand.[17] Während ihn der Mut der Franzosen, Polen und Ungarn durchaus beeindruckte, ließ ihn das Treiben der deutschen Revolutionäre – wegen ihrer Halbherzigkeit und ihres nationalen Enthusiasmus – relativ kalt. Vor allem die Vertreter der Erbkaiserpartei – zu denen auch Ernst Moritz Arndt gehörte –, die auf eine preußisch-kleindeutsche Lösung der deutschen Frage drängten und schließlich 1849 Friedrich Wilhelm IV. die Kaiserkrone anboten, empfand Heine als höchst unwürdige Vertreter der deutschen Nationalidee. Doch auch der »Deutsche« an sich imponierte ihm in den folgenden Jahren immer weniger. »Mag er einen Fürsten haben, der noch so lächerlich oder noch so verächtlich, noch dazu einen, der ihm seine Rechte schmälert, ihn schikaniert, ihn auf allen Wegen ärgert«, sagte er 1849 zu Alfred Meißner, »er wird ihn dulden und ihn entschuldigen, und sich selber lächerlich machen aus Herzensgüte.«[18] Wohl die prägnanteste Form gab Heine dieser Enttäuschung 1851 in seinem Gedicht *Michel nach dem März*, in dem es um jene deutschen Revoluzzer geht, die zwar 1848 vor ihren »Landesvätern« stolz das »blonde Haupt« erhoben hätten, dann jedoch lediglich mit »schwarz-rot-goldner Fahne«, also einer Fahne mit den Farben der Lützowschen Jäger und der Burschenschaften, für einen neuen »Kaiser« ins Feld gezogen seien. Und als sich dieser Kaiser nirgends finden ließ, seien die deutschen Philister – unter der Obhut ihrer »vierunddreißig Monarchen« – wieder seelenruhig eingeschlafen (6/1, 271).

In den letzten Jahren seines Lebens scheint Heine die deutsche Frage nicht mehr so stark beschäftigt zu haben. Wegen einer schweren Krankheit seit 1848 ans Bett gefesselt, beschränkte er sich zusehends auf die Grundfragen des menschlichen Lebens, also auf körperliche Hinfälligkeit, Liebe, Krankheit, Tod und möglichen Trost im Jenseits. Doch selbst inmitten solcher Reflexionen packte ihn immer wieder der Schmerz darüber, nie wieder nach Deutschland, nie wieder »nach Hause« zu können (6/1, 107). »Jetzt sind meine Flügel verbrannt; / Ich kann nicht zurück ins Vaterland«, heißt es in einem seiner späten Gedichte, dem er den Titel *Die Libelle* gab, »Ich bin ein Wurm, und ich verrecke / Und

verfaule im fremden Drecke« (6,1, 210). Ja, bei anderen solcher
Äußerungen konnte es sich Heine manchmal nicht verkneifen, den
Chauvinisten unter seinen Landsleuten noch einmal seine
Deutschheit unter die Nase zu reiben. Wohl am provokantesten tat
er das 1854 in seinen *Geständnissen*, in denen er, wie schon in seinen *Denkworten* über Ludwig Marcus von 1844, die »alttestamen-
talische, echt-jüdische Physiognomie des germanischen Nordens«
(5, 186), das heißt die auffällige »Verwandtschaft« zwischen den
Deutschen und den Juden herausstrich (6/1, 487), um so alle Anti-
semiten unter den altteutschen Narren bis zur Weißglut zu reizen.

Aus Haß gegen diese »Teutomanen« lobte Heine 1855 in der
Vorrede zur französischen Ausgabe der *Lutetia* sogar noch einmal
die Kommunisten, die sicher allen Deutschtümlern eines Tages
»den Garaus« machen würden. »Aus Haß gegen die Nationalisten«, heißt es hier, »könnte ich [jetzt] schier die Kommunisten lieben. Wenigstens sind sie keine Heuchler, die immer die Religion
und das Christentum im Munde führen; die Kommunisten, es ist
wahr, besitzen keine Religion (einen Fehler muß doch der Mensch
haben), sie sind sogar Atheisten (was gewiß eine große Sünde ist),
aber in ihren obersten Prinzipien huldigen sie einem Kosmopolitismus, einer allgemeinen Völkerliebe, einem Weltbürgertum aller
Menschen, welches ganz übereinstimmend ist mit dem Grund-
dogma des Christentums, so daß sie in Wesen und Wahrheit viel
christlicher sind als unsre deutschen Maulchristen, die das Gegenteil predigen und üben« (5, 233). Wenige Monate, nachdem Heine
diese Zeilen niederschrieb, verschied er: weder als Deutscher noch
als Jude oder Franzose, sondern als eine weltbürgerliche Mischung
aus allen dreien, als Harry, Heinrich und Henri in einer Person.

Kommen wir zu Folgerungen. Die Möglichkeiten, die einem
deutschen Juden im frühen 19. Jahrhundert offenstanden, waren
sehr begrenzt: er konnte sich als orthodoxer Jude von seiner
Umwelt so weit wie möglich abschirmen, sich an die ihn nur
widerwillig akzeptierende deutsch-christliche Gesellschaft anzu-
passen versuchen oder sich, wie einige der jüdischen Kommunisten, für den internationalen Sozialismus entscheiden. Den Zionismus als Möglichkeit gab es damals noch nicht. Heine wählte weitgehend den Weg der Assimilation, verleugnete aber dabei keineswegs sein angestammtes Judentum und bekannte sich obendrein
zu gewissen sozialistischen Grundsätzen, sofern sie mit seinem
aufgeklärten Kosmopolitismus übereinstimmten. All das macht

ihn zu einem bürgerlichen Intellektuellen, der zwar ein Liberaler, aber zugleich wesentlich mehr als ein bloßer Liberaler war.[19]

Außerdem blieb Heine in all diesen Rollen, die er in seinem Leben spielen mußte oder auch spielen wollte, zugleich ein »Deutscher«. So hat er nie geleugnet, daß er aus Düsseldorf stammte, daß er ein Rheinländer war, daß er der philosophischen und literarischen Tradition Deutschlands einen Großteil seiner Bildung verdankte, daß er nicht nur der deutschen Sprache, sondern auch den deutschen Liedern, Sagen und Märchen eine große Liebe entgegenbrachte, ja daß er selbst in Paris, diesem Mekka des internationalen Liberalismus, stets ein Deutscher geblieben sei. Er machte zwar immer wieder leichtfertige Witze über sein deutsches Herkommen, aber es war ihm zugleich bitter ernst dabei. »Es war der närrische Hochmut des deutschen Dichters«, schrieb er noch im August 1854 über seine Situation in Paris, »der mich davon abhielt, auch nur pro forma ein Franzose zu werden. Es war eine ideale Grille, wovon ich mich nicht losmachen konnte. In bezug auf das, was wir gewöhnlich Patriotismus nennen, war ich immer ein Freigeist, doch konnte ich mich nie eines gewissen Schauers erwehren, wenn ich etwas tun sollte, was nur halbwegs als ein Lossagen vom Vaterlande erscheinen mochte« (5, 478).

Dabei berief sich Heine gern auf seine langjährige Exilerfahrung, die ihm sowohl die Augen über die Mängel als auch über die Schönheiten der verlorenen Heimat geöffnet habe. »Nur wer im Exil gelebt hat«, heißt es schon in seiner *Börne-Denkschrift*, »weiß auch, was Vaterlandsliebe ist, Vaterlandsliebe mit all ihren süßen Schrecken und sehnsüchtigen Kümmernissen« (4, 114). Seiner Kritik an Deutschland, mag sie auch noch so scharf, maliziös oder auch nur witzelnd sein, liegt daher stets die Sehnsucht eines ungeliebten Sohnes zugrunde, der viel lieber zu Hause »bei Muttern« geblieben wäre, als sich in der Fremde »herumzutreiben«. Doch »unsere liebe Frau Germania, die blonde Bärenhäuterin«, mit der er in Gedanken eine lebenslängliche »Ehe« geführt habe, wie er noch kurz vor seinem Tode schrieb, habe nun einmal das »Keifen« nicht lassen können. Und so habe er zwar in den letzten Jahren nicht mehr »Tisch und Bett« mit ihr geteilt, aber sich dennoch nicht von ihr »scheiden« lassen (5, 478) und sich weiterhin auf eine höchst merkwürdige Weise mit ihr verbunden gefühlt.

Eins sollte man jedoch hierbei nie vergessen. Wenn Heine von Deutschland, von seiner »lieben Frau Germania« sprach, meinte er damit nie irgendein deutsches Reich, das es mit völkischer Inbrunst zu erkämpfen gelte, ja überhaupt nichts Staatliches, Behördliches, in strenge Paragraphen Gefaßtes. All das waren für ihn negativ besetzte Phänomene, die ihn in seiner Existenz als jüdischen Außenseiter gefährdeten. Das wahre Deutschland war für Heine etwas ganz anderes: einerseits das Land seines Herkommens, also sein Vater- und Mutterland, das Land seiner Jugend, seiner Sprache, seiner Bildung, an das er sich liebend gern erinnerte, ja nach dem er manchmal eine geradezu schmerzliche Sehnsucht verspürte; andererseits ein Land, das es erst zu schaffen gelte, ein Land der Aufklärung, des Kosmopolitismus, der Menschenverbrüderung, das anderen Ländern ein Vorbild an philosophischer und kultureller Fortschrittlichkeit sein sollte. Und weil er diese beiden Deutschländer so liebte, stand er dem realexistierenden Deutschland so kritisch gegenüber. Was sich dort – im Rahmen der sechsunddreißig Fürstentümer – als Nationalgeist regte, erschien ihm so eng, verbohrt und halsabschneiderisch, daß er alles daran setzte, um sich diesem Ungeist entgegenzustellen und die Utopie eines idealen Deutschland aufzurichten.

Wie wir wissen, blieb er in diesem Kampf der Unterlegene. Als fünfzehn Jahre nach seinem Tod – auf dem Boden des unterlegenen Frankreich – im Spiegelsaal von Versailles das Zweite Kaiserreich ausgerufen wurde, war dies nicht das von Heine erträumte neue Deutschland, sondern das Reich des chauvinistischen Flügels der alten Erbkaiserpartei. Ja, das spätere Dritte Reich machte dann mit all dem wirklich ernst, was Heine bereits im »Bierkeller zu Göttingen« gefürchtet hatte, als er dort die Burschenschafter mit ihren »Proskriptionslisten« sitzen sah (4, 89); es vertrieb alle »undeutschen Elemente« aus Deutschland und schickte jene, die trotzdem blieben, in die für sie bestimmten Vernichtungslager.

Anmerkungen

1 Vgl. Adolf Strodtmann, *H. Heine's Leben und Werke*, Berlin 1867, Bd. 1, S. 4.
2 Vgl. Heines Brief an Campe vom 24. Juli 1840, in: Heinrich Heine, *Säkularausgabe*, Bd. 21, Berlin und Paris 1970, S. 371. Im folgenden als

HSA zitiert.

3 Vgl. Wanda Kampmann, *Deutsche und Juden. Die Geschichte der Juden in Deutschland vom Mittelalter bis zum Beginn des Ersten Weltkrieges*, Frankfurt/Main 1989, S. 119ff.

4 Vgl. hierzu und zum folgenden Walter Hinck, *Die Wunde Deutschland. Heinrich Heines Dichtung im Widerstreit von Nationalidee, Judentum und Antisemitismus*, Frankfurt/Main 1990.

5 Vgl. Jost Hermand, *Eine Jugend in Deutschland. Heinrich Heine und die Burschenschaften*, in: Jahrbuch des Instituts für deutsche Geschichte in Tel-Aviv, Beiheft 4 (1982), S. 111-135.

6 Zitiert wird im folgenden nach Heinrich Heine, *Sämtliche Schriften*, hg. v. Klaus Briegleb, München 1968ff. Hier 1, 17.

7 Vgl. *Heine-Chronik*, hg. v. Fritz Mende, München 1975, S. 18f.

8 Zit. in Eberhard Galley, *Heine und die Burschenschaft. Ein Kapitel aus Heines politischem Werdegang zwischen 1819 und 1830*, in: Heine-Jahrbuch 11 (1972), S. 71.

9 HSA 20, 50.

10 Ebd., 20, 70.

11 Ebd., 20, 57.

12 Ebd., 20, 84.

13 Vgl. Jost Hermand, *Mit dem Zeitraffer durch die deutsch-jüdische Geschichte. Heines »Rabbi von Bacherach«*, in: ders., *Mehr als ein Liberaler. Über Heinrich Heine*, Frankfurt/Main 1991, S. 77-92.

14 HSA 20, 107.

15 Vgl. Georg Lukács, *Heinrich Heine als nationaler Dichter*, in: ders., *Deutsche Realisten des 19. Jahrhunderts*, Berlin 1956, S. 88-145.

16 Vgl. *Das Junge Deutschland. Texte und Dokumente*, hg. v. Jost Hermand, Stuttgart 1966 (Reclams Universal-Bibliothek 8703), S. 331ff., und *Verboten! Das Junge Deutschland 1835*, hg. v. Jan-Christoph Hauschild, Düsseldorf 1985.

17 Vgl. Walter Grab, *Heinrich Heine als politischer Dichter*, Heidelberg 1982, S. 93-127.

18 Zit. in *Begegnungen mit Heine. Berichte der Zeitgenossen*, hg. v. Michael Werner, Bd. 2, 1847-1856, Hamburg 1973, S. 130.

19 Vgl. hierzu das Vorwort meines Buches *Mehr als ein Liberaler* (vgl. Anm. 13), S. 7-10.

Renate Werner

»Und was er singt, ist wie die Weltgeschichte«

Über Emanuel Geibel und den Münchner Dichterkreis

Die höchste Blüte des deutschen Geistes: Philosophie und Lied – Die Zeit ist vorbei, es gehörte dazu die idyllische Ruhe, Deutschland ist fortgerissen in die Bewegung [...] Der Dampfwagen der Eisenbahn gibt uns eine zittrige Gemütserschütterung, wobei kein Lied aufgehen kann, der Kohlendampf verscheucht die Sangesvögel, und der Gasbeleuchtungsgestank verdirbt die duftige Mondnacht.[1]

Solches Verdikt Heinrich Heines über die Zukunftslosigkeit der Formensprache der goethezeitlichen Literaturperiode und sein (implizites) Plädoyer für eine Ästhetik der Alteritätserfahrung und Poetik der Dissonanz blieben in der deutschen Literatur bis in die neunziger Jahre des 19. Jahrhunderts weitgehend ungehört. Kaum irgendwo wird dies so greifbar wie in der Lyrik und Kunstanschauung *Emanuel Geibels* und des mit seinem Namen sich verbindenden Münchner Dichter- und Gelehrtenkreises, zu dem u. a. Autoren gehörten wie *Friedrich Bodenstedt, Felix Dahn, Paul Heyse, Hermann Lingg* und *Adolf Friedrich Graf von Schack,* ferner Professoren wie der Volkskundler *Wilhelm Heinrich Riehl* und der Philosoph *Moriz Carriere,* die beide zugleich schriftstellerisch ambitioniert waren.[2] Der Erfolg der ›Münchner‹ gründete sich auf eine Ästhetik systematischer Choc-Vermeidung und Traditionsbewahrung und entsprach den Bedürfnissen eines bildungsbürgerlichen Publikums, das sich in seinen ästhetischen Erwartungen am Leitbild des ›Klassischen‹ als des ›Ewig-Schönen‹ orientierte. Die ›Münchner‹ sind Nutznießer der nach 1848 endgültig festgeschriebenen kanonischen Geltung der Weimarer Klassik; sie bauen mit am Mythos der Klassik als Begründung national-kultureller Identität des deutschen Volkes, feiern sich selbst als Genies und Bewahrer des klassischen Erbes und ziehen als alimentierte Hofpoeten Maximilians II. von Bayern ganz buchstäblich darauf Wechsel. Die Sichtweise, unter der sie klassische Wertkonzepte vertreten, die »Macht des Geists, der Wahrheit und des Schönen« (Fr. Bodenstedt[3]), die Emphase, mit der sie Kunst zum Versöhnungsparadigma erklären, läßt allerdings darauf schließen, daß die ästhetisch propagierten Leitvorstellungen von ›Ganzheit‹, ›Harmonie‹, Organizität, Bruchlosigkeit, ›Idealität‹ und ›Wahrheit‹ – um ihre ursprünglich entfremdungskritischen Impulse verkürzt – nur noch kompensatorisch festgehalten werden können. Paradigmatisch ablesbar wird dies beispielsweise in einer Rede, die der Ästhetiker Moriz Carriere, seit 1853 Professor für Kunstgeschichte an der Akademie der Künste in München, anläßlich der Schiller-Feierlichkeiten am Morgen des 9. November 1859 im Liebigschen Laboratorium hielt. Schiller habe, so ist da zu lesen, gezeigt,

daß der Mensch und vor allem der Künstler in der Kunst keine bloße Unterhaltung zum Zeitvertreib müßiger Stunden sehen solle, daß sie keine bloße nutzlose Wiederholung und Nachahmung der Außenwelt sein dürfe, sondern daß sie uns aus den Wirrnissen und Nöten des Daseins zur Freiheit und Klarheit erheben müsse, daß sie nicht versinken dürfe in den Schmutz der Erde, sich nicht hineinwühlen in die Zerrissenheit und Düsterheit, um ein dunkles und widerspruchsvolles Bild derselben zur Qual der Beschauer zu entwerfen, sondern daß sie es verstehen müsse das Licht des Geistes in die Tiefe zu tragen, die Zweifel der verzweifelnden Gemüter zu lösen, und das Wort des Trostes, der Erleuchtung und der Versöhnung auszusprechen. [... Sie] soll die Wunden heilen die sie schlägt, die Kluft überbrücken die Himmel und Erde trennt, und die Priesterin einer sittlichen Weltordnung sein [...][4]

Wirklichkeit wird hier prinzipiell als defizient, ihr gegenüber Kunst als ›Trost‹ und Palliativ vorgestellt. Aus dem Bereich des Ästhetischen werden ausgegrenzt und als kunstfremd tabuisiert: das bloß Unterhaltende, das Naturalistisch-Mimetische, das Häßliche und das Widersprüchlich-Brüchige. Das impliziert eine systematische Einschränkung von Wirklichkeitswahrnehmung und Ausblendung von Kontingenzerfahrung im Medium von Kunst und Literatur. Aber genau dies ist das Ziel: Kunst wird zur Kunst durch »Idealisierung« und »Verklärung«, sie transzendiert die Realität und »erlöst vom finstern Bann in das göttliche Leben«.[5] Solcher Programmatik stellt Emanuel Geibel, gleichfalls 1859, das biographische Modell zur Seite, wenn er Schiller als Überwinder irdischer Zwänge besingt:

[...]
Doch hielt die Mus' ihn aufrecht, wie er klimmend
Aus Jugend-Brunst und Noth zum Licht sich rang,
Und kühn des Denkens lautern Strom durchschwimmend
Hinwegwusch [,] was ihn noch zum Staube zwang,

> Bis sich, voll Wohllaut ineinander stimmend,
> Gedank und Leben, Sinn und Form durchdrang,
> Und siegreich überm niedern Horizonte
> Sein Geist im Aetherreich der Kunst sich sonnte.[6]

Der Autor Schiller firmiert bei Geibel nicht nur als nationalgeschichtliches Denkmal und Heros nationaler Identität, als der er 1859 in hunderten vergleichbarer Gedichte gefeiert wurde[7], sein Name wird vielmehr zugleich zum Signifikanten für ein ästhetisches Projekt: das einer Sinnstiftung durch Kunst angesichts einer Realität, die als *wirr, notvoll, zerrissen, dissonant, düster, niedrig* und *geistverlassen* erscheint. Person und Werk ›Schillers‹ als mythische Einheit stehen für die Möglichkeit der Aufhebung von Widersprüchen und Sinndefiziten in aktueller historischer Erfahrung durch ästhetische Antizipation und Sinn-Setzung:

> Und wie er so in läuterndem Gedichte
> Die Sehnsucht ausgoß seiner ganzen Zeit,
> Ward ein lebendig Buch ihm die Geschichte,
> Und Zukunft lehrt’ ihn die Vergangenheit;
> Er sah des Gottes wandelnde Gerichte
> Im Kampf der Völker, in der Geister Streit,
> Und, aus der Leidenschaften Schuld und Sühne
> Das Schicksal deutend, meistert er die Bühne.[8]

Unter dem deutenden Blick ›Schillers‹ vollzieht sich die Trennung des Essentiellen vom Inessentiellen, kommt ›Wirklichkeit‹ als ›wahre Wirklichkeit‹ zur Anschauung; ästhetisch gereinigt wird Geschichte als sinnerfüllt lesbar, kann Vergangenheit als Dimension der Zukunft angeeignet werden. Die Sinnlinie, die der *Geschichtshermeneut* ›Schiller‹ zwischen Vergangenheit und Zukunft zieht, entspringt dem projektiven Entwurf des *Künstlers* ›Schiller‹, der – ein Sprachrohr »seiner ganzen Zeit« – seine Visionen und Deutungen wiederum zur Kunst macht:

> In Bildern reich und reicher stets verwoben
> Enthüllt’ er uns der Weltgeschicke Drang.[9]

Kunst als Modell der Geschichte, Geschichte als Modell der Kunst – eine vollendete Tautologie, die das Geschichts- und Kunstdenken der ›Münchner‹ geprägt hat. Denn was Geibel Schiller zuschreibt, artikuliert primär das *eigene* Selbstverständnis. Es ist das geniale dichterische Subjekt, das die Geschichte erkennt und auslegt. Allein der fühlende Genius soll imstande sein, in symboli-

scher Repräsentanz die immer schon vorausgesetzte »Weltharmo-
nie« zu »enthüllen«.[10] Das Genie wird so zum Seher, Propheten,
Priester, Verkünder des universalen Ganzen:

> Der sei noch nicht des Lorbeers werth gehalten,
> Zu dessen Wohllaut Ohr und Sinn sich neigen;
> Dem Dichter sei der Blick des Sehers eigen,
> Der fromm vertraut ist mit des Schicksals Walten.
>
> Ihm muß im Kampf des Neuen sich und Alten
> Durch alle Zeit des Lebens Werkstatt zeigen,
> An Schuld und Sühnung muß sich ihm der Reigen
> Der ew'gen Weltgesetze still entfalten.
>
> Nur wenn er in sich trägt das Maß der Dinge,
> Gebührt es ihm, daß er die Dinge schlichte,
> Gelingt es ihm, daß er die Sphinx bezwinge.
>
> Dann aber wird ihm Alles zum Gedichte,
> Denn Alles wirkt und deutet mit im Ringe,
> Und was er singt [,] ist wie die Weltgeschichte.[11]

Die Hypertrophie des Anspruchs auf Einsicht in die »ew'gen
Weltgesetze« ist kaum zu überbieten und auch auf der Folie des
zeitgenössischen Diskussionskontextes schwerlich legitimierbar.
Die Historiker der Epoche von Ranke bis Burckhardt waren da
allemal vorsichtiger.[12] Aus dem ästhetiktheoretischen Konzept der
›Münchner‹ heraus ist dieses Denken aber doch wenigstens zu
erklären. Denn die »Gesetze« der Kunst gelten ihnen zugleich als
Abbild der »Gesetze« einer göttlich geordneten Welt. Umstands-
los werden ästhetische Kategorien der klassischen Ästhetik wie
Ganzheit, Harmonie, Schönheit, Einheit in der Mannigfaltigkeit
oder *Versöhnung* auf den Geschichtsprozeß übertragen. Bei dem
Ästhetiker Carriere liest sich das dann so:

Das Leben der Menschheit erscheint in der Geschichte als ein Ganzes, das
die nacheinander folgenden Geschlechter zur Einheit verknüpft und die
Aufgabe hat [,] das Wesen der Menschheit allseitig und harmonisch zur
Erscheinung zu bringen; ihre Bestimmung liegt nicht außer ihr, sondern ist
die selbstbewußte Gestaltung des eigenen Seins. Ist aber die Geschichte
Darstellung einer Idee durch Persönlichkeiten und Thaten, so schließt sich
ihr Begriff von selber dem der Kunst an, so fällt sie unter den Begriff der
Schönheit. [...] Die Geschichte ist die Offenbarung einer ewigen Idee in
der Menschheit und durch die Menschheit, das erhabene Drama der göttlichen Menschwerdung. Es ist Ein Geist [,] der in allen waltet [,] um das

große Weltgedicht darzustellen. [...Die] Wirklichkeit der Geschichte [ist die] Poesie Gottes [...]. So erreicht sie die Bedingungen der Schönheit, Einheit in der Mannichfaltigkeit darzustellen, ein heiliges Gesetz nicht im Zwange der Nothwendigkeit, sondern in der Entfaltung individueller Triebkraft zu erfüllen, Freiheit und Ordnung zu versöhnen.[13]

Auf der Folie solcher ästhetischen Geschichtsmetaphysik versteht sich künstlerische Tätigkeit als Nachschöpfung und als Schöpfung. Nachschöpfung ist sie, indem sie das »große Weltgedicht« im Medium des vollendeten und in sich geschlossenen Kunstwerks anschauender Erkenntnis zugänglich macht, Schöpfung ist sie, indem sie im dunklen Hier und Heute die Sinnsprache der Geschichte spricht und dergestalt am Sinnbildungsprozeß der Geschichte mitwirkt. Die Kunstkonzeption der ›Münchner‹ als Geschichtskonzeption (und vice versa) muß als Teil jenes ästhetischen Historismus interpretiert werden, der das bürgerliche Denken des mittleren 19. Jahrhunderts geprägt hat. Seine Signatur ist Gegenwartskritik als Kulturkritik. Was der historistische Blick an der Gegenwart wahrnimmt, sind Orientierungslosigkeit, ›Unordnung‹, ›Umsturz‹ der sozialen Verhältnisse, Mediokrität durch Nivellierung und Egalisierung, ›Degeneration‹ von ›Bildung‹, ›Geist‹-Verlassenheit und Dominanz der materiellen Interessen – Topoi des politischen Konservatismus und Denkfiguren einer Krisenerfahrung, die sich als Resultat jener »Bewegung« darstellt, welche Heine positiv reflektierte. »Bewegung« meint die beschleunigte Zeiterfahrung als Ergebnis einer vehement sich verändernden sozialen Welt im Zeitalter der Revolutionen, die den modernen Geschichtsbegriff allererst hervorgebracht hat.[14] Auf die Beschleunigung des Geschichtsverlaufs und das Bewußtwerden von Kontinuitätsbrüchen reagiert historistisches Denken in der Mitte des 19. Jahrhunderts, indem es Kultur und Kunst »zur einzig plausiblen Sinninstanz des realen gesellschaftlichen Lebens« erklärt und eine »kulturlose Zivilisation aus dem Sinngebilde des geschichtlichen Lebens ausscheidet«.[15] »Unsere leitende Idee ist der Gang der Kultur«, erklärt etwa Jacob Burckhardt[16], und ganz in diesem Sinne liest man bei Carriere: »Alle wahre Geschichte ist Culturgeschichte, in der Gesittung und Bildung haben wir den bleibenden Niederschlag aus den Gährungen und Bewegungen.«[17] Die ›Münchner‹, insbesondere Emanuel Geibel, greifen derartige Konzepte in ihrer ›historischen Lyrik‹ auf[18] und verleihen ihnen durch das Medium poetischer Sprache zusätzlich eine ästhetische Aura.[19]

Geradezu einen Katalog solcher Grundmotive stellt Geibels
Gedicht *Mein Friedensschluß (1850)* dar – eine symbolträchtige
und redselige Antwort auf die Ereignisse von 1848:

[...]

Es lag die Welt in grimmem Kampf zerspalten,
Und zu der Heere keinem konnt' ich stehen;
Hier sah ich Wahnsinn, dort Verstocktheit walten.

[...]

Das trieb mich rastlos um, von Gram beklommen;
Doch endlich, als ich lange Nächt' und Tage
Gerungen, ward von mir die Last genommen.

Nur wem das Schicksal stumm ist, der verzage;
Zu wem der Gott spricht aus der Weltgeschichte,
Dem singt er Trost zuletzt zur Zeit der Plage.

Durch blasse Dämm'rung führt er ihn zum Lichte
Und zeigt ihm, wie von hoher Bergeszinne,
Vergangnes und Zukünft'ges im Gesichte.

Und so von ihm geleitet ward ich inne:
Es kämpft sich ein Gedank' in brünst'gem Hoffen
Durch jede Zeit, daß er Gestalt gewinne.

[...]

Nun geht der Freiheit Geist durch *diese* Zeiten;
Die Massen rührt er, daß sie sich getrauen,
Nach dumpfem Sinn den Leib ihm zu bereiten.

Doch eine Binde liegt um ihre Brauen,
Ihr Thun ist maßlos, fiebrisch ihr Geberden;
Nur eine Götzin schaffen sie voll Grauen.

[...]

Das Bild, aus krankem Sinn emporgetrieben,
Drin sphinxgestaltig Mensch und Thier sich einen,
Zerberstend wird's dahin in Aschen stieben.

In reinerem Gefäß dann wird erscheinen
Der heil'ge Funke, seine Kraft zu proben,
Denn jede Wandlung läßt ihm mehr vom Seinen;

Bis endlich, wie die Schönheit aus dem Toben
Des Meers, die Göttin aufsteigt aus den Schlacken,
Unschuldig, auf der Stirn den Strahl von oben;

[...]

Und weil ich muß beim Kampf des Tages schweigen,
Den Larven schlagen, hab' ich aufgerichtet
Dies Lied als Mal, daß ich der Freiheit eigen.

In ihrer Zukunft Sinn hab' ich gedichtet.[20]

Die ›Freiheit‹, von der hier die Rede ist, konnotiert nicht politische
Freiheitsrechte für alle, nicht die auf Volkssouveränität gegründete
Tradition von *liberté* und *égalité*. Diese Tradition wird vielmehr
pathologisiert als *Wahnsinn, kranker Sinn, Fieber, Blindheit* und
Plage. Geibel operiert im Gegensatz dazu mit einem moralisch-in-
nerlichen Freiheitsbegriff, der seit dem späten 18. Jahrhundert zur
Parole konservativer Propaganda gehörte.[21] Bereits 1842 bezog er
mit einem antirevolutionären Heroldsruf gegen Georg Herwegh
Position unter dieser Fahne und wurde daraufhin – ein eben Sie-
benundzwanzigjähriger – mit einer königlich-preußischen Pension auf Lebenszeit belohnt[22]:

> Die Freiheit geht nicht aus aus Mord,
> Blick nach Paris, das dir's verkündigt
> Vom Geist will sie gewonnen sein.[23]

Es klingt wie eine ironische Replik, wenn Heinrich Heine gleichfalls 1842 seinen deutschen »Nachtwächter« bei der Ankunft in
Paris auf die Frage *Ist schon befreit das Vaterland?* antworten läßt:

> Vortrefflich geht es, der stille Segen,
> Er wuchert im sittlich gehüteten Haus,
> Und ruhig und sicher, auf friedlichen Wegen,
> Entwickelt sich Deutschland von innen heraus.
>
> Nicht oberflächlich wie Frankreich blüht es,
> Wo Freiheit das äußere Leben bewegt;
> Nur in der Tiefe des Gemütes
> Ein deutscher Mann die Freiheit trägt.[24]

»Freiheit« also wird von Geibel und den ›Münchnern‹ stets verstanden als Freiheit der ›Idee‹, Freiheit des ›Geistes‹, und damit

gebunden an individuelle Sittlichkeit und Spiritualität, aus der die ›Versöhnung‹ von Ideal und Wirklichkeit, von Subjektivität und »Weltgesetz« als kosmologischer Ordnung (in der Begrifflichkeit Carrieres: »sittlicher Weltordnung«) erwachsen soll. Das hieß dann aber allemal auch die Gleichsetzung dieser Ordnung mit einer politischen Ordo-Konzeption, die sich an organologischen Gesellschaftsmodellen orientierte, die überdies ästhetisch interpretiert wurden. Staatliche Organisation wird in der Sicht Carrieres beispielsweise so vorgestellt:

Wenn der Staat dem Schönheitssinne genügen soll, so müssen Ordnung und Freiheit einander durchdringen, daß weder die Eintönigkeit und der Druck des Zwanges oder die Wirrsal zügelloser Vielköpfigkeit den Reichthum seiner Gliederung veröde, noch den einigen Zusammenklang des Ganzen aufhebe. Ordnung in der Freiheit, Einheit in der Mannichfaltigkeit ist auch hier die Bedingung der Schönheit. Die wahre Gleichheit ist die Verhältnißmäßigkeit. Familien, Gemeinden, Berufskreise sollen nicht zerstört werden um ein abstractes Menschenthum herzustellen [...]. Die Freiheiten der einzelnen Lebenskreise müssen wie die einzelnen Töne im Accorde der allgemeinen Freiheit erscheinen.[25]

Der ideale Staat als ästhetischer Staat – bei Carriere ist diese Schillersche Utopie heruntergekommen zum Ständestaatsmodell, in dem korporative Bindungen (»Familien, Gemeinden, Berufskreise«) die »abstrakten«, d. h. naturrechtlich begründeten Bürgerrechte »Gleichheit« und »Freiheit« ersetzen und eine gesellschaftliche Harmonie bewirken sollen, die dem »Schönheitssinn« Genüge leistet: der Mythos des Ästhetischen wird hier funktionalisiert im Sinne der Legitimierung einer traditionalen ständischen Gesellschaftsordnung, wie sie von konservativen Ideologen der Epoche (z. B. Robert Mohl, Wilhelm Heinrich Riehl, Mit-Symposiast am Hof Maximilians II.) als Heilmittel gegen die sich entwickkelnde liberal-kapitalistische Industriegesellschaft propagiert wurde.[26] Auch solche Vorstellungen wurden von Geibel poetisiert, wenn er 1867 beispielsweise *Deutsches Leben* folgendermaßen besingt:

> [...]
> Noch blüht gesegnet in der Runde
> Der Städte Wandel, Kunst und Fleiß;
> Noch wurzelt dort im festen Grunde
> Des Bürgersinns der Freiheit Reis.
> [...]

Noch läßt zu nimmer müdem Streben
Die Forschung ihre Fackel wehn,
Der Vorzeit reichen Schatz zu heben,
Der Schöpfung Räthsel zu verstehn;
Und wenn bekränzt und vielbewundert
Die goldne Zeit der Dichtung schied,
Noch rauscht dem eisernen Jahrhundert
Begeistrung manch geflügelt Lied.

Noch steht in unsres Lebens Mitte
Wie eine feste Burg das *Haus,*
Und strömt den Segen edler Sitte
Vom Heerd auf die Geschlechter aus;
[...]
Drum laßt vom Zagen, laßt vom Grollen!
[...]
Und auf dem Grund des alten Lebens
Helft uns erbau'n das neue Reich![27]

Ziel des Textes ist Kontinuitätsstiftung, die Vergangenheit und
Gegenwart ungenau-suggestiv im mythischen Schema zusammen-
denkt: einem *goldnen Zeitalter* der Dichtung entspricht das *eiserne
Jahrhundert* der Gegenwart. Doch ist das Vergangene nicht einfach vergangen. Es lebt *noch* fort in bürgerlicher Arbeit, Kunst und
Wissenschaft, sowie im *Haus* als *fester Burg.* Geibel verbindet
konnotativ ohne weiteres Luthers emphatische Metapher von *Gott*
als *fester Burg* mit einem sozialpolitischen Begriff seiner eigenen
Epoche, dem des *ganzen Hauses,* der bei W. H. Riehl Inbegriff ist
für ein vormodernes, auf Hierarchie und patriarchale Autorität
gegründetes Gesellschaftsmodell.[28] Eben diese Gesellschaftsver-
fassung wird als *Segen* verströmend, als von *edler Sitte* zeugend –
kurz: als *deutsch* ausgegeben und als Fundament eines *neuen Reiches* beschworen. Die nationale Identität im familialen Muster des
ganzen Hauses, die hier behauptet wird, ist ästhetisch produziert
und Teil einer Mythologie des ›Deutschen‹, die sich im 19. Jahrhundert ausgebildet und kollektive Mentalitäten und Identitäts-
muster bestimmt hat.[29] An der Produktion dieser Mythologie ist
der ›Münchner Dichterkreis‹ in besonderer Weise beteiligt. Um
beim symptomatischen Beispiel Geibel zu bleiben: Für ihn ist
Geschichte nicht nur als ästhetischer Bildungsbesitz verfügbar,
sondern auch als entelechische Konstruktion, die bruchlose Kontinuitäten herstellt. In dieser Konstruktion gehen christlich-escha-

tologische Heilserwartungen, Germanenmythen, Vorstellungen mittelalterlicher Reichsuniversalität, nationalstaatliche Konzepte des 19. Jahrhunderts samt deren ideologischer Überformung und idealistische Philosopheme synkretistische Verbindungen ein, deren Symbolik überaus bewußtseinsprägend gewirkt hat. Signifikant dafür ist etwa die Aufnahme des Barbarossa- und Kyffhäuser-Mythos, der sich mit der patriotischen Reichsidee und schließlich mit der Reichsgründung verbindet. Geibels erstes Barbarossa-Gedicht (*Friedrich Rotbart*) tritt 1837 noch in eine poetische Konkurrenz zu Friedrich Rückerts berühmter *Barbarossa*-Ballade von 1815 und nimmt die romantische Idee von der Wiederkehr des Kaisers auf, welche die Einheitssehnsucht des deutschen Volkes erfüllt. Immerhin: im Vormärz wußte man noch, daß Barbarossa solche Erwartungen nicht erfüllen würde. »[Er] wird nicht aufwachen; das war im Zeitalter des beginnenden Historismus auch den Schwärmern klar.«[30] So läßt Geibel um 1844 seinen wiedererwachten Barbarossa einen vaterlandsbegeisterten Jüngling ermahnen: »Laß reifen, laß reifen! / Tändle nicht mit tödtlichen Waffen! / [...] Wirke treu im befriedeten Kreise, / und halte Maß.«[31] Doch schon bald weicht die pazifizierende Geste säbelrasselnden Treueschwüren des deutschen Heeres im Angesicht des Barbarossa-Kaisers: »So schwören wir, getreuen Muths / In Kampf und Todeswehen / Bis auf den letzten Tropfen Bluts / Für einen Mann zu stehen.«[32] Geibels Perspektive verengt sich immer mehr ins Reaktionäre, wie sie sich andererseits auf problematische Weise universalisiert: sie verengt sich durch seine preußische Option auf eine immer konkretere politische Dimension, und sie universalisiert sich, indem die preußisch-kleindeutsche Lösung der deutschen Frage eschatologisch symbolisiert und damit als Ziel der Weltgeschichte gedeutet wird. Bereits 1859 beschwört er mit fundamentalistischem Gestus einen deutschen Einigungskrieg als Apokalypse[33]:

> Schlage, schlage denn empor
> Läutrungsglut des Weltenbrandes!
> Steig' als Phönix draus hervor
> Kaiseraar des deutschen Landes![34]

Und vollends 1871 wird der deutsch-französische Krieg zum *Weltgericht*[35] stilisiert, zum endzeitlichen Ereignis, aus dem die ›neue Erde‹ hervorgehen soll: das deutsche Reich als tausendjähriges Friedensreich und renovatio imperii alter Kaiserherrlichkeit:

Durch Orgelton und Schall der Glocken
Vernimmst du deines Volks Frohlocken?
Den Heilruf deiner Fürstenschaar?
Sie bringen dir der Eintracht Zeichen,
Die heil'ge Krone sonder Gleichen,
Der Herrschaft güldnen Apfel dar.

Auf Recht und Freiheit, Kraft und Treue
Erhöh'n sie dir den Stuhl aufs neue,
Drum Barbarossas Adler kreist,
Daß du, vom Fels zum Meere waltend,
Des Geistes Banner hoch entfaltend,
Die Hüterin des Friedens seist.[36]

Texte dieses Typus suggerieren Plausibilität durch ihren kollektiv-
symbolischen[37] Synkretismus, der alles mit allem zu verbinden
erlaubt: sakrale und biblische Symbolik, mittelalterliche Ikonographie im pseudoarchaischen Sprachgestus (*güldner Apfel*),
borussistische Emblematik, die mit der Barbarossa-Legende
gekoppelt wird (die Raben, die der Sage nach den Kyffhäuser
umkreisen, werden durch den preußischen Adler vertrieben) und
Spiritualmetaphern, die einen kämpferischen Idealismus konno-
tieren sollen. Geibel gehört zu den erfolgreichen Mythenbastlern
des späten 19. Jahrhunderts. Seine Anleihen im Fundus von Bild-
sprache und ästhetischen Verfahren der patriotischen Lyrik der
Befreiungskriege sind evident.[38] Aber die Ästhetisierung von
Kampf und Krieg geht bei ihm doch eine neue Legierung ein. Sie
besteht in der fraglosen Verbindung von Innerlichkeitskult und
Militanz, von idealistischer »Geist«-Rhetorik und Sakralisierung
preußischer Staatsmacht. Die inszenierte Innerlichkeit grenzt sich
dabei stets von einem ›Außen‹ ab, das als kunstfeindlich, pöbelhaft
und Umsturz des ›guten Alten‹ vorgestellt wird:

Weil meine Muse nicht den wilden Trieben
Der Menge fröhnt in diesen wirren Tagen,
So hat sie früh gelernt dem Ruhm entsagen
Und ist in ihrer Stille gern geblieben. […][39]

Raum der politikfernen Entsagung und Innerlichkeit ist die
beredte Natur als Zuflucht für den an der sozialen Krise und an den
gesellschaftlichen Veränderungen Leidenden; sie wird imaginiert
als das Beharrende im Wandel, als Symbol der ewigen Ordnung:

> Mir spielte wie mit kühler Schwinge
> Um's Haupt der Odem der Natur,
> Und einsam den Gesang der Dinge
> Vernahm mein Ohr aus Wald und Flur.[40]

Und natürlich ist es allemal der deutsche Wald[41] als Ort, an dem – Geibel hat da keinerlei gedankliche oder sprachliche Hemmungen – des *Weltgeists Stimme* vernehmlich wird und den er als Quelle der poetischen Inspiration und zugleich als Adressaten des abgeschiedenen Ich beschwört.[42] Das einsame Subjekt weiß sich in seinen Empfindungen freilich sehr' wohl eins mit einem Kollektiv, wenn es den *klaren Himmel* und ein *Lied* anfleht, das im *Männerchor wie Waffenrauschen* erbrausen soll[43], wenn es sich zum raunenden Mahner stilisiert, der als *Spielmann* unter deutschen Eichen in *eiserner Zeit* den Willen zu Kampf und Krieg wachhält[44], wenn es der *Lust der Waffen* die *Lust des Lieds* an die Seite stellt[45] und den Poeten an die Seite des Kriegers ruft:

> Eisern wie ein geschwungnes Schwert
> Soll sein Hymnus ertönen,
> Bis ihm gnädig ein Gott bescheert
> Siegerstirnen zu krönen.[46]

Das Anstößige solcher und ähnlicher Texte[47] besteht nicht allein in der Ästhetisierung des Krieges und der Suggestion eines durch das Bündnis von ›Poesie‹ und ›Waffendienst‹ erzeugten nationalen Kollektivbewußtseins (diese Topoi sind seit 1813 wohl vertraut), mehr doch wohl darin, daß Geibel – und mit ihm die Münchner überhaupt – ihr Dichten für gänzlich unpolitisch hielten. Unablässig haben sie die Interesselosigkeit und Zweckfreiheit der Kunst propagiert und sich selbst zu *Priestern freier Kunst*[48] aufgeworfen. »Das Schöne«, so erklärt etwa Carriere in seiner *Aesthetik* im Rückgriff auf Kant und Schiller, »ist Selbstzweck, so will es um seiner selbst genossen und geliebt werden [...] wer es für andere Zwecke verwenden und anderen Rücksichten dienstbar machen will, der hebt die Freiheit der Kunst auf«.[49] Und Geibel redupliziert poetisch:

> Zweck? Das Kunstwerk hat nur einen,
> Still im eignen Glanz zu ruhn;
> Aber durch ihr bloß Erscheinen
> Mag die Schönheit Wunder thun.[50]

Diese Zwecklosigkeit hat für Carriere den Zweck, die *sittliche Weltordnung* zu bestätigen, in der Sprache Geibels: *die heil'ge Ordnung, das Sein* oder die *ew'gen Dinge.*[51] Was immer die »heil'ge Ordnung« sein mag – noch prekärere Formen jedenfalls nimmt diese Kunstideologie in dem Moment an, wo sie das *Sein* mit dem je Gegebenen gleichsetzt. Bei Carriere geschieht diese Verdinglichung völlig bruchlos, wenn er erklärt: »So erkennen wir im Factischen zugleich das Nothwendige oder das Gesetz in der Erscheinung, und die Idee ist nicht ein Jenseits für die Wirklichkeit, sondern ihr Kern und ihre Seele.«[52] Daher nimmt es auch keineswegs wunder, wenn die Münchner die *sittliche Weltordnung* mit der Idee der deutschen Nation oder allgemein des monarchischen Staates als Ordnungsmacht mindestens partiell verschmolzen haben und später die Reichsgründung als in die Wirklichkeit getretene Idee und Sieg der *sittlichen Weltordnung* positiv identifizierten. »Deutschlands Wiedergeburt«, schreibt Carriere 1871, »[ist] so recht das Werk des Gedankens und der Wissenschaft. Auf jedem Felde menschlichen Wissens, in jeder Form dichterischen Schaffens hat das geistige Deutschland das neue politische Deutschland vorbereitet. [...] Ja das ist so recht das wirkliche Merkmal der deutschen Bewegung daß sie zuerst ein Werk des Geistes gewesen ist.«[53] Die Deutschen als das Volk des *Geistes,* das bei Bedarf die *sittliche Weltordnung* mit Waffengewalt herstellt – an diesem brisanten Nationalstereotyp, das Idealismus, Nationalismus und militärisches Machtdenken fraglos verband, haben die Münchner in ihrer literarischen Produktion mitgebastelt, aus dieser Vorstellung haben sie die Suprematie und weltgeschichtliche Bedeutung Deutschlands abgeleitet:

> Macht und Freiheit, Recht und Sitte,
> Klarer Geist und scharfer Hieb,
> Zügeln dann aus starker Mitte
> Jeder Selbstsucht wilden Trieb.
> Und es mag am deutschen Wesen
> Einmal noch die Welt genesen.[54]

Geibel, immerhin, formulierte diesen Anspruch noch im Optativ. Wilhelm II. deutete ihn um zum futurischen Faktum: »Dann wird unser deutsches Volk der Granitblock sein, auf dem unser Herrgott seine Kulturwerke an der Welt aufbauen und vollenden kann. Dann wird auch das Dichterwort sich erfüllen, das da sagt: ›An deutschem Wesen wird einmal noch die Welt genesen.‹«[55] Die ästhetische Kultur- und Geschichtsmetaphysik der Münchner mündet konsequent in die *Ideen von 1914.*[56]

Anmerkungen

1 Heinrich Heine, *Sämtliche Werke*, hg. v. Hans Kaufmann, Bd. 14, München 1964, S. 148.

2 Vgl. dazu: Renate Werner, *»Wir von Gottes Gnaden, gegen die durch Pöbels Gunst«. Ästhetik und Literaturpolitik im »Münchner Dichterkreis«*, in: J. Link und W. Wülfing (Hg.), *Nationale Mythen und Symbole in der zweiten Hälfte des 19. Jahrhunderts. Strukturen und Funktionen von Konzepten nationaler Identität*, Stuttgart 1991, S. 172-198; Renate Werner, *Der Münchner Dichterkreis*, in: Gerhard Plumpe (Hg.), *Realismus und Gründerzeit (1850-1890)*, München [1993] (Hansers Sozialgeschichte der Literatur 6.); Johannes Mahr (Hg.), *Die Krokodile. Ein Münchner Dichterkreis*, Stuttgart 1987. Zu Geibel vgl. Herbert Kaiser, *Die ästhetische Einheit der Lyrik Geibels*, in: WW 27 (1977), S. 244-257; Walter Hinck, *Epigonendichtung und Nationalidee. Zur Lyrik Emanuel Geibels*, in: ZfdPh 85 (1966), S. 267-284.

3 Friedrich Bodenstedt, *Prolog zum Festspiel im königlichen Odeon zu München am 10. Nov. 1859*, in: *Sammlung der vorzüglichsten Dichtungen, Prologe, Vorträge und Sprüche zur Schiller-Feier 1859*, 1.-3. Heft, München 1859-1860, Heft 1, S. 6.

4 Moriz Carriere, *Lessing. Schiller. Goethe. Jean Paul. Vier Gedenkreden auf deutsche Dichter*, Gießen 1862; S. 37f.; zuerst in: *Sammlung der vorzüglichsten Dichtungen, Prologe, Vorträge und Sprüche zur Schiller-Feier 1859*, Heft 3, München 1859.

5 Moriz Carriere, *Das Wesen und die Formen der Poesie. Ein Beitrag zur Philosophie des Schönen und der Kunst. Mit literarhistorischen Erläuterungen*, Leipzig 1854, S. 14.

6 *Am Schillertage 1859*, in: *Gesammelte Werke*, Bde. 1-8, Stuttgart 1883, Bd. 8, S. 11-14; hier: S. 12 (im folgenden zitiert als GW).

7 Unter ihren Verfassern auch zahlreiche weitere Mitglieder des ›Münchner Dichterkreises‹ wie Friedrich Bodenstedt, Felix Dahn, Julius Grosse, Paul Heyse, Hermann Lingg und Melchior Meyr. Vgl. *Sammlung der vorzüglichsten Dichtungen, Prologe, Vorträge und Sprüche zur Schiller-Feier 1859* (wie Anm. 3); zu den Schiller-Feiern 1859 vgl. Rainer Noltenius, *Dichterfeiern in Deutschland. Rezeptionsgeschichte als Sozialgeschichte am Beispiel der Schiller- und Freiligrath-Feiern*, München 1984, sowie Ute Gerhard, *Schiller im 19. Jahr-*

hundert. Literarische Rezeption als interdiskursives Verfahren, München 1992.

8 GW 8, S. 12f.

9 GW 8, S. 13.

10 Vgl. Carriere, *Die Poesie. Ihr Wesen und ihre Formen*, Leipzig ² 1884, S. 5.

11 *Sonette XII*, in: GW 2, S. 104f.

12 Erinnert sei an Jacob Burckhardts berühmtes Diktum aus der Einleitung zu den *Weltgeschichtlichen Betrachtungen:* »Wir sind nicht eingeweiht in die Zwecke der ewigen Weisheit und kennen sie nicht« (*Weltgeschichtliche Betrachtungen*, Leipzig o.J., S. 5). Zu Leopold von Ranke vgl. man etwa: *Über die Epochen der Neueren Geschichte* [1854], in: Historisch-kritische Ausgabe, hg. v. Theodor Schieder und Helmut Berding, München und Wien, S. 72.

13 Moriz Carriere, *Aesthetik. Die Idee des Schönen und ihre Verwirklichung durch Natur, Geist und Kunst. Erster Theil*, Leipzig 1859, S. 350f. und S. 354.

14 Reinhart Koselleck, *Historia Magistra Vitae. Über die Auflösung des Topos im Horizont neuzeitlich bewegter Geschichte*, in: ders., *Vergangene Zukunft: Zur Semantik geschichtlicher Zeiten*, Frankfurt/Main 1979, S. 63f.

15 Jörn Rüsen, *Historismus und Ästhetik – Geschichtstheoretische Voraussetzungen der Kunstgeschichte*, in: ders., *Ästhetik und Geschichte. Geschichtstheoretische Untersuchungen zum Begründungszusammenhang von Kunst, Gesellschaft und Wissenschaft*, Stuttgart 1976, S. 88-95, hier: S. 91. Vgl. dazu ferner: Heinz Schlaffer, *Studien zum ästhetischen Historismus*, Frankfurt/Main 1975; zu Jakob Burckhardt die grundlegende Studie von Wolfgang Hardtwig, *Geschichtsschreibung zwischen Alteuropa und moderner Welt. Jacob Burckhardt in seiner Zeit*, Göttingen 1974.

16 Jacob Burckhardt, *Historische Fragmente aus dem Nachlaß*, in: Jacob Burckhardt, *Gesamtausgabe*, hg. v. Emil Dürr, Werner Kaegi, Samuel Merian u. a., Bde. 1-14, Stuttgart, Berlin und Leipzig 1929-1934; Bd. 7, S. 225.

17 *Aesthetik* (vgl. Anm. 13), S. 356.

18 Zu Linggs historischer Lyrik vgl. Renate Werner, *Geschichte als ›Gedicht‹: Historische Lyrik im 19. Jahrhundert. Zum Beispiel Hermann Linggs »Völkerfrühling«*, in: Gerhard Plumpe (Hg.), *Poesie und Politik. Realistische Diskurse im 19. Jahrhundert*, Bonn [1992].

19 Auch biographisch stehen sich Geibel, Heyse und Burckhardt nahe: sie sind seit den vierziger Jahren gut befreundet. Vgl. dazu: Werner Kaegi, *Jacob Burckhardt. Eine Biographie*, Bde. 1-7, Basel 1950-1977, Bd. 2, S. 222; Bd. 3, S. 261ff.

20 GW 3, S. 37-39.

21 Vgl. Jürgen Schlumbohm, *Freiheitsbegriff und Emanzipationsprozeß. Zur Geschichte eines politischen Wortes,* Göttingen 1973, S. 42-47.

22 Zur Geschichte der preußischen Pension Geibels vgl. Werner (wie Anm. 2), S. 176f.

23 *An Georg Herwegh,* in: GW 1, S. 220. (Gemeint ist das ›Aufgehen‹ der Freiheit.)

24 Heinrich Heine, *Sämtliche Schriften,* hg. v. Klaus Briegtleb, Bd. 4, München 1971, S. 415.

25 *Aesthetik* (vgl. Anm. 13), S. 338f.

26 Vgl. dazu: Florian Simhart, *Bürgerliche Gesellschaft und Revolution. Eine ideologiekritische Untersuchung des politischen und sozialen Bewußtseins in der Mitte des 19. Jahrhunderts. Dargestellt am Beispiel einer Gruppe des Münchner Bildungsbürgertums,* München 1978.

27 *Deutsches Leben,* in: GW 4, S. 231-233.

28 Vgl. dazu die Studie von Florian Simhart, a.a.O., sowie: Otto Brunner, *Das ›ganze Haus‹ und die alteuropäische Ökonomik,* in: Otto Brunner, *Neue Wege der Verfassungs- und Sozialgeschichte,* zweite, vermehrte Auflage, Göttingen 1968, S. 103-127.

29 Vgl. dazu die grundlegenden Studien von Wulf Wülfing, Karin Bruns und Rolf Parr, *Historische Mythologie der Deutschen 1798-1918,* München 1991, sowie von Ute Gerhard und Jürgen Link, *Zum Anteil der Kollektivsymbolik an den Nationalstereotypen,* in: J. Link und W. Wülfing (Hg.), *Nationale Mythen und Symbole. Strukturen und Funktionen von Konzepten nationaler Identität,* Stuttgart 1991, S. 16-52; ferner Rolf Parr, »*Zwei Seelen wohnen, ach! in meiner Brust«. Strukturen und Funktionen der Mythisierung Bismarcks (1860-1918),* München 1992. – Zu familialen Mustern bei Geibel und deren sozialpsychologischer Fundierung vgl. Jürgen Link, *Was heißt: ›Es hat sich nichts verändert‹? Ein Reproduktionsmodell literarischer Evolution mit Blick auf Geibel,* in: H. U. Gumbrecht und U. Link-Heer (Hg.), *Epochenschwellen und Epochenstrukturen im Diskurs der Literatur und Sprachhistorie,* Frankfurt/Main 1985, S. 234-250.

30 Arno Borst, *Barbarossas Erwachen. Zur Geschichte der deutschen Identität,* in: *Identität,* hg. v. O. Marquard und K. Stierle, München 1979, S. 17-60; hier: S. 33.

31 *Barbarossas Erwachen,* in: GW 1, S. 206.

32 *Deutsches Aufgebot. Aus einer Cantate,* in: GW 4, S. 142-147.

33 Zu dieser Tradition vgl. Klaus Vondung, *Die Apokalypse in Deutschland,* München 1988 (dtv 4488).

34 *Einst geschieht's,* in: GW 4, S. 213. – Vgl. schon 1844: »Krieg! Krieg! Gebt einen Krieg uns für den Hader / Der uns das Mark versenget im Gebein! – / Deutschland ist todtkrank – schlagt ihm eine Ader!« (*Deutsche Klagen vom Jahr 1844 IX,* in: GW 1, S. 236).

35 Kriegslied. Juli 1870; Am dritten September, in: GW 4, S. 243 und S. 251.

36 *An Deutschland. Januar 1871,* in: GW 4, S. 257.
37 Zum Begriff des Kollektivsymbols vgl. v. a. die Forschungsarbeiten von Jürgen Link; speziell: Axel Drews, Ute Gerhard und Jürgen Link, *Moderne Kollektivsymbolik. Eine diskurstheoretisch orientierte Einführung mit Auswahlbibliographie,* in: IASL, 1. Sonderheft: Forschungsreferate, 1985, S. 256-375.
38 Vgl. dazu und zur Reichslyrik Geibels insgesamt die Studie von Hasko Zimmer, *Auf dem Altar des Vaterlands. Religion und Patriotismus in der deutschen Kriegslyrik des 19. Jahrhunderts,* Frankfurt/Main 1971. Außerdem: Walter Hinck, *Epigonendichtung und Nationalidee* (vgl. Anm. 2)
39 *Herbstblätter II,* in: GW 2, S. 99.
40 *An Clara Kugler,* in: GW 1, Einleitungsgedicht, unpag.
41 Zur Genese dieses Topos vgl. Klaus Lindemann, »*Deutsch Panier, das rauschend wallt*« – *Der Wald in Eichendorffs patriotischen Gedichten im Kontext der Lyrik der Befreiungskriege,* in: H. G. Pott (Hg.), *Eichendorff und die Spätromantik,* Paderborn 1985, S. 91-131.
42 *Herbstblätter I und II,* in: GW 2, S. 98 und 99.
43 *Schlußwort* zur ersten Ausgabe der *Zeitstimmen,* in: GW 1, S. 218.
44 *Eiserne Zeit,* in: GW 4, S. 218.
45 *Dem Fürsten Heinrich zu Carolath-Beuthen an seinem achtzigsten Geburtstage,* in: GW 8, S. 18.
46 *Zur Antwort,* in: GW 4, S. 218.
47 Schon 1844 heißt es: »O hätt' ich Drachenzähne statt der Lieder, / Daß, sät' ich sie auf diese dürre Küste, / Draus ein Geschlecht von Kriegern wachsen müßte, / Im Waffentanz zu rühren Eisenglieder« (*Deutsche Klagen im Jahr 1844,* in: GW 1, S. 242).
48 *An Georg Herwegh,* in: GW 1, S. 218.
49 *Aesthetik* (vgl. Anm. 13), S. 97.
50 *Sprüche,* in: GW 3, S. 70.
51 *An Clara Kugler* (vgl. Anm. 40) und *Herbstblätter* (vgl. Anm. 42).
52 *Aesthetik* (vgl. Anm. 13), S. 486.
53 Moriz Carriere, *Das neue deutsche Reich und die sittliche Weltordnung,* in: ders., *Das Weltalter des Geistes im Aufgange. Literatur und Kunst im achtzehnten und neunzehnten Jahrhundert,* Leipzig ²1874, S. 664.
54 *Deutschlands Beruf,* in: GW 4, S. 215.
55 Rede Kaiser Wilhelms II. beim Festmahl für die Provinz Westfalen am 31. 8. 1907 im Landesmuseum zu Münster, in: *Die Reden Kaiser Wilhelms II. in den Jahren 1906 bis Ende 1912,* ges. u. hg. v. Bogdan Krieger, Leipzig 1913, S. 88. Vgl. Klaus Vondung (wie Anm. 33), S. 135.
56 Vgl. dazu: Hermann Lübbe, *Politische Philosophie in Deutschland. Studien zu ihrer Geschichte,* München 1974, S. 171-235.

Stefan Greif

»...dieses gleich sehr zu hassende und zu liebende Preußen!«[1]

Der Altpreuße Theodor Fontane zwischen bürgerlicher Revolution und Wilhelminismus

Wer kennt ihn nicht, den Junker Ribbeck auf Ribbeck im Havelland, in dessen Garten ein Birnbaum stand? Jeden Herbst stopft er einige reife Früchte in seine Taschen, die er dann unter den Dorfkindern verschenkt. Doch in dieses Idyll der Kinderliebe und segensreichen Menschlichkeit, das Ribbeck berühmt gemacht hat, drängt sich eine neue Macht. Es ist die in einigen Schulbüchern ausgesparte dritte Strophe, die eindringlich auf die für Fontane hassenswerte Seite des späten Preußen hinweist:

> So klagten die Kinder. Das war nicht recht -
> Ach, sie kannten den alten Ribbeck schlecht;
> Der *neue* freilich, der knausert und spart,
> Hält Park und Birnbaum strenge verwahrt.
> Aber der *alte*, vorahnend schon
> Und voll Mißtraun gegen den eigenen Sohn,
> Der wußte genau, was damals er tat,
> Als um eine Birn' ins Grab er bat,
> Und im dritten Jahr, aus dem stillen Haus
> Ein Birnbaumsprößling sproßt heraus.

Gegen den Eigennutz des Sohnes, der mit der Tradition des uneigennützigen Schenkens bricht, setzt sich der Vater mit einer schon für das ausgehende 19. Jahrhundert recht unpreußischen, dafür jedoch weitsichtigen List zur Wehr, die er seinen »vorvorderlichen Tugenden« verdankt: »Und diese Tugenden heißen«, so schreibt Fontane weiter, »ein gut Teil Gutmütigkeit, ein noch größeres von gesundem Menschenverstand und ein allergrößtes an Kritik. Und diese Kritik ist das Beste.«[2]

Dieses für ihn wahrhaft liebenswerte »sittliche Altpreußentum«[3] läßt Fontane später noch einmal von Jeserich, dem Diener des Grafen Barby im *Stechlin*, mit den Worten zusammenfassen, man dürfe auch in Sachen Preußen immer nur halb dazu gehören, halb jedoch nicht.[4] In der Forschung haben solche und ähnliche

Äußerungen die Frage aufgeworfen, auf welche Seite Fontane zu stellen sei, auf die der preußischen Hofsänger, die im Medium der Kunst ihre Resignation ästhetisch verklären, oder auf die der entschiedenen Kritiker.[5] Fontane selbst hat mit dem Vorwurf, er sei ein »unsicherer Kantonist«[6], seinen Spott getrieben: »Ich alter Preußenverherrlicher bin doch eigentlich für alles zugeschnitten, nur nicht gerade für Preußen.«[7] Und daraufhin befragt, was ihm denn am Preußischen nicht behage, antwortet er:

Diese eigenthümlich anspruchsvolle Ruppigkeit, immer der Nickelgroschen mit Taleralüren, ist mir unerträglich. Es beobachten und schildern, ist amüsant, aber mit drunterstecken ist furchtbar.[8]

Um Fontanes Verhältnis zu Preußen näher zu kommen, wird man die distanzierte Liebe für die Geschichte und die Bevölkerung des Landes, die in all seinen Werken vorscheint, folglich ebenso akzeptieren müssen wie sein bis zum Burlesken gesteigertes Spiel mit den »Tollheit« der politischen und ideologischen »Extreme«[9], die er in seiner Gegenwart ausmacht. Ein »Patentpreuße« jedenfalls, der durch »sieben Examina« hindurch muß, will er sich als eine »Blüte der Menschheit« präsentieren, war Fontane sicherlich nicht.[10]

Gegen die »neupreußischen Staatsweisheiten«[11], die Fontane im 19. Jahrhundert, insbesondere seit der Reichsgründung in Deutschland nach der Vormundschaft in allen politischen, militärischen und sozialen Angelegenheiten streben sieht, entwirft bereits der junge Balladendichter ein Idealbild der preußischen Vergangenheit: Durch den »Soldatenkönig« wird »das Königtum stabilisiert«, er legt die »Fundamente für eine neue Zeit« und setzt »an die Stelle von Zerfahrenheit, selbstischer Vielherrschaft und Willkür Ordnung und Gerechtigkeit«. Während der Regentschaft Friedrichs II. wird das Land »von Genie durchblitzt«, und 1813 findet Preußen noch einmal für kurze Zeit zurück zur »Macht des Geistigen, des Wissens und der Freiheit«.[12] Daß diese Freiheit nicht zuletzt auch als eine allen Standesdünkeln enthobene Mündigkeit interpretiert wird, veranschaulicht das Gedicht *Der alte Derffling*. Seine Siege haben das alte Preußen mitgestaltet, doch entscheidenden Wert mißt Fontane dem unprätentiösen Charakter des Haudegens bei, der noch auf seinem Sterbebett darauf hinweist, er sei eigentlich stets ein »alter Schneider«[13] geblieben. Solche Zeilen markieren die Gelenkstellen dieses Gedichts, an denen sich der Dichter und Derffling gleichermaßen als selbstbewußte und freie Bürger zu erkennen geben. Nicht als tumber Militarist, der schneidig von Sieg zu Sieg und ebenso resolut durchs Alltagsleben galoppiert, erscheint Derffling in Fontanes Zeichnung, sondern als ein »ungeordneter Geist«, der »jeder Ordnung«[14] des Doktrinären trotzt und somit als Nonkonformist vorbildhaft der Verwirklichung von sozialer Gleichberechtigung und »verantwortungsvoller Ungebundenheit«[15] dient:

In entscheidenden Momenten, wo das Beste, was man hat, auf dem Spiele steht, muß man sprechen, ordentlich, fest, bestimmt, muthig. Aber die Lebenskunst besteht darin, sein Pulver nicht unnütz und nicht in jedem Augenblick zu verschießen.[16]

Bei aller Bewunderung für diese *Preußische Idee*[17] bleibt Fontane neutral genug, um die Mißstände unter dem »Krückstock von Sanssouci«[18] aufzeigen zu können: »Es war die Zeit militärischen Dünkels und militärischer Übergriffe.«[19] Allerdings, so fährt Fontane in seinem 1848 verfaßten Artikel *Preußen – ein Militär- oder Polizeistaat?* fort, schützte der aufgeklärte Rechtsstaat »die freie Selbstbestimmung des Volkes« vor dem willkürlich gebrauchten »Kriegsruhm eines einzelnen«.[20] Bevor der Glanz der Stechschritt-Paraden und die Gloria-Rufe auf Preußens Siege die Ideale der Toleranz und wechselseitigen Respektierung in Vergessenheit geraten lassen, lenkt die räsonierende Öffentlichkeit jener Tage korrigierend ein:

Schöne, fast vergessene Zeit, wo die öffentliche Meinung noch eine Macht war, um die man sich bewarb, deren Gegnerschaft man fürchtete. Mit wehmütigem Lächeln blicken wir auf die Kartoffel- und Schneiderrevolutionen vergangener Jahrzehnte.[21]

Dieses von Fontane selbst als nationalliberal eingestufte Bekenntnis[22] zur altbürgerlichen Staatsauffassung des 18. Jahrhunderts bestimmt auch seine teils reservierte, teils emphatische Haltung im Verlauf der inzwischen vorletzten bürgerlichen Revolution. Solange das Bürgertum die »sicherste Stütze jedes Staats und der eigentliche Träger aller Kultur und allen Fortschritts«[23] bleibt, vertraut Fontane 1848 auf den preußischen Reformgeist, den er in Luther manifestiert und durch Friedrich II. wiederbelebt sieht.[24] Nur schwerlich mag er sich mit den gewaltsamen Umwälzungen anfreunden, denn längst schon zu Untertanen erzogen, sind »unsere Leute [...] nicht darauf eingerichtet, sich untereinander zu massakrieren«.[25] Sein später in *Meine Kinderjahre* gerechtfertigtes »Engagement zugunsten der geordneten Gewalten«[26] kann daher auch nicht als Revision einer früheren Zurückhaltung gelesen werden. Bereits am 12. Oktober 1848 schreibt Fontane an den Freund Bernhard von Lepel:

Es liegt mir an der Freiheit, nicht an ihrer Form im Staate! Ich will keine Republik, um sagen zu können, ich lebe in solcher. Ich will ein freies Volk; Namen thun nichts zur Sache; ich hasse nicht die Könige, sondern den Druck den sie mit sich führen.[27]

Für die Rechtfertigung seiner Ablehnung jeder Form von Gewalt beruft sich Fontane auf das spätaufgeklärte Bürgertum, das sich nach 1789 mit Grauen von den Exzessen der Französischen Revolution abwendet und sich aus Fontanes Sicht damit auch konsequent in die Tradition der Utopie einer friedfertigen Vernunftherrschaft stellt.[28] Auch der immer wieder bekundete Ekel vor der Ellbogenmentalität, mit der einige wenige ihre »Zwergensiege«[29] erkämpfen, weist auf Fontanes Nähe zu dieser Epoche hin, in der bereits Kant, Fichte, die Schlegels und Schiller den »Alten-Fritzen-Verstand«[30] zum Garanten einer Geisteskultur erheben, deren Ziele Goethes *Egmont* in die Worte faßt:

Ein ordentlicher Bürger, der sich ehrlich und fleißig nährt, hat überall soviel Freiheit, als er braucht [...]; leidet nicht, daß sie sich auf den Straßen rotten! Vernünftige Leute können viel tun.[31]

Da nur »*ein gutes und gesittetes Volk* [...] *reif für die Freiheit*«[32] ist, wendet sich Fontane im März 1848 empört von jenen revoltierenden Bürgern ab, die öffentlich den alten König anpöbeln. Eine solche Attacke diskreditiert seinen Ausführungen zufolge den gesellschaftlichen Auftrag des Bürgertums, denn der Versuch, die bestehende Ordnung gewaltsam zu beseitigen, vernebelt den Ausblick auf das geeinte Deutschland, auf das Fontane mit Nachdruck all seine politischen Hoffnungen konzentriert. Insofern löst sich auch der scheinbare Widerspruch auf, der zwischen Fontanes markiger Forderung nach dem »Untergang«[33] Preußens und seinen Worten zu bestehen scheint, er sei ein »ehrlicher und aufrichtiger Konstitutioneller«[34]:

Deutschland hat seinen konstitutionellen Kaiser: Erzherzog Johann ist Reichsverweser. Es hieße Geist und Streben unserer Zeit verkennen, wenn wir den Entwicklungsgang unseres Vaterlandes damit beendet glaubten.

Dieser Reichsverweser ist ein bloßer Durchgangspunkt […] die Scheidewände werden fallen mit den Dynastien, und Deutschland wird groß, frei und einig sein.[35]

Im Verlauf der schrittweisen Verwirklichung der »Idee der Gleichberechtigung«[36] werden die philiströsen Kräfte kapitulieren, die Fontane in den nächsten Monaten die politischen Machtzentren Preußens einnehmen und das Aufgehen des Landes im Reich behindern sieht.[37] – Erst als die preußische Regierung 1849 dem Abgeordneten der Linken und späteren Vizepräsidenten Benedikt Waldeck den Prozeß macht, schleichen sich Zweifel an den bürgerlichen Reformkräften ein:

Was unsere Zeit, und zwar nicht vorteilhaft, charakterisiert, das ist ein zwitterhafter Zustand von enger Begrenzung und dilettantischer Verzetteltheit. Die Bürger des Mittelalters waren weder so begrenzt noch so zersplittert – ihre Beteiligung am Regiment gab ihnen einen weiten Blick […] wir regieren nicht mehr, wir werden regiert.[38]

Daß der Verzicht auf politische Mitsprache »ein Angewiesensein auf den engsten Beruf« erzwingen und den »Blick fürs Allgemeine« trüben kann, erfährt Fontane in den nächsten Jahren quälend genug.[39] Mit nichts »ins Leben getreten« als »einem poetischen Talent und einer schlecht sitzenden Hose«,[40] beginnt für ihn in der Ära Manteuffel die ideologisch schwierigste Zeit. Für »30 Silberlinge« verkauft er sich, wie er halb ironisch, halb wehmütig an einen Freund schreibt, »der Reaction […]. Man kann nun 'mal als anständiger Mensch nicht durchkommen«.[41] Aber seine Vorgesetzten müssen Fontane, der sich wie ein »ehrlicher Spitzbube«[42] fühlt und offensichtlich auch gebärdet, mißtraut haben. Nachdem er zweimal in eine der Zensurbehörden berufen wird, erhält er 1855 seine endgültige Entlassung, da er »kein Salz- Senf- oder Pfefferkorn« zu der »Schandbrühe« beizusteuern fähig ist.[43] Doch trotz dieser Ressentiments arrangiert sich Fontane um 1850 vorübergehend mit dem bisher heftig kritisierten preußischen Vielvölkerstaat. Enttäuscht über die Bruderkämpfe zwischen den verschiedenen deutschen Staaten und die zaudernde Haltung der liberalen bürgerlichen Demokraten,[44] will er »Preußen nicht in den Dreck treten«:

Wäre es denkbar, daß sich aus Lippe-Schaumburg oder aus Hohenzollern-Hechingen ein großes, einiges Deutschland bilden könne und wolle, so würd' ich preußische Regierung und preußisches Volk verachten, wenn es auch nur einen Augenblick anstünde, sich der Hoheit und Herrlichkeit des Gesammt-Vaterlandes zum Opfer zu bringen.[45]

Auch dem »Schrecknis« vor dem Obrigkeitsstaat, mit dem Theodor Storm nach Berlin kommt, kann Fontane nur ein stückweit mit »Zustimmung« folgen, daneben aber auch mit »Ungeduld, weil sich in dieser ewigen Verkleinerung Preußens eine ganz unerträgliche Anmaßung und Überheblichkeit ausspricht, also genau das, was man uns vorwirft«.[46] Mit dieser Zurückweisung eines aus seiner Sicht auf Dünkeln aufbauenden Fremdurteils, das jede um Gerechtigkeit bemühte Einsichtnahme von vornherein verhindert, korrigiert Fontane Mitte der 50er Jahre ein letztes Mal seinen eigenen politischen Standort. Wesentlich dazu beigetragen haben die Jahre als offizieller Beobachter des britischen Pressewesens, in denen er bewundernd den Nationalstolz der Briten studiert, den diese selbstbewußt »auf ihrer Stirn« tragen.[47] Darüber hinaus lernt Fontane in England die Weltoffenheit des Landes schätzen, die für seinen spezifisch altbürgerlich-preußischen Realismus wegweisend wird. Dank der »Magna Charta«, heißt es im Londoner Tagebuch, vertraue Großbritannien auf seine Freiheitsgarantien, derweil Preußen »mit Russen und Italienern« die »Ehre« teile, »keine Preßfreiheit, keine Volksvertretung, keine Öffentlichkeit zu haben«.[48] Entschiedener als bisher erklärt Fontane von nun an allein das alte Preußen zu seiner politischen Heimat, deren Enge er mit Hilfe des inspirierenden »Fremden«, der Literatur und Kunst Europas und Amerikas, zu entgehen versucht.[49] In England reift schließlich auch der Entschluß, zukünftig als freischaffender Schriftsteller das »*Rechtsgefühl*« stärken zu helfen, an dem das »Narrenschiff der Reaktion«[50] und der immer lauter tönende Borussismus scheitern sollen.

Mit seinen *Wanderungen durch die Mark Brandenburg* schreibt Fontane – *um Vaterlands und zukünftiger Dichtung willen*[51] – ein Stück preußischer Kulturgeschichte, das die Vermittlung zwischen bürgerlichem Räsonnement und einer maßvollen Würdigung der Leistungen des alten Adels anstrebt[52]: »Es ist ein Zug, der unserer gesamten Kunst, die Dichtung mit eingeschlossen, nicht sonderlich zur Ehre gereicht, daß wir, bis ganz vor kurzem, das Heimische so verhältnismäßig wenig gepflegt« haben.[53] Zu diesem Plan wurde er schon durch seine Freunde im ›Tunnel über der Spree‹ angeregt, einem Künstler-Zirkel, dem auch Adolph von Menzel und der Kunsthistoriker Franz Kugler angehörten. In Kuglers Haus hatte Fontane bereits in seinen ersten Jahren in Berlin den jungen Jacob Burckhardt kennengelernt, der 1842 entschieden darauf hingewiesen hatte, daß »allein eine höhere historische Kunst«, die in Preußen bisher fehle, ein »öffentliches Leben« erzeugen könne.[54] Burckhardts an Herder geschulte Ablehnung aller auf Kunst und Geschichte applizierten linearen Geschichtsmodelle hat Fontanes Skepsis dem preußischen Schablonenwesen und positivistischen Historismus gegenüber mitgeprägt. Auch die Vorliebe für das scheinbar Nebensächliche, an dem sich nach Burckhardt Quellenstudien treiben lassen, die Rückschlüsse auf das »Große«[55] gestatten, kommt Fontanes Selbstverständnis als Autor entgegen:

Alles modern Patente, was doch sehr was andres als Schönheit ist, ist mir von jeher unausstehlich oder mindestens sehr langweilig gewesen, während alles Krumme und Schiefe, alles Schmustrige, alles grotesk Durcheinandergeworfene von Jugend auf einen großen Reiz auf mich ausgeübt hat. Nur keine lineare Korrektheiten, nur nichts Symmetrisches oder Blankpoliertes [...][56]

Erstmals lernt Fontane das vom Impressionismus eingeforderte Aufbrechen der geometrisch angeordneten Bildinhalte und mehr gezeichneten Umrisse zugunsten einer fließenden Farbgebung, deren Atektonik die Einzelheiten des Dargestellten subtiler aufeinander beziehen läßt, an Menzels *Überfall bei Hochkirch* (1850) kennen. Es ist nicht bloß der »kulturhistorische Inhalt« des Schlachtenbilds, dem Fontane in seinen Schriften zu den großen Berliner Kunstausstellungen mehrfach »gesteigerte Teilnahme« entgegenbringt[57], sondern die besondere Form, »wo das Einzelne, eingebunden in das Ganze, doch als unabhängig funktionierendes Glied empfunden wird« und dadurch »der Begriff von Freiheit und Selbständigkeit einen Sinn«[58] bekommt. Indem Menzel Friedrich II. als »Kristallisationspunkt« malt, der »das Ganze« der dargestellten bewegten Situation »sowohl zusammenhält als auch auseinandertreibt« und deshalb »wie verloren« erscheint, fließt neben Bewunderung für den König auch Distanz mit ein.[59] – Doch die Übertragung dieser malerischen Möglichkeiten in das Medium der Sprache will in den Kriegsbüchern Fontanes, die fast parallel zu den Wanderungen entstehen, nicht recht gelingen. Der Versuch, die »Wirklichkeit ohne Roheit«[60] zu zeigen, jedoch frei von aller

»Sentimentalität«[61], verklärt in den Auftragsarbeiten des Kriegsberichterstatters das Erlebte zu einer Abfolge von »Stimmungsbildern«.[62] Am 20. April 1870 erlebt Fontane die Schlacht nahe der Mühle von Sannois mit:

Hier saßen wir, fast am Rande des Vorsprungs, blickten nieder in die Arena und sahen, wie die Versailler und die Föderalen, wie die dreifarbige und die rote Republik miteinander rangen. Für den Philanthropen traurig, für den Maler entzückend. Zu unseren Füßen, eine Halbinsel bildend, zog die Seine eine mächtige Schleife, an deren Ufern, nach außen und innen zu, Argenteuil und Gennevilliers, Colombes und Asnières im funkelnden Sonnenlichte lagen. Lachendstes, friedlichstes Bild! Aber in diesem Augenblick blitzte es unten von Bajonetten; in langer Kolonne debouchierten Versailler Bataillone, passierten die Brücke und schwenkten links, um die bei Asnières verschanzten Roten in Flanke und Rücken zu fassen. Zugleich hüllte sich der ehrenbreitsteinartig daliegende Mont Valerien in weiße Rauchwolken, und in der nächsten Sekunde rollte ein dumpfer Donner erst über die Landschaft und dann langsam über das Häusermeer von Paris hin. So verging eine Viertelstunde. Wir plauderten; wir berechneten die Chancen des Erfolges; [...][63]

Provokant kontrastiert der scheinbar lapidare letzte Satz mit dieser Pleinair-Studie, in der die Schlachtordnung in Licht- und Raumeffekte aufgelöst wird. Nur auf den ersten Blick dem Aussagegehalt des Menzelschen Bildes nicht unähnlich, widerlegt dieser Farbenkrieg zweier Republiken bewußt Fontanes eigene These, in Gemälden dürften die gelockerte Umrißzeichnung und ein überzogener Farbauftrag das historische Geschehen nicht gänzlich »in der Luft schweben« lassen.[64] Es ist der Aufmarsch der Truppen, der den Anblick des Tales stört, und diese gleich zweimal betonte Empfindung deutet an, daß das Kriegsgeschehen eigentlich kein Gegenstand der Kunst sein kann. Ob diese Herauslösung des blutigen Kampfes aus Zeit und Raum, dessen Anblick auch der Natur versagt bleibt, die »Sonntagsstimmung«[65] der Leser tatsächlich wachrütteln konnte, muß fraglich bleiben. Obwohl die Schlacht nicht direkt beschrieben und der Krieg insofern auch nicht als ästhetisch schön geschildert wird, bewältigt ihn Fontanes Sprachgebung im Rückgriff auf kaum noch nachvollziehbare Bewußtseinsspiegelungen.[66]

Mit dem letzten, wenig erfolgreichen Kriegsbuch und seinem Ausscheiden aus der Redaktion der ›Kreuzzeitung‹ beendet Fontane die »preußische Kur«.[67] An seine Frau schreibt er, diese Stellung sei »das Freiheitsopfer nicht wert [...]. Und nur *darauf* kommt es schließlich an. Indepedenz über alles«.[68] Um diesem Anspruch in seinen Romanen gerecht werden zu können, behält Fontane auch als Erzähler seinen »panoramatischen Blick«[69] bei, lenkt ihn jetzt aber verstärkt auf die sozialen Verhältnisse seiner Zeit, in der die »Ideale« und Zeugen des alten Preußen immer seltener werden.[70] – Mit *Vor dem Sturm*, dem ersten Roman, der 1878 erscheint, wendet sich Fontane gegen die »Phrasenhaftigkeit«[71], mit der zunächst Preußen die eigene Geschichte und im folgenden dann das Deutsche Reich seine preußische Herkunft zu glorifizieren versuchen. Verzweifelt bemüht sich Berndt von Vitzewitz, die Bauern auf die Seite der Widerständischen zu ziehen, muß sich aber sagen lassen, daß es für sie »nicht ohne den König« gehe: »Der König hat ihnen das Bruch eingedeicht, der König hat ihnen die Kirchen gebaut [...]. So wissen sie es von Vater und Großvater her, [...], so ist der *Alte Fritz* das dritte Wort. Er ist ihr Herrgott«.[72] Angesichts dieser vorbehaltlosen Mythisierung des Vergangenen wächst in Berndt der »Haß gegen die ›blaue Kornblume‹ und gegen ›Mit Gott für König und Vaterland‹«.[73] Schließlich besinnt er sich darauf, daß dem Treuegebot des Adligen eine zur Verantwortung verpflichtete – und ihrem Ursprung nach bürgerliche – Gesinnung zur Seite steht:

Ich liebe den König; er war mir ein gnädiger Herr, und ich habe ihm Treue geschworen, aber ich will um der beschworenen Treue willen die natürliche Treue nicht brechen [...] Der König ist um des Landes willen da. Trennt er sich von ihm [...], so löst er sich von *seinem* Schwur und entbindet mich des meinen.[74]

Wenngleich Fontane diesen keineswegs skrupellosen »Ungehorsam« in die Zeit der Befreiungskriege zurückverlegt, so zielt er doch auf die reichsdeutsche Gegenwart seiner Leser und damit auch auf die Herrschaft des »*Schwefelgelben*«, des Kanzlers Otto von Bismarck, der in »fast allem, was ich seit 70 geschrieben«, umgeht.[75] Verehrt Fontane an Bismarck die Verdienste des Reichsgründers, so widerstrebt ihm dessen eisern gewandete Großmannssucht:

Er ist die denkbar interessanteste Figur [...], aber dieser beständige Hang, die Menschen zu betrügen, dies vollendete Schlaubergertum ist mir eigentlich widerwärtig; [...]. Dem Zweckdienlichen alles unterordnen ist überhaupt ein furchtbarer Standpunkt, und bei ihm ist nun alles noch mit soviel

Persönlichkeit und geradezu Häßlichem untermischt, mit Beifallsbedürf-
tigkeit, unbedingtem Glauben an das Recht jeder Laune […].⁷⁶

Infolge der von Bismarck gestifteten Liaison zwischen der alten
Oberschicht und dem Großbürgertum sieht Fontane unter Bismarcks Führung dessen engere Standesgenossen, die ostelbischen
Junker, massiv nach politischer Macht drängen. Da sie nur auf ihre
»Rechte« halten, sich aber ihren »Pflichten zu entziehn«⁷⁷ versuchen, macht er diese pseudodemokratischen Herrengutsbesitzer⁷⁸
für eine egoistische Ruppigkeit verantwortlich, die sich unter dem
Deckmantel stockpreußischer Loyalität allerorten im Reich
durchsetzt. An den Junkern, so heißt es mit zynischem Unterton,
»krankt« nicht nur »Preußen«, sondern »mittelbar ganz Deutschland«⁷⁹, haben sie doch die »naive Neigung, alles *Preußische* für
eine höhere Kulturform zu halten«.⁸⁰ Nicht minder besorgt registriert Fontane den Hurrah-Patriotismus, der nicht zuletzt in den
Reihen des Bürgertums vielfach darüber hinwegtrösten hilft, daß
der utopische Staatsentwurf einer freien Gesellschaft einmal mehr
an politischem Ansehen verliert. Fontanes Äußerungen zum Kaisertum bleiben verhalten; wenngleich er dem ersten Kaiser durchaus mit Respekt vor dessen Charakter begegnet, so spricht aus
ihnen gelegentlich eine gewisse Enttäuschung über das wenig
engagierte Selbstverständnis Wilhelms I. und seines Nachfolgers,
die sich beide mehr mit ihrer Aufgabe eines preußischen Königs
identifizieren, als dem Reich zu einer eigenen Identität zu verhelfen. Als Wilhelm II. 1888 den Thron besteigt und Bismarck zwei
Jahre später seine Entlassung einreichen muß, reagiert Fontane
weniger euphorisch, aber doch voller Hoffnung auf eine moralische Reform zugunsten seiner altpreußischen Ideale der Einfachheit, Gerechtigkeit und Toleranz sowie des endgültigen Aufgehens
Preußens in einer geeinten Nation.⁸¹ Daß die Begeisterung, mit der
der junge Kaiser auftritt und seine Versprechungen von Treu und
Glauben in der Öffentlichkeit das neue und seinen Worten nach
zunehmend unreflektiertere Reichspathos schüren helfen, entgeht
Fontane allerdings nicht. Bald schon meldet er seine Bedenken an
der zunehmend repräsentativeren Hofhaltung und der immer lauter auf europäische und weltpolitische Vormacht pochenden Politik Wilhelms II. an:

Was mir an dem Kaiser gefällt, ist der totale Bruch mit dem Alten und was
mir an dem Kaiser *nicht* gefällt, ist das im Widerspruch dazu stehende Wie-

derherstellenwollen des Uralten. In gewissem Sinne befreit er uns von den öden Formen und Erscheinungen des alten Preußenthums [...]. Er hat eine Million Soldaten und will auch hundert Panzerschiffe; [...]. Er will, wenn nicht das Unmögliche so doch das Höchstgefährliche [...]. Worin unser Kaiser die *Säule* sieht, das sind nur *thönerne Füße*. Wir brauchen einen ganz andren Unterbau.[82]

Deutschland hat mit dieser Entwicklung die Chance verpaßt, auf der Basis einer aufgeklärten Werteordnung den Weg in eine offenere und »ehrlosere« Gesellschaft einzuschlagen.[83] Geblieben sind dem Land nur jene »drei großen Epochen«[84], kaum mehr als eine Erinnerung, denn die neuen Machthaber normieren bereits wieder die Standesgrenzen und fördern zugleich ein ungehemmtes Streben nach Aufstieg und Ehre. Ein neuer Luxus, ein Luxus des Gefühls und der Gesinnung, »und, wenn es sein muß, auch Freiheitsluxusse«[85], bestimmt das öffentliche Leben und protegiert jenes von Fontane mehr als bedenklich empfundene »Hochmaß des Glaubens« weiter Teile der Bevölkerung an die schon vor der Jahrhundertwende verkündete Siegeseuphorie. – Diese als widersprüchlich und rückschrittlich beschriebene Situation legt Fontane seinen Zeitromanen zugrunde. Bis zur Selbstquälerei steigert er die Befangenheit in gehorsamer Dienst- und eitler Repräsentationspflicht am Beispiel *Schach von Wuthenows* und *Effi Briests*. So muß sich Effi von ihrem Mann, Baron von Innstetten, sagen lassen, ihre Angst vor den Spukereien an ihrem Bett decke sich nicht mit adliger Contenance: »Und dann bin ich überrascht, solcher Furcht und Abneigung bei *dir* zu begegnen, bei einer Briest. Das ist ja, wie wenn du aus einem kleinen Bürgerhause stammtest.«[86] Kessin, dem Innstetten als Vertreter der preußischen Obrigkeit vorsteht, liegt nur wenige Meilen von Varzin entfernt, dem Wochenendsitz Bismarcks. Angesichts dieser Nähe zur Macht, die sich gewissermaßen bis ins Schlafzimmer der Untergebenen schleicht, käme Innstetten das Eingestehen der ›rückgratlosen‹ Schwäche seiner Frau einer Verletzung der Dienstregeln gleich – und von »solcher Lächerlichkeit kann man sich nie wieder erholen«.[87] Aber auch in Effi selbst, einerseits die Tochter eines Vaters, der nicht beständig nach oben sehen möchte, andererseits ausgestattet mit dem Selbstbewußtsein einer Prinzessin, die durch ihren Mann an Ehre gewinnen möchte, legt der Erzähler die für ihn zentralen Gegensätze des modernen Preußen an.[88] Kurz vor ihrem Tod sieht sie ein, daß sich der erhoffte »Glanz«[89] ebensowenig mit ihrer »Herzensgüte«[90]

verträgt wie der Zwang, den sich der »Zärtlichkeitsmensch«[91] Innstetten auferlegt. – Ihr Leiden an der eigenen Unentschiedenheit
charakterisiert auch Schach von Wuthenow, der den Bruch mit den
Standesinteressen als notwendig erkennt, sich aber nicht entschei-
den kann, ob er dem Schneidigkeitsritual seines Prinzen oder dem
Befehl seines Königs dienen soll. Als Liebling des prinzlichen
Hofes spielt er die Rolle des Eitlen, doch im Unterschied zu seinen
Kameraden erfüllt er seinen Auftrag mit altpreußischer Aufrich-
tigkeit. Daher stürzt ihn der Auftrag des Königs, Victoire von
Carayon zu heiraten, in Verzweiflung, denn Schach ist ein »Ritter«
voller Furcht vor Tadel, der sich selbst angelegentlich mit Don
Quichote vergleicht.[92] Einmal auf den Ruf des Ästhetizisten verpflichtet, begeht Wuthenow schließlich Selbstmord, der ebenso
wie Effis Tod einer tragischen Inszenierung des blinden Gehorsams gleicht.

Den aus der preußischen Tradition übernommenen Drill zur
Subordination nimmt Fontane auch in den zusehends zackigeren
Reihen des Bildungsbürgertums wahr. In *Frau Jenny Treibel* und
Mathilde Möhring kommen die Fragmente der Preußischen Idee
auf den preußischen Schulmeister.

Alle diese Leute stammen von kleinen Beamten ab, ihr Urgroßvater war ein
K. Kammerdiener oder ein Bote beim Kammergericht; der Sohn wurde
Geh. Rechnungsrat, der Enkel kam bis in den Vorhof der Hölle und der
letzte (jetzige) sitzt drin.[93]

Auf dem Weg ihres Aufstiegs zur Lehrerin referiert Mathilde
Möhring die simplen Mechanismen von Eigennutz und Durchset-
zungsvermögen, die sich hinter der Maske loyaler Zucht und Ordnung verstecken lassen:

Ich darf sagen, daß die Reden des Fürsten erst das aus mir gemacht haben,
was ich bin. Es ist so oft von Blut und Eisen gesprochen worden. Aber von
seinen Reden möchte ich für mich persönlich sagen dürfen: Eisenquelle,
Stahlbad.[94]

Nicht auf diesen Siegfriedmythos eingeschworen, der den deutschen Untertanen in seiner selbstsicheren und von Widersprüchen
gereinigten Subalternität an jede Unverwundbarkeit und die
Macht der Ordnung glauben läßt, bleibt der »Klassiker und
Romantiker«[95] Wilibald Schmidt in *Frau Jenny Treibel* seinen Kollegen höchst suspekt. Noch verdächtiger ist den Gymnasiallehrern
aber der Autodidakt Heinrich Schliemann, der ohne qualifizierte

Universitätsbildung Troja ausgräbt und damit die durch gelehrtes Wissen geheiligten Schätze der Antike entweiht. Trotz der humorvollen Ausgestaltung dieses Romans weist Fontanes Kritik daher über die Generosität hinaus, mit der sich etwa Gustav Freytag oder Wilhelm H. Riehl ihrer Bürgerlichkeit versichern. Am Beispiel Corinna Schmidts strebt Fontane die Korrektur der These an, der freie Bürger sei viel zu selbstbewußt und stolz, sich mit Adel oder Bourgeoisie gemein zu machen.[96] Vorübergehend übt die Macht des Geldes ihre Faszination auf Corinna aus, und nur der Einfluß ihres Vaters bewahrt sie vor dem Schritt, ihre Freiheit der »Station *Aeußerlichkeit*«[97] aufzuopfern. Corinnas und Wilibalds Besinnung auf die Einheit von Herz und Verstand, auf die jene Schillerschen Zeilen eines Jugendgedichts des Professors für Jenny Treibel anspielen, verleiht der Familie Schmidt eine Superiorität, die sie für Fontane entschieden von den Extremen distanziert, auf die sich »Negationsrat«[98] Duquede in *L'Adultera* versteift. So nahe die Vorbehalte Duquedes gegenüber Bismarck den eigenen Bedenken Fontanes stehen mögen, legt der Roman doch offen, daß ein ins Grenzenlose gesteigerter Haß nicht nur das eigene Ungenügen übersehen läßt. Seine Frondeurshaltung hindert den Baron daran, aus den Gesprächen mit Melanie deren Ängste und Sorgen herauszuhören. Ebenso entgeht ihm die Entschiedenheit, mit der sie die Ehre des Bankiershauses Van der Straaten wahrt. Auf die Ankündigung eines jüdischen Gastes reagiert Melanie mit teutonischer Verve: »Ich bekenne dir offen, daß mir etwas Christlich-Germanisches lieber gewesen wäre«.[99] Die Aggressivität dieses Arguments wird offenbar, als sich Melanie in eben jenen Rubehn verliebt und plötzlich gezwungen sieht, ihren Germanenkult mit blutmythischen Vorurteilen zu untermauern. Auf persönlicher Ebene, die auch in ihrem Falle nur ein Wiederschein der offiziellen Ideologie ist, können solche Argumente eingesetzt werden, um im Augenblick der Unsicherheit das Fremde mit Schuld zu beladen. Vergleicht Melanie Herrn Rubehn später mit dem ältesten Sohn Jakobs im Alten Testament, der seines Vaters Nebenfrau verführte, so stempelt sie ihn zum überzeitlichen Versucher. Ihr selbst erlaubt diese Analogie, sich auf die Seite der Unschuldigen und Schwachen zu stellen, die sich den jahrtausendelang geschulten Verführungskünsten dieses Ahasver nicht gewachsen sehen.

Vor diesem Hintergrund wird man auch Fontanes Stellungnahmen zum »echten« Heldentum interpretieren müssen, die gelegentlich als rechtslastig-präfaschistisch gewertet wurden.[100] Die Blut-und-Boden-Märchen, die sich die adligen Wahlmänner im *Stechlin* erzählen, korrespondieren mit der ständigen Langeweile Frau von Berchtesgardens, deren Name für den länderübergreifenden Helden- und frühen Rassenwahn paradiert: »Gott sei Dank, daß es Skandale gibt.«[101] An solcher Sensationslust analysiert Fontane im *Stechlin* das Zusammenspiel von borussischer Heldenverehrung und der politisch-moralischen »Vermassung«. Es ist das selbst für »*freie* Geister« nicht selten »Genehmste«, das wie im Falle Tante Adelheids die Freiheit scheut und nach »festem Gesetz und festem Befehl« verlangen läßt.[102] In diese Furcht vor dem Wandel fügt sich denn auch der mediengerechte Held, der lediglich lauter als die Menge schreit, in seiner vermeintlichen Illegalität jedoch nur die Nerven der Zuschauer kitzelt: »Nur die Leute hinterm warmen Ofen dringen auf beständiges Heldentum.«[103] Von diesem »Mut in der Masse«[104] grenzt Dubslav von Stechlin den »wahren Mut«[105] seiner »Helden« ab. In einer schlechterdings konformen Gesellschaft muten diese allerdings gleich wie »Licht- und Fackelträger«[106] an, da ihre Natürlichkeit und Offenheit in krassem Gegensatz zu den Lehren germanisch-preußischen Wesens stehen: »Alles, was mit Grammatik und Examen zusammenhängt, ist nie das Höhere. Waren die Patriarchen examiniert oder Moses oder Christus? Die Pharisäer waren examiniert.«[107] Aus Pietät vor diesen uralten Glaubenssätzen verzichten Melanie und Dubslav auch auf ein Aufschlagen des Eises des winterlichen Stechlinsees, das metaphorisch die Erkältung Preußens an Regelmaß und nationalem Pathos umschreibt. Demgegenüber weist sich der unter der eisigen Oberfläche ruhende See, der sich gelegentlich nur, bei wirklich großen Ereignissen in der Welt, zu Worte meldet, als ein nobel gesinnter Altpreuße aus, der sich von den »verdammten politischen Unterschieden«[108] und Fraktionszwängen seine Urteile nicht vorschreiben läßt. Melanie und Lorenzen übertragen diese naturgewachsene Selbständigkeit des Denkens und Handelns auf die Frage nach den Entfaltungsmöglichkeiten eines im bürgerlichen Alltag angesiedelten Mutes zur Demut in der Freiheit. Unabhängig von den institutionengebundenen Doktrin und parteilich verwalteten Heilslehren übernimmt der Bürger die »Aufgabe«, wie es noch in Max Webers bekannter Antrittsvorlesung heißt, »im kleinen Kreise« an »der politischen Erziehung unserer Nation mitzuarbeiten«.[109] Daß es für diese »Innere Mission«[110], auf die sich Pastor Lorenzen beruft, keiner »Führer« bedarf, sondern schlicht menschlicher Verhaltensweisen, darauf weist Fontane mit seinem Gebot hin, jede Form der Selbstsucht und sozialen Isolation mit Hilfe des »Herzens« zu überwinden: »Wer aber die Liebe *nicht* hat [...], der wird *egoistisch*«.[111] Anstelle des Zerschlagens der normierten Strukturen intendiert dieser bewußt formelhaft gehaltene Imperativ ein »Aufschmelzen« der inzwischen »ausschließlichen Form der Gesellschaft«.[112] Von seiten des Kaisers und seiner Kanzler, darauf legt Lorenzen in seiner historischen Studie besonderen Wert, wird man für die Erfüllung dieser Hoffnung wohl kaum auf Mithilfe rechnen dürfen. Fontane selbst äußert sich im Umfeld der Entstehung des *Stechlins* ebenfalls nachdenklich über die Zukunft Deutschlands:

Das entsetzlichste aller Dogmen, die Stuartleistung von der Gottesgnadenschaft der Könige, steht mal wieder in üppigster Blüthe (siehe die beiden Reden beim Abschiedsmahle des Prinzen Heinrich) und denke ich mir 500000 Repetirgewehre dazu, so weiß ich nicht, was mit der Menschheitsentwicklung werden soll [...].[113]

Neben Melusine und dem alten Stechlin gehört auch Lorenzen zu den »Fredericus-Rex-Leuten«, seine eigene missionarische Tätigkeit interpretiert der Pastor daher als eine Pflicht, in einem ersten Schritt in der Bevölkerung für die Einsicht zu sorgen, daß solche Glaubensartikel und die dazugehörigen Devotionsbeweise zugleich auch das opferbereite Einstehen für die Chimäre deutschen Wesens implizieren. Erst wenn sich die allgemeine Freiheit von den Äußerlichkeiten durchgesetzt hat, kann Lorenzens Vision einer nicht mehr auf Mythen und Schein aufbauenden Gesellschaft Wirklichkeit werden. Diese Epoche wird ohne einen obersten Kriegsherrn auskommen und wieder ihren Beitrag für eine auf Vernunft gegründete, »demokratische Weltanschauung«[114] leisten:

Aus der modernen Geschichte, der eigentlichen, der lesenswerten, verschwinden die Bataillen und Bataillone (trotzdem sie sich beständig vermehren), und wenn sie nicht selbst verschwinden, so schwindet doch das Interesse daran. Und mit dem Interesse das Prestige. [...] und anstatt sich in diese Tatsache zu finden, versucht es unser Regime, dem Niedersteigenden eine künstliche Hausse zu geben.[115]

Einen ersten Schritt in diese neue Zeit, »eine Zeit mit mehr Sauer-
stoff in der Luft«[116], wagt stellvertretend Lene Nimptsch, deren
kleinbürgerliche Herkunft Aufschluß darüber gibt, aus welchen
Schichten nach Fontane die Anstöße für den Umgestaltungspro-
zeß kommen müssen. Sie gehört zu jenen »an sich berechtigten
Naturen«, die man unbedingt »gewähren lassen« muß, da sie ihrer
Umwelt gegenüber in *eigener* Verantwortung handeln. Ihre Entscheidung, sich auf das kurze Liebesglück mit Botho von Rienäk-
ker einzulassen, setzt ein Signal der *Irrungen, Wirrungen* und
erhebt sie aus Sicht des Erzählers über die als spießig entlarvte
Frage nach den »*notorischen* und *fraglichen* Unanständigkei-
ten«.[117] Baron Papageno überträgt diese Wendung im Roman auf
das Leben der Sperlinge, die er tagtäglich beobachtet. Bilden sich
die vornehmen Hähne noch ein, das Überleben der Vogelwelt
sicherzustellen, so treiben die Spatzen, die »reinen Preußen in der
Weltgeschichte der Vögel«[118], munter und unbekümmert ihren
Schabernack auf den ruhmreichen Denkmälern und in den weniger
noblen Gassen. Nicht zuletzt geht es in ihrem Spiel auch um Liebe,
deren »Flatterhaftigkeit« der stockkonservative Graf Haldern als
eine von ihm selbst nicht näher durchschaute Revolte an der Basis
der Gesellschaft interpretiert, denn während er und seine Standesgenossen noch fleißig das Rad der Geschichte[119] anhalten, fliegen
die kecken und neugierigen Sperlinge bereits ganz listenreich und
schelmisch durch dessen Speichen. Mit nebulösen Wundern hat
diese ungezwungene, aber keineswegs leichtsinnige Lebensfreude
wenig gemeinsam:

So furchtbar oft quält mich der Gedanke, »*forderst* Du nicht zu viel? zu viel
an Kunstleistung, an Gesinnung, an Freundschaft, an Form und Artigkeit
[…].« Wenn man dann aber erlebt, daß einem das *alles* sehr wohl erfüllt
werden kann, ohne daß ein Mirakel geschieht, so sieht man sehr deutlich,
daß unsereins […] *nicht* zu viel fordert und daß nur Kümmerlichkeit und
Ruppigkeit, auch Hochmuth und Charaktergemeinheit einem das versagen, was einem zukommt.[120]

HA = Theodor Fontane, *Werke, Schriften und Briefe*, hg. v. W. Keitel
und H. Nürnberger, München 1962 ff.
B = *Briefe*, 4 Bde. (IV. Abt. der HA)
BaF = *Briefe an Friedlaender*, hg. v. K. Schreinert, Heidelberg 1954
G = *Gedichte* (I. Abt., Bd. 6 der HA)
NFA = Theodor Fontane, *Sämtliche Werke*, hg. v. E. Groß u. a., Mün-
chen 1959 ff.
R = Theodor Fontane, *Romane und Erzählungen*, 8 Bde., hg. v.
P. Goldammer u. a., Berlin und Weimar ³1984.
W = *Wanderungen durch die Mark Brandenburg*, 5 Bde., hg. v. G. Er-
ler und R. Mingau, Berlin und Weimar ³1987.

Kenneth Attwood, *Fontane und das Preußentum*, Berlin 1970.

Fritz Baumgart, *Idealismus und Realismus. 1830-1880. Die Malerei der
bürgerlichen Gesellschaft*, Köln 1975.

Dieter Bänsch, *Preußens und Droysens Gloria. Zu Fontanes Kriegsbüchern*,
in: H. L. Arnold (Hg.), *Theodor Fontane.* Sonderband Text + Kritik,
München 1989, S 30-54.

Jacob Burckhardt, *Bericht über die Kunstausstellung zu Berlin im Herbste
1842*, in: J. B., *Die Kunst der Betrachtung. Aufsätze und Vorträge zur
bildenden Kunst*, hg. v. H. Ritter, Köln 1984, S. 96-105.

Karl-Heinz Gärtner, *Literatur und Politik bei Theodor Fontane*, in: J. Thu-
necke (Hg.), *Formen realistischer Erzählkunst*. Festschrift für Ch.
Jolles, Nottingham 1979, S. 305-315.

Johann W. Goethe, *Egmont*, in: *Berliner Ausgabe*, Bd. 7, S. 485-583.

Karl Heinrich Höfele, *Die Zeitkritik Jacob Burckhardts und Theodor Fontanes. Aspekte des späten 19. Jahrhunderts*, in: Schweizer Monatshefte
63 (1983), S. 915-920.

Kurt Ihlenfeld, *Fontanes Umgang mit Bismarck*, in: NDH 139 (1973), S.
15-49.

Charlotte Jolles, *Fontane und die Politik. Ein Beitrag zur Wesensbestim-
mung Theodor Fontanes*, Berlin 1983.

Gudrun Loster-Schneider, *Der Erzähler Fontane. Seine politischen Positionen in den Jahren 1864-1898 und ihre ästhetische Vermittlung*, Tübingen 1986.

Georg Lukács, *Bürgerlichkeit und l'art pour l'art: Theodor Storm*,
in: G. L., *Die Seele und die Form. Essays*, Frankfurt/Main 1971. S.
82-115.

Thomas Mann, *Der alte Fontane*, in: W. Preisendanz (Hg.), *Theodor Fontane*, Darmstadt 1973 (Wege der Forschung CCCLXXXI), S. 1-25.

Walter Müller-Seidel, *Theodor Fontane. Soziale Romankunst in Deutschland*, Stuttgart ²1980.

Helmuth Nürnberger, *Der frühe Fontane. Politik, Poesie, Geschichte. 1840 bis 1860*, München 1967.

Hans-Heinrich Reuter, *Fontane*, 2 Bde., München 1968.

Wilhelm Heinrich Riehl, *Die bürgerliche Gesellschaft*, in: W. R., *Die Naturgeschichte des Volkes als Grundlage einer deutschen Social-Geschichte*, Bd. 2, Stuttgart [8]1885.

Hans Rosenberg, *Die Pseudodemokratisierung der Rittergutsbesitzerklasse*, in: *Moderne deutsche Sozialgeschichte*, hg. v. H.-U. Wehler, Berlin 1966, S. 287-308.

Dietmar Storch, »*Ich bin das Gegenteil von einem Schwarzseher, ich ›sehe‹ nur«. Notizen zu Theodor Fontanes »Die preußische Idee«*, in: Fontane-Blätter 6 (1985), S. 157-175.

Wilhelm Vogt, *Fontane und die bildende Kunst*, in: NFA 23/2, S. 185-197.

Max Weber, *Der Nationalstaat und die Volkswirtschaftspolitik. Akademische Antrittsrede*, in: M. W., *Gesammelte politische Schriften*, hg. v. J. Winckelmann, Tübingen [2]1971, S. 1-25.

Hans-Ulrich Wehler, *Wie bürgerlich war das Deutsche Kaiserreich?*, in: J. Kocka (Hg.), *Bürger und Bürgerlichkeit im 19. Jahrhundert*, Göttingen 1987, S. 243-280.

Heinrich Wölfflin, *Kunstgeschichtliche Grundbegriffe. Das Problem der Stilentwicklung in der neueren Kunst*, Basel und Stuttgart [17]1984.

Anmerkungen

1 W 2, 320.
2 W 4, 475.
3 Attwood, 296; vgl. auch Storch.
4 Vgl. R. 8, 122.
5 Vgl. den aktuellen und umfassenden Forschungsabriß bei Loster-Schneider.
6 Vgl. Nürnberger, 25.
7 Zit. nach Attwood, 154.
8 BaF, 105 f.
9 B 1, 143.
10 NFA 9, 175
11 Vgl. HA 3 (3. Abt.: *Aufsätze, Kritiken*)/1, 16.
12 R 8, 289 f.
13 G, 206.
14 Vgl. R 8, 227.
15 Mann, 20.
16 B 3, 94.

17 So der Titel eines Fragments Fontanes.

18 R 8, 290.

19 HA 3/1, 35.

20 Ebd., 33.

21 Ebd., 37.

22 Vgl. NFA 15, 270.

23 Ha 3/1, 303. Vgl. dazu ausführlicher St. Greif, *Ehre als Bürgerlichkeit in den Zeitromanen Theodor Fontanes*, Paderborn u. a. 1992.

24 Vgl. HA 3/1, 303 ff.

25 Vgl. NFA, 15, 338.

26 Ebd., 14, 115.

27 B 1, 48.

28 Vgl. dazu Lukács und vor allem Wehler.

29 Vgl. NFA 14, 116.

30 So drückt es Dubslav von Stechlin aus, R 8, 46.

31 Goethe, *Egmont*, 514.

32 B 1, 46.

33 HA 3/1, 9.

34 Zit. nach Attwood, 104.

35 HA 3/1, 9.

36 Ebd., 23.

37 Vgl. ebd.

38 Ebd., 304.

39 Ebd.

40 B 4, 299.

41 B 1, 194.

42 Zit. nach Jolles, 90.

43 B 1, 144f.

44 B 1, 100.

45 Ebd.

46 NFA 15, 200.

47 Vgl. ebd., 17, 469.

48 Ebd., 470.

49 Vgl. das Spektrum seiner Rezensionen und Bildbeschreibungen.

50 Vgl. HA 3/1, 23.

51 So der ursprünglich geplante Untertitel.

52 Vgl. etwa das Kapitel zu Pastor Moritz, Bd. 3, und zur Gräfin La Roche-Aymon, Bd. 1 der *Wanderungen*.

53 NFA 23/1, 205. Vgl. dazu Nürnberger, der von einer Hinwendung zum »Überschaubaren« und »Vertrauten« spricht; a.a.O., 300.

54 Burckhardt, 97 und 104. Auf die verwandte Zeitkritik beider hat Höfele hingewiesen, 916 ff.

55 Vgl. u. a. B 3, 278.

56 NFA 15, 70.

57 Vgl. ebd. 23/1, 214.
58 So noch der Schüler Burckhardts, H. Wölfflin, 185-187.
59 Baumgart, 43.
60 NFA 23/1, 116.
61 Ebd., 138.
62 Vgl. Vogt, 188.
63 NFA 16, 239f.
64 Vgl. NFA 23/1, 31f.
65 Ebd., 116f.
66 Vgl. Bänschs Kritik an den Kriegsbüchern, die Fontane in die Nähe
   E. Jüngers rückt.
67 Reuter, 2, 520.
68 B 2, 320.
69 Vgl. NFA 23/1, 606.
70 Vgl. B 4, 121f.
71 Ebd., 2, 637.
72 Vgl. R 1, 232f.
73 B 2, 637.
74 R 1, 232f.
75 B 4, 336. Vgl. dazu Ihlenfeld, 16ff.
76 B 4, 272.
77 B 2, 563f.
78 So auch Rosenberg.
79 B 4, 643.
80 R 8, 288f.
81 Vgl. B 4, 642ff.
82 B 4, 642f.
83 Vgl. auch Attwood, 179.
84 R 8, 289.
85 Vgl. ebd., 23.
86 R 7, 84.
87 Ebd., 83.
88 Vgl. ebd., 21ff.
89 Ebd., 33.
90 Ebd., 8.
91 Vgl. ebd., 129.
92 Vgl. R 3, 404.
93 NFA 24, 148f.
94 R 7, 502.
95 R 6, 277.
96 Vgl. Riehl, 72.
97 B 4, 121.
98 R 3, 128.
99 R 3, 124.

100 So Gärtner, 313. Vgl. auch Loster-Schneider, 59 und 101 ff.

101 R 8, 244.

102 Vgl. G, 323.

103 Vgl. W 2, 451.

104 R 8, 367.

105 Vgl. ebd. u. W 2, 451.

106 B 2, 584.

107 R 8, 220.

108 B 3, 701.

109 Weber, 24.

110 R 8, 32.

111 NFA 24, 492.

112 Vgl. W 2, 267.

113 B 4, 733.

114 Vgl. R 8, 291.

115 R 8, 290 f.

116 Ebd., 291.

117 Diese Briefzeilen wurden bislang zur Stützung der Präfaschismus-These herangezogen; vgl. B 1, 386.

118 R 5, 225.

119 Vgl. ebd., 240.

120 B 3, 329 f.

Peter Sprengel

Gerhart Hauptmann und die deutsche Einheit

Seit längerem scheiden sich an Hauptmann – wieder – die Geister. Der Dichter, dessen Frühwerk wegen seiner naturalistischen Prägung und vermeintlicher sozialistischer Tendenzen im Kaiserreich zunächst heftig umstritten war, erfreute sich im ersten Drittel dieses Jahrhunderts höchster Anerkennung weiter Kreise. Schon 1933 aber wurde eine Art Todesurteil über ihn gefällt, das sich in der Germanistik freilich erst mit beträchtlicher Verzögerung bemerkbar gemacht hat. Im Zuge der Politisierung der Literaturwissenschaft und der literarischen Kritik in den letzten zwei Jahrzehnten und der stärkeren Berücksichtigung von Positionen der Exilliteratur scheint es das allgemeine Hauptmann-Bild jedoch zunehmend zu bestimmen, ja zu trüben. Dieses Todesurteil gewinnt seine eigentümliche Faszination und eine gewisse Überzeugungskraft daraus, daß es von einem langjährigen Freund und Vertrauten, einem Anhänger und Förderer des Dramatikers stammt: Alfred Kerr war es, der exilierte jüdische Kritiker, der Hauptmanns Verbleiben im NS-Deutschland und sein (in den Details kontroverses[1]) Arrangement mit den Machthabern zum Anlaß für eine moralische Verdammung, eine wahrhaft biblische Verfluchung nahm: »Hier starb jemand vor seinem Tode; verachtet selbst von denen, die von allen verachtet sind. Das ist der Schluß. Sein Andenken soll verscharrt sein unter Disteln; sein Bild begraben in Staub.«[2]

Seitdem steht die Frage nach Hauptmanns Verhältnis zum Faschismus, oder zunächst genauer und konkreter: nach seinem Verhalten gegenüber den Nationalsozialisten, auf der Tagesordnung der Hauptmann-Forschung, droht dieses auch heute noch keineswegs abschließend geklärte Problem zum Stolperstein und zur Barriere einer intensiveren Auseinandersetzung mit dem Autor zu werden. In der bisherigen z. T. recht feuilletonistisch geführten Diskussion kehren bestimmte Argumente immer wieder. Das eine konstatiert (direkt im Anschluß an Kerr) eine Art moralischer Insuffizienz bei Hauptmann, der seine persönliche Bequemlichkeit über die politische Verantwortung gestellt habe.

Der durch den Luxus seines repräsentativen Lebensstils verwöhnte (immerhin zum Zeitpunkt des Machtwechsels über siebzigjährige) Autor habe sich sozusagen für den Weg des geringsten Widerstandes entschieden. Man kann verstehen, daß ein von der Not des Exils unmittelbar Betroffener wie Kerr zu einer solchen Einschätzung gelangte und gerade deshalb besonders heftig reagierte; eine sonderlich substantielle Erklärung haben wir damit freilich nicht in der Hand, geschweige denn eine Grundlage für ein angemessenes historisch begründetes Urteil über den Autor und sein damaliges Schaffen.[3]

Tiefer greift und schwerer wiegt eine andere Betrachtungsweise. Ihr zufolge besteht bei Hauptmann, zumindest partiell und punktuell, eine ideologische Affinität zum Faschismus. In seinen öffentlichen Verlautbarungen der zwanziger Jahre, so wird festgestellt[4], überwiegen zunehmend die konservativ-nationalen Argumente. Es scheint kein Zufall, daß Hauptmann sich 1929 von Mussolini empfangen ließ; zumindest in einzelnen Zügen hat ihn die Persönlichkeit des Duce positiv beeindruckt.[5] Gilt ähnliches auch für sein Verhältnis zu Hitler? Hans v. Brescius hat in einer vielzitierten Dissertation[6] zahlreiche Äußerungen aus Notizbüchern und anderen unpublizierten Texten Hauptmanns zugänglich gemacht, in denen sich in z. T. frappierender Direktheit Verständnis oder Bewunderung für einzelne Phänomene des NS-Komplexes ausspricht. Ihnen stehen andere Äußerungen gegenüber, die von tiefer Distanz gegenüber dem Hitler-Regime und blanker Verachtung für die braunen Herren zeugen. In der Darbietung dieser distanzierenden Äußerungen ist Brescius' Arbeit (das könnte man gegen sie einwenden) vielleicht etwas weniger gründlich, doch bringt es letztlich nichts, Pro- und Contra-Aussagen gegeneinander aufzurechnen; überhaupt muß es zweifelhaft sein, wieweit sich die Haltung und das Profil einer künstlerischen Persönlichkeit aus solchen mehr oder weniger isolierten »Stellen« rekonstruieren lassen. Größeres Gewicht hätte hier ja wohl letztlich eine Analyse der damals entstandenen dichterischen Werke. Immerhin läßt sich aus dem referierten Befund zumindest die eine Schlußfolgerung ziehen: Hauptmann fehlte es offensichtlich an einem klaren politischen Standort oder Bewußtsein; er reagiert auf aktuelle Eindrücke höchst subjektiv, spontan-emotional, ohne Rücksicht auf Widersprüche zu früher eingenommenen Positionen. Das schränkt den Wert seiner Äußerungen im Hinblick auf die Ableitbarkeit einer geschlossenen politischen Überzeugung ein, verleiht ihnen aber andererseits das Siegel subjektiver Ehrlichkeit. Was für jede politische Karriere fatal wäre: die Authentizität der Selbstaussage steht dem Künstler gut zu Gesicht.

Läßt sich das leidige Problem von Hauptmanns Verhalten nach 1933 vielleicht überhaupt dadurch aus der Welt schaffen, daß man sich auf die letztlich unpolitische Position des Künstlers beruft? Tatsächlich hat sich Hauptmann ja verschiedentlich – nicht zuletzt im Zusammenhang mit der Auseinandersetzung um die (fragliche) revolutionäre Tendenz seines Dramas *Die Weber* (1892) – zur Autonomie der Poesie gegenüber der Politik und zur überparteilichen Existenz des Dichters bekannt. Vielfach als Vertreter der Sozialdemokratie bekämpft oder als »Gewerkschafts-Goethe« bespöttelt, hat er stets seine Unabhängigkeit von allen politischen Organisationen als Voraussetzung der literarischen Arbeit verteidigt. Abgesehen davon, daß sich eine solche subjektiv praktizierte Autonomie in bestimmten Situationen objektiv als Parteinahme, und zwar zumeist für die jeweils Herrschenden, auswirkt – Hauptmanns Haltung nach und vor 1933 läßt sich schon deshalb nicht überzeugend mit dem Klischee vom unpolitischen Dichter erklären, weil er selbst seine politische Unschuld (wenn er sie denn bis dahin besaß) einmal in eklatanter Weise verraten hat. Das war im August 1914, als fast alle deutschen Autoren zu den Fahnen eilten. Wenn sie sich nicht als Freiwillige meldeten oder eingezogen wurden, leisteten sie ihren literarischen Beitrag zur Mobilmachung. Und der war im Falle Hauptmanns so eindeutig chauvinistisch wie ästhetisch desaströs:

> Es kam ein schwarzer Russ' daher. –
> Wer da, wer?
> Deutschland, wir wollen an deine Ehr'! –
> Nimmermehr!!
> Ein Kaiser spricht es hoch vom Sitz.
> Viel Feind, viel Ehr, wie der Alte Fritz.
> Sein »Nimmermehr« ist mehr als Schall,
> 's ist Donnerrollen und Blitzesknall,
> 's ist Wetterstrahl.[7]

Wer darum weiß, daß der Verfasser dieser Verse ein Jahr zuvor wegen der pazifistischen Töne seines *Festspiels in deutschen Reimen* (1913) von der konservativen Presse aufs heftigste angegriffen worden war und daß derselbe Kaiser, dessen Ja zum Krieg hier unter unüberhörbaren Anklängen an die *Wacht am Rhein* verherrlicht wird, seinerzeit für die Absetzung des Festspiels gesorgt hatte, dem kann das Blut in den Adern gerinnen ob solcher Vergeßlichkeit.

Es muß ein sehr mächtiges, schier übermächtiges Motiv gewesen sein, das Hauptmann zu solcher Kehrtwende und zum zeitweisen Bruch des Tabus Tendenzdichtung bewegt hat. Dieses Motiv (und damit kommen wir zum eigentlichen Gegenstand des Essays) ist sein tiefverwurzelter, bis dahin von ihm kaum reflektierter und um so wirkungsmächtigerer Nationalismus. Hauptmann war, so hat es kürzlich Wolfgang Leppmann treffend ausgedrückt, »der letzte große deutsche Dichter, ja einer der letzten Deutschen überhaupt, dem sein Deutschsein so selbstverständlich und unproblematisch vorkam wie sein Wuchs oder seine Haarfarbe«.[8] Daß das Stichwort »Haarfarbe« in diesem Zusammenhang eine tiefe Berechtigung hat, illustriert ein Tagebucheintrag vom 18. 4. 1906, in dem der dreiundvierzigjährige Hauptmann über seine Leidenschaft zur siebzehnjährigen (im Gegensatz zu seiner ersten und zweiten Ehefrau blonden) Schauspielerin Ida Orloff reflektiert:

Was mich an ihr so anzieht ist das Racenverwandte. Ich habe nie eine Frau meiner Race umarmt und die Vorstellung, ohne das gelebt zu haben, aus der Welt gehen zu müssen ist mir schwer erträglich. Der blonde Flaum, der Milchweisse Leib, das blaue Auge. Es ist seltsam, wie mit dieser Nacktheit, sofort die Erinnerung an alles Deutsche, alle naiven, deutschen Meister auftaucht. Die schwarzbraunen, vor Alter dunklen Holzsculpturen der Kraft, Riemenschneider, etc haben diesen weissen Leib, er leuchtet durch alles hervor, wie etwas Reines und Heiliges. Von ihm aus kann man ihre Kunst erst ganz verstehen. Das war das Erlebniss.[9]

Unvorstellbar, derlei zu schreiben nach der Erfahrung des nationalsozialistischen Rassenwahns. Um möglichen Mißverständnissen vorzubeugen, sei gleich hinzugefügt, daß Hauptmann später die Nationalsozialisten durch eine Erzählung verärgern sollte, in deren Zentrum die Verbindung zwischen einem Weißen (Deutschen) mit einer ihm moralisch überlegenen Afrikanerin steht (*Der Schuß im Park*, 1939). An der Ideologie des Rassismus hat Hauptmann keinerlei Anteil, wohl aber teilt er die landläufigen Klischees über nationale Typen etc., ohne die jede rassistische Propaganda unmöglich wäre. Daß die Identifikation von Blond und Deutsch für Hauptmann über die zitierte Tagebuchstelle hinaus Bedeutung hat, zeigt das Reisetagebuch *Griechischer Frühling* (1908), in dem Hauptmann dem Vorkommen blonder Haare und blauer Augen unter der modernen griechischen Bevölkerung eine fast schon peinliche Aufmerksamkeit schenkt. Die Betonung solcher ethnischen Eigentümlichkeiten ist Teil der das ganze Reisebuch durchziehenden Tendenz, eine substantielle Verwandtschaft zwischen dem Griechisch-Fremden und dem Deutsch-Eigenen aufzuweisen, Griechenland sozusagen – einer durchaus klassischen Tradition folgend, nur mit neuen Argumenten – als Provinz des deutschen Wesens einzugemeinden. »Ein ganzer Deutscher ein halber Hellene« – so charakterisierte sich Hauptmann noch Jahrzehnte später in einem Widmungseintrag[10]; die doppelte Nationalität bezeichnet dabei keine Antithese, sie verweist auf eine höhere Einheit.

Was zunächst einem rassisch eingefärbten Nationalismus zum Verwechseln ähnlich sah, erweist sich bei näherer Betrachtung als Kultur-Nationalismus. Nicht umsonst bezieht sich der zitierte Tagebucheintrag auf Tilman Riemenschneider und Adam Krafft, Meister der frühneuzeitlichen Plastik des fränkischen Raums, in der sich für Hauptmann die kulturelle Identität des Deutschen maßgeblich artikulierte.[11] Eine besondere Rolle kam dabei für ihn dem Nürnberger Sebaldusgrab Peter Vischers zu, das er in seiner Universalität und Einzigartigkeit geradezu an die Seite des Goetheschen *Faust* stellt.[12] Bezeichnenderweise kommt ihm die Deutschheit dieser Kunst und seine eigene Prägung als Deutscher gerade in der Begegnung mit der exotischen Architektur des Dogenpalastes in Venedig zu Bewußtsein:

Nichts allgemein Menschliches klingt unmittelbar an, und so empfand ich mich in Absonderung besonders als Mensch und schließlich als Deutscher. Es ist überhaupt seltsam, wie ich das Sebaldusgrab überallhin mit mir herumtrage: es ist mir soviel wie der *Faust* und vielleicht noch mehr. Auch Goethe konnte sich nicht vom Deutschen zu weit entfernen: das war seine Größe und war sein Glück.[13]

Und nochmals: »Keine Nation hat ein Werk wie das Sebaldusgrab, keine Nation ein Werk wie den *Faust* [...] Ich sehe in beiden Werken spezifisches Deutschtum.«[14] Deutsch sein heißt Goethe nachfolgen! Schon 1894 hatte Hauptmann in einem nachgelassenen Gedicht »Goethes sämtliche Werke« als »Bibel der Zukunft, deutscher Geburt« gefeiert und erklärt:

Und daß ich ein Deutscher geboren bin,
Des will ich im Tiefsten mich letzen.
So bin ich ein Erbe von diesem Buch
Und seinen unendlichen Schätzen.[15]

Das Pathos des Ausdrucks und die Verquastheit des Gedankens erscheinen uns heute als typisch wilhelminisch. Hauptmann stand seinem Kaiser, von dem er bekämpft wurde, möglicherweise näher, als beide sich träumen ließen.[16] Das gilt auch für die Parole »Ich kenne keine Parteien mehr, ich kenne nur noch Deutsche«, mit der Wilhelm II. in seiner Thronrede vom 2. 8. 1914 die Geschlossenheit der Nation erzwingen wollte. Durch den Kriegsausbruch aus den Träumen seines Kultur-Nationalismus gerissen und mit der brutalen Wirklichkeit des imperialistischen Nationalismus konfrontiert, reagiert Hauptmann gewissermaßen getreu dem Kaiserwort: er vergißt die Vorbehalte, die er wie die gesamte freisinnige Intelligenz gegenüber dem militaristisch-autoritären Grundzug der reichsdeutschen Politik gehegt hatte, und solidarisiert sich mit der bedrohten (und bedrohenden!) Nation, in einer fast schon törichten Weise die ideale Wertung seines bisherigen Kulturnationalismus auf das schmutzige Geschäft der Kriegsführung übertragend. Nur so kann man sich die Naivität erklären, mit der Hauptmann die von offiziellen deutschen Stellen ausgegebenen Versionen über Kriegsgrund und Kriegsverlauf für bare Münze nimmt und sich als Lyriker und Publizist vor den Karren der deutschen Kriegspropaganda spannen läßt. Ein Beispiel dafür haben wir oben kennengelernt.

Derselbe Bewußtseinsprozeß, dasselbe Reaktionsschema wiederholt sich bei Hauptmann 1933. Die entscheidenden Motive seiner – von Kerr und vielen nach ihm kritisierten – anpaßlerischen Einfügung in das NS-Regime sind in dem Brief formuliert, den Hauptmann am 17. 3. 1933 an Rudolf Binding richtete. Er begründet darin seine Entscheidung, auch nach dem erzwungenen Austritt Heinrich Manns in der Sektion für Dichtkunst der Preußischen Akademie der Künste zu verbleiben und, wie es in einem ihm zugeschickten Revers hieß, »an den satzungsgemäß der Akademie zufallenden nationalen kulturellen Aufgaben im Sinne der veränderten geschichtlichen Lage« »loyal« mitzuarbeiten[17]:

Daß wir, soweit wir Akademiker sind, gegen die Regierung, der wir unterstehen, nicht frondieren dürfen, ist eine Selbstverständlichkeit. Übrigens habe ich das auch als freier Schriftsteller, niemals irgendeiner Regierung gegenüber getan. Dazu ist mein Wesen viel zu positiv eingestellt. Nicht im Gegenwirken sieht es das Heil, sondern im Mitwirken.

Der folgende Satz ist in Hauptmanns Briefentwurf gestrichen; er enthält den eigentlichen Schlüssel zur Erklärung seines Verhaltens im Jahre 1933 (und danach) wie schon 1914:

Überhaupt: wenn ich die gewaltige Schicksalsstunde, in der wir stehen, mit dem Verstande auch nicht allenthalben zu durchdringen vermag, so bin ich auch hierin Deutscher genug, um mich in einem gewissen Sinne auf Gedeih und Verderb mit meinem Volke zu identifizieren.[18]

Die Identifikation mit einer kollektiven Befindlichkeit, auf deren rationale Analyse von vornherein ausdrücklich verzichtet wird, ist der Kern von Hauptmanns Nationalbewußtsein und das bestimmende Prinzip seines politischen Handelns. Die nationale Einheit erscheint als oberstes Gebot.

Die nationale Repräsentanz, die ihm zu Zeiten der Weimarer Republik zuwuchs[19] – als ungekrönter »König der Republik«, wie Thomas Mann ihn nannte[20], und als potentieller Kandidat für die Reichspräsidentschaft[21] – hat Hauptmann vor allem zur Proklamation des Einheitsgedankens genutzt. In verschiedenen Reden setzte er sich für die Zugehörigkeit Oberschlesiens und Deutsch-Österreichs zu Deutschland sowie grundsätzlich für die Überwindung innerdeutscher Klüfte und Spannungen ein. Besonderes Interesse verdient seine Ansprache *Deutsche Einheit*, gehalten 1921 im schlesischen Hirschberg aus Anlaß der 50. Wiederkehr des Jahrestages der Reichsgründung von 1871. »Wir sollten«, forderte der Redner Hauptmann, »dem Begriffe der Einheit, der deutschen Einheit, die höchsten nationalen Ehren erweisen. Wir sollten sie nicht alle fünfzig Jahre, sondern jährlich feiern.« (!) Unter Bezug auch auf die Misere der Nachkriegszeit und die innen- wie außenpolitische Bedrängnis der jungen Weimarer Republik erneuert er seine Forderung in beschwörendem Tonfall:

Wer das Schicksal Deutschlands, nicht etwa das augenblickliche, sondern seit Jahrhunderten, rückblickend mit bitterem Schmerz ermißt, der weiß, daß uns Deutschen aller Stämme nichts so not tut als die Beherzigung des Vermächtnisses des alten Attinghausen in Schillers *Wilhelm Tell:* Seid einig! (CA VI, S. 716)

Es lohnt sich hier ein Blick auf die Funktion, die Aufführungen von Schillers Tell-Drama beim kulturellen und politischen Selbstfindungsprozeß der jungen Weimarer Republik gespielt haben.

Der bedeutende expressionistische Regisseur Leopold Jeßner inszenierte *Wilhelm Tell* am Preußischen Staatstheater Berlin sowohl 1919 als auch 1923, jeweils mit Fritz Kortner in der Rolle des Landvogts Geßler. Kortner verdanken wir auch den lebendigen Bericht über die tumultartige Aufnahme der ersten Inszenierung, die radikal mit den herkömmlichen Aufführungstraditionen gebrochen und das patriotische Ritual durch eine schroffe Herrschaftskritik ersetzt hatte.[22] Attinghausens berühmter Satz »Ans Vaterland, ans teure, schließ dich an« war ersatzlos gestrichen. Er kehrte wieder, und zwar in denkmalhafter Hervorhebung, in der Inszenierung von 1923, bei deren Premiere das Publikum am Schluß stehend das Deutschlandlied gesungen haben soll.[23] – Hauptmann zitiert *Wilhelm Tell* schon 1921 im Sinne der zweiten Inszenierung Jeßners.

Als weiterer Zeuge des Einheitsgebots dient Hauptmann, naheliegend genug, Bismarck. In einem etwa zeitgleich entstandenen Paralipomenon zur Versdichtung *Der große Traum* wird der Reichsgründer als mythischer Heros vergegenwärtigt und gegen den »Reichsverteiler« Wilhelm II. ausgespielt.[24] In *Deutsche Einheit* zitiert Hauptmann Bismarcks eigene Worte über den Vorrang des »deutschen Nationalgefühls« und der »Gesamtnationalität« vor partikularen Interessen, ja selbst vor jenen preußisch-dynastischen Werten, denen sich der eherne Kanzler im Grunde zutiefst verpflichtet fühlte.[25] »Wie man auch immer zu Bismarck stehen darf«, lautet Hauptmanns Fazit, »hier ist er der Deutsche, wie er sein soll, weiter nichts! Hier wird ihm jeder beipflichten, der dem deutschen Eintrachtsgedanken unbedingt ergeben ist.« (CA VI, S. 718 f.)

Als Inbegriff und Schreckbild deutscher Zwietracht dient Hauptmann wiederholt der Dreißigjährige Krieg. In der zitierten Rede zieht er Moscherosch-Verse aus dem Jahr 1652 heran, die die »Zergliederung im Reiche« beklagen: »O du armes Deutschland du, / wie bist du gerichtet zu!«[26] Im Hexameterepos *Till Eulenspiegel* (1928), das den Autor seit den Jahren des Weltkriegs beschäftigt hat und gleichsam das dichterische Kondensat seiner Auseinandersetzung mit Krieg und Nachkriegswirren darstellt[27], steht das aggressive Konkurrenzläuten der Glocken zweier benachbarter Kirchen in einem kleinen deutschen Städtchen für die historische Glaubensspaltung, ja für ideologisch-politische Entzweiung schlechthin:

Plötzlich hatte der Narr ein Gesicht: Es entfuhren den Glocken
beider Kirchen, vereint mit dem Klange, verzehrende Feuer!
Nicht wie etwa der Schuß aus dem Schlund des Geschützes sich loslöst,
nein, mit Flammen und feurigen Zungen und Pfeilen und Rauchdampf,
bis sich, wie ein Boviste der Luft, beide Kirchen verbindend,
eine hangende Wolke gebildet, giftschwarz und von Blitzen
tödlich spielend. Siehe da! jählings platzet der Bauch des Bovists auf:
scheußlich wühlt sich ein Dämon heraus, der im Fliegen die Fackel
schwingt und ruft: »Betet an! fallet nieder! die Mißgeburt bin ich,
aus der wütenden Unzucht des ewigen Hasses geworfen!«
Damit schleudert er weit durch die Luft seine Fackel! Till sieht es.
Und schon fegt es mit glühendem Hauche dahin über Deutschland,
seine Städte und Höfe und Auen zu Asche verödend. (CA IV, S. 674)

Im 12. Abenteuer wird dasselbe Motiv aufgenommen, und zwar in
signifikantem Kontext: als Episode auf dem Zug nach Wittenberg,
wo jenes Weltkonzil stattfinden soll, das im Bedeutungsgefüge
dieses Epos als Sinnbild für fanatisch-dogmatische Ideologiebil-
dung und dadurch bedingte Konflikte überhaupt dient. Anlaß gibt
ein Faktum des damaligen Schulsystems: die konfessionelle Trennung von Schülern in bestimmten Schulen.

Bald berührte das Wägelchen dann ein altfränkisches Städtchen
und geriet in ein Knäuel haßkreischend sich prügelnder Kinder.
Nein, es freuet mich nicht, dachte Till, daß ihr derart euch austobt!
Zwei nichtswürdige Türen hat, dem ihr entströmt, euer Schulhaus,
und man hält euch darin gleichwie Böcke und Schafe geschieden.
Und so stempeln euch schon in der Schule die Kirchen zu Feinden,
reißen durch in zwei Lager den Nachwuchs des einigen Deutschland.
Jedes Lager erkläret das andre für das der Verdammten,
und so spielet die schuldlose Jugend bereits auf dem Schulplatz
Dreißigjährigen Krieg, diesen gräßlichsten, der je gewütet.
Schnell hinaus! denn schon wieder ertönen zur Rechten, zur Linken
jene Glocken, die furchtbaren zwei, die sich ewig bekämpfen,
deren Nachklang Till nachts, ach, wie oft und wie rauh, aus dem Schlaf
reißt. (CA IV, S. 804 f.)

Es hieße diese Passagen mißverstehen, wollte man sie direkt und
ausschließlich auf das Verhältnis der evangelischen zur katholischen Kirche und vice versa beziehen. So ausgeprägt Hauptmanns
Interesse für die Welt der Bibel, die Geschichte der Kirche und alle
Formen des Religiösen war, so distanziert stand er doch dem aktuellen Zustand des organisierten Christentums gegenüber. Es geht
vielmehr um die Glaubensspaltung als Grund und Symbol diverser

Spaltungen innerhalb der deutschen Nation.

Ungleich den Helden Homers, auf deren Vorbild die Wahl des Hexameters ja deutlich verweist, geht Till Eulenspiegel bei Hauptmann nicht als Sieger aus dem Kampf mit den Unbilden der epischen Welt hervor. Er ist ein melancholischer Narr, der die Politik und ihre blutige Spur (Weltkrieg, Bürgerkriegs-Terror) als grausamen Irrweg durchschaut, ohne doch eine andere Handlungsalternative akzeptieren zu können als die von ihm selbst praktizierte Weltflucht: den Rückzug in die Sphäre des griechischen Mythos und den heiter vollzogenen Selbstmord. Insofern dokumentiert die Versdichtung schon die tiefe Enttäuschung Hauptmanns über die Entwicklung der Weimarer Republik; die Hoffnung auf eine Durchsetzbarkeit »deutscher Einheit« im Inneren hat dieser Autor längst aufgegeben.

Seine erste große einschlägige Enttäuschung erlebte Hauptmann 1896 in Form einer literarischen Niederlage: »Das deutsche Nationalgefühl gleicht einer zersprungenen Glocke: ich schlug mit dem Hammer daran, aber es tönte nicht.« So der Eintrag im Handexemplar des *Florian Geyer*.[28] Anderthalb Jahre nach dem Mißerfolg der Uraufführung verteidigt Hauptmann die »Tragödie des Bauernkrieges« (wie der spätere Untertitel lautet) als sein bestes oder jedenfalls »ein durchaus wertvolles Werk«: »Der Schmerz [über seine Ablehnung] steigert sich, wenn ich bedenke, daß sein Deutschtum, all sein Heimisches und Neues, keinen Widerhall wecken konnte, daß wirklich in Deutschland der Florian Geyer, d[as] h[eißt] der ritterliche, alte Huttengeist mit seiner goldenen schlichten Vaterlandstreue und -liebe tot ist.«[29] Was hier als »Huttengeist« und »Vaterlandsliebe« bezeichnet wird, läßt sich historisch genauer fassen: es ist die patriotische Begeisterung des Vormärz-Liberalismus, in der die Hoffnung auf nationale Einigung engstens mit der Hoffnung auf bürgerliche Freiheit und demokratische Rechte verbunden war.[30] Nur aus dieser Perspektive, die freilich zur Zeit der Entstehung des *Florian Geyer* längst Geschichte war, läßt sich die Konzeption dieses Bauernkriegsdramas begreifen, in dem ja übrigens kaum Bauern auftreten (und wenn, dann als verlumpte Gefangene). Die auf gründlichsten Quellenstudien[31] basierende Rekonstruktion der historischen Zustände und die umständliche Explikation der politischen Auseinandersetzungen von 1525 (auf 302 Druckseiten der Erstausgabe!) dient letztlich nur der Entfaltung einer Utopie, in der sich konkrete Errungenschaften des Einigungsprozesses im 19. Jahrhundert (vom Zollverein bis zum Bismarckreich) mit jenem heroischen Freiheitspathos verbinden, das zumal der junge Hauptmann in Ulrich von Hutten verehrte.

Zu Huttens Grab auf einer Insel im Zürcher See war Hauptmann während seines Zürich-Aufenthalts 1887 wie zu einem Wallfahrtsort gepilgert.[32] In Abwandlung eines Hutten-Zitats wollte Hauptmann *Florian Geyer* ursprünglich »allen freien Deutschen« widmen.[33] Hutten-Zitate sind dem Helden selbst in den Mund gelegt in folgender Passage, die den entscheidenden Wendepunkt der Handlung markiert: angesichts der nicht mehr abzuwendenden Niederlage der Bauernpartei läßt sich Geyer von seiner Geliebten die Rüstung wiederanlegen, die er zwei Akte zuvor demonstrativ abgelegt hatte. Seine Klage über die deutsche Zwietracht erhält von daher den Charakter eines politischen Vermächtnisses:

Schnall fester, Marei, ich muß das Eisen fühlen. – Deutschland ist ein gut Land, ist aller Länder Krone, hat Gold, Silber, Brot und Wein genung, zu erhalten dies Leben reichlich. Aber es ist der Zwietracht kein End. Die Pfaffen binden es, die Fürsten zerstückeln es. Aber Pfaffen, Fürsten und Fugger und Welser zehren von seinem Mark. Ich hab gedacht, ich wollt Wandel schaffen. Wer bin ich, daß ich's gewagt? Sei's drum: »Von Wahrheit ich will nimmer lan«... Den Helm, Marei! – »Das soll mir bitten ab kein Mann, auch schafft zu schrecken mich kein Wehr, kein Bann, kein Acht«... Die Armschienen fest, ich will mich damit begraben lassen... »Obwohl mein treue Mutter weint, daß ich die Sach hab fangen an, Gott woll sie trösten... *Das Schwert gürtend.* Es muß gahn.« – So, itzt bin ich gefaßt.[34]

»Der deutschen Zwietracht mitten ins Herz!« (CA I, S. 629) In den Ausgaben des Dramas vor 1942 sagte diesen Satz der zwielichtige Sartorius; auf der Bühne gehörte er schon früh – wie seit der *Ausgabe letzter Hand* auch in den Textausgaben – Florian Geyer selbst an, der mit diesen Worten sein Messer in den Kreidekreis auf der Tür stößt, seiner Entschlossenheit zum Kampf für die Bauern und dem Bündnis mit ihren Führern symbolischen Ausdruck verleihend. Am späteren Bühnenerfolg des Dramas, vor allem in den zwanziger und dreißiger Jahren[35], hatte der theatralische Effekt – just am Schlusse des 1. Aktes – sicher keinen geringen Anteil. In dramaturgischer Hinsicht stellt die Szene, in der die Bauernführer nacheinander – jeder mit einem eigenen Spruch – den symbolischen Messerstich vollziehen, eine genaue Entsprechung zum Rütlischwur in Schillers *Wilhelm Tell* dar. Hier wie dort wird ein Abstimmungsritual dramaturgisch aufgewertet zur Inszenierung von Gemeinschaftlichkeit und Repräsentanz. Die so erzeugte Versammlungs-Struktur teilt Schillers Dramatik mit einem Genre, mit dem sie sich wirkungsgeschichtlich ohnehin vielfach berührte – jedenfalls wenn man an die Funktionalisierung von *Tell*-Aufführungen im 19. Jahrhundert denkt: mit dem patriotischen Festspiel.[36]

Hauptmann war sich der Nähe seines *Florian Geyer* zur Festspiel-Tradition durchaus bewußt. Noch vor der Berliner Uraufführung hat er Pläne für ein »Geyer-Festspielhaus und Spiel« in seinem damaligen schlesischen Wohnsitz Schreiberhau erörtert.[37] Seine Enttäuschung über den Ausgang der Premiere war vielleicht auch deshalb so groß, weil er den Erfolg der landläufigen Festspiele vor Augen hatte, die sich im Kaiserreich – als dramatisches Komplement der Sedanfeiern – größter Beliebtheit erfreuten. Um so mehr mochte es ihn gereizt haben, späterhin den Auftrag für ein veritables Festspiel anzunehmen, zumal der Anlaß – die Breslauer Jahrhundertausstellung zum Gedenken der Befreiungskriege (1913) – genügend Distanz von der gegenwärtigen preußisch-wilhelminischen Säbelrasselei bot oder jedenfalls zu bieten schien. Dennoch ist Hauptmanns erster Schreibimpuls direkt auf aktuelle Zustände bezogen; er will das Festspiel durch »Gestalten unserer Gegenwart« bewegen und notiert verschiedene »Gegensätze«, die dabei vorgeführt werden sollen, darunter die Konstellationen »Bauer und Junker« und »Arbeiter [und] Fabrikant«.[38] Erst im Zuge der weiteren Einarbeitung und der Suche nach einer theatralischen Form, die den Anforderungen einer Massen- und Großrauminszenierung und nicht zuletzt dem Stil des Regisseurs Reinhardt entsprechen könnte, verlagert sich der Schwerpunkt auf die historische Zeit. Und zwar so sehr, daß Hauptmann einen Tag nach Absendung des Manuskripts feststellt: »Der Process der von 13-48 von 48 bis 70,71 lief, muss mit einer Zeile gefasst werden.«[39] Zu einer solchen Ergänzung kam es jedoch nicht mehr.

Von dem historischen Drama ist das *Festspiel in deutschen Reimen* bei alledem weit entfernt. Nicht nur durch den Puppentheater-Rahmen und die ihm entsprechende volkstümliche Knittelversform, die »deutschen Reime«, sondern vor allem durch das weitgehende Fehlen einer dramatischen Handlung; wir haben es mit einer Revue zu tun, in der die Präsentation einzelner Figuren mit opulenten Ensembleszenen wechselt. Die Wahl und Gestaltung dieser Massenszenen ist überaus aufschlußreich für Hauptmanns Auffassung der nationalen Thematik. Zwei turbulente Revolutionsszenen, von Reinhardt mit großer Dynamik in Szene gesetzt, zeigten das Negativbild einer revolutionär-terroristisch entarteten Masse. Die großangelegte Schlußszene brachte das positive Gegenbild einer gläubig emporstrebenden Gemeinschaft. Hier freilich sind deutliche Unterschiede zwischen Textfassung und Inszenierung erkennbar. Hauptmann hatte, wie ein Zeitgenosse richtig bemerkt, eine Art »Kriegervereins-Festzug« mit Porträtköpfen und Emblemen vorgesehen; Reinhardt dagegen verzichtete auf Namenstafeln und sonstige Formen der Individualisierung und inszenierte – mit rund 2000 Statisten – »eine stille, feierliche Wallfahrt der Volksmenge über die Stufen der Riesenbühne empor zu den Pforten der Kirche«.[40] Der Eindruck muß überwältigend gewesen sein: »Von hellem Sonnenlicht umflutet, zweitausend Männer, Frauen, Mädchen, Jünglinge, in breiter Masse selig die hohen Stufen hinaufwandelnd, Birkenzweige in den Händen, Glück in den Augen, Gesang auf den Lippen, und umwogt von einem schwarz-rotgoldenen Fahnenwald... Unbeschreiblich.«[41] Deutsche Einheit – hier ward sie Ereignis, auf dem Theater.

Schwarz-Rot-Gold waren nicht die Farben des Kaiserreichs. Reinhardt greift hier (sicher mit Zustimmung Hauptmanns) auf die liberal-patriotische Tradition der Burschenschaftsbewegung und des Vormärz zurück. Ungeachtet solcher Distanz zum wilhelminischen Staat ist die Konzeption des Festspiels zutiefst nationalistisch; das erweist sich vor allem im Kontrast zwischen dem Pariser Revolutionspöbel und dem Wallfahrtszug zum Dom, der laut Hauptmanns Text zwar unter Teilnahme von großen Männern (!) aller Zeitalter und Völker, aber eben unter der Leitung von Athene Deutschland stattfinden soll. Der Versuch zur Umfunktionalisierung jener Germania, die in den borussophilen Festspielen der Kaiserzeit ihr militaristisches Unwesen trieb, verdient Anerkennung, doch seine Reichweite ist begrenzt. Wir erkennen in Athene Deutschland die genuine Allegorie jenes Kultur-Nationalismus, der Hauptmanns Denken vor 1914 bestimmte. Und wir kennen die Entwicklungsmöglichkeiten dieses Kultur-Nationalismus unter der Voraussetzung des Einheits-Primats.

1 Das gilt schon für die Frage von Hauptmanns Verantwortung für die Überschrift *(Ich sage »Ja«)* des Zeitungsartikels zum Austritt Deutschlands aus dem Völkerbund, der den unmittelbaren Anlaß für Kerrs Abrechnung gab. Vgl. Gerhart Hauptmann, *Sämtliche Werke*. Centenar-Ausgabe zum hundertsten Geburtstag des Dichters, hg. v. Hans-Egon Hass u. a., Bd. 1-11, Frankfurt/Main, Berlin (und Wien) 1962-1974 (im folgenden abgekürzt: CA), Bd. 11, S. 1133 f. Auch das Hissen der Hakenkreuzflagge auf Hiddensee, das seinerzeit durch die Zeitungen ging und bis in letzte Zeit immer wieder erwähnt wird, ist als Faktum nicht unbestritten; vgl. Gustav Erdmann in: Jahrbuch des Märkischen Museums 4 (1978), S. 118. Zum Gesamtkomplex auch: Walter Requardt, *Gerhart Hauptmann und der Nationalsozialismus – die Nationalsozialisten und Gerhart Hauptmann*, in: Lothar Bossle u. a. (Hg.), *Nationalsozialismus und Widerstand in Schlesien*, Sigmaringen 1989 (Schlesische Forschungen 3), S. 41-71.

2 Alfred Kerr, *Gerhart Hauptmanns Schande*, in: Prager Mittag vom 30. 10. 1933. Wieder in: A. K., *Die Diktatur des Hausknechts*, Brüssel 1934, S. 22-28, hier: S. 28.

3 Vgl. Philip Mellen, *Gerhart Hauptmann und Alfred Kerr: Kontroverse ohne Ende?*, in: Krzysztof A. Kuczyński und Peter Sprengel (Hg.), *Gerhart Hauptmann – Autor des 20. Jahrhunderts*, Würzburg 1991, S. 33-57.

4 Vgl. Karl S. Guthke, *Der »König der Weimarer Republik«. Gerhart Hauptmanns Rolle in der Öffentlichkeit zwischen Kaiserreich und Nazi-Regime*, in: Schweizer Monatshefte 61 (1981), S. 787-806. Wieder in: K. S. G., *Erkundungen. Essays zur Literatur von Milton bis Traven*, New York, Frankfurt/Main und Bern 1983 (Germanic Studies in America 45), S. 313-335.

5 Vgl. Gerhart Hauptmann, *Diarium 1917-1933*, hg. v. Martin Machatzke, Frankfurt/Main, Berlin und Wien 1980, S. 260-262.

6 Hans v. Brescius, *Gerhart Hauptmann. Zeitgeschehen und Bewußtsein in unbekannten Selbstzeugnissen. Eine politisch-biographische Studie*, Bonn 1976 (Abhandlungen zur Kunst-, Musik- und Literaturwissenschaft 197).

7 CA XI, S. 660 (2. Strophe des *Reiterlieds*, zuerst veröffentlicht in der Zeitung ›Der Bote aus dem Riesengebirge‹ am 12. 8. 1914).

8 Wolfgang Leppmann, *Am Ende blieb die Trauer: Dichtung und Politik in Deutschland am Beispiel Gerhart Hauptmanns*, in: Helmut Koopmann und Clark Muenzer (Hg.), *Wegbereiter der Moderne*. Festschrift für Klaus Jonas, Tübingen 1990, S. 27-46, hier: S. 28.

9 Staatsbibliothek zu Berlin – Preußischer Kulturbesitz, Handschriftenabteilung, Manuskriptnachlaß Gerhart Hauptmanns (GH) Hs 11b,

148. Ich danke der Staatsbibliothek für die Genehmigung zur Auswertung. Der Verf. bereitet eine Edition des Tagebuchs vor.

10 Für Harry Graf Keßler 1943. Vgl. *Gerhart Hauptmann. Leben und Werk*. Eine Gedächtnisausstellung des Deutschen Literaturarchivs zum 100. Geburtstag des Dichters im Schiller-Nationalmuseum Marbach a. N., Katalog v. Bernhard Zeller, Stuttgart 1962 (Sonderausstellungen des Schiller-Nationalmuseums 10), S. 166.

11 Vgl. auch den Tagebucheintrag vom 13.6. 1899, nach der Ankunft in Rothenburg ob der Tauber: »Der deutscheste Abend meines Lebens« (Gerhart Hauptmann, *Tagebücher 1897 bis 1905*, hg. v. Martin Machatzke, Frankfurt/Main und Berlin 1987, S. 279).

12 Vgl. Peter Sprengel, *Die Wirklichkeit der Mythen. Untersuchungen zum Werk Gerhart Hauptmanns aufgrund des handschriftlichen Nachlasses*, Berlin 1982 (Veröffentlichungen der Gerhart-Hauptmann-Gesellschaft 2), S. 147-150 mit Tafel 5.

13 Gerhart Hauptmann, *Italienische Reise 1897. Tagebuchaufzeichnungen*, hg. v. Martin Machatzke, Frankfurt/M., Berlin u. Wien 1976, S. 30.

14 Ebd., S. 105.

15 Zit. Peter Sprengel, *»Vor Sonnenuntergang« – ein Goethe-Drama? Zur Goethe-Rezeption Gerhart Hauptmanns*, in: Goethe-Jahrbuch 103 (1986), S. 31–53, hier: S. 41. Das Gedicht ist nicht in der Centenarausgabe enthalten.

16 Vgl. Leppmann, a.a.O., S. 29.

17 Der Text des Revers war von Gottfried Benn entworfen und auf der Sektionssitzung vom 13.3. 1933 gebilligt worden; zit. nach Brescius, a.a.O., S. 225.

18 Zit. ebd., S. 226.

19 Vgl. Peter de Mendelssohn, *Gerhart Hauptmann und Thomas Mann*, in: P. d. M., *Von deutscher Repräsentanz*, München 1972, S. 170-238.

20 In seiner Rede *Von deutscher Republik* (1922); vgl. Thomas Mann, *Politische Reden und Schriften*, Bd. 2, Frankfurt/Main 1968 (*Das essayistische Werk*. Taschenbuchausabe in acht Bänden, hg. v. Hans Bürgin, Bd. [5], S. 100).

21 Vgl. Brescius, a.a.O., S. 130-133, und Hauptmanns Dementi CA XI, S. 964.

22 Fritz Kortner, *Aller Tage Abend*, München 1959, S. 352-359.

23 Vgl. ebd., S. 361 f.

24 Vgl. CA IV, S. 1107-1112.

25 Vgl. Otto v. Bismarck, *Gedanken und Erinnerungen*. Volksausgabe, 2 Bde. Stuttgart und Berlin 1905, Bd. 1, S. 322.

26 CA VI, S. 718. Hauptmanns Quelle war nicht zu ermitteln.

27 Vgl. Peter Sprengel, *Gerhart Hauptmann. Epoche – Werk – Wirkung*, München 1984 (Arbeitsbücher zur Literaturgeschichte), S. 237f. und 241f.

28 Staatsbibliothek zu Berlin – Preußischer Kulturbesitz, Handschriftenabteilung, Hs 129.

29 *Tagebücher 1897-1905*, S. 12. Die Worte »mein bestes Werk« sind
durchgestrichen und durch die oben zitierte Formulierung ersetzt.

30 Dem Geist des Vormärz ist auch die historische Darstellung verpflichtet, der Hauptmann die entscheidende Anregung für die verklärende
Auffassung Florian Geyers verdankte: Wilhelm Zimmermanns *Großer
deutscher Bauernkrieg* (1841-43). Hauptmann benutzte die von Wilhelm Blos herausgegebene (gekürzte und illustrierte) Ausgabe des
Stuttgarter Dietz-Verlags (1891).

31 Vgl. Sprengel, *Gerhart Hauptmann*, S. 102f.

32 Vgl. die Darstellung in *Das Abenteuer meiner Jugend* (CA VII, S.
1068f.). In einer früheren Fassung der Autobiographie kommt die
Demokratiebegeisterung des Schweiz-Aufenthalts noch deutlicher
zum Ausdruck; zit. in: Walter Requardt und Martin Machatzke,
Gerhart Hauptmann und Erkner. Studien zum Berliner Frühwerk,
Berlin 1980 (Veröffentlichungen der Gerhart-Hauptmann-Gesellschaft 1), S. 49f.

33 Felix A. Voigt, *Die Entstehung von Gerhart Hauptmanns »Florian
Geyer«*, in: ZfdPh 69 (1944/45), S.149-213, hier: S. 157.

34 CA I, S. 679f. Der Text in Anführungszeichen ist Zitat aus der gereim-
ten Vorrede zu Huttens *Gesprächsbüchlin* für Franz v. Sickingen
(1521). Vgl. Ulrich v. Hutten, *Die deutschen Dichtungen*, hg. v. G.
Balke, Stuttgart [1891] (Deutsche National-Litteratur 17/2), S. 285f.
Außerdem nimmt die Wendung »daß ich's gewagt« Huttens bekannten
Leitspruch auf; vgl. CA VII, S. 1068: »Wir hörten das nie mehr ver-
stummende Echo seines Wortes ›Ich hab's gewagt‹ über Wasser und
Erde.«

35 Vgl. Albert Scholz, *Zur Bühnengeschichte von Hauptmanns »Tragödie
des Bauernkrieges«*, in: Monatshefte für deutschen Unterricht 35
(1943), S. 16-22.

36 Vgl. Peter Sprengel, *Die inszenierte Nation. Deutsche Festspiele
1813-1913. Mit ausgewählten Texten*, Tübingen 1991 (zu Schiller S.
33-39).

37 Vgl. ebd., S. 72 mit Anm. 7.

38 Zit. ebd., S. 73. Zu Hauptmanns Festspiel insgesamt vgl. ebd., S. 69-104
und 159-179.

39 Zit. ebd., S. 81.

40 Erich Freund, *Das breslauer Theaterjahr*, in: Die Schaubühne 9/1
(1913), S. 645-647, hier: S. 647.

41 Hermann Kienzl in: Neue Zürcher Zeitung, Nr. 154 vom 5. 6. 1913, 1.
Morgenblatt.

Harro Segeberg
Revolutionärer Nationalismus
*Ernst Jünger während der Weimarer Republik**

1. Jünger als »politischer« Schriftsteller?

Der mit der *Geschichte des Nationalismus* wie auch der *Entwick-lung Ernst Jüngers* während der Weimarer Republik vertraute Leser wird sich vielleicht wundern, einen Autor mit der Geschichte eines politischen Denk-Typs verbunden zu sehen, dessen Ausbildung allenfalls auf eine eher äußerliche Weise mit der Karriere eines Schriftstellers verknüpft scheint, der heute mit weltliterarischen Referenzen bedacht wird. Die Geschichte des »politischen Schriftstellers« Ernst Jünger[1] hatte – pointiert gesagt – ihre Konjunktur zu Zeiten, in denen – so jedenfalls die retro-spektive Forschungskritik – ideologiehaltige Zensurierungen die ästhetische Eigendynamik in der Entwicklung dieses literarischen Autors verzeichnen mußten. Seit Karl Heinz Bohrers wirkungs-reicher Studie zum Anteil Jüngers an der Ausbildung einer epo-chalen *Ästhetik des Schreckens* gilt es jedenfalls als unbestritten, daß nicht der politischen Tagespublizistik des National-Revolu-tionärs Jünger, sondern der ästhetischen Wahrnehmungsradikali-tät seines *Abenteuerlichen Herzens* – in der *Ersten Fassung* von 1929 – eine Schlüsselfunktion zukomme.[2] Ja, man kann sagen, daß diese Aufspaltung des Autors in einen *»politischen« Publizi-sten* und in einen *»ästhetischen« Schriftsteller* die Integration Jün-gers in eine primär an der *Selbstbewegung des literarischen Mate-rials* interessierte Rehabilitierung recht eigentlich bewirkt hat.[3] Da nimmt es nicht wunder, in einer unlängst erschienenen groß-angelegten Jünger-Monographie über die Publizistik des Autors den Satz zu lesen, es falle einfach »schwer, diesen journalistischen Versuchen eine einheitliche gedankliche Absicht abzugewin-nen«.[4] Hinweise auf die Affinitäten Jüngers zur national-revolu-tionären Spielart der Konservativen Revolution der zwanziger Jahre könnten da leicht in den Geruch eines ideologischen Nach-hutgefechts geraten.

Doch auch mit der Charakterisierung der damit in den Blick gerückten Spielarten eines deutschen Rechts-Nationalismus werden die Probleme nicht gerade vereinfacht. Denn die neuere Nationalismusforschung hat ja zu Recht – gegenüber älteren konservativen Forschungsrichtungen – die Modernität eines auf politische Partizipation und Selbstbestimmung bedachten liberal-demokratischen Nationalismus herausgearbeitet. Zumal in Deutschland ließ sich gegenüber diesem an der Gleichberechtigung aller Nationen orientierten partizipatorischen Nationalismus der Linken schon für die zweite Hälfte des 19. Jahrhunderts besonders deutlich ein die eigene Nation absolut setzender »chauvinistischer« Nationalismus der Rechten mit zumeist restaurativen Tendenzen abgrenzen.[5] Vor allem die im frühen 20. Jahrhundert hinzutretende zivilisationskritische Blut- und Boden-Ideologie hat die Forschung vom vorherrschenden Bild eines ›reaktionären‹ Nationalismus mit eindeutig anti-modernen Tendenzen überzeugt. Die Gemenge-Lage einer »reaktionären Modernität«[6] geriet demgegenüber noch kaum ins Blickfeld der Nationalismus-Forschung. Die Modernität einer »Konservativen Revolution«[7] scheint so gesehen bisher allenfalls einen weiteren »deutschen Sonderweg« zu kennzeichnen.[8]

Der hiermit vorgelegte knappe Essay, der auf ausführlichere Darlegungen zur Entwicklung Jüngers während der Weimarer Republik zurückgreift[9], möchte anhand der politischen Schriften Ernst Jüngers einerseits den Modernitätsanspruch rechts-nationalistischer Ideen während der Weimarer Republik kritisch prüfen und anderseits auf Zusammenhänge zwischen dem politischen und literarischen Jünger hinweisen, dessen wahrnehmungsästhetische Radikalisierung mit der Dynamisierung seiner politischen Entwicklung – bei genauerem Hinsehen – sehr viel dichter als vielfach angenommen verknüpft ist. Denn Ernst Jüngers politische Artikel sind – da vielfältig geprägt durch Autoren der sogenannten Konservativen Revolution wie Carl Schmitt, Oswald Spengler oder Ernst Niekisch – nicht als beiläufige tagespolitische Publizistik, sondern als ein schon zu ihren Zeiten prominentes Beispiel eines revolutionären Nationalismus zu betrachten, der sich als »Neuer Nationalismus« von allen traditionalen Spielarten – nach vorübergehenden Anlehnungsversuchen – entschieden abgrenzt. Daß diese nicht ohne ästhetische Ambitionen auftretende politische Strömung immer eine recht exklusive Minderheitenbewegung blieb, kann schon deshalb nicht gegen sie sprechen, weil sie ihren Eliten-Anspruch zur programmatischen Basis ihrer Anschauungen machte. Es wäre eher nach den Motiven für eine – keineswegs nur die äußerste Rechte faszinierende – Auffassung zu suchen, die so weit ging, im parlamentarischen Mehrheitserfolg keine Bestätigung, sondern eine Schwächung ihrer eigenen politischen Konsistenz zu sehen.

2. Traditionaler und revolutionärer Nationalismus

Jünger beginnt seine Karriere als politischer Publizist – nach einem frühen Flirt mit der nationalsozialistischen Revolution des Jahres 1923[10] – im Jahre 1925 in der Zeitschrift ›Die Standarte‹, die für ein knappes halbes Jahr als »Führerbeilage« zum ›Stahlhelm‹, der in einer Auflage von ca. 150000 Exemplaren gedruckten Wochenschrift des gleichnamigen konservativ-nationalen »Bundes der Frontsoldaten«, erscheinen konnte.[11] In diesen Leitartikeln äußert sich der bei den Mitgliedern des Frontkämpferbundes mit Sicherheit sehr populäre Weltkriegsleutnant und Pour-le-Mérite-Ordensträger Jünger zur Programmatik und zur Strategie eines revolutionären Nationalismus. Während er in der ersten Argumentationsrichtung zunächst sehr deutlich den Anschluß an traditionale Vorstellungen sucht, radikalisiert er seine Vorstellungen zum revolutionären Führungsanspruch national-revolutionärer Kampfeliten so sehr, daß es darüber zum Bruch mit der ›Stahlhelm‹-Führung kommen mußte. Die Zeitschrift ›Standarte‹ war daher gezwungen, seit April 1926 separat zu erscheinen und sich als »Wochenschrift des neuen Nationalismus« – wie später der ›Arminius‹, der ›Vormarsch‹ oder das ›Deutsche Volkstum‹[12] – ausschließlich auf die radikale Exklusivität der eigenen Bezugsgruppe zu stützen. Einzig Jünger gelang es nach 1930, mit den noch heute viel zitierten Schriften *Die totale Mobilmachung* (1930) und *Der Arbeiter* (1932) einen spektakulären Publikumserfolg zu erzielen, der weit über das »nationalistische« Lager im engeren Sinne hinausreichte.

Jünger beginnt also zunächst einmal mit Artikeln, in denen er (unter so bezeichnenden Titeln wie »Die Tradition« oder »Der Frontsoldat und die Wilhelminische Zeit«) die bereits für den deutschen Nationalismus des 19. Jahrhunderts »klassische« Idee der Verstaatlichung eines vorstaatlich gegebenen Sprach- und Kulturnationalismus – ziemlich unbekümmert um die damit verknüpften Probleme – zeitgemäß fortschreibt. Denn, so Jünger, Prämisse nationalistischer Politik sei die »durch Geburt« »schicksalhaft« verankerte »organische« nationale »Blut«-, Sprach- und Kultur-Einheit (Std 8. 11. 1925); als Ziel folge daraus der »staatliche Zusammenschluß aller Deutschen innerhalb Europas« in einem »großen und mächtigen Reich« mit Armee, Flotte, Kolonien, und das heißt: mit Weltgeltung (Std 20. 9. 1925). Die Forderung nach einem solchen »nationalen Imperialismus« (ebd.) versteht sich aber keineswegs als chauvinistische Absage an einen »Kosmopolitismus«, der – wie bei Goethe – »hinter der Mannigfaltigkeit der nationalen Erscheinungen die eine große (Kultur-) Bewegung schaute« (Std 22. 11. 1925). Nur, da die Bewegungsdynamik des 20. Jahrhunderts technisch-industriell determiniert sei, entscheide nicht mehr ein Shakespeare-Drama oder ein Voltaire darüber, ob »Völker steigen und sinken« (Std 22. 11. 1925). Mit Jünger müßte man vielmehr sagen, daß die Ursprungsidee des modernen Kulturnationalismus: die kosmopolitisch geprägte Vorstellung vom Wettstreit der Kulturnationen, einzig als »Wettbewerb« »nationaler Imperialismen« in einen zukunftsweisenden Wirtschafts- und Technik-Nationalismus mit »Weltmacht«-Ansprüchen (Std 20. 9. 1925, 22. 11. 1925) transformiert werden könnte. In ihm ersetzt die Eroberung des »Weltmarkts« den Weltkrieg (20. 9. 1925).

»Nationalismus« als »Glaube an die Lebenskraft der Nation« (Std 1, H. 1, 1926, S. 3) muß sich also die Dynamik einer technisch-industriellen Moderne aneignen. Im während des 19. Jahrhunderts entstandenen Konflikt zwischen den Ideologen der Großstadt und denen des Landes könne sich ein moderner Nationalismus daher nur – so Jünger mit ständig zunehmender Schärfe – für die »Kräfte der Großstadt, [...] die Maschine, die Masse« aussprechen (DVo 8, Nr. 8, 1926, S. 579). Am »Amerikanismus« (ebd.) seiner Zeit kritisiert Jünger demzufolge keineswegs den Kult der Maschine, sondern das Gesetz der Zahl als eines rein formal gehandhabten liberal-demokratischen Entscheidungsprinzips, dessen Anwendung die innere Konsistenz eines in sich homogenen nationalistischen Gesamtwillens zerstören müsse (ebd., S. 579). Der Gewalten teilende und nicht zusammenfassende demokratische Repräsentativstaat fördere nicht, sondern behindere die »totale Mobilmachung« aller materiellen und ideellen Ressourcen eines »nationalen Imperialismus« (vgl. die Schrift *Die totale Mobilmachung* von 1930).[13]

Auch in Amerika sei daher nicht das Parlament, sondern die »Zusammenarbeit zwischen dem amerikanischen Generalstab mit der Industrie« der Motor des technisch-industriellen Fortschritts (ToM, S. 7). Die Idee des bürgerlichen Liberalismus überlebe – wie etwa der Erste Weltkrieg gezeigt habe – allein als zeitgemäß instrumentierte Propaganda-Ideologie zur Schwächung konkurrierender Großstaaten. Jüngers »Neuer Nationalismus« verzichtet daher programmatisch auf alle »weichen parlamentarischen Organe« (DVo 8, Nr. 8, 1926, S. 580) und verficht statt dessen die Bewahrung »der Reinheit und Schärfe der Bewegung« ohne eine von außen gesetzte ideologische Beeinflussung oder institutionelle Eingrenzung (Std 1, H. 10, 1926, S. 225).

Jüngers Nationalismus ist folglich ebenso »integral«[14] wie antiliberal deshalb, weil er einzig von der Idee einer möglichst reibungslosen Synthese aus Nationalismus und technisch-industrieller Expansion fasziniert ist. Mit der Ideologie einer in Verbänden und Parteien organisierten konservativ-traditionalen Sammlungsbewegung war ein solcher nationalistischer Modernismus nicht verträglich. Denn für Jünger verbietet der die Dynamik der Moderne charakterisierende »flüchtiger und flüchtiger werdende Gehalt aller Bindungen« (ToM, S. 5) die Wiederherstellung traditionaler Ordnungen wie auch die liberal-demokratische Zerteilung eines nationalistischen Gesamtwillens. Jünger wird damit in der politisch-literarischen Öffentlichkeit der Weimarer Republik zum prominenten Kritiker jedweder veräußerlichten institutionellen Ordnung. Als das linksliberale ›Tagebuch‹ 1929 Ernst Jünger aufforderte, für seine Leserschaft die Unterschiede zwischen einem konservativ-traditionalen und einem revolutionären »Neuen Nationalismus« darzulegen, wird der Autor im redaktionellen Vorspruch als »der unbestrittene geistige Führer jenes ›jungen Nationalismus‹« vorgestellt.[15]

3. Nationalistischer Fundamentalismus und Nationalsozialismus

In der Entfaltung eines äußerst aggressiven *Anti-Institutionalismus* wird Jünger in den Jahren 1926 bis etwa 1930 immer mehr zum Fürsprecher eines rechts-radikalen nationalistischen Fundamentalismus, der sich sowohl vom Liberalismus westlicher Prä-

gung wie auch vom traditionalen Konservatismus deutsch-nationaler Provenienz entschieden abgrenzt. So vertritt Jünger etwa
gegenüber einer von oben nach unten verfügten Sammlungsbewegung (nach Art der späteren ›Harzburger Front‹ von 1931) schon
sehr früh das Prinzip einer Revolution in Permanenz, deren Dynamismus sich aus dem steten Wechsel von formeller und informeller
Organisation herleiten sollte. Organisiert werden könne eine solche Revolution daher nur in Form einer wie von selber entstehen-
den natürlich-autoritären Ordnung, deren Führer das Prinzip
»einer obersten Befehlsgewalt« und der ihr unterstellten »diszipli-
nierten Gefolgschaften« (Arm 7, Nr. 41, 1926, S. 8) im Augenblick
des Kampfes sofort wieder zur Disposition stellen müßten. Denn:
in einer »Aktion, [...] die zu hundert Prozent Bewegung bleiben«
soll, wäre jeder »Körper, der zu fassen ist«, eine Schwächung (ebd.,
S. 10). »Zentrale Leitung« entstehe allein aus dem Zusammenwirken jeweils in sich gefestigter autonomer Kampfeliten (Std 14. 3.
1926). »Noch aber ist alles im Fluß, und das Flüssige hat keine Zentren« (ebd.).

In Übereinstimmung mit diesem Konzept einer unbegrenzten
und permanenten »nationalistischen« Revolution präsentiert Jünger sich selber und seine politischen Freunde als die legitimen
Erben aller genuinen revolutionären Bewegungen von der Französischen Revolution bis zur bolschewistischen Erhebung in Rußland und erhebt damit einen Führungsanspruch, dem sich alle existierenden nationalistischen Bünde und Parteien unterstellen sollten. Denn in der prinzipiell nicht begrenzbaren Beschleunigung
eines *revolutionären Dynamismus* will Jünger einerseits die deutsche Revolution von 1848 (Arm 7, Nr. 41, 1926, S. 11), »die tollsten
Momente der (jakobinischen) Conventsherrschaft«, den Terror
nationalistischer Geheimbünde (DVo 11, Nr. 8, 1929, S. 576, 580)
und Trotzkis »Kommunismus als Kampfbewegung« (Std 25. 10.
1925) überbieten; andererseits geht es aber auch darum, die – nach
dem Scheitern des Novemberputsches von 1923 – von Hitler gegen
den ›revolutionären‹ Flügel in der eigenen Partei durchgesetzte
taktische Anpassung an die Spielregeln des Parlamentarismus als
Zersplitterung eines allein »durch Leidenschaft« (Arm 7, Nr. 41,
1926, S. 10) vereinten nationalistischen Gesamtwillens zu brand-
marken. Jünger ist in der Auseinandersetzung mit einem sich ›ver-
bürgerlichenden‹ Nationalsozialismus ganz nationalistischer Fun-
damentalist, der an der prinzipiellen Unvereinbarkeit eines konse-

quent revolutionären »deutschen Faschismus« (Arm 7, Nr. 41, 1926, S. 10) mit einem die Partikularität von Parteien und Verbänden lediglich ins Gleichgewicht setzenden prozessualen Verfassungsstaat so entschieden festhält, daß er im parlamentarischen Erfolg die größte innere Schwächung befürchtet: Wahlerfolge seien schädlich, weil sie das existentiell verbürgte Wahrheitskriterium nationalistischer Politik im »Konkurrenzkampf um Stimmen« und Parteiinteressen zerbröseln ließen (Arm 7, Nr. 41, 1926, S. 10; vgl. auch Std 1, H. 17, 1926, S. 392 und 395; Vo 1, 1927/28, S. 247). Jüngers wachsende Distanz zum Nationalsozialismus lag also in erster Linie in seinem unversöhnlichen Anti-Parlamentarismus begründet. Als Teil einer allen Parteien und Verbänden übergeordneten »nationalistischen« Bewegung bleibt er ihm dagegen lange »nicht anders als freundschaftlich, positiv, von kameradschaftlicher Sorge erfüllt« verbunden.[16]

Jünger bekämpft also nicht empirische Mehrheiten, sondern die im Wechsel der Mehrheiten gleichbleibende »intelligible« Grundstruktur des Parlamentarismus (Tgb 10, H. 38, 1929, S. 1555). Politische und soziale Spannungen muß man daher eher verschärfen, als sie durch die Beteiligung an Wahlen oder gar Volksentscheiden entspannen (ebd., S. 1556). Politik meint hier (wie in Carl Schmitts berühmtem Essay Der Begriff des Politischen von 1927/32 ausgeführt) die Steigerung des »Intensitätsgrads« einer Konfliktkonstellation und eben nicht die parlamentarisch geregelte Parteienkonkurrenz zwischen »Diskussionsgegnern«.[17] Dieser kompromißlose Radikalismus, der von sich behauptete, jedwede Form von selbstsüchtiger Parteipolitik überwunden zu haben, konnte sogar linke Parlamentarismuskritiker beeindrucken.[18]

Solche parteiübergreifende Faszination wird verständlich, wenn man bedenkt, worauf der von Jünger ebenso radikal wie rückhaltlos proklamierte revolutionäre Dynamismus hinausläuft: es ist die zum Kampfstil revolutionärer Eliten radikalisierte Rousseausche Utopie eines die Individuen aus der Partikularität ihrer Parteien und Verbände wieder herauslösenden ›sittlichen‹ Allgemeinwillens[19], der bei Jünger – anders als bei Rousseau – jederzeit auch gegen einen abweichenden parlamentarischen Mehrheitswillen durchgesetzt werden müßte. Denn in der Ersetzung der quantitativen Mehrheitsregel durch das existentielle ›Betroffenheitsprinzip‹ sah Jünger den entscheidenden »Hieb«, den Carl Schmitts berühmter Essay Der Begriff des Politischen (1927) mit »vollkommener Sicherheit, Kaltblütigkeit und Bösartigkeit« dem Weimarer Parlamentarismus versetzen konnte.[20] Wenn Carl Schmitt etwa schreibt, »die Möglichkeit richtigen Erkennens und Verstehens und damit auch die Befugnis mitzusprechen und zu urteilen, [sei] nur durch das existenzielle Teilhaben und Teilnehmen« am Gemeinschaftswillen erreichbar[21], so folgt für Jünger aus der existentiellen Erfahrbarkeit des gemeinsamen Willens, daß die Individuen zu dessen direkter und ungeteilter Umsetzung verpflichtet seien; auf parlamentarische Verfahrensprozeduren zur Ermittlung eines ohnehin nur verwässerten Mehrheitswillens könne man da keine Rücksicht nehmen. Vielmehr gelte: »Ob die nationale Idee zeitweilig durch viele oder wenige Stimmen vertreten wird, ist nebensächlich, jedenfalls ist sie die unbedingt richtige« (Std 29. 11. 1925). Jüngers Idee einer Nation als einer strikt revolutionären Gemeinschaft verträgt sich nicht mit der Vorstellung eines jederzeit austauschbaren Mehrheitswillens. Der »reine und unbedingte Wille zum Einsatz« (Tgb 10, 1929, S. 1553) bewährt sich demgegenüber im chirurgisch-selektiven Terror einer durch die Radikalität ihrer Gesinnung geadelten rechtsrevolutionären Stadt-Guerilla. Als Bild von »höchster Fruchtbarkeit und Abgeschlossenheit« wird sie noch im *Abenteuerlichen Herzen* gewürdigt.[22]

4. National-Revolutionäre Medien-Ästhetik

Mit diesem Abschied von jeder Art von Partei- und nationalistischer Bünde-Politik wird Jünger um 1930 – ungeachtet aller Fehlschläge als Zeitschriftenherausgeber und politischer Organisator – zum Sprachrohr einer national-revolutionären Elite, deren Leitfiguren – wie etwa Karl Otto Paetel oder Ernst Niekisch – die Radikalität ihrer existentiellen Programme gerade aus deren Ferne zur Sphäre eines vom Geist des »Demokratismus« (E. Niekisch) geprägten Parteien- und Verbändestaates herleiten wollten.[23] Es hat daher wenig Sinn, diesem Nationalismus seine mangelnde realpolitische Präzision und Artikulationsfähigkeit vorzuhalten; Jüngers Nationalismus sucht ja seine Selbstbestätigung eben nicht im Konkurrenzkampf der Stimmen und genau ausformulierten Partikularinteressen, sondern einzig und allein in der immer erneut beschworenen sinnlichen Selbstgewißheit einer dem Kriegserlebnis nachempfundenen Gefühlsgemeinschaft.[24] Jünger beginnt aus diesem Grund schon früh damit, in den nationalistischen Bearbeitungen seiner Kriegstagebücher das Kriegserlebnis mit »der Essenz unserer großen Städte« zu durchtränken.[25] Denn in der Modernität der Großstadtwahrnehmung soll sich die Modernität des Zukunftskrieges abzeichnen.

Es ist also der revolutionäre Nationalist Jünger, der sich »durch Kino, Radiostationen und Rotationspressen« auf die technischen Bedingungen eines modernen Krieges einstellt (Std 13.12.1925). Daß Macht visuell inszeniert werden muß, wird etwa in seinen Überlegungen zur Selbstdarstellung des nationalistischen Staats in einer seiner technischen Hochrüstung angemessenen neuen Paradeform deutlich: nicht der »Anblick menschlicher Lineale«, die im »Stechschritt« vorbeiziehen, sondern einzig der »fabelhafte Aufmarsch« wie von selber bewegter »Eisenmassen« erlaube die Suggestion einer »geheimnisvollen, drohenden« Wirkung.[26] Und in den künstlichen Automatismus einer Filmbewegung integriert, würde sich diese Wirkung noch vervielfachen. Jünger begründet daher in den national-revolutionären Erstfassungen seiner Kriegstagebücher *Das Wäldchen 125* (1925) und *Feuer und Blut* (1925) eine *nationalistische Medientheorie*, die das Moment einer in die Freizeit abgedrängten Kollektivrezeption nicht kulturkritisch denunziert, sondern ›revolutionär‹ ummünzt: »allabendlich vor Millionen von Augen gespielt in Stunden, die für viele die einzigen des Tages sind, an denen sie ganz und wirklich teilnehmen«, könne der Film eine Wirkung entfalten, die sich in der »Stärke [ihres] Einflusses [als] unberechenbar« darstelle (Wä I, S. 194). Der auf »Tat, Beweglichkeit, Handlung und Macht« konzentrierte ›heroische‹ Massenfilm, der »Anschaulichkeit« durch Künstlichkeit erziele, sei ein »machiavellistisches Mittel« zur Erweckung »mächtiger sinnlicher Erschütterungen« in einer weitgehend entsinnlichten Umwelt.

Der nationalistische Medienpraktiker Jünger (vgl. die von ihm herausgegebenen Fotobände *Das Antlitz des Weltkrieges* von 1930 und *Hier spricht der Feind* von 1931) setzt also auf die offensive Aneignung neuer Medien und nicht auf deren negative Ausgrenzung durch Zensur oder kulturkonservative Schmähung (vgl. Wä I, S. 194). Materielle Geräte-Technik und immaterielle Medien-Technik sind vielmehr beide Teil einer einzig am kriegerischen Gebrauchswert interessierten funktionalistischen Technik-Ästhetik, die sich über bildungsbürgerliche Ängste vor einer dem »höheren Menschen« oder »dem Geist« feindlichen Technik eher belustigt (ebd., S. 126, 118 f.). Jünger fordert in diesem Zusammenhang mit allem Nachdruck, den klassischen Geist von Weimar durch den technisch-industriellen Geist von Essen zu ersetzen (ebd., S. 126).

Der revolutionäre Nationalist Jünger kann daher schreiben, daß er »eine gute moderne Autoreklame mit weit größerem Genusse lese als eines jener Produkte, in denen unter Voraussetzung völlig verfehlter Ansprüche versucht wird, Fragestellungen des deutschen Idealismus [...] wieder aufzuwärmen«. Und ein amerikanischer Großstadtfilm gestatte »Beobachtungen am lebenden Objekt«, die als Einübung einer »modernen großstädtischen Sentimentalität« den »Konservenfraß« überlebter bürgerlicher Rührstücke weit hinter sich lassen.[27] Die Analogie zur kultur-revolutionären Polemik des jungen Großstadtautors Brecht gegen die »stillen, feinen, verträumten« poetischen Nachfahren einer völlig »verbrauchten (Bildungs-)Bourgeoisie« kann da kaum noch überraschen.[28] Die Schaulust des funktionalistisch denkenden Großstadtmenschen am »amerikanischen Groteskfilm«, der die Menschen »als Spielball technischer Objekte« vorstelle, ist jedenfalls noch in Jüngers *Arbeiter* von 1932 die einzig zeitgemäße ästhetische Erziehung des modernen Menschen.[29] Nur dann sei er bereit, »in den Signalen und Aufschreien der Verkehrsmaschinen die unmittelbare Androhung des Todes« und damit den »Reiz gefährlicherer Spiele« zu ahnen.[30]

In diesem Sinne ist für Jünger die mediale Inszenierung der »großen automatischen Schlacht« der Zukunft (Wä I, S. 21) Teil einer »Rüstung«, die – so Jünger 1930 in der *Totalen Mobilmachung* – bis »in die feinsten Lebensnerv« der Wahrnehmung hineinreicht (ToM, S. 6) und in den »Lichtbildern« des Krieges müsse der Betrachter den »Atem« eines Kampfes verspüren, dessen »Grauen« durch die Abstraktheit der technifizierten Kampfmittel keineswegs abnimmt, sondern forciert wird.[31] Noch im *Abenteuerlichen Herzen* (1929) bereiten die »Lichtspiele« der Zeit eine Form von »echter Grausamkeit« vor, die sich als eine mit den Mitteln des Kinos gesteigerte neue Form der Barbarei kennzeichnen ließe. »Die Natur ergreift auf sehr seltsame Weise wieder [vom] Menschen in den Städten [...] Besitz.« »Man marschiert, jeder auf seine Weise, einem gemeinsamen Treffpunkt zu.«[32]

5. Nationale Imperialismen
im planetarischen Arbeitsstaat der Zukunft

Fassen wir unsere bisherigen Überlegungen zusammen, so zeigt sich, daß Jüngers politische und ästhetische Interessen sich keineswegs auseinanderentwickeln, sondern bis in die späten zwanziger Jahre hinein in die gleiche Richtung weisen: Jüngers revolutionärer Nationalismus läßt sich als Versuch interpretieren, die von allen störenden Außeneinwirkungen gereinigte Energie einer Nation zum Medium einer Modernisierung zu machen, die in der Souveränität einer (unverkennbar von Carl Schmitt mitgeprägten[33]) national-imperialistischen Gemeinschaftsdiktatur nicht nur entfesselt, sondern auch zugleich wegweisend neu zentriert wird. Denn Jüngers in den Schriften *Die totale Mobilmachung* (1930) und *Der Arbeiter* (1932) entfaltete Leitidee von der »organischen Konstruktion« einer »engen und widerspruchslosen Verschmelzung des Menschen mit den Werkzeugen, die ihm zur Verfügung stehen« (Arb, S. 178 f.), sieht nicht (wie vielfach vermutet) in der Utopie einer sich selber überlassenen Technik das Ziel eines »modernen, stark mit Bewußtseinselementen durchsetzten Nationalismus« (ToM, S. 19). Dieser kämpfe sich vielmehr überall dort durch, wo die Ziele einer Nation mit den Anforderungen einer abstrakten, weil technisch instrumentierten Arbeitsdisziplin bruchlos vermittelt werden können. Jünger sieht in der in sich ruhenden Ziel-/Mittel-Relation einer solchen organisch-autoritären, national-revolutionären »Arbeitsdemokratie« (S. 269 u. ö.) je länger je mehr das »metaphysische« »Gestalt«-Prinzip einer jedweden empirisch-historischen Entwicklung.

Eine – immer noch nicht geleistete – genauere Analyse des *Arbeiter* und seiner Wirkungsgeschichte könnte zeigen, wie sehr Jünger mit dieser »platonischen Revolution«[34] aller herkömmlichen Arbeitsvorstellungen seine Leser – je nach Standort – entsetzt, verblüfft, schockiert oder auch fasziniert hat. Denn, wenn Jünger etwa als Beispiel für eine alle »Klassen und Stände« (Arb, S. 277) gleichsam einschmelzende »nationalistische« Modernisierung die bolschewistische »Erschließung moderner sibirischer Distrikte«, die »zionistische Besetzung Palästinas« (Arb, S. 282) oder die anti-kolonialen »Bewegungen der farbigen Völker« (ToM, S.19) nennt, so ist hieran die Radikalität auffällig, mit der Bolschewismus, Faschismus, Zionismus oder Anti-Kolonialismus ihrer

qualitativen programmatischen Differenzen beraubt und allein als
unterschiedliche Annäherungsgrade an die Reinheit eines ins Planetarische ausgreifenden Typus bewertet werden. Das Angebot
einer repräsentativen Führungsrolle im nationalsozialistischen
Deutschland hat der Autor des *Arbeiter* – darin anders als die in
vielem sympathisierenden Denker Carl Schmitt oder Martin Heidegger – daher schon vor 1933 auf seine Weise erledigt. Auf das
Ansinnen, in die von allen republikfreundlichen Schriftstellern
gesäuberte »Deutsche Akademie der Dichtung« einzutreten, ant-
wortete Jünger mit dem Hinweis auf eine seiner ›kultur-revolutionären‹ Partien im *Arbeiter*.[35] Über das Bemühen, »neue
Geschlechter von Verwaltern und Kulturbeamten heranzuziehen
und [mit ihrer Hilfe] ein verschrobenes Gefühl für die ›wahre
Größe‹ des Volks zu züchten« (Arb, S. 198), hatte er schon dort
zur Genüge gespottet.

Die Radikalität, mit der Jünger sich aus jeglicher schriftstellerischen Agitationsarbeit in die Sphäre einer jedweder empirischen
Entwicklung weit vorauseilenden »Gestalt«-Schau verabschiedet,
mußte aber auch sein Verhältnis zur national-revolutionären
Bewegung neu gewichten. Jüngers *Arbeiter* übertrifft nämlich alle
vergleichbaren grenzüberschreitenden national-bolschewistischen
Entwürfe eines K. O. Paetel (vgl. dessen *Sozialrevolutionärer
Nationalismus* von 1930) oder Ernst Niekisch (vgl. dessen *Dritte
imperiale Figur* von 1935) noch darin, daß er auch in diesen Vertretern eines aktiven *Arbeiter*-Typus nur die begrenzte Verkörperung
eines »speziellen Arbeitscharakters« (Arb, S. 146) sehen wollte.
Als »Wirtschaftler, als Techniker, als Soldat, als Nationalist«
bedürfe der »aktive Typus« stets »der Integration, des Kommando-
dos, das unmittelbar aus der Quelle der Sinngebung schöpft« (Arb,
S. 148). Hier gehe es darum, in der dichterischen Sprache in sich
»ruhender Symbole« der empirisch-historischen Entwicklung ihr
geheimes Telos vorzuformulieren (vgl. Arb, S. 234, 179). Nur so
sei eine direkte Beziehung zum »totalen Arbeitscharakter« der
Epoche möglich (Arb, S. 148).

Für Jünger folgt also, wenn wir unsere abschließenden Überlegungen noch einmal zuspitzen, aus der Utopie einer Synthesis von
»nationaler« Revolution und dem, was wir heute die »technologische Zivilisation«[36] nennen würden, die Perspektive einer über alle
ideologischen Lenkungsversuche sich hinwegsetzenden »planetarischen« Umwälzung, in deren Verlauf der klassische National-

staat des 19. Jahrhunderts endgültig von der »organischen Konstruktion« in sich geschlossener, aber gegeneinander heftig konkurrierender imperialer Großräume abgelöst wird (vgl. Arb, S. 277, 290). Von den hier verwirklichten »echten imperialen Bildungen« (S. 291) erwartet Jüngers *Arbeiter* eine Art Wohlfahrtsdiktatur zugunsten »kleiner und schwacher« Völker (Arb, S. 290), die im Weltbürgerkrieg technisch-industrieller Führungsnationen zu »Staaten zweiter oder dritter Ordnung« herabsinken (Arb, S. 276). Für Jünger fände sein von Anfang an über die Grenzen einer einzelnen Nation hinauszielender revolutionärer Nationalismus folglich nicht im Ausbau einer an den »individuellen« Besonderheiten festhaltenden »société des nations« (Arb, S. 277), sondern einzig in der in sich ruhenden ›Technizität‹ (S. 276) einer supra-nationalen »Planlandschaft« (S. 290) die ihm gemäße Selbstaufhebung; aus den jeweils am schärfsten geschliffenen nationalen Typen bildet sich hier der planetarische Typus. Die zum Medium der Modernisierung transformierte Nation könnte dann nicht mehr als ein »spezielles Gebiet« in der »planetarischen Herrschaft« der »Gestalt des Arbeiters« darstellen (Arb, S. 291).

Man kann sich nun schon fragen, ob wir heute angesichts der Aufteilung der Welt in einige wenige national oder supranational dominierte globale Wirtschaftsräume bereits in das Endstadium eines solchen Arbeitszeitalters eintreten oder aber mit der Renaissance chauvinistisch regressiver Klein-Nationalismen (die allerdings auffällig schnell die Integration in bereits existierende supranationale Wirtschaftsgemeinschaften anstreben) eine eher rückläufige Zwischenphase erleben. Auf jeden Fall wird jedoch deutlich, daß Jüngers Prognosen gerade aufgrund ihres immer ausgeprägteren meta-ideologischen Charakters ihre Aktualität bewahren konnten. Vielleicht bildete das instrumentell-experimentelle Verständnis der eigenen politischen Praxis dafür die unerläßliche Voraussetzung. Daß er in der heftigsten Aktion das Moment einer selbstreflexiven Kontemplation ausbildet, macht den Reiz dieses Schriftstellers auch dort aus, wo man ihm auf das heftigste widersprechen möchte. In diesem Sinne zur Lektüre des »politischen« Jünger angeregt zu haben, war die Absicht unseres kleinen Ausflugs in seine politische Tagespublizistik und deren »metaphysische« Verarbeitung zumal im *Arbeiter*. Er ist – als Theorie unseres Zeitalters – vielleicht noch zu entdecken.

Anmerkungen

* Der Beitrag geht zurück auf Vorträge im Rahmen der *Second Confe-
rence of the International Society for the Study of European Ideas:
European Nationalism* an der Katholischen Universität Leuven (1990)
und des *Colloque international: Ni gauche ni droite – Les chassés-croi-
sés ideologiques des intellectuels français el allemands dans l'entre-deux
guerres* der Universität Bordeaux *Michel de Montaigne* (1991).

1 Die wichtigsten Arbeiten hierzu sind Hans-Peter Schwarz, *Der konservative Anarchist. Politik und Zeitkritik Ernst Jüngers*, Freiburg 1962
(Freiburger Studien zu Politik und Soziologie); Karl Prümm, *Die Literatur des Soldatischen Nationalismus der 20er Jahre (1918-1933). Gruppenideologie und Epochenproblematik*, 2 Bde., Kronberg/Ts. 1974;
Marjatta Hietala, *Der neue Nationalismus in der Publizistik Ernst Jüngers und des Kreises um ihn 1920-1933*, Helsinki 1975 (Annales Acade-
miae Scientiarum Fennicae, Ser. B, 194). Roger Woods, *Ernst Jünger
and the Nature of Political Commitment*, Stuttgart 1982 (Stuttgarter
Arbeiten zur Germanistik, Nr. 116). Zur Arbeit L. Dupeux' vgl. die
Anm. 7.

2 Karl Heinz Bohrer, *Die Ästhetik des Schreckens. Die pessimistische
Romantik und Ernst Jüngers Frühwerk*, München, Wien 1978.

3 Zur Rezeptionsgeschichte Jüngers nach 1945 vgl. Norbert Dietka,
*Ernst Jünger nach 1945. Das Jünger-Bild der bundesdeutschen Kritik
(1945 bis 1985)*, Frankfurt/Main u. a. 1987 (Europäische Hochschul-
schriften I, 1010).

4 Martin Meyer, *Ernst Jünger*, München, Wien 1990, S. 103.

5 Vgl. Peter Alter, *Nationalismus*, Frankfurt/Main 1985 (edition suhrkamp 1250).

6 Vgl. Jeffrey Herf, *Reactionary Modernism. Technology, culture, and
politics in Weimar and the Third Reich*, London 1984.

7 Louis Dupeux, »*Nationalbolschewismus*« in Deutschland 1919-1933
(zuerst Paris 1979), München 1985; Armin Mohler, *Die Konservative
Revolution in Deutschland 1918-1932*, 2 Bde., Darmstadt ³1989 (zuerst
1949).

8 Als kritisches Resümee zur Sonderweg-These vgl. Helga Grebing, *Der
»deutsche Sonderweg« in Europa 1806-1945. Eine Kritik*, Stuttgart u. a.
1986 (Urban Taschenbücher 381).

9 Vgl. H. Segeberg, *Regressive Modernisierung. Kriegserlebnis und
Moderne-Kritik im Frühwerk Ernst Jüngers*, in: ders. (Hg.), *Vom Wert
der Arbeit. Zur literarischen Konstitution des Wertkomplexes ›Arbeit‹
in der deutschen Literatur (1770-1930)*, Tübingen 1991 (Studien und
Texte zur Sozialgeschichte der Literatur, 34), S. 335-378.

10 Vgl. E. Jünger, *Revolution und Idee*, in: Völkischer Beobachter,
23./24.9.1923.

11 Vgl. die Angaben bei Dupeux, »*Nationalbolschewismus*« (wie Anm. 7), S. 257.

12 Im folgenden zitiert als Arm, Vo, DVo mit Band- und Seitenangabe im Text. Die »Standarte« wird als Beilage zum »Stahlhelm« mit Datum, als eigenständige Zeitschrift mit Std (unter Angabe der Band- und Seitenzahl) zitiert. Die bibliographischen Nachweise zur *Totalen Mobilmachung* und zum *Arbeiter* folgen in Anm. 13 und 29. Die breite Resonanz dieser Schriften ließe sich nicht nur anhand einer ausführlichen Rezeptionsdokumentation belegen – Jünger hat zumal mit *Der totalen Mobilmachung* einer ganzen Epoche ihr Stichwort gegeben.

13 Dieser Aufsatz, der Jünger auch bei seinen Gegnern zumindest berüchtigt gemacht hat, erschien zuerst in E. Jünger (Hg.), *Krieg und Krieger*, Berlin 1930, und dann selbständig Berlin 1931. Nach dieser Ausgabe wird im folgenden mit der Sigle ToM im Text direkt zitiert.

14 Zum Begriff eines zumeist anti-parlamentarischen »integralen Nationalismus« vgl. Alter, *Nationalismus* (wie Anm. 5), S. 43.

15 Vgl. Das Tagebuch 10 (1929), H. 38, S. 1552. Im folgenden im Text zitiert als Tgb.

16 So Jünger in: Widerstand 4 (1929), S. 295f.

17 Carl Schmitt, *Der Begriff des Politischen* (1927/1932), unveränderter Nachdruck. Berlin (West) 1987, S. 28, 38.

18 Vgl. etwa Klaus Mann 1930: Jüngers »Denken ist von starker Intensität und von einer gewissen mißgeleiteten Reinheit«, und dies erkenne man vor allem an seiner Distanz zu Hugenberg und zum »öffentlichen Unfug« rechtsradikaler Parteien. Zit. nach Klaus Mann, *Prüfungen. Schriften zur Literatur*, hg. v. Martin Gregor-Dellin, München 1968, S. 157.

19 Vgl. dazu genauer Iring Fetscher, *Rousseaus politische Philosophie. Zur Geschichte des demokratischen Freiheitsbegriffs* (1960), Frankfurt/Main ³1975 (suhrkamp taschenbuch wissenschaft 143). Trotz aller Kritik Rousseaus an der Korrumpierbarkeit eines vom Parteienkampf zermürbten Allgemeinwillens findet sich die Idee einer die Reinheit des Gemeinwillens gegen die Mehrheit durchsetzenden Elite erst bei Jünger.

20 So Jünger an Carl Schmitt am 14. 10. 1930. Zit. nach Heimo Schwilk, *Ernst Jünger. Leben und Werk in Bildern und Texten*, Stgt. 1989, S. 126.

21 Schmitt, Begriff (vgl. Anm. 17), S. 27.

22 E. Jünger, *Das Abenteuerliche Herz. Erste Fassung. Aufzeichnungen bei Tag und Nacht* (1929), zit. nach ders. *Sämtliche Werke*, Bd. 9: *Essays III*, Stuttgart 1979, S. 122, 154. Empirische Referenzen für eine solche Haltung sucht Jünger in den Sabotage-Akten des Ruhrkampfs (besonders bei Leo Schlageter) oder in den Bomben-Attentaten der schleswig-holsteinischen Landvolkbewegung zu finden. Vor allem anhand des letzteren Beispiels wurde im Jahre 1929 in der rechts-revolutionären Publizistik ein heftiger Meinungsstreit um die Zulässigkeit des bewaffneten Kampfes geführt. Jüngers Haltung war da ganz ein-

deutig. Vgl. die Dokumentation dieses »Streits um Ernst Jünger« in: Die Kommenden 4, 52. Folge (1929), S. 613-618.

23 Vgl. Ernst Niekisch, *Hitler. Ein deutsches Verhängnis* (1932), zit. nach ders., *Politische Schriften*, Köln, Berlin (West) ²1966, S. 25 f., 48 ff. Und (aus der Rückschau) Karl Otto Paetel, *Reise ohne Uhrzeit*. Autobiographie, hg. und bearb. v. Wolfgang D. Elfe und John D. Spalek, London, Worms 1982, S. 14, 48 ff., 116, 121.

24 Zum Zusammenhang von Kriegserlebnis und nationalistischer Gruppenideologie vgl. genauer Segeberg, *Kriegserlebnis* (wie Anm. 9), S. 361, 364.

25 Vgl. Ernst Jünger, *Der Kampf als inneres Erlebnis*, (1922), Berlin 1928 (texidentisch mit der 2. Fassung von 1926), Vorwort, S. XI.

26 Ernst Jünger, *Das Wäldchen 125*, Berlin ²1926. (Textidentisch mit der 1. Fassung von 1925), S. 150. Fortan im Text zitiert als Wä I.

27 E. Jünger, *O.S.* in: Der Scheinwerfer 3 (1929), H 3, S. 29 f. Jünger nimmt einen Beitrag zur Diskussion um Arnolt Bronnens Roman *O.S.* zum Anlaß für solche Bemerkungen.

28 So Brecht als Juror eines Lyrik-Wettbewerbes von 1927, in dem er – wie bekannt – den nicht eingesandten Radsportsong des neusachlichen Lyrikers Hannes Küppers prämierte. Zit. nach B. Brecht, *Über Lyrik*, Zusammengestellt von E. Hauptmann und R. Hill, Frankfurt/Main 1964 (edition suhrkamp 70), S. 10. Auf Affinitäten zwischen den Großstadtbefürwortern Brecht und Jünger hat zuerst hingewiesen Helmut Lethen, *Zwei Barbaren. Über einige Denkmotive von Ernst Jünger und Bertolt Brecht während der Weimarer Republik*, in: Anstöße 31, Mitteilungen der Evangelischen Akademie Hofgeismar, 1983, S. 17-29.

29 E. Jünger, *Das Abenteuerliche Herz* (wie Anm. 22), S. 79, und ders., *Der Arbeiter. Herrschaft und Gestalt*, Hamburg 1932, S. 129. Fortan im Text direkt zitiert als Arb (mit Seitenzahl).

30 Vgl. E. Jünger, *Das Abenteuerliche Herz* (wie Anm. 22), S. 90, 154.

31 Vgl. Ernst Jünger, *Krieg und Lichtbild*. Einleitung zu ders. (Hg), *Das Antlitz des Weltkrieges. Fronterlebnisse deutscher Soldaten*, Berlin 1930, S. 9-11. Und ähnlich ders., *Einleitung* zu Richard Junior [vermutlich E. J.] (Hg.), *Hier spricht der Feind. Kriegserlebnisse unserer Gegner*, Berlin 1931, S. 9-12.

32 Jünger, *Das Abenteuerliche Herz* (wie Anm. 22), S. 89, 90.

33 Vgl. Carl Schmitt, *Die Diktatur. Von den Anfängen des modernen Souveränitätsgedankens bis zum proletarischen Klassenkampf* (1927), Berlin 1958, S. 4

34 So der Kritiker R. Ibel, *Leben und Technik. Zu Ernst Jüngers Buch »Der Arbeiter«*, in: Rhythmus 13 (1935), S. 97-106. Zitat S. 97.

35 Vgl. zu dem ganzen Vorgang jetzt die Dokumentation bei Schwilk, *Jünger* (wie Anm. 20), S. 142 ff.

36 So Arno Bammé u. a., *Technologische Zivilisation*, München 1987.

Hans-Harald Müller

»Traum ist teuer.«

Arnold Zweig – ein jüdischer Schriftsteller deutscher Sprache und sein Vaterland[1]

I.

Nun, was ich eigentlich will? Was jeder Schriftsteller will: die Wahrheit um ihrer selbst willen, die Gerechtigkeit um der Menschen willen, Erbarmen um der Gemeinschaft willen, und Liebe um Gottes willen. Der Mut, dem eigenen Volke zu trotzen und ihm zu sagen, was ihm fehle, und woran es leide – der versteht sich seit den Propheten eigentlich von selbst.[2]

Kein Zweifel: das Vermächtnis des Toten aus dem Roman *De Vriendt kehrt heim* (1932) entspricht den Zielen seines Verfassers Arnold Zweig, und es ist zugleich typisch für das literarische Selbstverständnis einer ganzen Generation deutscher Schriftsteller und Publizisten aus dem wilhelminischen Bildungsbürgertum. Wie viele seiner deutschen und jüdischen Schriftstellerkollegen im Umkreis der ›Schaubühne‹ und späteren ›Weltbühne‹ träumte Arnold Zweig zeit seines Lebens von der Versöhnung von Poesie und Wahrheit, Kultur und Politik, Theorie und Praxis. Einer seiner weniger gelungenen Romane trägt den Titel *Traum ist teuer*. Die Träume des Schriftstellers Arnold Zweig waren teuer in einem doppelten Sinne: Es waren anspruchsvolle Träume, und sie kamen den Träumer teuer zu stehen. In Israel, das der Zionist 1933 zu seiner Heimat hatte machen wollen, war Zweig bis in die jüngste Vergangenheit geächtet. In der DDR war sein Werk weit verbreitet, hoch geschätzt, diente zur Untermauerung der These vom säkularen Bündnis der bürgerlich-humanistischen Schriftsteller mit der Arbeiterklasse – aber es war selektiv ediert, der Einfluß des Judentums und der Psychoanalyse auf seine Arbeiten war weitgehend tabuisiert. In der Bundesrepublik sind die Bücher Zweigs nach über 25 Jahren Totschweigen wieder präsent – aber nur selten ein Gegenstand für die Forschung. Wer war dieser Arnold Zweig, dessen Werk zwischen den verschiedenen Vaterländern bis heute keine Heimat fand?

Zweig wurde am 10. November 1887 im schlesischen Glogau geboren. Er stammte aus einer jüdischen Kleinbürgerfamilie und hatte manchen Kampf zu bestehen, bevor er den Wunschtraum von einer Existenz als freier Schriftsteller gegen seine Eltern durchsetzen konnte. Schon als Gymnasiast in Kattowitz gehörte er mit dem späteren Maler Ludwig Meidner einer Künstlergruppe an, und während des Studiums, das er 1907 in Breslau aufnahm und später in München, Berlin, Göttingen und Rostock fortsetzte, schrieb er kurze Erzählungen, die »von illustrierten Wochenschriften gern abgedruckt und anständig honoriert wurden«[3]. Auf der Suche nach »festem philosophischem Boden«[4] wandte Zweig sich der Phänomenologie zu und wurde eifriger Hörer bei Max Scheler; keiner seine akademischen Lehrer erzielte jedoch einen derartigen Einfluß auf sein Denken wie Friedrich Nietzsche, dem er noch 1927 »die ganze geistige Umgeburt und Atmosphäre«[5] seiner Jugend dankte.

Im Verhältnis zu seinen meist dickleibigen Romanen werden Zweigs frühe Erzählungen unterschätzt; unter ihnen ist mancher gelungene Wurf wie die *Aufzeichnungen über eine Familie Klopfer* (1909); mit ihnen erwarb Zweig jene erzähltechnischen und stilistischen Fähigkeiten, die er in seinem ersten erfolgreichen Roman, *Novellen um Claudia*, so ostentativ zur Schau stellte, daß ein bekannter Kritiker mokant anmerkte, das Buch destilliere seine Sprache »nicht wie die beiden, sondern wie sieben Brüder Mann«[6].

Nach dem Erfolg der *Novellen um Claudia* galt Zweig als frühreifes Talent der jüdischen Décadence-Schriftsteller, deren »fertige Eleganz« und deren Nihilismus Gustav Landauer hervorgehoben hatte: »Ihrer Familie sind sie entwachsen, es gibt kein soziales Gefüge, dem sie angehören, keinen Glauben, der mächtig und wonnevoll über ihnen zusammenschlägt, kein Volk, dem sie sich als Glieder, als Führer fühlen und kein Ziel und keine Zukunft, wonach es sie treibt.«[7] Zweig fühlte sich seiner Familie und ihrer orthodoxen jüdischen Religiosität entfremdet und von der zionistischen Vereinspolitik des Vaters abgestoßen, aber sein Nihilismus war keine selbstbewußte Skepsis in der Nachfolge Nietzsches, sondern ein Nihilismus aus Glaubensnot. Zweig war lebenslang auf der Suche nach »festem philosophischem Boden«, nach einem Volk, als dessen ›Glied‹ er sich fühlen könne und nach einem intellektuellen ›Führer‹, der ihm den Weg wies.

All das fand er, als er sich am Jahresende 1912 der kulturzionistischen Bewegung Martin Bubers anschloß und mit diesem selbst in Kontakt trat. Bubers Schriften und Ideen brachten ihn in Berührung mit einer kulturrevolutionären und zugleich traditionsgesättigten jüdischen Geistigkeit, die es Zweig ermöglichte, sich mit seiner jüdischen Herkunft zu identifizieren, seine Bindungslosigkeit durch Anschluß an zionistische Kreise zu überwinden und ein neues Selbstbewußtsein als jüdischer Schriftsteller deutscher Sprache zu entwickeln. Für Zweig war der Kulturzionismus mithin nicht nur eine episodische »Bubertät« – wie Gershom Sholem diese intellektuelle Modeströmung einmal nannte –, sondern eine geglaubte Idee. Mit der für ihn charakteristischen Überidentifikation eiferte er in Publikationen wie *Die Demokratie und die Seele des Juden*[8] (1913) gegen Kapitalismus und Demokratie; in seinem Essay *Zum Problem des jüdischen Schriftstellers in Deutschland* (1913) proklamierte er selbstbewußt die dichterische Produktivität einer »kommenden Generation naiver Juden«[9], deren Quelle ein innerlich erneuertes Judentum sein sollte. Dieses Selbstbewußtsein stellte er in seiner ›zionistischen Phase‹ auch unter Beweis: er behandelte nur jüdische Themen und für das programmatisch als »jüdische Tragödie« bezeichnete Stück *Ritualmord in Ungarn* erhielt er 1915 den Kleist-Preis; Zweigs Bekenntnis zum Zionismus galt freilich eher der zu schaffenden nationaljüdischen Literatur als der nationaljüdischen Wirklichkeit in Palästina.

3.

Schon im August 1914 fand Zweigs zionistische Phase ein jähes Ende. Zu Beginn des Ersten Weltkriegs wurde Zweig, wie er später bekannte, »Militarist aus Überzeugung«[10]. In einer beinah religiösen »Erschütterung der massenhaften Seelen«[11] hatte sich das deutsche Volk geläutert: aus der vom Geist der Demokratie geprägten mechanischen Gesellschaft der Vorkriegszeit war eine vom deutschen Idealismus beseelte organische Gemeinschaft geworden – so sah der wilhelminische Bildungsbürger Arnold Zweig die Wandlung Deutschlands im August 1914. An eine Freundin schrieb er in diesen Tagen:

Ich nehme meinen leidenschaftlichen Anteil an unseres Deutschland Geschick, *als Jude,* auf meine mir eingeborene jüdische Art mache ich die deutsche Sache zu meiner Sache, ich höre nicht auf, Jude zu sein, sondern bin es *immer mehr,* je wilder ich mich freue, je tiefer ich empfinde, je heftiger ich nach Aktivität dränge.[12]

Da er wegen einer Sehschwäche zunächst nicht eingezogen wurde, konnte er seinem Aktivismus bis Ende 1914 nur in sieben Kriegserzählungen Ausdruck verschaffen, die stark chauvinistische Züge tragen.

Der Kriegswirklichkeit aber hielt Zweigs Kriegsenthusiasmus nicht stand. Lille, Südungarn, Serbien, Verdun waren die Stationen des Armierungssoldaten Arnold Zweig, es war die »schwerste Zeit meines Lebens«[13], wie er später bekannte. Konfrontiert mit den Mühen des Kriegsalltags und dem ständig wachsenden Antisemitismus im Heer, besann Zweig sich auf seine zionistische Identität. Nachdem er sich zu Kriegsbeginn als Jude emphatisch zu Deutschland bekannt hatte, bezeichnete er sich im Februar 1917 in einem Brief an Martin Buber als »Zivilgefangenen und staatenlosen Ausländer«[14], der Deutschland gänzlich entfremdet war.

Eine entscheidende Vertiefung erfuhr das erneuerte Bekenntnis zum Zionismus in den Jahren 1917 und 1918, in denen Zweig, von der Westfront nach Bialystok überstellt, in unmittelbare Berührung mit dem Ostjudentum gelangte. War der Bubersche Kulturzionismus bislang eine leidenschaftlich vertretene Idee gewesen, so schien mit dem Ostjudentum für diese Theorie plötzlich das revolutionäre Subjekt gefunden; beeinflußt durch die literarischen Darstellungen Bubers betrachtete Zweig die ostjüdischen Gemeinden als Hort jener religiösen und humanen Werte, die das im Krieg brutalisierte Deutschland verraten hatte. Der Ertrag seines schwärmerischen Ostjudenkults findet sich in den Texten, die er zu Lithographien Hermann Strucks für das Buch *Das Ostjüdische Antlitz* (1920) schrieb.

4.

Das Ende des Ersten Weltkriegs stellte den Schriftsteller Arnold Zweig, der sich im Zuge der russischen Revolution und des Novemberumsturzes unter dem Einfluß Gustav Landauers zum »proletarischen Zionisten« radikalisiert hatte, vor gänzlich neue Probleme.

Das Ostjudentum, das durch den Vertrag von Brest-Litowsk in mehrere Nationalstaaten zerspalten war, kam als Erneuerungsfaktor für das gesamte Judentum nicht mehr in Betracht. Die Energien des politischen Zionismus konzentrierten sich nach der Konferenz von San Remo ganz auf die Errichtung einer jüdischen Heimstätte in Palästina, die der Zionist Zweig in einer Reihe von Essays als linkes »Neues Kanaan« enthusiastisch pries, aber nicht besuchte.

In dieser Situation wandte Zweig seine Aktivitäten als jüdischer Publizist kritisch den deutschen Angelegenheiten zu; in dem Essayband *Lessing, Kleist, Büchner* bezeichnete er sich als »Deutscher von Erziehung, Jude von Grundwesen und Wahl, Geistiger aus Leidenschaft«[15]. Ziel seiner Publizistik in Bubers Zeitschrift ›Der Jude‹ und in der ›Jüdischen Rundschau‹, die er 1924 in Berlin redigierte, war das »Selbstgericht der Nation« und eine »Umkehr und Erneuerung des deutschen Wesens«[16]. Den virulenten Antisemitismus, den er in München von 1920 bis 1923 erlebt hatte, beschrieb er in Anknüpfung an Freud als eine Verdrängung der Kriegsschuld und der militärischen Niederlage. Aber auch mit der deutschen Revolution und dem Kommunismus ging er scharf ins Gericht. Nach der Auffassung Gustav Landauers nämlich, der neben Buber Zweigs Idol geworden war, sollte die Revolution vom Individuum und nicht von Klassen ausgehen, sie sollte über die innere Einkehr und Umkehr des einzelnen als vorwiegend geistiger Prozeß in den Massen wirken, sie sollte sich konsequent der Gewaltlosigkeit verschreiben, und ihr Ziel sollte kein proletarischer Internationalismus sein, sondern eine Föderation völkischer Gruppierungen.

Als Schriftsteller erzielte Zweig den endgültigen Durchbruch erst 1927 mit dem Roman *Der Streit um den Sergeanten Grischa*, der seinen Weltruhm begründete. Bis 1932 erreichte das Buch in Deutschland eine Auflage von 200000 Exemplaren, es wurde in viele Sprachen übersetzt und gilt als bedeutendster deutscher Roman über den Ersten Weltkrieg. Der Roman enthält nicht nur eine Kritik am alldeutschen Militarismus, sondern auch an den ihm opponierenden Kräften – eine Kritik, die sich auch als Selbstkritik Zweigs deuten läßt, der sich und seine jüdischen Kameraden im *Ostjüdischen Antlitz* als »Mitschuldige der Zeit und des Grauens«[17] bezeichnet hatte. Mit dem *Streit um den Sergeanten Grischa* brach Zweig die Tradition des »Frontromans« und schloß, durch sorgfältige psychische und soziale Motivierung des Geschehens, den Kriegsroman an die Tradition des großen realistischen Gesellschaftsromans an. Bereits im Nachwort zum *Grischa*-Roman wies Zweig darauf hin, daß dieser nur das Mittelstück eines »Triptychons« sei, das später von den Romanen *Erziehung vor Verdun* und *Einsetzung eines Königs* eingerahmt werden solle.

In der letzten Phase der Weimarer Republik war Zweig ein angesehener Schriftsteller mit gefestigtem literarischen Ruhm. 1928 wurde er Vizepräsident, bald darauf Präsident des ›Schutzverbandes Deutscher Schriftsteller‹ (SDS). Politisch rechnete er sich der Linken zu, als Pazifist und Demokrat blieb er aber gegenüber dem Kommunismus und der Sowjetunion äußert kritisch eingestellt. Mit dem Selbstverständnis als »bewußter Jude und Zionist, europäischer Geistiger und deutscher Dichter«[18] konnte Zweig in einer, wie stark auch immer schon gefährdeten, pluralistischen Demokratie ohne Identitätsprobleme leben. Sein intellektuelles Hauptinteresse galt nunmehr der Psychoanalyse. Die früheren Idole Nietzsche, Scheler, Buber, Landauer waren verblaßt, der neue geistige Führer wurde Sigmund Freud. Ihm hatte Zweig 1927 sein Buch *Caliban oder Politik und Leidenschaft* – eine überarbeitete Version seiner Antisemitismus-Studien – »respektvoll« gewidmet, und ihm hatte er in einem Brief dafür gedankt, daß er mit seiner »neuen Seelenkunst« die Heilung seiner »Neurose«[19] ermöglicht habe.

5.

Der Zionist, Antikapitalist und Kommunismuskritiker Arnold Zweig war auf die Machtübergabe an die Nationalsozialisten und den Charakter des NS-Regimes so wenig vorbereitet wie die meisten Schriftsteller der Weimarer Republik. Er verließ Deutschland erst am 13. 3. 1933 und dankte Freud später dafür, daß dieser ihn »vor der Tollkühnheit zurückgehalten« habe, »im Mai 33 noch einmal nach Eichkamp, d. h. ins Konzentrationslager und den Tod zu gehen«[20].

Nachdem er die zweite Hälfte des Jahres 1933 im Hause seines Freundes Lion Feuchtwanger in Sanary-sur-Mer verbracht hatte, traf Zweig am 21. Dezember 1933 in Haifa ein. Der Zionist Zweig kannte Palästina nur von einem kurzen touristischen Besuch und aus literarischen Darstellungen, darunter auch aus seinen eigenen.

Der Enthusiasmus für die jüdische Heimstätte aber hielt der Begegnung mit der Wirklichkeit Palästinas nicht stand. Vier Wochen nach seiner Ankunft in Haifa schrieb er an Sigmund Freud:

Ich habe keinerlei zionistische Illusionen mehr. Ich betrachte die Notwendigkeit, hier unter Juden zu leben, ohne Enthusiasmus, ohne Verschönerungen und selbst ohne Spott. Ich bin dankbar für die List der Idee, die uns als junge Menschen mit diesem merkwürdigen Gebilde hier verband und uns zwang, im Interesse unserer Kinder und jungen Freunde hierherzugehen. Aber Dita und ich sind ebensosehr Emigranten oder ebensowenig wie in Südfrankreich.[21]

Für die gescheiterte Integration des Schriftstellers Arnold Zweig in den Jischuw, die jüdische Gemeinschaft Palästinas, gibt es ein ganzes Bündel von Ursachen[22]. Am gravierendsten war zweifellos, daß Zweig die materiellen und kulturellen Grundlagen seiner Existenz, die er in Deutschland verloren hatte, in Palästina nicht zu ersetzen vermochte; hier fand er keine adäquaten Gesprächspartner, war von den westeuropäischen Exilzentren weit entfernt und sah sich einer ihm unbekannten Siedler- und Pioniermentalität des im Aufbau befindlichen jüdischen Gemeinwesens konfrontiert. In Palästina befand Zweig sich in einer fast permanenten finanziellen Notsituation und klagte darüber, daß »keines meiner Stücke den Weg zu einer hebräischen Bühne, in den letzten zehn Jahren keines meiner Bücher auf den hebräischen Buchmarkt Zugang, keine der hebräischen Zeitungen eine Brücke gefunden hatte, sich meine regelmäßige Mitarbeit zu sichern«[23]. Schließlich machten sowohl die Probleme des nahezu blinden Zweig, die hebräische Sprache zu erlernen, als auch die historisch und politisch motivierte Intoleranz des Jischuw der deutschen Sprache gegenüber eine Integration des Schriftstellers nahezu unmöglich.[24] Eine entscheidende psychische Voraussetzung für alle Integrationsprobleme ist jedoch darin zu sehen, daß Zweig sich schon vier Wochen nach seiner Ankunft nicht mehr als Zionist verstand, sondern als »Emigrant«. Es gibt keine Äußerung Zweigs aus der Folgezeit, die dieses Selbstverständnis korrigiert, jedoch viele, die es bestärken. In einem Brief an Freud vom 1. 9. 1935 konstatiert Zweig noch einmal, »daß ich hierher nicht gehöre«, daß alles »irrig« war, »was uns hierher brachte« und daß er ans »Weggehn«[25] denke. Zweig lebte in Palästina lange Zeit in einer Art doppelten Exils: vertrieben aus Deutschland, das er in Briefen immer wieder als »Heimat«

bezeichnete, und verbannt aus seinem Traum von jener Idylle eines Erez Israel, in dem Juden und Araber gemeinsam den Landauer-schen Siedlungskommunismus in die Tat umsetzen. Immer wieder klagte der Schriftsteller darüber, daß die jüdische Sprachgemein-schaft Palästinas ihn diskriminiere, weil er die hebräische Sprache nicht erlerne. Das von wechselseitigem Unverständnis und Feind-seligkeit geprägte Verhältnis zwischen Zweig und dem Zionismus eskalierte in den Jahren 1942/43. Im Juni 1942 wurde ein in deut-scher Sprache gehaltener Vortrag Zweigs zugunsten der ›Liga Vic-tory für Rußlandhilfe‹ von rechtszionistischen Schlägertrupps gesprengt, am 2. Februar 1943 wurde die Druckerei der deutsch-sprachigen Zeitschrift ›Orient‹, die konzeptionell der ›Weltbühne‹ nacheiferte und an der Zweig regelmäßig mitarbeitete, durch einen Bombenanschlag völlig zerstört. Über das Attentat wurde in der Presse nicht berichtet, die Täter wurden nicht gefunden, und alle Druckereien wurden durch anonyme Briefe so eingeschüchtert, daß die Zeitschrift ihr Erscheinen einstellte. Zweig reagierte maß-los verbittert und schrieb: »Wir gingen nicht hierher, um einem Faschismus zu entkommen und dem anderen zu verfallen«[26]. Seine Gegnerschaft zum nationalistischen Zionismus war unüberbrück-bar geworden.

Der Beginn des Zweiten Weltkriegs hatte die Verbindung zu den westeuropäischen Exilzentren zerstört, und Zweig hatte daraufhin engere Beziehungen zu einer Gruppe exilierter kommunistischer Schriftsteller und Publizisten wie Louis Fürnberg und Rudolf Hirsch aufgenommen; durch seine Tätigkeit für die ›Liga Victory‹ war, wie er im Dezember 1942 an Feuchtwanger schrieb, sein »Kontakt mit Moskau recht eng geworden«[27]. Auf der Grundlage der bislang bekannten Zeugnisse läßt sich vermuten, daß Zweigs Hinwendung zum Kommunismus nicht das Ergebnis einer theo-retischen Auseinandersetzung mit den Schriften von Marx und Engels gewesen ist, vielmehr die praktische Konsequenz seiner Abkehr vom politischen Zionismus einerseits und seiner antifa-schistischen Orientierung andererseits, die ihn im Zweiten Welt-krieg die einst deutlich artikulierten Vorbehalte gegen die Sowjet-union vergessen ließ.

Betrachtet man die miserable wirtschaftliche und gesundheitli-che Situation Arnold Zweigs – er litt unter den langwierigen Fol-gen einer Augentuberkulose und wurde 1943 Opfer eines schwe-ren Autounfalls –, so ist der schriftstellerische Ertrag der Exiljahre erstaunlich. Bereits 1934 erschien Zweigs *Bilanz der deutschen Judenheit 1933*, ein schmales Buch über die Ursachen des deutschen Antisemitismus und die Leistung der jüdischen Mitbürger für die deutsche Wirtschaft, Wissenschaft und Kunst. 1935 bzw. 1937 wurden die Kriegsromane *Erziehung vor Verdun* und *Einsetzung eines Königs* publiziert, die noch einmal des Niveau des *Grischa* erreichten. 1943 erschien die hebräische Version des *Beils von Wandsbek*, das in deutscher Sprache erst 1947 veröffentlicht werden konnte. In dieser Aufstellung fehlen unter anderem die zahlreichen publizistischen Beiträge Zweigs zu den Exilzeitschriften und die bis heute unveröffentlichten Arbeiten, das 1939/40 entstandene *Alpenbuch*, in dem Zweig den »faschistischen Typus« psychoanalytisch als Wiederkehr des auf seinen Destruktionstrieb reduzierten »homo alpinus« charakterisierte, und die ersten beiden Teile des autobiographischen Buchs *Freundschaft mit Freud*.

Das Hauptwerk des palästinensischen Exils ist zweifellos der Roman *Das Beil von Wandsbek*. An der ebenso einfachen wie wirkungsvollen Fabel um den Aufstieg und Fall des Schlachter-Henkers Albert Teetjen demonstriert Zweig symbolisch den Aufstieg und Fall Nazi-Deutschlands, und er verknüpft die Haupthandlung kunstvoll mit einer Vielzahl von Nebenhandlungssträngen, aus denen dem Leser plastische Gestalten aus allen Schattierungen des Bürgertums entgegentreten: der Gefängnisdirektor und Nietzsche-Verehrer Koldewey, der die Nazis degoutant findet, die vom Nationalsozialismus zu Freud bekehrte Ärztin Käte Neumeier, der Reeder Footh als Typus des »NS-Wirtschaftsführers« – ein Panoptikum des Bürgertums im NS-Staat. Daß *Das Beil von Wandsbek* neben Anna Seghers' Roman *Das siebte Kreuz* der umfassendste und differenzierteste Deutschland-Roman der Exilliteratur ist, gilt seit langem als unbestritten. Erst in jüngster Zeit aber hat der Exilforscher Hans-Albert Walter[28] herausgearbeitet, welcher erzählerische Rang dem *Beil* zukommt. Selbst wenn man den Roman nicht gleich, wie Zweig selbst es wollte, Thomas Manns *Dr. Faustus* an die Seite stellt, hat doch das vereinigte Deutschland allen Anlaß, im *Beil von Wandsbek* einen großen deutschen Roman der ersten Jahrhunderthälfte zu entdecken.

6.

Schon vor dem Zweiten Weltkrieg hatte Zweig sich mit Remigrationsplänen getragen, aber die familiäre und die finanzielle Situation hinderten ihn ebenso an einer Entscheidung über ein neues Exil wie das Bewußtsein, daß es »fast gleich« ist, »wo man sitzt, wenn man nicht daheim sitzt [...]«[29], und die bereits 1936 geäußerte Hoffnung, »Deutschland werde in ein paar Jahren wieder offenstehen und mich dann gut brauchen können«[30]. Im August 1944 signalisierte Zweig dem Präsidenten des ›Nationalkomitee Freies Deutschland‹, Erich Weinert, »daß wir unsere Fachkenntnisse und politische Erfahrung zum Wiederaufbau eines neuen, freien und demokratischen Deutschland einsetzen werden, sobald die Zeit dazu gekommen ist und Sie uns ein Zeichen geben«[31]. Als Weinert ihn dann am 15. Mai 1947 offiziell einlud, ließ Zweig keinen Zweifel daran, »wo ich stehe – nämlich bei euch, in euren Reihen, ohne Reserve, wenn auch mit mehreren Vorsichtsmaßnahmen, damit ich nicht wieder unter die Räder komme, wie in Palästina«[32]. Wie zögerlich und mit wie vielen taktischen Vorsichtsmaßnahmen Zweig dann schließlich in die sowjetisch besetzte Zone remigrierte, ist hinlänglich dokumentiert[33].

Den Zenit seiner literarischen Schaffenskraft hatte Zweig 1947 bereits überschritten. Der englische Germanist Geoffrey Davis hat das umfangreiche Altersschaffen mit britischem Takt als »Ausklang eines Lebenswerks« bezeichnet, und der greise Dichter selbst titulierte sich gelegentlich als »Herausgeber des eigenen Nachlasses«.[34]

Das politische Verhalten Zweigs in der DDR war geprägt durch »ungebrochene Identifikation mit dem sich etablierenden System«[35] nach außen, kritisches Räsonnement nach innen und vereinzelte öffentliche Widersetzlichkeiten. Wenngleich er am System einiges zu kritisieren hatte, glaubte Arnold Zweig »fest an die Zukunft der DDR, fand dort dankbar eine neue politische Heimat«[36]. All das ist bekannt und unbestritten – umstritten war und ist die Bewertung seiner Remigration in die SBZ und spätere DDR. Was im Westen oft als schnöder Opportunismus und »Verrat am Werk« ausgelegt wurde, galt in der DDR als konsequenter Abschluß eines lebenslangen und folgerichtig im Marxismus mündenden Lernprozesses. Beide Bewertungen gehen von der Auffassung aus, es habe in Zweigs Entwicklung eine innere Logik gelegen, die für oder gegen eine Remigration in die sowjetische oder eine westliche Besatzungszone spräche. Blickt man im Jahre 1992 auf Arnold Zweigs intellektuelle und politische Entwicklung zurück, so erscheint eine derartige Auffassung als wunderlich. Zweig war Anhänger der Philosophie Nietzsches, der Phänomenologie Schelers, des Buberschen Kulturzionismus, des Landauerschen Sozialismus, der Freudschen Psychoanalyse, des Marxismus – er war deutscher Nationalist und Antidemokrat, Zionist und Sozialist, Demokrat und Antikommunist, Pazifist, Antifaschist, Kommunist – alles zu seiner Zeit, gewiß, aber vor dem Hintergrund dieser an Stationen überreichen Entwicklung kann sich meines Erachtens weder die Option für den Osten noch die für den Westen auf eine »innere Logik« berufen. Seine Entscheidung zur Remigration in die SBZ hatte, so scheint mir, keine theoretischen, sondern wohlerwogene praktische Gründe – in den westlichen Besatzungszonen hätte Zweig nach 1948 von seiner schriftstellerischen Arbeit wohl kaum leben und sein Werk vollenden können.

Je eher man die falschen Ansprüche an Arnold Zweig den Denker, den Politiker, den Lyriker und Essayisten fahren läßt, desto ungetrübter wird sein Rang als bedeutender deutscher und europäischer Erzähler hervortreten. Arnold Zweig war kein übermäßig begabter Analytiker der Wirklichkeit; er war ein Träumer teurer Träume und ein begnadeter Fabelkonstrukteur, dessen Romane noch lange ein Stachel im wiedervereinigten deutschen Geschichtsbewußtsein sein werden.

Anmerkungen

1 Die rezenteste Auswahlbibliographie zum Werk Zweigs stammt von Deborah Vietor-Engländer, in: Text und Kritik 104 (Oktober 1989), S. 99-103.
2 Arnold Zweig, *De Vriendt kehrt heim. Roman*, Berlin 1932, S. 181.
3 Arnold Zweig, *Wege und Umwege. Autobiographische Aufzeichnungen*, in: Neue Deutsche Literatur 10/5 (Mai 1962), 43-51, S. 44.
4 Ebd.
5 Arnold Zweig, *Caliban oder Politik und Leidenschaft. Versuch über die menschlichen Gruppenleidenschaften dargetan am Antisemitismus,*

Potsdam 1927, S. 251.

6 Moritz Goldstein, *Arnold Zweig*, in: *Juden in der deutschen Literatur. Essays über zeitgenössische Schriftsteller*, hg. von Gustav Krojanker, Berlin 1922, S. 241-250, S. 244.

7 Gustav Landauer, *Walter Calé*, in: G. L., *Der werdende Mensch. Aufsätze über Leben und Schrifttum*, Potsdam 1921, S. 342-348, S. 342/43.

8 Arnold Zweig, *Die Demokratie und die Seele des Juden*, in: *Vom Judentum. Ein Sammelbuch*, hg. vom Verein jüdischer Hochschüler Bar-Kochba in Prag, Leipzig ²1913, S. 210-235.

9 Arnold Zweig, *Zum Problem des jüdischen Dichters in Deutschland*, in: Die Freistatt. Alljüdische Revue, 1913, S. 375-381, S. 380.

10 Arnold Zweig, *Warum ich schwieg*, in: Die literarische Welt 1, Nr. 12/13 (25. 12. 1925), S. 3.

11 Ebd.

12 Arnold Zweig, Brief an Helene Weyl vom 27. 8. 1914, in: *Arnold Zweig 1887-1968. Werk und Leben in Dokumenten und Bildern. Mit unveröffentlichten Manuskripten und Briefen aus dem Nachlaß*, hg. von Georg Wenzel, Berlin und Weimar 1978 (Veröffentlichungen der Akademie der Künste der Deutschen Demokratischen Republik), S. 62.

13 Arnold Zweig, *Lebensabriß*, in: A. Z., *Früchtekorb. Jüngste Ernte. Aufsätze*, Rudolstadt 1956, S. 153-162, S. 156.

14 Arnold Zweig, Brief an Martin Buber vom 15. 2. 1917, in: *Arnold Zweig 1887-1968*, a.a.O., S. 74.

15 Arnold Zweig, *Lessing, Kleist, Büchner. Drei Versuche*, Potsdam 1925, S. 9.

16 Arnold Zweig, *Epoche und Theater*, in: *Das deutsche Theater der Gegenwart*, hg. von Max Krell, München und Leipzig 1923, S. 13-24, S. 22.

17 Arnold Zweig, *Das ostjüdische Antlitz*, Berlin ²1922, S. 166.

18 Arnold Zweig, *Bilanz der deutschen Judenheit. Ein Versuch*, Amsterdam 1934, S. 140.

19 Sigmund Freud – Arnold Zweig, *Briefwechsel*, hg. von Ernst L. Freud, Frankfurt/Main 1984, S. 9 (Brief Zweigs an Freud vom 18. 3. 1927).

20 Arnold Zweig, Brief an Sigmund Freud vom 15. 2. 1936, in: Sigmund Freud – Arnold Zweig, *Briefwechsel*, a.a.O., S. 131.

21 Arnold Zweig, Brief an Sigmund Freud vom 21. 1. 1934, in: Sigmund Freud – Arnold Zweig, *Briefwechsel*, a.a.O., S. 68/69.

22 Vgl. dazu Hans-Albert Walter, *Deutsche Exilliteratur 1933-1950*, Bd. 3: *Internierung, Flucht und Lebensbedingungen im Zweiten Weltkrieg*, Stuttgart 1988, S. 553-555, und ders., »*Im Anfang war die Tat*«. *Arnold Zweigs »Beil von Wandsbek«. Roman einer Welt – Welt eines Romans*, Frankfurt/Main 1985, S. 9–34. Ferner: Geoffrey V. Davis, *Arnold Zweig im palästinensischen Exil. Erwartungen und Wirklichkeit*, in: Exil, 1987, Nr. 1, S. 14-33.

23 Arnold Zweig, *Verwurzelung*, in: Orient 3/14 (3.7. 1942), S. 5-7, S. 6.
24 Versuchen, das Sprachproblem zum entscheidenden Integrationspro-
   blem zu machen, hat Zweig selbst widersprochen. Vgl. Zweig, *Verwurzelung*, a.a.O., S. 6/7, und Schalom Ben-Chorin, *Sprache als Heimat*,
   in: ders., *Germania Hebraica. Beiträge zum Verhältnis von Deutschen
   und Juden*, Gerlingen 1982, S. 33-49, S. 34/35.
25 Arnold Zweig, Brief an Sigmund Freud vom 1.9. 1935, in: Sigmund
   Freud – Arnold Zweig, *Briefwechsel*, a.a.O., S. 119.
26 Arnold Zweig, *Des Pudels Kern*, in: Orient 3/23 (11.9. 1942), S. 10-13,
   S. 12.
27 Arnold Zweig, Brief an Lion Feuchtwanger vom 2. 12. 1942, in: Lion
   Feuchtwanger – Arnold Zweig, *Briefwechsel 1933-1958*, Bd. 1, Berlin,
   Weimar 1984, S. 263.
28 Vgl. Hans-Albert Walter, »*Im Anfang war die Tat*« (vgl. Anm. 22).
29 Arnold Zweig, Brief an Sigmund Freud vom 22. 11. 1935, in: Sigmund
   Freud – Arnold Zweig, *Briefwechsel*, a.a.O., S. 123/124.
30 Arnold Zweig, Brief an Sigmund Freud vom 15.2. 1936, in: Sigmund
   Freud – Arnold Zweig, *Briefwechsel*, a.a.O., S. 130/131.
31 Arnold Zweig, Brief an Erich Weinert vom 1. 8. 1944, in: *Arnold Zweig
   1887-1868* (vgl. Anm. 12), S. 303.
32 Arnold Zweig, Brief an Erich Weinert vom 31.5. 1947, in: *Arnold
   Zweig 1887-1968*, a.a.O., S. 334/335.
33 Vgl. dazu Manuel Wiznitzer, *Arnold Zweig. Das Leben eines deutsch-
   jüdischen Schriftstellers*, Königstein/Taunus 1983, S.143-170.
34 Vgl. Geoffrey Davis, *Arnold Zweig in der DDR*, Bonn 1977 (Abhandlungen zur Kunst-, Musik- und Literaturwissenschaft 236), S. 9.
35 Klaus-Rüdiger Metzke, *Arnold Zweig in der DDR*, in: *Arnold Zweig.
   Materialien zu Leben und Werk*, hg. von Wilhelm von Sternburg,
   Frankfurt/Main 1987, S. 80-103, S. 86.
36 Wilhelm von Sternburg, *Arnold Zweig*, Frankfurt/Main 1990, S. 216.

Erhard Schütz

»...die Symbole waren so schön bequem.«[1]

Medialität in den literarischen Deutschland-Bildern der Weimarer Republik: Kurt Tucholsky im Kontext

In Erinnerung an D. J. K. Peukert

1. Vorbemerkung in Zitaten

Deutschland ist unter den Fremden das, was der Jude unter den Deutschen ist. (Kurt Tucholsky 1931[2])

Gestehen wir aber ein, daß es ihnen an Takt, an Bescheidenheit, an dem Rückhalt einer festen bejahenden Tradition, wohl auch an Schöpferkraft fehlte, gestehen wir ein, daß im Seelenhaushalt einer Nation es wohl einige solcher Kritiker, einige solcher Versemacher, einige solcher Soziologen geben darf, aber nicht zu viele von ihnen und daß es in den zwanziger Jahren eher zu viel als zu wenige von ihnen gab. (Golo Mann 1962 über »jüdische Literaten [...] wie etwa [...] Kurt Tucholsky«[3])

Oder es wäre zu sprechen über Tucholsky, Deutschland und die Juden. Das jedoch ist, wie ihr Lieblingsschriftsteller, der alte Fontane, zu sagen pflegte, ›ein weites Feld‹, und es wäre viel zu sagen und lange zu sprechen. Aber dagegen steht Ihr Rat an den Bruder Fritz: ›Laß sie alle ausquatschen‹, schrieben Sie ihm, ›dann kommt ein Moment, wo die Gesellschaft des Stoffes müde wird. Wenn man dich dann fragt: ›Na, und was meinen Sie dazu?‹, so fürchten alle: Mein Gott, jetzt fängt der auch nochmal an! – Dann sagst du: Ja, meine Herren, dazu ließe sich in mancher Beziehung viel sagen.‹ Und dann sagst du es nicht. Dann werden dir alle sehr dankbar sein.‹ (Christoph Hein 1990 in einer Rede an Tucholsky[4])

2. »Polemik aus der Ferne« –
»Förderung der NS-Propaganda«

[...] so darf man wohl sagen, daß noch nie ein großer Staat mit so geringen Reibungen aus einem Staatssystem in ein anderes hineinwuchs. Es gab Reibungen und kleinere Explosionen. Die kommunistischen Elemente wollten sich lange Zeit nicht damit abfinden, daß ihre Herrschaft [...] in Deutschland nicht aufzurichten ging. [...] Aber auch monarchistische Kreise konnten es lange nicht begreifen, daß ihre Zeit mit dem Zusammenbruch der alten Regierungsform im November 1918 gänzlich und für immer vorbei ist. Gegen beide Extreme mußte sich die junge Republik durchsetzen und hat sich durchgesetzt. Für Staatsstreiche ist heute in Deutschland kein Boden.

So entwarf 1929 für die Teilnehmer des Weltreklamekongresses Albrecht Graf Montgelas das *Deutschland von heute*[5], indem er es abschließend, seine Überwindung der Kleinstaatlichkeit zu den »Vereinigten Staaten von Deutschland«, als Modell eines künftig geeinten Europa empfahl.[6]

Daß man gegenüber Reklamefachleuten derart für Deutschland warb, zumal im Auftrag des großen Pressekonzerns Ullstein[7], wird kaum verwundern. Und insofern ist auch nicht erstaunlich, daß Montgelas aus seinem Deutschland-Bild den Nationalsozialismus retuschiert. Um so merkwürdiger erscheint dann aber die völlige Abwesenheit der Nazis in einem Buch, das im gleichen Jahr 1929 im Neuen Deutschen Verlag herauskam, der zum kommunistischen Medien-, dem sogenannten Münzenberg-Konzern gehörte. Gemeint ist Kurt Tucholskys *Deutschland, Deutschland über alles*.

Kamen zwar die Nazis in Tucholskys Buch nicht vor[8], so kam das Buch den Nazis zupaß – das behaupteten sie jedenfalls: »Sie haben für uns mit diesem Buch eine gute Propaganda-Vorarbeit geleistet.« Und: »Herr Tucholsky wird auf dieses Buch vor dem neuen Staatsgerichtshof mildernde Umstände kriegen. Sicher. ›Wegen Förderung der NS-Propaganda‹.«[9] Freilich meinte man nicht solche Aspekte des Buchs wie John Heartfields Montage aus Generals-Porträts mit dem Untertitel »Tiere sehen dich an!« (S. 63).[10]

Gerade diese Montage – und keineswegs der Umstand, daß die Nazis nicht vorkamen – hat das linksliberale Lager im Urteil über das Buch polarisiert. Im ›Berliner Börsen-Courier‹ hatte Herbert Ihering geschrieben: »Ein Genießer, der sich's in Schweden gut sein läßt, polemisiert in diesem Buche gegen das Schaufenster von Rollenhagen«[11] – und im ›Tagebuch‹ weniger drastisch, dafür aber grundsätzlicher formuliert: »Diese Art der Polemik aus der Ferne war wohl möglich zur Zeit, als Heinrich Heine in Paris saß. Sie ist aber nicht möglich heute, wo die Ereignisse sich überstürzen […].«[12] Rolf Nürnberg, Kritiker am Berliner ›12 Uhr Blatt‹, etikettierte Tucholsky als »Amokläufer«, sein Buch als »nicht nur einseitig, es ist kleinlich«, es betreibt »Demagogie um der

Demagogie willen«.[13]

Man wirft ihm extern Vereinseitigung vor: »Was ihm typisch deutsche Fehler zu sein scheinen, sind allgemein menschliche, was er als schlechtes Deutschtum anprangert, kann man in seinem geliebten Frankreich, kann man in Italien, in England, in den nordischen Ländern genauso beweisen.«[14] Gefordert wird, »zu sagen, daß in anderen Ländern dieselben Züge zu erkennen sind, und wirklich einmal die soziale und geistige Struktur Deutschlands und der anderen europäischen Länder aufzuzeigen.«[15]

Intern entzündet sich die Kritik an Tucholskys Tendenz zur Typisierung. Er »überzeugt in seinem Buch nicht mehr, weil er Schicksale mit Typen [...] verwechselt«.[16] Und Ihering moniert »immer wieder dieselbe, gewiß blendende, gewiß eindringliche und doch im letzten Grunde billige und beinahe unverbindliche Typencharakteristik«.[17] Genau diese freilich hatte Tucholsky schon 1924, unterm Titel *Wie mache ich mich unbeliebt?*, zum Programm erhoben: »Denn die Aufgabe des modernen Humoristen« sei es, »den Querschnitt zu ziehen, die ungeheure Gleichheit, hervorgerufen durch die Zivilisation, aufzuzeigen, die vollkommene Kongruenz selbst in den Gefühlen, die absolute Übereinstimmung aller Wesen unter gleichen wirtschaftlichen Bedingungen.« Und: »Was heute gilt, ist die Komik des Typus.«[18]

Abgesehen von Remarques *Im Westen nichts Neues* hat wohl kaum ein Buch jener Jahre der ausgehenden Weimarer Republik derart heftig kontroverse Reaktionen ausgelöst wie Tucholskys *Deutschland, Deutschland über alles.*[19] Wie kein anderer der Bücher über Deutschland steht es im Spannungsfeld von Reklame, Propaganda und Polemik, der Diskussion um Gleichartigkeit und Besonderheit, der Perspektive von außen und innen, links und rechts. Und es zeigt, gerade indem es darauf einzugehen versucht – durchweg wird heute das Buch wegen der Zusammenarbeit mit John Heartfield, wegen seiner fortschrittlichen Collage-Technik o. ä. gelobt[20] –, den blinden Fleck der damaligen Texte über Deutschland: ihre mangelnde bzw. einseitige Reflexion der Medialität der Deutschland-Bilder und *in den* Deutschland-Bildern. Das nun ist kein beliebiger Aspekt bei der Frage nach den Autoren und ihrer Nation. Daß Nationalismus und mediale Entwicklung eng zusammenhängen, ist spätestens seit McLuhans Überlegungen zur *Gutenberg-Galaxis* populär geworden: »Vielleicht sind deshalb der Buchdruck und der Nationalismus einander einfach schon deshalb zugeordnet, weil durch den Buchdruck ein Volk zum ersten Mal sich selber *sieht*.«[21] Nun ist in jüngster Zeit, meist zurückgehend auf McLuhans Vision vom medialen ›Global Village‹, die Überholtheit und Auflösung des Nationalismus durch die audiovisuellen Medien bzw. die ›telematische Gesellschaft‹ propagiert worden. Das Gegenteil aber dürfte der Fall sein – schon, weil erst jetzt die Möglichkeiten zur Imagolatrie von Nation und Vaterland so recht entfesselt werden können.[22] Daher ist das Folgende auch als Beitrag zu einer Jüngstzeit-Archäologie des medialisierten Nationalismus gedacht.

3. »Deutschland so oder so?«

Die erweiterte, veränderte Konstellation der Medien – der Boom des Films, Rundfunk seit 1923, die Expansion und Krise der Printmedien ineins[23] – verschieben den Ort der Deutschland-Bilder. Die literarischen Diskussionen über ›Deutschland‹ finden damals im Feuilleton der Tagespresse und in den Kulturzeitschriften statt. So kann man etwa die allmähliche republikanische Konvergenz der Brüder Heinrich und Thomas Mann der Presse entnehmen. Heinrich Manns visionäre Überschreitung Deutschlands zum Bundesstaat Vereinigte Staaten Europas *(V. S. E.)* erscheint 1924 in der ›Vossischen Zeitung‹[24], Thomas Manns republikanische Offenbarung 1922 in der Rede zum 60. Geburtstag Gerhart Hauptmanns, *Von deutscher Republik*, sogar (auszugsweise) auf den Titelblättern des ›Berliner Tageblatt‹ und der ›Frankfurter Zeitung‹.[25] Und die durch dieses Bekenntnis enttäuschte Rechte reagiert ebenfalls in der Presse – Hanns Johst: »Sie haben Ihr Deutschtum an die Zeit verraten […]«[26], oder die Wochenzeitung ›Das Gewissen‹: »Was geht uns die Republik an? Es lebe Deutschland!«[27]

Zugleich wird so eine dualistische Konstruktion erkennbar, die apologetisch oder aggressiv die Deutschland-Bilder der Weimarer Republik bestimmte: Republik gegen Reich, gar ›Judenrepublik‹ gegen ›Deutsches Volkstum‹[28] oder, mit leichter Verschiebung, Asphaltmetropole gegen gesundes Land.[29]

Auf dem Buchmarkt hat die Diskussion um ›Deutschland‹ Teil an einer Veränderung dieses Mediensektors. Dazu gehören die popularisierenden Weltanschauungs-Werke wie die deutschlandzentrierten Weltordnungs-Großpamphlete Oswald Spenglers oder Edgar Jungs.[30] Dazu gehört vor allem aber der Boom an Reisebüchern.

»Schneller als Moskau selber lernt man Berlin von Moskau aus sehen«[31] – Walter Benjamins inzwischen vielzitierter Satz, formuliert in einem Reisetext jener Jahre, läßt sich auf das Verhältnis Ausland – Deutschland erweitern, ja, nicht zum wenigsten ist es erklärter Zweck der unzähligen Reisebücher in der Weimarer Republik, vom Ausland her Deutschland und seine Zukunft genauer zu bestimmen. Von Frankreich aus schreibt in der Regel, wer an pazifistischer Aussöhnung und europäischer Integration interessiert ist, aus Italien häufig, wer sich mit dem Faschismus auseinandersetzt, um Deutschland zu warnen oder ihm anzuempfehlen, aus den USA wird auf Deutschlands technologisch bestimmte Zukunft geschlossen, Hoffnung auf kapitalistische Rationalisierung gesetzt oder vor der industrialisierten Kulturzerstörung gewarnt; die Sowjetunion dient schließlich als Warn- oder Wunschbild einer proletarisierten, kollektivistischen Gesellschaft.[32]

Dabei verschwindet spätestens mit dem Übergang in die dreißiger Jahre das Wunschbild eines amerikanisierten, hochtechnisierten wie liberalen Deutschland fast völlig, polarisiert sich immer stärker heraus, was der Titel des in Deutschland heftig angefeindeten Buchs eines amerikanischen Journalisten, H. R. Knickerbocker, 1932 plakatierte: *Deutschland so oder so?* – nämlich die Wahl zwischen Hakenkreuz und Hammer und Sichel.[33]

Auch die Deutschland-Bücher kann man weitgehend nach ›Hakenkreuz‹ oder ›Hammer und Sichel‹ sortieren. Es fällt auf, daß jene auf Programmatik, Beschwörung und Vision, auf *Zukunftsappell* angelegt sind, während diese den Charakter von *Gegenwartsbeschreibung* betonen. Im Gestus der Beschreibung, der Bestandsaufnahme und Analyse, appellieren sie jedoch nicht minder an Zukunft. Beide Lager eint zudem, daß sie Masse und Jugend als Träger und Garanten des kommenden, anderen Deutschland sehen. Die einen betonen stärker die Jugend und Masse als Volk und Gemeinschaft[34], die anderen Klasse und revolutionäres Kollektiv, implizit als jung vorgestellt.[35] Beide setzen sich ab gegen Zerrissenheit, Zersplitterung, Unübersichtlichkeit und Individualismus – als Schwächen ›der‹ Republik. Wenn folgend die Aufmerksamkeit nurmehr der linken Seite gilt, dann eben wegen ihres Beschreibungsanspruchs und Wirklichkeitsgestus, denn auf dieser Folie wird Tucholskys Buch zu betrachten sein.

Max Barthel *Deutschland. Lichtbilder und Schattenrisse einer Reise* erschien 1926 in der ›Büchergilde Gutenberg‹. Durch die Perspektivfigur des Journalisten Karl Sommerschuh schildert Barthel Reisen von Berlin aus in den Norden, nach Mecklenburg und Hamburg, durch Sachsen, an den Rhein, ins Ruhrgebiet. Stets schildert er, historische oder geographische Daten karg bis plakativ aufführend, Landschaften und Orte im Stil von Reiseführern, ergänzt nun um ausführliche Darstellungen und Reflexionen zu Industrie, Fischerei und Hafen, Textilindustrie und Heimarbeit, Glasindustrie, Bergbau und Schwerindustrie. Geprägt ist die Darstellung vom Pathos schwerer Arbeit und Würde der Arbeitenden. Den Schlußteil des Berichts bildet eine Reise nach Süddeutschland, »Das andere Deutschland« überschrieben, wo Barthels Technikbegeisterung das ›Deutsche Museum‹ in München so ausführlich feiert, daß es am Ende als Abbreviatur für Deutschland insgesamt erscheint:

Das Bild des neuen Menschen er,stand dem Besucher in den vielfältigen Abteilungen des Museums in wechselnder Gestalt. [...] Ach, die verstummten Maschinen begannen sich plötzlich wie in einer Vision zu bewegen. [...] Er fühlte und ahnte die kommende Hochzeit der Arbeit mit der Wissenschaft, als deren Kind die neue und befreite Menschheit aufsteigen wird.[36]

Vollendet ist seine Vision jedoch erst in Wien, mit der Apotheose des Gewerkschaftsstaates:

Nicht mehr abseits und voller Haß und dumpfer Wut standen die Proletarier: sie regten neben den Händen ihre Herzen und Gehirne, um die Welt zu verändern [...]. Wir alle leben ja auf einer Wanderschaft. Es ist ein langer Weg nach Deutschland. Aber dort liegt unser Herz.[37]

Auf dem Weg nach Wien hat er eine weitere Vision:

Auch Deutschland und Österreich, das sah Sommerschuh auf seiner Reise nach Wien, sind eine unzerstörbare Einheit und werden sich, früher oder später, zusammenfinden und zusammenbinden zum Siebzigmillionenvolk der deutschen Republik.[38]

Als sich die beiden Länder zum Großdeutschen Reich ›zusammenbanden‹, war Barthel, der 1926 noch in München an den jungen »Hitlergardisten die Früchte [...] der bitteren Verhetzung«

erkannt hatte, längst bekennender Nationalsozialist. Und von dieser ›Karriere‹ her lesen sich denn auch seine Bemerkungen zu Juden keineswegs mehr anekdotisch.[39]

Alfons Goldschmidts *Deutschland heute* erschien 1928 im Ernst Rowohlt Verlag. Kurt Tucholsky pries ihn als einen, der sagt, »wie es wirklich ist«, sein Buch als »eine mutige Tat«: »Es ist das Beste, was über Deutschland seit langen Jahren erschienen ist.«[40]

Der Wirtschaftswissenschaftler Goldschmidt schrieb aus der Perspektive eines nach mehrjährigem Auslandsaufenthalt Heimgekehrten – und mit dem Blick nach Osten: Er sieht Deutschland allegorisierend als »einen nach Osten gerichteten Körper. [...] Deutschland ist die mechanisierteste europäische Maschinenvorhalle des Ostens«.[41] Dementsprechend kritisiert er das Mechanistische, Bürokratische, Exakte, Disziplinierte, die Tüchtigkeit Deutschlands, als deren Zentrale er Berlin ausmacht und die er mit geradezu alttestamentarischen Verdammungen überzieht.[42] Dabei kritisiert er jedoch nicht die Industrialisierung – für das Ruhrgebiet findet er liebevolle Worte[43] –, sondern die Ver(groß)städterung. Gegen sie beschwört er die ›unverdorbene‹ Sprache der Regionen, Landschaft und ›Gesichter‹ – Arbeit und Proletariat: »Nur der Arbeitsgleichklang wird Freundschaft geben, nur Freundschaft kann Wohlstand schaffen, nur Wohlstand aus Freundschaft, Weltglück, große Gegenseitigkeit der liebenden Früchte.« Gegenwärtig »hat Deutschland kein Gesicht, Deutschland hat keine Farbe«, weil das deutsche Proletariat mutlos ist. »Du weißt, das Gesicht wird wieder sich ändern, wieder wird es Feuer sein, jung [...], denn die Arbeit kann nicht dulden, daß Millionen Sauger von ihr leben. Das ist Naturgesetz.« Noch steht das Proletariat unter Disziplin, »Knie gebeugt«. Doch, so der flammende Schluß: »Deutschlands Proleten sind nur ein Quäntchen vom Proletenheer der Erde, aber sie sind Vorhut der Fruchtbarkeit dieser Welt.«[44]

Nüchterner als Goldschmidt, der sich immer wieder in Sequenzen von expressionistischem Pathos steigert, aber in der Intention gleichlaufend, liest sich das 1931 erschienene Buch von Graf Alexander Stenbock-Fermor, *Deutschland von unten*, eine, so der Untertitel, »Reise durch die proletarische Provinz« im Sommer und Herbst 1930, für Kurt Tucholsky ein »schönes und lehrreiches Buch«.[45] Stenbocks Route ist weitgehend mit der Barthels identisch, auch er berichtet über Heimarbeit, Bergbau und Textilindustrie, allerdings wesentlich detaillierter beschreibend als Barthel. Zugleich ist es die Annonce einer Bekehrung durch die Tatsachen, die deshalb, ins Buch gesetzt, das Bekehrungswerk fortsetzen sollen, zum proletarischen, zum zukünftigen Sowjetdeutschland der »Soldaten der Revolution«[46]:

Am Anfang meiner Wanderung hatte ich keinen festen Plan. Ich wollte die Augen offen halten, beobachten, notieren. Ich wollte den Stoff sammeln und verarbeiten. Aber es wurde anders. Nicht ich formte den Stoff, sondern der Stoff selbst – harte, unmenschliche und eindringliche Tatsachen – zwang mich zu einer klaren Entscheidung.[47]

– zum Kommunismus. Und so kommt es späterhin im Buch zur Offenbarung, als Stenbock die Ruhrgebiets-Kumpel besucht, mit denen er, der konservative baltische Adelige, als Werkstudent 1922/23 unter Tage gearbeitet hatte.[48] Da spricht er von seiner »Wandlung« und bekennt sich in einer – über mehrere Seiten wiedergegebenen – begeisterten Ansprache als einer der ihren.[49] Allen drei Autoren ist gemeinsam, daß ihnen ein proletarisches Deutschland der Zukunft als Projektionsraum für Größenphantasien und Dazugehörigkeitswünsche dient.

Das aber ist nicht irgend Deutschland geschuldet, sondern vorrangig ein Problem der Schreibenden, auch über ›Deutschland‹ Schreibenden, freilich kein individuelles, gar privates Problem, sondern nicht zum wenigsten eines ihrer Profession, der Bedingungen, unter denen sie schreiben, zum Schreiben gekommen sind.

4. »... – bleibt das Buch«

Kurt Tucholskys *Deutschland, Deutschland über alles* teilt mit den vorgenannten Büchern – trotz der darin vorgetragenen Distanzierung vom Proletariat als »Vorwand für eine Schaustellung« (S. 177) – die Wunschperspektive des siegreichen Proletariats[50]; allerdings ist sie bei ihm nicht zukunftsgewiß grandios phantasiert, sondern viel eher erscheint sie als Phantasie der Rache für Vergangenes im Gegenwärtigen. Tucholskys Buch ist fixiert auf die gegenwärtigen Kräfte des Vergangenen, der Resistenz, des Retardierens und Revidierens. Als Parole könnte über ihm stehen: »Die gute alte Zeit hat's nie gegeben. Die schlechte neue? Allemal« (S. 176) Die schlechte neue nun ist für ihn eben das, was vorgeblich gute alte Zeit war.

Tucholskys Buch ist deshalb noch vor der ideologischen Festlegung auf die kommunistische, jedenfalls anti-sozialdemokratische[51], Perspektive ›des Proletariats‹ eine Parteinahme im Symbolkampf der Republik.

»Wenn ein neues Regime ans Ruder kommt, so vernichtet es gewöhnlich alle äußeren Spuren der Vorgänger, soweit ihm das möglich ist. So ist es bisher in der Weltgeschichte gewesen« (S. 188) – schreibt er zu einem Foto des bombastischen Hoheitszeichens über dem Eingang des Berliner Kammergerichts. Und wirft dann der Republik vor, eben diesen Symbolkampf nicht zu führen. Am Beispiel des Zeughauses in Berlin, das er als »Reklamebau für den Krieg« apostrophiert, unterstreichend: »Jedoch die Republik, die es mit der Tradition hat (nur nicht mit ihrer eigenen), hat diesen Steinbaukasten brav stehen lassen und nichts daran geändert.« (S. 78) Tucholsky führt nun diesen Symbolkampf stellvertretend, indem er den Blick auf das lenkt, was in der Republik nicht republikanisch ist – mithin auf seine üblichen Themen: Justiz, Militär, Verwaltung, Kirche oder Schule, die Institutionen der fortbestehenden Machtstrukturen. Dazu kommen deren falsche, ebenso aufgeblasene wie armselige, Repräsentationen[52] in den Winkeln des Alltags – die »Weinabteilung« (S. 21, 68, 180) der Gaststätten wie die studentische Mensur der »Deutschen Richter von 1940« (S. 19), der Dienstboteneingang (S. 28) wie das »Blechgespenst« der Urinoirs (S. 113), das möblierte Zimmer (S. 122) wie der gestickte Wandschmuck im elenden Proletenheim (S. 155). Das kontrastiert er in immer neuen Bildern mit dem erbärmlichen Schicksal ›des Proletariats‹, der Klientel, deren besondere Fürsorge der Republik aufgegeben sei.

Daher ist Tucholskys Buch den anderen nicht mehr umstandslos vergleichbar, vor allem aber deshalb nicht, weil er ein anderes Verfahren der Präsentation wählt, eins, das sich – wenigstens partiell – reflexiv verhält zur vorgeblich unmittelbaren Präsentierbarkeit deutscher Wirklichkeit in Bericht und Fotografie, die die anderen prätendierten.

Das zeigt sich bereits an der unterschiedlichen Ausgangssituation. Tucholsky schildert keine Reise, sondern bezieht sich auf ein Konvolut an Fotos – »Und solcher Bilder haben wir uns Hunderte und Tausende angesehn« (S. 10) –, aus denen er insgesamt 184, die elf Fotomontagen John Heartfields eingeschlossen[53], auswählte, um sie mit Texten zu versehen. Die Texte – Glossen, Bildunterschriften, Zeitungsmeldungen, Gedichte u. ä. – wiederum sind nur zum Teil zu diesem Anlaß geschrieben worden; viele stammen aus früheren Publikationen. Unterschiedliche Bildformate und unterschiedliche Drucktypen tragen zusätzlich dazu bei, das Buch von der gängigen Form der Deutschland-Bücher abzusetzen.

Tucholsky zieht damit durchaus eine Konsequenz aus den eigenen medialen Arbeitsbedingungen. Das wird spätetens in seiner Antwort an Iherings Kritik deutlich, in der selbst wiederum der gegenwärtige Zustand des Kulturbetriebs kritisiert worden war:

Die Amerikanisierung hat den Geist vertrieben. Die Tageszeitungen sind heute, mit wenigen Ausnahmen, kein Schauplatz für geistige Kämpfe mehr. Die Theater werden immer mehr zu reinen Geschäftsunternehmungen [...].[54]

Darauf antwortet Tucholsky bekräftigend: »Im Rundfunk dürfen wir nicht, in der Presse sollen wir nicht, im Kino können wir nicht – bleibt das Buch.« Um, so Tucholsky, dem »Leid der Anonymen«, dem »unterirdischen Schrei« Ausdruck zu verleihen.[55]

Tucholsky hält fest an einer Autorschaft, die ›im Namen‹ spricht – das allein bleibt zur Legitimation des Medienautors, der eigene Besonderheit in der Masse der Mitproduzenten kaum noch zur Geltung bringen kann. Weil sich aber durch die akkumulierte Konkurrenz die Positionalität[56] der Autoren zentrifugal verändert, entwickeln die Autoren zweifellos eine besondere Sensibilität für die krisenhafte Exzentrizität der Zeit, gefaßt im Raum ›Deutschland‹. Aber deren Befunde wiederum artikulieren nicht zuerst etwas über Deutschland, sondern über die Befindlichkeit der Autoren darin. Das ›Deutschland‹ dieser Bilder ist, neben allem, was es *auch* nicht mehr ist, vor allem eines nicht mehr: das Deutschland der ›Dichter und Denker‹. Es ist ein Produkt von Medienautoren, aber daraus entsteht nicht schon das Bild eines medialisierten Deutschland. Vielmehr gehen darin allenfalls Medienblindheit und Medienaufmerksamkeit ineinander über.

In den bisher angeführten Deutschland-Büchern spielen die Medien kein Rolle. Einzig Stenbock-Fermor macht eine Ausnahme, indem er immer wieder Plakate registriert, Zeitungslektüre und Filmprogramme anführt als Teil der deutschen Wirklichkeit. Sie dienen ihm jedoch als »Tatsachen« vor allem zur Illustration der gefährlich verwirrenden Widersprüchlichkeit – solange man nicht (s)eine gefestigte Linie hat – und der Gefährdungen proletarischen Daseins durch die verführerische Ablenkungskraft derjenigen Medien, die nicht ihrem Klassenbewußtsein dienen.[57]

Tucholsky zeigt sich nicht nur in seiner Bemerkung über die Macht- und Zugangsverhältnisse als ein Autor, der sich der medialen Bedingungen seiner Arbeit zu vergewissern sucht; auch in der Collage seines Buches findet in Fotos und Texten die medial durchsetzte Wirklichkeit seine Aufmerksamkeit, seien es Plakate oder Telefon, Mikrofone oder Schaufenster, Fotos mit Fotografen oder die polemische Montage *Deutscher Tonfilm* (S. 225).

Andererseits wirft ihm Nürnberg vor, für einen entscheidenden medialen Teil deutscher Wirklichkeit blind zu sein: »Aber Ullstein – der Begriff Ullstein wäre in einem Buch Deutschland, Deutschland über alles ja eigentlich eingehend zu behandeln – scheint, wenn man von einem kleinen Proforma-Schnittmuster-Vorstoß absieht, für Herrn Tucholsky nicht zu bestehen. […] Aber er arbeitet für Ullstein.«[58]

Die Widersprüchlichkeit seines Deutschland-Buchs aus deutschen Bildern reicht jedoch tiefer, in dessen Grundkonstruktion hinein. »Es will versuchen, aus Zufallsbildern, aus gewollten Bildern, aus allerhand Photos das *Typische* herauszuholen, soweit das möglich ist.« (S. 12) – Über diese Möglichkeit ist das Buch unentschieden, verstrickt sich in Widersprüche.[59] Einerseits formuliert Tucholsky zur Bekräftigung seiner physiognomisierenden Fotoexegese: »Photos sind halbwegs zuverlässige Reportage.« (S. 175)[60] Andererseits reflektiert er die Frage dokumentarischer Wirklichkeitsreproduktion analog zu Brechts Sentenz im *Dreigroschenprozeß*, daß die Wirklichkeit durch einfache Wiedergabe nicht zu haben, sondern in die Funktionale gerutscht sei[61], am drohenden Gaskrieg: »Wir haben auch gegen das Gas gearbeitet, in unserer Art. Aber das kann man nicht photographieren.« (S. 183)[62] Überbrückt werden diese Widersprüche durch den didaktisch-definitorischen Gestus, in dem das Trügerische wie das ›Dokumentarische‹ seiner Belege gleichermaßen zur Bestätigung seiner dualistischen Perspektivik von Kaiserreich hier und Proletariermacht dort dienen.

Diese Perspektive ist eine des Kaiserreichs. Tucholsky, der Kritiker des Kaiserreichs in der Weimarer Republik, ist zugleich ein Kritiker *aus dem* Kaiserreich in der Republik. Er kritisiert das Reich in der Republik – aber als *Republikaner aus dem Kaiserreich*.

Das ließe sich am Bild des Literaturbetriebs zeigen, das Tucholskys Buch entwirft[63]; das kann man aber schon an der gesamten Anlage erkennen. Mehr nämlich als eine avantgardistische Text-Bild-Collage, mehr auch als Ersatz für das »›Jahrbuch‹ einer radikalen satirischen Zeitschrift, die Tucholsky nie hatte herausgeben können«[64], ist Tucholskys Buch eine Imitation der Kalender-Tradition in der Arbeiterbewegung, die 1919 nicht zufällig zu Ende gegangen war.[65] Das beginnt mit dem traulichen Gestus des Kalendermanns – »das wollen wir uns erzählen, wenn wir uns am anderen Ende dieses Buches wiedertreffen« (S. 12) – und endet noch nicht mit der Küchenlieder-Sentimentalität von *Mutterns Hände* (S. 171).[66]

5. »Kein Land hat dermaßen Liebe nötig«

»Daher man es denn früher mit den Revolutionen einfacher hatte: die Symbole waren so schön bequem. Ein Kaiserschloß; die Bastille, goldene Kutschen – bitte nur zugreifen. Heute…?« (S. 90) In seiner nicht nur thematischen Fixation ans Vergangene blieb Tucholsky, der Kritiker des Kaiserreichs in der Republik, zugleich befangen im Deutschland der schön bequemen Symbole.

Der Kontrapunkt dazu dürfte die 1929 als Zeitungsserie begonnene und 1930 in Buchform erschienene, riskant aufs noch undeklariert Neue sich einlassende »Konstruktion der Wirklichkeit«, Siegfried Kracauers *Die Angestellten*, gewesen sein, deren Untertitel lautet: *Aus dem neuesten Deutschland.*[67] Der wird aber auch im, laut Tucholsky, »so ruhig vorgetragene[n] und so sehr scharfe[n] Deutschland-Buch«[68], *Die deutsche Wandlung* von Eugen Diesel aus dem selben Jahr 1929, deutlich, das der Form nach sogar auf ein noch älteres Vorbild zurückgriff, als Tucholsky dies tat – auf den Hausbuch-Habitus von Wilhelm Heinrich Riehls *Naturgeschichte des Volkes* (1851–69). Trotz des versöhnlich gehaltenen Ungefährs in den Schlußfolgerungen ist es in der Analyse aktueller und gründlicher als Tucholsky, weil es mit den Elementen des Alten zugleich die des Neuen zu erfassen sucht: »schlitzäugige Kulis und blauäugige Proletarier. Sie alle kennen den Wert der Giletteklingen und Fordautos, Kaugummi und Bananen, Selbstbestimmungsrecht und Parlamenten«.[69] Auf der Folie dieser unbequem neuen, transnationalen Symbole spekuliert Diesel auf das neue, andere Deutschland. Das, die »Werkstatt Deutschland«, ist für ihn ent-

scheidend mitgeprägt durch die medialen Veränderungen, dadurch, daß jeder »seine eigene Welthörzentrale in Gestalt des
Radios« besitze, und »nächstens vermag er auch die ganze Welt in
jedem Augenblick zu sehen.« Und:

Das Bild des Vaterlandes wird ergänzt durch unzählige huschende Eindrücke von der flimmernden Leinwand, auf der wir Wasserflächen von
oben und der Seite blitzen oder die Giebel und Türme unserer alten Städte
von der Zeppelingondel aus sich abenteuerlich drehen sehen.[70]

Gemessen an der sich veränderten Wahrnehmungswirklichkeit,
die Diesel noch im altertümlichen Blick aus der Gondel erfaßt, ist
Tucholskys Volksbildungsdidaktik zurückgeblieben und zugleich
doch schlecht fixiert ans vermeintlich schlechte Neue. Erkennbar
vor allem in jener Sentimentalität, die das Unterfutter seiner Texte
abgibt und obendrein die explizite Pointe des Buchs bildet – in dem
leidenschaftlichen Schlußbekenntnis zur deutschen Landschaft, in
so emphatischen Sätzen wie:

Nun haben wir auf 225 Seiten Nein gesagt, Nein aus Mitleid und Nein aus
Liebe, Nein aus Haß und Nein aus Leidenschaft – und nun wollen wir auch
einmal Ja sagen. Ja –: zu der Landschaft und zu dem Land Deutschland.
[…] …es gibt ein Gefühl jenseits aller Politik, und aus diesem Gefühl heraus lieben wir dieses Land. […] Im Patriotismus lassen wir uns von jedem
übertreffen – wir fühlen international. In der Heimatliebe von niemand –
[…] Deutschland ist ein gespaltenes Land. Ein Teil von ihm sind wir. (S.
226-231)

Auf den ersten Blick mag befremdlich erscheinen, daß solche Sätze
der zeitgenössischen Kritik besonders mißfielen, mal moderat von
Rolf Nürnberg als »sentimentale Erklärung zur Heimat« charakterisiert, die »viel beschönigen soll«[71], mal als »Liebeserklärung«, gar
»von ekelerregender Verlogenheit und zum Kotzen« in der links-
radikalen ›Aktion‹.[72] Auf den zweiten Blick ist es so verwunderlich
nicht mehr. So anrührend, für sich genommen, dieses Bekenntnis
noch heute wirken kann, so sehr zerfällt es auf der Folie der vor-
hergehenden 225 Seiten in Sentimentalität und Kalkül. In der
gesellschaftsfernen ›ewigen‹ Landschaft, dem Reversbild der vom
Alten zugestellten Gesellschaft, muß die Heimatliebe auf den bei-
gegebenen Postkarten-Fotos so unsichtbar bleiben wie der Kampf
gegen den Krieg auf dem Foto der Miss-Wahl. Was nurmehr
erscheint, ist die Instrumentalisierung des eigenen Sentiments als
dramaturgischer Schluß-Effekt.

Dennoch bleibt keine Wahl – das hat, sensibilisiert für die mediale Transformation jeder Rede über ›Deutschland‹, Joseph Roth in seinem *Bekenntnis zu Deutschland* 1931 formuliert:

Nirgends und niemals noch hat ein Bekenntnis zur Heimat einer Entschuldigung bedurft. Heute und bei uns sieht man sich gezwungen, vorerst die Bekenntnisformel von der schwülstigen Verlogenheit zu säubern, mit der man sie beworfen hat, von der papiernen Phraseologie, von der es seit Jahrzehnten um sie raschelt, von der blutrünstigen Rohheit, die seit Jahrzehnten den Patriotismus, die Liebe zur Nation und die Sprache in Pacht hält und vergewaltigt. [...] Und das Wort, das mißbrauchte, abgehetzte, durch alle Gossen geschleifte und durch alle undurchsichtigen Parteikanäle, das Wort Deutschland, deutsches Land, mit jener stillen Ehrfurcht zu wiederholen, mit der allein es ausgesprochen werden darf. Dennoch ein deutsches Wort: Wort einer tausendmal mißhandelten, durch Revolverpresse und Reklamewesen verschandelten, zu Programmen und Annoncen verwandelten Sprache [...] Unerträglich: das Vaterland als Objekt der Litfaßsäulen an den Straßenecken zu sehen. Das Bekenntnis erstirbt auf den Lippen, weil es von andern in den Straßen gebrüllt wird. [...] Wie schwierig ist es da, ein Patriot zu bleiben! Und wie notwendig ist es aber auch! Kein Land hat dermaßen Liebe nötig.[73]

Anmerkungen

1 *Deutschland, Deutschland über alles. Ein Bilderbuch* von Kurt Tucholsky und vielen Fotografen. Montiert von John Heartfield, Berlin 1929. Faksimilierte Neuauflage: Reinbek 1973, S. 90. [Folgend Seitenangaben im Text nach dieser Ausgabe.]
2 Kurt Tucholsky, *Der amerikanische Erfolg*, in: Kurt Tucholsky, *Gesammelte Schriften in zehn Bänden*, Reinbek 1975, Bd. 9, S. 163. [Folgend nur noch zitiert mit Titel, Bandnummer/Seitenzahl.]
3 Golo Mann, *Geschichte und Geschichten*, Frankfurt/Main o.J. (1962), S. 191 f.
4 Christoph Hein, *Ein bißchen laut*, in: Freibeuter, Nr. 43, 1990, S. 47-55, hier S. 54.
5 Albrecht Graf Montgelas, *Deutschland von heute. The Germany of today. L'allemagne d'aujourd'hui*, in: *Der Verlag Ullstein zum Weltreklamekongreß Berlin 1929*, Berlin 1929, S. 1-8, hier S. 2 f.
6 Montgelas, a.a.O., S. 6 und 8.
7 Arthur Koestler, der damals für Ullstein arbeitete, schrieb 1949: »Der Ullstein-Verlag war eine Art Supertrust, die größte Organisation dieser Art in Europa [...]. Das Haus Ullstein stellte nicht nur einen politi-

schen Machtfaktor dar, es war gleichzeitig auch die Verkörperung des liberalen Kosmopolitismus der Weimarer Republik.« Arthur Koestler, *Das rote Jahrzehnt*, Wien und Zürich 1991, S. 15.

8 Lediglich das Hakenkreuz wird einmal genannt (S. 154). Zu Tucholskys Auseinandersetzung mit dem Nationalsozialismus vgl. Eberhard Lämmert, *»Sie haben alles gesehen...«. Tucholskys Warnungen vor dem Nationalsozialismus*, in: Irmgard Ackermann und Klaus Hübner (Hg.), *Tucholsky heute. Rückblick und Ausblick*, München 1991, S. 71-104.

9 Zit. nach dem gründlichen Aufsatz von Anton Kaes, *Tucholsky und die Deutschen. Anmerkungen zu ›Deutschland, Deutschland über alles‹*, in: Text und Kritik, H. 29: *Kurt Tucholsky*, [3]München 1985, S. 12-23, hier S. 22; vgl. speziell zur NS-Rezeption auch Hans J. Becker, *Mit geballter Faust. Kurt Tucholskys ›Deutschland, Deutschland über alles‹*, Bonn 1978, S. 81 ff.

10 Die Unterschrift zitiert den Titel eines damals populären Fotobuchs von Paul Eipper, Berlin 1928.

11 Herbert Ihering zit. nach Beilage zur Faksimileausgabe von *Deutschland, Deutschland über alles*, a.a.O., ohne Seitenangabe (S. 4). Ihering bezieht sich dabei auf das Foto S. 87.

12 Ihering, a.a.O. (S. 3).

13 Rolf Nürnberg, *Die Gartenlaube von links*, in: Der Scheinwerfer. Blätter der Städtischen Bühnen Essen 3/3 (1929), S. 27 ff. Hier zit. nach: *Der Scheinwerfer. Ein Forum der Neuen Sachlichkeit 1927-1933*, hg. v. Erhard Schütz und Jochen Vogt, Essen 1986, S. 303-305.

14 Nürnberg, a.a.O., S. 304

15 Ihering, a.a.O., (S. 3). Diese Position macht sich Tucholsky 1931 selbst zu eigen, wenn er schreibt: »Tatsächlich müßte man ja, was ich in meinem Deutschlandbuch nicht getan habe, deutsche und amerikanische Arbeiter, deutsche und französische Offiziere, deutsche und englische Richter vergleichen – dann käme man zu besseren Resultaten.« *Der amerikanische Erfolg*, 9/163.

16 Nürnberg, a.a.O., S. 304.

17 Ihering, a.a.O. (S. 3).

18 *Wie mache ich mich unbeliebt?* 10/159 f. Das war nun keineswegs eine singuläre Position Kurt Tucholskys, sondern für die kritische Intelligenz jener Jahre galt das als ausgemacht – im politischen und literarischen Spektrum zwischen Bertolt Brecht und Ernst Jünger sprach man durchweg von der ›Herrschaft des Typus‹.

19 Dazu Helga Bemmann, *Kurt Tucholsky. Ein Lebensbild*, Berlin 1990, S. 416-424.

20 Vgl. Becker, a.a.O., S. 56; vgl. auch Bryan P. Grenville, *Kurt Tucholsky*, München 1983, S. 74-78; vgl. William-John King, *Kurt Tucholsky als politischer Publizist*, Frankfurt/Main und Bern 1983, S. 76 ff., und Nils

Schiffhauer, *Das ›Deutschlandbuch‹ von Kurt Tucholsky und John Heartfield: Annäherungen*, in: Nils Schiffhauer und Carola Schelle (Hg.), *Stichtag der Barbarei. Anmerkungen zur Bücherverbrennung 1933*, Hannover 1983, S. 95-112.

21 Marshall McLuhan, *Die Gutenberg-Galaxis. Das Ende des Buchzeitalters* [1962], Düsseldorf 1968, S. 293-308, hier S. 295.

22 So insbes. Vilém Flusser in jüngster Zeit; vgl. bsp. Vilém Flusser, *Gibt es die französische Nation immer noch?*, in: Freitag, 15. November 1991, S. 13; vgl. dazu auch das Referat von Michael Meyer, *Von Knoten und Netzen*, in: Der Tagesspiegel, 6. November 1991, S. 22.

23 Vgl. dazu Erhard Schütz, *Romane der Weimarer Republik*, München 1986, S.35-51; bes. Erhard Schütz, *Medien*, in: *Handbuch der deutschen Bildungsgeschichte*, Bd. 5: 1918-1945, hg v. Dieter Langewiesche und Heinz-Elmar Tenorth, München 1989, S. 371-406.

24 Heinrich Mann, *V. S. E.*, in: Vossische Zeitung, 2. Dezember 1924.

25 Thomas Mann, *Von deutscher Republik*, in: Frankfurter Zeitung (Reichsausgabe), 15. Oktober 1922, und Berliner Tageblatt, 17. Oktober 1922.

26 Hanns Johst, *Offener Brief an Thomas Mann*, in: Deutsche Allgemeine Zeitung, 2. November 1922, und Hamburger Nachrichten, 1. Dezember 1922.

27 zit. nach Kurt Sontheimer, *Thomas Mann und die Deutschen*, München 1961, S. 56, vgl. dazu auch Anton Kaes (Hg.), *Weimarer Republik. Manifeste und Dokumente zur deutschen Literatur 1918-1933*, Stuttgart 1983, S. 3-60, bes. S. 46-53 und S. 485-512.

28 ›Judenrepublik‹ ist eine der gängigsten öffentlichen Etikettierungen der Weimarer Republik von rechts gewesen, ›Deutsches Volkstum‹ nannte einer der wirkungsvollsten rechten Fanatiker, Wilhelm Stapel, seine Kampf-Zeitschrift gegen die Republik und ihre Kultur.

29 Vgl. zusammenfassend Jochen Meyer, *Berlin Provinz. Literarische Kontroversen um 1930*, Marbach 1985.

30 Oswald Spengler, *Der Untergang des Abendlandes*, Bd. 1, Berlin 1918, Bd. 2, Berlin 1923, und Edgar Julius Jung, *Die Herrschaft der Minderwertigen. Ihr Zerfall und ihre Ablösung durch ein Neues Reich*, Berlin ²1929.

31 Walter Benjamin, *Moskau*, in: Walter Benjamin, *Gesammelte Schriften*, Bd. IV/1, Frankfurt/Main 1972, S. 316.

32 Vgl. dazu Erhard Schütz, *Kritik der literarischen Reportage. Reportagen und Reiseberichte aus der Weimarer Republik über die USA und die Sowjetunion*, München 1977, und Anke Gleber, *Die Erfahrung der Moderne in der Stadt. Reiseliteratur der Weimarer Republik*, in: Peter J. Brenner (Hg.), *Der Reisebericht*, Frankfurt/Main 1989, S. 463-489.

33 H. R. Knickerbocker, *Deutschland so oder so?* (German Crisis), Berlin 1932.

34 Vgl. Etwa *Deutsche über Deutschland*, München 1932, oder Gregor Strasser, *Kampf um Deutschland*, München 1932; vgl. auch Joseph Goebbels, *Die zweite Revolution*, o. O. u. J. [Zwickau 1926].

35 Max Barthel, *Deutschland. Lichtbilder und Schattenrisse einer Reise*, Berlin 1926; Alfons Goldschmidt, *Deutschland heute*, Berlin 1928; Graf Alexander Stenbock-Fermor, *Deutschland von unten. Reise durch die proletarische Provinz*, Stuttgart 1931; vgl. zum Jugendkultus der Weimarer Republik bes. die Beiträge von Mommsen, Ketelsen, Vondung und Prümm, in: Thomas Koebner, Rolf-Peter Janz und Frank Trommler (Hg.), ›*Mit uns zieht die neue Zeit*‹. *Der Mythos Jugend*, Frankfurt/Main 1985; vgl. auch Detlev J. K. Peukert, *Die Weimarer Republik*, Frankfurt/Main 1987, S. 94: »Der Mythos der Jugend durchzieht die Öffentlichkeit der Weimarer Republik in stärkerem Maße als die anderer zeitgenössischer Gesellschaften und stärker als andere Epochen deutscher Geschichte.«

36 Barthel, a.a.O., S. 217.

37 Barthel, a.a.O., S. 246.

38 Barthel, a.a.O., S. 229.

39 Vgl. Barthel, a.a.O., S. 16 u. 66.

40 *Auf dem Nachttisch*, 7/46 f.

41 Goldschmidt, a.a.O., S. 8.

42 Vgl. bes. Goldschmidt, a.a.O., S. 25 ff. und 95 ff. Eine der Passagen zitiert Tucholsky zustimmend in extenso.

43 Goldschmidt ist in Gelsenkirchen aufgewachsen.

44 Goldschmidt, a.a.O., S. 132, 15, 186, 221.

45 *Auf dem Nachttisch*, 10/40.

46 Stenbock-Fermor, a.a.O., S. 160.

47 Stenbock-Fermor, a.a.O., S. 7 f.

48 Vgl. Alexander Graf Stenbock-Fermor, *Meine Erlebnisse als Bergarbeiter*, Stuttgart 1928.

49 Stenbock-Fermor, a.a.O., S. 111-117.

50 Vgl. die Parallelstelle zu Goldschmidt in Tucholsky, *Deutschland*, a.a.O., S. 35.

51 Angesichts der Härte und des Hohns in Tucholskys Sozialdemokratie-Kritik könnte man allenfalls geltend machen, was er für Goldschmidts Deutschland-Verhältnis formulierte. »Goldschmidt haßt aus Liebe – das ist der fruchtbarste Haß.« (7/47)

52 Vgl. Anton Kaes, *Tucholsky und die Deutschen*, a.a.O., S. 12-23, hier S. 15 f: »Das Bilder-Buch sammelt und zeigt nichtsprachliche Darstellungsformen deutscher Politik und deutschen Wesens […] als ein Faschingsfest der Zeichen: Uniformen, Pickelhauben, Zylinder, Gehröcke […]. Allein durch ihre Häufung satirisiert er die symbolischen Zeichen der Macht in Deutschland.«

53 Vgl. Becker (vgl. Anm. 9), S. 58 f.

54 Ihering (vgl. Anm. 11), S. 3.

55 Antwort an Ihering, a.a.O. (S. 4). Ähnliche, allerdings wesentlich differenziertere Überlegungen über den Funktionstausch der Medien Buch und Zeitung/Zeitschrift sowie den darin implizierten Wandel im Autorschaftsbegriff finden sich bei Siegfried Kracauer, *Über den Schriftsteller* [1931], in: Siegfried Kracauer, *Schriften*, Bd. 5/2, Frankfurt/Main 1990, S. 343-346.

56 Ich trivialisiere hiermit einen Begriff Plessners aus jener Zeit selbst, der sich als anthropologische Einsicht zeitbedingter Exzentrizität verdankt, den der »exzentrischen Positionalität«. Vgl. Helmuth Plessner, *Die Stufen des Organischen und der Mensch* [1928], Berlin 1975, S. XVIII und 288 ff.

57 Vgl. insbes. Stenbock-Fermor (vgl. Anm. 35), S. 143 f.

58 Nürnberg (vgl. Anm. 13), S. 304; er spielt auf den Text *Ein Haus mit Hosen* zu einem Fassaden-Foto mit Reklame für Ullstein-Schnitte an (S. 186 f.).

59 Das ist bereits in einer Äußerung von 1920 angelegt: »Der Typ, der sich durch Übereinanderkopierung von Fotografien ergibt, ist in voller Reinheit auf keiner vorhanden.« *Militaria*, 2/264.

60 Vgl. zu Tucholskys Fotografie-Interesse ausführlicher Kaes (vgl. Anm. 9), S. 18 f.

61 Bertolt Brecht, *Der Dreigroschenprozeß*, in: Bertolt Brecht, *Gesammelte Werke in 20 Bänden*, Frankfurt/Main 1967, Bd. 18, S. 161.

62 Oder er schreibt zu einem Foto des Außenministeriums: »Hier ›laufen die Fäden zusammen‹, sagen die Reporter. Glaubs nicht.« (S. 195) Vgl. auch sein Verwirrspiel um das Foto S. 36.

63 Genannt werden von der jüngeren Generation (in einer harmlosen Betriebssatire) positiv Erich Kästner und Walter Mehring (d. h. die neben Tucholsky von Walter Benjamin in seiner äußerst scharfen Polemik gegen die ›Linke Melancholie‹ explizit genannten Autoren; vgl. Walter Benjamin, *Linke Melancholie*, in: Walter Benjamin, *Gesammelte Werke*, Bd. III, Frankfurt/Main 1972, S. 280). Mit besonderer Vehemenz negativ Arnolt Bronnen, ansonsten aber geht es gegen die Repräsentanten des literarischen Kaiserreichs – Waldemar Bonsels, Walter Bloem, Hans Heinz Ewers, Rudolf Herzog oder Hermann Löns. Das mag deren Publikumserfolg – auch im ›Proletariat‹ – während der Weimarer Republik berücksichtigen wollen, es liegt jedoch darin zugleich die idiosynkratische Fixation an die eigene literarische Herkunft.

64 Becker (vgl. Anm. 9), S. 26.

65 Vgl. Gerhardt Petrat, *Einem besseren Dasein zu Diensten. Die Spur der Aufklärung im Medium Kalender zwischen 1700 und 1919*, München u. a. 1991, bes. S. 213 f.

66 Vgl. hierzu das informative Kapitel zu Tucholsky in Helmut Mörchen,

Schriftsteller in der Massengesellschaft. Zur politischen Essayistik und Publizistik Heinrich und Thomas Manns, Kurt Tucholskys und Ernst Jüngers während der Zwanziger Jahre, Stuttgart 1973, bes. S. 65 f. Dort weist Mörchen auf Tucholskys erste Aufsätze im ›Vorwärts‹ und dessen Plädoyer »für den Einbezug der Massen, des Proletariats in das literarische Leben«, komplementär dazu seine Kritik an den neuen Formen der Zerstreuungskultur der Angestelltenstadt Berlin.

67 Siegfried Kracauer, *Die Angestellten*, Frankfurt/Main 1971, das Zitat S. 15.

68 *Der amerikanische Erfolg*, 9/163.

69 Eugen Diesel *Die deutsche Wandlung. Das Bild eines Volks*, Stuttgart und Berlin 1929, S. 296.

70 Diesel, a.a.O., S. 361, 289 und 295.

71 Nürnberg (vgl. Anm. 13), S. 305.

72 Zit. nach Becker (vgl. Anm. 9), S. 84.

73 Joseph Roth; *Bekenntnis zu Deutschland*, in: Frankfurter Zeitung, 27. September 1931. Zit. nach Joseph Roth, *Werke*, Bd. 3: *Das journalistische Werk 1929-1939*, hg. v. Klaus Westermann, Köln 1991, S. 391-395.

Klaus Görzel

Heinrich Mann:
Der Dichter und seine Nationen

1. Italien – Erste Liebe

Heinrich Mann war Buchhändlerlehrling in Dresden, Verlagsvolontär und Student in Berlin, 15 Jahre pendelte er ohne festen Wohnsitz zwischen München, Berlin, Italien und der Côte d'Azur hin und her. 1914 heiratete er in München, 1928 zog er um nach Berlin. 1933 ging er nach Frankreich, 1940 flüchtete er in die USA. Als er 1950, kurz vor seinem 80. Geburtstag, in Santa Monica/Kalifornien starb, hatte er 40 Jahre in und 39 Jahre überwiegend oder ganz außerhalb von Deutschland gelebt. Wo wähnte er sich daheim, was bedeutete ihm die Nation?

»Die erste, frischeste Erfahrung meines Lebens war dieses Land der Liebe«, erinnert sich Heinrich Mann in *Ein Zeitalter wird besichtigt*[1] an die Jahre zwischen 1895 und 1914, die ihn – krankheitsbedingt – langanhaltend in oberitalienische Städte geführt hatten. Wiederholt auch verbrachte der Rentier und Rekonvaleszent seine Zeit in Rom.

»Ich habe mich viel in Italien aufgehalten: anfangs um der Farben und Linien willen, die hier Land und Kunst haben, allmählich immer mehr aus Interesse am Volk [...]. Ich ging, sobald ich konnte, heim nach Italien. Ja, eine zeitlang glaubte ich zu Hause zu sein«, heißt es in einer autobiographischen Skizze[2]. H. Mann selbst macht hier bereits eine Einschränkung, und auch an anderer Stelle zeigt sich, daß mit seinem ›Heimatbegriff‹ nicht allzu voreilig umgegangen werden sollte: »Ich bin meistens bei fremden Völkern gewesen [...]. Sooft ich aber in einem Zimmer etwas geschrieben hatte, sah ich es als Heimat an: das Zimmer, sonst nichts«[3].

»Mein Talent ist in Rom geboren, nach dreijähriger Wirkung der Stadt«, schreibt Heinrich Mann 1947 über die Entstehung von *Im Schlaraffenland* an Karl Lemke[4]. Seinen sozialen Zeitromanen gibt der »Kontrast von Volksnähe in Italien, von Volksferne und klassenmäßiger Absperrung in Deutschland« einen wichtigen Impuls.[5] Um so mehr fällt auf, daß der Dichter in *Ein Zeitalter wird besichtigt* zwar England und der Sowjetunion jeweils ein und Frankreich gleich zwei Kapitel widmet, nur das Land, in dem *Die kleine Stadt*, immerhin sein »hohes Lied der Demokratie« (Thomas Mann), angesiedelt ist, wird weit hintenangestellt. Damit setzt sich in den Erinnerungen von 1945 eine Entwicklung fort, die André Banuls bei Heinrich Mann bereits in den Jahren nach dem ersten Weltkrieg ausgemacht hat: »Das einst geliebte Italien verschwindet, wohl wegen des einsetzenden Faschismus, aus seinem Gesichtsfeld und wird weder positiv noch negativ erwähnt [...]«[6].

Ein anderes Land hat in den ersten Jahren des neuen Jahrhunderts mit seiner Literatur und Geistesgeschichte Besitz ergriffen von Heinrich Mann, was Helmut Koopmann später dazu bringen wird, dessen publizistische und kulturpolitische Aktivitäten während der zwanziger Jahre als regelrechte *Annäherungen ans Exil*[7] in Frankreich zu begreifen. Was aber war Frankreich für Heinrich Mann? »Spirituelles Idealdomizil«, wie Koopmann für die Zeit der Weimarer Republik schreibt[8], »geistige Heimat«, wie Heinz Gockel aus den Essays dieser Jahre liest[9], oder Herkunftsland aus geschichtlicher Notwendigkeit, wie Heinrich Mann in *Ein Zeitalter wird besichtigt* selbst nahelegt: »Wir sind jeder da und dort, aber alle auch in Frankreich geboren.«[10]

Die Beschäftigung mit Heinrich Manns Frankreichbild kann im gegebenen thematischen Zusammenhang kein Selbstzweck sein, sie soll vielmehr wie ein Kontrastmittel für das Verhältnis Heinrich Manns zur deutschen Nation und zum Nationalen überhaupt wirken. Immerhin ist schon zu Kaisers Zeiten Frankreich für Heinrich Mann »die bessere Gegenwelt gewesen. In den zwanziger Jahren entwickelte sich aber aus dem Antiideal des Kaiserreichs (oder dem Ideal eines republikanischen Frankreich) eine mehr als nur politische Frontstellung gegen die Welt des aufkommenden Faschismus«[11]. Ihren schriftlichen Niederschlag fand diese Auseinandersetzung zwischen 1919 und 1933 in den essayistischen Schriften Heinrich Manns unmittelbarer noch als in dessen Romanwerk, mit dem der Verfasser des *Untertan* oder des *Professor Unrat* heute meist verbunden wird. Waltraud Berle unterstreicht die über das rein Ästhetische hinausweisende Zweckgebundenheit, die der essayistischen Literatur eigen sein kann: »Von der offenen Form und vom subjektiven, quasi dilettantischen Charakter ausgehend, könnte der Essay definiert werden als genuin demokratisches Medium zwischen Spezialistentum aller Art und Öffentlichkeit. In dieser politisch definierten Funktion setzte Heinrich Mann den

Essay, besonders in den Jahren der Weimarer Republik, massiv ein.«[12]

Da Heinrich Manns Verhältnis zu Frankreich bereits in Essays, die noch aus dem Kaiserreich stammen, seine grundlegende Bestimmung erfahren hat, soll sich der Beobachtungszeitraum weitgehend von 1911, dem Erscheinungsjahr von *Geist und Tat*, bis hin zur Flucht vor den Nationalsozialisten im Frühjahr 1933 erstrecken. Obwohl dem *Bekenntnis zum Übernationalen* von 1932 zahlreiche Bekenntnisse Heinrich Manns zu einem vereinigten Europa vorausgingen, wird die Achse Paris – Berlin im Vordergrund stehen. »Die Welt, das war nach dem ersten Weltkrieg, vor allem für Heinrich Mann, Europa, und Europa bestand aus Deutschland und Frankreich [...]. England kennt und nennt er nicht«.[13] Erst mit dem Zweiten Weltkrieg und dem an dessen Ende verfaßten *Zeitalter* sollte das anders werden. Bereits in den letzten Jahren der Weimarer Republik nahm Heinrich Mann die Sowjetunion in seinen Traum von einem vereinigten Europa auf. Wegen der nicht unproblematischen Stalin-Verehrung, aber auch, weil Heinrich Manns Nationen-Begriff hiervon nicht berührt wird, bleibt es bei der Konzentration auf Heinrich Mann und seine Nationen: Frankreich, im *Zeitalter* als »Das zweite Geburtsland des Europäers« ausgewiesen, und Deutschland, wo sich – ebenfalls laut Kapitelüberschrift – »Die Republik gegen sich selbst« richtete.

2. Ein frühes Bekenntnis zum Übernationalen

In Heinrich Manns Geburtsjahr wurde auch die Geburtsurkunde der deutschen Nation ausgestellt. 1871 war die Einheit erreicht, die von vielen Schriftstellern so lange herbeigesehnt und -geschrieben worden war. Aber war das wirklich die Nation, die die Dichter sich erdacht hatten? Bereits vor der Reichsgründung hatte bei vielen deutschen Literaten ein rückwärtsgewandter nationalistischer, »Teutomanismus« (H. Heine) den alten bürgerlichen Patriotismus abgelöst.[14] »Das Höchste, Reinste, das der deutsche Nationalismus auszusprechen hatte, er hat es gesagt, solange kein deutscher Nationalstaat bestand«, schreibt Heinrich Mann 1932 in seinem *Bekenntnis zum Übernationalen*[15] und erinnert an die ursprünglich antifeudale Herkunft des Nationalismus aus der »philosophische[n] Humanität des achtzehnten Jahrhunderts«[16]. Der Natio-

nalismus habe »auch in Deutschland mit der demokratischen Ver-
brüderung und als Sache des Volkes gegen die Herrscher«[17] begonnen. Viel sei davon zum Ende des 19. Jahrhunderts nicht mehr
geblieben.

Der Nationalismus bekämpfte längst nicht mehr die Könige, er diente
jedem Machthaber, um die Völker aufeinander zu hetzen. In diesem späten
Zustand übernahm ihn der deutsche Nationalstaat, der verzögert eintraf
wie nachher auch die Republik, beides Neulinge mit Alterserscheinun-
gen.[18]

Heinrich Mann knüpft an die freiheitliche Tradition des Nationalismus an und setzt diesen historischen Begriff deutlich von einer
Bewegung ab, die er nach der Jahrhundertwende auch in Frankreich ausmacht:

Es scheint, daß der Nationalismus schließlich nur noch die Gefühle des
Nationalisten bestehen läßt, und nicht mehr die des Franzosen. Es scheint,
daß in jedem Land auf einer Seite die Nationalisten stehen und auf der
anderen die guten Franzosen oder die guten Deutschen. Die einen kommen
nicht los von den hier längst beendeten Kämpfen für die Sache der Nationalität; die anderen wissen, daß in jeder Nation das Beste kaum gut genug ist,
ein höheres Menschentum damit zu erkämpfen. Sie halten sich vor Augen,
daß die endgültige Sicherung der Nationalitäten bisher auch den Frieden
gesichert hat, und daß Nationalität und Krieg einander nicht rufen, sondern ausschließen, weil auf die Dauer nationale Einheit überall dasselbe ist
wie Demokratie.[19]

Der Bauer in der Touraine heißt dieser im Mai 1914 erstmals
erschienene Essay, der als ein frühes Bekenntnis zum Übernationalen gelesen werden kann.

Der Weg hierhin war weit. Nach wechselnden Stationen einer
als unbefriedigend empfundenen Buchhändlerlehre, dem Tod des
Vaters und einer Lungenblutung, auf die zahlreiche Sanatoriums-
aufenthalte folgten, führte Heinrich Mann ab 1892 »das vagierende
Leben eines bohèmischen Literaten und zugleich eines ›neurasthe-
nischen‹ Kranken voller zermürbender Selbstbeobachtung und
ruheloser Reisen von Bad zu Bad«[20]. Eine kleine Rente in Höhe
von 160 Mark ermöglichte ihm, daß er als Schriftsteller zunächst in
Südtirol, später dann in der Toskana leben konnte.

Weltanschaulich bewegte sich der Autor Heinrich Mann in der
ersten Hälfte der neunziger Jahre in einem konservativ-romanti-
schen Fahrwasser. »In seinen literarischen Werken und Rezensionen zeigt sich zunehmend seit 1892 ein Konservatismus, entstan-

den aus Kultur- und Gesellschaftspessimismus: Ablehnung von naturalistisch-sozialistischer Elendschilderung einerseits, bourgeoiser Besitz-Demonstration andererseits. Er knüpfte an konservative, nationalliberale Stimmungen des Lübecker Elternhauses an, mit denen er sich jetzt partiell identifizierte: [...] Sozialismus-Ferne, subtile Bismarck-Verehrung.«[21]

Konservative Zeitschriften wie ›Die Gesellschaft‹ oder die liberal-konservative ›Die Gegenwart‹ veröffentlichten Beiträge von Heinrich Mann. Zeitweilig war er sogar Herausgeber der konservativ-reaktionären Zeitschrift ›Das Zwanzigste Jahrhundert‹. Deren Programm war eine an den Interessen des Mittelstandes ausgerichtete Politik, der Monarchie verbunden und voll von neuromantischer Verehrung des Mittelalters. Zum Ende des Jahrhunderts greift H. Mann zunehmend soziale Themen auf, begegnet er dem Untertanengeist der Deutschen mit einem immer ausgeprägteren Gespür für die gesellschaftlichen Verhältnisse. »Durchweg sind meine Romane soziologisch. Den menschlichen Verhältnissen, die sie darstellen, liegen überall zu Grunde die Machtverhältnisse der Gesellschaft. Die am häufigsten von mir durchgeführte Idee ist eben die der Macht«, schreibt Heinrich Mann rückblickend zu den Romanen *Professor Unrat* und *Der Untertan*.[22] Die Frage nach der Macht und ihrer Legitimation prägt bleibend sein Verhältnis zur eigenen Nation, das er in seinen Essays über das Kaiserreich und die Republik (1919) bis hin zur Diktatur fixiert hat.

Im Jahre 1904 setzt mit *Professor Unrat* eine besonders von Republikanismus und Moralismus bestimmte Schaffensphase Heinrich Manns ein. 1905 wird der Essay *Flaubert – Sand* veröffentlicht, 1910 der ›Versuch‹ *Voltaire – Goethe*, 1915 schließlich die Abhandlung über *Zola*. Schon die Titel der Essays verraten, wo sich Heinrich Mann einen geistigen Bezugspunkt gesucht hat, wenn auch vorläufig noch aus »italienischer Perspektive«[23].

3. Frankreich – Gegenbild zum Kaiserreich

In der Januar-Nummer der Zeitschrift ›Pan‹ von 1911 tritt Heinrich Mann mit »einem nur wenige Seiten umfassenden Manifest an die intellektuelle Öffentlichkeit im Wilhelminismus. *Geist und Tat* ist in einem: Programm idealistischer Sehnsucht, Morgenbild der

Revolution, Entwurf einer kulturellen Synthese aus dem nationalstaatlichen Vergleich«[24]. Die Begriffe Dichter und Volk, Wahrheit und Gerechtigkeit, Macht und Menschlichkeit dienen ihm bevorzugt für die Beschreibung des Verhältnisses von Geist und Tat.

Der Bewunderung für den Vordenker Rousseau folgt die für dessen Volk, das die Revolution von 1789 nicht machte, »solange es nur hungerte: es machte sie, als es erfuhr, daß es eine Gerechtigkeit und eine Wahrheit gäbe, die in ihm beleidigt seien«[25]. Folglich haben sie es »leicht gehabt, die Literaten Frankreichs, die, von Rousseau bis Zola, der bestehenden Macht entgegentraten: sie hatten ein Volk«[26]. Wie anders dagegen die Lage in Deutschland, wohin Heinrich Mann die französischen Dichter und Denker im Gedankenspiel verpflanzt:

In Deutschland hätten sie es schwerer. Sie hätten es mit einem Volk zu tun, das leben will, nichts weiter wie. Niemand hat gesehn, daß hier, wo so viel gedacht ward, die Kraft der Nation je gesammelt worden wäre, um Erkenntnisse zur Tat zu machen. Die Abschaffung ungerechter Gewalt hat keine Hand bewegt.[27]

Geist und Tat bleiben unverbunden: »Man denkt weiter als irgendwer, man denkt bis ans Ende der reinen Vernunft, man denkt bis zum Nichts: und im Lande herrscht Gottes Gnade und die Faust.«[28] Besonders schlimm aber ist es um den Typus des Literaten bestellt. Obwohl er seiner Natur nach im Dienste der Wahrheit steht, wirkt er in Deutschland »seit Jahrzehnten für die Beschönigung des Ungeistigen, für die sophistische Rechtfertigung des Ungerechten, für seinen Todfeind, die Macht«[29].

»Geist« und »Tat« sind auch die beiden zentralen der insgesamt sechs Kapitel des Zola-Essays von 1915 überschrieben. Klarer – und auch formelhafter – hat Heinrich Mann seinen Anspruch an die Schriftsteller und Politiker, vor allem aber an sich selbst, selten zu Papier gebracht:

Literatur und Politik hatten denselben Gegenstand, dasselbe Ziel und mußten einander durchdringen, um nicht beide zu entarten. Geist ist Tat, die für den Menschen geschieht; – und so sei der Politiker Geist, und der Geistige handle![30]

Heinrich Mann schreibt vordergründig über den Romanautor Emile Zola und hat dabei wie in allen seinen rückwärtsgewandten Schriftsteller-Essays auch sich selbst im Sinn. Er mischt Werkanalyse, Biographisches und Autobiographisches und läßt so in der Vergangenheit der Porträtierten immer seine eigene Gegenwart durchscheinen – ein Verfahren, das auch in seinem Romanwerk wiederholt Anwendung gefunden hat.

So wie er sich selbst in den Gedanken französischer Schriftsteller sucht und findet, so ist ihm die französische Geschichte Spiegelbild der deutschen Verhältnisse:

Niemand im Grunde glaubt an das Kaiserreich, für das man doch siegen soll. Man glaubt zuerst noch an seine Macht, man hält es für fast unüberwindlich. Aber was ist Macht, wenn sie nicht Recht ist [...]. Ein Reich, das einzig auf Gewalt bestanden hat und nicht auf Freiheit, Gerechtigkeit und Wahrheit, ein Reich, in dem nur befohlen und gehorcht, verdient und ausgebeutet, des Menschen aber nie geachtet ward, kann nicht siegen, und zöge es aus mit übermenschlicher Macht.[31]

Das schreibt Heinrich Mann zur Niederlage der Franzosen von 1871 und spricht es – im zweiten Jahr des Weltkrieges – zu den Deutschen hin.

»Die Vorkriegs-Essays sind wichtige geistesgeschichtliche Dokumente für die schmale deutsche Tradition einer Deutschland-Kritik aus der Perspektive der französischen Aufklärung und jakobinischen Revolution (vgl. Hegel, Heine, Marx), die HM ein Modell bietet für die ersehnte Schriftsteller-Volk-Synthese und für die ›handgreifliche‹ Wirkung von Schriftstellern.«[32] Gepaart ist Heinrich Manns Begeisterung für Frankreich aber mit einer – aus heutiger Sicht – befremdlichen Nähe zu rassistischem Gedankengut. So wird ihm die eigensinnige Stirn Zolas zum »Zeichen einer Rasse; [...] Hier ist der Typus jener Menschenführer, die vom Mittelmeer herkommen, Cäsar, Napoleon, Garibaldi. Diese sind stark, wenig heiter, aber von warmer Seele.«[33] Und schon in *Geist und Tat* feierte er die Militanz des Geistes und deren Herkunft: »Was alles mußte zusammenkommen, damit dem Geist Krieger erstanden! Nordische Menschen, vom Blut und noch mehr von der Kultur des Südens durchdrungen. Die Synthese Europas.«[34]

Nicht gerade ehrerbietig paraphrasiert André Banuls den Essay von 1910: »Mit der Antipathie dem eignen Lande gegenüber wuchs die Liebe zum Nachbarn, und zwar nicht nur, wie von Anfang an, des literarischen Erbes wegen, sondern weil Frankreich auch von den ›Rassen‹ her ein perfektes Gemisch [...] darstelle, und selbstverständlich, wie man weiß, weil es das Mutterland der Revolutionen sei«[35]. Heinrich Mann selbst greift dem Vorwurf des

Rassismus vor, indem er Zola zuschreibt, daß im Fortlauf seiner *Rougon-Macquart*-Romane »die Idee der Vererbung ihr Gesicht und ihre Bedeutung« ändere: »Sie interessiert jetzt nicht mehr bloß medizinisch, sondern soziologisch und moralisch, als eins der Bande zwischen den Menschen, mit deren Hilfe sie gemeinsam ihrer höheren Bestimmung entgegengehen.«[36] Damit unterstreicht auch Heinrich Mann die prägende Kraft des ›Milieus‹, erteilt er der Theorie schicksalhafter Vererbung eine Absage.

Das Kaiserreich bleibt ihm entscheidend hinter den Forderungen der Zeit zurück, die für Heinrich Mann gleichbedeutend sind mit Demokratie und Parlamentarismus. Scharf wendet er sich daher gegen die bestehende Monarchie, aber auch gegen den Kleinmut der Sozialdemokraten, die für ihn »maßvolle kleine Bürger sind, die nichts wollen, als Kindern und Enkeln ein spießiges Wohlleben verschaffen, und [...] zum Generalstreik so stehen wie die Jungtürken zum heiligen Krieg, nämlich selbst die größte Angst davor haben«[37]. Er sieht das Deutsche Reich in der Gewalt der alten Machteliten, die längst die Legitimation zur Macht verloren hatten. Polemisch rechnet Heinrich Mann mit dem Untertanengeist ab, der die Vertreter aller Parteien beseelt, die im *Reichstag* Platz genommen haben. Gegen den konservativen Adel, zugleich die »Kriegerkaste«, schreibt Heinrich Mann an. Die Aristokraten haben

den Klassenkampf, den chronischen Bürgerkrieg unterhalten, soviel an ihnen lag, und aus der Uneinigkeit der Nation wie aus ihren Ängsten haben sie Vorteil für sich gezogen. Was ist ihnen die Nation! Sie kennen keine Nation, sie kennen Herren und die Masse, die der Rohstoff ihrer Herrschaft ist.[38]

Heinrich Mann dagegen scheint sie zu kennen, und sie ist ihm mehr als das, was die von ihm beklagten »menschenalterlangen Demütigungen« von der Idee der Nation in Deutschland übrig gelassen haben.

Frankreich bleibt das Vorbild, dessen Gegenwart aber nicht unkritisch gesehen wird. Der Essay *Der Bauer in der Touraine* greift einen engstirnigen Nationalismus in Frankreich an, den Heinrich Mann auch in Deutschland zu überwinden hofft. Die Franzosen würden sich schon wieder ihrer fortschrittlichen Tugenden erinnern, schreibt er zuversichtlich, und sei es, daß sie sich an den Deutschen ein Beispiel nähmen, bei denen der Geist durch Widerstand gegen die aufgezwungene Macht gestärkt worden sei. Schließlich will Heinrich Mann im Schlußgedanken des Essays nicht ausschließen, daß auch die Deutschen die Revolution auf ihrem Boden wahrmachen könnten. Weit kann die »Abkehr von Deutschland«, wie André Banuls sein Kapitel über die Jahre Heinrich Manns unmittelbar vor Ausbruch des Ersten Weltkrieges überschrieben hat[39], nicht gegangen sein, wenn den Deutschen noch so viel Hoffnung gilt. Und seine Essays zum Ende des Krieges hin und in der unmittelbaren Folgezeit machen deutlich, daß sich Heinrich Mann spätestens mit der Aussicht auf eine demokratische Verfassung Deutschland wieder zugewandt hat.

4. Deutschland – Die Realität der Republik

»In diesem Lande, komme alles, wie es mag, wird endlich doch der Geist herrschen«, verkündet Heinrich Mann im Dezember 1918 zuversichtlich im ›Politischen Rat geistiger Arbeit‹ in München.[40] Wenige Sätze zuvor hat er das ungeliebte Kaiserreich noch einmal verabschiedet: »Die Fälschung unseres gesamten Volkscharakters, Prahlerei, Herausforderung, Lüge und Selbstbetrug als tägliches Brot, Raffgier als einziger Antrieb zu leben: dies war das Kaiserreich, das wir nun glücklich hinter uns haben.«[41] Heinrich Mann bekennt sich zu einem neuen Deutschland: »Darum sagen wir vor allem, daß wir es von Herzen lieben, und daß wir nach unserer Einsicht und unseren Kräften ihm dienen wollen.«[42] Seine Hoffnung richtet sich auf die Republik.

In *Kaiserreich und Republik* (1919) begräbt Heinrich Mann mit dem Kaiserreich »eine fragwürdige Abart des Deutschen, nicht das Deutschtum«[43]. Dieses Reich sei hervorgegangen aus dem »unfaßbare[n] Unglück eines schrankenlosen, unbeaufsichtigten Sieges«[44], der Anspruch auf Freiheit und Selbstbestimmung der Völker bald nach der Einheit aufgegeben worden:

Das Deutsche Reich von 1871 war, wie es nun einmal ward, eine unwesentliche Schöpfung der Deutschen. An seiner Errichtung waren nicht alle ihre Fähigkeiten beteiligt, und ihre besten waren weniger vertreten als ihre nicht einmal guten. Die Deutschen wohnten in diesem Reich nie ganz; ein wichtiger Teil ihres Wesens blieb draußen. Das Deutsche Reich von 1871 mußte zusammenbrechen, aus diesem tiefsten Grunde: weil es nicht ganz deutsch war.[45]

Deutschland ist mehr als das Kaiserreich, die Deutschen sind nicht alle Untertanen, und nicht alle Untertanen Deutsche. »Die Eigenschaften des Untertans sind die, worauf das Reich gegründet war. Sie machen nicht den Deutschen aus, nur den Untertan. Es sind nicht deutsche Eigenschaften, jedes Volk hat sie.«[46] Und den Gedanken wendend schreibt er: »Der Friede auf Erden und die Gerechtigkeit der Welt sind deutsche Gedanken, so gut es französische oder griechische sind.«[47]

»Konnte man mit seinen Landsleuten geduldiger umgehen?« fragt Wilfried F. Schoeller nach der Lektüre des Essays von 1919.[48] Geradezu leidenschaftlich bemühe sich der Literat um Differenzierungen, um die Unterscheidung von Deutschland und wilhelminischem Bürgertum: »Der radikale Intellektuelle Heinrich Mann entpuppt sich als ein Vertreter der Mäßigung und des Ausgleichs, der Rätesystem und Demokratie vorsichtig einander annähert.«[49] So hat Schoeller bereits *Geist und Tat* gelesen: »Es ist die Bewegung des an der französischen Aufklärung gebildeten, aber doch unverkennbar deutschen Idealismus, die auf Ausgleich der Macht, auf das Abtragen der ›Eisberge von Fremdheit‹ zwischen den Klassen drängt. Geist und Tat, die Synonyme werden sollen: in aller Radikalität geht es um ein Werk der Versöhnung, des Ineins.«[50]

Der Wille zur Versöhnung wird auf harte Proben gestellt. Die Republik bleibt in ihren Anfängen stecken, atmet immer noch den Geist der Monarchie. Nach einer kurzen Phase des Optimismus verschärft Heinrich Mann seine schon zuvor vorgebrachte Kapitalismus-Kritik und stellt wieder mehr das französische Vorbild neben die deutschen Verhältnisse. Er bleibt dabei der ursprünglichen Idee einer Nation verbunden, die sich nach innen freiheitlich und nach außen friedlich gibt. Den moralischen Auftrag der Nation sieht er gefährdet durch grenzenloses Gewinnstreben. »Eine Wirtschaft, die nie erlebte, märchenhafte Vermögen und gleich daneben unseren Tod zuläßt, ist nur noch ein Skandal. Sie stellt ganz einfach den Begriff der Nation selbst in Frage«, richtet sich Heinrich Mann in *Die Tragödie von 1923* gegen die alles dominierende, materialistische Gesinnung in der Republik.[51] »Kurzsichtiger Aberglaube an die Wirtschaft« ist ihm die »Herzensschwäche« der Nation.[52] 1927 schreibt er mit Bitterkeit über die *Deutsche Republik*:

Auf deutsch gesagt: der deutsche Republikaner mittlerer Güte weiß von seinem Staat nur das eine sicher, daß er ein Geschäft sein muß. Der Monarchist hat von der Republik genau dieselbe Meinung [...]. Der deutsche Monarchorepublikaner ist in der Seele ein Verwaltungsrat. Er steht zur zahlenden Volksmasse, wie die Verwaltung der Bank zu den Kleinaktionären.[53]

Die Revolution hatte sich als Enttäuschung erwiesen. Statt des Geistes regierte das Geld, der Rätegedanken hatte sich nicht durchgesetzt, und die Sozialdemokraten konnten von einer absoluten Mehrheit nur träumen. »Trotzdem war für Heinrich Mann die individualhistorisch einmalige Situation eingetreten, daß er in einem Staat lebte, der seine prinzipielle Zustimmung fand.«[54] Nach 1925 allerdings verlor er das Vertrauen in die Republik, hielt sich immer mehr zurück, so daß der Eindruck entstehen konnte, Heinrich Mann schweige »laut«, wie Johannes R. Becher 1932 in der ›Linkskurve‹ formulierte.[55] Waltraud Berle hat eine Erklärung für Heinrich Manns Zurückhaltung: »Nachdem die Weimarer Republik so wenig zu tun hatte mit der Republik seiner utopischen Vorstellungen, hätte er im Grunde zu ihren schärfsten Kritikern gehören müssen; dies aber verbot ihm die Loyalität zu dem Staat, für den er gekämpft hatte, auch dann noch, als dieser Staat in der Realität das Ideal eher karikierte.«[56]

Allmählich wandelt sich Heinrich Manns Denken. Seit der wirtschaftlichen und politischen Krise des Jahres 1923 vollzieht sich eine grundlegende Desillusionierung. In der Folge wendet er sich dem großen Nachkriegsproblem der deutsch-französischen Annäherung zu. Dabei greift er den Gedanken aus *Der Bauer in der Touraine* wieder auf, daß zwei Seelen in der Brust einer und derselben Nation wohnen können. »Es gibt zwei Deutschland, wie es auch zwei Frankreich gibt, und die Frage ist immer, zu welchem der beiden jeder gehört«.[57] Heinrich Mann hat sich entschieden und ist dabei in die Rolle eines »Republikaners in einer ihm fremden Republik« geraten.[58]

5. Europa – Die konkrete Utopie

Die Begriffe »Staat«, »Nation«, »Geist« und »Republik«, vorübergehend beinahe synonym gedacht, haben sich zum Ende der zwanziger Jahre wieder weit voneinander entfernt. Auch Heinrich

Manns Patriotismus erfährt eine Akzentverschiebung. 1928 heißt es:

Die Vaterlandsliebe hat für vorgeschrittene Menschengruppen nachgerade ein neues Gesetz bekommen. Die solchen Gruppen nahestehenden Staaten begreifen sie gleichfalls jetzt weiterziger. Sie sehen ihren Ruhm und den ihres Landes nicht mehr allein in dem Besonderen, das alle anderen Staaten und Länder ausschließt. Sie beachten das Allgemeine, das eine Gesamtheit von Staaten und Ländern fester als jemals vorher verbindet, ja, sogar ihr Selbstbestimmungsrecht schon beschränkt zugunsten höherer Ziele.[59]

Der Traum der Vereinigten Staaten von Europa ist spätestens seit dem Essay *V.S.E.* von 1924 beim Namen genannt, das endgültige »Bekenntnis zum Übernationalen« nicht mehr weit.

Bereits 1916 erschien der Zeitungsaufsatz *Wir Europäer*, dessen Titel 1919 in *Der Europäer* geändert wurde. Die Korrektur des Titels findet nur im ersten Satz eine Entsprechung, doch schon den zweiten läßt Heinrich Mann mit einem sich selbst einschließenden »Wir« beginnen und bekennt dann: »Unser Empfinden gleicht sich, mithin gleicht sich unsere Moral. Wir können uns nur noch näher kommen. Unsere Fremdheiten und Konflikte«, was für Worte inmitten eines Weltkrieges, »sind nichts als das Durcheinanderspielen von Schülern, die noch nicht taktfest sind; aber sie spielen dasselbe.«[60] Heinrich Manns Grundgedanke: Europa ist bereits Realität und dieser Weltkrieg ein Anachronismus. Er nimmt – wie vielfach auch an anderen Stellen – den Rassebegriff auf, setzt sich aber ab von den »Rasseschwärmer[n]« und »ihrem Eifer, Europa in ewig feindliche Lager einzuteilen«.[61] Statt der Unterschiede sieht er das Gemeinsame: »Europa samt und sonders ist in jedem von uns, alle unsere Rassen in jeder, jede in allen. Keins unserer großen Länder, das nicht die völkischen Grundtypen der anderen auch in sich vermischte.«[62]

Europa ist Heinrich Mann Gegenwart, Zukunft und Vergangenheit zugleich. Unter Berufung auf Geistesgeschichte und Kultur, literarische Befruchtung und gemeinsame Politik ist ihm Europa bereits Wirklichkeit, bevor die deutsche Nation sich als Staat organisiert hat. 1923 – die Franzosen haben gerade zusammen mit belgischen Truppen das Ruhrgebiet besetzt – liegt für Heinrich Mann klar zutage, »daß die nationale Idee geliefert hat, was irgend drin steckte und nicht das geringste mehr verspricht«[63]. Heinrich Manns Argumentation ist idealistisch, wenn er – im Vorgriff auf das gesamte Europa – die Vereinigung von Frankreich und Deutschland fordert:

Geist und Tat, voneinander durchdrungen und bewegt, sind europäisch. Es hätte nie und nirgends vergessen werden dürfen – besonders nicht in den beiden Ländern, die einander gewiß nur darum so viel bekämpfen mußten, weil sie bestimmt waren, einander größer zu machen. Wird jetzt der Zweck durch Kampf nicht mehr erreicht, so heißt dies deutlich: genug, seid einig![64]

Zum Ende der zwanziger Jahre baut Heinrich Mann in zahlreichen Aufsätzen für deutsche Zeitschriften, aber auch bei wiederholten Reisen nach Frankreich und in Beiträgen für die dortige Presse, seine Konzeption eines europäischen Bundesstaates aus. Im Vordergrund seiner Überlegungen steht die Achse Paris–Berlin. »An England und auch Rußland war zunächst weniger gedacht; auch die USA waren ihm eher unangenehm«[65] – aus Angst vor einem groß-kapitalistisch bestimmten Europa. Gegen Ende der Weimarer Republik scheint ihm ein vereinigtes Europa dann aber nur noch unter Einbeziehung der Sowjetunion denkbar: Europa »gibt es nur einschließlich Rußlands!«[66]

1929 erscheint der Sammelband *Sieben Jahre*. Ein Teil der Beiträge ist in französischer Sprache abgefaßt, »einige unter einer gemeinsamen Überschrift vereinigte Stücke haben zwei Unterkapitel, von denen eines deutsch, das andere französisch geschrieben ist«[67]. Seit 1931 unregelmäßig, schreibt Heinrich Mann ab 1933 monatlich einmal für die liberale Tageszeitung ›Dépêche de Toulouse‹. Wie sehr er in der Sprache des Nachbarlandes auch dachte, zeigt sich auch in den französisch abgefaßten »Moralités« und der »Allocution«, der Ansprache des Königs Henri Quatre, in den beiden *Henri-Quatre*-Romanen von 1935 und 1938. Zudem finden sich in *Ein Zeitalter wird besichtigt* zahlreiche französische Einsprengsel, bei denen eine Übersetzung ins Deutsche unterblieben ist.

Heinrich Mann spürt deutlich die Gefahr, die von den Nationalsozialisten für den inneren wie äußeren Frieden ausgeht, hofft aber auf das Volk. Im Dezember 1932 schreibt er in der ›Neuen Rundschau‹:

Dennoch – die Republikaner sind da, und sie bleiben da. Die Mehrzahl im Volk kann nichts anderes sein als republikanisch – trotz allen Bewegungen gegen das ›System‹. Die offene Reaktion begegnet in Grunde dem einmütigen Volk. Das ist nicht mehr dasselbe Volk, es ist ein anderes geworden [...].[68]

Auch wenn die Hoffnung auf ein verwandeltes Volk trog, hält Heinrich Mann in *Ein Zeitalter wird besichtigt* sein *Bekenntnis zum Übernationalen* doch für so wichtig, daß er es über drei Seiten zitiert und kommentiert:

Es hatte nur noch den Sinn eines Abschieds von dem Land, wo ich, mit so fragwürdigem Erfolg, dennoch durch lange Jahrzehnte gewirkt hatte. Genötigt, die Deutschen sich selbst, das heißt, keinem zuverlässigen Freund zu überlassen, erinnerte ich sie an verlorengegangene oder niemals begriffene Tatsachen.[69]

So wächst sich dieser Essay erst nach einem Abriß der Entstehungsgeschichte der Weimarer Republik und einem Bericht über den Verfall der deutschen Demokratie zu einem echten *Bekenntnis* aus:

Ich ersehne den übernationalen Staat und nicht nur im allgemeinen den europäischen Staatenbund, sondern ohne Umschweife seinen nächsten Anfang, den Bundesstaat Deutschland-Frankreich; weil er allein den wirklichen Tatsachen ihre natürliche Auswirkung und den Menschen die Freiheit verspricht. Ein einzelnes Land ist in Europa nicht mehr lebensfähig, weder wirtschaftlich noch politisch und erst recht nicht sittlich; mehrere, übernational verbundene, haben Aussicht, ihre Menschen besser und glücklicher zu machen [...]. Es gibt nur zusammenhängende Interessen und den Dienst an ihnen.[70]

Acht Jahre später mußte Heinrich Mann aus Europa fliehen. Über Lissabon führte der Weg ins amerikanische Exil. Aber die »Neue Welt«, in der er – ohne Anerkennung als Literat und beladen mit materiellen Sorgen – seine zehn letzten Jahre verbrachte, blieb ihm fremd. Nach dem Tod seiner Frau Nelly schreibt Heinrich Mann: »Ich gehe wenig aus, ich lese immer wieder die alten Bücher, ich höre die Musik, die ich auswendig kenne.«[71] Sein Blick ist rückwärtsgewandt, seine Gedanken bleiben eurozentriert, für keinen seiner Altersromane wählt er Amerika zum Ort der Handlung, und auch die verhältnismäßig wenigen Essays aus den vierziger Jahren wenden sich der alten Heimat, Europa, zu.

Anmerkungen

1 Heinrich Mann, *Ein Zeitalter wird besichtigt*, Düsseldorf 1985, S. 404.
2 Zitiert nach Jürgen Haupt, *Heinrich Mann*, Stuttgart 1980, S. 27.
3 Heinrich Mann in einem Brief an Arnold Zweig vom 26. Dezember 1935, zitiert nach Jürgen Haupt, *Heinrich Mann* (vgl. Anm. 2), S. 28.
4 Heinrich Mann, *Briefe an Karl Lemke und Klaus Pinkus*, Hamburg 1963, S. 44.
5 Jürgen Haupt, *Heinrich Mann* (vgl. Anm. 2), S. 28.
6 André Banuls, *Heinrich Mann*, Stuttgart 1970, S. 135.
7 Helmut Koopmann, *Annäherungen ans Exil*, in: Helmut Koopmann und Peter-Paul Schneider (Hg.), *Heinrich Mann. Sein Werk in der Weimarer Republik*, Frankfurt/Main 1983, S. 69-84.
8 Ebd., S. 72.
9 Heinz Gockel, *Heinrich Mann: Das Engagement des Essayisten*, in: Helmut Koopmann und Peter-Paul Schneider, *Heinrich Mann* (vgl. Anm. 7), S. 61.
10 Heinrich Mann, *Ein Zeitalter wird besichtigt* (vgl. Anm. 1), S. 352.
11 Helmut Koopmann, *Annäherungen ans Exil* (vgl. Anm. 7), S. 72.
12 Waltraud Berle, *Heinrich Mann und die Weimarer Republik*, Bonn 1983, S. 121.
13 André Banuls, *Heinrich Mann* (vgl. Anm. 6), S. 135.
14 Vgl. dazu Helmut Scheuer, *Die Dichter und ihre Nation – Ein historischer Aufriß*, in: DU 42/4 (1990), S. 16ff.
15 Heinrich Mann, *Bekenntnis zum Übernationalen*, in: Heinrich Mann, *Der Haß. Essays*, Frankfurt/Main 1987, S. 33.
16 Ebd., S. 33.
17 Ebd.
18 Ebd., S. 34.
19 Heinrich Mann, *Der Bauer in der Touraine*, in: Heinrich Mann, *Macht und Mensch. Essays*, Frankfurt/Main 1989, S. 36.
20 Jürgen Haupt, *Heinrich Mann* (vgl. Anm. 2), S. 18.
21 Ebd., S. 20.
22 Heinrich Mann in einem Brief an Paul Hatvani vom 3. April 1922, zit. nach Haupt, *Heinrich Mann* (vgl. Anm. 2), S. 50.
23 Jürgen Haupt, in: ebd., S. 43.
24 Wilfried F. Schoeller, *Zur deutschen Chronik des Essayisten Heinrich Mann 1910-1933*, in: Literaturmagazin 21 (1988), S. 58.
25 Heinrich Mann, *Geist und Tat*, in: ders., *Macht und Mensch* (vgl. Anm. 19), S. 11.
26 Ebd., S. 13.
27 Ebd., S. 14.
28 Ebd.
29 Ebd., S. 17.

30 Heinrich Mann, *Zola*, in ders., *Macht und Mensch* (vgl. Anm. 19), S. 99.
31 Ebd., S. 87.
32 Jürgen Haupt, *Heinrich Mann* (vgl. Anm. 2), S. 62.
33 Heinrich Mann, *Zola* (vgl. Anm. 30), S. 50.
34 Heinrich Mann, *Geist und Tat* (vgl. Anm. 25), S. 13.
35 André Banuls, *Heinrich Mann* (vgl. Anm. 6), S. 95.
36 Heinrich Mann, *Zola* (vgl. Anm. 30), S. 57.
37 Heinrich Mann, *Reichstag*, in: ders., *Macht und Mensch* (vgl. Anm. 19), S. 28.
38 Heinrich Mann, *Der Bauer in der Touraine* (vgl. Anm. 19), S. 37.
39 André Banuls, *Heinrich Mann* (vgl. Anm. 6), S. 94.
40 Heinrich Mann, *Sinn und Idee der Revolution*, in: ders., *Macht und Mensch* (vgl. Anm. 19), S. 161.
41 Ebd., S. 159.
42 Ebd., S. 158.
43 Heinrich Mann, *Kaiserreich und Republik*, in: ders., *Macht und Mensch* (vgl. Anm. 19), S. 173.
44 Ebd., S. 176.
45 Ebd., S. 173.
46 Ebd., S. 180.
47 Ebd., S. 227f.
48 Wilfried F. Schoeller, *Zur deutschen Chronik* (vgl. Anm. 24), S. 66.
49 Ebd., S. 65.
50 Ebd., S. 60.
51 Heinrich Mann, *Die Tragödie von 1923*, in: ders., *Essays*, Hamburg 1960, S. 444.
52 Ebd., S. 446.
53 Heinrich Mann, *Deutsche Republik*, in: ders., *Essays* (vgl. Anm. 51), S. 550.
54 Waltraud Berle, *Heinrich Mann* (vgl. Anm. 12), S. 134.
55 Johannes R. Becher, zit. nach Waltraud Berle, *Heinrich Mann* (vgl. Anm. 12), S. 177. Vgl. auch Renate Werner (Hg.), *Heinrich Mann. Texte zu seiner Wirkungsgeschichte in Deutschland*, Tübingen 1977, S. 146-151.
56 Waltraud Berle, *Heinrich Mann* (vgl. Anm. 12), S. 177.
57 Heinrich Mann nach der Begegnung mit einem französischen Lehrer im Jahre 1925, zit. nach Jürgen Haupt, *Heinrich Mann* (vgl. Anm. 2), S. 95.
58 Waltraud Berle, *Heinrich Mann* (vgl. Anm. 12), S. 289.
59 Heinrich Mann, *Dichtkunst und Politik*, in: ders., *Essays* (vgl. Anm. 51), S. 308.
60 Heinrich Mann, *Der Europäer*, in: ders., *Macht und Mensch* (vgl. Anm. 19), S. 133.
61 Ebd.
62 Ebd., S. 132.

63 Heinrich Mann, *Die Tragödie von 1923*, in: ders., *Essays* (vgl. Anm. 51), S. 467f.

64 Ebd., S. 469.

65 Jürgen Haupt, *Heinrich Mann* (vgl. Anm. 2), S. 95.

66 Heinrich Mann, *Der Schriftsteller und der Krieg* (1932), zit. nach André Banuls, *Heinrich Mann* (vgl. Anm. 6), S. 138.

67 Roland Wittig, *Die Versuchung der Macht. Essayistik und Publizistik Heinrich Manns im französischen Exil*, Frankfurt/Main 1976, S. 20.

68 Heinrich Mann, *Bekenntnis zum Übernationalen*, in: ders., *Der Haß* (vgl. Anm. 15), S. 28.

69 Heinrich Mann, *Ein Zeitalter wird besichtigt* (vgl. Anm. 1), S. 180.

70 Heinrich Mann, *Bekenntnis zum Übernationalen*, in: ders., *Der Haß* (vgl. Anm. 15), S. 46.

71 Brief vom 20. Dezember 1947, zitiert nach Jürgen Haupt, *Heinrich Mann* (vgl. Anm. 2), S. 175.

Georg Bollenbeck

Politik drängt sich auf

›Bürgerliches Künstlertum‹ und reflexives Sonderwegbewußtsein bei Thomas Mann

I

War er nun politisch oder nicht? Wie stand Thomas Mann, der selbsternannte Repräsentant deutscher Kultur, zu Deutschland und den Deutschen? Diese oder ähnliche Fragen sind oft gestellt und unterschiedlich beantwortet worden. Es gibt wohl kaum einen deutschen Schriftsteller, dessen Verhältnis zur Politik und zur deutschen Nation so geteilte, ja gegenteilige Einschätzungen hervorrief und hervorruft.

Hegels Einsicht, daß auch der gewöhnliche und mittelmäßige Geschichtsschreiber sich nicht nur aufnehmend verhalte, sondern seine Kategorien mitbringe und durch sie das Vorhandene sehe, bestätigt die Forschung. Je nach Standpunkt erscheint Thomas Mann als »Anwalt der Demokratie« oder als »unwissender Magier«.[1] In einem äußeren ereignisgeschichtlichen Sinn läßt sich seine Lebensgeschichte in verschiedene Phasen einteilen. Da wäre bis 1914/18 die Zeit eines unpolitischen, ästhetizistischen Künstlertums, das durch die Revolution und die folgenden Instabilitäten fragwürdig wird. Das Eintreten für die Weimarer Republik bringt ihm wachsende Konflikte, aber auch wachsende Anerkennung. Thomas Mann entfernt sich zusehends von den Positionen seiner kulturkonservativen Anhänger, wie diese sich umgekehrt in einer zunehmenden Radikalisierung von ihm entfernen. Der unpolitische Betrachter wird zu einem führenden Repräsentanten der Weimarer Republik. Schließlich nimmt er 1936 auch öffentlich Stellung gegen den Nationalsozialismus. Damit wird der literarisch angesehenste Vertreter des Exils auch zum politisch bedeutendsten.

Offensichtlich trifft er in seinem Leben richtige politische Entscheidungen, aber deshalb läßt sich sein Verhältnis zur Politik nicht hinreichend mit »falsch« oder »richtig« bewerten. Gewiß, Thomas Mann lernt dazu. Wer aber seine Lebensgeschichte als eine Art politischen Bildungsgang mit Lernzielerfüllung vorstellt –

etwa nach dem Schema vom skeptischen Ästheten zum verantwor-
tungsbewußten Demokraten –, den verleitet die Ereignisgeschichte zu einer ausschnitthaften Chronologie. Die gerät, auch
wenn sie sich auf das Vetorecht der lebensgeschichtlichen Daten
berufen kann, zu einer Entwicklungslegende, deren erbauliche
Tendenz die Widersprüchlichkeit von Thomas Manns vielschich-
tigem Verhältnis zu »Deutschland und den Deutschen« übergeht.

II

Der Blick auf die politischen Stationen und Stellungnahmen über-
sieht ein lebensgeschichtliches Ineinander von Konstanz und Veränderung, das erst aus der gegebenen Lebenslage, dem Selbstkonzept des Künstlers und seinem Deutungsmuster verständlich wird.
Thomas Manns Beziehung zur Politik bleibt ein Leben lang von
typisch deutschen Deutungsmustern bestimmt, sein Verhältnis zu
Deutschland wird allerdings durch politische Ereignisse verändert.[2] Thomas Mann bleibt ein »Bürgerkünstler« voller Verbind-
lichkeiten gegenüber dem 19. Jahrhundert, und er gerät gerade deshalb mit reaktionären Tendenzen seiner Gegenwart in Konflikt.
Das zwingt den Unpolitischen in die Politik, verlangt Entscheidungen und führt zu einer beachtlichen Resistenz gegen irrationale
Denkmuster. Auch wenn seine Belesenheit in der europäischen
Hochliteratur in Rechnung gestellt wird, so markiert doch die
deutsche »Kultur« des 19. Jahrhunderts mit Goethe als Vorbild
und Spiegel, mit den Philosophen Schopenhauer und Nietzsche,
mit der Musik Wagners den stabilen Bezugspunkt. Wenn Thomas
Mann immer wieder typisch deutsche, nahezu unübersetzbare
Begriffe wie »Kultur«, »Bildung« oder »Geist« gebraucht, dann
haftet ihnen ein Pathos an, in dem jener für den säkularisierten
Protestantismus typische Funktionswandel vom kirchlichen zum
weltlichen Leben wirksam ist; jene Freude am Schöpferischen, die
weniger auf das Resultat und mehr auf die innere Einstellung ach-
tet.[3] Die Nation ist für ihn vorrangig kulturell bestimmt, nicht
machtpolitisch, ethnisch oder gar völkisch. Wenn er dem Bruder
Heinrich zu Beginn des Ersten Weltkriegs »die tiefste Sympathie
für dieses verhaßte, schicksals- und rätselvolle Deutschland«[4]
gesteht, dann denkt er an die Kulturnation, nicht an den Machtstaat, an das »politikfremde Volk«[5] und nicht an politische Ausein-

andersetzungen. In seinem Leben bleibt die Kunst das lebensordnende Sinnelement, und erst nach schmerzhaften Erfahrungen wird die Politik als leider unvermeidliche Notwendigkeit anerkannt. Noch gegen Lebensende resümiert er in der Rede *Der Künstler und die Gesellschaft* (1952) diesen Zwiespalt:

Unleugbar hat ja das politische Moralisieren eines Künstlers etwas Komisches, und die Propagierung humanitärer Ideale bringt ihn fast unwiderruflich in die Nähe – und nicht nur in die Nähe der Platitüde.[6]

Damit meint er auch sich. Und doch gerät der Festredner nicht zum Schönredner. Das hat nicht nur etwas mit dem achtbaren politischen Engagement zu tun. Sein Verhältnis zur Politik und zu Deutschland gründet in einer metapolitischen Disposition, die konstant bleibt und die gerade deshalb unter dem Druck der Ereignisgeschichte in der Lebensgeschichte des Künstlers politische Veränderungen bewirkt. Das selbstcharakterisierende und durchaus zutreffende Paradoxon »bürgerliches Künstlertum« verweist auf die angesprochene lebensgeschichtliche Konstante. Was hier, zunächst unanschaulich und abstrakt, als metapolitische Disposition bezeichnet wird, umfaßt die gegebenen Lebensbedingungen des Autors ebenso wie dessen Selbstkonzept, seine Wissensbestände wie seine Wertvorstellungen. Mit dem Paradoxon meint Thomas Mann in den *Betrachtungen eines Unpolitischen* unter Berufung auf Nietzsches »doppelte Optik« das Nebeneinander von artistischer und bürgerlicher Existenz, eine Art »ehrliches Künstlertum«, das nicht auf den Publikumserfolg zielt, sondern auf Ordnung, Ruhe und Fleiß setzt. Die Selbstcharakteristik drückt so ein tiefes Mißtrauen gegen den Bruch mit der bürgerlichen Gesellschaft aus; das richtet sich gegen die Führungsansprüche der Avantgarde, aber auch gegen jegliche freiwillige Marginalisierung, sei sie nun bohèmehaft-unordentlich oder seherisch-elitär. Die übersteigerten Sonderlinge und Einzelgänger gestaltet der Autor in seinen Künstlernovellen, der Verfall mit schwindender Vitalität und steigender Sensibilität mag sein großes Thema sein. Im Leben aber möchte der Senatorensohn zur »guten Gesellschaft« gezählt werden, setzt er auf Lebenstüchtigkeit und Ordnung. Geht es um diesen Punkt, so beruft er sich in den *Betrachtungen* nicht auf Nietzsche oder Wagner, sondern auf Storm und Schopenhauer. Bei letzterem lobt er die hanseatisch-kaufmännische Herkunft, die Pünktlichkeit des Tagesablaufs, die Gesundheitspflege, die »Genauigkeit als Kapitalist«.

»Bürgerliches Künstlertum« hat also für Thomas Mann einen doppelten Aspekt, einen materiellen und einen ideellen. Eine solch geordnete Existenz beansprucht er auch für sich. Er lebt nicht sein Leben, sondern führt es als »Haltungsethiker«. Von daher die genaue Zeiteinteilung, die korrekte Kleidung, die große Villa und das inszenierte Familienleben; von daher aber auch die Ängste, nicht beachtet zu werden, das Gefühl der Gefährdung durch jede Form von Schlendrian und natürlich durch die eigenen homoerotischen Begierden. Nicht nur Schopenhauer, sondern auch Thomas Mann hält das Geld zusammen. Es ist in den Tagebüchern und Briefen nachzulesen, wie er rechnet und mit den Verlegern verhandelt, wie er sein Geld mehren möchte. Die Formulierung vom Geld als »geprägter Freiheit« stammt von Dostojewski, einem rückwärtsgewandten Kritiker der Moderne. Sie drückt aber eine zutiefst bürgerlich-liberale Erfahrung aus, für die Freiheit in einem politischen und lebensweltlichen Sinn mit Besitz verbunden ist. Das weiß auch Thomas Mann, der einen gehobenen Lebensstil zu dem rechnet, was er mit Goethe, auch eine paradoxe Formulierung, als »angeborene Verdienste« bezeichnet. Thomas Mann, auch das gehört zur metapolitischen Disposition seines »bürgerlichen Künstlertums«, will repräsentieren. Dazu bedarf es der »Mitte«. Lebensweltlich bedeutet dies die bemühte Ordnung einer bürgerlichen Existenz. Politisch ist damit die Ablehnung jeglicher radikalen Außenseiterposition verbunden. Bei Goethe lobt er den »Anti-Radikalismus«, das »ruhige und heitere Gleichgewicht«, die »objektive und plastische Gesinnung«, den »Aristokrat[en] im Verhältnis zur Masse«.[7] Auch hier gilt: Was Thomas Mann über Goethe sagt, ist zugleich Selbstcharakteristik.

Die Verklärung der Mitte setzt auf den Ausgleich zwischen Bürgern und Arbeitern. Sie ist keine individuelle Schrulle. Eine solche Position ist charakteristisch für Projekte der »Modernisierer« wie Ferdinand Tönnies oder Max Weber, die nicht im Bündnis zwischen Bourgeoisie und Junkertum, sondern im Bündnis zwischen Bürgertum und reformistischem Flügel der Arbeiterbewegung die weltmarktfähige Zukunft des deutschen Nationalstaats sehen. Bei Thomas Mann entspricht der Position der Mitte in der politischen Publizistik die Vorliebe für die geistesgeschichtliche Synthese, die aus unterschiedlichen politischen und ideologischen Elementen ein höheres Drittes konstruiert. Auch das darf nicht als individuelle Eigenheit verbucht werden, sondern kennzeichnet laut Fritz K. Ringer den Denkstil der deutschen Mandarine nach 1890.[8] So kann sich der Autor in seinem Vortrag *Von deutscher Republik* (1922) auf Novalis und Whitman berufen und eine »deutsche Mitte« zwischen »ästhetizistischer Vereinzelung« und »würdelosem Untergang des Individuellen im Allgemeinen« als ein höheres Drittes ausmachen. In *Kultur und Sozialismus* (1928) plädiert er für einen »Bund und Pakt der konservativen Kulturidee mit dem revolutionären Gesellschaftsgedanken, zwischen Griechenland und Moskau«[9], Marx und Hölderlin.

Rhetorisch verpflichtet die »Mitte« zu jener dehnbaren Begrifflichkeit, die nicht analysieren oder gar provozieren, sondern gefallen will. Thomas Manns politische Sprache stammt aus dem Arsenal bildungsbürgerlicher Rede, und sie richtet sich an ein bildungsbürgerliches Publikum. Sie entspricht seiner Denktradition und drückt zugleich ein kalkuliertes Wirkungsbewußtsein aus. Die Tagebücher zeigen, daß er politisch mehr weiß, als er öffentlich bekundet. Das gilt für den Nationalsozialismus, in dem er ein großes »Ablenkungsmanöver« sieht, durch den das »Eigentliche«, das »Problem des Kapitals und der Arbeit« verdrängt werde.[10] Und das gilt auch für sein privates Urteil über die »faschistischen Tendenzen in Amerika«[11], für die scharfen Formulierungen über die Hetzjagden des »Committee on Un-American Activities« und die Aushöhlung der »civil rights« in der Ära McCarthys.

Wenn er dennoch ein »vorgeschobener Posten der deutschen Kultur« wird und bleibt, wenn er sich dennoch mit seinen politischen Entscheidungen von der unpolitischen Hilflosigkeit des Bildungsbürgertums abhebt, dann gründet dies in seinem Verhältnis zur »Kultur« des 19. Jahrhunderts. Zu ihr hat er keinen »affirmativen« Bezug. Von ihr läßt er sich keine vergangenen Sensibilisierungsgeschichten erzählen, sondern sie sensibilisiert ihn in einem aktuellen Sinne gegenüber unheilvollen deutschen Traditionen. Auffallende Ungleichzeitigkeiten gegenüber der Entwicklung des deutschen Bildungsbürgertums sind hervorzuheben. Dessen Anpassung an die »Realpolitik« und »geistig-moralische Wende« bis hin zur Kapitulation des Liberalismus vor der »Blut- und Eisenpolitik« Bismarcks macht der »Bürgerkünstler« nur bedingt mit. Das gilt auch für den Übergang von einer »idealistisch-liberalen« zu einer eher »konservativ-nationalistischen« Strömung.[12] Auch Thomas Mann stellt keine politischen Machtansprüche an

das obrigkeitsstaatliche Establishment. Aber er hält am Humani-
tätsprojekt des Idealismus und der Klassik fest, wie ein Blick auf
sein Menschenbild und sein Kunstmodell zeigt. »Denn der
Mensch ist ein Geheimnis«, heißt es im Vorwort zu *Maß und
Wert* (1936). »In ihm transzendiert die Natur und mündet ins
Geistige«. Die Kunst bleibt für den Menschen »das Paradigma
des Menschlichen«, im »Künstlertum« sieht er »ein Menschtum
gleichsam an sich und in Reinkultur«. Die Kunst hat autonom zu
sein und darf sich nicht in den Dienst sozialer und politischer
Aufträge stellen, soll aber formbewußt einem »höheren Humanen« verpflichtet bleiben. Wenn er damit nicht zum neuhumanistischen Museumsstück gerät, so bewahrt ihn davor eine moderne, kulturkritische Skepsis, die ihre Kraft aus Schopenhauers
Pessimismus und Nietzsches Entlarvungspsychologie bezieht.
Das alte Deutungsmuster der »Kultur« wird dadurch moderni-
siert und flexibel. Dessen Dominanz zeigt sich auch daran, daß
für ihn etwa im Gegensatz zu Max Weber und einem Großteil des
Bildungsbürgertums der Nationalstaat als Subjekt von Weltpolitik keine große Rolle spielt.[13] Für den Schriftsteller bleibt
Deutschland als Nation vorrangig über seine »Kultur« bestimmt,
nicht über seine Staatlichkeit. Auch das zählt zu älteren bildungsbürgerlichen Traditionen, war doch die Einheit der Nation vor
der staatlichen Einheit als kulturelle hergestellt. Diese Vorstellung von der »Kulturnation« wird sich in Thomas Manns Lebensgeschichte als hochgradig legitimationstauglich erweisen. Nach
1933 kann er sich zunehmend als Vertreter einer deutschen »Kultur« herausstellen, die ohne Staat, ja ohne Volk, aber nicht ohne
Thomas Mann auskommen kann.

III

Die hier skizzierte metapolitische Disposition mit den Elementen
der Ordnung, der Repräsentanz und der Kultur bleibt konstant.
Sie bedingt gerade deshalb unter dem Druck der Ereignisgeschichte Veränderungen hinsichtlich der Politik und Umwertungen innerhalb des Deutungsmusters. In diesem Sinne läßt sich im
Leben des Thomas Mann eine Entwicklung ausmachen.

Vor dem Ersten Weltkrieg gestaltet sich das Verhältnis von
Machtstaat und unpolitischer Geistigkeit eher unproblematisch.

Wie viele Künstler der Jahrhundertwende blickt auch er voller Verachtung auf das politische Leben. Politik, das bedeutet die Absage an den Geist, Kunst dagegen ist ein »wirklichkeitsreiner« Traum. Auch er lebt ein hochmütiges Künstlertum mit gelockerten Realkontakten: »[...] das Soziologisch-Politische nahm ich nur halb unbewußt mit, es kümmerte mich wenig«, heißt es in den *Betrachtungen*.[14] Der Staat ist für jene melancholische Künstlereinsamkeit lediglich Garant dessen, was Thomas Mann treffend als »machtgeschützte Innerlichkeit« bezeichnet. Gustav Radbruchs Diktum von der Überparteilichkeit als der »Lebenslüge des Obrigkeitsstaates« trifft aus politischer Sicht zu. Für die apolitischen Künstler aber stellt der Staat sich anders dar, nämlich als Wächter rechtlicher und ökonomischer Verhältnisse. In dieser Stabilität gründet das Nebeneinander von lebensweltlichen Bequemlichkeiten und einem lebensskeptischen Ästhetizismus. Die »machtgeschützte Innerlichkeit« bedarf der Goldmark als Torhüter. Der Machtstaat wirkt so, anthropologisch gesprochen, für die Künstler »hintergrundserfüllt«; d. h., er bietet einer literarisch-künstlerischen Intelligenz stabile Sicherheiten und erlaubt ihr, somit der affektiven Zuwendung enthoben, die Umlenkung von Antriebsbeträgen in die »reine« Kunst.[15] »Das ist der Vater Staat, unser Vater, die Autorität und die Sicherheit« räsoniert der Ich-Erzähler – man erkennt darin unschwer Thomas Mann – in der Novelle *Das Eisenbahnunglück*. »Man verkehrt nicht gern mit ihm«, heißt es dort weiter über den Staat, »er ist streng, er ist wohl gar rauh, aber Verlaß, Verlaß ist auf ihn [...].«[16]

Als er diesen Staat durch den Weltkrieg bedroht sieht, ergreift der »Bürgerkünstler« Partei und verfaßt verschiedene Artikel und Essays in propagandistischer Absicht. Die *Gedanken im Kriege* (1914) begegnen der neuen politischen Situation mit alten Denkfiguren; gilt doch der Krieg »als Befreiung aus der Dekadenz« und Ausdruck des »Lebens«. Konkrete Angaben zu den beiden zentralen Themen der politischen Debatten dieser Zeit, zu den Kriegszielen und zu den nötigen inneren Reformen, finden sich in den Beiträgen nicht. Höchstes deutsches Kriegsziel, so versichert er in einem offenen Brief an ›Svenska Dagbladet‹, sei nicht Calais, die Knechtung der Völker oder der Kongo, sondern die »Synthese von Macht und Geist« – also wirkt auch hier in der aktuellen politischen Stellungnahme das Deutungsmuster »Kultur« mit seinem unpolitischen Vokabular. Auch für ihn bedeutet, wie bei den meisten Künstlern, das »Augusterlebnis« eine Art Befreiung aus gesellschaftlicher Isolation. Auch er möchte nicht abseits stehen. Eine Auflösung der konzeptuellen Trennung von Kunst und Politik entsteht damit jedoch nicht. Trotz des eigenen Engagements wirkt so das Tat-Pathos des Bruders Heinrich bedrohlich. Für Thomas Mann hat der Geistige nur zu wirken, nicht zu handeln. Dieses Wirkungsbewußtsein setzt gegen die Politik die Moral, gegen die Analyse die Ästhetik, gegen die Satire die Ironie. Es beruft sich, wie es im Vorwort der *Betrachtungen* heißt, auf »Kultur, Seele, Freiheit und Kunst« und polemisiert gegen »Zivilisation, Gesellschaft, Stimmrecht, Literatur«. Damit ist eine »ironische Distanz gegenüber den Sozialwissenschaften«[17] verbunden, ein Votum für das »Individuum« und für das »Leben« gegen die Gesellschaft. Demokratie und Politik sind demnach »dem deutschen Wesen fremd«, ja der »vielverschriene ›Obrigkeitsstaat‹ gilt als die dem deutschen Volk angemessene, zukömmliche und von ihm gewollte Staatsform [...]«.[18] Polemisiert wird auch gegen den Bruder Heinrich, der in den *Betrachtungen*, ungenannt aber deutlich erkennbar, als der »Zivilisationsliterat«, als der vermeintlich undeutsche, frankophile Typus eines demokratischen Schriftstellers erscheint. Dessen herausforderndes demokratisches Engagement, dessen Eintreten für eine eingreifende Kunst muß als Gefährdung der Koalition von Machtstaat und unpolitischer Geistigkeit erscheinen. Damit entsteht die paradoxe Situation, daß der apolitische Künstler, wenn auch feinsinnig räsonierend, öffentlich Stellung nimmt. Die *Betrachtungen* geraten so, sicherlich ungewollt, zu einer politischen Streitschrift, zu einer Rechtfertigung überständiger politischer Verhältnisse im Namen der »Kultur«. Insofern drängt sich Politik in die Lebensgeschichte. Und das zunehmend, als Kriegsende und Revolution die Lebenslage des Künstlers gefährden. Über die reaktionären Ausfälle gegen die Revolutionäre, die Sorgen um das Geld und natürlich auch um den deutschen »Geist« sind wir durch die Tagebücher hinreichend informiert. Die Auflösung des Machtstaates erzwingt offensichtlich eine erhöhte Reflexion über die Lebenslage, über das Selbstkonzept als Künstler und über die Gesellschaft. Politik läßt sich nicht mehr ausgrenzen. Am 18. September 1918 notiert er ins Tagebuch: »Rein geistige Gedanken wirken als Labsal nach dem erbitterten Grübeln über den gemeinen Humbug der Politik«. Aber die läßt sich nicht mehr verdrängen, weil sie unmittelbar in das Villenleben eindringt. Sie bedroht, so sieht es jedenfalls der Autor, seinen Lebenskomfort und sein Künstlertum. Er befürchtet einen »Proletarier-Terrorismus«. Die Regierung Eisler beschimpft er als »Judenregiment«. Übergriffe werden befürchtet. Thomas Mann hat Angst um seine Bibliothek; aber auch um seine Lebensmittelvorräte, die an verschiedenen Stellen im Hause versteckt werden. Offensichtlich wirken die politischen Ereignisse hochgradig verunsichernd, weil sie die bewährte Trennung von Macht und Politik auflösen. Dadurch entsteht ein erhöhter Reflexions- und Kommentierungsdruck. Die Tagebücher aus den Jahren 1918-1920 zeigen einen reaktionären, antisemitischen und antidemokratischen Thomas Mann, einen kleinlichen Hausvater, ängstlichen Villenbesitzer und desorientierten Bürgerkünstler. »Vater Staat« ist angeschlagen und die Goldmarkzeit vorbei. Kein Wunder, daß er den Kapp-Putsch begrüßt.

Erst mit dem Vortrag *Von deutscher Republik* (1922) wird er zu einem öffentlichen Fall. Deutete sich schon in den *Betrachtungen* und in den Tagebüchern ein Positionskonflikt zwischen dem unpolitischen Selbstverständnis des Dichters und den politischen Ereignissen an, so gerät er nun in das »Rechts-Links-Widerspruchsfeld« der Weimarer Republik. Mit dem öffentlichen Werben für die Demokratie setzen massive Angriffe der alt- und neukonservativen Bewunderer ein. Die rechte Presse sieht in ihm eine Art »Gesinnungslumpen«, der sich dem neuen System andient. Der Vortrag enthält keine politische Analyse, und er wirkt doch politisch, weil sein Verfasser, entgegen früheren Bekundungen, Demokratie und deutsche »Kultur« für vereinbar hält. Das ist in einem unmittelbar ereignisgeschichtlichen Sinne eine Wandlung, bedeutet aber keinen Bruch mit dem Deutungsmuster. Mögliche Gründe für den Wandel läßt der Vortrag erkennen. Eine Rückkehr des Hohenzollern-Kaisers wird nicht erwünscht. Wilhelm II. machte sich ja mit seinem operettenhaften Gebaren schon vor der Revolution auch bei unpolitischen Künstlern sozusagen ästhetisch lächerlich. Abschätzig ist in diesem Falle von »imperialer Galaoper« die Rede. Offensichtlich sensibilisiert die Ermordung Rathenaus gegenüber dem Terror und Obskurantismus der Reaktion. Zudem macht Thomas Mann in den ersten Jahren der Republik die Erfahrung, daß die vermeintlich kulturfeindlichen Sozialdemokraten die Kultur achten. Zuversichtlich heißt es jetzt: »Das unmittelbare Ansehen des Schriftstellers steigt im republikanischen Staat«. Auch hier sollten wir den doppelten Aspekt des bürgerlichen Künstlertums, den lebensweltlich-materiellen und den geistig-konzeptionellen, im Auge behalten. Schließlich gewinnt der Schriftsteller Thomas Mann weiter an Ansehen, sichert das Einkommen die ihm, so meint er es jedenfalls, zustehenden Lebensbequemlichkeiten. Fotografien zeigen ihn als eine parkettsichere Erscheinung, als einen, der die Repräsentantenrolle liebt. Thomas Mann wird ihr gerecht, ja er kann während der Weimarer Republik seine Stellung, im In- und Ausland für den Frieden, für eine Synthese von Bürger und Arbeiter, von »Kultur« und »Sozialismus« plädierend, ausbauen, auch wenn es weiterhin Konkurrenten wie den Bruder Heinrich oder Gerhart Hauptmann gibt.

Die Entwicklung von einem unpolitischen Betrachter zu einem führenden Repräsentanten der Weimarer Republik bezieht so aus der skizzierten metapolitischen Disposition ihre Kraft. Schließlich bedeutet auch die Republik eine hintergrundserfüllte Ordnung, ja sie bietet dem Repräsentierwilligen zudem völlig neue Auftrittsmöglichkeiten. Damit wird, unverkennbar, sein Verhältnis zum Staat inniger. Die Republik ist ihm jetzt ein Name für die Einheit »von Staat und Kultur«. Auch hier läßt sich ein Traditionsbezug zu den Idealisten und Neuhumanisten ausmachen. Für sie waren die Ideale der Kultur und der Bildung die höchsten Werte, denen andere untergeordnet wurden. Damit entstand die typisch deutsche Vorstellung von einem »Kulturstaat«, der diese Werte verkörpert und verwirklicht. Thomas Mann erwartet dies von der Weimarer Republik.

»Ich habe vielleicht meine Gedanken geändert, – nicht meinen Sinn«, heißt es in der Einleitung zum republikanischen Manifest von 1922. Das ist nicht falsch, denn der Autor operiert weiterhin mit dem Deutungsmuster, das wir schon aus den *Betrachtungen* kennen. Die Demokratie ist für ihn folglich keine Verfassungsfrage, sondern eine »Geistesform«. Deshalb beruft er sich nicht auf politische Theoretiker, sondern auf Novalis und Whitman. Die Republik erscheint als »Schicksal«, gilt als besonders deutsch und wurde schon, so ist zu hören, von Novalis mit »Jugend« in Verbindung gebracht. Offensichtlich versucht Thomas Mann seine Vorstellungen von der Kontinuität deutscher »Kultur« mit den neuen Verhältnissen in Einklang zu bringen. Dabei bedient er sich einer Argumentationsfigur, die mit F. Ringer als »Theorie von Form und Inhalt« bezeichnet werden könnte; eine Argumentationsfigur, der sich zahlreiche andere modernisierungswillige Intellektuelle wie Friedrich Meinecke, Ernst Troeltsch oder Alfred Weber bedienen. Demnach ist, so heißt es bei Alfred Weber, »die Art, in der das Geistige mit dem Politischen in Verbindung gesetzt wird [...], das Entscheidende, nicht die politische Form.«[19] Das könnte auch von Thomas Mann stammen.

Nun nimmt er, die Geschichte und Funktion deutscher »Geistigkeit« reflektierend, innerhalb des Deutungsmusters folgenreiche Umarbeitungen vor, die bis an sein Lebensende Bestand haben. Das führt zu einer eingeschränkten Anerkennung des Sozialen und Politischen, ohne daß die Dominanz der »Kultur« in Frage gestellt wird, wie auch zu einer kritischen Sichtung deutscher Geistestradition, ohne daß der Autor sich von ihr löst. Seit den zwanziger Jahren wendet er sich vehement gegen den Irrationalismus und Obskurantismus der alten und neuen Rechten, gegen deren Geistesverachtung und Verherrlichung des blutmäßigen und instinkthaften unverdorbenen Lebens. Das zielt auch auf die eigene Vergangenheit und wird die Ablehnung gegenüber dem Nationalsozialismus befestigen. Dem kann so »Niveaulosigkeit« und »Geistesarmut« bescheinigt werden.[20] Statt geistreicher Deutschtümeleien vom kulturvollen Reich der Mitte bringt Thomas Mann in den zwanziger Jahren Europa ins Gespräch. So hofft er, die Intelligenz in allen Ländern könne – welch typische Überschätzung der Geistigen! – einen möglichen Krieg verhindern. Beeinflußt von Ernst Troeltschs kleiner Schrift *Naturrecht und Humanität in der Weltpolitik* (1923), fordert er nun eine »Wiederannäherung des deutschen Gedankens an den mit bestimmten religiösen und ideologischen Elementen unseres Kulturkreises unlöslich verbundenen westeuropäischen«.[21] Der Einfluß dieser Schrift ist nicht zu unterschätzen. Sie entspricht seinem Traditionsbezug, denn deren Verfasser arbeitet die Unterschiede zwischen dem westeuropäischen und dem deutschen Geist heraus, ohne daß er soziale und wirtschaftliche Differenzen würdigt. Sie bleibt im vertrauten Bereich des Geistigen und erleichtert folglich die Umarbeitungen innerhalb des Deutungsmusters. Troeltsch stellt in seinem Vortrag zwei für die politischen Traditionen des Westens wirksame Axiome heraus, nämlich eine säkularisierte Version des christlich-stoischen Naturrechts und ein demokratisch-progressives Ideal der »Humanität«. In Deutschland hingegen habe die politische Theorie in der Tradition der lutherischen Staatskirche die eher autoritären Implikationen des Naturrechts betont. Thomas Mann gefällt an der Schrift, daß sie sich nicht damit begnügt, »den Gegensatz zwischen der Ideenwelt der deutsch-romantischen Gegenrevolution und der älteren bürgerlich-konservativ-revolutionären des Naturrechtes« aufzuzeigen, sondern daß sie auch zur »pädagogischen Forderung« gerät.[22] Der Wunsch zu wirken und die Vorstellung einer »Idealwelt« »europäischer Humanität«, in der die deutsche Tradition aufzugehen hat (also wiederum eine Synthese!), bestimmt auch sein Denken. Damit ist bei ihm eine Kritik an jener alten für das Bildungsbürgertum und seine Mandarine charakteristischen Haltung des hochmütigen Herabblickens auf die soziale und politische Sphäre verbunden. Dem deutschen Bildungsbegriff fehle, so versichert er gelegentlich, das politische Element. Für ihn zählen, das wird er immer wieder betonen, das Politische und Soziale »zum Bereich des Humanen«. Die werden so anerkannt und doch wieder durch die Rhetorik des Deutungsmusters der Analyse entzogen: Im »Humanen« herrschen die »Ideale« über die Kritik der herrschenden Wirklichkeit.

Solche Umarbeitungen innerhalb des Deutungsmusters bedingen allerdings veränderte Auffassungen von der Geschichte und der Gesellschaft. In diesem Zusammenhang ist seine Kritik an Spenglers *Untergang des Abendlandes* von Interesse. Er charakterisiert Spengler als »Fatalist«, als »Defaitist der Humanität«, weil dieser nicht für die Erhaltung der Kultur kämpfe, sondern »das Kommende apokalyptisch an die Wand«[23] male. Dem setzt er keine geschichtsphilosophischen Gewißheiten entgegen, wohl aber Erwartungen auf eine »neue, die soziale Welt, die organisierte Einheits- und Planwelt«.[24] Goethes *Wilhelm Meister* bewegt ihn zu dieser Zukunftsvision, nicht Max Weber oder gar Marx. Auch hier zeigt sich: Die »Kultur« im engen deutschen-emphatischen Sinne bleibt sein »Spezialgebiet«, nicht die politische Analyse. Legt man deren Maßstab an, so erscheinen die Stellungnahmen mit Blick auf die politischen und sozialen Verhältnisse der Weimarer Republik, etwa der rechtslastigen Verwaltung oder der Massenarmut, als gehobener Feinsinn für ein aufgeklärtes, liberales Publikum. Brecht z. B., der dem Älteren den Weltruhm und den Einfluß neidet, sieht in Thomas Mann den Vertreter einer »literarisch erschöpften Bourgeoisie«, einen Autor, der nicht bereit ist, aus den bisherigen Erfahrungen auszusteigen.[25] Mit seiner Rhetorik, die

Worte wie »Geist«, »Deutschtum« und »Volk« umfaßt, erscheint er Brecht bildungsbürgerlich-veraltet. Und doch wird der Kritisierte nicht mit dem Bildungsbürgertum in der inneren Emigration kuschen. Weiterhin verfeindet finden sich Brecht und Thomas Mann im Exil.

Öffentlich solidarisiert er sich allerdings erst 1936 mit der Emigration. An Einsichten fehlt es ihm nicht. In den Tagebüchern läßt sich eine schroffe Ablehnung des Nationalsozialismus erkennen, die nicht nur moralisch-geistig, sondern gelegentlich auch analytisch begründet ist. »Die Absetzung des ›Sozialismus‹, die Thyssensche Wirtschaftsdiktatur, die Angstbedrohung der revolutionären S.A.« erwecken seine »Verachtung«; und »die Einheit der Nation« hält er »für Schwindel« (26. 7. 1933), während der einstige Freund und intellektuelle Weggefährte Ernst Bertram den Machtantritt der Nationalsozialisten als »deutschen Aufbruch« feiert und den Bücherverbrennungen beiwohnt.[26] Offensichtlich verweigert Thomas Mann eine öffentliche politische Stellungnahme, um das Erscheinen seiner Bücher in Deutschland nicht zu gefährden. Er rechtfertigt sein Zaudern mit dem Hinweis, er wolle sich von einem innerdeutschen Publikum nicht trennen lassen.

Auch jetzt wirkt der Doppelaspekt seines bürgerlichen Künstlertums. Ihm gelingt es in der Schweiz und später in den USA, häufig die Finanzen überprüfend, die alten Lebensbequemlichkeiten wiederherzustellen. Für ihn ist dies wichtig, wie die Tagebucheintragungen über Autos, Hausprojekte oder Möbelstücke dokumentieren. Auch im Exil kann er die Rolle als Repräsentant der deutschen »Kultur« wieder einnehmen: »Moralisch und kulturell gewinnt meinesgleichen bei zunehmender Applanierung etwas einsam Ragendes« heißt es nicht ganz unbescheiden im Tagebuch (31. 1. 1935). Die zahlreichen Vorträge gegen den Nationalsozialismus, das Eintreten für Roosevelt und dessen New Deal, die Ansprachen an die deutschen Hörer ab 1940, die Mitarbeit in zahlreichen Ausschüssen und Vereinigungen für europäische Flüchtlinge bleiben aber auch von einer pessimistischen Lebensbejahung und der bereits angesprochenen Einsicht geprägt, daß das Politische und Soziale zum »Bereich des Humanen« gehören. Dafür fühlt er sich zuständig; und um seine Wirkung nicht zu schmälern, versucht er politische Festlegungen »nach links« zu vermeiden. Mit Blick auf Thomas Mann klagt Brecht über »die entschlossene jämmerlichkeit dieser ›kulturträger‹« und verbindet mit ihnen den »modergeruch des frankfurter parlaments«.[27] Thomas Mann aber spricht gerne über »Demokratie« und »Humanismus«, über »Vernunft« und »Irrationalismus« – wohl immer in dem Bewußtsein:

Vielfach äußere ich erschreckend »linkse« Dinge, hoffe es aber durch das Darüberstreuen von ziemlich viel konservativem und traditionalistischem Puderzucker vor skandalöser Wirkung zu schützen[28].

Offensichtlich haben sich für ihn im Exil die Umstände, aber nicht die Bedingungen seines Bürgerkünstlertums geändert. Die Idee vom »Kulturstaat« zerstört der staatliche Terror der Nationalsozialisten. Auch wenn Thomas Mann zunächst zwischen der »Führerschaft« und dem deutschen Volk unterscheidet, so ergeben sich doch für ihn Zweifel aus dem »immer gleichen deutschen Nationalcharakter«.[29] In einer kühnen geistesgeschichtlichen Rückdatierung macht er in *Deutschland und die Deutschen* (1945) Martin Luther als die Schlüsselfigur deutscher Geschichte aus; in ihm sieht er den Urvater des »deutschen Dualismus von kühnster Spekulation und politischer Unmündigkeit«.[30] Angesichts der Verbrechen des Regimes und des schwachen Widerstands vollzieht sich eine Entidentifikation mit dem Staat und mit dem deutschen Volk. Es bleibt aber der Bezug auf die deutsche »Kultur«. Nicht nur, daß er mit dem bekannten Deutungsmuster den »Geist« beschwörend und sich auf Geistesgrößen berufend Wirklichkeit kommentiert. Vielmehr nimmt ohne »Kulturstaat« und mit Zweifeln am »Kulturvolk« die Identifikation mit der deutschen »Kultur« im Exil noch zu. So kann er, der Befriedigung bei der Zerstörung deutscher Städte findet und für eine drastische Bestrafung der Deutschen eintritt, beim Hören der Schubertschen und Wagnerschen Musik, der »sonderbaren«, über die »sonst nirgendwo vorkommende[n] Seelenverfassung« des Deutschen reflektieren.[31]

Darüber hinaus hält er am Konzept einer kommenden »organisierten Planwelt« fest. Deshalb bewundert er Roosevelts »New Deal«, stellt er zunächst hohe Erwartungen an die »Vereinten Nationen«. Thomas Mann setzt ohne geschichtsphilosophische Überzeugung auf den Fortschritt einer einheitlichen Menschheit, die für ihn den bürgerlichen Westen und den bolschewistischen Osten umfaßt. In der Anti-Hitler-Koalition kann er dafür eine realpolitische Bestätigung sehen. Als aber die Einheit der Alliierten

zu einer gespaltenen Einheit der Blöcke gerät, in der die jeweilige
Hälfte der anderen Rückschrittlichkeit vorwirft, und damit diese
Blöcke paradoxerweise ihre Legitimität beanspruchen, da drängen
sich ihm wieder politische Ereignisse auf, die Entscheidungen verlangen. Das Exil bot mit der eindeutigen Frontstellung gegen den
Nationalsozialismus eine eindeutige Freund-Feind-Bestimmung.
Der Kalte Krieg zersetzt durch Repression nach innen und poten-
tielle Aggression nach außen die Vorstellung von einer »großen
kosmopolitischen Gemeinschaft«. Damit wird auch Thomas
Mann, der sich der neuen Freund-Feind-Lage nicht anpassen will,
zum politischen Streitfall. Gerade weil er zwischen den Blöcken
ausgleichen möchte, gerät seine Position der Mitte ins Zentrum der
Polemik. Gewiß, Amerika und Europa zeichnen ihn aus, als
Ehrendoktor verschiedener Universitäten oder als Mitglied bedeutender Institute und Akademien. Bisher ungewohnte Anfeindun-
gen aber bleiben nicht aus. Bereits seit 1941 bespitzelt ihn das FBI.
1945 kommt es zu einer großen Kontroverse um die Rückkehr
nach Deutschland. Als er 1949 auf Einladung der Regierung der
DDR eine Rede zum zweihundertsten Geburtstag von Goethe
hält, gilt er in der Bundesrepublik als Kommunistenfreund. Zahlreiche Buchhändler verkaufen seine Werke nur noch unter der
Ladentheke. Der amerikanische Staatsbürger fühlt sich angesichts
der Kommunistenhatz in »seinem« Land nicht mehr wohl; in der
Bundesrepublik sieht er weiterhin reaktionäre Kräfte am Werk,
und die DDR, für deren kulturpflegerische Aufmerksamkeiten er
nicht unempfindlich ist, bewertet er als »autokratischen« Staat. So
ist die Schweiz das bürgerlich-neutrale Ziel seiner Rückkehr nach
Europa.

Die Position der Mitte versucht er mit »Bekenntnissen zum
Westen« und Warnungen vor dem »Antikommunismus« zu
wahren. Dabei kommt ihm auch zugute, daß er explosive politische Probleme durch eine beruhigende bildungsbürgerliche Rhetorik zu entschärfen versteht. So kann er etwa die heikle Frage nach
der politischen Zukunft des geteilten Deutschland ins Kulturelle
vergeistigen:

Mein Besuch gilt Deutschland selbst, Deutschland als Ganzem, und keinem Besatzungsgebiet. Wer sollte die Einheit Deutschlands gewährleisten
und darstellen, wenn nicht ein unabhängiger Schriftsteller, dessen wahre
Heimat, wie ich sagte, die freie, von Besatzungen unberührte deutsche
Sprache ist?[32]

Die Argumentationsfigur stammt aus dem 19. Jahrhundert, der von ihm häufig gelobten Glanzzeit des Bildungsbürgertums. »Was haben wir denn gemeinsam als unsere Sprache und Literatur?« fragten 1854 die beiden Grimms in der Einleitung zum ersten Band des *Deutschen Wörterbuchs*. Nahezu hundert Jahre später, nach der Sprache des Dritten Reiches, soll sie wiederum die »Einheit« und das »Ganze« verkörpern – nicht zum Nachteil der Repräsentantenrolle des dafür zuständigen Schriftstellers Thomas Mann. Dem ist Deutschland, wie er gelegentlich versichert, im Exil und in der Nachkriegszeit fremd geworden, um so wichtiger wird aber die Berufung auf dessen »Kultur«.

IV

Seine Deutungsmuster stammen von gestern und scheinen der Gegenwart nicht beizukommen. Auf politische oder gar soziale Wirklichkeiten läßt er sich nur »kulturell präpariert« ein.[33] Das ermöglicht seiner politischen Essayistik jene versöhnende Rhetorik mit Breitbandwirkung und Einigungseffekt, und es verhindert die Analyse. Damit drängt sich der Eindruck auf, Thomas Mann sei ein künstlerisch-literarisches Auslaufmodell des Bildungsbürgertums, dessen achtbare politische Entscheidungen als individuelle-moralische zu verbuchen wären, nicht aber auch als Konsequenz seines »bürgerlichen Künstlertums«. Letzterem widerspricht eine Lebensgeschichte, in der die metapolitische Disposition unter dem Druck der politischen Ereignisse zur politischen Position nötigt. Es sei wiederholt: Gerade wegen seiner intimen Verbindlichkeit gegenüber dem 19. Jahrhundert gerät Thomas Mann in Konflikt mit den reaktionären Tendenzen seiner Gegenwart. Politik wird zwar als unvermeidbar anerkannt, dem »Bereich des Humanen« einverleibt, damit werden ihr aber zugleich Macht- und Wirtschaftsfragen als Gegenstände entzogen. Gesellschaftskritik gilt ihm folgerichtig als »Grenzüberschreitung«. Wohl aber kritisiert Mann die »Kultur« der Gesellschaft im Namen der »Kultur«, d. h. im Namen einer typisch deutschen emphatischen Vorstellung, wonach das Individuelle sich im Medium der Kunst zweckfrei und wirksam auszubilden habe. Von daher bezieht Thomas Mann nicht nur seine Rhetorik, sondern auch seine Resistenz. Das zwingt zu Umwertungen innerhalb des Deutungsmusters und verlangt dem Sonderwegbewußtsein erhöhte Reflexionen ab.[34] Dabei erweist sich Thomas Mann als hochsensibler Experte für die Koalition von apolitischer Innerlichkeit und irrationalen Denkformen – eine Koalition, die das Bildungsbürgertum für den Nationalsozialismus anfällig machte.

Anmerkungen

1 Kurt Sontheimer, *Thomas Mann und die Deutschen*, München 1961, S. 53; Joachim Fest, *Die unwissenden Magier. Über Thomas und Heinrich Mann*, Berlin 1985. Einen Forschungsüberblick bieten Volkmar Hansen, *Thomas Mann*, Stuttgart 1984, S. 116 ff.; Theo Stammen, *Thomas Mann und die politische Welt*, in: *Thomas-Mann-Handbuch*, hg. v. Helmut Koopmann, Stuttgart 1990, S. 18-53; Hermann Kurzke, *Die politische Essayistik*, in: ebd., S. 696-706.

2 In diesem Zusammenhang kann der Begriff »Deutungsmuster« theoretisch nicht begründet werden. Dennoch wenige erläuternde Hinweise: »Deutungsmuster« zielt auf Sprache als Instrument und Institution von Weltdeutung. Es umfaßt individuelle Sinngebung und symbolische Vergesellschaftung qua Sprache; es verfestigt sich kollektiv, ist ein Typus vorangegangener Erfahrung, dient als Bestimmungsrelation zur gegenwärtigen Zeit und kann mit seinen programmatischen Überschüssen auf zukünftige Möglichkeiten verweisen. Insofern ist der Begriff für eine Sprachgeschichte als Wissensgeschichte ebenso von Interesse wie für eine Sozialgeschichte als Mentalitätsgeschichte.

3 Vgl. dazu Helmut Plessner, *Die verspätete Nation. Über die politische Verführbarkeit bürgerlichen Geistes* (1959), Frankfurt/Main 1974, S. 73. Auf eine Anfrage von Pierre-Paul Sagave antwortet Thomas Mann im Lebensrückblick: »Dagegen habe ich mich Zeit meines Lebens als Protestant insofern gefühlt, als ich den Protestantismus als das Grundelement der deutschen Kultur selbst empfinde und auch Goethe und Nietzsche wesentlich als Protestanten sehe«. Zit. bei Wolfgang Lepenies, *Motive Max Webers im Werk von Thomas Mann*, in: ders., *Die drei Kulturen. Soziologie zwischen Kultur und Wissenschaft*, München und Wien 1985, S. 374. Eine geradezu klassische Bestimmung des Begriffs »Kultur« gibt uns Thomas Mann: »Das Wort ›Kultur‹ ist einer Herkunft mit jenem anderen, das sich von ihm nur durch einen Buchstaben der Endung unterscheidet, dem Worte ›Kultus‹. Beide bedeuten ›Pflege‹, dieses im Sinne der Verehrung und rituellen Betreuung der religiösen Heilsgüter, jenes in dem einer vom Religiösen gelösten und

rein humanen ästhetisch-moralischen Verfeinerung, Veredelung, Steigerung des innerlich Individuellen, welcher man eine mittelbar weltfördernde Wirkung zuschreibt, ohne daß es unmittelbar auf eine solche abgesehen wäre.« *Kultur und Sozialismus*, in: *Gesammelte Werke in 12 Bänden*, Frankfurt/Main 1960 (diese Ausgabe unten mit GW zitiert), Bd. 12, S. 644.

4 Brief an Bruder Heinrich 7. 8. 1914, *Briefe 1889-1936*, hg. v. Erika Mann, Frankfurt/Main 1962, S. 112.

5 GW 12, S. 897.

6 *Thomas-Mann-Handbuch* (vgl. Anm. 1), S. 699.

7 GW 9, S. 766 und 770.

8 Fritz K. Ringer, *Die Gelehrten. Der Niedergang der deutschen Mandarine 1890-1933*, Stuttgart 1983, S. 346.

9 GW 12, S. 649.

10 *Tagebücher 1933-34*, hg. v. Peter de Mendelssohn, Frankfurt/Main 1977, S. 68 f.

11 Kurzke, *Die politische Essayistik* (vgl. Anm. 1), S. 704.

12 Norbert Elias, *Studien über die Deutschen. Machtkämpfe und Habitusentwicklung im 19. und 20. Jahrhundert*, hg. v. Michael Schröter, Frankfurt/Main 1989, S. 22.

13 Dazu Thomas Nipperdey, *Deutsche Geschichte 1866-1918*, Bd. 1: *Arbeitswelt und Bürgergeist*, München 1990, S. 382 ff., 590 ff.

14 GW 12, S. 140.

15 Der Aspekt der »Hintergrundserfüllung« ist von Arnold Gehlen übernommen. Vgl. ders., *Urmensch und Spätkultur*, Frankfurt/Main 1975, S. 50 f.

16 GW 8, S. 417.

17 Lepenies, *Motive* (vgl. Anm. 3), S. 359.

18 GW 12, S. 346.

19 Zit. nach Ringer, *Die Gelehrten* (vgl. Anm. 8), S. 193.

20 *Tagebücher 1933-34* (vgl. Anm. 10), S. 203.

21 *Die geistigen Tendenzen des heutigen Deutschland*, in: *Gesammelte Werke in 13 Bänden*, Bd. 13: *Nachträge*, Frankfurt/Main 1974, S. 589.

22 GW 12, S. 735.

23 *Stockholmer Gesamtausgabe. Altes und Neues. Kleine Prosa aus fünf Jahrzehnten*, Frankfurt/Main 1961, S. 136 u. S. 141.

24 GW 9, S. 331.

25 Dazu Werner Mittenzwei, *Das Leben des Bertolt Brecht oder der Umgang mit den Welträtseln*, Bd. 1, Weimar 1986, S. 261 f.

26 Karl Otto Conrady, *Völkisch-nationale Germanistik in Köln. Eine unfestliche Erinnerung*, Schernfeld 1990, S. 38 ff.

27 Bertolt Brecht, *Arbeitsjournal*, Bd. 2: *1942 bis 1955*, hg. v. Werner Hecht, Frankfurt/Main 1973, S. 386, Eintragung vom 2. 8. 1943.

28 An Konrad Kellen 19. 8. 43, *Briefe 1937-47*, hg. v. Erika Mann, Frank-

furt/Main 1963, S. 329.

29 *Tagebücher 1946-48*, Frankfurt/Main 1989, S. 91.

30 GW 11, S. 1136.

31 Tagebuch, 27. 1. 1949, *Thomas-Mann-Handbuch* (vgl. Anm. 1), S. 736.

32 GW 11, S. 488. Zum Gesamtkomplex vgl. Waltraud Wende-Hohenberger, *Ein neuer Anfang? Schriftsteller-Reden zwischen 1945 und 1949*, Stuttgart 1990, S. 242 ff.

33 Im Vergleich mit Ernst Jünger erscheint bei Karl Heinz Bohrer Thomas Mann als Vertreter einer »kulturellen Norm«, die dieser »ängstlich gegen die Wirklichkeit setzte, was seiner Kunst den rhetorischen Zug gibt«. In: ders., *Die Ästhetik des Schreckens. Die pessimistische Romantik und Ernst Jüngers Frühwerk*, München und Wien 1978, S. 100. Mit dem Leitwert »authentische Wahrnehmung« schneidet bei ihm die faschistische Intelligenz besser ab. Bohrer thematisiert zu Recht den »Wirklichkeitsverlust« infolge der »kulturellen Norm«, ohne allerdings deren Einsicht in die Funktion des Irrationalismus für den Nationalsozialismus zu erkennen.

34 Auf das Verhältnis von »Sonderweg«, über den ja in der Geschichtswissenschaft ausführlich gestritten wurde, und »Sonderwegbewußtsein«, dessen Existenz kaum bestritten wird, kann in diesem Rahmen nicht eingegangen werden. Ausführlich dazu mein 1993 im Insel-Verlag erscheinendes Buch *Bildung und Kultur: Deutsche Deutungsmuster*.

Alexander von Bormann

»Reinheit Gemeinheit«

Das Dritte Reich

Der die Herbeiführung des Dritten Reichs begleitende Slogan »Wider den undeutschen Geist« setzte voraus, daß es einen deutschen Geist gebe. Den gab es in der Tat, als gewachsenes Konstrukt, wenn man so sagen darf. Und es ist oft genug beschrieben worden, was ihn ausmachte:

Um die Hände frei für einige zusätzliche Anmerkungen zu haben, möchte ich auf die 1966/1969 erschienene kommentierte Dokumentation von Ernst Loewy (und Günter Hartung) verweisen, deren Gliederung die wichtigsten Stichworte nennt: Als »Bodensatz der Romantik« (I) wird die »diffamierte Ratio« ausgemacht, die Berufung auf das »kampffreudige Gefühl« (Blunck), das »Rauschen der deutschen Seele«, auch die »Mythen aus der Retorte«, wozu die Ahnen im Blut gehören, das »deutsche Blut« überhaupt, ebenso die Berufung auf »höhere Ordnungen«, auf die Urgewalt des Elementaren, auf Schicksal, Vorsehung und Herrenrecht als Abhub der deutschen Romantik. – Der »Triumph der Provinz« (II) wird mit den trefflichen Stichworten »Das total platte Land« und »Vom Volkhaften zum Völkischen« umschrieben: Scholle, Bauernfäuste, Blut und Boden, Segen des Geschlechts, deutsches Wesen – deutsche Art, Reinheit, Volksgemeinschaft, Manneszucht lauten die authentischen Konzepte. – »Der militante Nationalismus« (III) gehört zur Kriegsvorbereitung und -führung, zugleich zum Anfang schon der ›Bewegung‹, mit Stichworten und Losungen wie Heilige Flamme, Blutopfer, Mythos Deutschland, deutsche Not, deutscher Glaube, das Dritte Reich, totale Mobilmachung, Lebensraum u. v. a. – Die letzte Abteilung überschreibt Loewy mit »Der stilisierte Terror« (IV) und gibt abschreckende Zeugnisse des Furor Teutonicus in Überfülle.[1]

Es ist immer noch sinnvoll, diese Stichworte zu sammeln und zu sichten, ihnen nachzugehen, zu überlegen, was sie bedeute(te)n, was sie austrugen; Erinnerungsarbeit gehört zur Sprachkultur. Die wird z. B. negiert, wenn eine Fernsehlotterie ›unschuldig‹ mit dem »Platz an der Sonne« wirbt, jenem Slogan, der immer wieder imperialistische Forderungen ›begründen‹ half. Etwa nach der Besetzung von Kiautschou 1897, als der Staatssekretär im Auswärtigen Amt, Fürst Bülow, im Reichstag Lebensraum-Forderungen laut werden ließ:

Die Zeiten, wo der Deutsche dem einen seiner Nachbarn die Erde überließ, dem andern das Meer und sich selber den Himmel reservierte, wo die reine Doktrin thront, diese Zeiten sind vorüber. [...] Wir wollen niemand in den Schatten stellen, aber wir verlangen auch unseren Platz an der Sonne.

Wortbilder dieser Art sind nicht bedeutungsfrei, beliebig zur Wiederverwendung geeignet. Dieses Beispiel ist durchsichtig genug: Mit Berufung auf Natur soll der gewaltsame Zugriff, der mit den Interessen des internationalen Finanzkapitals entschieden mehr zu tun hatte als mit den Sehnsüchten des deutschen Volkes, zur kraftvollen Lebensäußerung zurückstilisiert werden. Daß Bernhard von Bülow sehr wohl wußte, worum es ging, erhellt aus einer mit »Ganz geheim« überschriebenen Aufzeichnung des Staatssekretärs aus jener Zeit:

Die ostasiatische Frage in ihrer gegenwärtigen Gestalt beruht auf der militärischen Schwäche des Chinesischen Reiches und der Unfähigkeit seiner Zentralregierung, welche dieses reiche Ländergebiet oder doch einzelne Stücke desselben allen stärker organisierten Staaten als leichte und lohnende Beute erscheinen lassen.[2]

Dies ist ein eher beliebiges Beispiel dafür, daß zentrale Stichworte und Denkfiguren des Dritten Reiches ihre Tradition haben, aber eben auch ihre Fortsetzung und Fortwirkung. Und was hier noch als Ungeschick belächelt werden könnte, wird zum Ernstfall, wenn es um die Belastung der Worte »deutsche Nation«, »deutsches Volk«, »deutsche Einheit« geht.

Deutsch: der reine Ausgriff

Ein Beispiel für die verderbte Unschuld großer Worte: Als die deutsche Einheit 1848/50 von der politischen Tagesordnung abgesetzt wurde, zog sie als Anspruch mit Weltgeltung in die Dichtung ein:

Adolf Freiherr von Leutrum-Ertingen
Dem deutschen Volke
1854

Es blüht der deutschen Einheit echte Blume
nur wirklich in des deutschen Geistes Einheit,

wo ob der Kunst und ob des Wissens Reinheit
der Genius waltet in dem Heiligtume.

Dort steh, mein Volk, und wirke dir zum Ruhme,
kein Fremder weist dich dort hinab zur Kleinheit,
dies Brot des Lebens wird nicht der Gemeinheit –
dem Schwächling nur genügt davon die Krume.

Doch dir, geführet von des Geistes Walten,
geeignet in der Sprache edlem Kerne,
sei immer stark das reine Herz erhalten.

So folge mutig dem german'schen Sterne,
und will dein Reich sich außen nicht gestalten –
im Geiste gehts von Pol zu Poles Ferne.

Die Reime stehen für die These, die der ›Deutschen Bewegung‹,
letztlich einem völkischen Konstrukt, zugesprochen wurde: Einheit und Reinheit gehören zusammen, was früh auch, schon in der
Romantik (etwa der Christlich-Teutschen Tischgesellschaft
Achim von Arnims), exklusiv, etwa antisemitisch, begriffen
wurde. Der Gegenreim Kleinheit – Gemeinheit setzt (immerhin)
›groß‹ qualitativ an; es dauerte aber nicht länger als eine Generation, bis der quantitative Aspekt, das gewaltsame Ausgreifen nach
fremden Ländern, dazugekommen war. In einer Dichtung für
Sprechchöre von Erwin Guido Kolbenheyer, *Deutsches Bekenntnis*, wird dies obszön ausgelegt: die Deutschland umringenden
Länder sind sozusagen weiblich und lechzen nach dem deutschen
Samen. Kolbenheyers Werk wurde am 20. Juli 1932 erstaufgeführt,
und zwar »aus Anlaß der Sternfahrt deutscher Jugend von Mittel-
europa nach Eisenstadt im Burgenland zur Ehrung Joseph
Haydns, des Schöpfers des Deutschlandliedes«, wie es in der Vor-
bemerkung heißt. Einige Verse aus dem Mittelchor:

Und die Fluten unsres Blutes
Sind genährt aus deutschen Quellen,
Und sie tragen das Verlangen
Unsrer Flüsse, Ströme, Meere,
Zu bedrängen Deich und Wehre,
Zu erfüllen durstge Leere
Und mit ihrer Kraft zu stillen,
Was in lechzendem Empfangen,
Bebend nach der Fruchtungswelle,
Trinken kann den Schöpferwillen.

Die poetische Leistung solcher Bilder ist deutlich. Kolbenheyers Verse haben durchaus teil an der propagandistischen Darstellung (und dem imperialistischen ideologischen Programm), wonach es (später) die jeweils ›befreiten‹ Länder selbst waren, die ihre Unterjochung gewünscht hatten. Als deutsch gilt das Verlangen, in die Weite zu streben. Diese politisch-ökonomisch gut erklärbare Tendenz wird un(an)greifbar gemacht, indem sie als Naturverlangen charakterisiert und der historischen Betrachtung entzogen wird. Merkwürdig ist die Doppelung der poetischen Argumentation: das Recht zum Ausgriff auf Natur und auf Deutschsein zugleich zu beziehen, die Verbindung ist früh schon geschaffen worden, es geht um die Realisierung der Natur des deutschen Menschen. In Hans Grimms Roman *Volk ohne Raum* (1926) heißt es schlicht und weitreichend: »Was heißt leben, Freund? Es lebt der Sieche und lebt der Dieb und lebt die Hure und lebt das Gewürm, das einander frißt, aber der deutsche Mensch braucht Raum um sich und Sonne über sich und Freiheit in sich, um gut und schön zu werden.« Der exklusive Bezug auf den deutschen Menschen (die Kalokagathie, das Ideal des Zusammenstimmens von Gut und Schön war ja beileibe keine deutsche Erfindung, wie der Name andeuten mag) war im Konzept ›Reinheit‹ poetisch erarbeitet worden. Romantik und Jugendbewegung standen dabei Pate, wie auch aus folgendem Gedicht von Hans Baumann erhellen mag:

Ausfahrt

Aus dem Land der Kindheit schritt ich
halb im Traum und stieg zu Pferde,
Lied des Stroms im Ohre, ritt ich
nach der Lockung fremder Erde.

Neue Ströme hört ich rinnen,
alle hat der Strom getrunken,
neue Lande sind nach innen
in der Heimat Bild versunken.

Wagnis und Gefahr erkor ich
zu Gefährten meiner Ritte
und der Kindheit Strom beschwor ich
als des Lebens reine Mitte.

Das Gedicht setzt die Verinnerlichung des Imperialismus voraus. Die ›machtgeschützte Innerlichkeit‹ der Poesie hat die in der Politik unverblümt angesprochenen Ziele und Konzepte geläutert: die ordinär direkt berufene Überlegenheit der Stärke etwa zur Vorstellung vom adligen Menschen verfeinert. So ist hier von Pferd und Wagnis die Rede, die Lesebücher des Dritten Reichs strotzen von entsprechenden Ungleichzeitigkeiten. Ernst Bloch hat deren Funktion dialektisch kapitalismuskritisch beschrieben. Ihm zufolge sucht die nationalsozialistische Ideologie (und Praxis), »den Bourgeois durch den Ritter zu vertreiben und erlangt nicht mehr, als daß sich der Bourgeois durch die jungen Ritter erst recht geschützt und konserviert fühlt«.[3] Auch hier müssen Naturbilder den geschichtlichen Ansatz verdecken. Lockung und Strom, das sind wiederum die bekannten Männerphantasien, hier etwas pubertärer ausgesprochen als bei Kolbenheyer. Die Verse »neue Lande sind nach innen / in der Heimat Bild versunken« geben dem Reinheits-Phantasma nach, wonach alles Fremde zu assimilieren oder auszustoßen / auszumerzen sei. (Die Verschmelzung der Bildkonzepte ›Strom‹ und ›Mitte‹ gelang bereits der Lebensphilosophie.) »Versunken« deutet in diesem Gedicht von 1940 also schon auf die Praxis, eroberte Länder (Beispiel: die Niederlande) ununterscheidbar zu machen (Deutsch als Erstsprache, deutsche Verwaltung, usw.).

Es geht demnach stets um mehr als Worte, es geht um Konzepte, die aufs neue bedacht und ausgetragen werden müßten. Die Rechte in Deutschland (und Österreich), die so wenig gut auf Bertolt Brecht zu sprechen war/ist, hat sich in diesem Falle doch allzugern an dessen *Lied der verderbten Unschuld beim Wäschefalten* gehalten:

> Was meine Mutter mir sagte
> Das kann wohl wahr nicht sein.
> Sie sagte: Wenn du einmal befleckt bist
> Wirst niemals du mehr rein.
>
>> Das gilt nicht für das Linnen
>> Das gilt auch nicht für mich.
>> Den Fluß laß drüber rinnen
>> Und schnell ist's säuberlich.

Eine besonders perfide dichterische Attacke zugunsten der Volks-Reinheit sei nicht unterschlagen; sie wendet sich gegen die Emigranten und will die in Frage kommenden Gastvölker 1934 vor ihnen warnen, hätte das aufgrund der Tonart sogar leisten können: als Warnung vor der Hitler-Barbarei, ist aber ›natürlich‹ nicht so gelesen worden:

Heinrich Anacker
Auszug der Schmarotzer

Nun werden sie über die Grenze gehn,
die Schmarotzer, die sattsam bekannten,
und werden im Ausland um Mitleid flehn,
als die völlig schuldlos Verbannten...

Wir aber raten den Völkern gut:
Bleibt taub! Laßt sie winseln und hadern!
Sie sogen uns vierzehn Jahr lang das Blut
verbrecherisch aus den Adern!

Und glaubt unsern ehrlichen Worten ihr nicht,
und nehmt ihr sie auf in Scharen –
ihr werdet dies Motten- und Wanzengezücht
am eigenen Leibe erfahren!

Wir haben genug von der Peinigung –
Wir wollen endlich genesen!
Drum her mit der Frühjahrsreinigung,
und her mit dem eisernen Besen!

»Deutsches Denken«. Deutschlands Seele

Das *Gedenkbuch der Reichsregierung zum 10. Verfassungstag 11. August 1929*, unter dem Titel *Deutsche Einheit Deutsche Freiheit* im Zentralverlag erschienen, zeigt durchgängig, wie wenig Halt die Titel-Worte in der politischen Wirklichkeit jener Jahre haben. Hier werden die beschwörenden Worte des Reichskanzlers v. Bethmann Hollweg (14. März 1917 im Preußischen Abgeordnetenhaus) zitiert (und sie sind ja auch dieser Tage nicht ganz unaktuell):

Wir werden nach dem Kriege vor die gewaltigsten Aufgaben gestellt werden, die wohl je einem Volke beschieden gewesen sind, vor Aufgaben, die so gewaltig sind, daß das ganze Volk in allen seinen Schichten, jeder Mann im Volke mit Hand anlegen muß, wenn wir uns überhaupt herausarbeiten wollen.

Eine ganze Anzahl von Beiträgen reflektiert, warum es nicht dazu gekommen ist. Heinrich Krone (Zentrumspolitiker) schlägt eine »deutsche Demokratie« vor, die »im Letzten nicht höchste Wohlfahrt und Gerechtigkeit der einzelnen und der Stände« sei. Er findet, »die Zeit des 18. Jahrhunderts mit seinen bürgerlichen Idealen ist vorüber«. Die Berufung auf das Volk muß die Relativierung der Grundrechte tragen: »Die deutsche Demokratie der Zukunft ruht auf den großen Kräfteströmungen, die unser Volk durchziehen.« Das ist eine zirkuläre Argumentation, die vielfach auch die Sinnsprüche zu Beginn der dreißiger Jahre nährt. »Der Deutsche ist nur wahr, wenn er deutsch ist, und er ist nur deutsch, wenn er wahr ist« (Julius Langbehn, *Der Rembrandtdeutsche*); ähnlich in der Form des Chiasmus: »Weg ist Ziel, Ziel ist Weg« (Walter Bloem); »Das Rufen kommt aus euerm Blut, das Blut ein großes Rufen tut« (Hermann Burte); »Ich bin nur ein Kämpfer unseres Volkes für seine Zukunft, für unsere deutschen Menschen« (Adolf Hitler); »Deutscher Wille ist das innere Müssen der Seelen im Deutschland ohne Grenzen« (Walter von Molo).

Die letzten Beiträge dieses Geburtstagsbandes der deutschen Republik geißeln die Folgen der Machtlosigkeit des deutschen Volkes und stellen fest, »daß zur Wiedererlangung deutscher Freiheit noch eine lange politische Kampfperiode vor uns liegt«. Was als »Deutscher Wille« am Ende der Weimarer Republik publizistisch/dichterisch verlautbart wurde, ist von den Äußerungen nach 1933 nur dadurch unterschieden, daß diesen der Ton des Triumphs unterlegt ist: »Es ist, als ob etwas aus der Dämmerung der Heldengesänge in jedes deutsche Herz herüberdringt. Die Deutschen sind angetreten.« So ein Max Jungnickel unter dem Stichwort »Tat-Christentum« in der Zeitschrift ›Deutscher Wille‹ (1935), die seit 1920 als ›Blätter für Wehrhaftigkeit‹ im Auftrage der Vereinigung ›Deutscher Wille‹ im gleichnamigen Verlag herausgegeben wurden. Zwei Denkfiguren stoßen da aufeinander und werden konsequent miteinander versöhnt: die Vorstellung der Bedrohtheit (der Volkssubstanz) und die Überzeugung von der unabweislichen Urkraft des Deutschen. (»Es ist kein Zufall, sondern im Geist und Willen des nationalsozialistischen Deutschlands begründet, wenn heute der koloniale Gedanke die Massen entzündet und der Wille zur Tat drängt.«) Was herauskommt, ist der Appell an die »Deutsche Wiedergeburt«, und vielleicht ist es der richtige Zeitpunkt, den Appell von 1935 zur Warnung vollständig zu zitieren, nach-

dem solche Töne auch im Deutschen Bundestag wieder vernehmbar werden:

Albert Giesecke
Deutsche Wiedergeburt

Wiedergeboren ward Deutschland! Nach Jahren innerer Zwietracht
ward es geeint, und innig strebt es nach einstiger Größe.
Wiedergeboren werden müssen wir Deutschen täglich.
Täglich, Deutsche, gedenkt der hohen Gnade des Deutschseins!
Deutscher Geist und deutsche Sprache verpflichten uns täglich,
Deutsch zu denken, zu reden und schreiben, ehrlich und dankbar.
Sauberkeit sei die Losung für deutsche Seelen und Münder!
Klar und kräftig entspringe aus reinem Herzen die Sprache!

Auf ein sprechendes (und wenig bearbeitetes) Beispiel für die (tägliche) ›Verdeutschung‹ älterer Denk- und Formmotive sei noch eingegangen, in der etwas unpopulären Form einer Lese-Anleitung (die Texte sind noch gut greifbar):

Gertrud von LeFort hatte 1924 ihre *Hymnen an die Kirche* (=*HK*) veröffentlicht (1990 in 22. Auflage nachgedruckt) und diesem Band 1932 die *Hymnen an Deutschland* (=*HD*) folgen lassen, einen Band, der dem ersten so genau nachgebaut ist, daß man mit nur leichter Vereinfachung die These wagen kann, es seien nur die Hauptwörter (Kirche/Deutschland) ausgetauscht worden; auf jeden Fall läßt sich von einer (weitreichenden) Kontrafaktur reden. Die *HD* folgen den *HK* in Aufbau, Stil/Form und Argumentation. Basis (für beide Bücher) ist die Ideologie der Selbstaufgabe, wozu auch das Formmotiv der ›tragischen Dichtung‹ (die große Elegie/Hymne) paßt.

Zum Aufbau: Beide Bücher beginnen mit dem *Prolog.* – Dem Kapitel *An die Kirche* entspricht in *HD* das Kapitel *Das Schicksal* (als die Beschwörung des »Grundes«). – Das Kapitel *Heiligkeit der Kirche* ist dreifach gegliedert. Heiligkeit/Beten/Corpus Christi Mysticum. Ihm entspricht (auch ›ideologisch‹) das Kapitel *Die Sendung* in *HD*, gleichfalls dreifach gegliedert, mit kirchlichen Anspielungen in den Untertiteln: Vorgeläut/Hochgeläut/Nachklang. – Problematisch genug: daß für *Das Jahr der Kirche* nun in *HD* das Kapitel *Der Sieg* steht, mit Untertiteln, die auf die Kontrafaktur deuten: Die Schuld/Das Kreuz/Die Kraft/Die Gnade. –

Zum Vergleich: Der *PROLOG* setzt nur allgemein die Bedingungen der Übernahme der Denkformen/Denkfiguren aus: in *HK* spricht die in sich gefangene Seele, »immer, immer bin ich nur in mir« – der Prolog in *HD* setzt viel ›weiter‹ an. Geistesgeschichtlich gesprochen: die Klage der spätromantischen Kulturkritik über die Verfangenheit des Subjekts in sich sel-

ber bekommt hier schon die völkisch-nationale Antwort, und zwar in den zentralen Termini der Lebensphilosophie (siehe oben): »Völker sind Mächte [...] mit ehernem Auftrag [...] wie Ströme [...] menschenvergießend und geschlechterverschäumend [...]« Sie vollziehen die »Bahn ihres Schöpfers«. So macht der *PROLOG* deutlich, daß »Völker« hier als die Mittler eingesetzt sind (»gleich den dienenden Engeln«): um die Selbstverfangenheit der Seele und den Anspruch des HERRN (*HK*) zu vermitteln – also die Stelle einnehmend, die vorher der KIRCHE zugedacht war.

Die These der ersten Hymnen lautet: Deutschland ist im Verhängnis und ist »erwählt«, so die Seele (das sprechende Ich) in *HK*; die Verfolgungen der Seele sind nun in die des deutschen Volkes umfunktioniert, das Bildmaterial wird weitgehend übernommen: Wanderschaft/nach Hause [*HK*] – Häuser der anderen Völker, Wohnen im Verhängnis [*HD*]; Räume der Gestirne, einziges Licht [*HK*] – Leuchten der Sterne, der Gestirne Reigen [*HD*]; Finsternis der Nacht, Abgrund [*HK*] – lichtabstürzende Nächte, nächtlicher Abgrund [*HD*].

Zentral für diese Dichtung(en) ist die Berufung auf die Naturnähe der Seele in *HK* (was vor allem in den Metaphern hervortritt, »Fluren meines Blickes« usw.) und auf die Naturnähe des deutschen Volkes in *HD*, auf eine Position jenseits aller Wahl, aufs Verhängnis (»Gesetz des Glaubens« in *HK*, »Schicksal, Verhängnis« in *HD*).

Das gemeinsame Thema bildet sich in den folgenden Hymnen heraus: das Zerbrechen des Naturstatuts mit der These »Was ich zerbreche, ist nicht zerbrochen«. Die Sprach- und Denkfiguren sind hier ganz parallel geführt: »ich habe dich überblendet« (*HK*), es »überwogt sich jede Woge« (*HD*), das Bildmaterial ist fast identisch, auch durch einen starken Nietzsche-Einfluß gewährleistet. Die Grundfigur ist der Opfergedanke – die verdeckte These kommt in *HD* voll zum Tragen: »Doch auf den Schultern des Starken / Erstarkt noch das starke Kreuz« (V).

Die Heiligkeit/Überlegenheit der Kirche wird mit Bildern und Worten beschworen, die auf Deutschland übertragen werden. Fast Wort um Wort ist das poetische Material identisch: Arm, Schwert, Waffen, Beugen/Knien, Erbarmen/Gnade, Mantel aus Purpurfäden/Königspurpur – die *HK* bieten bis hin zum Schluß die Folie, das Material, aus dem die *HD* gemacht ist. Dabei ist wohl deutlich, daß die aus Psalm und Nietzsche gewobene Sprache der *HK* in *HD* vergleichsweise verknappt ist, zugleich aber, daß völkische Denk- und Sprachfiguren unmittelbar übernommen werden: »im Sturm meines Schicksals stürm' ich die sturmreife Zeit!« – das ist »stürmende« Sprache, was auch für das LeFortsche »Völkervoran-Brausen« gilt.

Aufflügeln wird Deutschland,
Aufbrechen wird ihm aus allen Gesteinen der Schmerzen
Das edle Feuer der Kraft
Und die erzene Quelle
Des unversieglichen Willens,
Daß wieder christhaft werde das majestätische Antlitz
Der Macht
Und wieder lichthaft leuchtend
Das herrliche Sternbild der Völker,
Und wieder heiliggesprochen der Wahrheit
Geschändete Stirne – – –
Aufjubeln wird Deutschlands Seele
[...]

Das gezüchtete Volk

Der Anspruch Deutschlands auf die Welt, gern auch durch das ›Versingen‹ der Baumann-Verse »Denn heute [ge]hört uns Deutschland, und morgen die ganze Welt« angedeutet, tritt u. a. in der Unterscheidung von Volk und Nation hervor. Im Bezug auf die »Auslandsdeutschen« wird das faßbar. Am 24. Oktober 1936 hielt der Gauleiter E. W. Bohle, Leiter der Auslands-Organisation der NSDAP, beim Erntedankfest »der reichsdeutschen Kolonie in Wien« eine Ansprache, die 1937 in Berlin publiziert wurde.[4] Dabei wird, und das ist offizielle Doktrin, die Schicksalsverbundenheit aller Deutschen hervorgehoben; das ist die völkische Grundlage, ganz unabhängig vom jeweiligen Ort. Als Ziel erscheint die Zusammenfassung dieser = aller Deutschen in einem »Schicksalsgefüge«, der Nation, was die entsprechende Erweiterung des Reichs voraussetzt. Bohle 1936 in Wien:

Heute ist der Deutsche im Ausland fest eingereiht in das große Schicksalsgefüge der einigen Nation, die Adolf Hitler in jahrelangem Ringen um den deutschen Menschen schuf. – Heute ist jeder Reichsdeutsche im Ausland ein vollberechtigter und vollverpflichteter Diener seines Volkes und seines Führers.

Damit wird zugunsten des völkischen Nationbegriffs das Recht aller anderen Nationen auf die »Vollverpflichtung« ihrer Bürger

negiert. Bohle spricht zu österreichischen Bauern, wenn er (objektiv aggressiv) tönt: »Heute arbeiten deutsche Bauern wieder auf deutschem Boden für ihr deutsches Volk. Sie ernten den Segen, den die Allmacht dem Wollen Adolf Hitlers verlieh.« Das Wollen des Führers wurde von diesem u. a. am 1. Mai 1937 ausgesprochen; in Hitlers Begründung seines Vierjahresplans hieß es:

Wir müssen miteinander leben! Es kann sich keiner von dieser Gemeinschaft ausschließen, weil sich keiner dem gemeinsamen Schicksal entziehen kann. Und aus dieser harten und nüchternen Erkenntnis erhebt sich das zwingende Gebot für unsere *Volksgemeinschaft*. Sie ist die Voraussetzung zur praktischen Durchführung unseres Lebenskampfes.[5]

Volksgemeinschaft und Staat werden dann mit Hilfe der romantischen Staatstheorie zusammengedacht, als Wiederherstellung eines gesicherten/sichernden Reiches nach einem mittelalterlichen Muster (wie es bei Hardenberg, Eichendorff, F. Schlegel, Görres – in allerdings anderer Hinsicht – vorgedacht war):

In dem Staate, den sich das deutsche Volk als seine artgemäße Lebensform aufbaut, lebt jeder einzelne von seiner Geburt bis zum Tode im Bereiche gesicherter Lebensordnungen, klarer Bestimmungen und Gesetze. Schule und Beruf, Bildungs- und Gemeinschaftsleben sind durch die Bestimmungen geregelt; jeder einzelne erhält seinen Teil, seine Aufgabe in der Volksgemeinschaft, wird getragen von der Gemeinschaft und ihren Gesetzen. So entsteht ein sorgsam geleitetes Wachstum, das von oben her durch die Führung zusammengefaßt wird zur organisierten Gemeinschaft des Staates. – Sobald wir die Grenzen des Reiches überschreiten, verlassen wir diesen Bereich gesicherter Ordnungen.[6]

Deutlich unterschieden von den romantischen Konstrukten und Phantasmen eines neu-mittelalterlichen Universalismus ist die bei den Nazis direkt erfolgte Zuweisung der Reichsidee an das »Rassegefühl des deutschen Menschen«.[7] Im *Siegesspruch* von Kolbenheyer (1940) wird das Deutschsein bejubelt: »Daß du ein Deutscher bist, / bleibe dein Glück, deine Not«, die Schlußzeilen setzen einen rassistischen Akzent: »weil du ein Deutscher bist: / Bürge der weißen Welt.« Entsprechend heißt es bei Josef Weinheber »im Namen der Kunst« (1935): »Der deutsche Seelenkosmos ist recht eigentlich der Kosmos des *weißen* Menschen.«[8]

Wie sehr das als Anspruch gemeint war, ließe sich mit Wilhelm Schäfer belegen, dessen hymnische Prosa *Die dreizehn Bücher der deutschen Seele* (1922) in der Ausgabe von 1935 mit dem Kapitel *Wiederkunft* schließt; darin heißt es:

Das Land der Mitte zu heißen, ist Deutschlands Geschick […]

Die rote Zwietracht reißt seine Hoffnung nach Osten, die goldene Spinne im Westen saugt ihm sein Blut; was es der einen läßt, muß es der anderen nehmen: so ist es noch einmal das Schlachtfeld der Welt.

Denn nun kann nicht Frieden auf Erden gesungen sein, als bis das dritte Reich kam; aber das dritte Reich wird keinem der Völker gehören, die Menschheit wird sein Herrscher und Untertan heißen.[9]

Neue und ältere (umfunktionierte) Dichtung soll die Ritualisierung des täglichen Lebens stützen, die »Neuordnung des Brauchtums« soll tief ins Familienleben getragen werden (was offensichtlich kaum gelang). In Heinrich Anackers *Deutsche Ostern 1933* wird in recht verqueren Bildern z. B. die Auferstehung Christi auf Deutschland bezogen:

> Hört ihr die Osterglocken
> frohlocken?
> Auch Deutschlands Grab ist heute leer:
> Das Volk hat heimgefunden –
> und war der Stein auch noch so schwer,
> es hat ihn überwunden.

In treuer Gefolgschaft zu den ideologischen Vorgaben finden die völkischen Dichter, daß REICH ein Konzept des Werdens ist, wie auch der ›neue Mensch‹ (ein Phantasma auch des revolutionären Sozialismus) noch einige Schläge des Künstlers Hitler braucht:

> Wir sind nicht fertig, wir sind unvollkommen.
> Der Führer hält den Meißel in der Hand,
> und schlägt uns frei von allem Trug und Tand,
> daß wir zum langersehnten Ziele kommen.

Wir wachsen, heißt es in diesem Gedicht von Anacker, »mählich ins Reich hinein«, wobei sowohl das ›Wir‹ wie das ›Wachsen‹ im gleichen Gedicht schon zurückgenommen werden, ein Verfahren, das die nationalsozialistische Dichtung regelmäßig bestimmt: es werden Losungen aus der Tradition aufgenommen, die dann eigenwillig, sprich: gehorsam, umgedeutet werden. In der dritten Strophe schon ist das *Wir* kursiv gedruckt und mit Führungsanspruch ausgestattet, der auch als Sendung und Mut zur Unmenschlichkeit berufen wird:

> *Wir* müssen sie zur vollen Klarheit führen,
> denn unsern Händen sind sie anvertraut,
> und nie geschieht's, daß vor dem Werk uns graut,
> wenn wir in uns die hohe Sendung spüren.

An der Erziehung zum Nicht-Grauen, dieser Schergen-Mentalität, hatte auch die zeitgenössische Theologie und Kulturphilosophie teil. Die Sammlung *Deutscher Geist. Kulturdokumente der Gegenwart* (1933) bietet dafür zahlreiche Beispiele.[10] Etwa das Plädoyer von Willy Hellpach, Staatspräsident a. D., für »das germanische Gottesbewußtsein«, das »eine germanische Verrichtung« sein müsse. Der wird zugewiesen, gegen »die religiöse Angstgier« aufzutreten, die »germanische Wesenheit« als »allchristlich« zur Geltung zu bringen: »ihr ist alles Wirkliche in Gott beschlossen«, so daß auch kein Raum für den Teufel bleibe, der zu einer »beinahe humoristischen Angelegenheit« werde. Frömmigkeit als »strömender Urquell« meint dann freilich die Heiligung jedweden Tuns im Volkssinne; Widerstände finden in diesem Denken keinen Halt. (Der einzige Protest in diesem Band kommt von Heinrich Rendtorff, Landesbischof in Schwerin und Professor in Rostock.) »Deutscher Geist«, das ist ein Plädoyer für eine »geistbestimmte Politik«, die für »die Machtfülle deutschen Geistes« zeugen soll: »Es ist die Front des deutschen Geistes schlechthin, von der unser Buch einen ersten Begriff als Auftakt zu geben versucht.«[11] Der Zuchtgedanke wird anthropologisch verankert (Arnold Gehlens philosophische Anthropologie wird entsprechend das »Gesetz der Zucht« akzentuieren) und auf Stamm und Volk ausgedehnt; so meint man, die Spannung von Gemeinschaft und Gesellschaft aufheben zu können: »Geistige Zucht wächst organisch – sich aus der geistigen Stammeslandschaft entfaltend. Geistige Zucht hält dem Wühlen untermenschlicher Süchte stand.« So wird Volksgemeinschaft auch als Kulturgemeinschaft berufen, als »konkrete Totalität heroischer Seelenwirksamkeit«; die könne dann, so Dreyer weiterhin, »die Fesseln aller Kompromisse und Konventionen, aller politischen und ökonomischen Doktrinen sprengen, den Weg entsühnen, die Reife heraufdämmern lassen«.

In den poetologischen Reflexionen der Zeit taucht dieser Gedanke als unbedingte Geltung des Formgesetzes auf. Die Form ist für Josef Weinheber »gewissermaßen auf der äußersten Rechten aufgestellt, als Zeichen und Unterpfand eines eifernden Ordnungswillens und als Sinnbild der Unumstößlichkeit der Gesetze«.[12] In seinem Gedichtband *Hier ist das Wort* heißt es:

> Die Form ist Schicksal, ist nicht bloß – Geschick.
> Sich »formuliert« zu wissen: Welch ein Glück!

Gerhard Schumann, neben Anacker der getreueste Reichsbarde, hat dieses Glück als Privileg der SA besungen, aus deren Schritten »das Blutgericht« halle: »Nun aber steht ein Haufe von Entschlossnen, / aus deren Blick der blanke Wille schießt«.

Die Diskussionen Anfang der dreißiger Jahre (Moeller van den Bruck, Heinrich von Gleichen, Max Hildebert Boehm) ließen noch Raum für Unterscheidungen: zwischen Volk und Rasse, Volk und Nation, den Nationalkulturen; Boehm kritisiert ausdrücklich 1932 die Doktrin vom »totalen Staat«, weil ihrzufolge »Volkssouveränität und Staatssouveränität völlig in eins verschmelzen« müßten, das »eigenständige Volk« damit völliger Willenlosigkeit ausgeliefert sei.[13] Er betont sogar die tiefe »Verwandtschaft von Volksrecht und Widerstandsrecht«. Das wird 1935 recht umstandslos korrigiert, Volkswille und Nationalsozialismus werden auch von Boehm (der nach 1945 natürlich das Widerstands-Konzept für sich in Anspruch nahm) für identisch erklärt: »Das große geschichtliche Ziel, das der Nationalsozialismus sich gesteckt hat, kann als die politische Gestaltwerdung des gesamtdeutschen Volkstums auf eine kurze Formel gebracht werden.«[14] Auch das Volk wird schließlich dem Züchtungsgedanken unterstellt, also auch explizit als Quelle der Legitimierung aufgegeben, unter den Stichworten »Bevölkerungspolitik und Deutschtumsarbeit« war das bereits Ende der zwanziger Jahre vorbereitet. Das »Gesamtdeutschtum«, so Boehm, habe sich auf »eine Eigenform« zu besinnen, »die seine Selbstbehauptung zwischen West und Ost überhaupt ermöglicht«. Damit ist das Reichskonzept angesprochen, das »die gewaltige Symphonie des deutschen Lebens« (Hitler) zum Klingen bringen sollte. »Deutsch« wurde, wie die vielen tautologisch gebildeten Formeln zeigen, zur Leerstelle, die in schlechthin allen Diskursen funktionierte: als Möglichkeit, Denktraditionen aufzugreifen und umzupolen; und es gibt viele Dichter und Denker, bei denen sich dieser Prozeß am eigenen Werk nachvollziehen läßt. Josef Weinheber führt die Unterwerfung formsemantisch aus, als Ergebung in den Asclepiadeus maior (und als Hitler-Hymne); Sprechen und Hören sind eindeutig verteilt, »Bewährung im Schmerzabenteuer« wird nun Sache des Volkes und des Sängers:

[...]
und es lauscht eines Herrn Stimme aus Stahl wieder das Abendland

Nichts von Zufall mehr sei, wenig von Glück, aber vom Willen sei
da Gemäßes gesagt: Dröhnendes Lied, schwächlichem Knie zu Leid,
In der Fülle der Macht setze dich fort, rede, damit auch dir
das Unbändige noch bündig gescheh, stark in des Atems Kraft,

heilend Satz und Gesetz [...]

Deutschland, bleiche Mutter

Seinem 1933 geschriebenen Gedicht *Deutschland* gab Bertolt
Brecht das Motto mit: »Mögen andere von ihrer Schande sprechen,
/ ich spreche von der meinen.« Richtig ist, daß viele der Exilanten
die Übergabe Deutschlands an Hitler, die Übernahme der Volksgemeinschaft durch die Nationalsozialisten als deutsche, und das
heißt auch als ihre, Schande erfuhren.

> O Deutschland, bleiche Mutter!
> Wie sitzest du besudelt
> Unter den Völkern.
> Unter den Befleckten
> Fällst du auf.
>
> [...]
>
> Hörend die Reden, die aus deinem Hause dringen, lacht man.
> Aber wer dich sieht, der greift nach dem Messer
> Wie beim Anblick einer Räuberin.
>
> O Deutschland, bleiche Mutter!
> Wie haben deine Söhne dich zugerichtet
> Daß du unter den Völkern sitzest
> Ein Gespött oder eine Furcht!

Diese großen Verse, auch formal den Knittelversen Erich Weinerts
und den Sonetten von Johannes R. Becher oder Reinhold Schneider überlegen, weichen nicht auf den Gedanken eines ›anderen
Deutschlands‹ aus (was in bestimmten Diskussionszusammenhän-
gen auch seinen Sinn hatte), sondern fassen schon in der ersten
Stunde die Zurichtung Deutschlands auf. Wie beinahe unzählige
verschiedene Schicksale den Widerstand und das deutsche Exil
nach 1933 charakterisierten, ist vielmals beschrieben worden. Im
Londoner Exil trennten sich dann in bezug auf das Nationalkon-

zept die Österreicher von den Deutschen, Erich Fried schrieb
einen Band mit »Deutschland«-Gedichten, einen anderen auf
»Österreich«, doch der Zusammenhang, schon durch die Exilsi-
tuation ›garantiert‹, wird festgehalten. Frieds Gedicht *An Österreich* (1944) beginnt: »Nicht Liebe wär's, von deiner Schuld zu
schweigen, / die tief dich beugt und dich zu brechen droht…« Das
ist ein Gestus der Annäherung, wie er nur aus der Ferne möglich ist
(und nach 1945 auch seine Enttäuschungen hinnehmen muß).
»Gebt mir eine neue Sprache«, dichtet Stephan Hermlin 1945,
angesichts der schieren Unmöglichkeit, die Verhunzung der
Worte, Begriffe, Wendungen im Handstreich aufzuheben. 1945
tritt die Erfahrung des Holocaust hinzu. *Ins Nichts* heißt ein
Gedicht von Rose Ausländer: »Ich schreibe mich / ins Nichts // Es
wird mich / ewig / aufbewahren«. Die Ausgrenzungen aus dem
›deutschen Volkskörper‹ gehören spätestens seit 1933 zur Semantik von »deutsch«. Das große Gedicht *Die Jüdin* von Gertrud Kol-
mar, die 1943 im KZ umkam, beginnt mit der lapidaren Zeile »Ich
bin fremd«. Die zugefügte Fremdheit schlägt zurück. Auch auf das
Konzept »Deutschland Vaterland«. Albrecht Goes dichtet 1943 im
Lazarett:

> Welchem Ziel wir sterben?
> Nicht dem Vaterland.
> Nicht, daß die Enkel und Erben
> von neuem Länder erwerben,
> mit des Hasses grüngiftigen Schwaden
> von neuem die Seele beladen,
> von neuem die Seele beladen
> mit patriotischem Tand.
> [...]

Nun zeigen die Diskussionen der Nachkriegszeit, wie spärlich die
Möglichkeiten waren, Konzepte für ein »Freies Deutschland« aus
dem Exil heimzutragen, geschweige zu realisieren. Auf beiden Seiten faßte unter dem Zeichen der Teilung und des sogleich eröffneten Kalten Krieges das Blockdenken Fuß, womit die (notwendige)
Besinnung auf ein Konzept ›Deutschland‹ (und dessen Verhun-
zungen) für Jahrzehnte keinen Ort hatte. So blieb für 1945 vermutlich nur die resignativ-positive Gebärde repräsentativ, zu der sich
Thomas Mann am 10. Mai entschloß: »Es ist trotz allem eine große
Stunde, die Rückkehr Deutschlands zur Menschlichkeit.«

1 Ernst Loewy, *Literatur unterm Hakenkreuz. Das Dritte Reich und seine Dichtung. Eine Dokumentation*, Frankfurt/Main 1966 (auch Frankfurt/Main 1969 [Fischer Bücherei 1042]).

2 Zit. nach Ludwig Helbig, *Imperialismus – das deutsche Beispiel*, Frankfurt/Main 1968, S. 61, S. 63.

3 Ernst Bloch, *Erbschaft dieser Zeit*, Zürich 1935, S. 106.

4 Im Sammelband *Wir Deutsche in der Welt*, hg. von dem Verband Deutscher Vereine im Ausland e. V. Berlin 1937; Bohles Beitrag trägt hier den Titel: *Jeder Reichsdeutsche im Ausland vollverpflichteter Diener des Volkes und des Führers.*

5 Ebd., S. 31 (Hans Rechenberg, *Die Wirtschaft des Volkes*).

6 Ebd., S. 35 (Karl Klingenfuß, *Von deutscher Art und Aufgabe in der Welt. Eine kulturpolitische Betrachtung*).

7 Ebd., S. 36.

8 Josef Weinheber, *Sämtliche Werke*, Bd. 4: *Kleine Prosa*, hg. v. Josef Nadler und Hedwig Weinheber, Salzburg 1954, S. 253.

9 Wie sehr dieses Konzept einer altneuen Ordnung die Dichtung der Zeit bestimmt, habe ich an anderer Stelle dargelegt, vgl. Verf., *Vom Symbol zum Signal. Zur Lesebuchlyrik des Nationalsozialismus*, in: Der Deutschunterricht 41/5 (1989), S. 86-99.

10 *Deutscher Geist. Kulturdokumente der Gegenwart*, hg. v. Carl Lange und Ernst Adolf Dreyer (1933). In dem Band kommen konservative und direkt-völkische Stimmen zu Wort (etwa Albert Schweitzer, Otto Dibelius, Karl Haushofer, Hans Friedrich Blunck, Gertrud Bäumer, Hans Franck u. v. a.); er stand unter der Förderung von etwa zehn Gesellschaften, von der ›Deutschen Akademie‹ bis zur ›Shakespeare-Gesellschaft‹, und erreichte eine entsprechende Verbreitung.

11 Ebd., S. 320 (Ernst Adolf Dreyer, *Zur Kultur des Reiches*).

12 Weinheber, *Sämtliche Werke* (vgl. Anm. 8), S. 251.

13 Max Hildebert Boehm, *Das eigenständige Volk*, Göttingen 1932, S. 288 f.

14 *Um Volk und Reich. Zehn Jahre Arbeit des Volk und Reich Verlages*, Berlin 1935, S. 106 (Max Hildebert Boehm, *Der Durchbruch des Volksgedankens*).

Detlev Schöttker

Das Nationale als theoretisches Defizit

*Bertolt Brecht und die
deutsche Geschichte*

Brechts gesamtes Werk bezieht sich auf geschichtliche Vorgänge. Da alle Ereignisse von internationaler Bedeutung mit Ausnahme der Weltwirtschaftskrise im 20. Jahrhundert von Deutschland ausgingen und auf das Land zurückwirkten – der Erste Weltkrieg, der Nationalsozialismus mit Emigration und millionenfacher Menschenvernichtung, der Zweite Weltkrieg, die Blockbildung und die Teilung des Landes – *mußte* die deutsche Geschichte ein Problemkomplex im Schaffen Brechts sein, zumal er als marxistisch orientierter Schriftsteller, Emigrant und Rückkehrer immer auch selbst von den Ereignissen betroffen war. Persönliche Anteilnahme, politisches Engagement und die Suche nach intellektuell einleuchtenden Erklärungsmodellen in bezug auf die Entwicklung Deutschlands gehören deshalb zu Brechts Leben und Werk.

Doch hat Brecht – so möchte ich zeigen – die Besonderheiten der deutschen Geschichte nicht erklären können, weil sein Interesse jenseits der nationalen Problematik lag. Brecht hat die Auflösung des bürgerlichen Individuums und der bürgerlichen Gesellschaft zum Thema seiner Arbeiten gemacht, nicht aber deren Dauerhaftigkeit. Erst Ende der dreißiger Jahre begann hier ein deutlicher Wandel, der zu unterschiedlichen Ergebnissen führte. Deshalb sind Brechts Positionen und Texte selten so wechselhaft und irritierend gewesen wie zum Thema Deutschland.[1]

Man kann den Prozeß der Auseinandersetzung in mehrere Stadien einteilen. Ich gehe von sechs Stufen aus. Ihre exemplarische Erläuterung soll einen Beitrag zum Zusammenhang des Brechtschen Werkes und zu seiner historischen Einordnung leisten. Die Stadien lassen sich wie folgt kennzeichnen: (I) Im Konflikt zwischen Nationalgefühl und Individualismus setzt sich beim frühen Brecht eine individualistische Sichtweise durch. (II) Das damit verbundene Desinteresse an nationalen Fragen wird seit Mitte der zwanziger Jahre durch die Aneignung des Marxismus fortgesetzt,

der für Brechts Arbeit prägend wird. (III) Im Sinne des Marxismus ist Brechts Deutung des Nationalsozialismus zunächst politökonomisch geprägt. (IV) Diese Sicht wird Ende der dreißiger Jahre modifiziert, wobei auch nationale Aspekte wieder in den Blick kommen. (V) In den Exil-Debatten unterscheidet Brecht ohne Theoriekonzept zwischen den Nazis und der deutschen Bevölkerung. (VI) Dieser Einschätzung folgt nach Ende des Krieges eine große Verunsicherung, die im Topos von der Kontinuität der »deutschen Misere« zum Ausdruck gebracht wird.

I

Die ersten Veröffentlichungen Brechts in den ›Augsburger Neuesten Nachrichten‹ seit August 1914 fallen mit dem Beginn des Ersten Weltkriegs zusammen. Diese Ereignisse haben den poetischen Ausdruck und das politische Urteil des Sechzehnjährigen geprägt. Die Texte sind von starken Gegensätzen in der Einstellung zum Krieg bestimmt, was sich aus der Vermischung von Nationalbewußtsein und Individualismus erklärt. Patriotische »Gesänge von Deutschlands siegender Größe«, wie eine Zeile in dem Gedicht *Der belgische Acker* vom Juli 1915 heißt (GW 8, 11), stehen neben provozierenden und antinationalistischen Äußerungen, von denen Brechts Schulaufsatz über eine Aussage des Horaz (der ihm 1916 fast den Schulverweis eingebracht hätte) am bekanntesten geworden ist: »Der Ausspruch, daß es süß und ehrenvoll sei, für das Vaterland zu sterben, kann nur als Zweckpropaganda gewertet werden. Der Abschied vom Leben fällt immer schwer, im Bett wie auf dem Schlachtfeld.«[2]

Im Lichte solcher Formulierungen ist es sinnvoll, die chauvinistischen Elemente der frühen Brecht-Texte, die von der Forschung oft mit Verwunderung zur Kenntnis genommen wurden[3], aber im Vergleich zur Kriegsdichtung der meisten deutschen Autoren eher verhalten waren[4], auch als parodistische Verwendung nationalistischer Parolen zu deuten, wie etwa in dem Gedicht *Hans Lody* vom Dezember 1914:

> Aber du hast dein Leben *dafür* gelassen
> Daß eines Tages in hellem Sonnenschein
> Deutsche Lieder brausend über dein Grab hinziehen
> Deutsche Fahnen darüber im Sonnengold wehen

Und deutsche Hände darüber Blumen ausstreu'n.
(GW 8, 5)

Schon das erste Gedicht auf den Krieg, das Brecht eine Woche vor dem oben zitierten in den ›Augsburger Neuesten Nachrichten‹ veröffentlicht hat, die *Moderne Legende,* betont nicht nur die technische, sondern auch die menschliche Gleichartigkeit moderner Kriegserfahrungen, wodurch es sich von nationalistischen Positionen weit entfernt:

> In der Nacht noch spät
> Sangen die Telegrafendräht'
> Von den Toten, die auf dem Schlachtfeld geblieben – –
> Siehe, da ward es still bei Freunden und Feinden.
>
> Nur die Mütter weinten
> Hüben – und drüben.
> (GW 8, 4)

Den Abschluß der national orientierten Texte des jungen Brecht bildet das häufiger zitierte Gedicht *Deutschland, du Blondes Bleiches,* das 1920 geschrieben sein soll, aber erst 1961 aus dem Nachlaß veröffentlicht wurde. Damit muß jede Deutung berücksichtigen, daß der Autor den Text in der überlieferten Gestalt nicht publizieren wollte, weil er seinen Vorstellungen nicht entsprach.[5] Vier der sechs Strophen lauten:

> Deutschland, du Blondes, Bleiches
> Wildwolkiges mit sanfter Stirn!
> Was ging vor in deinen lautlosen Himmeln?
> Nun bist du das Aasloch Europas.
>
> Geier über dir!
> Tiere zerfleischen deinen guten Leib
> Dich beschmutzen die Sterbenden mit ihrem Kot
> Und ihr Wasser
> Näßt deine Felder. Felder!
>
> Wie sanft deine Flüsse einst!
> Jetzt vergiftet von lila Anilin!
> Mit nackten Zähnen raufen
> Die Kinder das Getreide aus vor
> Hunger
>
> [...]

O Aasland, Kümmernisloch!
Scham würgt die Erinnerung
Und in den Jungen, die du
Nicht verdorben hast
Erwacht Amerika!
(GW 8, 68)

Das Gedicht gibt keine distanzierte Diagnose, sondern ist geprägt von persönlicher Verbitterung und Klage über den außenpolitisch ohnmächtigen und den ökologisch wie gesellschaftlich ruinierten Zustand Deutschlands nach dem verlorenen Krieg. Dabei sind die »Geier« eine Metapher für die Siegermächte und nicht für die Nutznießer des Krieges innerhalb des Landes. (Daß der Krieg für die herrschende Klasse ein Geschäft ist, hat Brecht erst später hervorgehoben.) Damit fällt das Gedicht hinter den Gestus der Kälte und Frechheit zurück, der Brechts Lyrik im Umfeld des *Baal* ab 1917 prägte und mit einer »Verherrlichung nackter Ichsucht« (GW 17, 947) verbunden war, wie der Autor seine frühe Haltung später charakterisierte.[6] Noch 1927, nach der Hinwendung zum Marxismus, hat Brecht die Gedichte seiner Frühzeit in der *Hauspostille* veröffentlicht und ihnen damit erst Wirkungsmöglichkeiten gegeben. Probleme nationaler Art spielen hier keine Rolle mehr, so daß die Sammlung für das Deutschland-Gedicht auch kein angemessener Ort gewesen wäre. Das veranschaulicht z. B. die lebensstrotzende Haltung, die Brechts Leitfigur Baal in dem 1917/18 entstandenen Gedicht *Choral vom großen Baal* gegenüber den Leichen und Geiern einnimmt, die im Deutschland-Gedicht als Feind- und Untergangsmetaphern wiederauftauchen:

Und wenn Baal nur Leichen um sich sah
War die Wollust immer doppelt groß
[...]

Zu den feisten Geiern blinzelt Baal hinauf
Die im Sternenhimmel warten auf den Leichnam Baal.
Manchmal stellt sich Baal tot. Stürzt ein Geier drauf
Speist Baal einen Geier, stumm, zum Abendmahl.
(GW 1, 3 f.)

Ebenso stehen in Brechts zweitem Stück *Trommeln in der Nacht* nur der Überlebenswille des Individuums und nicht politische Ereignisse im Mittelpunkt, obwohl das Stück zur Zeit der Novem-

berrevolution spielt. »Die Revolution, die hier als Milieu dienen mußte«, schrieb Brecht um 1926, »interessierte mich nicht mehr, als der Vesuv einen Mann interessiert, der darauf seinen Suppentopf stellen will.« (BFA 24, 20; GW 17, 965).

Auch wenn bei Brecht angesichts der Verwüstungen nach dem verlorenen Krieg eine nationale Empfindung noch einmal aufgeflackert sein sollte, was dann zur Niederschrift des Deutschland-Gedichts führte, so hat sich der Autor doch in doppelter Weise vom mutmaßlichen Impuls des Textes losgesagt: durch die Entscheidung gegen die Publikation und – wie der Schluß deutlich zeigt – durch die Identifikation mit einem anderen Land, nämlich Amerika. Die neue Welt war für Brecht wie für andere Autoren seiner Generation, die sich dem Technik- und Großstadtkult der Neuen Sachlichkeit verbunden fühlten, bis 1925 Vorbild (dann Gegenstand der Auseinandersetzung mit dem Kapitalismus und von 1941 bis 1947 sogar Exilland).[7] »Wie mich dieses Deutschland langweilt!«, schreibt Brecht im Juni 1920 in sein Tagebuch, und er fügt wie am Schluß des Deutschland-Gedichtes hinzu: »Bleibt: Amerika!« (GW 20, 10).

II

Auch in der Zeit ab Mitte der zwanziger Jahre, in der Brecht seine Arbeit politisch und theoretisch zu fundieren begann, hat ihn die deutsche Geschichte nicht mehr interessiert. Das zeigen z. B. seine Schriften zur Politik (zusammengefaßt in GW 20), die von 1926 an eine deutliche Verlagerung von Fragen des Lebensstils und der Politik auf philosophische Probleme aufweisen. Das Wort Deutschland kommt hier kaum noch vor. Das mag zunächst verwundern, hängt aber mit Brechts Aneignung des Marxismus zusammen, die seine literarische Produktion nachhaltig verändert hat, so daß nationale Aspekte zeitweilig ganz aus dem Blick gerieten.

Die Anfänge der Marx-Lektüre fallen nach den Tagebuch-Aufzeichnungen von Brechts Mitarbeiterin Elisabeth Hauptmann in die zweite Hälfte des Jahres 1926. Eine Eintragung zur Arbeit an einem (Fragment gebliebenen) Stück über den Weizenmarkt von Chicago zeigt, wie Brechts Bemühen um die Darstellung der Gegenwart im Drama zu verschiedenen Umbrüchen in seiner Arbeit führte: zur Verlagerung der Handlung nach Amerika, da

hier der Kapitalismus am weitesten fortgeschritten war, zur Suche nach ökonomischen Theorien, die den Wirtschaftsablauf erklären konnten, und zur Entwicklung epischer Darstellungsformen im Drama, die dem Zuschauer die gewonnenen Erkenntnisse über die ökonomischen Hintergründe menschlicher Verhaltensweisen vermitteln sollten.[8]

Infolge der Beschäftigung mit dem Marxismus bilden sich nach und nach drei Schwerpunkte in Brechts Arbeit heraus, die das Interesse an den egoistischen (wirtschaftlichen) Motiven des menschlichen Handelns auf einer gesellschaftlichen Ebene weiterführen: die ökonomischen Strukturen des Kapitalismus, die Herausbildung des revolutionären Klassenbewußtseins und die Geschichte als langfristiger Prozeß. Diese Aspekte stehen nach *Mann ist Mann* (1924-1926), das die individualistische Phase des Brechtschen Theaters abschließt und auf die künftige Dramenpraxis vorausweist[9], in allen Stücken seit Mitte der zwanziger Jahre im Mittelpunkt. So behandeln *Die Dreigroschenoper* (1928), *Aufstieg und Fall der Stadt Mahagonny* (1928/29) und *Die Heilige Johanna der Schlachthöfe* (1929-1931) den Kapitalismus und seine Krisen, *Die Mutter* (1931) die sozialistische Revolution und die Entstehung des Klassenbewußtseins, die Lehrstücke wie *Der Jasager*, *Die Maßnahme* etc. (seit 1929) die Überwindung des egoistischen bürgerlichen Denkens.

Keines dieser Stücke spielt in Deutschland, auch wenn die dargestellten Vorgänge auf die Weimarer Republik verweisen sollen. Der Zuordnungsgedanke hängt mit der von Brecht benutzten Parabelform zusammen, bei der das literarische Bildfeld (vom Leser oder Zuschauer) auf bestimmte historische Situationen mit vergleichbarer Problematik übertragen werden soll.[10] Werden also Probleme des Kapitalismus vorgeführt, so mußte auch die Weimarer Republik ein möglicher Anwendungsbereich der Darstellung sein. Allerdings zeigen Brechts theoretische Überlegungen, daß die Situierung der Vorgänge in geschichtslosen Räumen nur eine Notlösung war, während die Herausarbeitung von Gesetzmäßigkeiten des menschlichen Handelns aus den konkreten historischen Vorgängen dem Autor große Schwierigkeiten bereitet hat – vor allem dann, wenn es um die Gegenwart ging. Dieses Problem der gesellschaftstheoretischen Modellbildung hat Brecht bis zum Ende seines Lebens beschäftigt. Noch 1955 soll er in einem Gespräch gesagt haben:

Es sei sehr schwierig, die Gegenwart in einem Drama zu behandeln. Er neige dazu, die Probleme der Gegenwart in die Vergangenheit zu legen, wie es Shakespeare getan habe. Der Grund sei einfach: Die Probleme ließen sich in der Distanz zeigen, erleichtern damit das Verständnis und böten sich in einer ungewohnten, das Interesse weckenden Form dar.[11]

Von den Dramen bis zum Beginn des Exils spielt nach *Trommeln in der Nacht* nur ein einziges Stück Brechts in Deutschland, nämlich das Arbeitslosen-Drama *Der Brotladen* (1928). Es blieb jedoch Fragment. Ansonsten behandelt lediglich der Film *Kuhle Wampe* (1931/32) deutsche Ereignisse. Er knüpft an das *Brotladen*-Fragment an und versucht zu zeigen, daß die durch Arbeitslosigkeit ausgelöste Hoffnungslosigkeit durch die kommunistische Solidarität überwunden werden kann. Stücke, die die aktuelle deutsche Geschichte zum Schauplatz haben, bleiben bei Brecht zwar auch weiterhin eine Ausnahme. Doch sind seit Ende der dreißiger Jahre deutliche Bemühungen um eine Annäherung an die Vorgänge in Deutschland erkennbar, die in der Weimarer Zeit dem epochenübergreifenden Blick weichen mußten.

Durch seine Beschäftigung mit dem Marxismus wurden nationale Fragen für Brecht deshalb unwichtig, weil er wie Marx und seine Interpreten davon ausging, daß die bürgerliche Gesellschaft ein Übergangsphänomen darstellt. »Die kapitalistische Produktion«, heißt es im *Kapital*, »erzeugt mit der Notwendigkeit eines Naturprozesses ihre eigne Negation.«[12] Zwar hat Brecht dem revolutionären Elan im Anschluß an die Reformulierung des Marxismus durch den frühen Georg Lukács (in *Geschichte und Klassenbewußtsein*, 1923), durch Karl Korsch (in *Marxismus und Philosophie*, 1923) und Fritz Sternberg (in *Der Imperialismus*, 1926) mehr Bedeutung eingeräumt als die orthodoxen, an die Selbstbewegung der Ökonomie glaubenden Marx-Interpreten. Doch erwuchs daraus nur eine stärkere Sensibilität für Fragen der revolutionären Bewußtseinsbildung und der materialistischen Dialektik.[13] Von der Überwindung des Kapitalismus – ob durch ökonomische Notwendigkeit, revolutionäre Aktionen oder beides zusammen – war Brecht wie (fast) alle Marxisten der Weimarer Republik überzeugt. Das geht anschaulich aus einer der Tagebuch-Aufzeichnungen hervor, die Walter Benjamin über seine Gespräche mit Brecht am 12. Juli 1931 in Le Lavandou gemacht hat. Danach hat Brecht den erwarteten Zusammenbruch des Kapitalismus in Deutschland mit quasi wissenschaftlich fundierten Beob-

achtungen erhärten wollen. Der leicht distanzierte Ton des Berichterstatters erklärt sich aus seinen eigenen Einsichten in die deutschen Verhältnisse, auf die noch zurückzukommen ist. Benjamin schreibt:

Er [Brecht] kam »sehr aufgeregt« wie er selber sagte, weil nämlich die politischen Nachrichten aus Berlin ihn in seiner Überzeugung, in Deutschland werde man auf eine revolutionäre Situation noch jahrelang zu warten haben, erschüttert hatten. Es könne ein sehr plötzlicher Umschlag eintreten. Und diese Prognose stütze er auf einige sehr interessante Thesen über Massen, die ich hier einfach anführe. Die Intelligenz der Kapitalisten wächst im Verhältnis zu ihrer Absonderung, die der Massen in Verhältnis zu ihrem Zusammenschluß. Der Wirklichkeitssinn der Proletarier ist unbestechlich. [...] Im übrigen sei der Kapitalismus jetzt an einem Punkt angekommen, wo vielleicht auch seine gutgemeinten Versprechungen bei den Massen keinen Kredit mehr finden.[14]

Um die marxistische Geschichtsauffassung in seinen Stücken zu verarbeiten, hat Brecht seit Mitte der zwanziger Jahre Darstellungsweisen entwickelt, die es ermöglichen sollten, auf der Bühne langfristige historische Abläufe vorzuführen.[15] Diese Verfahren wurden später als »Historisierung« bezeichnet. »Historisieren« bedeutet nach Brecht, »Vorgänge und Personen als historisch, also als vergänglich darstellen« (GW 15, 302). Der Begriff setzt die Marxsche Wissenschaftsauffassung voraus: »Wir kennen nur eine einzige Wissenschaft«, heißt es in der *Deutschen Ideologie,* »die der Geschichte«.[16] An anderer Stelle betont Brecht auch den epochenüberschreitenden Charakter des Prinzips: »bei der ›historisierung‹ wird ein bestimmtes gesellschaftssystem vom standpunkt eines anderen gesellschaftssystems aus betrachtet« (AJ, 111).

Systemstabilisierende Faktoren kapitalistischer Staaten wie Kompromisse zwischen den politischen und wirtschaftlichen Parteiungen (und damit zugleich die staatsrechtliche Grundlage der Weimarer Republik) oder das Nationalgefühl als kollektives Wahrnehmungs- und Handlungsmuster kamen in Brechts Stücken und Schriften nur als Ablenkungsmanöver des Kapitals, nicht aber in ihrer tatsächlichen historischen Rolle in den Blick.[17] (Nur in der Lyrik finden sich differenziertere Einsichten zum Verhältnis von Subjektivität und Geschichte.[18]) Das hat sich bei Autoren, die seit Ende der fünfziger Jahre auf Brechts Werk aufgebaut haben, wie Hans Magnus Enzensberger und Heiner Müller, völlig geändert.

Obwohl beide (durch die Verwendung der Umgangssprache als poetischer Sprache, die Nutzung der literarischen Tradition als ästhetisches Material und die theoretische Fundierung der Kunstproduktion) die literarischen Prinzipien des Brechtschen Werkes weiterführten, haben die historischen Erfahrungen bei ihnen gerade zur Betonung der Überlebenskraft des Kapitalismus und zum Interesse an nationalen Besonderheiten geführt.[19]

Die Vernachlässigung nationaler Probleme ist jedoch nicht nur eine Folge der epochenübergreifenden Sichtweise des Marxismus, sondern zugleich ein generelles Defizit der Sozialwissenschaften in der Weimarer Republik. Dieses Defizit betrifft zugleich das Zentrum der Brechtschen Dramaturgie. Denn das epische Theater war von Anfang an darauf ausgerichtet, die Ergebnisse der Gesellschaftswissenschaften zu verwerten, um zu zeigen, daß menschliches Verhalten wie die Prozesse der Natur von bestimmten Gesetzmäßigkeiten geprägt ist, was bis zur Übernahme von Beweis- und Demonstrationsverfahren der Naturwissenschaften (Experiment und Modell) geht.[20] Man kann das Brechtsche Theater in diesem Sinne sogar als Versuch verstehen, das Marxsche Werk, das eine Theorie langfristiger historischer Abläufe auf der Basis ökonomischer Gesetzmäßigkeiten ist, aber keine Handlungstheorie enthält, soziologisch weiterzuführen.

Erklärungsmodelle gesellschaftlicher Vorgänge von größerer historischer Reichweite aber, die mit der marxistischen Theorie an Stringenz konkurrieren konnten, gab es in der Zeit der Ausarbeitung des epischen Theaters nicht. Das hängt mit dem Entwicklungsstand der Gesellschaftswissenschaften in der Weimarer Republik zusammen. Die Politikwissenschaft begann sich als Disziplin erst zu konstituieren.[21] Die bereits etablierte Soziologie hatte nach dem Tod von Georg Simmel (1918) und Max Weber (1920) kein klares Selbstverständnis mehr und befand sich in einer Umorientierungsphase zur Gegenwartswissenschaft.[22] Und in marxistischen Arbeiten wurden nationale Fragen nicht zum Gegenstand der Theoriebildung.[23] Der Mangel an brauchbaren soziologischen Theorien ist auch der Grund dafür, daß sich Brecht zunächst noch auf Annahmen des – von ihm sehr kritisch eingeschätzten (GW 18, 171f.) – Behaviorismus bezogen hat, einer Richtung der amerikanischen Psychologie, die das Verhalten der Menschen aus Einflüssen der Umwelt ableiten wollte.[24]

Erst Ende der zwanziger Jahre wurde in Frankfurt durch die

Berufung von Karl Mannheim auf den Lehrstuhl für Soziologie (1929), durch das 1923 gegründete Institut für Sozialforschung unter der neuen Leitung von Max Horkheimer (ab 1929) und durch das Feuilleton der ›Frankfurter Zeitung‹ mit ihrem soziologisch orientierten Redakteur Siegfried Kracauer damit begonnen, Theorien über historische Prozesse und gesellschaftliche Phänomene der Gegenwart zu entwerfen.[25] Zeit zur Ausarbeitung der Ansätze blieb nicht. Denn der Nationalsozialismus hat den anfänglichen Bemühungen 1933 schnell ein Ende bereitet. Die Institute wurden aufgelöst, die bedeutendsten Vertreter des Faches mußten emigrieren, die begonnenen Arbeiten konnten erst im Exil publiziert werden. Dabei traf der Faschismus die akademische Sozialwissenschaft völlig unvorbereitet, obwohl er seit 1922 in Italien zu einer politischen Kraft geworden war, so daß Erklärungsmodelle nur innerhalb des (akademisch nicht etablierten) Marxismus vorlagen.[26] Die zunächst rein ökonomische Deutung des Nationalsozialismus bei Brecht, die später modifiziert wurde, findet hier eine Erklärung.

Blickt man auf die Gesprächspartner Brechts seit Mitte der zwanziger Jahre, die ihn in Fragen der Gesellschaftstheorie beraten haben, dann bestätigt sich, daß in ihren Publikationen nationale Fragen keine Rolle spielten. Das gilt für Fritz Sternberg, dem Brecht in die Buchausgabe von *Mann ist Mann* (1927) die Widmung »Meinem ersten Lehrer« schrieb. Sternberg hatte 1926 ein Buch mit dem Titel *Der Imperialismus* veröffentlicht, das nach Rudolf Hilferdings Studie über *Das Finanzkapital* (1910) eine grundlegende marxistische Analyse des Kapitalismus im 20. Jahrhundert lieferte und in der Presse intensiv diskutiert wurde.[27] Doch hat Sternberg immer noch politischer argumentiert als Karl Korsch, Brechts zweiter marxistischer »Lehrer« (GW 20, 65), unter dessen Einfluß sich der Autor eingehender mit Fragen der materialistischen Dialektik beschäftigte.[28] Die stärkere Hinwendung zu philosophischen Problemen des Marxismus hat bei Brecht zu einer Abwendung von den konkreten gesellschaftlichen Verhältnissen geführt.

Hier liegt vielleicht der Grund dafür, daß Brecht zeitgenössische Analysen zur Situation der Weimarer Republik nicht berücksichtigt hat. Diese waren z. B. in der sozialdemokratischen Theorie-Zeitschrift ›Die Gesellschaft‹ zu finden, die Rudolf Hilferding von 1924 bis 1933 herausgab. 1930 und 1931 hat auch Walter Benjamin,

den Brecht 1929 kennenlernte und der sein wichtigster Interpret zu Lebzeiten wurde, in der ›Gesellschaft‹ vier Aufsätze zu Gegenwartsfragen veröffentlicht. Neben den Beiträgen zu Siegfried Kracauers Buch *Die Angestellten*, Alfred Döblins *Berlin Alexanderplatz* und Gedichten von Erich Kästner ist vor allem die Auseinandersetzung mit dem von Ernst Jünger herausgegebenen Sammelband *Krieg und Krieger* zu nennen. Der 1930 unter dem Titel *Theorien des deutschen Faschismus* erschienene Aufsatz leistet eine Aufdeckung des »neuen Nationalismus«, die sprachanalytisch und politisch angelegt ist und dabei exakt vorhersagt, welche Folgen zu erwarten seien, wenn die in den Beiträgen des Bandes zum Ausdruck kommende Auffassung zur politischen Kraft werde: nämlich Faschismus und Weltkrieg. Benjamin schreibt:

Was sich hier unter der Maske erst des Freiwilligen im Weltkrieg, dann des Söldners im Nachkrieg heranbildete, ist in Wahrheit der zuverlässige faschistische Klassenkrieger, und was die Verfasser unter Nation verstehen, eine auf diesen Stand gestützte Herrscherklasse, die niemanden und am wenigsten sich selber Rechenschaft schuldend, auf steiler Höhe thronend, die Sphinxzüge des Produzenten trägt, der sehr bald der einzige Konsument seiner Waren zu sein verspricht. Mit diesem Sphinxantlitz steht die Nation der Faschisten als neues ökonomisches Naturgeheimnis neben dem alten, das in ihrer Technik weit entfernt sich zu lichten seine drohendsten Züge herauskehrt. Im Parallelogramm der Kräfte, welches beide – Natur, Nation – hier bilden, ist die Diagonale der Krieg.[29]

Trotz der manieristischen Sprache hat Benjamin die Gefahren des Nationalismus eindringlicher analysiert als die meisten publizistischen und literarischen Krisendiagnosen seit 1930.[30] Doch konnte Brecht die Bedeutung des Aufsatzes kaum würdigen, weil er sich am ökonomischen Erklärungsmodell des Marxismus orientierte, wonach der Faschismus ein Übergangsstadium des Kapitalismus sei und die Überwindung der bürgerlichen Gesellschaft beschleunige.

III

Faschismus war für Brecht wie für Sternberg und andere Marxisten der Weimarer Republik eine Form von Herrschaft, die der Kapitalismus annehmen mußte, um seine bis dahin schwerste ökonomische Krise effektiv bewältigen zu können.[31] Diese Deutung des

Faschismus als Diktatur des Monopolkapitals, die auf die Marxsche Bonapartismus-Theorie zurückgreift, wurde auf dem 13. Plenum des Exekutivkomitees der Kommunistischen Internationale im Dezember 1933 in Moskau so formuliert: »Der Faschismus ist die offene terroristische Diktatur der am meisten reaktionären, chauvinistischen und imperialistischen Elemente des Finanzkapitals.«[32] Brecht hat den Zusammenhang von kapitalistischer Wirtschaftsform und faschistischer Herrschaft in seinen politischen Texten zum Faschismus häufiger betont (GW 20, 179-265) und die Moskauer Formulierung bisweilen fast wörtlich übernommen. So heißt es in den *Fünf Schwierigkeiten beim Schreiben der Wahrheit*, die 1935 entstanden sind und das Programm für die literarische Auseinandersetzung mit dem Nationalsozialismus liefern sollten:

Der Faschismus ist eine historische Phase, in die der Kapitalismus eingetreten ist, insofern etwas Neues und zugleich Altes. Der Kapitalismus existiert in den faschistischen Ländern nur noch als Faschismus, und der *Faschismus kann nur bekämpft werden als Kapitalismus, als nacktester, frechster, erdrückendster und betrügerischster Kapitalismus.* (GW 18, 226)

Bereits im *Dreigroschenroman* (1934) hat Brecht den Kapitalismus als legalisierte Form der Kriminalität dargestellt. Die Auffassung des Nationalsozialismus als diktatorische Fortsetzung des Kapitalismus liefert dann das Erklärungsmodell in dem Stück *Die Rundköpfe und die Spitzköpfe*, das seit 1932 aus der Bearbeitung von Shakespeares *Maß für Maß* entstanden ist.[33] Die Rassenideologie wird hier als Strategie der Nazis gedeutet, von den Klassengegensätzen abzulenken, womit die ökonomische Deutung des Faschismus in den Vordergrund tritt und die Rolle des Antisemitismus verharmlost wird. Ein noch 1938 verfaßtes Vorspiel zu den *Rundköpfen und den Spitzköpfen* läßt Brechts Auffassung deutlich werden. Der Autor führt sich hier selbst als handelnde Person ein und kündigt den Beweis seiner Auffassung von der bestimmenden Rolle der Klassengegensätze in der Form des Gleichnisses an (die nur eine andere Bezeichnung für die Form der Parabel ist):

Und überall wurde unser Stückeschreiber verhört
Ob ihn der Unterschied der Schädel nicht auch stört
Oder ob er unter den Menschen gar keinen Unterschied sieht.
Da sagte er: ich seh einen Unterschied.
Aber der Unterschied, den ich seh
Der ist größer als der zwischen den Schädeln nur
Und der hinterläßt eine viel tiefere Spur

Und der entscheidet über Wohl und Weh.
Und ich will ihn euch auch nennen gleich:
Es ist der Unterschied zwischen arm und reich.
Und ich denke, wir werden so verbleiben
Ich werde euch ein Gleichnis schreiben
In dem beweis ich es jedermann
Es kommt nur auf diesen Unterschied an.
(BFA 4, 150; GW 3, 910)

Doch war die ökonomische Deutung des Faschismus als diktatorische Form des Kapitalismus nur eine Ebene der Auseinandersetzung Brechts mit den Verhältnissen in Deutschland zu Beginn der Emigration. Daneben steht eine sehr persönliche Form der Verarbeitung, die bereits 1933 in dem Gedicht *Deutschland* zum Ausdruck kommt. Wie in *Deutschland, du Blondes, Bleiches* von 1920, an das Brecht in der ersten Zeile anknüpft, weist auch der spätere Text eine emotionale Betroffenheit auf, die durch die analytischen Elemente nicht verdrängt wird. Die für Brechts Lyrik ungewöhnlichen Ausrufezeichen und das dem Titel folgende Motto verstärken die subjektive Perspektive: »Mögen andere von ihrer Schande sprechen, ich spreche von der meinen.« (BFA 11, 253).

Anders als das Deutschland-Gedicht von 1920 hat Brecht den 1933 geschriebenen Text publiziert. Es steht am Ende der 1934 erschienenen Gedicht-Sammlung *Lieder Gedichte Chöre*, deren Text-Anordnung die politische Entwicklung in Deutschland bis zum Nationalsozialismus widerspiegelt. Vermutlich ist das Gedicht für die Sammlung erst geschrieben worden. Die Plazierung des Textes am Schluß, seine mehrfache Verschiebung in späteren Ausgaben der Sammlung (BFA 11, 367) und die Übernahme an den Beginn des von Paul Dessau komponierten Oratoriums *Deutsches Miserere* (1944-1947)[34] zeigt, daß das Gedicht für Brecht sehr wichtig war:

O Deutschland, bleiche Mutter!
Wie sitzest du besudelt
Unter den Völkern.
Unter den Befleckten
Fällst du auf.

Von deinen Söhnen der ärmste
Liegt erschlagen.
Als sein Hunger groß war

Haben deine anderen Söhne
Die Hand gegen ihn erhoben.
Das ist ruchbar geworden.

Mit ihren so erhobenen Händen
Erhoben gegen ihren Bruder
Gehen sie jetzt frech vor dir herum
Und lachen in dein Gesicht
Das weiß man.

In deinem Hause
Wird laut gebrüllt was Lüge ist
Aber die Wahrheit
Muß schweigen.
Ist es so?

Warum preisen dich ringsum die Unterdrücker, aber
Die Unterdrückten beschuldigen dich?
Die Ausgebeuteten
Zeigen mit Fingern auf dich, aber
Die Ausbeuter loben das System
Das in deinem Hause ersonnen wurde!

Und dabei sehen dich alle
Den Zipfel deines Rockes verbergen, der blutig ist
Vom Blut deines
Besten Sohnes.

Hörend die Reden, die aus deinem Hause dringen, lacht man.
Aber wer dich sieht, der greift nach dem Messer
Wie beim Anblick einer Räuberin.

O Deutschland, bleiche Mutter!
Wie haben deine Söhne dich zugerichtet
Daß du unter den Völkern sitzest
Ein Gespött oder eine Furcht!
(BFA 11, 253f.; GW 9, 487)

Das Gedicht ist durch doppelte Personifikation geprägt. Die Mutter als Metapher für Deutschland spielt dabei nur scheinbar eine dominante Rolle; die Verbindung der Mutter zu ihrem »ärmsten« und »besten« Sohn (in der zweiten und sechsten Strophe) ist von größerer Bedeutung.[35] Dieser herausgehobene Sohn ist (zieht man den Kontext heran) als Metapher für die Arbeiterbewegung und

die mit ihr verbundene antifaschistische Bewegung aufzufassen. Durch die Ausweiterung des Bildfeldes auf mehrere Söhne in der zweiten und dritten Strophe – sie stehen offenbar für die sozialen Gruppen – scheint Brecht von der klassenspezifischen Faschismus-Deutung abzurücken. Auch die fünfte Strophe ändert nichts an diesem Eindruck. Zwar wird das Klassenmodell hier durch die Worte »Ausgebeutete« und »Ausbeuter« zitiert, aber der Gestus der Anklage läßt sich ebenso wie der des Verlachens und der Mordlust (in der siebten Strophe) nur dann sinnvoll deuten, wenn man für die Protagonisten einen Standort außerhalb des Landes annimmt. Mit den Worten »Unterdrückte« und »Ausgebeutete« können deshalb nur die Exilierten gemeint sein, die mit der deutschen Arbeiterbewegung nicht identisch sind. Die offensichtliche Abkehr vom klassenspezifischen Erklärungsmodell und die emotionale Verarbeitung der Vorgänge in Deutschland weisen auf spätere Sichtweisen des Faschismus bei Brecht voraus.

IV

Wie viele emigrierte Schriftsteller und Sozialwissenschaftler hat sich Brecht im Laufe der dreißiger Jahre intensiv mit dem Nationalsozialismus beschäftigt, wobei das Ausmaß seiner Bemühungen wohl beispiellos ist. Die Stabilisierung der faschistischen Herrschaft und die Einfügung der Arbeiterbewegung in den nationalsozialistischen Staat verlangten Erklärungsmodelle, die über das ökonomische Paradigma hinausgehen mußten. Hier hat Brecht auch nationale Gesichtspunkte berücksichtigt.

Deshalb ist es kein Zufall, daß das erste antifaschistische Stück, das Brecht in der Emigration von 1934 bis 1938 geschrieben hat, in Deutschland spielt, nämlich *Furcht und Elend des III. Reiches*. Es sollte in Anspielung auf Heines *Deutschland. Ein Wintermärchen* (1844) 1938 unter dem Titel *Deutschland – Ein Greuelmärchen* erscheinen (BFA 4, 525), wie auch der Vorabdruck einzelner Szenen in der Moskauer Zeitschrift ›Das Wort‹ (1938/Heft 7) überschrieben ist. Das Stück besteht aus einer Folge von kurzen Szenen, in denen der Alltag unter der Nazi-Herrschaft vorgeführt wird. Um die Verbreitung des Stückes zu fördern und seine Aufführbarkeit zu erleichtern, hat Brecht auf parabolische Stilisierungen und eine theoretische Fundierung verzichtet. Der politische

Zweck schien hier eine Abkehr von den Standards des epischen Theaters zu rechtfertigen, was Brechts kommunistische Kritiker, vor allem Georg Lukács, so positiv beurteilt haben, daß Brecht erbost reagierte und im *Arbeitsjournal* emphatisch die epischen Elemente des Stückes hervorhob (AJ, 18).

Auffällig ist, daß Brecht in der zweiten Hälfte der dreißiger Jahre die politökonomische Deutung des Faschismus selbst nicht mehr differenziert weiterentwickelt hat, auch wenn er 1941 in seinem Stück *Der Aufstieg des Arturo Ui* noch einmal darauf zurückkam. Das unterscheidet Brecht von vielen emigrierten Sozialwissenschaftlern und ist wohl der Grund dafür, daß er die politikwissenschaftlichen und soziologischen Untersuchungen zum Nationalsozialismus, die im Exil erschienen sind, nicht mehr wahrgenommen hat. Hier hätte Brecht historisch und theoretisch substantielle Erklärungsmodelle finden können: z. B. in Fritz Sternbergs *Der Faschismus an der Macht* (Amsterdam 1935), in Hellmuth Plessners *Das Schicksal deutschen Geistes im Ausgang seiner bürgerlichen Epoche* (Zürich 1935; 1959 unter dem veränderten Titel *Die verspätete Nation*), in Ernst Fraenkels *The Dual State* (1940; dt. 1974) und in den Analysen des nach New York emigrierten Instituts für Sozialforschung (meist 1941 in den *Studies in Philosophy and Social Science*), aus denen Franz Neumanns *Behemoth. The Structure and Practice of National Socialism* (New York 1942; dt. 1977) herausragt.[36]

Dagegen hat sich Brecht seit Ende der dreißiger Jahre zunehmend den ästhetischen Erscheinungsformen des Faschismus und deren Verkörperung in der Gestalt Hitlers zugewandt, um die Suggestivkraft des Nationalsozialismus zu erklären. Das zeigen die Notizen im *Arbeitsjournal,* in denen das Phänomen Hitler im Mittelpunkt steht.[37] Die dort zu findenden Überlegungen werden 1941 in dem schon erwähnten Stück *Der Aufstieg des Arturo Ui* verarbeitet, in dem Brecht anhand der Biographie Al Capones die politische Entwicklung Hitlers seit der Wirtschaftskrise von 1929 nachzeichnet. Zwar handelt es sich auch hier um eine parabolische Darstellung, doch kam es Brecht mehr als in den *Rundköpfen und den Spitzköpfen* darauf an, »die historischen Vorgänge durchscheinen zu lassen« (AJ, 186); dies wird durch eine Zeittafel unterstrichen (GW 4, 1836 f.). In der 6. Szene des Stückes, der Schlüsselcharakter zukommt, versucht Brecht zu zeigen, wie der Nationalsozialismus ästhetisch inszeniert wird. Der Autor läßt die Ui-Figur

Unterricht bei einem versoffenen Schauspieler nehmen, um jenen »großen Stil« zu demonstrieren, der die Massen anzieht (BFA 7, 49; GW 4, 1768).[38]

In einem Abschnitt des 1939 und 1940 verfaßten *Messingkaufs*, seiner wichtigsten theatertheoretischen Schrift, hat Brecht die ästhetischen Formen der Massensuggestion unter der Überschrift »Die Theatralik des Faschismus« erörtert, wodurch die Unterrichtsszene im *Arturo Ui* exemplarischen Charakter bekommt: »Und jetzt schlage ich vor, zu untersuchen«, so kündigt der Sprecher das Vorhaben an, »wie die Unterdrücker unserer Zeit Theater spielen, nicht in ihren Theatern, sondern auf der Straße und in den Versammlungshäusern« (GW 16, 559).

Man kann aufgrund von Briefen und Gesprächen mit Sicherheit davon ausgehen, daß Brecht im *Arturo Ui* und im »Theatralik«-Abschnitt des *Messingkaufs* Gedanken von Ernst Bloch und Walter Benjamin aufgenommen hat. Denn in ihren Deutungen des Nationalsozialismus spielen die faschistische Rhetorik und die Formen der ästhetischen Inszenierung eine zentrale Rolle.[39] Bloch hat seine Überlegungen in seinem Buch *Erbschaft dieser Zeit* von 1935 dargelegt und im Begriff der »Ungleichzeitigkeit« sozialgeschichtlich zu fundieren versucht. Der Terminus soll den Gegensatz zwischen den fortgeschrittenen Produktionsverhältnissen und den veralteten Denkweisen in Deutschland bezeichnen und die Anziehungskraft des Faschismus für die kleinbürgerlichen Schichten verständlicher machen.[40] Damit ging Bloch ausdrücklich auf die besonderen Verhältnisse in Deutschland ein, was Brecht zwar wichtig, aber nicht »systematisch« genug war, wie er 1935 an Bloch schrieb: »Sie müssen das Buch, dieses Buch unter allen Umständen im akademisch-philosophischen Jargon schreiben, ja, in diesem Gaunerwelsch. Sie verstehen: in wissenschaftlichem Ton.«[41] Benjamin hat dagegen seine Theorie der »Ästhetisierung des politischen Lebens« im Faschismus nur in groben Linien im Anhang seines Aufsatzes über *Das Kunstwerk im Zeitalter seiner technischen Reproduzierbarkeit* skizziert, der 1936 auf französisch in der *Zeitschrift für Sozialforschung* erschienen ist. Man kann allerdings davon ausgehen, daß Brecht eine der deutschen Fassungen erhalten und gelesen hat.[42] Doch konnte eine Theorie der Massensuggestion keine umfassende Faschismus-Theorie ersetzen.

Daneben finden sich bei Brecht seit 1940 auch Überlegungen

zum Problem des Patriotismus, den er in einem Stück mit Hilfe des Jeanne-d'Arc-Stoffes gestalten wollte. Das Klassenmodell schien die Aktualisierung des Patriotismus zunächst auch möglich zu machen (worauf Brecht 1949 bei der Arbeit an den *Tagen der Commune* und 1952 bei der Bearbeitung von Anna Seghers' *Der Prozeß der Jeanne d'Arc zu Rouen 1431* zurückgekommen ist). 1941 heißt es im *Arbeitsjournal*:

unsere gesellschaftlichen zustände sind so, daß in kriegen zwischen zwei ländern nicht nur die beherrschten, sondern auch die herrschenden schichten der beiden länder gemeinsame interessen haben. der besitzer und der räuber stehen schulter an schulter gegen diejenigen, welche das eigentum nicht anerkennen – die patrioten (AJ, 240).

Allerdings konnte Brecht »den patriotismus« als substantielles historisches Modell offenbar doch »nicht begründen« (AJ, 360), als er 1942 gemeinsam mit Lion Feuchtwanger daran ging, den Jeanne-d'Arc-Stoff in dem Stück *Die Gesichte der Simone Marchard* zu verarbeiten.[43]

Die Darstellung der alltäglichen Verhältnisse im nationalsozialistischen Deutschland (in *Furcht und Elend*), die ästhetische Theorie des Faschismus (im *Arturo Ui*) und die Neubegründung des Patriotismus (in der *Simone Marchard*) waren drei Versuche Brechts, das ökonomische Erklärungsmodell des Faschismus zu erweitern, um die Verhältnisse in Deutschland genauer darstellen und erklären zu können. Erörtert werden all diese Fragen auch in den 1940 entstandenen, bis 1944 ergänzten, aber zu Lebzeiten nicht veröffentlichten *Flüchtlingsgesprächen.* In der humoristisch unverbindlichen Dialogform waren die großen Probleme des Exils wie die »deutschen Greuel« (GW 14, 1434ff.) oder die nationalen Besonderheiten von Staaten (1443ff.) oder die »Vaterlandsliebe« (1450ff.) für Brecht offenbar leichter zu formulieren als in Stücken und theoretischen Schriften. Das zeigt z. B. eine Äußerung des Physikers Ziffel zur Kontinuität des deutschen Imperialismus: »Ich kann nicht sagen, daß ich den Nationalsozialismus begriffen hätt. Ich versteh noch zur Not den Karl May, wo der deutsche Übermensch als Old Shurehand den Amerikanern hilft, mit den Indianern fertig zu werden« (1505). Patriotische und klassenkämpferische Aspekte werden auch in dem Gedicht *Über Deutschland* von 1939 verknüpft, das Brecht in den *Flüchtlingsgesprächen* zitiert (1454):

Ihr freundlichen bayrischen Wälder, ihr Mainstädte
Fichtenbestandene Rhön, du, schattiger Schwarzwald
Ihr sollt bleiben.
[...]
Himmel und Erde und Wind und das von den Menschen Geschaffene
Kann bleiben, aber
Das Geschmeiß der Ausbeuter, das
Kann nicht bleiben.
(GW 9, 752)

Neben seinen Bemühungen um die Erklärung des Nationalsozialismus hat Brecht am Ende der dreißiger Jahre zugleich damit begonnen, seine später berühmt gewordenen und viel gespielten Parabel-Stücke zu schreiben, in denen er auf konkrete Gegenwartsbezüge völlig verzichtet und zeitübergreifende Modelle menschlicher Verhaltensweisen liefert: *Mutter Courage und ihre Kinder* (1939), *Der gute Mensch von Sezuan* (1939-41), *Herr Puntila und sein Knecht Matti* (1940) und *Der Kaukasische Kreidekreis* (1944). Der Nationalsozialismus spielt hier keine Rolle, so daß Brechts vielzitiertes Bekenntnis in dem 1939 geschriebenen Gedicht *Schlechte Zeiten für Lyrik* eher als Selbstermahnung denn als Tatsache zu verstehen ist:

> In mir streiten sich
> Die Begeisterung über den blühenden Apfelbaum
> Und das Entsetzen über die Reden des Anstreichers.
> Aber nur das zweite
> Drängt mich zum Schreibtisch.
> (GW 9, 744)

Brecht hat die Paradoxie seiner Schreibtätigkeit im Exil genau registriert und 1940 im Zusammenhang mit der Arbeit am *Puntila* so charakterisiert:

es wäre unglaublich schwierig, den gemütszustand auszudrücken, in dem ich am radio [...] der schlacht um england folge und dann den PUNTILA schreibe. dieses geistige phänomen erklärt gleichermaßen, daß solche kriege sein können und daß immer noch literarische arbeiten angefertigt werden können. der puntila geht mich fast nichts an, der krieg alles; über den puntila kann ich fast alles schreiben, über den krieg nichts. ich meine nicht nur ›darf‹, ich meine auch wirklich ›kann‹. es ist interessant, wie weit die literatur, als praxis, wegverlegt ist von den zentren der alles entscheidenden geschehnisse (AJ, 134).

Als Brecht 1943 Jaroslav Hašeks Roman *Die Abenteuer des braven Soldaten Schwejk* wieder las, den er nach einer Dramatisierung im Jahr 1928 ein zweites Mal für die Bühne bearbeiten wollte, fand er hier ein Interpretationsschema, das seine Auseinandersetzung mit dem Nationalsozialismus für die folgende Zeit geprägt hat. Nicht mehr die ökonomische Struktur des Faschismus oder Hitler stehen nun im Vordergrund der Überlegungen, sondern das Verhalten der deutschen Bevölkerung. In der Schweyk-Figur sah Brecht jenen Teil der Bevölkerung verkörpert, der sich den Verhältnissen aus der Notwendigkeit zu überleben angepaßt hatte, aber selbst nicht nazistisch war. Schon in der ersten Notiz, die sich im Mai 1943 zum Plan des *Schweyk* im *Arbeitsjournal* findet, ist das Schema genau skizziert:

im zug den alten schwejk lesend, bin ich wieder überwältigt von diesem riesigen panorama hašeks, dem echten unpositiven standpunkt des volkes darin, das eben das einzige positive selbst ist und daher zu nichts anderem ›positiv‹ stehen kann. auf keinen fall darf schweyk ein listiger hinterfotziger saboteur werden. er ist lediglich der opportunist der winzigen opportunitäten geblieben, die ihm geblieben sind. er bejaht aufrichtig die bestehende ordnung, so zerstörend für ihn, soweit er eben ein ordnungsprinzip bejaht, so gar das nationale, das er nur als unterdrückung trifft. seine weisheit ist umwerfend, seine unzerstörbarkeit macht ihn zum unerschöpflichen objekt des mißbrauchs und zugleich zum nährboden der befreiung (AJ, 371).

Das *Schweyk*-Stück folgt dem hier beschriebenen Verhaltensmuster[44]: Der Protagonist und dessen Freunde unterwerfen sich nur so lange den Herrschenden, wie diese die Macht in Händen halten. Im sogenannten Moldaulied am Ende des Stückes wird das Verhaltensmodell zum Geschichtsmodell verallgemeinert:

> Es wechseln die Zeiten. Die riesigen Pläne
> Der Mächtigen kommen am Ende zum Halt
> Und gehn sie einher auch wie blutige Hähne
> Es wechseln die Zeiten, da hilft kein' Gewalt.
> Am Grunde der Moldau wandern die Steine
> Es liegen drei Kaiser begraben in Prag.
> Das Große bleibt groß nicht und klein nicht das Kleine.
> Die Nacht hat zwölf Stunden, dann kommt schon der Tag.
> (BFA 7, 251f.; GW 5, 1993f.)

Durch die widersprüchliche Anlage der Schweyk-Figur und die Auffassung, daß sich dunkle Zeiten in der Geschichte wiederholen können (was im Moldaulied durch den stetigen Wechsel von Tag und Nacht angedeutet wird), ist das Schweyk-Schema jedoch nicht ein Bekenntnis zum guten Kern des deutschen Volkes. Diese Auffassung war in der Exilliteratur häufig anzutreffen und wurde von Brecht abgelehnt.[45] Das zeigt sich deutlich in seiner kritischen Reaktion auf einen Artikel von Johannes R. Becher, dem späteren Kulturminister der DDR, über den es im November 1943, einige Monate nach der Fertigstellung des *Schweyk*, im *Arbeitsjournal* heißt:

döblin bringt INTERNATIONALE LITERATUR, 1943, IV, mit einem artikel bechers DEUTSCHE LEHRE, der stinkt von nationalismus. wieder wird der nationalismus der hitler ganz naiv akzeptiert; hitler hatte nur den falschen, becher hat den richtigen. [...] ein entsetzlich opportunistischer quark, reformismus des nationalismus. [...] nachbar, euren speikübel! (AJ, 408 f.)

Das Verhaltensmodell des *Schweyk* konnte nicht auf einer soziologischen Theorie aufbauen, sondern bezog seine Impulse allein aus der Hoffnung auf die Zukunft. In einem Gedicht mit dem Titel *Deutschland* hat Brecht dieser Hoffnung 1942 Ausdruck gegeben. Die letzte der drei Strophen lautet:

> Der Hitler wird verjaget sein
> Wenn wir uns nur bemühen.
> Und unser liebes Deutschland
> Wird wieder blühen.
> (GW 10, 843)

Das Schweyk-Modell erklärt, warum Brecht 1942 in dem Gedicht *An die deutschen Soldaten im Osten* (GW 10, 838 ff.) die Soldaten der Hitler-Armee in der ersten Zeile mehrerer Strophen als seine »Brüder« bezeichnete und warum er 1943 den Artikel *Das andere Deutschland* schrieb und zur Verbreitung ins Englische übersetzen ließ. Der Artikel wendet sich gegen die Gleichsetzung der deutschen Bevölkerung mit den Nazis:

Zu keiner Zeit stimmte auch nur die Hälfte der Wähler [in Deutschland] für das Hitlerregime, und das Vorhandensein der furchtbarsten Instrumente der Unterdrückung und der furchtbarsten Polizeimacht, die die Welt je gesehen hatte, bewies, daß die Gegner des Regimes nicht untätig waren. Hitler verwüstete sein eigenes Land, bevor er andere Länder verwüstete. [...] Das Geschäft des Flüchtlings ist: hoffen (GW 20, 16*).

Die Ausführungen stehen im engen Zusammenhang mit den Auseinandersetzungen über die Frage nach der Kollektivschuld der Deutschen, die 1943 in den USA diskutiert wurde. Die Debatte hatte einen wichtigen Stellenwert, da die Kriegführung der alliierten Streitkräfte und die künftige Deutschland-Politik der Westmächte davon betroffen waren. Brecht hat sich um eine Resolution bekannter deutscher Schriftsteller und Wissenschaftler bemüht, die gegen die Kollektivschuld-These Stellung beziehen sollte.[46] Sie wurde am 1. August 1943 tatsächlich formuliert und von ihm selbst, Thomas und Heinrich Mann, Lion Feuchtwanger, Bruno Frank und anderen unterzeichnet:

In diesem Augenblick, da der Sieg der Alliierten Nationen näher rückt, halten es die unterzeichneten Schriftsteller, Wissenschaftler und Künstler deutscher Herkunft für ihre Pflicht, folgendes öffentlich zu erklären: Wir begrüßen die Kundgebung der deutschen Kriegsgefangenen und Emigranten in der Sowjetunion, die das deutsche Volk aufrufen, seine Bedrücker zu bedingungsloser Kapitulation zu zwingen und eine starke Demokratie in Deutschland zu erkämpfen. Auch wir halten es für notwendig, scharf zu unterscheiden zwischen dem Hitlerregime und den ihm verbundenen Schichten einerseits und dem deutschen Volk andrerseits (AJ, 384).

Da Thomas Mann einen Tag später seine Unterschrift wieder zurückzog, weil er sich nicht gegen alliierte Positionen stellen wollte (AJ, 386), kam es zu längeren Auseinandersetzungen mit Brecht (AJ, 386 ff.), aus denen auch das Gedicht hervorging: *Als der Nobelpreisträger Thomas Mann den Amerikanern und Engländern das Recht zusprach, das deutsche Volk für die Verbrechen des Hitlerregimes zehn Jahre lang zu züchtigen.* Auch darin macht Brecht, wie die zweite Strophe zeigt, im Gegensatz zu Thomas Mann einen deutlichen Unterschied zwischen Nazis und Deutschen:

Die Hände im dürren Schoß
Verlangt der Geflüchtete den Tod einer halben Million Menschen
Für ihre Opfer verlangt er
Zehn Jahre Bestrafung. Die Dulder
Sollen gezüchtigt werden.
(GW 10, 871)

Nach Ende des Krieges wurde Brechts Einstellung zu Deutschland jedoch zwiespältig, da es keine Anzeichen für eine gründliche Auseinandersetzung mit dem Nationalsozialismus gab (AJ, 500, 513, 514 ff.). Brecht hat hier zwischen der späteren Bundesrepublik und der DDR keine generellen Unterschiede gemacht. Das zeigen vor allem die *Buckower Elegien* (GW 10, 1009 ff.), die nach dem Aufstand am 17. Juni 1953 geschrieben wurden.[47]

Der innere Widerstreit zwischen Hoffnung und Enttäuschung ließ nach dem Krieg ungewöhnlich viele Deutschland-Gedichte entstehen. Bereits 1945 formulierte Brecht in seiner *Epistel an die Augsburger* die böse Ahnung, daß in seiner Vaterstadt niemand zu finden sein wird, der zumindest den Krieg bereut:

Und als dann kam der Monat Mai
War ein tausendjähriges Reich vorbei

Und herunter kamen die Hindenburggass'
Jungens aus Missouri mit Bazookas und Kameras

Und fragten nach der Richtung und kleinerer Beute
Und einem Deutschen, der den zweiten Weltkrieg bereute.

[...]

Die Wicken blühten. Die Hähne schwiegen betroffen.
Die Türen waren geschlossen. Die Dächer standen offen.
(GW 10, 933)

In dem Gedicht *Deutschland 1945*, das die Mutter-Metapher des Deutschland-Gedichts von 1933 programmatisch aufgreift und den Gestus der Anklage erneuert, hat Brecht seinem Zorn Ausdruck gegeben:

Im Haus ist der Pesttod
Im Frei'n ist der Kältetod.
Wohin gehen wir dann?
Die Sau macht ins Futter
Die Sau ist meine Mutter
O Mutter mein, o Mutter mein
Was tuest du mir an?
(GW 10, 935)

Andere Gedichte sind vom Impuls der Hoffnung geprägt, der Brechts Auseinandersetzung mit der Kollektivschuld-These getragen hatte. Das bekannteste Beispiel hierfür ist die *Kinderhymne* von 1951, in der Brecht nicht nur Elemente aus Hoffmanns *Lied der Deutschen* (1841) aufgreift, sondern auch mit dem von Johannes R. Becher stammenden Text für die Nationalhymne der DDR zu konkurrieren versucht (was jedoch aussichtslos war). Die erste Strophe lautet:

> Anmut sparet nicht noch Mühe
> Leidenschaft nicht noch Verstand
> Daß ein gutes Deutschland blühe
> Wie ein andres gutes Land.
> (GW 10, 977)

Mit dem Gedicht *Deutschland 1952*, das die Teilung und Besatzung des Landes beklagt, wird die Reihe der Deutschland-Gedichte abgeschlossen. Es nimmt die resignative Tendenz der *Bukower Elegien* vorweg:

> O Deutschland, wie bist du zerrissen
> Und nicht mit dir allein!
> In Kält' und Finsternissen
> Läßt eins das andre sein.
> Und hätt'st so schöne Auen
> Und reger Städte viel;
> Tät'st du dir selbst vertrauen
> Wär alles Kinderspiel.
> (GW 10, 1005)

Ende der vierziger Jahre hat Brecht die Formel von der »deutschen Misere« als Erklärungsmodell für die Geschichte Deutschlands aufgegriffen. Der Begriff stammt von Marx und Engels, ist aber historisch und theoretisch nicht ausgearbeitet worden. Er soll die Tatsache bezeichnen, daß es in Deutschland keine kontinuierliche demokratische Entwicklung gab, weil eine bürgerliche Revolution ausblieb. Als Ursache für die fehlende Revolution wird ein Hang zur Unterwürfigkeit im deutschen Bürgertum und bei den deutschen Intellektuellen angenommen, womit der geschichtliche Prozeß eine psychologische Erklärung bekommt.[48]

Brecht hat den Begriff der »deutschen Misere« erstmals 1949 im Zusammenhang mit seiner Bearbeitung von Lenz' *Hofmeister* benutzt. Im *Arbeitsjournal* heißt es: »habe für das BERLI-

NER ENSEMBLE schnell eine bearbeitung des lenz'schen HOFMEISTERS gemacht. das stück war mir lange im hinterkopf. es ist meines wissens die früheste – und sehr scharfe – zeichnung der deutschen misere« (AJ, 559). Brecht war mit der Formel also längere Zeit vertraut. Schon 1943 hat er im *Arbeitsjournal* den Begriff der »Knechtseligkeit« benutzt, um das Verhalten der Deutschen zu charakterisieren: »natürlich gibt es so etwas wie die ›knechtseligkeit der deutschen‹. sie hat ihre historischen gründe (aber erklärt ist sie nicht beseitigt)« (AJ, 383 f.; vgl. AJ, 408 und 511).

In der *Hofmeister*-Bearbeitung wurde die Obrigkeitshörigkeit der Gebildeten und der Topos der »deutschen Misere« ins Zentrum gestellt.[49] »Wills euch verraten, was ich lehre«, so läßt der Autor die Hofmeister-Figur im Prolog sagen: »Das Abc der Deutschen Misere« (GW 6, 2333). Damit bekam die Intellektuellen-Kritik, die Brecht im sogenannten *Tui-Roman*, einem Schlüsselroman über die Weimarer Republik, zu Beginn der dreißiger Jahre episch gestalten wollte, erstmals eine dramatische Form. 1952 hat er die Kritik in der *Turandot*-Bearbeitung fortgeführt.[50] Im Epilog der *Hofmeister*-Bearbeitung wurde auch der Begriff der »Knechtseligkeit« wiederaufgenommen und als Haltung kritisch aktualisiert:

> Denn ihr saht die Misere im deutschen Land
> Und wie sich ein jeder damit abfand
> Vor hundert Jahr und vor zehn Jahr
> Und vielerorts ists auch heut noch wahr.
> [...]
> Der deutsche Schulmeister, erinnert ihn nur:
> Erzeugnis und Erzeuger der Unnatur!
> Schüler und Lehrer einer neuen Zeit
> Betrachtet seine Knechtseligkeit
> Damit ihr euch davon befreit!
> (GW 6, 2394)

Die Formel von der »deutschen Misere« erhielt also eine herausragende Bedeutung in Brechts Überlegungen zur Nation. Durch sie hat er nach der anfangs individualistisch und dann marxistisch geprägten Abwendung von der deutschen Geschichte wieder einen Zugang zur nationalen Problematik gefunden. Zwar ist der Erklärungswert des Topos begrenzt, doch wollte Brecht damit eine Diskussion über den »deutschen Sonderweg« einleiten. Die Debatte wurde in der DDR zunächst unterbunden[51], später aber

in der Geschichtswissenschaft geführt[52] und im Historiker-Streit der achtziger Jahre fortgesetzt. Sie dürfte durch die Vereinigung Deutschlands keineswegs beendet sein.

Anmerkungen

1 Zur Zitierweise: Soweit erschienen zitiere ich Brechts Schriften (als BFA mit Band- und Seitenangabe) nach der neuen, auf 30 Bände angelegten kritischen Ausgabe: Bertolt Brecht, *Werke. Große kommentierte Berliner und Frankfurter Ausgabe*, Frankfurt/Main 1988 ff. Die bis zum Abschluß des Manuskripts im Dezember 1991 hier noch nicht publizierten Texte werden nach der Werkausgabe (als GW mit Band- und Seitenzahl) zitiert: Bertolt Brecht, *Gesammelte Werke in 20 Bänden*, Frankfurt/Main 1967 (werkausgabe edition suhrkamp). Zur Orientierung füge ich auch bei der BFA die Angaben der GW hinzu. – Als AJ mit Seitenzahl wird zitiert: Bertolt Brecht, *Arbeitsjournal*, 2 Bde., Frankfurt/Main 1974 (werkausgabe edition suhrkamp, Supplementbände).

2 Zit. nach *Brecht in Augsburg. Erinnerungen, Texte, Fotos*. Eine Dokumentation von Werner Frisch und K. W. Obermeier, Frankfurt/Main 1976 (suhrkamp taschenbuch 297), S. 86.

3 Vgl. Klaus Schumann, *Der Lyriker Bertolt Brecht 1913-1933*, München 1971 (dtv WR 4075) [zuerst Berlin 1964], S. 9-35; Reinhold Grimm, *Brechts Anfänge* (1967), in: ders., *Brecht und Nietzsche oder Geständnisse eines Dichters. Fünf Essays und ein Bruchstück*, Frankfurt/Main 1979 (edition suhrkamp 774), S. 55-76; Peter Paul Schwarz, *Brechts frühe Lyrik 1914-1922. Nihilismus als Werkzusammenhang der frühen Lyrik*, Bonn 1972 (Abhandlungen zur Kunst-, Musik- und Literaturwissenschaft 111), S. 13-31.

4 Vgl. Thomas Anz und Josef Vogl (Hg.), *Die Dichter und der Krieg. Deutsche Lyrik 1914-1918*, München, Wien 1982.

5 Das ist in der Forschung kaum berücksichtigt worden. Vgl. die Interpretationen von Schumann, *Der Lyriker* (wie Anm. 3), S. 76 ff. und Franz Norbert Mennemeier, *Bertolt Brechts Lyrik. Aspekte, Tendenzen*, Düsseldorf 1982, S. 189 ff.

6 Vgl. Dieter Schmidt, *»Baal« und der junge Brecht. Eine textkritische Untersuchung zur Entwicklung des Frühwerks*, Stuttgart 1966. Die Ergebnisse des Buches wurden später in vielen Arbeiten bestätigt.

7 Vgl. Helfried W. Seliger, *Das Amerikabild Bertolt Brechts*, Bonn 1974; James K. Lyon, *Bertolt Brecht in Amerika*, Frankfurt/Main 1984.

8 Elisabeth Hauptmann, *Notizen über Brechts Arbeit 1926*, in: Sinn und Form 19 (1957), H. 1-3: 2. Sonderheft. Bertolt Brecht, S. 241-243, hier S. 243.

9 Vgl. Klaus-Detlef Müller, »*Mann ist Mann*«, in: Walter Hinderer (Hg.), *Brechts Dramen. Neue Interpretationen*, Stuttgart 1984, S. 89-105.

10 Vgl. Klaus-Detlef Müller, *Das Ei des Kolumbus? Parabel und Modell als Dramenformen bei Brecht, Dürrenmatt, Frisch und Walser*, in: Werner Keller (Hg.), *Beiträge zur Poetik des Dramas*, Darmstadt 1976, S. 432-461.

11 Ernst Schumacher, *Er wird bleiben* (1956), in: Hubert Witt (Hg.), *Erinnerungen an Brecht*, Leipzig 1964 (Reclams Universal-Bibliothek 117), S. 326-340, hier S. 326. – Vgl. dazu Detlev Schöttker, *Bertolt Brechts Ästhetik des Naiven*, Stuttgart 1989. Im Begriff des Naiven, den er statt des Begriffs der Einfachheit benutzte, hat der späte Brecht seine Ästhetik modellhafter Darstellung auf einen Nenner zu bringen versucht.

12 Karl Marx/Friedrich Engels, *Werke*, Bd. 23, Berlin 1962, S. 791.

13 Brechts Sicht des Marxismus war in den sechziger und siebziger Jahren Gegenstand längerer Auseinandersetzungen in der Brecht-Forschung, doch sind die Darstellungen fast ausnahmslos auf Brecht fixiert gewesen, ohne daß die von ihm wahrgenommenen Autoren und Schriften genauer berücksichtigt wurden. Das hat sich bis heute nicht geändert. Wichtige Aspekte sind zusammengefaßt bei Michael Voges, *Gesellschaft und Kunst im »wissenschaftlichen Zeitalter«*, in: Klaus-Detlef Müller (Hg.), *Bertolt Brecht, Epoche. Werk, Wirkung*, München 1985, S. 201-252, hier S. 204-211 (dort weitere Literatur). Vgl. ansonsten zu den genannten Autoren Helga Grebing, *Der Revisionismus. Von Bernstein bis zum ›Prager Frühling‹*, München 1977 (mit ausführlichen Literaturangaben).

14 Walter Benjamin, *Aufzeichnungen 1906-1932*, in: ders., *Gesammelte Schriften*, 7 Bde., Frankfurt/Main 1972-1989, Bd. 6, S. 438.

15 Vgl. umfassend Klaus-Detlef Müller, *Die Funktion der Geschichte im Werk Bertolt Brechts. Studien zum Verhältnis von Marxismus und Ästhetik*, 2. erw. Aufl., Tübingen 1972 [1. Aufl. 1967].

16 Karl Marx/Friedrich Engels, *Werke*, Bd. 3. Berlin 1969, S. 18.

17 »Die nationale Identität ist ein Hauptgrund dafür, daß es – jedenfalls in Westeuropa – keine proletarischen Revolutionen gegeben hat. Sie ist zugleich ein Hauptgrund dafür, daß es in diesen Ursprungsländern der drei Revolutionen (Wissenschaft, Industrie, Französische Revolution) trotz vieler Klassenkämpfe in entscheidenden Augenblicken Solidarisierungen der Bevölkerung mit den herrschenden Schichten gab« (Reinhard Bendix, *Strukturgeschichtliche Voraussetzungen der nationalen und kulturellen Identität in der Neuzeit*, in: Bernhard Giesen (Hg.), *Nationale und kulturelle Identität. Studien zur Entwicklung des*

kollektiven Bewußtseins in der Neuzeit, Frankfurt/Main 1991 [suhr-kamp taschenbuch wissenschaft 940], S. 39-55, hier S. 45).

18 Vgl. Christiane Bohnert, *Brechts Lyrik im Kontext. Zyklen und Exil*, Königsberg/Ts. 1982.

19 Vgl. neben den literarischen Texten die gesammelten Interviews von Heiner Müller, »*Zur Lage der Nation*«, Berlin 1990 (Rotbuch 13) und »*Jenseits der Nation*«, Berlin 1991 (Rotbuch 49), sowie Enzensbergers Essays und Reportagen *Deutschland, Deutschland unter anderem*, Frankfurt/Main 1967 (edition suhrkamp 203), und *Ach Europa!*, Frankfurt/Main 1989 (suhrkamp taschenbuch 1690) [zuerst 1987].

20 Vgl. Detlev Schöttker, *Geschichte als unbekannte Größe. Brechts expe-rimentelle Dramaturgie*, in: Eijiro Iwasaki (Hg.), *Begegnungen mit dem ›Fremden‹. Grenzen, Traditionen, Vergleiche. Akten des VIII. Intern. Germanisten-Kongresses*, 11 Bde., München 1991, Bd. 10, S. 407-415.

21 Vgl. Bernhard Blanke, Ulrich Jürgens, Hans Kastendiek, *Kritik der Politischen Wissenschaften 1. Analysen von Politik und Ökonomie in der bürgerlichen Gesellschaft*, Frankfurt/Main, New York 1975, S. 38-52.

22 Vgl. M. Rainer Lepsius, *Die Soziologie der Zwischenkriegszeit*, in: ders. (Hg.), *Soziologie in Deutschland und Österreich 1918-1945. Materia-lien zur Entwicklung, Emigration und Wirkungsgeschichte*, Opladen 1981 (KZfSS, Sonderh. 23), S. 7-23; Dirk Käsler, *Der Streit um die Bestimmung der Soziologie auf den deutschen Soziologentagen 1910-1930*, ebd., S. 199-244.

23 Vgl. Hans Mommsen, *Sozialismus und Nation. Zur Beurteilung des Nationalismus in der marxistischen Theorie*, in: ders., *Arbeiterbewe-gung und Nationale Frage. Ausgewählte Aufsätze*, Göttingen 1979 (Kritische Studien zur Geschichtswissenschaft, Bd. 34), S. 61-80.

24 Vgl. Hansjürgen Rosenbauer, *Brecht und der Behaviorismus*, Bad Homburg u.a.O. 1970. Die Behaviorismus-Rezeption Brechts wird in ihrer Bedeutung für das epische Theater hier überschätzt; sie hat vor allem paradigmatische Bedeutung.

25 Vgl. neben den in Anm. 21 bis 23 genannten fachgeschichtlichen Arbei-ten die milieubezogene Darstellung von Wolfgang Schivelbusch, *Intel-lektuellendämmerung. Zur Lage der Frankfurter Intelligenz in den zwanziger Jahren*, Frankfurt/Main 1985 (suhrkamp taschenbuch 1121).

26 Vgl. Sven Papcke, *Weltferne Wissenschaft. Die deutsche Soziologie der Zwischenkriegszeit vor dem Problem des Faschismus/Nationalsozialis-mus*, in: ders., *Ordnung und Theorie. Beiträge zur Geschichte der Soziologie in Deutschland*, Darmstadt 1986, S. 168-222. Vgl. zur Faschismusforschung auch die Angaben in Anm. 31 und 32.

27 Vgl. in bezug auf Brecht Fritz Sternberg, *Der Dichter und die Ratio*.

Erinnerungen an Bertolt Brecht, Göttingen 1963. Der Hinweis auf die Widmung findet sich im Vorwort von Reinhold Grimm.

28 Vgl. die in Anm. 13 genannte Literatur.

29 Walter Benjamin, *Theorien des deutschen Faschismus,* in: ders., *Gesammelte Schriften* (vgl. Anm. 14), Bd. 3, S. 238-250, hier S. 248 f. – Die Herausgeber der Benjamin-Ausgabe entwerten die Bedeutung des Aufsatzes, wenn sie ihn im Band der *Kritiken und Rezensionen* abdrucken statt im Band der *Abhandlungen* bzw. der *Aufsätze, Essays, Vorträge.* Abgesehen davon, daß der Text der Form nach als Aufsatz oder Essay zu bezeichnen ist, wird er auch an seinem ursprünglichen Druckort eindeutig dem Aufsatz- und nicht dem (dort ebenfalls vorhandenen) Rezensionsteil zugeordnet (Die Gesellschaft 7 [1930], Bd. 2).

30 Vgl. Frank Trommler, *Verfall Weimars oder Verfall der Kultur? Zum Krisengefühl der Intelligenz um 1930,* in: Thomas Koebner (Hg.), *Weimars Ende. Prognosen und Diagnosen in der deutschen Literatur und politischen Publizistik 1930-1933,* Frankfurt/Main 1982, S. 34-52; siehe auch Rolf-Peter Janz, *Weimars Ende – aus der Perspektive Walter Benjamins,* in: ebd., S. 260-269.

31 Vgl. von den zahlreichen Darstellungen zur Faschismustheorie der zwanziger und dreißiger Jahre Helga Grebing, *Faschismus, Mittelschichten und Arbeiterklasse. Probleme der Faschismus-Interpretation in der sozialistischen Linken während der Weltwirtschaftskrise,* in: *Internationale wissenschaftliche Korrespondenz zur Geschichte der deutschen Arbeiterbewegung* 12 (1976), H. 4, S. 443-460. Der Aufsatz skizziert jenes Diskussions-Spektrum, mit dem Brecht vertraut gewesen sein dürfte.

32 Zitiert nach Hermann Weber (Hg.), *Die kommunistische Internationale,* Hannover 1966, S. 278. Vgl. zur Bedeutung der Definition für die zeitgenössische Faschismus-Diskussion Wolfgang Schieder, *Faschismus,* in: *Sowjetsystem und demokratische Gesellschaft,* Bd. 2, Freiburg u.a.O. 1968, Sp. 453-478, hier Sp. 458.

33 Vgl. zur literarischen Kapitalismus- und Faschismusanalyse bei Brecht Müller, *Die Funktion* (vgl. Anm. 15), S. 70 ff., und Klaus-Detlef Müller, *Die großen Dramen des Exils,* in: ders. (Hg.), *Bertolt Brecht* (vgl. Anm. 13), S. 252 ff.

34 Vgl. Jan Knopf, *Brecht-Handbuch. Lyrik, Prosa, Schriften,* Stuttgart 1984, S. 166 f.; Bohnert, *Brechts Lyrik* (vgl. Anm. 18), S. 304 f.

35 Die bisherigen Interpreten haben fast ausschließlich die Mutter-Perspektive betont, was zu Verzerrungen geführt hat. Vgl. Schumann, *Der Lyriker* (vgl. Anm. 3), S. 385 ff.; Mennemeier, *Bertolt Brechts Lyrik* (vgl. Anm. 5), S. 192 ff.; Hans Bender, *Ein Gedicht, ein Denkmal,* in: Walter Hinck (Hg.), *Ausgewählte Gedichte Brechts mit Interpretationen,* Frankfurt/Main 1979 (edition suhrkamp 927), S. 42-47.

36 Vgl. dazu Ilja Srubar, *Das Bild Deutschlands in den Werken der sozial-wissenschaftlichen Emigration 1933-1945*, in: ders. (Hg.), *Exil, Wissenschaft, Identität. Die Emigration deutscher Sozialwissenschaftler 1933-1945*, Frankfurt/Main 1988 (suhrkamp taschenbuch wissenschaft 702), S. 281-298; Helmut Dubiel/Alfons Söllner, *Die Nationalsozialismusforschung des Instituts für Sozialforschung – ihre wissenschaftsgeschichtliche Stellung und ihre gegenwärtige Bedeutung*, in: ders. (Hg.), *Horkheimer, Pollock, Neumann, Kirchheimer, Gurland, Marcuse. Wirtschaft, Recht und Staat im Nationalsozialismus. Analysen des Instituts für Sozialforschung*, Frankfurt/Main 1984 (suhrkamp taschenbuch wissenschaft 471), S. 7-33.

37 Vgl. Franz Norbert Mennemeier, *Bertolt Brechts Faschismus-Theorie und einige Folgen für die literarische Praxis*, in: Helmut Arntzen u. a. (Hg.), *Literaturwissenschaft und Geschichtsphilosophie. Festschrift für Wilhelm Emrich*, Berlin, New York 1975, S. 561-574. Mennemeier geht vor allem auf die Eintragungen im *Arbeitsjournal*, nicht aber auf den faschismustheoretischen Hintergrund ein.

38 Vgl. zum Zusammenhang Burkardt Lindner, *Bertolt Brecht: »Der aufhaltsame Aufstieg des Arturo Ui«*, München 1982 (Modellanalysen zur Literatur, UTB 1028).

39 Vgl. Wolfgang Emmerich, *›Massenfaschismus‹ und die Rolle des Ästhetischen. Faschismustheorie bei Ernst Bloch, Walter Benjamin, Bertolt Brecht*, in: Lutz Winkler (Hg.), *Antifaschistische Literatur, Programme, Autoren, Werke*, 3. Bde., Kronberg/Ts. 1977 (Literatur im historischen Prozeß, Bd. 10), Bd. 1, S. 223-276.

40 Zur zentralen Bedeutung der Idee der »Ungleichzeitigkeit« in Blochs Faschismus-Auffassung vgl. Jochen Vogt, *Nicht nur Erinnerung: »Hitlers Gewalt«. Ernst Blochs Beitrag zur Faschismustheorie*, in: Heinz Ludwig Arnold (Hg.), *Ernst Bloch*, München 1985 (Sonderband text + kritik), S. 98-123.

41 Bertolt Brecht, *Briefe*, 2 Bde., Frankfurt/Main, Bd. 1, S. 255f. – Die engen und komplizierten Verbindungen zwischen Bloch, Brecht und Benjamin aus Anlaß des Erscheinens von *Erbschaft dieser Zeit* erläutert Hans-Thies Lehmann, *»Sie werden lachen: es muß systematisch vorgegangen werden«. Brecht und Bloch – ein Hinweis*, in: Arnold (Hg.), Ernst Bloch (vgl. Anm. 40), S. 135-139.

42 Die französische und drei ungedruckte deutsche Fassungen des Aufsatzes sind abgedruckt in Benjamin, *Gesammelte Schriften* (vgl. Anm. 14), Bd. 1 und Bd. 7. – Vgl. zu Brechts Lektüre AJ, 14.

43 Vgl. Jürgen Albers, *»Die Gesichte der Simone Marchard«. Eine zarte Träumerei nach Motiven von Marx, Lenin, Schiller*, in: *Brecht-Jahrbuch 1978*, Frankfurt/Main 1978 (edition suhrkamp 956), S. 66-86.

44 Vgl. Klaus-Detlef Müller, *»Das große bleibt groß nicht …« Die Korrektur der politischen Theorie durch die literarische Tradition in Bertolt*

Brechts ›Schweyk im zweiten Weltkrieg‹, in: WW 23/1 (1973), S. 26-44.

45 Vgl. Wolfgang Emmerich, *Einleitung*, in: ders. und Susanne Heil (Hg.), *Lyrik des Exils,* Stuttgart 1985 (Universal-Bibliothek 8089), S. 21-77; zu Brecht 46 ff.

46 Vgl. Herbert Lehnert, *Bert Brecht und Thomas Mann im Streit über Deutschland,* in: John M. Spalek und Joseph Strelka (Hg.), *Deutsche Exilliteratur seit 1933,* Bd. 1, Bern und München 1976, S. 62-88; Eike Midell, *Die Frage nach Deutschlands Zukunft,* in: *Exil in den USA,* Frankfurt/Main 1980 (Kunst und Literatur im antifaschistischen Exil, Bd. 3), S. 169-194; Lyon, *Bertolt Brecht* (vgl. Anm. 7), S. 353 ff.

47 Vgl. Dieter Thiele, *Brecht und der 17. Juni 1953,* in: Wolfgang Fritz Haug u. a. (Hg.), *Aktualisierung Brechts,* Berlin 1980 (Argument-Sonderband 50), S. 84-100.

48 Eine eingehende Darstellung zum Begriff bei Marx und Engels gibt es m. W. nicht, was sich in der Sekundärliteratur zu Brecht (vgl. Anm. 49) als Unsicherheit widerspiegelt. Vgl. als Überblick Jost Hermand, *Heines »Wintermärchen« – Zum Topos der ›deutschen Misere‹,* in: DD 8/35 (1977), S. 234-42; Gerhard Höhn, *Heine-Handbuch. Zeit, Person, Werk,* Stuttgart 1987, S. 25-27.

49 Vgl. dazu Müller, *Die Funktion* (vgl. Anm. 15), S. 89-95. Weniger klärend sind die Beiträge von Peter Christian Giese, *Das »Gesellschaftlich-Komische«. Zu Komik und Komödie am Beispiel der Stücke und Bearbeitungen Brechts,* Stuttgart 1974, S. 162 f. und 211 ff.; Stephan Bock, *Brechts Vorschläge zur Überwindung der »Deutschen Misere« (1948-1956),* in: Paul Gerhard Klussmann und Heinrich Mohr (Hg.), *Deutsche Misere einst und jetzt. Die deutsche Misere als Thema der Gegenwartsliteratur,* Bonn 1982 (Jahrbuch zur Literatur der DDR (Bd. 2), S. 49-67.

50 Vgl. Klaus-Detlef Müller, *Brecht-Kommentar zur erzählenden Prosa,* München 1980, S. 350-392.

51 Vgl. Wolfram Schlenker, *Das »Kulturelle Erbe« in der DDR. Gesellschaftliche Entwicklung und Kulturpolitik 1945-1965,* Stuttgart 1977, S. 93 f.

52 Vgl. den Überblick von Helga Grebing, *Der »deutsche Sonderweg« in Europa 1806-1945. Eine Kritik,* Stuttgart u.a.O. 1986 (Urban-TB 386).

›Antipoden‹ im ›Gewissen der Nation‹?

Günter Grass' und Martin Walsers ›deutsche Fragen‹

Die öffentliche Debatte über Zweistaatlichkeit oder Wiederverei-
nigung wies nach dem 9. November 1989 Günter Grass die
»Gegenposition« (Volker Hage, Die Zeit, 9. 3. 1990) zu Martin
Walser zu. Beider publizistisches Engagement vor und nach der
Öffnung der Grenzen zwischen DDR und BRD widerlegt den
gängigen Topos vom Schweigen[1] der Schriftsteller zur ›deutschen
Frage‹, der von Joachim Fest bis zur ›taz‹ unermüdlich wiederholt
wurde, um eine positive Teilhabe der Intellektuellen insgesamt am
Vereinigungsprozeß zu sichern; indem Walser jedoch zu der
»Ausnahme«[2] gemacht wurde, konnte zugleich die Regel markiert
werden, die außer Kraft zu setzen wäre: Wer sollte schweigen?
»Grass steht außerhalb des Vokabulars, in dem wir sind« (FAZ,
27. 2. 1990), erklärte Walter Höllerer auf einer Diskussionsveranstaltung des Literarischen Colloquiums, und der ›Spiegel‹ hielt
Grass vor: »Nur Ihr Kollege Martin Walser wird durch das Thema
Deutschland um den Schlaf gebracht. [...] Wie kommt es eigentlich, daß den Intellektuellen in der Bundesrepublik so wenig zur
deutschen Frage einfällt?« (20. 11. 1989)

Aus den Ereignissen seit dem Herbst 1989 bezog ein Bild vom
Dichter als Repräsentanten der Nation politische Legitimation:
Dichter-Utopie sei geschichtliche Wirklichkeit geworden. Der
Suhrkamp-Verlag druckte eine erweiterte Neuauflage von Walsers
Über Deutschland reden mit einer Bauchbinde, die Fests ›FAZ‹
zitierte: »Walser ist der einzige bedeutende Autor der Bundesre-
publik, der die dramatische Gegenwärtigkeit der vielfach in die
ungewisseste Zukunft verschobenen deutschen Frage auszuspre-
chen wagte, *bevor* die politische Entwicklung sie bestätigte.«
(FAZ, 6. 11. 1989)

Mit diesem Maßstab der Übereinstimmung zwischen Dichter
und Volk, Dichterwort und Geschichte wurden in der Folgezeit
die publizistischen Stellungnahmen von Schriftstellern gemessen.
Jede kritische Stimme konnte ins »Abseits«[3] verwiesen oder zum
Schweigen[4] verurteilt werden. Auf die Ausgrenzung von Grass aus

dem Wiedervereinigungsdiskurs – z. B. durch das Auftrittsverbot im Fernsehen und die zweimalige Ablehnung von Artikeln im ›Spiegel‹ vor den Wahlen vom 18. 3. 1990[5] – reagierte sein Verlag im Klappentext zu einer Sammlung von Texten des Autors aus den Jahren 1961 bis 1989, der emphatisch den Anspruch auf Kontinuität erhob. »Niemand, auch kein Politiker, hat sich so frühzeitig und so beharrlich, so eindringlich und entschieden zur Frage nach der ›Wiedervereinigung‹ geäußert wie Günter Grass.«[6] Implizit ergab sich daraus der Vorwurf an den »Antipoden«[7], ein deutschnationaler Wendehals zu sein; so war Walser in der Tat 1986 von den ›FAZ‹-Literaturkritikern Marcel Reich-Ranicki und Franz-Josef Görtz attackiert worden. Für sie wußte Walser, der die nach dem Tod Bölls frei gewordene Rolle des ›Gewissens der Nation‹ besetzen wolle, immer »genau [...], wo die Hochzeiten stattfinden, auf denen man tanzen muß« (Görtz, FAZ, 4. 11. 1986):

Um 1970 wandte er sich, der damaligen Mode vieler bundesdeutscher Intellektueller willig folgend, dem Kommunismus zu und trat am liebsten auf den Barrikaden des Klassenkampfes auf. Aber die Zeiten ändern sich, heute redet man weniger von der Ausbeutung der Massen und desto häufiger von nationalen Belangen. Aus Bonn kommen die Weisungen nahezu täglich: deutsche Frage, Einheit der Nation, Geschichtsbewußtsein, nationale Identität und ähnliches mehr. (Reich-Ranicki, FAZ, 17. 12. 1986)[8]

Ein Rückblick auf das literarisch-publizistische Engagement von Grass und Walser – mit gelegentlichen Seitenblicken auf andere Autoren, mit denen oder gegen die es vorgetragen wurde – erlaubt, über den Gegensatz von Charakterfestigkeit und Opportunismus hinauszukommen. In beider Publizistik nämlich veränderte sich der Stellenwert der ›deutschen Frage‹ in den Jahrzehnten zwischen Mauerbau und Maueröffnung erheblich; beide haben zugleich wesentlich zur Veränderung des Feldes beigetragen, auf dem über das Verhältnis der BRD zu ihrem ›real-sozialistischen‹ Nachbarland geredet wurde.

Normalisierung des politischen Engagements: Reaktionen auf den 13. August 1961

Gesprächsbereitschaft mit der DDR stand bei Grass wie Walser am Beginn ihres politischen Engagements, der in die Monate vor dem Mauerbau fällt. Es hatte teil an jener »Normalisierung«[9] der

Rolle des Intellektuellen in der bundesrepublikanischen Gesellschaft, die Jürgen Habermas auf die frühen sechziger Jahre datiert. Allerdings werden an der Teilnahme von Grass am V. Deutschen Schriftstellerkongreß in Ostberlin einerseits und der von Walser an der ersten gemeinsamen Diskussionsveranstaltung von PEN-Autoren aus BRD und DDR andererseits bereits Unterschiede sichtbar, die sich aus der Vorgeschichte ihres Engagements erklären. Sie zeigen sich daran, daß die ›deutsche Frage‹ niemals nur das Verhältnis der beiden deutschen Staaten meinte, sondern stets zugleich das zur nationalsozialistischen Vergangenheit.

Das demonstrative Abrücken von Formeln wie Geist und Macht, Gewissen der Nation oder Nonkonformismus bildete die Voraussetzung für die Konkretisierung von Kritik wie für deren schließliche Verschärfung zur Systemkritik. Walser wandte sich den konkreten Fragen der westdeutschen Gesellschaft als Klassengesellschaft mit gebremster Demokratie und Medienmonopolen zu, und diese drei Motive leiteten sein Engagement bis in die siebziger Jahre.[10] Bei Grass trug die ›Ankunft im Alltag‹ andere Züge: Während Walser den Alltag der BRD sozial thematisierte, erschien er bei Grass vor allem politisch. Die Demokratie wurde von Walser mit ihren gegenwärtigen gesellschaftlichen Bedingungen konfrontiert, von Grass hingegen mit der faschistischen Vergangenheit.

Darin folgte das publizistische Engagement der sechziger Jahre durchaus den vom literarischen Werk der beiden Autoren seit den ausgehenden fünfzigern markierten Linien, die der Nazi-Vergangenheit unterschiedliches Gewicht zukommen ließen. Während in Walsers *Ehen in Philippsburg* und *Halbzeit* das »Nachwirken der Nazizeit« nur ein »Randthema«[11] darstellte, kündigte sich in der *Blechtrommel* ein existentialistisch gefaßter, wesentlich politischer Antitotalitarismus an, der in *Katz und Maus* sowie *Hundejahre* immer stärker vereindeutigt wurde. Aus dessen »Logik der doppelten Frontstellung«[12] folgte nicht nur, daß für Grass die DDR von vornherein ein ständig präsenter Gegenstand von Kritik sein mußte, sondern vor allem, daß die DDR primär als politische Ordnung, als totalitäre Diktatur eben, wahrgenommen wurde, wohingegen Walser bereit war, sie als gesellschaftliches System, als Sozialismus ins Auge zu fassen.

Beide Sichtweisen besaßen aber auch eine gemeinsame Leerstelle: die Nation. In ihnen wird deutlich, daß die Normalisierung

der Intellektuellenrolle als Liberalisierung der literarischen Intelligenz eine Erscheinung von Verwestlichung war; sie war im Rahmen des Kalten Krieges an die Abgrenzung von der DDR gebunden, und das bedeutete auch, daß sie von den zeitgenössischen Akteuren überwiegend als Entnationalisierung[13] erfahren wurde. Günter Grass' Rede auf dem V. Deutschen Schriftstellerkongreß in Ostberlin zeigte im Mai 1961, wie beides zusammenhing: das Verständnis des Intellektuellen als Kritiker und die Absage an eine deutsche Nationalliteratur, obwohl Grass sich gerade nicht bewußt war, eine spezifisch bundesrepublikanische Definition der Intellektuellenrolle zu geben. Die Bejahung des bundesrepublikanischen Konsenses hatte die Form der Absage an den Nationalstaat und die von ihm geprägte Literatur; die Identifikation mit der BRD erfolgte als Abgrenzung von der DDR wie vom Faschismus: »Für mich gibt es keinen Staat, hinter den ich mich stelle, vor den ich mich stelle. Mir ist die Demokratie eine Welt, in der ich zwar lebe und die ich bejahe, die ich aber für sehr umstritten und gefährdet halte.«[14]

Als im April 1961 erstmals Vertreter der beiden deutschen PEN-Zentren, des gesamtdeutschen, vor allem von DDR-Schriftstellern geprägten »Ost und West« und des bundesrepublikanischen Zentrums, miteinander diskutierten und sich als »Ja-Sager« und »Nein-Sager« gegenüberstanden, ging Martin Walser in einer Verteidigung Hans Mayers gegen Reich-Ranicki davon aus, »es handelt sich um zwei verschiedene historische Modelle«, und forderte von den bundesrepublikanischen Diskussionsteilnehmern, nicht nur das »Recht« des DDR-Modells »an[zu]erkennen«, sondern auch »freundlich miteinander [zu] reden und die Schwierigkeiten des anderen zu[zu]gestehen und nicht immer auf seine schlimmsten Wunden hin[zu]weisen«: »Die DDR ist, glaube ich, nicht der beste aller möglichen sozialistischen Staaten, so wenig wie die Bundesrepublik die beste mögliche Demokratie ist«.[15]

Wenn Mayer oder Peter Hacks, der vom DDR-Sozialismus als einem »sauren Apfel« und vom BRD-Kapitalismus als einem »etwas verfaulten«[16] sprach, in ihrem Bestehen auf dem Unterschied zwischen den gesellschaftlichen Systemen und der ihnen entsprechenden Funktionen der Literatur von Martin Walser gewisse Unterstützung erhielten, deutete sich an, daß Walsers Protest gegen den Bau der Mauer zurückhaltend bleiben würde. Zwar unterschrieb er mit Grass, Schnurre, Enzensberger, Böll, Lenz

u. a. einen Offenen Brief an den UN-Generalsekretär mit dem Vorschlag, »ganz Berlin zum Sitz der UNO zu machen«, um »internationale [...] Entspannung« und »Normalisierung der Verhältnisse in unserem Lande« zu fördern[17], aber er beteiligte sich nicht an der öffentlichen Debatte, die durch Offene Briefe Grass' und Schnurres an DDR-Schriftsteller ausgelöst wurde. Statt dessen hieß es in Walsers Beitrag zu dem von ihm herausgegebenen Rororo-aktuell-Band *Die Alternative oder Brauchen wir eine neue Regierung* zum Thema Wiedervereinigung:

Ich habe keine Güter in Mecklenburg, von Groß-Deutschland träume ich nur, wenn ich schlafe, also höchst unfreiwillig, und gar nicht selig, aber ich bemerke, daß das Wort ›Ostkontakte‹ immer noch in die Nähe von Wörtern wie ›Sittlichkeitsverbrechen‹ und ›Landesverrat‹ rutscht. Das kommt vom Antikommunismus.[18]

Walsers Plädoyer dafür, im September 1961 SPD zu wählen, bezog sich auf die Innenpolitik der BRD, das von Günter Grass spielte vor allem auf die NS-Vergangenheit an – ebenso wie sein Offener Brief an Anna Seghers vom 14. August. Grass identifizierte sich ausdrücklich mit dem Offenen Brief des antifaschistischen Exilschriftstellers Klaus Mann an Gottfried Benn; dessen totalitär engagierte Rolle fiel damit Anna Seghers zu, von der Grass verlangte, »gegen den gleichen, immer wieder in Deutschland hergestellten Stacheldraht an[zu]gehen, der einst den Konzentrationslagern Stacheldrahtsicherheit gab«[19]. Zwei Tage später baute Grass in einem gemeinsam mit Schnurre an den DDR-Schriftstellerverband gerichteten Brief die antitotalitäre Analogie weiter aus, wobei deutlich wird, daß die im Begriff der »gebrannten Kinder«[20] gefaßte historische Schuldproblematik das treibende Motiv war: »Es gibt keine ›Innere Emigration‹, auch zwischen 1933 und 1945 hat es keine gegeben. Wer schweigt, wird schuldig.«[21] Schnurre und Grass meinten, mit ihrem Protest gegen die Mauer den versäumten antifaschistischen Widerstand nachzuholen, und verlangten ein Gleiches von den Kolleginnen und Kollegen in der DDR. Während Schnurre aus dem Ausbleiben des Protests folgerte: »Wer [...] noch immer der unhaltbaren These anhängt, was sich heute in Leipzig Literatur nenne, sei auch in Frankfurt Literatur, der muß den Vorwurf hinnehmen, das Wesen echter Literatur nicht erkannt zu haben«[22] und sich mit Hermann Kesten solidarisierte, indem er Uwe Johnson »inhuman und einen schlecht

getarnten Kommunisten«[23] nannte, als dieser den Mauerbau historisch zu erklären versuchte, während Schnurre schließlich dem Luchterhand-Verlag vorwarf, mit der geplanten Neuausgabe von *Das siebte Kreuz* ein »Geschäft […] über die blutbefleckte Berliner Mauer hinweg«[24] machen zu wollen, blieb Grass vor solchen antikommunistischen Zuspitzungen bewahrt. Eine Rolle spielte wohl nicht nur die Freundschaft mit Uwe Johnson, sondern vor allem Grass' persönliches Verhältnis zu Willy Brandt, in dem seine Identifikation mit dem antifaschistischen Exil einen Ausdruck fand. Der 13. August beschleunigte den Wandel Brandts vom Kalten Krieger zum Entspannungspolitiker; dieser Wandel fand jedoch nur ein begrenztes Echo in Grass' Wahlreden von 1965. Diese nahmen nämlich die Wiedervereinigungsrhetorik der CDU/CSU beim Wort, um sie als moralische Forderung, Opfer zu bringen, gegen das mit den Christdemokraten identifizierte Wirtschaftswunder zu richten: »Immer feste drauf: Wiedervereinigung, Opfer bringen, Zonengrenze ganz nah und deutlich«[25], so resümierte Grass im nachhinein seine Reden, deren Intention er am 28. 7. 1965 dem ›Spiegel‹ so erklärte:

Durch die Zauberworte Wirtschaftswunder und Wohlstand wurde das Thema Wiedervereinigung bislang verdeckt und aus dem Wahlkampf ausgeklammert. Die Wiedervereinigung als Fernziel setzt aber Opfer voraus, und in diesem Sinne, als Bereitschaft zu einem solchen Opfer, möchte ich das Votum des 19. Septembers verstehen. Ein Sieg der SPD würde Voraussetzungen für eine Wiedervereinigung zu späterer Zeit schaffen.[26]

Wie stark dieses Motiv, das die Forderung der deutschen Einheit als Kritik des Wirtschaftswunders formulierte, für Grass war, geht aus seiner – in der Form einer Büchnerpreis-Rede immerhin ungewöhnlichen – Auswertung des Wahlergebnisses hervor. Sie brachte ihm den dauerhaften Ruf ein, ein »schlechter Verlierer«[27] zu sein, weil er seiner Enttäuschung über die sozialdemokratische Niederlage in einer bezeichnenden Wählerschelte Ausdruck verlieh: »Die Entscheidung gegen Willy Brandt, das heißt, gegen den Emigranten Willy Brandt und also gegen die gesamte deutsche Emigration schlägt zu Buche als ein ›Ja‹ zum Opportunismus, als ein ›Ja‹ zum unreflektierten Materialismus«[28].
    Im Bild des Schnitzels warf Grass der CDU/CSU vor, die »bestechlich[en]«[29] Wähler mit »geistlosem Wohlstand« »ein[zu]-kaufen« und zu »korrumpieren«[30]; in diesem Sinn attackierte er

zugleich den ›Tanz‹ der Bundesbürger ums »Goldene Kalb«[31], die sich nicht um die Landsleute in dem – wie Grass erst seit 1965 sagte, während er vorher noch in gewundenen Umschreibungen das Tabu respektierte[32] – »existent[en]« »Gegenstaat DDR«[33] kümmerten; in Grass' späteren Reden, Aufsätzen und Interviews dominierte das Bild der tortenessenden Topfhüte vorm Kempinski. Seit dem 23. 3. 1968 verband es sich in Grass' Erinnerung mit den Ereignissen des 17. Junis 1953:

das war eigentlich das Nachdrücklichste, was mir vom 17. Juni über Jahre in Erinnerung geblieben ist –, daß in all diesen schönen Cafés – Kempinski, Schilling und wie sie alle heißen – unsere liebenswerten Berliner Damen mit ihren großen Topfhüten saßen und unberührt ihren Kuchen in sich hineinschaufelten[34].

Doch die Tatsache, daß das Motiv eine zentrale Rolle in Ingeborg Bachmanns – von Grass illustrierter – Berlin-Beschreibung *Ein Ort für Zufälle* von 1965 spielte und 1969 von Grass in *Örtlich betäubt* für die Auseinandersetzung mit dem Vietnam-Engagement der Studentenbewegung benutzt wurde[35], läßt an der Authentizität der Erinnerung zweifeln. Allerdings ist die Verklammerung der Bedeutungen aufschlußreich genug; bei Bachmann stehen die Topfhüte für die Beziehung von westdeutscher Gegenwart und faschistischer Vergangenheit, in Philipp Scherbaums Perspektive wird diese auf den Vietnamkrieg projiziert, der Autor von *Örtlich betäubt* pointiert jedoch den Bezug auf die DDR. Nachträglich schrieb Grass – im RIAS-Gespräch mit Schülern – dem 17. Juni eine Schlüsselrolle für seine Politisierung zu, die jener entspreche, die Vietnam für die Generation der sechziger Jahre hatte.

Diese Zuschreibung kollidiert nur scheinbar mit einer anderen Erklärung seines Wegs in die Politik, die in der »Diffamierung« des Emigranten Willy Brandt den »erste[n] Anlaß«[36] zum ›Erlernen‹ des öffentlichen Engagements für die Sozialdemokratie sah. Grass formulierte diese Erklärung in der für ihn bezeichnenden Form der polemischen Abgrenzung, wenn er die in der Gruppe 47 angeblich zur Zeit seines Eintritts vorherrschende »Dämonisierung des Nationalsozialismus«[37] mit dem von ihm abgelehnten Terminus ›littérature engagée‹ gleichsetzt. Die Abgrenzung verdeckt kaum, daß es sich um eine Projektion handelte: In der Identifikation mit Willy Brandt fand der »Bürger« Grass beides, den Widerstand und

die moralische Instanz, um die sich die engagierten »Schriftsteller«
angeblich vergebens bemühten: »Mich hat die selbstgefällige Art,
im nachherein eine Widerstandsliteratur liefern zu wollen und in
unregelmäßigen Abständen als Gewissen der Nation aufzutreten,
ziemlich angeödet.«[38]

Versöhnt wurden beide Erinnerungsvarianten in der Konstruktion einer sozialdemokratischen »Art plebiszitärer Vertretungsan-
maßung«[39], die die antikommunistischen Arbeiter des 17. Juni und
den antifaschistischen Emigranten Brandt im Antitotalitarismus
gegen Hitler und Ulbricht einerseits und gegen Adenauer und
Ulbricht andererseits zusammenbrachte. Die – keineswegs auf den
Sozialdemokraten Grass und die sechziger Jahre beschränkte –
Vorstellung, bei freien Wahlen in der DDR wäre ein sozialdemo-
kratischer Sieg garantiert, führte umgekehrt zur Unterstellung, die
CDU/CSU hintertreibe aus wahltaktischen Gründen die Wiedervereinigung: Sie »hätte ja eine gesamtdeutsche SPD-Regierung
bedeutet«, meinte Grass die ›abgeschriebenen‹ »Landsleute«[40]
zitieren zu können. Der antitotalitäre Antikommunismus
beschränkte in Grass' Wahlreden von 1965 sehr deutlich die
Bereitschaft zur Entspannung oder gar zur Anerkennung der
DDR.

Zum einseitig politischen Charakter von Grass' Wahrneh-
mungsweise des Verhältnisses von BRD und DDR kam die ausgeprägte Neigung zur Personalisierung. So bedurfte es eines
NSDAP-Mitglieds als Bundeskanzler, der »den Nationalsozialismus wieder gesellschaftsfähig machen« werde[41], um Grass zur
Radikalisierung seiner Vorstellung zur »nationale[n] Frage«[42] zu
motivieren. Sein Vorschlag einer Konföderation – im Januar 1967
zum ersten Male vorgetragen – schloß nicht nur eine Absage an
»Nationalstaatlichkeit« ein, sondern auch an Nationalkultur: »Da
wir […] keine Nation bilden können, da wir, belehrt durch
geschichtliche Erkenntnis – und unserer kulturellen Vielgestalt
bewußt –, keine Nation bilden sollten, müssen wir endlich den
Föderalismus als einzige Chance begreifen.«[43] Durch »Anerkennung des zweiten Staates« und »Aufgabe des Alleinvertretungsan-
spruches«[44] sah Grass die Konföderation »beispielhaft« in den
Föderalismus einer »zukünftigen europäischen Lösung«[45] eingeordnet.

Verabschiedung der ›deutschen Frage‹
im Aufbruch in die Zukunft

Wenn er später der Studentenbewegung vorgeworfen hat, die Ost-politik Brandts nicht unterstützt zu haben, so zeigen Grass' Reden und Aufsätze, daß diese Kritik ihn selber trifft. Buchstäblich mit dem Amtsantritt Brandts war das Thema für Grass erledigt. Irritierender noch: dasselbe galt für die Problematik der faschistischen Vergangenheit. Mit dem Emigranten als Kanzler schien die Vergangenheit bewältigt: »In sehr kurzer Zeit ist es Willy Brandt gelungen, [...] ein Großteil Ballast des begonnenen und verlorenen Zweiten Weltkrieges abzutragen«, sagte er Leo Bauer 1970, »in einem Moment, in dem uns die Probleme der siebziger und achtziger Jahre schon auf den Nägeln brennen«; es gehe um »Prophylaxe gegenüber den Aufgaben der Zukunft«[46]. 1973 berief sich Grass in seiner »Siebenjahresbilanz« *Der Schriftsteller als Bürger* auf die 1965 im Potentialis gefaßte direkte Erzählbarkeit von Alltag, ›demokratischer Geschichten‹ »ohne Rückblende und ohne den immer noch abfärbenden Hintergrund: Tausendjähriges Reich«, die Brandts Wahlsieg ermöglichen sollte: »Nun, sieben Jahre später, steigen wir ins demokratische Detail. Die Nachkriegszeit ist abgeschlossen. Die großen Themen sind verhandelt worden. [...] ›Qualität des Lebens‹ [...] bestimmt die Politik [...] Zwei deutsche Staaten werden gleichberechtigt nebeneinander leben und ohne Feindbild auskommen müssen«[47]. Auch diesen Bruch mit der Vergangenheit – der nicht zufällig zu vielen Formeln der Selbstcharakterisierung führte, die der ›Gnade der späten Geburt‹ sehr nahekamen – hat Grass immer wieder der Studentenbewegung und ihren Sympathisanten unter den Schriftstellern zum Vorwurf gemacht. Enzensbergers *Versuch, von der deutschen Frage Urlaub zu nehmen* konnte diese Ansicht bestätigen, weil er im Namen der Zukunft sowohl das faschistische Erbe wie das Verhältnis zur DDR für überholte Probleme erklärte.

Seit der Mitte der sechziger Jahre trat die Vergangenheit im politischen Denken der engagierten Schriftsteller zugunsten der Zukunft zurück; doch war diese Umorientierung eine Gemeinsamkeit der reformerisch wie der revolutionär orientierten Autoren. Ob die Zukunft nun auf internationalen Klassenkampf (so von Weiss und Enzensberger), auf revolutionäre (so von Walser) oder revisionistische Reformpolitik (so von Grass in Berufung auf

Bernstein) programmiert wurde – der Stellenwert der deutschen Frage sank. Weiss allerdings legte sie nicht als »drittrangig«[48] ad acta, denn er identifizierte die Zweistaatlichkeit mit dem Zustand der »geteilten Welt«: »Die Aufteilung Deutschlands in zwei Staaten von diametral entgegengesetzter Gesellschaftsstruktur stellt die Teilung der Welt dar.«[49] Deutschland als Modell der Klassenspaltung zu nehmen, wurde durch eine weitere Identifikation nahegelegt: die von Auschwitz und Vietnam. Der Antikapitalismus von Weiss wie Enzensberger und Walser profilierte sich in Aufsätzen, die Auschwitz thematisierten, nicht als spezifisch deutsche Singularität, sondern als Produkt eines gesellschaftlichen Systems, das in Vietnam von den USA durch Völkermord verteidigt werde. Mit der deutschen Vergangenheit zu brechen, war deshalb für alle drei gleichbedeutend mit struktureller Veränderung der Gesellschaft. Nur Weiss bekannte sich in den 60er Jahren zu der Ansicht, daß eine solche strukturelle ›Bewältigung‹ der Faschismusgefahr in der DDR geleistet worden sei.

Walsers Aufsätze *Unser Auschwitz* und *Praktiker, Weltfremde und Vietnam* aus dem Jahr 1965 stellten zunächst einmal eine Kritik der Behandlung dieser Themen in den Medien der Bundesrepublik dar. Gegen die auf den Sadismus der einzelnen Angeklagten im Frankfurter Prozeß eingespielte Sensationsberichterstattung stellte er fest:

Die Bedingungen, die diese Brutalität ermöglichten, sind viel zu farblos, viel zu sehr im Historischen, im Politischen, im Sozialen zu hause, also entschwinden sie uns vor dem saftigen Inbegriff eines SS-Mannes, den wir zur Bestie stilisieren.[50]

Walser fand die »Bedingungen des Systems«[51] teils in der deutschen Geschichte – »Juden und Slawen, darauf waren wir gedrillt seit langem. Zur Zeit schulen wir um auf Kommunisten«[52] –, teils in der Gesellschaftsstruktur, im »politischen oder wirtschaftlichen Verursacher«[53]; er verwies auf die Nürnberger Prozesse gegen Krupp und IG Farben. Der Gegensatz zwischen Demokratie-Anspruch und der Wirklichkeit des imperialistischen Krieges in Vietnam ließ in Walsers Sicht »ein Gesellschaftssystem, das zu seiner Erhaltung ohne solche Kriege nicht auszukommen glaubt, einer zunehmenden Diskriminierung verfallen«[54]. Walsers schon 1961 erkennbare und im Zeichen der Entspannungspolitik vertiefte Konzentration auf Innenpolitik ließ ihn etwas formulieren, das –

unter Umkehrung der Vorzeichen – der Bejubelung der Verteidigung der Freiheit Berlins in Vietnam entsprach. »Was in Vietnam passiert, ist kein Zufall, sondern ein Ausdruck der inneren und innersten Verfassung der USA, der Bundesrepublik, der Freien Welt.«[55] Die Zustimmung aller im Bundestag vertretenen Parteien zur US-Politik war für Walser »mehr als ein Problem der Außenpolitik«: »Es charakterisiert uns doch wohl als Gesellschaft, wen wir unterstützen und wen wir bekämpfen.«[56]

Für Grass konnte sich kein aktueller Zusammenhang mit Auschwitz und Vietnam herstellen; weil die von ihm unterstützte Partei in Vietnam die Freiheit Berlins verteidigt sah und die Faschismusgefahr sich für ihn auf NPD und Kiesinger reduzierte, schwieg er.[57]

Die Zukunftsorientierung des Aufbruchs der späten 60er Jahre, sei es der sozialdemokratischen Reformära, sei es der Studentenbewegung und ihrer Folgen, ließ bei Walser wie Grass der bundesrepublikanischen Innenpolitik den Primat. In ihrem Insistieren auf Demokratisierung der bundesrepublikanischen Gesellschaft kamen sich beide – trotz ihrer parteipolitischen Gegnerschaft – recht nahe, doch wenn es bei Walser um die sozialstrukturelle Herstellung von ›Heimatbedingungen‹ ging (wobei von Vaterland, Deutschland oder zwei deutschen Staaten keine Rede war), stellte Grass konkrete politische Sachfragen ins Zentrum: sehr früh bereits den Umweltschutz – durchaus in Übereinstimmung mit der Bundesregierung Brandt/Scheel – und die Beziehungen zur Dritten Welt.

Es ist bezeichnend für Grass' Primat der Innenpolitik, daß sich sein Versuch, Brandts 1970 geprägte Formel »zwei Staaten einer Nation«[58] inhaltlich zu füllen, an keiner Stelle auf Kultur oder gar Literatur berief – die später für ihn so wichtig wurden. Kooperation auf den Gebieten des Umweltschutzes und der Entwicklungshilfe sollte Entspannung fördern. »Es mag Ihnen bedenklich vorkommen, wenige Tage nach Kassel [...] jemanden so ungebrochen die Zukunft anpeilen zu sehen«[59], sagte Grass auf einem Seminar der Friedrich-Ebert-Stiftung, um nicht nur – was die deutschen Staaten anging – den »Verzicht auf Einheit als Voraussetzung für die Einigung« zu begreifen, sondern »neben der territorialen und staatlichen Trennung auch die Unvereinbarkeit zweier deutscher gesellschaftlicher Gegebenheiten zur Kenntnis [zu] nehmen«[60].

Zur gleichen Zeit fanden sich bei Walser die ersten Anzeichen

einer Nationalisierung seines politischen Denkens in dem an die DKP gerichteten Vorwurf, keine »hiesige Partei«, sondern eine »DDR-Filiale« zu sein, die »für ihr Wappen kein eigenes Rot findet«[61], also zu wenig nationale bundesrepublikanische Kontur zu zeigen. In den »Wahlgedanken« von 1972 hieß es: »Der DKP fehlt bis heute so etwas wie Heimatliebe. Sie ist zu unvermittelt internationalistisch. Sie braucht Lokalgeist. Parteilichkeit für das Hiesige. [...] EINMAL auch eine Kritik an der DDR«[62].

Nach dem Ende der Reformära: Desillusionierung als Nationalisierung

Mit dem Sturz Brandts, der für Grass wie Walser das Ende der wie immer melancholisch gebrochenen Hoffnung auf einen zielgerichteten Verlauf der Geschichte markierte, begann bei beiden Autoren nicht nur ein Rückzug aus dem öffentlichen publizistischen Engagement zugunsten literarischer Arbeit, sondern eine Verarbeitung ihrer Enttäuschungen an der Reformära, die ihr politisches Denken grundsätzlich veränderte. Die Nation gewann an Bedeutung, weil politische Ordnungen und gesellschaftliche Systeme mit dem Blick des Enttäuschten radikaler kritisiert wurden. Sowohl Grass als auch Walser setzten in den siebziger Jahren zunehmend Kapitalismus und Sozialismus gleich, wobei dies hauptsächlich in der Form der negativen Identifikation von Sowjetunion und Vereinigten Staaten geschah. Neben Fragen demokratischer Rechte – hier war die DDR-Parallele zu Berufsverboten und Terroristenbekämpfung in der BRD von Bedeutung – spielten die Ökologie, die Dritte Welt und – vollends seit 1979 – der Frieden eine entscheidende Rolle.

Die Nation trat bei Walser an die Stelle der demokratischen Bewegung zum Sozialismus, die er als Tendenz der Geschichte seiner Bearbeitung eigener Erfahrungen abgelesen hatte. Hatte er 1972 »Sozialismus und Demokratie« als »zwei Wörter« für den »denkbaren Heimatzustand«[63] bezeichnet, so bekannte er in einem nicht zufällig »deutsch« genannten Brief an Juri Trifonow 1977, sich »isoliert« zu fühlen; Walser betonte, »daß ich den Horizont brauche, die Einbettung in eine allgemeine Tendenz, das Mehr-als-bloß-ich«, zugleich sah er, daß »meine Arbeit, wenn man sie in einer Parteien-Scala einordnet, einer Stelle entspricht, die etwas

leer ist; sie befindet sich zwischen DKP und SPD«.[64] Der Widerspruch zwischen Übereinstimmungsdrang und Isolation wurde von Walser durch einen Rückgang auf die Nation gelöst; zum ersten Male sichtbar geworden war die neue Zwischenstellung in einem *Offenen Brief an den Ersten Sekretär des ZK der SED Honecker* im Mai 1974, der den Rücktritt des Adressaten wegen der Spionage-Affäre Guillaume forderte.

Ein Satz aus Walsers ebenfalls 1977 gehaltener Rede bei der Übergabe des Stadtschreiberamtes in Bergen-Enkheim wurde wenig später von linken und rechten Politikern zitiert, die in der Bundesrepublik einen Mangel an nationaler Identität wahrnehmen wollten; der CDU-Politiker Richard von Weizsäcker wie der Grüne Peter Brandt beriefen sich in ihren Büchern zur ›deutschen Frage‹ auf Walser[65], vor allem auf seine Feststellung zu »Deutschland«:

Wir müssen nicht hinnehmen, was passiert ist. Aber gelingen kann uns die Gegensteuerung gegen etwas, das aussieht wie Schicksal, nur, wenn wir fähig sind, uns mit dem Gang der Geschichte selbst zu verbünden; wenn wir fähig werden, den historischen Prozeß für uns arbeiten zu lassen. Dazu müssen wir uns ihm fügen, ihm dabei aber unser Interesse gewissermaßen einflößen.[66]

Der vielzitierte Satz ist vieldeutig genug; eindeutig ist allerdings, daß sich der historische Prozeß um die Nation dreht, um ›Deutschland‹ und die Tatsache des Nebeneinanders zweier deutscher Staaten. Von Demokratie und Sozialismus ist im ganzen Abschnitt, der die Überschrift trägt »Eine aktuelle Aufgabe ausgesprochen für Leser«, nur einmal die Rede: als es die Fremdbestimmtheit des Sozialismus in der DDR und die Fremdbestimmtheit der Demokratie in der BRD zu kritisieren gilt. Walser will das »schlimm[e]«[67] Ende der deutschen Geschichte nicht akzeptieren. Die Anerkennung der Existenz zweier deutscher Staaten, der Endgültigkeit der Spaltung oder Teilung Deutschlands schließt er aus und nennt sie »Liquidierung von Geschichte« und deshalb »unerträglich«.[68] Gerade weil er keinen »einzigen praktischen Schritt« angeben kann, macht er aus Deutschland eine »reine Utopie«.[69] Es ist nicht die Demokratie oder der Sozialismus, was dieser Utopie zugrundeliegt, sondern »das Bedürfnis nach Deutschland«, das er »ein elementares« nennt, weil es an »weit zurück und tief hinunter hallende[n] Namen«[70] hafte. Walser beschreibt an sich, daß er die-

ses nationale Bedürfnis als Leser erworben habe. Die deutsche Literatur der Vergangenheit – in der er Sachsen und Thüringen kennengelernt habe, die er jetzt nicht besuchen zu können behauptet – wird so zur Ursache der Bedürfnisse und zugleich zum Mittel ihrer Befriedigung: das Ziel ›Deutschland‹ zu erreichen. Den zum Titel eines anderen Buchs der neonationalistischen Welle gewordenen Satz *Wir müssen die Wunde namens Deutschland offenhalten* erläuterte Walser mit dem Vorschlag, eine neue Nationalhymne für beide Staaten zu dichten, die »Raum entwirft, geistigen Raum bereitet für eine Entwicklung der beiden Deutschländer zueinander«[71].

Walsers Nationalismus war ein kultureller Utopismus. Die Literatur wurde zum Ausgangs- und Zielpunkt der politischen Stellungnahme. Für Walser zählten weder die historischen noch die außenpolitischen Zusammenhänge der deutschen Zweistaatlichkeit, weder die innenpolitische Funktion des neuen Nationalismus, der im Übergang zu den achtziger Jahren ja nicht nur von ihm vertreten wurde, noch die problematische Tradition des kulturell-utopischen Nationalismus. Eine ähnliche Gleichsetzung von amerikanischem Kapitalismus und sowjetischem Sozialismus wie bei Walser fand sich in Grass' zunehmend düsterer Wahrnehmung der Welt, in der die öst-westlichen Parallelen von Unterdrückung – von Chile und CSSR[72], von Nicaragua und Polen – von besonderem Gewicht waren, wenn er nahelegte, BRD und DDR ebenfalls als »Vorfeld« oder »Hinterhof der Großmächte«[73] zu begreifen.

Auch ihm begründete die Gleichsetzung gesellschaftlicher Systeme und politischer Ordnungen eine Rangerhöhung der Literatur zum einzigen Hoffnungsträger, und sei es in ihrer Funktion als Warnung.

Angelegt gewesen war diese Gleichsetzung schon in der Hoffnung der Aufbruchsjahre, in der Vorstellung von Sozialdemokratie als Drittem Weg. Hieß es 1971: »Gerade weil der westliche Kapitalismus und seine konservative Ideologie versagt haben, gerade weil der Kommunismus in seinem Dogmatismus an sich selbst gescheitert ist, wird in die Sozialdemokratie große, oft zu große und manchmal schier letzte Hoffnung gesetzt«[74], sah er 1983 in Aushungerung der Dritten Welt, Umweltzerstörung und Kriegsgefahr »die sonst gegensätzlichen Ideologien kraft übergreifender Selbstzerstörung« »[ge]einigt«[75].

Gerade jedoch aus den gleichermaßen zerstörerischen Tendenzen in beiden »Blocksysteme[n]«[76] legitimierte sich für Grass eine neue Bedeutung der Literatur, die er den beiden »Konsumgesellschaften« BRD und DDR[77] entgegensetzte, indem er sie »Barbareien« nannte. »Zwei deutsche Staaten, die in erster Linie materialistisch ausgerichtet sind, dort vulgär marxistisch und hier vulgär kapitalistisch. Es ist eine gesamtdeutsche Annäherung auf dem untersten Niveau, die tagtäglich stattfindet.«[78] Im Gespräch mit Siegfried Lenz fuhr Grass dann 1981 fort: »Und so ist abermals das, was sich merkwürdigerweise im Teilungsprozeß noch am widerstandsfähigsten erwiesen hat, nämlich die Kultur, als gemeinsames Angebot schon wieder nicht wahrzunehmen«[79]; wider Willen machte er auf die Widersprüchlichkeit eines Begriffs aufmerksam, den er am Ende der siebziger Jahre aufgegriffen hatte. Der Terminus Kulturnation, von dem er zu Unrecht behauptete, daß die »politisch Verantwortlichen« ihn ›ausklammerten‹ oder ›verschenkten‹[80], gab seit 1979 der subjektiven literarischen Hoffnung einen scheinbar objektiven Bezugspunkt. Der Widerspruch im Gespräch mit Lenz zeigt dies deutlich: Einerseits sei die Literatur von der Zweistaatlichkeit unberührt, andererseits sei sie nicht wahrnehmbar. Dem entspricht, daß die von Grass immer wieder angeführte empirische Basis für die Existenz der Kulturnation in der Tat bemerkenswert schmal war; letztlich beschränkte sie sich auf zwei Handvoll Schriftsteller aus DDR und BRD, von denen er die Einheit der deutschen Literatur in Gegenwart und Geschichte und damit die der Kulturnation in beiden Staaten gewährleistet sah. In *Kopfgeburten* wurden 1980 genannt: Jurek Becker, Wolf Biermann, Nicolas Born, Hans Christoph Buch, Rolf Haufs, Uwe Johnson, Sarah Kirsch, Günter Kunert, Christoph Meckel, Hans Joachim Schädlich, Peter Schneider und Christa Wolf[81]; bemerkenswert war darüber hinaus die anerkennende, wenngleich camouflierte Darstellung Walsers[82].

Nicht weil das Festhalten an der Vorstellung einer kulturell begründeten Einheit der deutschen Nation in BRD und DDR im Gegensatz zur Politik der sozialliberalen wie der konservativ-liberalen Bundesregierung stand, beriefen sich Politiker und Publizisten der BRD weniger gern auf Grass' Diktum »Einzig die Literatur […] überwölbt die beiden sich grämlich begrenzenden Staaten«[83] als auf Walsers Bergen-Enkheimer Rede, sondern weil

Grass der Literatur Exklusivität zugeschrieben hatte; trotzdem gewann sein Diktum Berühmtheit:

Als etwas Gesamtdeutsches läßt sich in beiden deutschen Staaten nur noch die Literatur nachweisen; sie hält sich nicht an die Grenze, so hemmend besonders ihr die Grenze gezogen wurde. Die Deutschen wollen oder dürfen das nicht wissen. Da sie politisch, ideologisch, wirtschaftlich und militärisch mehr gegen- als nebeneinander leben, gelingt es ihnen wieder einmal nicht, sich ohne Krampf als Nation zu begreifen: als zwei Staaten einer Nation.[84]

Grass' Einschätzung wurde nämlich zunehmend von der Mehrheit der bundesrepublikanischen Schriftsteller geteilt, nicht zuletzt unter dem Eindruck der sich seit 1976 vollziehenden »Teilverlagerung der DDR-Literatur in die BRD«[85]. Dieser Vorgang (bis 1989 übersiedelten, je nach Zählung, zwischen 50 und 60 Autoren) machte auch in der Literaturkritik und Literaturwissenschaft rückgängig, was sich in den späten sechziger und frühen siebziger Jahren im Rahmen der Wende zur Entspannungspolitik vollzogen hatte: die Anerkennung der DDR-Literatur als einer besonderen, zweiten deutschen Literatur. Hans Mayer und Fritz J. Raddatz, die 1967 und 1972 erstmals die der Zweistaatlichkeit entsprechende Einschätzung von zwei Literaturen formuliert hatten, nahmen 1978 bzw. 1979 diese Einsicht ausdrücklich als »falsch[e]« »These« zurück[86]. So konnte 1987 die Bundesministerin für innerdeutsche Beziehungen zufrieden zu »Versuchen«, »von der Aufspaltung [...] einer gemeinsamen deutschen Literatur zu sprechen«, feststellen: »Inzwischen ist es um solche Thesen stiller geworden.«[87] Die meisten bundesrepublikanischen Schriftsteller stimmten in den achtziger Jahren mit der Bundesregierung überein.

Einheit der Kulturnation: Literarisierung der Politik

Grass gestand sich diese Übereinstimmung mit der Regierungspolitik ebensowenig ein wie Walser seine noch weitergehende, die – wie vom Bundesverfassungsgericht im Urteil zum Grundlagenvertrag 1975 gefordert – die staatliche Einheit zum zentralen Bezugspunkt machte. Es verriet etwas über den Mechanismus der Nationalisierung des Autors, wenn Grass im ›Zeit‹-Gespräch mit dem Bundeskanzler Helmut Schmidt am 25.4. 1980 das »Selbstbe-

wußtsein des Schriftstellers« als seinen »Ansatzpunkt« bezeichnete. Gegen Schmidts Selbstdefinition als »leitender Angestellter«
der »Generalversammlung« BRD verwies Grass, der diese Reduk-
tion aufs Ökonomische verdammte, darauf, daß »wir uns als Deutsche nur mit Hilfe eines kulturellen Spiegels wiedererkennen können«. Während Schmidt aber keine Zweifel am ökonomisch motivierten politischen Willen der DDR-Bürger hatte, mit den BRD-
Bürgern eine Nation zu bilden, meinte Grass, die »Parforce einer
separatistischen Nationalkultur« der DDR attackieren zu müssen.

Er war sich mithin des im Hinblick auf die DDR »explosiven«
(Die Zeit, 25. 4. 1980) Charakters seiner Vorschläge zur – meist auf
die Literatur reduzierten – Einheit der ›Kulturnation‹ durchaus
bewußt. Doch die Begründung, die Grass selbst in den achtziger
Jahren immer wieder dafür gab, diesen Begriff, den die DDR-Re-
gierung als Mittel der »ideologischen Diversion«[88] und »schlei-
chenden Unterminierung«[89] einschätzte, aufzunehmen, war eine
andere: Weder die Delegitimierung der SED noch die Legitimierung der führenden Rolle der Literatur standen im Zentrum seiner
Begründung, sondern ein angebliches »Vakuum«, das gefüllt werden müsse. Über die »Aufgabe«, »die geeignete Definition für uns«
»Deutsche« »zu finden«, sagte er z. B. 1984 im Gespräch mit Stefan
Heym:

[…] wenn wir nicht danach suchen, entsteht ein gefährliches Vakuum, und
das ist nach deutscher Tradition immer von rechts aufgefüllt worden. Deswegen meine Forderung, […] daß die Definition der Nation diesmal von
links her formuliert werden sollte.«[90]

Immer wieder schrieb er in den 80ern der Literatur in BRD und
DDR die Funktion eines »Ersatz[es]« zu, die aus dem Versagen der
Politiker folge, denen »die Schriftsteller« »wieder einmal« »weit
voraus« seien im »Prozeß des Selbstverständnisses der Deutschen
als Nation«[91]; auch den in beiden deutschen Staaten versagenden
Journalismus – die beiderseits »gleichgeschaltete Presse«[92] – hatte
für Grass die Literatur zu ›ersetzen‹. In solchen Gleichsetzungen
wurde die Zweistaatlichkeit prinzipiell relativiert und (so im Hinweis auf »Korrespondenzen« zwischen Christa Wolfs *Kein Ort.
Nirgends* und dem eigenen *Treffen in Telgte*) behauptet, daß »die
deutsche Gegenwartsliteratur der beiden deutschen Staaten
zusammengewachsen« »sei«[93].

Grass’ relativ bekannt gewordener Vorschlag einer Deutschen

Nationalstiftung berief sich zwar auf Brandts Regierungserklärung von 1973, stand aber auch in einer persönlichen Tradition, aus der die Ambivalenz des Projekts erkennbar wird: 1970 hatte Grass eine Kulturstiftung für den deutschen Osten ausdrücklich als »Ersatz« für die unwiderruflich verlorenen Gebiete jenseits von Oder und Neiße vorgeschlagen, um »den geographischen Verlust durch kulturellen Gewinn wettzumachen«[94]. In den achtziger Jahren bestimmte Grass niemals eindeutig, ob die Kulturnation die staatliche Einheit ersetzen sollte oder ob sie ein Hebel zu ihrer Herstellung werden könnte. Im Gespräch mit Heym, der zwar für die Wiedervereinigung schwärmte, aber gegenüber der Kulturnation skeptisch war, »weil bei uns in der DDR die Kultur als Teil des ideologischen Überbaus und der Ideologie angesehen wird, die bekanntlich das Monopol der Leute ist, die bei uns die Macht haben«[95], oder mit Raddatz, dem für »eine Annäherung der beiden Deutschland« im »Schlagschatten der großen internationalen Finsternis« nur der »Politiker ungewöhnlichen Formats« zu fehlen schien[96], wollte Grass allerdings »eigentlich das Wort Wiedervereinigung vermeiden«[97].

Dafür, daß Grass aus dem Begriff der Kulturnation die Konsequenz der Wiedervereinigung erwogen hat, sprach nicht nur, daß er vor dem 9. November sein Konzept niemals bis zur endgültigen Anerkennung der Zweistaatlichkeit eindeutig formulierte (wie es danach mit der Wiederaufnahme der Idee einer Konföderation von 1967 geschah), sondern auch seine scharfe Kritik am Kulturabkommen zwischen BRD und DDR, durch das »alles abgedrosselt« werden würde, »was in den Künsten subversiv geschieht« – »und das ist natürlich langfristig tödlich« – (Stuttgarter Zeitung, 9. 10. 1985), vor allem aber seine Rolle im VS während der achtziger Jahre.

Die – über Grass und Walser hinaus wirkende – literarische Renaissance des Nationalismus, aber auch die Differenzierung, ja Polarisierung unter den Schriftstellern der BRD spiegelt sich im Schicksal der größten Organisation westdeutscher Autoren in den achtziger Jahren, in der Krise des ›Verbands deutscher Schriftsteller‹. Der VS verlor im Laufe des Jahrzehnts mehr als hundert und gerade prominente (wie Grass) seiner 2400 Mitglieder und stürzte drei Vorsitzende, weil das bei Gründung geltende Selbstverständnis zerbrach: Die »Einigkeit der Einzelgänger« hatte 1969 politisches Engagement der Wortproduzenten für eine Demokratisie-

rung der bundesrepublikanischen Gesellschaft und für Frieden durch Entspannungspolitik bedeutet; seit 1981 spalteten den Verband die Themen »Resakralisierung« der Literatur zur Dichtung (Wolfram Schütte, FR, 13. 2. 1986) und »Menschenrechte« in der DDR[98]. Das friedenspolitische Engagement des Sachbuch-Autors Bernt Engelmann bildete den Stein des Anstoßes; ihm wurde in den Medien der Dichter Günter Grass entgegengesetzt, der eine »deutsch-deutsche Grundstimmung« (Die Zeit, 24. 2. 1984) der Angst vor den Supermächten artikulierte, sich im VS auf ehemalige DDR-Schriftsteller und besonders im Westberliner Landesverband vertretene ehemalige Linksradikale wie Peter Schneider und Hans Christoph Buch stützte und vor allem Engelmanns Festlegung auf Gespräche mit den offiziellen Repräsentanten der DDR-Literatur statt mit Dissidenten kritisierte. Unter dem Gesichtspunkt »Mehr Ästhetik« (Schöfer, Deutsche Volkszeitung, 24. 3. 1983) wurde zeitweise auch Martin Walser als Gegenkandidat zu Engelmann favorisiert; Grass selbst schlug einmal vor, der »gesamtdeutschen Erfahrung« wegen einen ehemaligen DDR-Autor zum Vorsitzenden zu wählen (FAZ, 6. 12. 1983).

In Grass' Beiträgen zu den beiden Berliner Begegnungen zur Friedensförderung, die, wie er 1987 im Rückblick erklärte, von Stephan Hermlin in der Absicht initiiert worden waren, unter den Bedingungen der ›Nachrüstung‹ bei »gesichertem Weiterbestehen zweier deutscher Staaten« zum Fall der Mauer beizutragen (FAZ, 8. 5. 1987), zeigte sich »ein neues deutsches Nationalgefühl mit linken Vorzeichen« (FAZ, 22. 2. 1984). Drei Vorstellungen waren in seinen Stellungnahmen dominant und entsprachen Tendenzen der damaligen Friedensbewegung: die Vorstellung einer besonderen deutschen Gefährdung, die einer besonderen deutschen Verantwortung und die von Deutschland als einem besetzten Land, also von der besonderen Beschränkung der Souveränität der beiden deutschen Staaten durch die westliche bzw. östliche Besatzungsmacht[99]. Diese nationalneutralistische Position zu Cruise Missiles und Pershing II und SS 20, die jede Kritik an den USA durch eine an der UdSSR auswog, stand im Gegensatz zu dem nur von einer Minderheit der westdeutschen Teilnehmer auf den Treffen mit den DDR-Schriftstellern vertretenen Minimalkonsens der Friedensbewegung, sich auf die Raketen im eigenen Land zu konzentrieren.

Der ehemalige SPD-Bundestagsabgeordnete und VS-Vorsitzende Dieter Lattmann war Mitunterzeichner des Krefelder

Appells und gehörte neben Engelmann zu denjenigen bundesdeutschen Autoren, die auf den Friedenskonferenzen der Schriftsteller dezidiert als Westdeutsche auftraten, welche die Existenzberechtigung der DDR weder politisch noch kulturell in Frage stellten. Unterstützt wurden sie im VS von den in den Medien als ›Betonfraktion‹ hart attackierten Autoren im Umkreis der DKP, die wie Gerd Fuchs oder Peter O. Chotjewitz ihre »nationale Identität«[100] ausschließlich auf die Bundesrepublik bezogen. »Man hat eine Friedensbewegung machen wollen, und es wurde eine deutschnationale Erweckungsbewegung daraus«, hieß es schon am 9. 10. 1981 in der ›taz‹ in einem Artikel Wolfgang Pohrts, *Ein Volk, ein Reich, ein Frieden,* den die damals noch – genauso wie das ›FAZ‹-Feuilleton – dem Nationalen skeptisch gegenüberstehende ›Zeit‹ nachdruckte.

Auf dem Weg zur Einheit von Dichter, Volk und Geschichte?

Martin Walser hingegen hatte sich bereits 1979 indirekt auf den ›Geist von 1914‹ berufen, als er klagte, daß »sich unsere Intellektuellen nach 1918 vom Volk getrennt und [...] seitdem die Erfahrung, die man im Volk, mit ihm oder durch es hatte, verdrängt« hätten[101]. Metaphorisch stellte er im Dezember 1989 das Wiedervom-Volk-Reden als Rückgewinn einer Potenz heraus, die in der Vergangenheit, die nur von Gesellschaft gesprochen habe, verloren worden sei: »Jede Sprache, die sich nicht soziologisch sterilisieren ließ, verfiel bei uns sofort dem entsetzlichsten Verdacht.«[102] Dementsprechend drastisch hatte Walser seine Metaphorik schon in der Münchner *Rede über das eigene Land* von 1988 gewählt, als er die Begriffe des – durch den Historikerstreit in Grenzen popularisierten – bundesrepublikanischen Verfassungspatriotismus und der Kulturnation in zwei Staaten nicht nur als »Wort[e] aus dem Abfindungslabor«, die »nach Ersatz« riechen[103], und als »einschlägig behäkelte Trostdeckchen über den Trennungsspalt«[104], sondern drastischer noch als »polit-masturbatorischen Modeton«[105] angegriffen hatte.

Es war dieser Ton, der noch 1988 viele Berichterstatter irritierte.[106] Walsers Rhetorik konstituierte die Einheit des deutschen Volkes in Abgrenzungen nach innen und außen: »Es ist das Inter-

esse des Auslandes, unter diesem Vorwand die deutsche Teilung ungemildert zu erhalten. Grotesk ist nur, daß im Inland, vor allem im westlichen Inland, dieser Vorwand inbrünstig nachgesprochen wird. Am meisten von Intellektuellen.«[107]

Walser fühlte sich nach dem 9. November 1989 von der Geschichte bestätigt: »Eine neue Rolle für Zeitgenossen: Zuschauerin und Zuschauer. [...] Wir sind Zeugen. Geschichte live. Das ist dann doch etwas anderes als Politik.«[108] Außer acht blieb dabei, daß die Fernsehberichterstattung mit den Bildern – des Zusammenwachsens, des abgefahrenen Zugs und des unaufhaltsamen Stroms – immer schon Bedeutungen lieferte.[109] Wer mit diesen medialen Deutungen der Ereignisse nicht übereinstimmte, mußte sich, wie z. B. Günter Grass von der ›FAZ‹ (14. 11. 1989), vorhalten lassen, er habe wohl nicht einmal »gelegentlich auf den Bildschirm geschaut« und wisse deshalb nicht, »was die Leute in diesen Tagen bewegt«.

Als auf den Demonstrationen in der DDR noch nicht die Parole »Wir sind *ein* Volk«[110] die frühere »Wir sind *das* Volk« abgelöst hatte, gab Walser bereits mit der Prägung »deutsche Revolution«[111] den Ereignissen eine Bedeutung, welche die Wiedervereinigung an die Stelle der Demokratisierung der DDR-Gesellschaft setzte. Damit war die Doppeldeutigkeit beseitigt, die dem bis zur Jahreswende häufigen Vergleich des Ancien Régimes von Erich Honeckers Politbüro mit dem von der Französischen Revolution gestürzten innewohnte, waren aus dieser doch Nationalismus wie Demokratie hervorgegangen. Walsers ›deutsche Revolution‹ schloß eine eigenständige demokratische Reform *im* zweiten deutschen Staat jedenfalls von vornherein aus.

Die Stilisierung der Geschichte zum übermächtigen handelnden Subjekt warf das Problem des Verhältnisses zur deutschen Vergangenheit auf. In Walsers oft benutzter Formel von der ›einmal gut verlaufenden‹ oder ›gut gehenden‹[112] deutschen Geschichte blieb der Bezug auf die ›schlechte‹ Vergangenheit implizit. Sobald er aber auf das Schlechte in der deutschen Geschichte einging, waren es Versailles und der Kalte Krieg, die beschuldigt wurden; Deutschland erschien als Opfer von ausländischen »Sandkastenmonstren«, die »ihre paranoiden Konstruktionen zu unserem Realitätsprinzip zu machen«[113] versuchten. Walser forderte dazu auf, »die Nachkriegszeit zu beenden«[114].

Demgegenüber war für Grass der Untergang des deutschen

Nationalstaats nicht nur – wie in seinem Vorschlag von 1967 – eine anzuerkennende, ja unwiderrufliche Tatsache, sondern eine politisch-moralische Verpflichtung: Grass verknüpfte den nationalen Einheitsstaat mit Auschwitz und gewann hieraus sein entscheidendes Argument, sein früheres Konzept der Kulturnation erstmals wieder unter Rückgriff auf den Konföderations-Gedanken zum »Verzicht auf den Einheitsstaat im Sinne von Wiedervereinigung«[115] zu vereindeutigen. Ausgerechnet auf dem Berliner Parteitag der SPD, der die Unterordnung der Sozialdemokraten unter Kohls Wiedervereinigungspolitik ratifizierte, die sich bereits in Vogels Zustimmung zum 10-Punkte-Plan gezeigt hatte, appellierte Grass an Vogel persönlich, sprach von der jahrzehntealten »friedfertigen, weil geschichtsbewußten Deutschlandpolitik«[116] der SPD und verband damit die Hoffnung auf eine ›dritte Möglichkeit‹ als Antwort auf die ›deutsche Frage‹. Grass' Redetext entzog sich mit der Entgegensetzung von ›Dumpfheit des Einheitsgebots‹ und Geschichtsbewußtsein den Metaphern, die in Medien und Schriftstellerstatements Ende 1989 dominierten: Grass erinnerte an Handlungsmöglichkeiten, die in der Geschichtsmetaphorik der Gegenseite a priori ausgeschlossen wurden.

Die Rezeption von Grass' Aufsatzband bewies die Wirksamkeit der nationalistischen Geschichtsmetaphorik: Wer vom »D-Zug« der »deutschen Einheit« beiseitestehend »zurückgelassen« werde, sollte dies »wenigstens schweigend tun« (FAZ, 4. 1. 1990); denn wer sich »gegen die [zeit]geschichtlichen Erfahrungen« »stemmt« (Der Tagesspiegel, 8. 4. 1990), hole sich eine »blutige Nase« (Rheinischer Merkur, 27. 4. 1990), werde »hinweggespült vom Volk«, und »deshalb gehe die Geschichte über ihn hinweg« (Die Welt, 26. 4. 1990).

Ohne Grass zu nennen, wandte sich auch Enzensberger in seinem von der ›FAZ‹ vorabgedruckten Essay Gangarten – Ein Nachtrag zur Utopie ironisch gegen die »prachtvoll-intellektuelle Attitüde«, »die Motive der DDR-Wähler moralisch zu zensieren« (Die Welt, 31. 3. 1990); Grass' Version hieß: »Geld muß die fehlende, übergreifende Idee ersetzen. Harte Währung soll mangelnden Geist wettmachen.« (Die Zeit, 11. 5. 1990)

Über die Kritik an den Intellektuellen legitimierte der Essay in diesem Fall indirekt die Politik der Bundesregierung als authentischen Ausdruck der Interessen des Volkes und appellierte direkt an die Intellektuellen, sich einverstanden zu erklären, einverstan-

den mit dem, was ohnehin geschehe; wie inquisitorisch diese Forderung erhoben werden konnte, bewies der NDR-Moderator der
Diskussion zwischen Grass und Augstein, indem er Grass nicht
nur fragte: »Woher nehmen Sie eigentlich das Recht [...] zu sagen,
liebe Bürger in der DDR und in der Bundesrepublik, stimmt nicht
so ab, wie ihr wollt, sondern bleibt lieber in getrennten Staaten«,
sondern gleich die Antwort gab, ohne daß im Februar 1990 irgend-
eine ›Abstimmung‹ stattgefunden hatte: »Ihre Argumentation
könnte ja auch sehr elitär, vielleicht sogar undemokratisch wirken,
nämlich vor dem Hintergrund, daß es offenbar in beiden Teilen
Deutschlands große Mehrheiten für eine Wiedervereinigung in
einem deutschen Staat gibt.«[117]

Die Propheten und der Zauberlehrling

Der Rückblick auf dreißig Jahre Reden über das eigene Land
dürfte an Walser und Grass gezeigt haben, daß die Nation nichts
ist, was als feste Größe existiert hätte, auf die sich dann die Autoren
bezogen hätten. Vielmehr entstand auch in ihren Schriften ein
nationaler Diskurs erst aus bestimmten Bedingungen heraus: als
ein Produkt der Enttäuschung mehr oder weniger radikaler Hoffnungen auf gesellschaftliche Veränderungen. Als Restgröße bot
sich die Staats- oder Kulturnation beiden Autoren auch deshalb an,
weil in ihrem Namen literarische Tätigkeit legitimiert werden
konnte. Der Appell an die Nation integriert zwar den Künstler als
Bürger – wie es Grass in den sechziger Jahren programmatisch
gefordert hatte –, aber der Künstler ist nicht mehr Gesellschafts-
kritiker. Denn der bei Grass eher politische, bei Walser eher
soziale Begriff der Utopie ist im Verlauf der siebziger und achtziger Jahre einerseits literarisiert, andererseits nationalisiert worden:
Je literarischer die Utopie wurde, um so nationaler.[118]
   Doch anders als Walser wurde Grass im Herbst 1989 nicht zum
Propheten der Wiedervereinigung; er verhielt sich wie ein
erschrockener Zauberlehrling, den spät, aber immerhin doch das
Grausen vor den von ihm mitbeschworenen Geistern packt. Das
›Vakuum‹, das er füllen zu müssen glaubte, war keins gewesen.
   Eine erneute Lektüre der Essays Walsers und Grass' hat gewiß
den Vorteil, die heute so festen Überzeugungen von der Natürlich-
keit des Deutschseins nachhaltig zu erschüttern. Statt der Linken –

wie es in den Essay-Bänden von Klaus Hartung, Michael Schneider und Thomas Schmid[119] zur Vereinigung geschehen ist – vorzuwerfen, das Nationale vernachlässigt zu haben, wäre eher zu fragen, ob sich nicht linke Schriftsteller der siebziger Jahre wie Grass und Walser auf der von Rudi Dutschke zeitgemäß 1977 vorgezeichneten Linie bewegt haben, das Nationale nicht der Rechten zu überlassen; Dutschke »attackierte die Linke für ihre Blindheit in bezug auf die deutsche Frage, ihre Fremdidentifikation und Geschichtslosigkeit«, fünf Jahre später nahmen die Grünen Peter Brandt und Herbert Ammon den nationalen Faden wieder auf: »Amerikanisierung und Russifizierung sind vorangeschritten, aber nicht die Wiedervereinigung eines realen Geschichtsbewußtseins der Deutschen.«[120] Ob damit einer emanzipatorischen Politik[121] gedient war, kann bezweifelt werden: Verhindert wurde gewiß die Selbstanerkennung der BRD – bis hin zur Anerkennung der Staatsbürgerschaft der DDR, womit die Welle der Übersiedlung in der von Ungarn eröffneten Form unmöglich gewesen wäre; ferner wurde über den VS wohl auch ein effektiver Beitrag zur Delegitimierung der DDR geleistet – zumindest unter Schriftstellern und von ihnen beeinflußten Kreisen der Intelligenz, denen eine Schlüsselrolle in der Bürgerbewegung von 1989 zukam. Die Hilflosigkeit gegenüber der Parole vom ›einen Volk‹ folgte nicht nur aus der Enttäuschung am DDR-Sozialismus, sondern auch aus dem weit verbreiteten Glauben an die einheitliche Kulturnation, der sich ausschließlich auf die Literatur stützen konnte. Erst im Frühjahr 1991 wurde deutlich, daß von einer kulturellen Einheit zwischen alten und neuen Bundesländern nicht die Rede sein kann. Auch wenn Grass, Walser und alle, die es ihnen nachsprachen, daß die Literatur BRD und DDR national verbinde, die Bedeutung der Literatur für die Alltagskultur und Mentalität überschätzt haben – von nicht zu unterschätzender Bedeutung war die politische Eignung der These zur Begründung des Anschlusses. Die endlose Reihe kritischer wie gegenüber der SED loyaler DDR-Schriftsteller, die im Herbst 1989 erklärten, es habe nie eine DDR-Literatur gegeben, leisteten in den Spuren von Grass und Walser ihren Beitrag zu deren Ende.

Literaturverzeichnis

Rob Burns, Wilfried van der Will, *Critical Intellectuals as Extra-Parliamentary Custodians of Democracy,* in: dies., *Protest and Democracy in West Germany,* Houndsmill, London 1988, S. 17-71.

Klaus-Michael Bogdal, *Wer darf sprechen? Schriftsteller als moralische Instanz. Überlegungen zu einem Ende und einem Anfang,* in: Weimarer Beiträge 37 (1991), S. 597-603.

Keith Bullivant, *Gewissen der Nation? Schriftsteller und Politik in der Bundesrepublik,* in: Ferdinand van Ingen, Gerd Labroisse (Hg.), *Literaturszene Bundesrepublik – ein Blick von draußen,* Amsterdam 1988, S. 59-78.

Irma Hanke, *Experiment Deutschland oder: Das neue deutsche Nationalgefühl,* in: Weimarer Beiträge 37 (1991), S. 55-70.

Andreas Huyssen, *The Failure of German Intellectuals,* in: New German Critique 52 (1991), S. 109-143.

Thomas Koebner, *Von der Schwierigkeit zu sagen, wer wir sind. Die Suche nach der nationalen Identität in der deutschen Literatur heute,* in: Neue Rundschau 100/I (1989), S. 96-118.

Karl-Rudolf Korte, *Deutschlandbilder – Akzentverlagerungen der deutschen Frage seit den siebziger Jahren,* in: Aus Politik und Zeitgeschichte, 15.1. 1988, S. 45-53.

Hans Kügler, *Deutschlandbilder – Die Frage nach der nationalen Identität im Spiegel der deutschen Nachkriegsliteratur,* in: Diskussion Deutsch 21 (1990), S. 392-411.

Thomas Steinfeld, Heidrun Suhr, *Die Wiederkehr des Nationalen: Zur Diskussion um das deutschlandpolitische Engagement in der Gegenwartsliteratur,* in: The German Quarterly 62 (1989), S. 345-356.

Anmerkungen

1 Vgl. Helmut Peitsch, *Wider den Topos vom Schweigen: Westdeutsche Schriftsteller zur ›Einheit‹,* in: Das Argument 33/6 (1991), S. 893-901, sowie *Der 9. November 1989 und die publizistische Reaktion westdeutscher Schriftsteller,* in: Rainer Bohn u. a. (Hg.), *Mauer-Show. Das Ende der DDR, die deutsche Einheit und die Medien,* Berlin 1992, S. 201-226.

2 Paul Noack, *Deutschland, Deine Intellektuellen. Die Kunst, sich ins Abseits zu stellen,* Stuttgart u. a. 1991.

3 Vgl. ebd., S. 127.

4 Brigitte Seebacher-Brandt, *Die Linke und die Einheit,* Berlin 1991, S. 67.

5 Vgl. Patrick Bahners, *Fromme Lüge,* in: FAZ, 31. 5. 1990; Günter
  Grass, *Ein Schnäppchen namens DDR. Letzte Reden vorm Glocken-
  geläut,* Frankfurt/Main 1990, S. 61.
6 Günter Grass, *Deutscher Lastenausgleich. Wider das dumpfe Einheits-
  gebot. Reden und Gespräche,* Frankfurt/Main 1990, S. 2.
7 Noack, a.a.O., S. 94.
8 Vgl. zu den ›Weisungen‹ im einzelnen meinen Aufsatz *Die problematische Entdeckung nationaler Identität. Westdeutsche Literatur am
  Beginn der 80er Jahre,* in: Diskussion Deutsch 18 (1987), S. 373-375.
  Zu Reich-Ranickis späterer Position vgl. seine Antwort auf eine
  Umfrage in: SZ, 25.6. 1990.
9 Jürgen Habermas, *Heinrich Heine und die Rolle des Intellektuellen in
  Deutschland,* in: Merkur 40 (1986), S. 466.
10 Als breitere Darstellung von Walsers Entwicklung vgl. Helmut
  Peitsch, *Martin Walser – eine exemplarische Biographie? Der Abschied
  von der öffentlichsten Öffentlichkeit,* in: TheaterZeitSchrift 25 (1988),
  S. 75-85, 26 (1988/89), S. 110-121; zur Erzählprosa vgl. Elmar Wort-
  mann, *Die Sehnsucht nach Verbindlichkeit. Martin Walsers halbierte
  Kleinbürger,* in: Neue Gesellschaft/Frankfurter Hefte 37/2 (1990), S.
  172-176; andere Periodisierungen und Gewichtungen der ›deutschen
  Frage‹ bei K. Stuart Parkes, *Writers and Politics in West Germany,*
  London, Sydney 1986, und Helmut L. Müller, *Die literarische Republik. Westdeutsche Schriftsteller und die Politik,* Weinheim, Basel
  1982, die auch ausführlich auf Grass eingehen.
11 Jochen Vogt, *Nonkonformismus in der Erzählliteratur der Adenauer-
  zeit,* in: Ludwig Fischer (Hg.), *Literatur in der Bundesrepublik
  Deutschland bis 1967,* München 1986 (Hansers Sozialgeschichte der
  deutschen Literatur vom 16. Jahrhundert bis zur Gegenwart 10), S.
  295.
12 Dieter Arker, *»Nichts ist vorbei, alles kommt wieder.« Untersuchungen zu Günter Grass' ›Blechtrommel‹,* Heidelberg 1989, S. 411.
13 Vgl. Walter Jens, *Deutsche Literatur der Gegenwart. Themen, Stile,
  Tendenzen,* München 1964, S. 113, sowie Helmut Heißenbüttel, *Es
  gibt keine deutsche Literatur,* in: Der Monat, 17/200 (1965), S.
  112-120, über das Ende der Nationalliteratur.
14 Günter Grass, *Wer könnte uns das Wasser reichen,* in: ders., *Werkausgabe in zehn Bänden,* hg. v. Volker Neuhaus, Bd. 9: *Essays, Reden,
  Briefe, Kommentare,* Darmstadt, Neuwied 1987, S. 28; im folgenden
  wird diese Ausgabe als WA unter Angabe des Bandes zitiert.
15 Josef Müller-Marein, Theo Sommer (Hg.), *Schriftsteller: Ja-Sager
  oder Nein-Sager? Das Hamburger Streitgespräch deutscher Autoren
  aus Ost und West. Das vollständige Tonbandprotokoll,* Hamburg
  1961, S. 128.
16 Ebd., S. 136.

17 Hans Werner Richter (Hg.), *Die Mauer oder Der 13. August*, Reinbek 1961, S. 126.

18 Martin Walser (Hg.), *Die Alternative oder Brauchen wir eine neue Regierung*, Reinbek 1961, S. 128.

19 Günter Grass, *Und was können Schriftsteller tun?*, in: WA 9, S. 34.

20 Ebd., S. 33.

21 Günter Grass, *Wer schweigt, wird schuldig*, in: WA 9, S. 35/36.

22 Wolfdietrich Schnurre, *Soll man in Westdeutschland Zonenautoren verlegen?*, in: Der Tagesspiegel, Berlin, 28. 9. 1962.

23 Ingrid Seidenfaden, *Wolfdietrich Schnurre in eigener Sache*, in: Deutsche Zeitung, 3./4. 2. 1962.

24 Schnurre, *Zonenautoren* (vgl. Anm. 22).

25 Günter Grass, *Rede über das Selbstverständliche*, in : WA 9, S. 137.

26 Zit. nach: Heinz Ludwig Arnold, Franz Josef Görtz (Hg.), *Günter Grass – Dokumente zur politischen Wirkung*, München 1971, S. 48; vgl. Golo Mann zu Grass: »Sein Verhältnis zu Nation und National-staat schwankt«, FAZ, 18. 6. 1968, zit. nach Franz Josef Görtz (Hg.), *Günter Grass: Auskunft für Leser*, Darmstadt, Neuwied 1984, S. 276, unter Hinweis auf die Differenz zwischen den Wahlreden von 1965 und dem Vortrag von 1967.

27 Grass, *Rede über das Selbstverständliche* (vgl. Anm. 25), S. 146.

28 Ebd., S. 140.

29 Günter Grass, *Ich klage an*, in: WA 9, S. 132.

30 Ebd., S. 134.

31 Grass, *Rede über das Selbstverständliche* (vgl. Anm. 25), S. 148.

32 Günter Grass, *Vor- und Nachgeschichte der Tragödie des Coriolanus von Livius und Plutarch über Shakespeare zu Brecht und mir*, in: WA 9, S. 73.

33 Grass, *Rede über das Selbstverständliche* (vgl. Anm. 25), S. 149.

34 Günter Grass, *Es war nicht meine Absicht, den 17. Juni zu dramatisieren*, in: WA 10, S. 50/51.

35 Ingeborg Bachmann, *Ein Ort für Zufälle. Mit dreizehn Zeichnungen von Günter Grass*, Berlin 1965, S. 44-47; vgl. Helmut Peitsch, *Grünes aus den Trümmern? Bilder der geteilten Stadt in der Erzählprosa*, in: Modern German Studies 5 (1988), S. 13-41.

36 Günter Grass, *Unser Grundübel ist der Idealismus*, in: WA 9, S. 392.

37 Ebd.

38 Ebd. Vgl. hierzu Gertrude Cepl-Kaufmann, *Der Bürger als Künstler. Selbstverständnis und Ausdrucksform im literarischen, bildkünstlerischen und politischen Werk von Günter Grass*, in: Rudolf Wolff (Hg.), *Günter Grass. Werk und Wirkung*, Bonn 1985, S. 27-58.

39 Manfred Jäger, *Der politische Günter Grass*, in: Text + Kritik 1/1a (1972), S. 82.

40 Günter Grass, *Was ist des Deutschen Vaterland*, in: WA 9, S. 104/105.

41 Günter Grass, *Über die erste Bürgerpflicht*, in: WA 9, S. 182.

42 Günter Grass, *Die kommunizierende Mehrzahl*, in: WA 9, S. 223.

43 Ebd., S. 234.

44 Ebd.

45 Ebd., S. 235.

46 Günter Grass, *Ich bin Sozialdemokrat, weil ich ohne Furcht leben will*, in: WA 10, S. 101.

47 Günter Grass, *Der Schriftsteller als Bürger – eine Siebenjahresbilanz*, in: WA 9, S. 592.

48 Hans Magnus Enzensberger, *Versuch, von der deutschen Frage Urlaub zu nehmen*, in: ders., *Deutschland, Deutschland unter anderm. Äußerungen zur Politik*, Frankfurt/Main 1967, S. 47.

49 Peter Weiss, *10 Arbeitspunkte eines Autors in der geteilten Welt*, in: ders., *Rapporte 2. Aufsätze und Reden*, Frankfurt/Main 1971, S. 14/15.

50 Martin Walser, *Unser Auschwitz*, in: ders., *Heimatkunde. Aufsätze und Reden*, Frankfurt/Main 1968, S. 11.

51 Ebd., S. 14.

52 Ebd., S. 16.

53 Ebd., S. 20.

54 Martin Walser, *Praktiker, Weltfremde und Vietnam*, in: Walser, *Heimatkunde* (vgl. Anm. 50), S. 31.

55 Ebd., S. 30.

56 Ebd., S. 33.

57 Vgl. die als Attacken bezeichnenden Ausnahmen WA 9, S. 157, 187.

58 Vgl. *Bericht des Bundeskanzlers Willy Brandt zur Lage der Nation*, jetzt in Peter Longerich (Hg.), »*Was ist des Deutschen Vaterland?« Dokumente zur Frage der deutschen Einheit 1800-1990*, München 1990, S. 237, der – wie 1975 vom Bundesverfassungsgericht gefordert – betont, Nation bedeute »mehr als gemeinsame Sprache und Kultur« (S. 237).

59 Günter Grass, *Deutschland – zwei Staaten – eine Nation?*, in: WA 9, S. 453.

60 Ebd., S. 448, 451.

61 Martin Walser, *Wahlgedanken*, in: ders., *Wie und wovon handelt Literatur. Aufsätze und Reden*, Frankfurt/Main 1973, S. 111.

62 Ebd.

63 Martin Walser, *Heimatbedingungen*, in: Walser, *Literatur* (vgl. Anm. 61), S. 98.

64 Martin Walser, *Und wie geht es Ihnen Jury Trifonow?*, in: Konkret, 1977, H. 12, S. 77.

65 Vgl. im einzelnen Peitsch, *Entdeckung* (Anm. 8), S. 378.

66 Martin Walser, *Über den Leser – soviel man in einem Festzelt darüber sagen soll*, in: ders., *Wer ist ein Schriftsteller? Aufsätze und Reden*, Frankfurt/Main 1979, S. 99.

67 Ebd.

68 Ebd., S. 100.

69 Ebd., S. 101.

70 Ebd., S. 100.

71 Ebd., S. 101.

72 Vgl. Günter Grass, *Im Wettlauf mit den Utopien*, in: WA 9, S. 727.

73 Günter Grass, *Im Hinterhof. Bericht über eine Reise nach Nicaragua*, in: WA 9, S. 824.

74 Günter Grass, *Rede an die Sozialdemokratische Bundestagsfraktion*, in: WA 9, S. 510.

75 Günter Grass, *Die Zukunft des Demokratischen Sozialismus*, in: WA 9, S. 861.

76 Günter Grass, *Die liegengebliebenen Themen*, in: WA 10, S. 243.

77 Günter Grass, *Kultursubstanz erhalten*, in: WA 10, S. 221.

78 Günter Grass, *Phantasie als Existenznotwendigkeit*, in: WA 10, S. 275.

79 Ebd., S. 275/276.

80 Ebd., S. 276.

81 Günter Grass, *Kopfgeburten oder Die Deutschen sterben aus*, in: WA 6, S. 195/196, 250.

82 Ebd., S. 268.

83 Ebd., S. 250.

84 Ebd., S. 142.

85 Karl-Wilhelm Schmidt, *Grenzüberschreitungen. Über Leben und Literatur ehemaliger DDR-Autoren in der Bundesrepublik*, in: Helmut Kreuzer (Hg.), *Pluralismus und Postmodernismus. Beiträge zur Literatur- und Kulturgeschichte der 80er Jahre*, Frankfurt/Main u. a. 1989, S. 152.

86 Theo Buck, *Deutsche Literatur, deutsche Literaturen? Zur Frage der Einheit der deutschen Literatur seit 1945*, in: Heinz Ludwig Arnold (Hg.), *Bestandsaufnahme Gegenwartsliteratur*, München 1988, S. 190. Zur Bedeutung des Jahres 1979 vgl. Harro Honolka, *Schwarzrotgrün. Die Bundesrepublik auf der Suche nach ihrer Identität*, München 1987, Kap. I.

87 Dorothee Wilms, *Beiträge zur Deutschlandpolitik*, Bonn 1988, S. 96.

88 Erhard Hexelschneider, Erhard John, *Kultur als einigendes Band? Eine Auseinandersetzung mit der These von der ›einheitlichen deutschen Kulturnation‹*, Berlin 1984, S. 7.

89 Ebd., S. 89.

90 *Nachdenken über Deutschland. Stefan Heym und Günter Grass am 21. November 1984 in Brüssel*. Berlin 1984, S. 8; interessanterweise fehlt diese Passage in dem Teilabdruck in: Grass, *Lastenausgleich*, S. 33-47; vgl. aber ähnliche Formulierungen WA 10, S. 276.

91 Grass, *Themen* (vgl. Anm. 76), S. 239.

92 Grass, *Phantasie* (vgl. Anm. 78), S. 270.

93 Grass, *Themen* (vgl. Anm. 76), S. 239.

94 Günter Grass, *Politisches Tagebuch. Verlorene Provinzen – gewonnene Einsicht,* in: WA 9, S. 485. Vgl. Brandts Regierungserklärung vom 18.1.1973 in: Klaus von Beyme (Hg.), *Die großen Regierungserklärungen der deutschen Bundeskanzler von Adenauer bis Schmidt,* München, Wien 1979, S. 303; sie ist auch ein früher Beleg für »nationale Identität« (S. 311) – das »Modewort« der achtziger Jahre; vgl. Karl Dietrich Bracher, *Das Modewort Identität und die Deutsche Frage,* in: FAZ, 9.8.1986.

95 *Nachdenken* (vgl. Anm. 90), S. 12.

96 Günter Grass, *Wir sind die Verfassungsschützer,* in: WA 10, S. 318.

97 *Nachdenken* (vgl. Anm. 90), S. 31.

98 Die Welt, zit. nach: die feder, 1984, H. 5, S. 16. Die Bedeutung der VS-Krise für die »bezeichnende Wandlung« im »Zeitgeist« hebt Karl Dietrich Bracher hervor: *Zeitgeist und Literatur im Umbruch,* in: ders. u. a., *Republik im Wandel 1969-1974. Die Ära Brandt,* Stuttgart, Mannheim 1986 (Geschichte der Bundesrepublik Deutschland 5/1), S. 336.

99 Vgl. auch Grass' zusammen mit Thomas Brasch, Sarah Kirsch und Peter Schneider verfaßten Aufruf an Bundeskanzler Schmidt vom 17.1.1980, *Vier deutsche Schriftsteller, die in Berlin leben, rufen zum Frieden auf,* in: Ingrid Krüger (Hg.), *Mut zur Angst. Schriftsteller für den Frieden,* Darmstadt, Neuwied 1982, S. 18/19, sowie seinen Brief *An die Abgeordneten des Deutschen Bundestages,* in: Die Zeit, 18.11.1983; zur Kritik der Topoi vgl. Wilfried von Bredow, *Friedensbewegung und Deutschlandpolitik,* in: Aus Politik und Zeitgeschichte, 19.11.1983, S. 41-43.

100 Gerd Fuchs, *Volksgemurmel aus Trizonesien,* in: Krüger (Hg.), *Mut* (vgl. Anm. 99), S. 140; Peter O. Chotjewitz, *Haben Kommunisten ein Recht auf Frieden?,* in: Deutsche Volkszeitung, 6.5.1982.

101 Martin Walser, *Händedruck mit Gespenstern,* in: ders., *Über Deutschland reden. Erweiterte Neuauflage,* Frankfurt/Main 1989, S. 17.

102 Martin Walser, *Deutsche Sorgen,* in: ders., *Über Deutschland reden,* S. 116/117.

103 Martin Walser, *Über Deutschland reden. Ein Bericht,* in: ders., *Über Deutschland reden,* S. 90.

104 Ebd., S. 84.

105 Ebd., S. 85.

106 Vgl. den Bericht der FR, 8.12.1988, der »von gefährlicher Nähe zum gesunden Volksempfinden« sprach.

107 Walser, *Über Deutschland reden,* S. 84.

108 Walser, *Deutsche Sorgen* (vgl. Anm. 102), S. 116.

109 Vgl. Knut Hickethier, *Die Zeit und das Fernsehen,* in: Ästhetik und Kommunikation 19/73-74 (1990), S. 137-144.

110 Vgl. Lutz Hoffmann, *»Ein Volk« statt »Das Volk«. Hintergründe einer semantischen Korrektur,* in: Blätter für deutsche und internationale Politik 35 (1990), S. 488.

111 Martin Walser, *11. November 1989,* in: ders., *Über Deutschland reden,* S. 115.

112 Ebd., S. 115, 126.

113 Walser, *Deutsche Sorgen* (vgl. Anm. 102), S. 122.

114 Ebd.

115 Grass, *Lastenausgleich* (vgl. Anm. 6), S. 10.

116 Ebd., S. 11.

117 Rudolf Augstein, Günter Grass, *DEUTSCHLAND, einig Vaterland? Ein Streitgespräch,* Göttingen 1990, S. 75.

118 Vgl. Helmut Peitsch, *Ästhetisierung der Intellektuellen,* in: Forum Wissenschaft 8/2 (1991), S. 32-34.

119 Zur angeblichen Vernachlässigung des Nationalen vgl. Klaus Hartung, *Neunzehnhundertneunundachtzig. Ortsbesichtigungen nach einer Epochenwende,* Frankfurt/Main 1990, S. 124/125; Thomas Schmid, *Staatsbegräbnis. Von ziviler Gesellschaft,* Berlin 1990, S. 101; Michael Schneider, *Die abgetriebene Revolution. Von der Staatsfirma in die DM-Kolonie,* Berlin 1990, S. 27-29.

120 Zit. nach Klaus Hornung, *Die deutsche Frage,* Bonn 1990 (Informationen zur politischen Bildung 203), S. 36.

121 Axel Goodbody, *Enzensberger, the German Question and the West German Left,* in: Hinrich Siefken, J. H. Reid (Hg.), ›Lektüre – ein anarchischer Akt‹, *A Nottingham Symposium with Hans Magnus Enzensberger,* Nottingham 1990, S. 55.

Norbert Otto Eke

»Deutschland ortlos«

Dekonstruktionen des Nationalen bei Heiner Müller

I

Das Problem, das bei dem einsamen Kleist manifest wird, heisst Deutschland, die Figur seiner Sehnsucht war Napoleon/Guiskard. Shakespeare hatte die Rosenkriege, Goethe musste Goetz erfinden, Schiller Wallenstein. Vertreter partikularer Interessen zu nationalen Figuren aufgeblasen, weil es deutsche Geschichte nicht gab. Lessing, der glücklichunglückliche Vorläufer, hatte, gegen den Widerstand der preussischen Provinz, wo der zweite Friedrich seine Kriege spielte, während Frankreich und England die Welt aufteilten, den Blick auf Europa. Leisewitz erzählt, dass Lessing ihm erzählt hat, er habe nie geträumt. So konnte er Deutschland aushalten, das immer nur ein Traum war, kein Ort, eine Flucht, keine Heimat, ein Jenseits, das sich immer wieder aus seinen Toten zu legitimieren versuchte, zuletzt ein Totenreich.[1]

Wie in einem Brennspiegel fängt diese bruchstückhafte Reflexion auf die Geschichte der in zwei Weltkriegen implodierten »Spätest-Nation«[2] aus seiner Dankrede zur Verleihung des Kleist-Preises wichtige Motive des Geschichtsdiskurses ein, der das dramatische Spannungsfeld zwischen Kultur und Politik in Heiner Müllers Werk strukturiert. Auf irritierende Weise antworten seine Texte mit ihrem »beharrlichen Blick auf Deutschland als ungelöstes Problem«[3] auf die ideologisch-politischen Grenzbefestigungen zwischen Ost und West. Im Kontext der seit den ausgehenden siebziger Jahren sowohl in der Bundesrepublik als auch in der DDR wieder verstärkten Rückbesinnung auf die ›Nation‹ und die nationale Vergangenheit, die von unterschiedlicher Warte aus Geschichte als Mittel einer nationalen Sinnstiftung[4] erneut ins Spiel brachte, unterlaufen seine Texte und öffentlichen Statements in immer wieder überraschender Weise die jeweiligen Leitmuster der sich überkreuzenden Debatten. Gegenläufig zum Trend der kulturellen Erregtheiten und zumal – in den achtziger Jahren – den Versuchen der Neuen Linken, wieder Anschluß an den nationalen Diskurs aus der Hoffnung heraus zu gewinnen, über die nationale Frage die erstarrten gesellschaftlichen Strukturen in beiden Deutschlands

aufzubrechen[5], erklärte Müller so 1982 das Thema ›Deutschland‹ für erledigt[6] (ohne es damit schon aufzugeben). Die Vorhaltung seiner Interviewpartner, daß Günter Grass den Begriff der Nation für die Linke zu retten bemüht sei und gefordert habe, »daß auch die Linken sich darüber Gedanken machen sollten«[7], konterte er ironisch mit der Bemerkung: »Ich finde es gut, wenn Grass sich darüber Gedanken macht.«[8]

Von Anbeginn an bestimmt die Kritik an den historisch realisierten Konzepten der Nation und ihrer geschichtlichen Bedingungen die Perspektive der dramatischen Auseinandersetzungen Müllers mit Deutschland. Noch bevor er in den achtziger Jahren die Zerstörung der »in beiden deutschen Staaten« nicht ›beerdigten‹ Nation[9] als »Voraussetzung für die Gattungsutopie«[10] reklamierte, gehen unter dem sezierenden Blick insbesondere seiner inhaltlich durch die Thematisierung der »deutschen Misere« (Brecht) und formal durch eine neue Darstellungsmethode (Montage, Collage, Aufbrechen der einheitlichen Stillage etc.) bestimmten Stückreihe *Die Schlacht* (E: 1951/74; UA: 1975), *Germania Tod in Berlin* (E: 1956/71; UA: 1978) und *Leben Gundlings Friedrich von Preußen Lessings Schlaf Traum Schrei* (E: 1976; UA: 1979) die verordneten Deutschland-Bilder Ost und West zu Bruch. Die Auseinandersetzung mit der Frage der Nation erscheint in diesem, in ersten Entwürfen bis in die fünfziger Jahre zurückreichenden, Kernstück von Müllers dramatischem Nachdenken über Deutschland als Projekt zu einer Überwindung des Nationalen: der nach wie vor Geschichte im emphatischen Sinn der marxistischen Theorie ver- und behindernden preußisch-deutschen Tradition. Ziel seiner dramatischen Arbeit an der Geschichte ist ein Prozeß der Abstoßung, den Wolfgang Heise am Beispiel des Preußen-Stücks *Leben Gundlings Friedrich von Preußen Lessings Schlaf Traum Schrei* als »öffentlich-kommunikative Aktion des Fertigwerdens mit dieser nationalen Geschichte« beschrieben hat, des Fertigwerdens mit »jener Menschenprägung, der gewaltsam erzeugten, die schließlich im Faschismus sich offenbarte, deren geschichtliche Produktion tief in die Vergangenheit reicht«.[11]

Immer wieder hat Müller durch die Jahre hindurch die Frage der Nation mit dem Thema der abgebrochenen, nicht zu Ende geführten oder ausbleibenden (Revolutions-)Geschichte verkoppelt und die Schwierigkeiten der Deutschen mit ihrer nationalen Identität auf die Kette der historischen Niederlagen zurückgeführt, die sich

der deutschen Geschichte eingeschrieben haben. Das Scheitern der Bauern im beginnenden 16. Jahrhundert, mit dem zugleich der »deutsche Volkscharakter, wenn es ihn gegeben hat«[12], zerbrochen wurde, der Dreißigjährige Krieg, das gescheiterte Experiment eines nationalen Parlaments in der Frankfurter Paulskirche und die »Enthauptung des deutschen Proletariats«[13] mit der Ermordung Rosa Luxemburgs und Karl Liebknechts markieren für Müller entscheidende Etappen innerhalb einer nationalen Unglücksgeschichte, aus deren Kontext heraus sich nicht nur die historischen Katastrophen einschließlich des Zweiten Weltkriegs, sondern auch die spezifische Erscheinungsform des real existierenden Sozialismus als »Grenzbefestigung von Stalin«[14] erkläre. Seit dem zu früh gekommenen, also unter historisch nicht hinreichend entwickelten Bedingungen notwendig scheiternden Aufstand der Bauern in der Frühphase der Reformation, herrsche in Deutschland »die Tendenz zur Verspätung, kommt in Deutschland immer alles zu spät«[15] und habe Deutschland zunehmend den Anschluß an Europa verloren. In anderem Zusammenhang spricht Müller von der »verkrachten deutschen Geschichte«[16] oder dem »Fragment-Charakter der deutschen Geschichte«[17], in der nie »eine Revolution zustande« gekommen sei, »sondern stets nur nationale Kompromisse«[18] mit dem Ergebnis der militärischen Hochrüstung und den bekannten Folgen der verspäteten Reichsgründung.

Mit schonungsloser Rigorosität schlagen Müllers Deutschland-Stücke, angefangen mit der *Schlacht*-Beschreibung der deutschen Barbarei als Psychogramm einer deformierten Nation, einen Bogen von der Auseinandersetzung mit den psychopathologischen und psychosozialen Ursachen des Faschismus über die historischen Niederlagen der Arbeiterbewegung (*Germania Tod in Berlin*) zu einer grundsätzlichen Kritik an den Lösungskonzepten einer verfehlten europäisch-abendländischen Geschichte, welche die zeitgleiche Deformation der deutschen Nation mit ihrem Aufkommen thematisiert (*Leben Gundlings Friedrich von Preußen Lessings Schlaf Traum Schrei*). Gegenstand dieser Dramen ist eine (im Wortsinn) terroristische Geschichte in ihrem Fortwirken, in der, wie in *Germania Tod in Berlin*, der Kehrreim auf das deutsche Konzept von ›Freiheit‹ ›Totschlag‹ lautet. Was von dem Aufstand des 17. Juni 1953 im »Gefängnis« (der) DDR hörbar wird, ist ein »Wortsalat aus FREIHEIT DEUTSCH TOTSCHLAGEN AUFHÄNGEN«[19], bevor mit dem Eingreifen der sowjetischen

Panzer die Freiheit durch Unfreiheit und Unterdrückung – so die dialektische Konzeption der Szene – bewahrt wird. Den nationalen Diskurs vertreten entsprechend in den frühen Stücken Müllers rückständige Figuren wie beispielsweise der Großbauer Rammler aus den *Bauern*. Daß mit diesen Texten zugleich die Gattung des Geschichtsdramas an ihr Ende kommt, ist in der Germanistik unstrittig. Heinz-Dieter Weber hat erst unlängst noch einmal angemerkt, Müllers »theatralische Geschichtstexte«[20] seien »die letzten möglichen Geschichtsdramen«, insofern in ihnen »die in der Gattung Geschichtsdrama liegenden Möglichkeiten noch einmal ausgenutzt« würden, »um den historischen Diskurs, dem sich das Geschichtsdrama als Gattung verdankte, als solchen aufzuheben«.[21] Müllers Zerstörung der Gattung schließe seine Texte dabei an das barocke Trauerspiel an: »Aus dem Geschichtsdrama und allem, was es implizierte, wird die melancholische Betrachtung einer naturhistorisch verfaßten Geschichte, die in extremer Konzentration auf die absurde Allegorie nur noch den Alptraum der Geschichte erfahrbar macht.«[22]

Formulieren Müllers Deutschland-Diskurse mit ihrem Hauptaugenmerk auf die dunklen Seiten der deutschen Geschichte – Haß, Vernichtungsgewalt, Brutalität, Selbstzerstörung, Spaltung und innere Zerrissenheit – auch einen Gegendiskurs zu dem um die ›Nation‹ kreisenden Selbstverständigungsprozeß sowohl östlicher als auch westlicher Provenienz (zu gebrauchen wie der von Müller dem – westlichen – Publikum zur Lektüre empfohlene Oskar Panizza: »wer kein Deutscher werden will, sollte ihn lesen«[23]), so zielen sie primär doch auf die staatlich verordneten (Legitimations-)Konzepte nationaler Geschichte innerhalb der offiziellen DDR. Die rigorose Zertrümmerung tradierter Deutschland-Bilder wirft ihren Schlagschatten auf den Versuch der DDR, ihr eigenes Selbstverständnis über die emanzipatorischen Gegenbewegungen in der Geschichte zu bestimmen. Genia Schulz hat am Beispiel von *Die Schlacht* darauf hingewiesen, daß jede Rezeption darauf zu reflektieren habe, »daß solche Bilder als Disput mit marxistischer Theorie und Praxis, und als Figuren einer Selbstbefragung zu verstehen sind«.[24] Gegen den Geschichtsoptimismus der Staatsideologie, die ihre Legitimation aus der Vorstellung von der DDR als der Erbin aller positiven Tendenzen der deutschen Geschichte (die DDR als das bessere Deutschland) und ihrer Bevölkerung als den »Siegern der Geschichte« herleitet, schreibt Müller vom

Beginn der fünfziger Jahre an mit seinem Werk einen Gegentext. Energisch reklamiert er die dunklen Seiten, den Schrecken (Terror) dieser deutschen Geschichte als Kontext auch der DDR[25] und entfesselt den geschichtlichen Schrecken als »Gegenterror«[26]. So desavouiert er etwa in *Germania Tod in Berlin* mit der polemischen Konstruktion einer Kontinuität zwischen der Bundesrepublik und der im Faschismus bloßgestellten nationalen Geschichte nicht nur den bundesdeutschen Mythos des Neuanfangs (die Bundesrepublik wird in einer szenischen Groteske vorgeführt als eine von Goebbels, also aus dem Geist der Propaganda und der Rhetorik, unter tätiger Mithilfe der drei Westalliierten zur Welt gebrachte Mißgeburt), sondern mit der thematischen Verklammerung von Alt und Neu zugleich auch dramaturgisch das in der DDR betonte Moment der erreichten historischen Diskontinuität.

Wenn Müller auch im Grundsatz das staatliche Selbstverständnis der sozialistischen DDR in der Gleichzeitigkeit von Diskontinuität (Faschismus) und Kontinuität (die DDR als Fortführung der progressiven und emanzipatorischen Bestrebungen in der Geschichte) teilte, störte seine schonungslose Sicht auf die noch im Sozialismus in den Haltungen der Menschen, ihren Deformationen und Verletzungen weiterreichende Geschichte doch die durch den staatlich-ideologischen Leitdiskurs vorgegebene historische Perspektive des sozialistischen Staates, wie sie der offiziösen Formel vom »Woher und Wohin unseres Wegs«[27] zugrunde liegt. Die Rigorosität der Antworten Müllers auf diese Fragen, sein Insistieren auf einer offenen politischen Auseinandersetzung mit den nach wie vor historisch determinierten Haltungen der Menschen als Voraussetzung einer wirklichen Lösung aus der Geschichte, sein Einspruch gegen eine (vor-)schnelle und Widersprüche glättende Vereinnahmung von Teilen des deutschen Erbes allerdings paßten nicht ins verordnete Bild. So bleibt der historische Befund seiner Stücke unvollständig ohne den Kontext der staatlichen Mythologie der DDR, den Müllers Blick auf die Geschichte produktiv unterläuft mit der Beschreibung der DDR unter den Vorzeichen einer Verschränkung von Alt und Neu; sie wird vor allem in *Germania Tod in Berlin,* von Müller im nachhinein als erster »Versuch in der Proletarischen Tragödie im Zeitalter der Konterrevolution«[28] bezeichnet, im Westen dagegen vorschnell als »Totalabrechnung mit der deutschen Geschichte«[29] gelesen, thematisch wichtig. Dieses 1971 und damit unter den Vorzeichen einer politi-

schen Konstellation beendete Stück, in der auf dem VIII. Parteitag der SED die alte These vom »sozialistischen Staat deutscher Nation« abgelöst und die »sozialistische deutsche Nation« propagiert wurde, ist ein Text über die Spaltungen und Niederlagen der deutschen Arbeiterbewegung, die verpaßten Möglichkeiten und vertanen Chancen, über die Teilung der Nation und den wie auch immer gebrochenen Versuch, im Osten des zerrissenen Deutschlands im Schatten des Stalinismus einen Staat aufzubauen, der Alternative zu der unheilvollen Geschichte Deutschlands zu sein den Anspruch erhebt. Statt eines realistischen Abbilds von historischen Situationen werden dabei »historische Modellierungen der deutschen Geschichte« zitiert, zu denen der Text »in einem Metadiskurs Stellung«[30] bezieht. Dessen analytische Zielrichtung hat Müller selbst programmatisch umrissen: »der kalte Blick auf die Fehlschläge die Bedingung des Fortschritts.«[31]

II

Die Abstoßung von nationaler Geschichte markiert nur die eine Fluchtlinie von Müllers Auseinandersetzung mit der Frage der Nation. Sie wird mit dem Insistieren auf dem Projekt einer sozialistischen Alternative zu der Unheilsgeschichte der Nation zugleich durchkreuzt von einer Gegenperspektive, die allerdings durch die Widersprüchlichkeit des realexistierenden Sozialismus historisch nur gebrochen wirksam wird. Von dem »größten Unglück der deutschen Geschichte«[32], der Niederlage der Bauern im frühen sechzehnten Jahrhundert, aus entwickelt Müller so ein utopisches Gegenbild, das anknüpft an den in den historischen Niederlagen eingeschlossenen utopischen Kern einer nationalen Gegengeschichte. »Wir haben es«, so Müller in einem Gespräch über die Inszenierung der *Schlacht* aus dem Jahre 1977,

seit Jahrhunderten nur noch mit dem Restdeutschland zu tun und aus dem sind beide Teile aufgewachsen. Unsere Hoffnung, den ermordeten Teil wiederzubeleben, ist schwankend – das ist nicht so leicht. Das Deutschland, das uns interessieren würde, ist nicht mit dem Zweiten Weltkrieg, sondern fünfhundert [!] Jahre früher beendet worden – im Bauernkrieg. Seitdem gibt es Deutschland für deutsche Intellektuelle nur noch als Bodensatz.[33]

Voraussetzung dieser Wiederbelebung des ›anderen‹ Deutschland ist für ihn mit der Abstoßung von nationaler Geschichte zugleich eine Neubestimmung von nationaler Identität im internationalen Kontext. In einem Beitrag für die französische Zeitschrift ›Le Monde‹ beschreibt Müller in diesem Sinn 1979 die grundlegende Differenz der beiden deutschen Staaten:

Zwei verschiedene deutsche Erfahrungen sind geronnen zu zwei deutschen Staaten. Die BRD ist eine durch zwei Weltkriege gesundgeschrumpfte Firma, gegründet auf den Boden der Tatsachen, der der Sumpfboden der deutschen Geschichte ist, die Identität seiner Bevölkerung der Kurs der D-Mark. Die DDR eine Notgeburt per Kaiserschnitt durch Klassen, Familien, Individuen, auf dem Rücken den ALP TOTER GESCHLECHTER, ihr Boden die Utopie, mit einer Bevölkerung, die ihre nationale Identität nur im internationalen Kontext finden kann, unvermeidlich eingebunden in eine imperiale Struktur, die seine Präsenz garantiert und seine Zukunft einfärbt.[34]

»...ihr Boden die Utopie«: Hinter dieser Behauptung der utopischen Struktur der DDR steht die Grunderfahrung eines auch durch die depravierte Erscheinungsform des realexistierenden Sozialismus nicht suspendierten grundlegenden Epochenumbruchs, die Müller mit Blick auf Brecht beschreibt:

Was ich als Grunderfahrung habe ist, daß eine Welt zu Ende gegangen ist, eine Welt, die sicher auch Annehmlichkeiten hat. Wo man auch bei vielem bedauert, daß es zu Ende ist. Aber die ist zu Ende. Und das Neue ist zunächst mal sehr diffus und auch sehr erschreckend vielleicht. Aber die Haupterfahrung ist das Ende, eine Welt ist zu Ende und die neue hat ihre Schrecken, ihre Dummheiten, ihre Borniertheiten und ihre komischen Seiten und was alles, aber es ist eine neue Welt. Es ist im Grunde das, was Brecht formuliert im Galilei. / Ich könnte morgens nicht aus meinem Bett aufstehen, wenn ich nicht wüßte, daß das eine neue Zeit ist und wenn sie auch aussieht wie eine alte blutbeschmierte Vettel, das ist das Grunderlebnis.[35]

Die hier zum Ausdruck kommende Selbstbindung an die DDR hat Müller bei aller Kritik an der stalinistischen Deformation der kommunistischen Utopie nie ganz aufgegeben. Wie so viele Intellektuelle suchte auch er in den ersten Monaten nach dem Zusammenbruch des Staatssozialismus im Herbst 1989 vorübergehend diesen »Boden« der Utopie auf dem Gelände einer reformierten, basisdemokratisch verfaßten DDR als Alternative zum kapitalistischen Westen zu bewahren. In einem Beitrag für das ›Neue Deutschland‹

aus Anlaß seines mißverstandenen Eintretens für unabhängige Gewerkschaften bei der Berliner Demonstration vom 4. 11. 1989 schreibt er:

Ohne die DDR als basisdemokratische Alternative zu der von der Deutschen Bank unterhaltenen Demokratie der BRD wird Europa eine Filiale der USA sein. Wir sollten keine Anstrengung und kein Risiko scheun für das Überleben unsrer Utopie von einer Gesellschaft, die den wirklichen Bedürfnissen ihrer Bevölkerung gerecht wird ohne den weltweit üblichen Verzicht auf Solidarität mit andern Völkern.[36]

Die Polemik dieser Sätze richtet sich gegen das Verschwinden der (utopischen Struktur der) DDR »in einer anderen Struktur«.[37] Ein wesentliches Argument für den Fortbestand der DDR (und damit des Sozialismus als Aufgabe und Projekt) bezieht Müller dabei aus einer von ihm beobachteten spezifischen Ungleichzeitigkeit an der Basis der Gesellschaftssysteme. Mit der schnellen Wiedervereinigung, die zu diesem Zeitpunkt allerdings bereits auch in Müllers Augen nicht mehr aufzuhalten war, würde endgültig die Chance verpaßt werden, »in der Verlangsamung von Prozessen, wie das Wachstum und die ökologische Vernichtung, Qualität zu finden«.[38] Im Hintergrund dieser These steht ein von Müller in den vergangenen Jahren gesprächsweise ausdifferenziertes kinetisches Geschichtsmodell, das den Antagonismus der Gesellschaftssysteme zurücknimmt in die Vorstellung einer Dialektik von Beschleunigung (Westen) und Verlangsamung (Osten). Da mit dem Zusammenbruch des östlichen Systems der auf die Vernichtung zusteuernden (kapitalistischen) Beschleunigung kein Gegenpol mehr entgegengesetzt sei, werde es nun notwendig, das Prinzip der Verlangsamung, d. h. den gegen Veränderungen gerichteten Trägheitsfaktor des Ostens, als Korrektiv gegen die totale Beschleunigung des Westens zu funktionalisieren. Und eben dafür würde die DDR seiner Ansicht nach weiterhin gebraucht werden.[39]

Müllers Festhalten an einer alternativen DDR als notwendigem Korrektiv zum kapitalistischen Westen stellt sich nicht nur quer zu den im Zuge der Wende 1989 in das Stadium der Machbarkeit zurückgekehrten Sehnsüchten nach der erfüllten Nation. Mit dem Beharren auf der Alternative DDR über den Zusammenbruch des Staatssozialismus hinaus ist zugleich auch eine gesamtdeutsche Perspektive aufgegeben, die, wie gebrochen auch immer, in Müllers Deutschland-Diskurs als Subtext weitläufig mitgedacht war,

wenn dem Gedanken einer Wiedervereinigung der beiden deutschen Staaten in seinen Texten auch niemals ein wirklich zentraler Stellenwert zukam.

Offiziell diskutierte Müller die Frage der Wiedervereinigung zunächst entlang der vorgegebenen Ideologeme und setzte erst zu Beginn der achtziger Jahre offen auf eine Annäherung der alternativen Bewegungen Ost und West als Vorhut eines Einigungsprozesses von anderer Seite.[40] So definierte er in der für ihn prekären Situation nach der Kritik an seinem Stück *Der Bau* auf dem 11. Plenum des ZK der SED (1965) die DDR noch explizit als »ein Modell und Exempel für Gesamtdeutschland«[41], was seinen Niederschlag auch an versteckter Stelle in *Der Bau* selbst findet.[42] Im Grunde genommen hatte die These von der nationalen und – als politische Aufgabe – auch staatlichen Einheit Deutschlands, die sich in der ersten Verfassung der DDR vom 7. Oktober 1949 mit dem Hinweis auf die »eine unteilbare demokratische Republik«[43] im Artikel 1 findet, bis in die sechziger Jahre hinein Bestand. Wenn nach dem Mauerbau diese staatliche Einheit zunehmend auch mit der Voraussetzung einer notwendigen sozialistischen Umgestaltung der Bundesrepublik verkoppelt und in der zweiten Hälfte der sechziger Jahre mit der These von den zwei verschiedenen Staatsvölkern der Abgrenzungsprozeß zur Bundesrepublik forciert wurde, bestätigte doch die neue DDR-Verfassung vom 6. April 1968 zugleich mit der Proklamierung eines »sozialistischen Staats deutscher Nation«[44], als dessen Ziel »die schrittweise Annäherung der beiden deutschen Staaten bis zu ihrer Vereinigung auf der Grundlage der Demokratie und des Sozialismus«[45] definiert wird, weiterhin die Existenz einer deutschen Nation – wenn auch in zwei Staaten. Erst die am 7. Oktober 1974 in Kraft getretene Verfassungsänderung verläßt diese in ähnlicher Weise auch von der Regierung Brandt/Scheel nach 1969 vertretene gesamtdeutsche Perspektive endgültig, schreibt eine eigene Staatsbürgerschaft sowie eine gesonderte Nationalität fest und tilgt mit der Vorstellung von der Einheit der Nation zugleich den Auftrag zur Wiedervereinigung.[46] Zwar ist von nun an im Einklang mit Albert Nordens Formel von den »zwei Nationen in Staaten verschiedener Gesellschaftsordnung«[47] vom »Volk der Deutschen Demokratischen Republik« und seiner »staatliche[n] und nationale[n] Selbstbestimmung«[48] und nicht mehr von der »ganzen deutschen Nation«[49] (Präambel zur Verfassung von 1968) die Rede, die (angesichts der politischen

Entwicklung bloß hypothetische) Frage einer Wiedervereinigung unter sozialistischen Vorzeichen ist damit allerdings keineswegs restlos verabschiedet und überdauert als unverbindliches Ideologem noch bis in die achtziger Jahre.

Ihren deutlichsten Niederschlag findet die Vorstellung von der wiedervereinigten sozialistischen Nation in der Schlußszene von *Germania Tod in Berlin* (»Tod in Berlin 2«), mit der zugleich kontrapunktisch ein Gegenbild zum Untergang der (alten) Nation im ausweglosen Kessel von Stalingrad gesetzt wird, wie er zuvor mit der Szene »Hommage à Stalin 1« assoziiert werden konnte. Hitlers militärisches Scheitern im Rußland Stalins mit der verlorenen Kesselschlacht von Stalingrad als einem der entscheidenden Wendepunkte des Zweiten Weltkriegs markiert für Müller »die Tragödie des deutschen Volkes und das Ende der deutschen Nation«.[50] Während »Hommage à Stalin 1« – der Titel der Szene ist doppeldeutig, verweist auf Verdienst und Schuld des Namensgebers als Sieger über den deutschen Faschismus und Kolonisator der kommunistischen Utopie zugleich – diese »Tragödie« des Untergangs als Farce ins Spiel bringt, verlängert die Groteske »Die Heilige Familie« diese Thematik im Hinblick auf die Gründung des »Wolfsstaates« Bundesrepublik als historischer Spätgeburt der in Stalingrad untergegangenen desavouierten deutschen Nation, wie Müller sie mehrfach theoretisch begründet hat.[51] Die letzte Szenenanweisung lautet: »Hitler lädt die Kanone. Germania wird von der Ehrenkompanie vor die Kanone gebunden. Mit der Detonation fällt der Vorhang.«[52]

Das Desaster der in diesem letzten Akt des nationalen Dramas hier in Gestalt der allegorischen Germania im Führerbunker zu Berlin zersprengten Nation allerdings wird am Schluß des Stückes zugleich mit dem Tod des alten Maurers Hilse (»Tod in Berlin 2«) mit einer Gegentendenz konfrontiert. Mit Hilses Vision von der Rückkehr der »roten Rosa« (Luxemburg) aus dem Landwehrkanal kehrt der Text zugleich zu seinem Ausgangspunkt, dem Scheitern der Novemberrevolution, zurück. Sterbend ergreift das »Arbeiterdenkmal« Hilse den Vorschein einer versöhnten Geschichte: die Aufhebung der historischen Niederlagen der deutschen Arbeiterbewegungen und ihrer inneren Zerrissenheit in einem wiedervereinten sozialistischen Deutschland:

HILSE [...] Und jetzt
   Hab ich die Kapitalisten eingemauert
   Ein Stein ein Kalk. Wenn du noch Augen hättest
   Könntst du durch meine Hände scheinen sehn
   Die roten Fahnen über Rhein und Ruhr.
JUNGER MAURER Du mußt was sagen. Irgendwas.
   Der stirbt jetzt.
MÄDCHEN Ich kann sie ohne Augen sehn –
   Der junge Maurer soufffliert.
MÄDCHEN Genosse.
   Die roten Fahnen – *Der junge Maurer soufffliert.*
   Über Rhein und Ruhr. *Der sterbende Maurer lächelt.*
HILSE Ists euch zu still draußen in Friedrichsfelde.
MÄDCHEN Nein. Manchmal hören wir die Kinder spielen.
   Sie spielen Maurer und Kapitalist.
HILSE *lacht:* Und keiner will der Kapitalist sein.
MÄDCHEN Ja. *Der Herzton hat aufgehört. Stille.*[53]

Allenfalls gebrochen und keineswegs »konkret« allerdings werden
mit dem Schlußbild des sozialistischen Gesamtdeutschlands (»Die
roten Fahnen über Rhein und Ruhr«) als nationaler Perspektive
und der Utopie der friedlich spielenden Kinder (mit diesem
Schlußbild antwortet das Stück im Sinne eines [noch] nicht
erreichten Gegenbildes zugleich versöhnlich auf den Alptraum
eines am 17. Juni im Gefängnis »DDR« getöteten Kommunisten in
der Szene »Die Brüder 2«[54]) bereits *vor* dem neuen Epochendatum
der jüngeren deutschen Geschichte »die Visionen der Aufhebung
einer belasteten deutschen Vorgeschichte [...] vorstellbar«.[55] Die
gesamtdeutsch-sozialistische Utopie, der die Geschichte 1989
ihren Gegenentwurf präsentiert hat, ist die auf einer Fehleinschät-
zung (Verwechslung des Mädchens – sie ist eine Hure – mit der
Revolutionärin Rosa Luxemburg) beruhende Illusion eines Ster-
benden, der keine realpolitisch wahrnehmbare Entwicklung korrespondiert. Utopie läßt sich so auch weniger von Hilses Traum
einer ausgesöhnten Geschichte her begründen, als vielmehr von
der realistischen Anerkennung der unreinen Wahrheit der Partei,
für die das junge Mädchen/die Hure in *Germania Tod in Berlin*
steht, durch den Jungen Maurer (»Gestern hat sies mir / Gesagt.
Alles. Und ich hab nicht gewußt / Bis gestern, wie lang eine Nacht
ist. Und jetzt / Kommt das Verrückte: alles ist wie vorher«[56]). Was
mit dem vom Widerspruch zwischen utopischem Anspruch (Ideologie) und Praxis des realexistierenden Sozialismus aufgefressenen

Hilse auf der Krebsstation eines Berliner Krankenhauses stirbt, ist der – im Wortsinn – Kindertraum eines jungfräulich-reinen Sozialismus, der noch nicht durch die Fratze des Stalinismus entstellt ist. Übrig bleibt das deformierte Ideal, die unansehnliche »Vettel«, deren Anerkennung für Müller Bedingung des Neuen ist.

III

Was aber bleibt von der Idee der ›anderen‹ Nation nach dem Scheitern des Projekts einer sozialistischen Sinnstiftung der Geschichte in den osteuropäischen Staaten, mit dem auch dieser (zurückgenommene) ›Erwachsenen‹-Traum wieder ortlos geworden ist? Das Gedicht *Daily News nach Brecht 1989* endet mit einer Frage.

> WIR DIE DEN BODEN BEREITEN WOLLTEN
> FÜR FREUNDLICHKEIT
> Wieviel Erde werden wir fressen müssen
> Mit dem Blutgeschmack unserer Opfer
> Auf dem Weg in die bessere Zukunft
> Oder in keine wenn wir sie ausspein.[57]

Das in dem Eingeständnis der zu (er-)tragenden Mitverantwortung zugleich als Voraussetzung von Zukunft mitgedachte Postulat der notwendigen Anerkennung der *sozialistischen* als Teil der *nationalen* Geschichte weist auf die der Literatur von Müller im Kontext der Wende zugeschriebene Aufgabe zur Aufarbeitung der nationalen Vergangenheit, »nicht dokumentarisch, sondern mit, wenn man so will, mythologischer Genauigkeit«[58], und stellt damit eine Rest-Utopie (»bessere Zukunft«), die der Westen so nicht beheimatet (»Wir«), gegen das mögliche Ende der Geschichte (»Oder in keine«). Aktualisiert wird damit eine Bedeutungsdimension des Theaters, der Kunst, der Literatur, die Müller immer wieder behauptet hat – Medium zu sein eines kollektiven Erinnerungsprozesses, der nicht in der sentimentalen Rekapitulation eines Gewesenen aufgeht, sondern als Organon des Utopischen zu begründen ist –, und damit eine Arbeitsperspektive, die er 1981 im Hinblick auf seine Auseinandersetzung mit der deutschen Geschichte programmatisch formuliert hatte: »Um den Alptraum der Geschichte loszuwerden, muß man zuerst die Existenz der Geschichte anerkennen.«[59] Hinter dieser Arbeitshaltung, die Mül-

lers Arbeit an der (deutschen) Geschichte in das zu den Bedingungen des Westens wiedervereinte Deutschland verlängert, nicht zuletzt auch um die Erfahrungen von vierzig Jahren DDR, aber auch die Vorstellung einer nicht verwirklichten Utopie in eine zukünftige nationale Identität einbringen zu können (»Man tötet eine Nation am gründlichsten, wenn man ihr Gedächtnis und ihre Geschichte löscht«[60]), tritt Müllers ohnedies zwiespältiger Rückgriff auf die Vorstellung einer europäischen Kultur-Nation wieder zurück, wie sie sich nach 1989 zeitweilig auch in seiner Hoffnung auf eine Umwandlung der alten Akademie der Künste Ost in eine europäische Künstlersozietät niedergeschlagen hat. Bei aller Skepsis den Lösungskonzepten der europäisch-abendländischen Geschichte gegenüber, war in Müllers Denken vorübergehend die Vorstellung eines sich selbst zurücknehmenden Europas aufgetaucht, das sich auf seine (kulturellen) Wurzeln besinnt:

Konsequent weitergedacht, könnte Europa aufgrund seiner Geschichte und Tradition ein Sprachzentrum werden für die Probleme der Welt. Je mehr es aus der Bewegung der Geschichte hinausgedrängt wird [...], könnte das ›Haus Europa‹ ein Zimmer werden, in dem die Probleme noch präzis besprochen werden könnten. Dann muß man allerdings jeden Führungsanspruch aufgeben – denn wer führen will, hat keine Sprache mehr, der muß lügen.[61]

In diesem zurückgenommenen Europa wäre die nach wie vor ungelöste Frage der Nation ›aufgehoben‹ (im Hegelschen Sinn). Solange aber die politische Entwicklung in eine entgegengesetzte Richtung weist, bleiben Müllers Dekonstruktionen des Nationalen aktuell. In einer Situation, in der zwar die staatliche Teilung aufgehoben ist, nicht aber die innere Zerrissenheit und Unversöhntheit der Deutschen, könnte seine Deutschland-Kritik produktiv bleiben.

Anmerkungen

1 Heiner Müller, *Deutschland ortlos. Anmerkungen zu Kleist*, in: Neue Zürcher Zeitung, 1. und 2. 12. 1990, S. 66.
2 Klaus Heinrich kennzeichnet mit diesem Begriff die verspätete deutsche Nationalgeschichte. Vgl. Klaus Heinrich und Heiner Müller, *Sieg-*

fried, Heros der Unterwelt. Aus einem Gespräch mit Wolfgang Storch, in: Wolfgang Storch (Hg.), *Die Nibelungen. Bilder von Liebe, Verrat und Untergang*, München 1987, S. 30.

3 Genia Schulz, *Something is Rotten in this Age of Hope. Heiner Müllers Blick auf die (deutsche) Geschichte*, in: Merkur 33 (1979), S. 468.

4 Vgl. Klaus Saul, *Zur Eröffnung*, in: Friedrich W. Busch (Hg.), *Perspektiven gesellschaftlicher Entwicklung in beiden deutschen Staaten, Materialien eines Symposions aus Anlaß der Ossietzky-Tage 1987 an der Universität Oldenburg*, Oldenburg 1988, S. 155-157.

5 Vgl. zu dieser Wiederbemühung um die Nation etwa den von Peter Brandt und Herbert Ammon herausgegebenen Band *Die neue Linke und die nationale Frage. Dokumente zur deutschen Einheit seit 1945*, Reinbek/Hamburg 1981.

6 Heiner Müller, *Gesammelte Irrtümer. Interviews und Gespräche*, Frankfurt/Main 1986, S. 117.

7 Ebd.

8 Ebd. – Diese seinerzeit überraschende Unlust Müllers am Thema ›Deutschland‹ muß vor dem Hintergrund der die Wirksamkeit seiner Stücke auf dem Theater bis in die achtziger Jahre kennzeichnenden Ungleichzeitigkeit zwischen Produktion und theatraler Umsetzung gelesen werden. So ist der historische Ort seiner dramatischen Auseinandersetzungen mit Deutschland auch weniger die Rückbesinnung auf die ›Nation‹ und das an den zahlreichen großen Ausstellungen zu deutschen Themen als möglichen Indikatoren meßbare neue historische Interesse einer breiteren Öffentlichkeit zumal in den achtziger Jahren, als vielmehr der Niedergang des historischen Bewußtseins in den sechziger und den frühen siebziger Jahren.

9 Klaus Heinrich und Heiner Müller, *Katastrophenfaszination und Totengräberdienst. Aus einem Gespräch mit Wolfgang Storch*, in: Wolfgang Storch (Hg.), *Die Nibelungen* (vgl. Anm. 2), S. 115.

10 Ebd., S. 116.

11 Wolfgang Heise, *Beispiel einer Lessing-Rezeption: Heiner Müller*, in: Wolfgang Storch (Hg.), *Explosion of a Memory. Heiner Müller DDR. Ein Arbeitsbuch*, Berlin 1988, S. 88.

12 *Heiner Müller: »Die Bauern«. Absichten und Erfahrungen mit Stück und Inszenierung*, in: Material zum Theater. Beiträge zur Theorie und Praxis des sozialistischen Theaters, 1978, H. 100, S. 38.

13 Heiner Müller, *Gesammelte Irrtümer* (vgl. Anm. 6), S. 183.

14 Robert Weichinger, *Waren Sie privilegiert, Heiner Müller? Ein Gespräch mit dem ostdeutschen Autor über Coca-Cola, Beate Uhse und den Sozialismus*, in: Die Presse, 16. und 17. 6. 1990, S. VII.

15 Heiner Müller, *»Zur Lage der Nation«. Heiner Müller im Interview mit Frank M. Raddatz*, Berlin 1990, S. 13.

16 *Nekrophilie ist Liebe zur Zukunft. Heiner Müller im Gespräch mit*

Frank Raddatz. Fünfte Folge, in: TransAtlantik, 1990/4, S. 41.

17 Heiner Müller, *Notate zu Fatzer. Einige Überlegungen zu meiner Brecht-Bearbeitung,* in: Die Zeit, 17.3. 1978, S. 9.

18 *Nekrophilie ist Liebe zur Zukunft* (vgl. Anm. 16), S. 41.

19 Heiner Müller, *Germania Tod in Berlin,* Berlin 1977, S. 71.

20 Heinz-Dieter Weber, *Heiner Müllers Geschichtsdrama – die Beendigung einer literarischen Gattung,* in: Der Deutschunterricht 43/4 (1991), S. 57.

21 Ebd.

22 Ebd., S. 56.

23 Heiner Müller, *Panizza oder die Einheit Deutschlands,* in: Oskar Panizza, *Dialoge im Geiste Huttens,* München 1979, S. 10.

24 Genia Schulz, *Heiner Müller,* Stuttgart 1980, S. 122.

25 Vgl. Heiner Müller, *Gesammelte Irrtümer* (vgl. Anm. 6), S. 32.

26 Horst Domdey, *»Ich lache über den Neger«. Das Lachen des Siegers in Heiner Müllers Stück »Der Auftrag«,* in: Paul Gerhard Klussmann und Heinrich Mohr (Hg.), *Die Schuld der Worte. Jahrbuch zur Literatur der DDR,* Bd. 6, Bonn 1987, S. 230.

27 Vgl. etwa Kurt Hager, *Gesetzmäßigkeiten unserer Epoche – Triebkräfte und Werte des Sozialismus. Rede auf der gesellschaftswissenschaftlichen Konferenz des Zentralkomitees der SED am 15. und 16. Dezember 1983 in Berlin,* Berlin 1983, S. 61.

28 Heiner Müller, *[Nachbemerkung zu »Wolokolamsker Chaussee 1-5«],* in: ders., *Shakespeare Factory 2,* Berlin 1989, S. 259.

29 Jost Hermand, *Braut, Mutter oder Hure? Heiner Müllers »Germania« und ihre Vorgeschichte,* in: ders., *Sieben Arten an Deutschland zu leiden,* Königstein/Ts. 1979, S. 136.

30 Heinz-Dieter Weber (vgl. Anm. 20), S. 48.

31 Heiner Müller, *Gegen den Zeitgeist. Der Regisseur Fritz Marquardt,* in: Theater der Zeit 44/4 (1989), S. 29.

32 Heiner Müller, *Gesammelte Irrtümer* (vgl. Anm. 6), S. 180.

33 Matthias Langhoff und Heiner Müller, *Das Wiederfinden der Biographien nach dem Faschismus,* in: Wolfgang Storch (Hg.), *Explosion of a Memory* (vgl. Anm. 11), S. 169.

34 Heiner Müller, *Rotwelsch,* Berlin 1982, S. 89f.

35 *»Ich bin ein Neger«. Diskussion mit Heiner Müller,* Darmstadt 1986, S. 23f. Müller bezieht sich hier auf Galileis Bemerkung über die neue Zeit in den früheren Fassungen von Brechts Stück: »Ich bleibe auch dabei, daß dies eine neue Zeit ist. Sollte sie aussehen wie eine blutverschmierte alte Vettel, so sähe eben eine neue Zeit so aus. Der Einbruch des Lichts erfolgt in die allertiefste Dunkelheit.« (Käthe Rülicke, *Leben des Galilei. Bemerkungen zur Schlußszene,* in: Sinn und Form, 2. Sonderheft: Bertolt Brecht, 1957, S. 273)

36 Heiner Müller, *»Zur Lage der Nation«* (vgl. Anm. 13), S. 82.

37 »*Jetzt sind wir nicht mehr glaubwürdig*«. *Dramatiker Heiner Müller über Intellektuelle, Massen, Privilegien und das Drama in der DDR*, in: Die Weltwoche, 18. 1. 1990, S. 51.

38 Ebd.

39 Vgl. insbesondere die Gespräche *Dem Terrorismus die Utopie entreißen. Alternative DDR* und *Stirb schneller, Europa*, in: Heiner Müller, »*Zur Lage der Nation*« (vgl. Anm. 15), S. 9-24 und 25-42.

40 Vgl. Heiner Müller, *Rotwelsch* (vgl. Anm. 34), S. 65.

41 *Gespräch mit Heiner Müller*, in: ders., *Geschichten aus der Produktion 1*, Berlin 1974, S. 139 f.

42 Vgl. dazu die Schlußszene (ebd., S. 135 f.): »Der Kommunist ist gestorben, der Alte mit der halben Lunge, der mir aus meiner vorigen Feigheit geholfen hat, erstickt im Sommer im zu späten Urlaub unter dem Mond, der seine Fahne trägt, unsre, tot, *und die Ruhr ist noch schwarz*, in Hamburg fault Fleisch vor der Blüte, Zinn geht vor Blut in Bolivien.« (Hervorhebung von mir)

43 *Die DDR-Verfassungen*, eingeleitet und bearbeitet von Herwig Roggemann, Berlin 1976, S. 174.

44 Ebd., S. 148.

45 Ebd., S. 152.

46 Zu den einzelnen Entwicklungsschritten des nationalen Selbstverständnisses der DDR vgl. Wolfgang Pauly, *Die Nation im Selbstverständnis der beiden deutschen Staaten*, in: Eckhard Jesse (Hg.), *Bundesrepublik Deutschland und Deutsche Demokratische Republik. Die beiden deutschen Staaten im Vergleich*, Berlin [4]1985, S. 367-375, sowie Georg Brunner und Boris Meissner (Hg.), *Verfassungen der kommunistischen Staaten*, Paderborn u. a. 1979, S. 91-94.

47 Der damalige Chefideologe der SED hatte diese Formel am 3. Juli 1972 in einer Vorlesung an der Parteihochschule Karl Marx explizit gegen Brandts Formulierung von den ›zwei Staaten einer Nation‹ gesetzt. Zwischen der Bundesrepublik und der DDR, so Norden, gäbe es »keine Klammer, weil eine vom Gesetz der Ausbeutung des Menschen beherrschte Nation und eine ausbeutungsfreie Nation von keiner sogenannten nationalen Klammer zusammengehalten werden können. Die eine Nation entwickelt sich als Bestandteil des sozialistischen Weltsystems, während die BRD zur imperialistischen Welt gehört, mit der uns überhaupt keine Gemeinsamkeit verbindet und verbinden kann. Es gibt nicht zwei Staaten einer Nation, sondern zwei Nationen in Staaten verschiedener Gesellschaftsordnung« (zit. nach Carl Christoph Schweitzer [Hg.], *Die deutsche Nation. Aussagen von Bismarck bis Honecker. Dokumentation*, Köln 1976, S. 505).

48 *Die DDR-Verfassungen* (vgl. Anm. 43), S. 114.

49 Ebd., S. 148.

50 Heiner Müller, »*Zur Lage der Nation*« (vgl. Anm. 15), S. 56. Daß damit

das Ende des deutschen Nationalstaats sich in merkwürdiger Koinzidenz der historischen Ereignisse mit seinem Ausgangspunkt berührt, darauf hat Friedrich Dieckmann noch einmal hingewiesen: »War Napoleons Scheitern in Rußland der Ausgangspunkt der preußisch-deutschen Nationalstaatsgründung gewesen, so wurde Hitlers Scheitern in Rußland zu ihrem Endpunkt.« (Friedrich Dieckmann, *Die Deutschen und die Nation,* in: Merkur 45 [1991], S. 649)

51 Vgl. dazu etwa aus jüngster Zeit: »*Stalingrad interessiert mich mehr als Bonn*«. *Ein Interview mit Heiner Müller,* in: Literatur Konkret, Nr. 15, 1990/91, S. 70.

52 Heiner Müller, *Germania Tod in Berlin* (vgl. Anm. 19), S. 63.

53 Ebd., S. 78.

54 Hier heißt es: »Die deutschen Kinder krochen aus den Bäuchen / Der deutschen Mütter, rissen mit den Zähnen / Den deutschen Vätern die deutschen Schwänze aus / Und pißten auf die Wunde mit Gesang. / Dann hängten sie sich an die Mutterbrust / Und soffen Blut, solang der Vorrat reichte. / Und dann zerfleischten sie sich eins das andre. / Zuletzt ersoffen sie im eignen Blut / Weil es der deutsche Boden nicht mehr faßte.« (Ebd., S. 73 f.)

55 Frank Hörnigk, »*Germania Tod in Berlin*« – *Erfahrungen 1989,* in: Notate. Informations- und Mitteilungsblatt des Brecht-Zentrums 12/2 (1989), S. 21.

56 Heiner Müller, *Germania Tod in Berlin* (vgl. Anm. 19), S. 77.

57 Heiner Müller, *Ein Gespenst verläßt Europa,* Köln 1990, o. S.

58 Heiner Müller, »*Zur Lage der Nation*« (vgl. Anm. 15), S. 23.

59 Heiner Müller, *Rotwelsch* (vgl. Anm. 34), S. 58.

60 Ebd.

61 Heiner Müller, »*Zur Lage der Nation*« (vgl. Anm. 15), S. 41.

suhrkamp taschenbücher materialien

251/1/4.92

suhrkamp taschenbücher materialien

251/2/4.92

suhrkamp taschenbücher materialien

Ödön von Horváth. Herausgegeben von Traugott Krischke. stm. st 2005

Horváth- Chronik. Von Traugott Krischke. stm. st 2089

Horváths Stücke. Herausgegeben von Traugott Krischke. stm. st 2092

Horváths Prosa. Herausgegeben von Traugott Krischke. stm. st 2094

Horváths ›Geschichten aus dem Wiener Wald‹. Herausgegeben von Traugott Krischke. stm. st 2019

Horváths ›Jugend ohne Gott‹. Herausgegeben von Traugott Krischke. stm. st 2027

Horváths ›Lehrerin von Regensburg. Der Fall Elly Maldaque‹. Dargestellt und dokumentiert von Jürgen Schröder. stm. st 2014

Peter Huchel. Herausgegeben von Axel Vieregg. stm. st 2048

Johnsons ›Jahrestage‹. Herausgegeben von Michael Bengel. stm. st 2057

Uwe Johnson. Herausgegeben von Rainer Gerlach und Matthias Richter. stm. st 2061

Joyces ›Dubliner‹. Herausgegeben von Klaus Reichert, Fritz Senn und Dieter E. Zimmer. stm. st 2052

Der junge Kafka. Herausgegeben von Gerhard Kunz. stm. st 2035

Juden in der deutschen Literatur. Ein deutsch-israelisches Symposion. Herausgegeben von Stéphane Moses und Albrecht Schöne. stm. st 2063

Kaiser, Gerhard: Geschichte der deutschen Lyrik. Band 1: Von Goethe bis Heine. 3 Bände. stm. st 2087

– Geschichte der deutschen Lyrik. Band 2: Von Heine bis zur Gegenwart. Ein Grundriß in Interpretationen. 3 Bände. Mit einem Textbeiheft. stm. st 2107

Marie Luise Kaschnitz. Herausgegeben von Uwe Schweikert. stm. st 2047

Alexander Kluge. Herausgegeben von Thomas Böhm-Christl. stm. st 2033

Wolfgang Koeppen. Herausgegeben von Eckart Oehlenschläger. stm. st 2079

Franz Xaver Kroetz. Herausgegeben von Otto Riewoldt. stm. st 2034

Dieter Kühn. Herausgegeben von Werner Klüppelholz und Helmut Scheuer. stm. st 2113

Landschaft. Herausgegeben von Manfred Smuda. stm. st 2069

Lateinamerikanische Literatur. Herausgegeben von Michi Strausfeld. stm. st 2041

Einladung, Hermann Lenz zu lesen. Herausgegeben von Rainer Moritz. stm. st 2099

251/3/4.92

suhrkamp taschenbücher materialien

Literarische Klassik. Herausgegeben von Hans-Joachim Simm. stm.
st 2084

Literarische Utopie-Entwürfe. Herausgegeben von Hiltrud Gnüg. stm.
st 2012

Literaturverfilmungen. Herausgegeben von Franz-Josef Albersmeier
und Volker Roloff. stm. st 2093

Karl May. Herausgegeben von Helmut Schmiedt. stm. st 2025

Karl Mays ›Winnetou‹. Herausgegeben von Dieter Sudhoff und Hartmut Vollmer. stm. st 2102

Friederike Mayröcker. Herausgegeben von Siegfried J. Schmidt. stm.
st 2043

E. Y. Meyer. Herausgegeben von Beatrice von Matt. stm. st 2022

Moderne chinesische Literatur. Herausgegeben von Wolfgang Kubin.
stm. st 2045

Adolf Muschg. Herausgegeben von Manfred Dierks. stm. st 2086

Die Nibelungen. Ein deutscher Wahn, ein deutscher Alptraum. Studien
und Dokumente zur Rezeption des Nibelungenstoffs im 19. und
20. Jahrhundert. Herausgegeben von Joachim Heinzle und Anneliese
Waldschmidt. stm. st 2110

Paul Nizon. Herausgegeben von Martin Kilchmann. stm. st 2058

Die Parabel. Parabolische Formen in der deutschen Dichtung des
20. Jahrhunderts. Herausgegeben von Theo Elm und Hans H.
Hiebel. stm. st 2060

Plenzdorfs ›Neue Leiden des jungen W.‹ Herausgegeben von Peter J.
Brenner. stm. st 2013

Produktive Spiegelungen. Recht und Kriminalität in der Literatur. Von
Klaus Lüderssen. stm. st 2080

Der Reisebericht. Die Entwicklung einer Gattung in der deutschen Literatur. Herausgegeben von Peter J. Brenner. stm. st 2097

Rilkes ›Aufzeichnungen des Malte Laurids Brigge‹. Herausgegeben von
Hartmut Engelhardt. stm. st 2051

Rilkes ›Duineser Elegien‹. 3 Bände in Kassette. Herausgegeben von
Ulrich Fülleborn und Manfred Engel. stm. st 2009-2011

Schillers ›Briefe über die ästhetische Erziehung‹. Herausgegeben von
Jürgen Bolten. stm. st 2037

Spanische Literatur. Herausgegeben und mit einem Vorwort versehen
von Michi Strausfeld. stm. st 2108

Die Strindberg-Fehde. Herausgegeben von Klaus von See. stm. st 2008

Karin Struck. Herausgegeben von Hans Adler und Hans Joachim
Schrimpf. stm. st 2038

251/4/4.92

suhrkamp taschenbücher materialien

251/5/4.92